江蘇文脉整理與研究工程

江蘇文庫

精華編

18

春秋左傳詁

上

（清）洪亮吉 撰　李解民 點校

鳳凰出版社

圖書在版編目（CIP）數據

春秋左傳詁 / (清) 洪亮吉撰 ; 李解民點校. 南京 : 鳳凰出版社, 2024. 12. -- (“江蘇文脉整理與研究工程”江蘇文庫). -- ISBN 978-7-5506-4353-6

Ⅰ. K225.04

中國國家版本館CIP數據核字第2025QK1115號

書　　名	春秋左傳詁
著　　者	(清)洪亮吉 撰　李解民 點校
責任編輯	許　勇
特約編輯	姜　好
裝幀設計	姜　嵩
責任監製	程明嬌
出版發行	鳳凰出版社(原江蘇古籍出版社) 發行部電話025-83223462
出版社地址	江蘇省南京市中央路165號,郵編:210009
照　　排	南京凱建文化發展有限公司
印　　刷	蘇州市越洋印刷有限公司 江蘇省蘇州市吴中區南官渡路20號,郵編:215104
開　　本	787毫米×1092毫米　1/16
印　　張	47.5
字　　數	588千字
版　　次	2024年12月第1版
印　　次	2024年12月第1次印刷
標準書號	ISBN 978-7-5506-4353-6
定　　價	268.00圓(全二册)

(本書凡印裝錯誤可向承印廠調换,電話:0512-68180638)

江蘇文脉整理與研究工程

總主編

信長星　許昆林

第二届學術指導委員會

主　任

莫礪鋒

委　員（按姓氏筆畫排序）

宋鎮豪　茅家琦　郁賢皓　袁行霈　莫礪鋒　張豈之　鄔書林　賴永海

編纂出版委員會

主　編

徐　纓　夏心旻

副主編

梁　勇　趙金松　章朝陽　樊和平　程章燦

編　委（按姓氏筆畫排序）

王　江　王月清　王建朗　王華寶　王衛星　王燕文　左健偉　田漢雲　朱玉麒
朱慶葆　全　勤　江慶柏　李　揚　李昌集　李貞强　佘江濤　沈衛榮　武秀成
范金民　尚慶飛　周　琪　周　斌　周建忠　周新國　胡阿祥　胡發貴　姜　建
姜小青　馬　欣　莫礪鋒　夏心旻　徐　俊　徐　海　徐　纓　徐之順　徐小躍
徐興無　陶思炎　孫　敏　孫　遜　孫真福　曹玉梅　許佃兵　許益軍　章朝陽
梁　勇　張乃格　張伯偉　張愛軍　張新科　彭　林　程章燦　傅康生　焦建俊
賀雲翱　趙生群　趙金松　蔣　寅　熊月之　樊和平　劉　東　劉西忠　賴永海
鍾振振　雙傳學　羅時進

分卷主編

徐小躍　姜小青（書目編）
周勛初　程章燦（文獻編）
莫礪鋒　徐興無（精華編）
茅家琦　江慶柏（史料編）
左健偉　張乃格（方志編）
王月清　張新科（研究編）

出版説明

江蘇文化源遠流長，歷久彌新，文化經典與歷史文獻層出不窮，典藏豐富；文化巨匠代有人出，彪炳史册，在中華民族乃至整個人類文明的發展史上有着相當重要的地位。爲了在新時代裏科學把握江蘇文化的内涵與特徵，彰顯江蘇文化對中華優秀傳統文化作出的貢獻，增强文化自信，江蘇省委省政府決定組織全省首個大型文化發展工程『江蘇文脉整理與研究』。通過工程的實施，梳理江蘇文脉資源，總結江蘇文化發展的歷史規律，再現江蘇歷史上的『文化高地』，爲當代江蘇把準脉動，探明趨勢，勾畫藍圖。

組織編纂大型江蘇歷史文獻總集《江蘇文庫》，是『江蘇文脉整理與研究工程』的重要工作。《文庫》以『編纂整理古今文獻，梳理再現名人名作，探究追溯文化脉絡，打造江蘇文化名片』爲宗旨，分六編集中呈現：

（一）書目編。完整著録歷史上江蘇籍學人的著述及其歷史記録，全面反映江蘇圖書館的圖書典藏情况。

（二）文獻編。收録歷代江蘇籍學人的代表性著作，集中呈現自歷史開端至一九一一年的江蘇文化文本，呈現『江蘇文化』的整體景觀。

（三）精華編。選取歷代江蘇籍學人著述中對中外文化產生重要影響、在文化學術史上具有經典性代表性的作品進行整理。並從中選取十餘種，組織海外漢學家，翻譯成各國文字，作爲江蘇對外文化交流的標志性文化成果。

（四）方志編。從江蘇現存各級各類舊志中選擇價值較高、保存較好的志書，以充分發揮地方志資治、存史、教化等作用，保存江蘇的地方文獻與歷史文化記憶。

（五）史料編。收録有關江蘇地方史料類文獻，反映江蘇各地歷史地理、政治經濟、文化教育、宗教藝術、社會生活、風土民情等。

（六）研究編。組織、編纂當代學者研究、撰寫的江蘇文化研究著作。

文獻、史料、方志三編屬於基礎文獻，以影印方式出版，旨在提供原始文獻，以滿足學術研究需要；書目、精華、研究三編，以排印方式出版，既能滿足學術研究的基本需求，又能滿足全民閱讀的基本需求。

『江蘇文脉整理與研究工程』工作委員會

江蘇文庫·精華編編纂人員

主　編

莫礪鋒　徐興無

副主編

徐興無（經　部）

卞東波（史　部）

許　結（子　部）

俞士玲（集　部）

江蘇文庫·精華編前言

莫礪鋒　徐興無

江蘇行政區域的形成，始於清康熙六年（一六六七）劃分江南省爲江蘇和安徽兩省。但是江蘇歷史文化的形成，依靠的是中華民族數千年來在這塊土地上開展的卓越而偉大的文化實踐。

江蘇的自然地理得天獨厚，控江淮而臨黄海，主要爲淮河、長江下游的衝積平原，水土豐饒，交通便利，是孕育高度發達的文明和文化的温床。江蘇是華夏文化南北交往的東部通道，是中華文明連通東亞文明的出海口，是近代中國開風氣之先的地區，因此，江蘇的文化地理積澱豐厚。新石器時代，北方的龍山文化、南方的良渚文化等地域文明在這裏碰撞融合；夏商周時期，北方的齊魯文化，淮河的東夷文化，南方的吴、楚、越等文化在這裏交替演進。秦漢統一之後，中國歷代王朝在淮河南北以及長江中下游南北設立了一系列行政區域，在此基礎上形成了南北延伸、東西拓展的黄淮文化、江淮文化和江南文化，爲江蘇的歷史文化提供了更爲遼闊的發展空間。自東吴的建業到民國的南京，中國歷史上十個王朝或政權曾在江蘇建立首都；自春秋的邗溝到京杭大運河，中國南北最大的交通動脉在江蘇形成主幹。江蘇作爲南方政治、經濟和文化的中心之一，不斷地爲中華民族的統一、中華文化的復興和發展以及東亞文明的交流提供着有力的支撑。

任何文化都可以分爲器物文化、制度文化與精神文化三個逐漸深化的結構，精神文化是最深層的結構。它既是最高級的文明成果，又是最穩定的文化傳統和精神力量。在文化繁榮的時代，精神文化爲文化的發展創新提供積極的資源；在文化危機的時代，精神文化是實現文化變革與復興的力量。精神文化的成果集中體現在思想、宗教、科學、文學、藝術等方面，而文化典籍則是這些成果的重要載體。江蘇的精神文化及其成果形成於數千年的歷史進程之中，留下了浩如烟海、豐富精彩的文化典籍。

春秋戰國時期，中國的思想文化『百家争鳴』，和世界一道進入了所謂的『軸心文明時代』，諸子百家的代表人物孔子、孟子、墨子、老子、莊子等生活於魯、宋、楚等國，江蘇的北部和西部都是他們的足跡所履之處，他們的學派中不乏江蘇地區的人物。比如孔子的弟子言偃（字子游）來自江南的吴國，其言論見載於《論語》《禮記·禮運篇》等儒家經典，應該是最早與江蘇文化相關的儒家思想，特别是《禮運篇》中孔子向言偃闡説的『天下爲公』的思想，是中國近現代民主革命借鑒的優秀傳統文化資源，至今鎸刻在南京中山陵的牌坊之上。

西漢王朝的政治勢力興起於江蘇北部，漢朝前期的吴、楚、淮南等諸侯王國贊助學術和文學，『招賓客著書』，文學之士雲集，江蘇成爲西漢的文化重鎮。漢高祖劉邦的少弟、楚元王劉交和魯人申公曾經跟隨荀子的門人浮丘伯學習《詩經》，兩人皆爲《詩經》作傳，號稱元王《詩》和魯《詩》。申公成爲漢代魯《詩》的宗師，漢文帝時擔任博士；沛人（今徐州市）施讎傳授《周易》，成爲漢代施氏《易》的宗師，漢宣帝時立爲博士；沛人慶普傳授《禮》，是漢代慶氏《禮》的宗師；東海下邳（今睢寧縣）人嚴彭祖傳授《公羊春秋》，漢宣帝時擔任博士，是漢代嚴氏《春秋》的宗師。淮南王劉安和賓客所作《淮南子》，是秦漢道家思想集大成的經典。漢成帝時，著名學者、目録學家、辭賦家、漢室宗親劉向、劉歆父子受詔典校皇家秘書，他們『辨章學術，考鏡源流』，撰寫《七略别録》，奠定了中國古代校讎學的基本原則和圖書分類法。漢代辭賦源自戰國時期的楚辭，淮陰（今淮安市）人枚乘、枚皋、會稽吴（今蘇州市）人嚴忌、朱買臣等都是西漢著名的辭賦作家。劉向搜集戰國屈原、宋玉以及漢代淮南小山、東方朔、王褒等人的作品，附以自己所撰《九嘆》，整理編纂了《楚辭》。《楚辭》是文學總集之祖，與《詩經》一道構成中國古代詩歌的經典源頭。

東漢末期，江南地區的社會比較安定，經過赤壁之戰，魏、蜀、吴三國鼎立的局面形成。東吴的政治中心先後建立在吴（今蘇州市）和建業（今南京市）。這一時期孕育了易學家陸績、文學家陸機、陸雲這樣的文化家族。西晉滅亡，北方漢族政治勢力南渡，與南方士族聯合建立了東晉王朝，定都建康（今南京市）。此後經歷宋、齊、梁、陳，形成與北方諸民族政權『北朝』對峙了二百七十多年的『南朝』。北方僑民帶來中原地區的文化，與本土文化不斷融合，使得南朝成爲中華文化的中心，江蘇文化進入了第一個輝煌時代。南方的經學别開生面。東晉范甯的《春秋穀梁傳集解》代表漢魏以來《穀梁》學的最高成就，也是現存最早的《穀梁傳》注本，列入儒家『十三經』之中。南朝經學與玄學、佛教互相借鑒，發展出疏解經義的義疏之學。梁代吴郡（今蘇州市）人皇侃的《論語義疏》是現今唯一完整的南朝義疏學典籍，清乾隆年間從日本回流，被收入《四庫全書》之中。南朝的史學成就也很高。『二十四史』中有三部南朝人的作品：范曄的《後漢書》、沈約的《宋書》、蕭子顯的《南齊書》。裴松之爲西晉陳壽的《三國志》作注，補充了大量的史料，創新了史書的注解方式。南方地理的開闢、家園意識的覺醒，激發了南朝歷史地理學的發展，周處《風土記》、陸澄《地理書》等都是代表性的作品。以道家學説爲主體的魏晉玄學發源於北方，與道教、佛教相互借鑒，提高了中國古代哲學的思辨水平。同時，高蹈清談、品鑒人物等所謂的『魏晉風度』也成爲文化士族的生活態度。隨着北方士族的南渡，玄學對南朝的文學藝術如玄言詩、山水詩、山水畫、書法、文學理論、書畫音樂理論等産生了極大的影響。劉宋臨川王、彭城（今徐州市）人劉義慶所撰《世説新語》中記載了許多漢魏東晉玄學名士的軼事，是中國文學和史學的名著。南朝的文學極一時之盛，文學理論著作和文學選集層出不窮。自西晉陸機的《文賦》到齊梁鍾嶸的《詩品》、劉勰的《文心雕龍》等，奠定了中國古代文學理論的雄厚基礎。梁昭明太子蕭統組織編寫了中國歷史上第一部文學作品選集《文選》，以詩賦爲文學，將五經、諸子、史書拒之於外，表現了文學主體意識的覺醒。隋唐之際，江都（今揚州市）人曹憲等講授《文選》，他的學生李善所撰《文選注》，對中國文學産生了深遠的影響。南方的文化創新更新了學術分類和知識領域，東晉李充撰寫的《四部書目》確立了『經史子集』的圖書分類法。劉宋時期在國子學中設立儒學、玄學、史學、文學和陰陽學『五部學』，改變了漢代以『五經』作爲太學科目的局面。

隋唐實現了南北統一，政治和文化中心再度回到黄河流域，但是中國的經濟重心已經偏於東南，『賦之所出，江淮居多』，江蘇地區成爲國家命脉所繫，從而成爲文化重鎮。幾乎唐代所有的大詩人都來過江蘇，而江蘇的詩人也有卓越的表現，著名的有潤州丹陽（今丹陽市）人包融、儲光羲、許渾、長洲（今蘇州市）人陸龜蒙等，而初唐時期揚州詩人張若虚的《春江花月夜》，長篇鉅製，被譽爲『孤篇横絶，竟爲大家』。江蘇的思想學術多有創新。天寶末年做過潤州丹陽縣主簿的啖助破除《春秋》三傳的經學師法壁壘，注重汲取大義。他的學生、吴郡（今蘇州市）人陸淳和經學家趙匡一道整理充實了他的《春秋集傳集注》及《統例》，編成《春秋集傳纂例》，開啓了唐宋新儒學的學術路徑。唐代大史學家、彭城（今徐州市）人劉知幾曾擔任史官，他撰寫的《史通》是中國歷史上第一部史學理論著作。『五代十國』時期，定都金陵的南唐中主李璟、後主李煜父子和他們的一些文臣，如廣陵（今揚州市）人馮延巳等沉浸於小令詞作，爲宋詞的發展開闢了道路。吴縣（今蘇州市）人范仲淹、高郵人秦觀、楚州（今淮安市）人張耒、吴縣人葉夢得、范成大等都是宋代著名的詞人。漢字是中國文化的重要載體，東漢經學家、河南人許慎編撰了中國第一部字典《説文解字》，爲分析漢字結構，規範漢字書寫，識别古文字打下了堅實的學術基礎。南唐文臣、文字訓詁學家、廣陵（今揚州市）人徐鉉、徐鍇兄弟對《説文解字》的研究貢獻至鉅。北宋統一後，徐鉉奉旨校勘《説文解字》，由朝廷刊行，世稱『大徐本』；徐鍇撰有《説文解字繫傳》等，世稱『小徐本』。

宋元時代，中國社會發生了世俗化的轉型，印刷術的發明普及了書籍和知識，民間學術興盛。泰州人胡瑗和山西人孫復、山東人石介被譽爲宋初儒學的『三先生』。胡瑗在泰州創辦安定書院，又被范仲淹聘往蘇州府學講學，他的《周易口義》《洪範口義》等講義記録是宋代新儒學的重要典籍。北宋河南人程顥、程頤兄弟創發的理學號稱『洛學』，他們的門人楊時學成後南下江蘇，在無錫建造東林書院，將理學傳授給無錫人喻樗和南劍州（今福建省）人羅從彦等。喻樗的學生、無錫人尤袤是南宋的大學者和藏書家，他編寫的《遂初堂書目》是中國古代目録學經典。在福建地區，羅從彦傳授李侗，李侗傳授朱熹。朱熹是宋代理學的集大成者，號稱『閩學』。明代重建的東林書院石牌坊上鐫刻着『閩洛中樞』四個字，説明江蘇是宋代理學南傳和發展的中樞站。宋代的文學成就很高，文壇領袖和大文學家如歐陽修、王安石、蘇東坡、陸游等人的創作與人生都與江蘇關係密切。江西詩派是宋代著名的詩歌流派，彭城（今徐州市）人陳師道是其中的代表作家之一。南宋詩壇上，無錫人尤袤、吴縣（今蘇州市）人范成大和吉州

（今屬江西）人楊萬里、越州（今屬浙江）人陸游被譽爲『中興四大詩人』。

明清兩代，江蘇文化進入了第二個輝煌時代。江南發達的手工業、江淮地區的運河與鹽業成爲中國經濟的重要命脉，書院、藏書、出版業興盛，科舉登仕和家族文化繁榮，城市與市民文化發達。明朝開國時定都南京，江蘇地區一度成爲中國的經濟和文化中心。明成祖遷都北京之前，在南京編纂了一系列大型的文化典籍。比如二萬二千多卷的《永樂大典》，被譽爲『世界上有史以來最大的百科全書』。民間學術也不斷地發展。泰州安豐場（今東臺市）鹽民王艮發揚王陽明開創的心學，將儒家的道理平民化、世俗化，號稱『泰州學派』。上元（今南京市）人焦竑博覽群書，在理學、史學等許多領域建樹豐碩，有《焦氏筆乘》《國史經籍志》等著作傳世。萬曆年間，無錫人顧憲成、高攀龍等重建東林書院，主張經世致用，砥礪氣節。他們聚衆講學，批評朝政，被目爲『東林黨』。顧憲成撰寫的書院楹聯『風聲雨聲讀書聲，聲聲入耳；家事國事天下事，事事關心』，永遠激勵着中國的讀書人。

明清之際，崑山人顧炎武總結家國興亡的教訓，反對理學空談心性的學風。他在音韻訓詁、歷史地理、社會經濟等一系列學術領域均有開創之功，撰寫了《日知録》《肇域志》《天下郡國利病書》等學術巨著。清代以程朱理學立國，但是對知識的追求和實證的治學方法形成了清代學術的新世界，經學、史學、諸子、文學均取得了一系列總結性的成就。山陽（今淮安市）人閻若璩撰寫《尚書古文疏證》，考證傳世的四十五篇《尚書》中有十六篇是東晉豫章人梅賾根據古代文獻拼凑造作的文字，爲清代文獻考據學樹立了典範。清乾隆、嘉慶時期形成的『乾嘉樸學』是清代學術的巔峰標誌。區别於理學所代表的『宋學』，乾嘉學術標榜漢代經學，號稱『漢學』，其中以皖派和江蘇的吴派、揚州學派爲代表，産生了一大批江蘇籍的經史大家及其學術名著。吴派的開創者是吴縣的惠周惕、惠士奇、惠棟祖孫三人。惠棟的《周易述》對漢儒的《易》學做了系統的考證。甘泉（今揚州市）人江藩有感於學術的時代特徵，撰寫了《國朝漢學師承記》和《國朝宋學淵源記》等，是有關清代思想學術史的重要著作。吴派在歷史考據學方面也有建樹。嘉定人（今屬上海市）王鳴盛從惠棟遊學，定居蘇州，著有《十七史商榷》；另一位嘉定人錢大昕也在蘇州生活，師事惠棟，著有《廿二史考異》《十駕齋養新録》等。他吸收吴、皖和浙東學派之長，主張『實事求是，不偏主一家』，對吴派以求古爲求是的理念進行了糾正。陽湖（今常州市）人趙翼不僅是著名的詩人，而且是一位史學家，著有《廿二史劄記》。此書追跡顧炎武《日知録》的治學精神，探求中國古代史書的内在法則，關注朝代興亡、制度沿革等重大史事，堪稱清代史識最高的史學著作。此外，陽湖（今常州市）人孫星衍、武進（今常州市）人張惠言都是乾嘉時期著名的經學家。金壇人段玉裁是皖派學術大師戴震的傳人，他花費四十年撰成學術巨著《説文解字注》，繼承了顧炎武、戴震的音韻訓詁學方法，以時代考察音變，借字義探求思想。清代的揚州是漕運和鹽運的樞紐，富甲天下，也是學術名家輩出的地方。揚州學派的治學方法融合吴、皖，精通兼備。高郵人王念孫、王引之父子俱爲學術大家，號稱『高郵二王』。王念孫少時入戴震門下，著有《廣雅疏證》《讀書雜誌》等，是清代音韻訓詁和校勘學方面的名著。王引之著有《經義述聞》《經傳釋詞》，『用小學（文字音韻訓詁之學）説經，用小學校經』，追求客觀的經義，善於從字音和語境中求字義，奠定了語言文字學的基本學理。江都（今揚州市）人汪中關注中國古代的學術源流，著有《述學》，將樸學治經的方法拓展至諸子學的研究，見解精辟。江都人焦循對戴震極爲推崇，撰成《孟子正義》，貫徹了戴震《孟子字義疏證》的思想觀點。儀徵人阮元的學識極爲通達，善於從字義考察經義，精於天文曆算之學，主張融通中西。他主編的《疇人傳》，匯集中國歷代及西方天文、數學家傳記，是中國第一部科學家傳記集。他是清代學者中的高官，組織了許多大型的學術工程。他廣集宋代善本，對儒家『十三經』進行了精細的校勘，根據《校勘記》刻成《十三經注疏》，成爲迄今儒家經典最權威的版本。他主持編纂的《經籍籑詁》是中國古代最大的經學詞典；《皇清經解》是清代經學研究成果的匯總。就在漢學興盛之際，武進（今常州市）人莊存與、莊述祖父子和劉逢禄等學者另闢蹊徑，推崇《公羊春秋》，開創並發展了『常州學派』。『常州學派』以發凡起例，探求微言大義爲治學目標，突破了漢學注重名物訓詁的局限，對晚清政治思想變革產生了影響。近代中國變法運動的兩大思想先驅、浙江人龔自珍和湖南人魏源皆出劉逢禄門下，晚清經學家、思想家王闓運、廖平、康有爲、譚嗣同、梁啓超、皮錫瑞等人都受到『常州學派』的感召與影響。

明清時期，江蘇的文學成就蔚爲大觀。吴縣（今蘇州市）人徐禎卿、太倉人王世貞、武進（今常州市）人唐順之、崑山人歸有光等，分别是明代文學流派『前七子』『後七子』和『唐宋派』中的成員。明清之際，崑山人顧炎武、歸莊，東臺人吴嘉紀，太倉人吴偉業等的詩作道出了明清時代的變革和遺民的心聲。長洲（今蘇州市）人沈德潛、武進（今常州市）人黄景仁、陽湖（今常州市）人趙翼等均是清代的著名詩人。文壇領袖、常熟人錢謙益不僅開創了新的詩歌創作風氣，而且學識淵博，所撰《錢注杜詩》和《列朝詩集》是清代的詩學經典。詞在清代得以復興，以詞學家張惠言爲代表的常州詞派主張詞有寄託，提倡深美閎約的詞風。他的《詞選》和丹徒（今鎮江市）人陳廷焯的《白雨齋詞話》、吴江（今蘇州市）人徐釚的《詞苑叢談》等都是清代詞學的經典。清代的散文雖然以安徽桐城派爲大宗，但以張惠言、陽湖（今常州市）人惲敬、李兆洛等爲代表的陽湖派則主張駢散結合，博採衆家，别開生面。清代駢文名家中，更不乏江蘇作家，如陽湖（今常州市）人孫星衍、洪亮吉，江都（今揚州市）人汪中等。明清時期是中國通俗文學高度繁榮的時代，通俗小説、戲曲、説唱文學等名著層出不窮，膾炙人口，其中許多巔峰性的作品均出自江蘇作家之手。白話小説有明代長洲（今蘇州市）人馮夢龍編著的短篇小説集《三言》（《喻世明言》《警世通言》《醒世恒言》），長篇則有興化（今泰州市）人施耐庵創作的《水滸傳》、淮陰（今淮安市）人吴承恩創作的《西遊記》等。自明代崑山人魏良輔變革崑山腔以後，崑腔傳奇成爲明清戲曲的主流劇種，出現了崑山人梁辰魚創作的《浣紗記》、吴縣（今蘇州市）人李玉創作的《清忠譜》等名作。由於清代揚州鹽業的管理由皇家直接掌控，許多皇家主持的欽定圖書均在揚州設局編纂刊刻，其中不乏著名的文學典籍，比如康熙年間的《欽定全唐詩》、乾隆年間的《曲海總目》等。

江蘇也是中國古代宗教發展的重要地區，留下了大量的宗教經典。東漢末期，臨淮（今盱眙縣）人嚴佛調撰寫的《沙彌十慧章句》是最早的漢人佛教著作之一。東吴時期，從交趾（今越南）北上的天竺高僧康僧會，在建業（今南京市）建造了中國南方最早的佛寺——建初寺，編譯《六度集經》等佛經。東晉義熙九年（四一三），西行求法達十四年之久的中國僧人法顯，自海上輾轉回國，抵達建康，撰寫了中國第一部有關中亞、印度、南洋的旅行記《佛國記》（又稱《法顯傳》）。梁代彭城下邳人僧祐創立了佛經目録學，他編纂的《出三藏記集》是中國第一部經書目録和高僧傳記；《弘明集》是研究六朝佛教和社會文化的重要史料。在佛教譯經的過程中，漢字的聲母、韻母和四種聲調被總結出來，啓發了中國聲韻學的發明。齊永明年間，周顒撰成《四聲切韻》，沈約、謝朓、王融等人在創作上加以響應，提出『四聲八病』説，形成了中國古代格律詩的雛形『永明體』，中國的詩歌找到了自己的韻律，爲唐代格律詩的繁榮創造了條件。隋唐以來，江蘇成爲中外文化交流的重要地區。唐代律宗大師、揚州大明寺高僧、江陽（今揚州市）人鑒真應日本天皇和僧衆的邀請，經過六次東渡，到達日本奈良。他不僅傳授了中國佛教的戒律，而且帶去了豐富的文化典籍和建築、醫藥等知識。明洪武、永樂年間，在南京完成了大藏經《洪武南藏》和《永樂南藏》的編纂刊刻。晚清時期，佛學家、安徽人楊文會在南京創辦金陵刻經處，從日本引進中國東傳的漢文佛經三百多種，刊刻傳播，促進了中國近代佛學的研究。

徐州是中國道教策源地之一。東漢末期，吴人魏伯陽寫成道教内丹修煉的經典《周易參同契》，曾在青州、徐州一帶傳授。東晉時期，丹陽郡句容（今句容市）人葛洪撰寫了著名的道教經典《抱朴子》内外篇。他是道教高士，也是偉大的思想家、文學家和醫學家。他的傳世著作還有《肘後備要急方》《金匱藥方》等醫學著作以及《神仙傳》《西京雜記》等小説。南朝時期，天師道上清派道士陸修靜在建康整理道教經典，創設了道經分類法，編成了中國第一部道經目録《三洞經書目録》。另一位上清派道士、丹陽秣陵（今南京市）人陶弘景隱居句容茅山，撰寫了道教經典《真誥》，整理注解了中國最早的藥學著作《神農本草》。

從唐代開始，西方的宗教也隨着商人和外交使節進入中國。江蘇的港口城市揚州、鎮江等地都有景教、祆教、伊斯蘭教傳播的記載或寺院遺址。明末清初，南京的回族伊斯蘭教經師王岱輿撰寫了《正教真詮》等闡發伊斯蘭教教義的著作，將伊斯蘭教教義與中華傳統文化相結合。另一位南京回族伊斯蘭教經師劉智發展了王岱輿的理論，構建了中國伊斯蘭教的理論體系，著有《纂譯天方性理》等十多部著作。明代，天主教由意大利耶穌會傳教士利瑪竇等傳入江蘇，他們帶來了西方的天文曆算、數學、地理學等方面的知識，受到中國士大夫的尊重。

近代中國面臨嚴重的政治、經濟、文化危機和挑戰，一批考察西方社會文化的江蘇學者提倡學習西方的長處，變法自强。晚清政論家、著名報人、甫里（今蘇州甪直）人王韜，著有《弢園文録外編》《漫遊隨録》等，主張變革政治、教育、軍事，以實業强國；無錫人薛福成曾擔任出使英、法、意、比四國大臣，著有

《籌洋芻議》《出使四國日記》等，闡述了發展工商、變法强國的思想。新文化運動以後，思想學術界從不同的角度討論中國文化的問題，或激進，或保守，而文化自覺和文化自信始終是中流砥柱。在建構中國文化史學方面，江蘇學者做出了突出的貢獻。他們放眼世界，重新審視自己的文化，希望在世界文化秩序中確定中國文化的地位。丹徒（今鎮江市）人柳詒徵與梅光迪、吴宓、胡先驌、劉伯明等東南大學教授一起，於一九二二年創辦了《學衡》雜誌，主張『昌明國粹，融化新知』。他撰寫的《中國文化史》教科書，旨在『一以求人類演進之通則，一以明吾民獨造之真際』，被譽爲『中國文化史的開山之作』。抗戰期間，無錫人錢穆撰寫了《中國文化史導論》，指出中國的改進『不僅爲中國一國之幸，抑於全世界人類文化前程以及舉世渴望之和平，必可有絶大之貢獻』。

綜上所述，可以歸納出江蘇典籍文化的一些明顯的特徵。比如經典性。江蘇具有一批能够代表中華優秀傳統文化、影響中外文化的杰出經典，如《淮南子》《抱朴子》《文選》《文心雕龍》《真誥》《史通》《日知録》《西遊記》《水滸傳》等。再如地域性。中華文化早期的原創性成果多産生於北方，比較集中於經部和史部的典籍。江蘇文化典籍的精華則比較多地集中於子部和集部，而文學典籍尤爲豐富。這是因爲中國文學的自覺時代發生於南方的六朝時期。明清以來，不僅傳統的詩、文、詞的流派與創作在江蘇繁榮興盛，而且由於城鎮文化發達，産生了許多一流的戲曲、小説等通俗文學作品。還有學術性。江蘇的文化在經史之學、文學理論、醫學、科學以及近代新學等方面産生了杰出的成果。特别是清代江蘇學術對中華傳統文化的研究形成了許多總結性的成果。

歷朝歷代，中國人都自覺地通過各種方式保存、整理古代的典籍，進而從中擷取精華，闡釋其中的文化内涵，『温故知新』。自孔子選取六經加以整理傳授，就開創了這一優秀的文化傳統。當代中國正處於文化復興的時代，隨着不同地區社會經濟和文化的發展，對本土文化資源進行深入梳理、發掘、研究，不僅能够爲地域文化的發展創新提供資源，而且能爲當代中國文化的發展創新提供地域經驗。『江蘇文脉整理與研究工程』是江蘇省委、省政府於二〇一六年啓動的大型文化工程，是對這一時代要求和文化使命的自覺與承擔。

按照《江蘇文脉整理與研究工程實施方案》的要求，《江蘇文庫·精華編》從古代至一九四九年的各個歷史階段中，選擇對中外文化産生重要影響的江蘇籍作者的著作二百種左右，出版整理的文本，再從中選取十多種翻譯爲外文出版。在『文脉工程』領導小組和編纂委員會的組織與領導下，《精華編》編委會通過選擇書目和版本，提交海内外專家評審，徵求江蘇地方文史專家意見等工作，力求爲江蘇的文化典籍找準主脉，勾勒特色，標定高峰。爲此，《精華編》確立了三條主要編選原則：

一、全面系統，以經典爲主。在經史子集四部和民國時期的書目中全面系統地選取，重視經過學術史、文化史長期選擇出來的經典，聚焦名人名著，選出在中國和世界歷史文化發展過程中具有典範價值的江蘇文獻，突出這些文獻在中國學術史和中華文化發展脉絡中的地位與價值。

二、有著有述，以著作爲主。優先編選原創性和創新性較强的著作類文獻，兼顧有重大影響的闡述、研究、注釋類文獻。按照《江蘇文庫》的整體分工，《精華編》不收大型叢書、方志、年譜、大型工具書類文獻，在時代、地域和文獻種類方面不求全面。

三、版本從善，以通行爲主。《精華編》所選文獻以整理排印本的面貌問世，一方面從已有的整理本中選擇善本加以修訂，另一方面對未曾整理過的文獻加以整理研究，形成既能供學界使用，又能供大衆閱讀的通行本。其中一九一二年以前的文獻按照經史子集四分法編目，一九一二年至一九四九年的文獻按現代學科分類編目。

繼承優秀傳統文化，不僅是爲了守護遺産，更要爲時代服務，實現文化的創造性轉化和創新性發展。我們相信，通過『文脉工程』的實施和《精華編》的編纂，將建構一個能够集中表現江蘇文脉的文獻體系，發揚江蘇文脉中貫穿的中華優秀傳統文化精神，彰顯其歷史内涵和時代意義，讓江蘇的優秀文化爲中華民族的偉大復興做出更大的貢獻。

前言

一

「春秋」，在先秦時代，原爲各國官修史書的通稱。左傳昭公二年晉國韓宣子出使魯國，「觀書於大史氏，見易象與魯春秋，曰：『周禮盡在魯矣。吾乃今知周公之德與周之所以王也。』」春秋前冠以「魯」，説明「春秋」不是魯國史書的專名。從韓宣子的贊嘆中，又可知他所見的魯春秋當是起自周公的魯史。國語晉語七司馬侯對晉悼公説：「羊舌肸習於春秋。」韋昭注：「春秋，紀人事之善惡而目以天時，謂之春秋，周史之法也。」羊舌肸所熟習的春秋應是晉史。西晉太康二年（二八一）在汲郡（郡治在今河南省汲縣西南）魏襄王墓中發現一部後來通常稱作竹書紀年的魏國史書，其内容很可能包含了羊舌肸通曉的春秋。楚語上申叔時回答楚莊王如何教育太子，首先提出：「教之春秋，而爲之聳善而抑惡焉，以戒勸其心。」這裏的春秋，大概是就楚國史書而言。墨子明鬼篇援引「周之春秋」、「燕之春秋」、「宋之春秋」、「齊之春秋」，隋書李德林傳：「墨子又云：『吾見百國春秋。』」可見當時各國都有自己的春秋。

以「春秋」作爲國史之名，原因在於這類史書按時記事的編年體制。杜預春秋經傳集解序云：「史之所記，必表年以首事。年有四時，故錯舉以爲所記之名也。」

春秋、戰國數百年間，社會動蕩，戰亂迭起，兵燹連綿，大量載籍喪失殆盡。秦始皇統一六國後又明令「史官非秦記皆燒之」（史記秦始皇本紀），各國史書更受到毀滅性破壞。時至漢代，秦紀之外的列國史書蕩然無存。只有魯國的春秋，由於孔子把它當作教授弟子的基本教材，以後被儒家奉爲與詩、書、禮、樂、易並列的「經」，世代承習，得以流傳。「春秋」也就成爲這部僅存魯史的專稱了。

春秋的作者，孟子説是孔子。但只要聯繫西周以來的修史制度去讀春秋，就不難發現其著作權應歸於魯國自隱至哀十二公時期的史官。當然，這並不排除在流傳過程中會有孔子及其後學的「筆削」。

春秋，記載魯隱公元年（前七二二）至哀公十六年（前四七九）共二百四十四年間的史事（公羊、穀梁兩家的春秋止於哀公十四年，比左傳的春秋少二年），全書不過一萬六千餘字，且有不少脱漏訛誤，但作爲中國現存最早的一部官修史書，還是值得珍重的。

二

由於春秋記事十分簡略，一些爲之詮釋講解的撰作便應運而生。班固據劉歆七略作漢書藝文志，説「春秋分爲五」，即：

左氏傳三十卷。

公羊傳十一卷。

穀梁傳十一卷。

鄒氏傳十一卷。

夾氏傳十一卷。

但「鄒氏無師，夾氏未有書」，實際上只有左氏傳、公羊傳、穀梁傳。公羊、穀梁專主解釋春秋的「書法」，闡發所謂的「微言大義」，其實是撰作者在藉題發揮，宣揚自己的政治主張。因爲這兩家頗能迎合西漢一些統治者的胃口，所以公羊傳最先被立於學官，接着穀梁傳在漢宣帝時也設置了博士。但兩傳内容空泛貧乏，文字呆滯拖沓，東漢開始便被冷落，而左傳卻愈來愈受到重視。

春秋左氏傳，司馬遷稱作左氏春秋，一般省稱左傳，在三傳中最晚立於學官，時在漢平帝朝，而民間卻早已有人傳習。劉歆爲立左傳，於漢哀帝時曾作移讓太常博士書，掀起軒然大波，由此引出近兩千年來關於左傳的争論。這場曠日持久的論争，經常涉及兩個問題：（一）左傳與春秋的關係，（二）左傳的作者。

第一個問題，换言之，即左傳是否傳春秋。客觀地考察左傳本身，回答應是肯定的。左傳是一部解説春秋的著作，但並不僅僅局限於解經，而且解經方式也不像公羊、穀梁那樣單調刻板。洪業先生在春秋經傳引得序中指出：「著左氏者之意，若謂：此魯春秋即孔門歷代教授春秋經之課本；於是，述史事以詳之，引孔子及諸君子釋經、評史之言論以實之；羅較群籍，以知其所不書；參比其所書與所不書，以發其凡例；雖依附其年月，亦錯雜其經文；引詩而徵禮，載事而記言；俾讀者知隱、哀二百五十餘年間，列國人物、政事之得失；且以見魯史書法、懲勸之意義，與孔門師弟評論之大略也。」從某種意義上説，左傳解春秋有些類似裴松之注三國志。漢人有謂「左氏不傳春秋」，實出於政治需要，囿於門户之見。桓譚新論説：「左氏經之與傳，猶衣之表裏，相持而成。經而無傳，使聖人閉目思之，十年不能知也。」（太平御覽卷六一〇引）將兩者内在關係揭示得十分透徹。讀春秋不能不讀左傳，讀左傳也應同時對讀春秋。

第二個問題，衆説紛紜，莫衷一是。如果從撰作者所處的時代着眼的話，可以看到這樣兩種極端的意見：一謂左傳的作者是孔子同時代的左丘明，一謂左傳成於西漢末年的劉歆之手。前者係西漢以來的傳統説法，但驗之左傳，其記事訖於孔子死後二十七年的知伯被滅，書中有的卜筮預言已應驗到戰國時期的事件，因而難以成立。主張後一種説法的以康有爲、崔適等人爲代表，立論頗新穎大膽，然多屬主觀臆測，缺乏堅實證據，無法令人信從。左傳的作者，據現今掌握的材料及研究狀況，還不能具體落實。對於學術界來説，更重要的是確定左傳的撰作年代。當前不少學者將左傳看作是戰國前期人的作品，我們認爲是比較符合實情的。

左傳全文十九萬六千餘字，在十三經中篇幅最大，唐代稱之爲「大經」。它内容弘富，文辭典雅，是史記以前我國最偉大的歷史巨著，在中國文化史上占有極其重要的地位。

三

從西漢開始，就有人爲左傳作注。漢書儒林傳載賈誼爲左氏傳訓詁。楚元王傳云：「初左氏傳多古字古言，學者傳訓詁而已。及歆治左氏，引傳文以解經，轉相發明，由是章句義理備焉。」此後，賈徽、賈逵、陳元、鄭興、鄭衆、馬融、延篤、彭汪、許淑、服虔、潁容、孔嘉、鄭玄、王朗、王肅、王基、董遇、周生烈、李譔等漢、魏人都有整理、研究左傳的撰作。其中以賈逵春秋左氏解詁和服虔春秋左氏傳解誼影響較大，流傳亦廣。賈逵學承其父賈徽，賈徽受業於劉歆，家學師承，根底厚實。杜預也稱贊賈逵父子爲「先儒之美者」（春秋經傳集解序）。據世説新語文學所載，鄭玄得知服虔左傳注多與己同，便以所注盡付於服，服注當反映了許多鄭玄的見解。西晉初年，杜預撰春秋經傳集解，與服虔解誼同立於東晉國學。南北朝時，南方宗杜氏，北方則宗服氏。唐孔穎達奉唐太宗詔令撰五經正義，春秋左氏傳採用杜預注。從此，左傳注本定于杜氏一尊，而賈、服等東漢、魏、晉人的注本逐漸湮泯，大約亡於趙宋南渡。

清代經學復興，乾嘉時期很多學者崇尚東漢古文經學，形成風氣。在春秋學上，表現爲推重左傳，而於杜注多有不滿，着意搜集探求漢、魏遺説來匡正杜注，力求恢復春秋左傳漢學的本來面目。洪亮吉的春秋左傳詁，就是這方面有代表性的一部著作。

洪亮吉（一七四六——一八〇九），字君直，一字稚存，號北江，江蘇陽湖（今屬江蘇常州）人，曾充安徽學政朱筠和陝西巡撫畢沅的幕僚，與汪中、邵晉涵、王念孫、章學誠、莊述祖、孫星衍、法式善等名人學士有交往。乾隆五十五年（一七九〇）中進士，授編修。嘉慶四年（一七九九）因上書抨擊朝政而被遣戍伊犁，次年赦還，改號更生居士。隨即歸鄉家居，主講洋川書院，專心撰述，直至去世，終年六十四歲。一生著作豐富，有洪北江集行世。他工於詩文，有卷施閣詩文集、附鮚軒詩集、更生齋詩文集、北江詩話等；精於地輿，有補三國疆域志、東晉疆域志、十六國疆域志、西夏城堡録、乾隆府廳州縣圖志等，並多次參與地方志修纂；熟習訓詁，有漢魏音、弟子職注、比雅、六書轉注録等；潛心經學，有傳經表、通經表等。春秋左傳詁是他晚年費時十載的力作。

洪氏在該書自序中説：「名爲春秋左傳詁者，『詁』、『古』、『故』字通，欲存春秋左傳之古學耳。」所謂「古學」，即東漢古文學。他認爲傳統的杜預之注，不遵古訓，師心自用，望文生義，啓空疏陋習，糾弊的最好辦法就是以漢儒之説來匡正杜注。這便是貫串全書的宗旨。

本書一反杜預集解「分經之年與傳之年相附」的體制，依漢書藝文志的著録，將經、傳離析獨立，分作經四卷、傳十六卷。這樣處理，符合杜預作集解以前經、傳各自單行的情況，有其合理性，同時避免了杜預爲使經、傳相附而强行割裂左傳的毛病。

春秋左傳詁在訓詁方面，以賈逵、服虔爲主，遺説多採自史記的集解、索隱，易、書、詩、周禮、儀禮、禮記、春秋三傳的正義，水經注，文選注，太平御覽等；鄭興、鄭衆、王充、許慎、王逸、趙岐、鄭玄、應劭、高誘、王肅、韋昭等人撰述亦多有稱引；並博採爾雅、方言、説文解字、通俗文、釋名、小爾雅、玉篇、廣雅、經典釋文等小學典籍。地理方面，以班固、應劭、京相璠、司馬彪爲主，綜合漢書地理志、續漢書郡國志、水經注、括地志、元和郡縣志、元豐九域志、太平寰宇記等史地專著。洪氏索隱鈎沉，廣徵博引漢、魏舊説，並加以疏釋，爲認識、研究漢、魏時代的春秋左傳學及杜注與它的關係，提供了大量有用的材料和分析。作者對有關的先秦至漢、魏的經史子集亦廣泛採摘，還注意吸收當時學者的研究成果，如顧炎武左傳杜解補正、惠棟春秋左傳補注。在融會貫通古今的基礎上，提出不少獨到的見解。

洪氏對杜注及孔疏不免有貶斥過分的傾向，但總體上看，實具糾謬補闕之功。左傳隱公五年「四月鄭人侵衛牧」，杜注：「牧，衛邑。」詁則引爾雅「郊外謂之牧」，並作分析，認爲不是邑名，顯然較杜注合理。文公十七年「鹿死不擇音」，杜注：「音，所茠蔭之處，古字聲同，皆相假借。」劉炫規杜採服虔説「音」從本字爲訓，孔疏曲護杜注而拒劉。詁引莊子人間世郭象注、劉逵吴都賦注，證成劉説，令人信服。宣公十五年「曲梁」，杜注：「今廣平曲梁縣也。」詁指出應是劉昭續漢書郡國志注所引上黨記中位於潞城西十里的曲梁，並從實際的地形道理細加分析，澄清杜預合兩曲梁爲一地的誤解。哀公十一年子胥使於齊，「屬其子於鮑氏」，杜注：「私使人至齊屬其子。」詁引史記、説苑、吴越春秋等糾正云：「是則子胥實身自使。」宣公二年「宰夫胹熊蹯不孰」之「胹」，杜無注，詁引説文、方言、廣雅等作了補釋。定公四年「清梁」，杜注僅言「水名」，詁引水經注爲之具體坐實。諸如此類，不煩贅舉。

對春秋、左傳的文字，洪氏校以漢唐石經、陸氏釋文、宋本及其它刻本，並列舉經傳歧異，比較與公羊、穀梁、國語、史記等書的異同。吸收綜合前人校勘成果，用力頗勤，取捨審慎。

洪詁行文質樸簡練，講究務實，有話則長，無話則省，難解或有異説處則詳加考證，杜注、孔疏已講通講對而又無前人舊説可尋蹟處則略而不言。時至今日，春秋左傳詁仍不失爲一部較好的春秋左傳的簡明注本。

因爲本書有上述長處，所以一問世便受到歡迎而廣泛流傳。當然，它也存在一些問題，如没有跳出今古文學派的門户成見，對杜注、孔疏的態度欠客觀公允；缺乏金石文字的素養，未能較好地利用這方面的材料；具體的按斷，也尚有可商榷之處。

四

春秋左傳詁定稿於嘉慶十二年（一八〇七），洪亮吉將它作爲傳授子弟的課本藏於家塾。兩年後洪氏去世。嘉慶十八年（一八一三），稿本經其長子洪飴孫與門人吕培合力校定，在金陵（今南京市）付雕。但工訖後兩人相繼去世，因未付清刻貲，没能取回板子印行。直到道光八年（一八二八），由吕培之子吕朝忠出貲購得雕板，纔正式付印問世。雕板後燬於兵燹。光緒四年（一八七八）洪亮吉曾孫洪用懃據初刻本重新刊行，在板式上作了一些改動，是爲授經堂本。經覈校，我們發現較原刻增加了不少訛誤。以後該書被收入皇清經解續編，商務印書館萬有文庫、國學基本叢書，中華書局四部備要，均據授經堂本。全面權衡，我們認定時間最早的嘉慶十八年刊本是錯誤最少的本子。這次點校，便以此作爲底本。

在整理該書中，我們做了如下工作：

（一）根據十三經清人注疏標點體例的統一規定，對全書進行標點。需要説明，洪氏引書不少地方並不嚴格照録原文，而作壓縮轉述，這也是古人援引它書的習慣。爲便於區分引文起訖，對這類引文也均加引號。讀者如需利用，自當以原著爲準。

（二）對春秋左傳詁的經、傳全部文字，對校阮元十三經注疏本，補正明顯的衍奪訛誤。至於因版本不同而產生的歧異，一律仍舊。詁中引文，覈校原著，改正其中有礙文意的錯亂，對一般於文意理解影響不大的出入及因作者誤解引起的問題，不作訂正。上述删補改動，概出校記，列於當頁之末。

（三）原書的避諱字，均予改回；異體字儘量統一；明顯的板刻誤字亦予改正。以上改動，不出校記，以免煩瑣。

（四）有的傳文較長，而原書段落標誌不清或未加分段處，今參酌上下文意及洪詁解釋，劃分了段落。

（五）原書在經、傳正文和詁中有雙行小字，爲排版方便，今改爲單行，排作五號，並加括弧，以與詁文區別。

（六）收録嘉慶十八年的吕培跋、道光八年的吕朝忠後記和光緒四年的洪用懃後記，一併置於書末。

（七）重新編製本書檢目，置於卷首，以便讀者翻閱。

整理工作中肯定會有不當失誤之處，敬祈讀者隨時賜教是正。

李解民

一九八五年五月

本書由中華書局一九八七年出版，經中華書局授權，《江蘇文庫·精華編》編委會審定，并依據《文庫》體例作相關技術處理，如改正原書字詞、標點訛誤等，收入《文庫》，特此説明。

《江蘇文庫·精華編》編委會
二〇二四年一月

目録

春秋左傳詁序

余少從師受春秋左氏傳，即覺杜元凱于訓詁、地理之學殊疏。及長，博覽漢儒説經諸書，而益覺元凱之注，其望文生義、不臻古訓者，十居五六。未嘗不歎漢儒專家之學，至孫炎、薛夏、韋昭、唐固之後，法已盡亡。自魏受禪，至晉平吳之歲，不及百年，戎馬倥偬，著書者漸少。輔嗣既啓空疏之習，子雍復開飾僞之門，而孔門之弟子門人一綫相承不絶如縷者，至此始斷而不克續矣。然又竊怪元凱雖無師承，然其時精輿地之學者，裴秀、京相璠、司馬彪之儔，尚布列中外；即以訓詁論，左氏一經，陳元、鄭衆、賈逵、馬融、延篤、服虔、彭汪、許淑、潁容諸人之説俱在；倘精心搜采，參酌得中，何至師心自用若此！豈平吳之後，位望既顯，心跡較麤；又一時諸儒，學淺位下，不復能駁難故耶？自此書盛行，千六百年，雖有樂遜序義、劉炫規過之書，不能敵也。況今日去劉炫等又復千載，其敢明目張膽起而與之争乎？然以後人證前人之失，人或不信之；以前人正前人之失，則庶可釐然服矣。於是冥心搜録，以他經證此經，以别傳校此傳，寒暑不輟者又十年。分經爲四卷，傳爲十六卷，遵漢藝文志例也。訓詁則以賈、許、鄭、服爲主，以三家固專門，許則親問業於賈者也。援及通俗文者，服子慎之所注，與李虔所續者，截然而兩，徐堅初學記等所引可證也。地理則以班固、應劭、京相璠、司馬彪等爲主，輔而晉以前輿地圖經可信者，亦酌取焉。又舊經多古字、古音，半亡於杜氏，而俗字之無從鈎校者，又半出此書。因一一依本經與二傳，暨漢唐石經、陸氏釋文，與先儒之説信而可徵者，逐件校正，疑者闕之。大旨則以前古之人正中古之失。雖旁證曲引，惟求申古人之旨，而已無預焉者也。卷中凡用賈、服舊注者，曰「杜取此」；用漢、魏諸儒訓詁者，曰「杜本此」；用京相、馬彪諸人之説者，曰「杜同此」，以别之。書成，合爲二十卷，藏諸家塾，以教子弟焉。名爲春秋左傳詁者，「詁」、「古」、「故」字通，欲存春秋左傳之古學耳。時嘉慶十二年歲在丁卯立夏日也。

春秋左傳詁卷一

春秋經一

隱公

元年，春，王正月。【詁】易子夏傳：「元，始也。」（釋文。）賈逵左傳義云：「公羊以魯隱公爲受命王，黜周爲二王後。名不正則言不順，言不順則事不成。令隱公人臣而虛稱以王，周天子見在上而黜公侯，是非正名而言順也。如此，何以笑子路率爾，何以爲忠信，何以爲事上，何以爲法，何以全身？」（公羊疏一。）服虔云：「孔子作春秋，於春每月書『王』，以統三王之正。」（本疏。）

三月，公及邾儀父盟于蔑。【詁】賈、服以爲儀父嘉隱公有至孝謙讓之義，而與結好，故貴而字之，善其慕賢悦讓。（本疏。）汲郡古文作「魯隱公及邾莊公盟于姑蔑」。公羊經、穀梁經皆作「盟于眛」。[一] 公羊又作「邾婁儀父」。（公羊凡「邾」字下皆有「婁」字。陸氏音義云：「邾人語聲後曰『婁』，故曰邾婁。禮記同。」）漢書鄒陽傳作「義父」。（顏師古曰：「義讀曰

[一]「眛」，原作「昧」，據公羊經、穀梁經改。以下「眛」原皆作「昧」，均據所引原書改。

儀。」)按：文七年「先蔑」，公羊作「先眛」；史記楚世家及屈賈列傳「殺其將唐眛」，(正義：「眛，莫葛反。」)呂氏春秋作「唐蔑」，與此正同。知古文「眛」、「蔑」通也。劉熙釋名：「盟，明也，告其事於神明也。」詩鄭箋：「盟，歃血盟。」劉昭郡國志注，魯國卞縣南有姑城。(杜同此。)

夏，五月，鄭伯克段于鄢。【詁】馬融尚書注：「克，勝也。」漢書地理志陳留郡傿，應劭曰：「鄭伯克段於傿，是也。」按：趙匡集傳云：「鄢當作鄔，鄭地，在緱氏縣西南。至十一年乃屬周，左氏云『王取鄔、劉、蔿、邘之田于鄭』是也。傳寫誤爲鄢字。」今考杜注潁川鄢陵縣既非；趙匡以爲當作鄔，一無確據，又係改字，亦非也。惟應劭之説最足依據。傿縣，前漢屬陳留，後漢屬梁國，作⿰阝焉。陳留郡在春秋時大半屬鄭。且傳上云「至於廩延」，杜注：「廩延，鄭邑，陳留酸棗縣北有延津。」廩延至⿰阝焉既屬順道，又渡河至共亦便，明克段之地爲陳留⿰阝焉縣無疑。

秋，七月，天王使宰咺來歸惠公、仲子之賵。【詁】賈逵云：「畿内稱王，諸夏稱天王，夷狄稱天子。」(穀梁疏，賈逵春秋三家經訓詁。)服虔云：「咺，天子宰夫。」(周禮疏。)又云：「賵，覆也，天王所以覆被臣子。」(本疏。)春秋説題詞：「賵之爲言覆也。」(御覽。)張揖廣雅釋詁：「歸死者曰賵。」按：服氏訓當與何休説合。觀休云「賵猶覆也」，蓋謂覆被亡者耳。

九月，及宋人盟于宿。【詁】司馬彪續漢書郡國志東平國：「無鹽，本宿國，任姓。」(杜同此。)按：司馬彪傳彪撰續漢書在武帝太始中，而預作經傳集解則在太康時。預所採地理諸説，多與京相璠、司馬彪同。預雖與二人同時，或其書先出，且學又專門，故採用之也。

冬，十有二月，祭伯來。【詁】穆天子傳作「𨛫」，云：「𨛫，𨛫公邑。」按：僖二十四年傳「胙、祭」即此。韋昭國語注：「祭，畿内國名，爲王卿士。」(杜本此。)

公子益師卒。【詁】許慎説文解字：「大夫死曰殚，从歺卒聲。」按：經典皆作「卒」，蓋古文省。

二年，春，公會戎于潛。

夏，五月，莒人入向。【詁】世本：「莒，己姓。」今誤紀。漢書地理志城陽國：「莒，故國。」沛郡：「向，故國。」春秋曰：『莒人入向。』姜姓，炎帝後。」京相璠云：（水經注。按：下引京相璠並同。）「向，沛國縣，今并屬譙國龍亢也。」（杜同此。）

無駭帥師入極。（穀梁「駭」作「侅」，後同。古今人表「無」作「亡」。）【詁】賈逵云：「極，戎邑也。」（本疏。）穀梁傳云：「極，國也。」按：唐十二分野圖極國在費西南。又高誘淮南子注：「展無侅，柳下惠之父也。」「侅」、「駭」古字同，穀梁即作「侅」。

秋，八月庚辰，公及戎盟于唐。【詁】郡國志山陽郡：「方與有武唐亭。」（杜同此。）

九月，紀裂繻來逆女。【詁】公羊、穀梁並作「肥履綸」。按：「肥」、「紀」字近，「履綸」、「裂繻」音同。

冬，十月，伯姬歸于紀。

紀子帛、莒子盟于密。（公、穀並作「紀子伯」。）【詁】郡國志北海國：「淳于有密鄉。」（杜同此。）

十有二月乙卯，夫人子氏薨。【詁】劉、賈、許、潁云：「日月詳者，弔贈備；日月略者，弔有闕。」（釋例。）說文：「薨，公侯卒也。」白虎通：「薨之言奄也，奄然亡也。」釋名：「諸侯曰薨。薨，壞之聲也。」按：小君得從君例，故亦曰薨。

鄭人伐衛。【詁】傳文及詩鄭箋：「有鐘鼓曰伐。」（杜本此。）

三年，春，王二月己巳，日有食之。（釋文：「食」本或作「蝕」。）【詁】說文：「有，不宜有也。春秋傳曰『日月有食之』。」按：「有」字从月，故說文云「日月有食之」。錢詹事大昕又云：「日食者，月食之也，故說文連言日月。」

三月庚戌，天王崩。【詁】曲禮：「天子死曰崩。」說文：「崩，山壞也。」釋名：「天子曰崩。崩，壞之形也。崩，硼聲。」

夏，四月辛卯，君氏卒。（公、穀皆作「尹氏」。）

秋，武氏子來求賻。

八月庚辰，宋公和卒。

冬，十有二月，齊侯、鄭伯盟于石門。【詁】京相璠云：「石門，齊地。今濟北盧縣故城西南六十里有故石門，去水三百步。」（水經注。）按：濟北盧縣，春秋時即齊地，故京相璠云云。杜注分爲二地，殊誤。

癸未，葬宋穆公。（公、穀皆作「繆」，史記、漢書亦同。）【詁】按：「穆」、「繆」古字通。禮大傳「序以昭繆」，〔一〕鄭氏注云：「『繆』讀爲『穆』。」謚法：「布德執義曰穆。」又：「中情見貌曰穆。」

四年，春，王二月，莒人伐杞，取牟婁。【詁】地理志陳留郡：「雍丘，故杞國也。」（杜本此。）世本：「杞，姒姓。」（本疏。）

戊申，衛州吁弑其君完。（穀梁作「祝吁」，下同。）【詁】賈逵云：「弑君取國，故以國言之。」（本疏。）按：此二條亦春秋之始例。正義言諸弑君者，莊公以上皆不書氏，閔公以下皆書氏，足申明賈義。

夏，公及宋公遇于清。（別本作「宋人」，誤。）【詁】劉、賈以遇者，用冬遇之禮。（本疏。）京相璠云：「今濟北東阿東北四十里有故清亭，即春秋所謂清者也。」（水經注。）郡國志東阿有清亭。（杜同此。）

宋公、陳侯、蔡人、衛人伐鄭。

秋，翬帥師會宋公、陳侯、蔡人、衛人伐鄭。

九月，衛人殺州吁于濮。【詁】賈逵云：「濮，陳地。」（史記索隱。杜取此。）漢書地理志東郡濮陽，應劭曰：「濮水南入鉅野。」〔二〕（杜本此。）

〔一〕「大傳」原訛「喪服小記」，據禮記改。

〔二〕「南」原訛「東」，據漢書卷二八上地理志顔師古注引改。

冬，十有二月，衛人立晉。

五年，春，公矢魚于棠。【詁】詩毛傳：「矢，陳也。」賈逵云：「棠，魯地。陳魚而觀之。」（史記魯世家集解。）按：毛傳及賈並本爾雅釋詁文。公、穀作「觀魚」。史記、漢書五行志並作「觀魚於棠」。（杜取賈説。）郡國志山陽郡：「方與有武唐亭，魯侯觀魚臺。」（杜同此。）

夏，四月，葬衛桓公。

秋，衛師入郕。（公羊「郕」作「盛」，後同。）【詁】郡國志濟北國：「成，本國。」劉昭注：「左傳：『衛師入郕。』」即此。按：前漢濟北國并泰山，後漢和帝永元二年復置。地理志泰山郡有肥成縣，應劭曰：「肥子國。」别無所謂成縣也。疑郡國志「成」上脱一「肥」字，昭遂誤以爲春秋時郕國耳。水經注所稱京相璠云：「東郡廩丘縣南三十里有成都故城。」魏王泰括地志：「郕城在兖州泗水縣西北五十里。」山東圖經：「郕國城在汶上縣北三十里，春秋時郕子國。」若成後漢時作縣，則杜注不當云「東平剛父縣西南有郕鄉」矣。然杜以爲郕鄉在剛父縣西南，亦微誤。

九月，考仲子之宫，初獻六羽。【詁】服虔云：「宫廟初成祭之，名爲考。將納仲子之主，故考成以致其五祀之神以堅之。」（本疏。）

邾人、鄭人伐宋。

螟。【詁】爾雅釋蟲：「食苗心，螟。」舍人云：「食苗心者名螟，言冥冥然難知也。」李巡云：「食禾心爲螟，言其姦，冥冥難知也。」（杜本此。）按：説文：「螟，蟲食穀葉者。」與此微不同。

冬，十有二月辛巳，公子彄卒。

宋人伐鄭，圍長葛。【詁】京地名云：「長社北有長葛鄉。」（水經注。）郡國志潁川郡：「長社有長葛城。」（杜同此。）

六年，春，鄭人來渝平。【詁】公、穀並作「輸」。按：廣雅：「輸，更也。」「輸」、「渝」古通用。爾雅及虞翻易注：「渝，變也。」釋文本此。桓元年杜注亦同。

夏，五月辛酉，公會齊侯，盟于艾。

秋，七月。

冬，宋人取長葛。【詁】賈、服以爲長葛不繫鄭者，刺不能撫有其邑。（本疏。）

七年，春，王三月，叔姬歸于紀。【詁】賈逵云：「書之者，刺紀貴叔姬。」（本疏。）

滕侯卒。【詁】世本：「滕，姬姓，文王子錯叔繡之後。」（本疏。）地理志沛郡：「公丘，故滕國，周懿王子錯叔繡所封，三十一世爲齊所滅。」郡國志沛國：「公丘，本滕國。」（杜本此。）按：世本錯叔繡，文王子。左傳亦云：「郜、雍、曹、滕，文之昭也。」古今人表滕叔繡在中上，注：「文王子。」獨此志謂出懿王，蓋傳寫誤一字。

夏，城中丘。

齊侯使其弟年來聘。

秋，公伐邾。

冬，天王使凡伯來聘。【詁】郡國志河内郡：「共，有汎亭。」劉昭注：「凡伯邑。」〔一〕按：「凡」、「汎」古字通。（杜同此。）

戎伐凡伯于楚丘，以歸。【詁】地理志山陽郡：「成武，有楚丘亭。」（杜本此。）

〔一〕「邑」原訛「國」，據後漢書志第十九郡國一劉昭注改。

八年，春，宋公、衛侯遇于垂。【詁】京相璠云：「今濟陰句陽縣小成陽東五里有故垂亭者也。」〔一〕郡國志濟陰郡：「句陽，有垂亭。」（杜同此。）

三月，鄭伯使宛來歸祊。庚寅，我入祊。（公、穀皆作「邴」，下同。漢書五行志亦作「邴」。）【詁】郡國志泰山郡：「費，有祊亭。」（杜同此。）

夏，六月己亥，蔡侯考父卒。【詁】五經異義稱古春秋左氏說：「諸侯薨，赴於鄰國稱名，則書名稱卒。卒者，終也，取其終身，又以尊不出其國。」

辛亥，宿男卒。

秋，七月庚午，宋公、齊侯、衛侯盟于瓦屋。

八月，葬蔡宣公。

九月辛卯，公及莒人盟于浮來。（公、穀皆作「包來」。按：「浮」、「包」音同。）【詁】郡國志琅邪國：〔二〕「東莞，有邳鄉。有公來山，或曰古浮來。」（杜同此。）

螟。

冬，十有二月，無駭卒。

九年，春，天王使南季來聘。（「天王」，諸本誤作「天子」，今從石經、宋本改正。）

三月癸酉，大雨震電。庚辰，大雨雪。

〔一〕「成」原訛「城」，據水經注卷二十四改。

〔二〕「琅邪國」之「國」原訛「郡」，據後漢書志第二十一郡國三改。

挾卒。（公、穀皆作「俠」。）

夏，城郎。

秋，七月。

冬，公會齊侯于防。（公羊「防」作「邴」。）

十年，春，王二月，公會齊侯、鄭伯于中丘。

夏，翬帥師會齊人、鄭人伐宋。

六月壬戌，公敗宋師于菅。辛未，取郜。【詁】郡國志濟陰郡：「成武，有郜城。」（杜同此。）

辛巳，取防。

秋，宋人、衛人入鄭。宋人、蔡人、衛人伐戴。鄭伯伐取之。（公、穀皆作「載」。釋文此亦作「伐載」，音再。）【詁】按：説文「𢦔」字注云：「𢦔，故國，在陳留，从邑𢦏聲。」（杜本此。）地理志云：「梁國甾縣，故戴國。」應劭曰：「章帝改曰考城。」古者「甾」、「載」聲相近，故鄭康成詩箋讀「俶載」爲「熾菑」。是其音大同，故漢於戴國立甾縣。漢書五行志引作「戴」，師古曰：「戴國，今外黄縣東南戴城是也。讀者多誤爲『載』，故隋室置載州焉。」

冬，十月壬午，齊人、鄭人入郕。

十有一年，春，滕侯、薛侯來朝。【詁】干寶曰：「十盈則更始，以奇從盈數，故言有也。」（本疏。）地理志魯國：「薛，夏車正奚仲所國。」（杜本此。）世本：「薛，任姓。」

夏，公會鄭伯于時來。（公、穀皆作「夏五月」。公羊「時來」作「祁黎」。）【詁】按：「來」、「釐」音同。河南圖經：「釐城在滎澤縣東。」

秋，七月壬午，公及齊侯、鄭伯入許。【詁】地理志潁川郡：「許，故國，姜姓，四岳後，太叔所封，二十四世爲楚所滅。」（杜本此。）

冬，十有一月壬辰，公薨。

桓公

元年，春，王正月，公即位。【詁】古文春秋經「公即位」爲「公即立」。云：「古『位』、『立』同字。」（周禮注。）按：周禮：「小宗伯之職，掌建國之神位。」鄭注：「故書『位』作『立』。鄭司農云：『「立」讀爲「位」。』」惠棟云：「古鼎銘『位』皆作『立』。」

三月，公會鄭伯于垂。鄭伯以璧假許田。【詁】麋信云：「鄭以祊不足當許田，故復加璧。」（史記集解。）

夏，四月丁未，公及鄭伯盟于越。

秋，大水。

冬，十月。

二年，春，王正月戊申，宋督弒其君與夷，【詁】賈氏以爲督有無君之心，故去氏。（本疏。）及其大夫孔父。【詁】惠棟云：「孔父，孔子之先也。㈠ 傳曰『孔父嘉爲司馬』，是嘉名，孔父字。古人稱名字，皆先字而後名，祭仲足是也。鄭有子

㈠「子」原訛「氏」，據惠棟春秋左傳補注卷一改。

孔，名嘉。説文曰：『孔，从乙从子。〔一〕乙，請子之鳥也。乙至而得子，嘉美之也。古人名嘉，字子孔。』説文此訓，蓋指宋、鄭兩大夫。故先儒皆謂善孔父而書字。杜注輒爲異説，不可從也。」

滕子來朝。

三月，公會齊侯、陳侯、鄭伯于稷，以成宋亂。【詁】鄭衆、服虔皆以成宋亂爲成就宋亂。（本疏。）詩毛傳：「成，平也。」（杜本此。）

夏，四月，取郜大鼎于宋。戊申，納于太廟。

秋，七月，杞侯來朝。（公、穀皆作「紀侯」。）

蔡侯、鄭伯會于鄧。【詁】賈、服以鄧爲國，言蔡、鄭會於鄧之國都。（本疏。）地理志南陽郡：「鄧，故國。」應劭曰：「鄧，侯國。」

九月，入杞。

公及戎盟于唐。冬，公至自唐。

三年，春，正月，公會齊侯于嬴。【詁】賈逵云：「不書『王』，弑君、易祊田、成宋亂，無王也。元年治桓，二年治督，十年正曹伯，十八年終始治桓。」（本疏。）地理志泰山郡嬴。（杜本此。）

夏，齊侯、衛侯胥命于蒲。【詁】郡國志陳留郡：「長垣，侯國，有蒲城。」（杜同此。）按：徐堅初學記引左傳文，并注云：「蒲，甯殖邑也。」或當是賈、服舊注。

〔一〕「乙」原訛「乙」，據説文解字第十二上改。

六月，公會杞侯于郕。（公羊「杞」作「紀」，「郕」作「盛」。）

秋，七月壬辰朔，日有食之，既。【詁】詩鄭箋：「既，盡也。」（杜本此。）

公子翬如齊逆女。【詁】賈逵云：「使翬逆女，兼修艾之盟。」（釋例。）

九月，齊侯送姜氏于讙。【詁】郡國志濟北國：「蛇丘，有下讙亭。」（杜同此。）按：水經注引此即作「下讙」。公會齊侯于讙。夫人姜氏至自齊。

冬，齊侯使其弟年來聘。

有年。【詁】賈逵云：「桓惡而有年豐，異之也。言有，非其所宜有。」（本疏。）穀梁宣十六年傳：「五穀皆熟爲有年。」（杜取此。）

四年，春，正月，公狩于郎。【詁】爾雅釋天：「冬獵曰狩。」（杜本此。）

夏，天王使宰渠伯糾來聘。【詁】膏肓何休以爲：「左氏宰渠伯糾父在故名，仍叔之子何以不名？又仍叔之子以爲父在稱子，伯糾父在何以不稱子？」鄭箴之曰：「仍叔之子者，譏其幼弱，故略言子，不名之。至於伯糾，能堪聘事，私覿又不失子道，故名且字也。」（杜略取此。）惠棟云：「渠，周邑。昭二十六年傳劉子以王出次於渠，注云周地，然則伯糾蓋氏於邑者。」

五年，春，正月甲戌、己丑，陳侯鮑卒。

夏，齊侯、鄭伯如紀。

天王使仍叔之子來聘。（穀梁作「任叔」。）

葬陳桓公。

城祝丘。【詁】地理志東海郡即丘，孟康曰：「古祝丘。」郡國志琅邪國：「即丘，侯國，故屬東海，春秋曰祝丘。」

秋，蔡人、衛人、陳人從王伐鄭。【詁】服虔云：「言人者，時陳亂無君，則三國皆大夫也。」（詩疏。）

大雩。【詁】賈逵云：「言大，別山川之雩。蓋以諸侯雩山川，魯得雩上帝，故稱大。」（本疏。）服虔注左傳云：「大雩，夏祭天名。雩，遠也，遠爲百穀求膏雨也。」（續漢書志注。）又云：「雩，遠也，遠爲百穀祈膏雨。言大，別山川之雩也。」（禮記疏。）

螽。（公羊凡「螽」字皆作「蝝」。）【詁】爾雅釋蟲：「蜇螽，蚣蝑。」（杜本此。）

冬，州公如曹。【詁】世本：「州國，姜姓。曹國，姬姓，文王子叔振鐸之後也。」（本疏。）服虔云：「春秋前以黜陟之法進爵爲公。」（本疏。）地理志濟陰郡：「定陶，故曹國，周武王弟叔振鐸所封。」（杜本此。）

六年，春，正月，寔來。【詁】惠棟云：「孔穎達曰：『凡言寔者，已有其事，可後實之。今也方説所爲，不宜爲實，故轉而爲寔，訓之爲是也。春秋桓六年「州公寔來」，而左傳作「實來」，是由燕、趙之間「實」、「寔」同音，故字有異也。』按注及孔疏，『寔』當作『實』。石經傳文作『寔』，北宋本同，誤也。」陳樹華云：「傳解經，不容立異。且公、穀二家皆作『寔來』，寔訓爲是。杜注乃云：『寔，實也。』猶之隱六年經『渝平』，傳曰『更成』，杜獨訓渝爲變，顯與傳違，於義爲短。又按禮記大學引尚書秦誓『是能容之』、『是不能容』，『是』並作『寔』，蓋文異而音義同也。孔氏墨守杜説，非是。儀禮覲禮注云：『今文「實」作「寔」。』故變文言『寔來』。淳化本此『寔』字作『實』，非。按詩小星『寔命不同』毛傳：『寔，是也。』韓詩作『實命不同』。」

夏，四月，公會紀侯于成。（穀梁「成」作「郕」。）【詁】陸氏穀梁音義曰：「左氏作『杞侯』。」按：三年書「公會杞侯于郕」，則此處亦當作「杞侯」，疑傳寫誤也。

秋，八月壬午，大閱。【詁】賈注經曰：「簡車馬於廟也。」（公羊疏。杜取此。）廣雅：「閱，數也。」

蔡人殺陳佗。

九月丁卯，子同生。【詁】惠士奇云：「穀梁子曰：『疑，故志之。』按桓公三年夫人姜氏至自齊，十八年公與夫人姜氏遂如齊，始與齊侯亂。中間文姜未有如齊之事，而於六年始書『子同生』，明同爲桓公子。此聖人筆削之微意。莊四年冬，公及齊人狩於禚，齊有猗嗟之詩，爲莊公狩而作也。其詩曰『展我甥兮』，亦嫌文姜之亂，而證其爲齊之甥。夫子刪詩存之，與書『子同生』一例。公羊傳曰：『同，非吾子，齊侯之子也。』名教大閑，聖人於此安得而不慎乎？知此，則知聖人刪定六經之意矣。三傳惟穀梁得聖人之旨，其真子夏之門人與！」

冬，紀侯來朝。

七年，春，二月己亥，焚咸丘。【詁】公羊傳：「焚者何？樵之也。樵之者何？以火攻也。」（杜略本此。）按：孟子弟子有咸丘蒙，當即以地爲氏。山東圖經：「咸丘在鉅野縣南。」

夏，穀伯綏來朝。【詁】地理志南陽郡：「筑陽，故穀伯國。」（杜本此。）劉昭引博物志：「穀國，今穀亭。」

鄧侯吾離來朝。

八年，春，正月己卯，烝。

天王使家父來聘。

夏，五月丁丑，烝。

秋，伐邾。

冬，十月，雨雪。

祭公來，遂逆王后于紀。【詁】韋昭國語注：「祭，畿内之國，周公之後。」圖經：「祭城在鄭州城東北一十五里，周公第五子所封。」五經異義稱左氏説：「王者至尊，無敵體之義，故不親迎，使上卿迎之。諸侯有故若疾病，則使上大夫迎之，上卿臨之。」按：隱元年有祭伯，而此云祭公，蓋伯係本爵，入爲天子三公，故又得稱公也。

九年，春，紀季姜歸于京師。

夏，四月。

秋，七月。

冬，曹伯使其世子射姑來朝。

十年，春，王正月庚申，曹伯終生卒。

夏，五月，葬曹桓公。

秋，公會衛侯于桃丘，弗遇。【詁】郡國志東郡：「燕有桃城。」（杜同此。）

冬，十有二月丙午，齊侯、衛侯、鄭伯來戰于郎。

十有一年，春，正月，齊人、衛人、鄭人盟于惡曹。

夏，五月癸未，鄭伯寤生卒。

秋七月，葬鄭莊公。

九月，宋人執鄭祭仲。【詁】賈逵長義云：「公羊曰：『祭仲之權是也。』若令臣子得行，則閉君臣之道，啓篡弑之路。」（公羊疏。）

突歸于鄭。鄭忽出奔衛。

柔會宋公、陳侯、蔡叔，盟于折。

公會宋公于夫鍾。（公羊作「夫童」。）

冬，十有二月，公會宋公于闞。【詁】郡國志東平國：「東平陸，有闞亭。」（杜同此。）

十有二年，春，正月。

夏，六月壬寅，公會杞侯、莒子，盟于曲池。（公、穀「杞侯」皆作「紀侯」。公羊「曲池」作「毆蛇」。）

秋，七月丁亥，公會宋公、燕人，盟于穀丘。

八月壬辰，陳侯躍卒。【詁】世本：「躍爲厲公。」（杜本此。）

公會宋公于虛。（公羊「虛」作「郯」。）

冬，十有一月，公會宋公于龜。

丙戌，公會鄭伯，盟于武父。

丙戌，衛侯晉卒。

十有二月，及鄭師伐宋。丁未，戰於宋。

十有三年，春，二月，公會紀侯、鄭伯。己巳，及齊侯、宋公、衛侯、燕人戰，齊師、宋師、衛師、燕師敗績。

【詁】賈、服注：「譏衛侯，不稱子。」（禮記疏。）尚書序：「大奔曰敗績。」（杜本此。）

三月，葬衛宣公。

夏，大水。

秋，七月。

冬，十月。

十有四年，春，正月，公會鄭伯于曹。

無冰。

夏，五。

鄭伯使其弟語來盟。（穀梁「語」作「禦」。）

秋，八月壬申，御廩災。【詁】古微書引春秋考異郵：「天火爲災。」（杜本此。）

乙亥，嘗。【詁】服虔云：「魯以壬申被災，至乙亥而嘗，不以災害爲恐。」（本疏。）

冬，十有二月丁巳，齊侯禄父卒。

宋人以齊人、蔡人、衛人、陳人伐鄭。（公羊「衛人」在「蔡人」上。）

十有五年，春，二月，天王使家父來求車。（鄭康成儀禮士冠禮注作「嘉甫」。）

三月乙未，天王崩。

夏，四月己巳，葬齊僖公。

五月，鄭伯突出奔蔡。鄭世子忽復歸于鄭。

許叔入于許。

公會齊侯于艾。（公羊「艾」作「鄗」，穀梁作「蒿」。）

郲人、牟人、葛人來朝。【詁】地理志泰山郡：「牟，故國。」應劭曰：「魯附庸也。」陳留郡寧陵，孟康曰：「故葛伯國，今葛鄉是。」（杜本此。）

秋，九月，鄭伯突入于櫟。

冬，十有一月，公會宋公、衞侯、陳侯于袲，伐鄭。（公羊「宋公」上有「齊侯」，「袲」作「侈」。）【詁】按：說文「袲」字注云：「春秋傳曰：『公會齊侯於袲。』」蓋「袲」、「袲」本一字，文之變耳。又據說文，則「宋公」上當有「齊侯」二字。

十有六年，春，正月，公會宋公、蔡侯、衞侯于曹。

夏，四月，公會宋公、衞侯、陳侯、蔡侯伐鄭。

秋，七月，公至自伐鄭。

冬，城向。

十有一月，衞侯朔出奔齊。

十有七年，春，正月丙辰，公會齊侯、紀侯，盟于黄。【詁】按：地理志東萊郡黄縣，春秋時屬齊。此盟於黄，疑即是。

二月丙午，公會郲儀父，盟于趡。【詁】説文：「趡，動也。春秋傳曰『盟於趡』，趡地名。」（杜本此。）

夏，五月丙午，及齊師戰于奚。（公羊及石經本無「夏」字。「奚」穀梁作「即」。）【詁】賈、服之義：「若登臺而不視朔，則書時不書月；若視朔而不登臺，則書月不書時；若雖無事，視朔登臺，則書時書月。」（禮記正義。）

六月丁丑，蔡侯封人卒。

秋，八月，蔡季自陳歸于蔡。

癸巳，葬蔡桓侯。【詁】劉、賈、許曰：「桓卒而季歸，無臣子之辭也。蔡侯無子，以弟承位，群臣無廢主，社稷不乏祀，故傳稱『蔡人嘉之』，非貶所也。」（本疏。）

冬，十月朔，日有食之。

及宋人、衛人伐邾。

十有八年，春，王正月，公會齊侯于濼。【詁】説文：「濼，齊、魯間水也。春秋傳曰『公會齊侯于濼』。」按：宋陸友仁云：「濟水自王莽時不能至河西，而濼水之所入者，清河也。」杜注失之。

公與夫人姜氏遂如齊。（公羊無「與」字。）

夏，四月丙子，公薨于齊。丁酉，公之喪至自齊。

秋，七月。

冬，十有二月己丑，葬我君桓公。

莊公

元年，春，王正月。

三月，夫人孫于齊。（釋文作「遜」。）【詁】賈逵、服虔皆以爲：「桓公之薨，至是年三月，期而小祥，公憂思少殺，念及于母，以其罪重，不可以反之，故書『孫于齊』耳。其實先在齊，本未歸也。」（詩疏。）服云：「蓋桓公之喪從齊來。」（同上。）按：杜注以夫人此時始出奔，非是。當以賈義爲長。爾雅：「孫，遁也。」廣雅：「孫，去也。」（杜本此。）

夏，單伯送王姬。（公、穀「送」皆作「逆」。）

秋，築王姬之館于外。（白虎通引作「築王姬觀於外」。「觀」、「館」古字通。）

冬，十月乙亥，陳侯林卒。

王使榮叔來錫桓公命。【詁】爾雅：「錫，賜也。」（杜本此。）

王姬歸于齊。

齊師遷紀郱、鄑、郚。【詁】地理志琅邪郡缾、梧成。〔一〕水經注作郚城。地理風俗記曰：「朱虛縣東四十里有郚城亭，〔二〕故縣也。」應劭曰：「臨朐有伯氏駢邑。」按：「駢」即「缾」也，「郱」、「缾」、「駢」古字同。郡國志齊國：「臨朐有三亭，古郱邑。」（杜並本此。）說文：「鄑，宋、衞間地。」按：杜注「北海都昌縣西有訾城」即此，「鄑」、「訾」音同。唐於都昌縣鄑城置訾亭縣，以此。

二年，春，王二月，葬陳莊公。

夏，公子慶父帥師伐於餘丘。

秋，七月，齊王姬卒。

〔一〕「成」原作「城」，據漢書卷二十八上地理志改。

〔二〕「城亭」原作「亭城」，據水經注卷二十六乙正。

冬，十有二月，夫人姜氏會齊侯于禚。（公羊「禚」作「郜」，下四年公、穀並同。）【詁】按：論衡書虛篇亦引作「郜」。「禚」、「郜」音同。據此，則禚當即郜國，説文所云周文王子所封國也，與南郜、北郜本别。劉炫難杜亦然。

乙酉，宋公馮卒。

三年，春，王正月，溺會齊師伐衛。

夏，四月，葬宋莊公。

五月，葬桓王。

秋，紀季以酅入于齊。【詁】劉、賈謂：「紀季以酅奔齊，不言叛，不能專酅也。」（本疏。）賈逵以爲：「紀季不能兄弟同心以守國，乃背兄歸讎，書以譏之。」（後漢書注。）按：説文：「酅，東海之邑。」杜注云「紀邑」，葢取穀梁傳説。地理志甾川國東安平，孟康曰：「紀季以酅入於齊，今酅亭是也。」（杜本此。）

冬，公次于滑。（公、穀「滑」皆作「郎」。）【詁】郡國志陳留郡：「襄邑有滑亭。」（杜同此。）

四年，春，王二月，夫人姜氏享齊侯于祝丘。（公、穀皆作「饗」。釋文又云：「本或作『會』。」）

三月，紀伯姬卒。

夏，齊侯、陳侯、鄭伯遇于垂。

紀侯大去其國。

六月乙丑，齊侯葬紀伯姬。

秋，七月。

冬，公及齊人狩于禚。

五年，春，王正月。

夏，夫人姜氏如齊師。

秋，郳犁來來朝。（公羊作「倪犁」。）【詁】世本：「邾顔居邾，肥徙郳。」宋忠注云：「邾顔別封小子肥於郳，爲小邾子。」

冬，公會齊人、宋人、陳人、蔡人伐衛。

六年，春，王正月，王人子突救衛。（公、穀皆作「三月」。）

夏，六月，衛侯朔入于衛。

秋，公至自伐衛。

螟。

冬，齊人來歸衛俘。【詁】釋例云：「『齊人來歸衛寶』，公羊、穀梁經、傳及左氏傳皆同，惟左氏經獨言『衛俘』。考三家經、傳有六，而五皆言寶，此必左氏經之獨誤也。」按：説文：「保，从人，𤓽省聲。〔一〕古文保不省。」然則古字通用，「寶」或作「保」字，〔二〕與「俘」相似，故誤作「俘」耳。（本疏。）顔師古曰：「經書『齊人來歸衛俘』，傳言『衛寶』，公羊、穀梁經並爲『寶』，

〔一〕「𤓽」原訛「保」，據説文解字卷八上改。

〔二〕「作」原脱，據宋本春秋正義卷八補。

杜預注云疑左氏傳經誤。按：爾雅云：『俘，取也。』書序曰：『遂伐三朡，俘厥寶玉。』然則所取于衛之寶，而來獻之，經、傳相會，義無乖爽，豈必俘即是人？杜氏之説爲不通矣。」惠棟云：「周書顧命『陳寶赤刀』，説文引作『保』。李氏鏡銘『明如日月世之保』，與『寶』同。」

七年，春，夫人姜氏會齊侯于防。

夏，四月辛卯，夜，恒星不見。（穀梁「夜」作「昔」。）【詁】詩鄭箋：「恒，常也。」（杜本此。）

夜中，星隕如雨。（公羊「隕」並作「霣」。）【詁】服虔注：「如，而也。」（本疏，見隱七年。杜取此。）按：周禮大司樂正義引左傳作「星霣而雨」。（五行志曰：「如，而也。」）論衡藝增篇及説日篇兩引春秋，並作：「夏四月辛卯，夜中，恒星不見，[一]星霣如雨。」

秋，大水。

無麥、苗。

冬，夫人姜氏會齊侯于穀。【詁】郡國志東郡穀城。（杜同此。）按：晉移屬濟北國。

八年，春，王正月，師次于郎，以俟陳人、蔡人。【詁】賈逵及説穀梁者皆云：「陳、蔡欲伐魯，故待之。」何休、服虔云：「欲共伐郕。」（杜取服説。）按：杜注云：「期共伐郕。」今考此年夏，師及齊師圍郕，郕降于齊師，經文及傳皆不及陳、蔡，知魯無期陳、蔡共伐郕之事。當以賈説爲長。正義申杜，又云：「陳、蔡與魯境絶路遥，無緣伐魯。」按：既云「境絶路遥」，則

[一]「不」原訛「百」，據論衡藝增篇及説日篇改。

魯無容約遠國伐近國；若云二國可共約伐郕，則郕與魯接境，何爲獨不可伐魯乎？正義之説，可謂進退失據矣。

甲午，治兵。（公羊作「祠兵」。）

夏，師及齊師圍郕，郕降于齊師。（公羊「郕」並作「成」。）

秋，師還。

冬，十有一月癸未，齊無知弑其君諸兒。（別本「弑」作「殺」，今定从宋本。）【詁】賈逵以爲弑君取國，故以國言之。（本疏，在隱四年。）

九年，春，齊人殺無知。

公及齊大夫盟于蔇。（公、穀「蔇」皆作「暨」。）【詁】郡國志琅邪國：「繒，有概亭。」（杜本此。）「蔇」、「概」同。

夏，公伐齊，納子糾。（公、穀皆作「納糾」，無「子」字。）【詁】賈逵云：「不言公子，次正也。」按正義，則知賈氏本無「子」字，與公、穀合。管子作子糺，劉向新序、淮南子並同。齊小白入于齊。【詁】賈、服以爲：「齊大夫來迎子糾，公不亟遣，而盟以要之，齊人歸迎小白。」（本疏。）按：賈、服蓋尋繹經文得之。使齊大夫樂從于盟，并有成約，則公納子糾不須言伐。且下言「齊小白入于齊」，從國逆之文，明齊大夫不樂魯君要盟，因變計逆小白也。若如杜云，二公子各有黨，迎小白者又非盟蔇之人，則小白之入，與者半，不與者半，又何得泛引「國逆而立之曰入」例乎？又自矛盾矣。

秋，七月丁酉，葬齊襄公。

八月庚申，及齊師戰于乾時，我師敗績。【詁】地理志千乘郡：「博昌，時水東北至鉅定，入馬車瀆，幽州寖。」京相璠云：「今樂安博昌縣南界有時水，西通濟。其源上出盤陽，北至高苑，下有死時，中無水，爲春秋之乾時也。」（水經注。杜同此。）

九月，齊人取子糾殺之。【詁】賈逵云：「偁子者，愍之。」（本疏。）按：上經一本無「子」字，此始有之，故以爲愍。劉炫説與賈同。正義議賈，非是。

冬，浚洙。【詁】京相、服虔並言洙水在魯城北，浚深之，爲齊備也。（水經注。）按：此則京、杜皆用服説。

十年，春，王正月，公敗齊師于長勺。

二月，公侵宋。

三月，宋人遷宿。

夏，六月，齊師、宋師次于郎。公敗宋師于乘丘。【詁】地理志濟陰郡乘氏，應劭曰：「春秋『敗宋師于乘丘』是也。」按：張華博物志亦云：「濟陰乘氏侯國，古乘丘。」杜注以爲泰山郡乘丘，恐非。小顔注地理志亦取杜説，誤。

秋，九月，荆敗蔡師于莘，以蔡侯獻舞歸。（穀梁「舞」作「武」。）

冬，十月，齊師滅譚，譚子奔莒。【詁】説文：「鄿，國也，齊桓公之所滅。」按：史記作「郯」。（徐廣曰：「一作『譚』。」）蓋音同而誤。郡國志濟南郡：「東平陵，有譚城。」（杜同此。）

十有一年，春，王正月。

夏，五月戊寅，公敗宋師于鄑。【詁】按：即莊元年郱、鄑、郚之鄑。説文云：「宋、魯閒地。」杜直云魯地，亦誤。

秋，宋大水。

冬，王姬歸于齊。

十有二年，春，王三月，紀叔姬歸于酅。

夏，四月。

秋，八月甲午，宋萬弑其君捷及其大夫仇牧。【詁】賈氏以爲宋萬未賜族。（本疏。）又賈氏云：「公羊、穀梁曰『接』。」（公羊疏。）惠棟曰：「『捷』與『接』古字通。易晉卦曰『晝日三接』，鄭注曰：『接，勝也。』禮内則『接以太牢』，注云：『「接」讀爲「捷」。捷，勝也。』音義並同。」今按：正義譏賈云：「傳曰南宫長萬，則爲已氏南宫，不得爲未賜族。」今考春秋時族有不由君賜者，如士會之孥，處秦者爲劉氏；伍員之子，在齊爲王孫氏；外傳知果自别其族爲輔氏。則南宫之族，或因所居之地以自稱，非由君賜，亦未可知。即如襄仲居東門，故曰東門氏，亦非君賜，是其一證。又賈於前年乘丘之役南宫長萬下，即注云：「南宫，氏。萬，名。」是非不知萬氏南宫。而此云「未賜族者」，蓋以南宫實非君所賜氏故耳。正義每申杜駁賈，並無義理，均所不取。

冬，十月，宋萬出奔陳。

十有三年，春，齊侯、宋人、陳人、蔡人、邾人會于北杏。（穀梁「齊侯」作「齊人」。）【詁】賈、服説北杏之會，邾時已得王命。（本疏二。）按：經書「邾人」始此，故賈、服云然。十六年邾子克卒，杜注云：「邾子者，蓋齊桓請王命以爲諸侯，再同盟。」亦用賈、服説也。

夏，六月，齊人滅遂。【詁】世本：「遂，嬀姓。」地理志泰山郡：「蛇丘隧鄉，故隧國。」（杜同此。）京相璠曰：「遂在蛇丘東北十里。」（水經注。）按：蛇丘東北無城以擬之，「東北」當作「西北」，杜注承京相之誤也。

秋，七月。

冬，公會齊侯，盟于柯。

十有四年，春，齊人、陳人、曹人伐宋。

夏，單伯會伐宋。

秋，七月，荆入蔡。

冬，單伯會齊侯、宋公、衛侯、鄭伯于鄄。（史記齊世家「鄄」作「甄」。）【詁】韋昭齊語注引作「會于鄄」，舊音云内傳作「甄」，水經注亦作「甄」。地理志濟陰郡有鄄城。（杜同此。按：三國魏時鄄城始移屬東郡。）

十有五年，春，齊侯、宋公、陳侯、衛侯、鄭伯會于鄄。

夏，夫人姜氏如齊。

秋，宋人、齊人、邾人伐郳。（公羊「郳」作「兒」。）【詁】説文云：「郳，齊地，春秋傳曰『齊高厚定郳田』。」按：郳後爲齊所并，故云齊地。

鄭人侵宋。

冬，十月。

十有六年，春，王正月。

夏，宋人、齊人、衛人伐鄭。

秋，荆伐鄭。

冬，十有二月，會齊侯、宋公、陳侯、衛侯、鄭伯、許男、滑伯、滕子，同盟于幽。（公、穀「許男」下皆有「曹伯」二字。）【詁】按：成公十三年「殄滅我費滑」，即此，故杜注言「滑國都費」也。

郳子克卒。

十有七年，春，齊人執鄭詹。（公羊「詹」作「瞻」，下同。）

夏，齊人殲于遂。（公羊「殲」作「瀸」。）【詁】説文：「殲，微盡也。春秋傳曰：『齊人殲于遂。』」（杜本此。）地理志：「隧鄉，故隧國，春秋曰『齊人殲于隧』也。」

秋，鄭詹自齊逃來。

冬，多麋。

十有八年，春，王三月，日有食之。

夏，公追戎于濟西。【詁】服氏云：「桓公爲好，莊公獨不能修而見侵。濟西，曹地。」（周禮疏。）京相璠曰：「濟水自鉅野至濟北。」（水經注。）

秋，有蜮。【詁】説文：「蜮，短狐也，似鼈，三足，以气射害人，〔一〕从蟲或聲。蟈，〔二〕蜮又从國。」〔三〕按：諸本「狐」又作「弧」，與漢書五行志同。師古注：「即射工也，亦呼水弩。」尋文義，是當作「弧矢」之「弧」。又按：漢舊儀云：「蜮，鬼也。」「魊」與「蜮」古字通。釋文本「短狐」又作「斷弧」。

冬，十月。

〔一〕「人」原脱，據説文解字第十三上補。
〔二〕「蟈」原脱，據説文解字第十三上補。
〔三〕「蜮」原訛「或」，據説文解字第十三上改。

十有九年，春，王正月。

夏，四月。

秋，公子結媵陳人之婦于鄄，遂及齊侯、宋公盟。

夫人姜氏如莒。

冬，齊人、宋人、陳人伐我西鄙。【詁】韋昭國語注：「鄙，邊邑也。」（杜本此。）

二十年，春，王二月，夫人姜氏如莒。

夏，齊大災。

秋，七月。

冬，齊人伐戎。（穀梁作「伐我」。）

二十有一年，春，王正月。

夏，五月辛酉，鄭伯突卒。

秋，七月戊戌，夫人姜氏薨。

冬，十有二月，葬鄭厲公。

二十有二年，春，王正月，肆大眚。（公羊「眚」作「省」。）【詁】賈逵以文姜爲有罪，故赦而後葬，以説臣子也。魯大赦國中罪過，欲令文姜之過因是得除，以葬文姜。（本疏。）按：賈依文爲訓。文姜薨在去年七月，至十一月即當葬，乃遲至七月之久。此數月中，國又無大事，明文姜得罪先君，國人所知，非因肆赦不可蕩滌，故賈云然耳。正義說非。

癸丑，葬我小君文姜。

陳人殺其公子御寇。（公、穀皆作「禦」，史記世家同。）

夏，五月。

秋，七月丙申，及齊高傒盟于防。

冬，公如齊納幣。

二十有三年，春，公至自齊。

祭叔來聘。

夏，公如齊觀社。　公至自齊。

荆人來聘。

公及齊侯遇于穀。

蕭叔朝公。【詁】地理志沛郡：「蕭，故蕭叔國，宋別封附庸也。」按：蕭，宋附庸。杜注似以爲魯附庸，非。

秋，丹桓宮楹。【詁】說文：「楹，柱也。春秋傳曰『丹桓宮楹』。」（杜本此。）

冬，十有一月，曹伯射姑卒。

十有二月甲寅，公會齊侯，盟于扈。【詁】郡國志河南尹：「卷，有扈城。」（杜同此。）

二十有四年，春，王三月，刻桓宮桷。【詁】說文：「桷，榱也。椽方曰桷。又齊、魯謂之桷。春秋傳曰『刻桓宮桷』。」服虔注曰：「桷，謂之榱。榱，椽也。」按：國語注，唐固云：「桷，榱頭也。」韋昭謂「桷一名榱」。杜曰：「桷，椽也。」蓋亦取説文「椽方曰桷」之義。

葬曹莊公。

夏，公如齊逆女。

秋，公至自齊。

八月丁丑，夫人姜氏入。

戊寅，大夫、宗婦覿，用幣。【詁】賈云：「宗婦，同姓大夫之婦。」（詩疏。杜取此。）

大水。

冬，戎侵曹。

曹羈出奔陳。

赤歸于曹。【詁】賈逵以爲羈是曹君，赤是戎之外孫，故戎侵曹，逐羈而立赤。（本疏。）公、穀以爲赤蓋郭公，以「赤歸于曹郭公」連爲一句。又穀梁言郭公名赤，失國而歸于曹。（同上。）

郭公。【詁】按：郭國不見於春秋。考僖二年「晉伐虢」，公羊傳作「郭」，戰國策亦同。又昭元年「會于虢」，穀梁亦作「郭」。周書王會解「郭叔掌爲天子菉幣焉」，孔晁注：「郭叔，虢叔。」是「虢」、「郭」音近義通。此郭公即虢公。虢爲公爵，書法亦合。虢公下必繫以事，而史闕之，否則虢公林父或於是年卒也。又按：士蔿使殺群公子而城聚都之，即在此後一年。考之史記晉世家，於此年書「群公子既亡奔虢」。夫云「既亡」，則亡在此年之前可知。又云：「虢以其故再伐晉，不克。」（下二十六年傳：「秋，虢人侵晉。冬，虢人又侵晉」。）是此數年中，虢、晉正交兵，非無事可書又甚明。但不敢縣斷，故附記於此。史記索隱曰：「虢後改稱郭。」非是。李善稱高誘戰國策注：「『郭』，古文『虢』字也。」姓纂：「周文王季弟虢叔受封於虢，或曰郭公，因以爲氏。」公羊傳曰：「虢謂之郭，聲之轉也。」又其顯證。

二十有五年，春，陳侯使女叔來聘。

夏，五月癸丑，衛侯朔卒。

六月辛未朔，日有食之。鼓，用牲于社。【詁】春秋大傳曰：「天子之國有泰社，東方青，南方赤，西方白，北方黑，上方黄。故將封於東方者取青土，封於南者取赤土，封於西者取白土，封於北者取黑土。各取其方土，裹以白茅，封以爲社。此始受封於天子者也。此之謂主土。主土者，大社以奉之也。」（胡三省通鑑注。）

伯姬歸于杞。

秋，大水。鼓，用牲于社、于門。

冬，公子友如陳。

二十有六年，春，公伐戎。（公羊無「春」字。）

夏，公至自伐戎。

曹殺其大夫。

秋，公會宋人、齊人伐徐。【詁】地理志臨淮郡：「徐，故國，盈姓，至春秋時徐子章禹爲楚所滅。」

冬，十有二月癸亥朔，日有食之。

二十有七年，春，公會杞伯姬于洮。

夏，六月，公會齊侯、宋公、陳侯、鄭伯，同盟于幽。

秋，公子友如陳，葬原仲。

冬，杞伯姬來。

莒慶來逆叔姬。

杞伯來朝。

公會齊侯于城濮。【詁】賈逵云：「城濮，衛地。」（杜取此。）

二十有八年，春，王三月甲寅，齊人伐衛。衛人及齊人戰，衛人敗績。

夏，四月丁未，邾子瑣卒。

秋，荊伐鄭。

公會齊人、宋人救鄭。

冬，築郿。（公、穀皆作「築微」。）【詁】水經「濟水逕微鄉東」，注云：「即春秋之郿。京相璠曰公羊傳謂之微，在東平壽張西北三十里，有故微鄉，魯邑也。」（杜本此。）璠曰：「微，子國。」（路史。）按：水經注引杜注云「有微子冢」，今注無之。惠棟云：「公羊釋文云：『「築微」，左氏作「麋」。』『麋』，古文『眉』。『眉』與『微』古今字。少牢饋食禮『眉壽萬年』，[一]鄭注：『古文「眉」爲「微」。』」

大無麥、禾。【詁】服虔云：「陰陽不和，土氣不養，故禾、麥不成也。傳言饑，而經不書者，得齊之糴，救民之急，不至於饑也。」（本疏。）

[一]「少牢」原訛「特牲」，據儀禮改。

臧孫辰告糴于齊。【詁】何休公羊傳注：「買穀曰糴。」服虔云：「不言如，重穀急辭。以其情急於糴，故不言如齊告糴。乞師則情緩於糴，故云如楚乞師。」（本疏。）服又云：「無庭實也。」（聘禮疏。）

二十有九年，春，新延廄。【詁】劉、賈云：「言新，有故木；言作，有新木。延廄不書作，所用之木非公命也。」（本疏。）按：據此則經文缺「作」字可知。

夏，鄭人侵許。

秋，有蜚。

冬，十有二月，紀叔姬卒。

城諸及防。【詁】賈逵云：「言及，先後之辭。」（本疏。）地理志琅邪郡諸。（杜本此。）

三十年，春，王正月。

夏，次于成。（公、穀皆作「師次于成」。）

秋，七月，齊人降鄣。【詁】劉、賈依二傳，以爲鄣，紀之遺邑。按：說文：「鄣，紀邑也。」與賈說同。杜注：「鄣，紀附庸國。」今考紀在春秋時甚微，疑不得有附庸。又紀侯去國，至此已二十七年，不得有附庸獨存。杜注蓋非也。郡國志東平國：「無鹽，有章城。」（杜同此。）

八月癸亥，葬紀叔姬。

九月庚午朔，日有食之。鼓，用牲于社。

冬，公及齊侯遇于魯濟。

齊人伐山戎。【詁】服虔云：「山戎，北狄，蓋今鮮卑也。」（史記集解。）

三十有一年，春，築臺于郎。

夏，四月，薛伯卒。

築臺于薛。

六月，齊侯來獻戎捷。【詁】説文：「捷，獵也，軍獲得也。春秋傳曰『齊人來獻戎捷』。」

秋，築臺于秦。【詁】郡國志東平國：「范，有秦亭。」（杜同此。）

冬，不雨。

三十有二年，春，城小穀。【詁】穀梁云：「魯邑。」范甯注：「小穀，魯地也。」賈逵云：「不繫齊者，世其禄。」（本疏。）郡國志東郡：「穀城，春秋時小穀。」（杜同此。）圖經：「曲阜西北有小穀城。」桂馥云：「水經注所稱小城，正在曲阜西北。漢以項羽頭示魯人，而葬羽於小穀，其地去魯城當不遠。」

夏，宋公、齊侯遇于梁丘。【詁】郡國志山陽郡：「昌邑，有梁丘城。」（杜同此。）

秋，七月癸巳，公子牙卒。

八月癸亥，公薨于路寢。

冬，十月己未，子般卒。（公、穀皆作「乙未」。「子般」，史記作「子班」。師古漢書注：「『般』與『班』同。」）

公子慶父如齊。

狄伐邢。【詁】地理志趙國：「襄國，故邢。」（杜本此。）

春秋左傳詁卷二

春秋經二

閔公

元年，春，王正月。

齊人救邢。

夏，六月辛酉，葬我君莊公。

秋，八月，公及齊侯盟于落姑。（公、穀皆作「洛姑」。）季子來歸。

冬，齊仲孫來。

二年，春，王正月，齊人遷陽。【詁】地理志東海郡都陽，應劭曰：「春秋『齊人遷陽』是。」城陽國陽都，應劭曰：「齊人遷陽，故陽國是。」〔一〕按：城陽國陽都故城在今沂州府沂水縣西南，都陽故城，後漢書注云「在承縣南」，則亦在今嶧縣西南

〔一〕「國」原訛「關」，據漢書卷二十八下地理志改。

矣。二縣相去實不過二百里。郡國志琅邪國有陽都，云「故屬城陽」，而東海之都陽已省，疑兩縣已并作一地，故應劭云然。錢大昕考異亦疑都陽侯國，係城陽戴王之子當日或即割陽都之鄉爲侯國，本非兩地也。今考都陽、陽都爲一爲二尚未可知，而爲「齊人遷陽」之陽則無疑義。杜既不注所在，而正義又云：「世本無有陽國，不知何姓。」按：禮記坊記：「陽侯殺繆侯而竊其夫人。」淮南王書氾論訓「繆侯」作「蓼侯」，高誘注：「蓼侯，臯陶之後，偃姓之國。」鄭康成注既云「陽、繆同姓國」，則陽侯亦偃姓可知。正義云「不知何姓」，實亦未深攷也。

夏，五月乙酉，吉禘于莊公。【詁】賈逵云：「禘者，遞也，審諦昭穆，遷主遞位，孫居王父之處。」（宋本禮記疏。）按：王肅聖證論引賈逵説並同。（杜取此。）

秋，八月辛丑，公薨。

九月，夫人姜氏孫于邾。【詁】賈、服之説，皆以爲文姜殺夫罪重，故去姜氏；哀姜殺子罪輕，故不去姜氏。（本疏。）

公子慶父出奔莒。

冬，齊高子來盟。

十有二月，狄入衛。【詁】賈逵云：「不與夷、狄得志于中國。」（詩疏。）

鄭棄其師。

僖公（史記、漢書皆作「釐」。師古曰：「『釐』讀曰『僖』。」）

元年，春，王正月。

齊師、宋師、曹師（别本誤作「曹伯」，惟石經作「曹師」，與公、穀合，今據改。）次于聶北，救邢。【詁】説文：「喦，多言也，从品相連。春秋傳曰『次于㗊北』，讀與『聶』同。」按：今本作「聶」，因聲近而轉。賈、服以爲此言「次于聶北救邢」，與襄二十三年「叔孫豹救晉次于雍榆」，二事相反。此是君也，進止自由；彼是臣也，先通君命。（本疏。）郡國志東郡：「聊城有夷儀聚，有聶戚。」按：夷儀聚即下文邢所遷，聶戚即此聶北也。

夏，六月，邢遷于夷儀。（公羊作「陳儀」。）

齊師、宋師、曹師城邢。

秋，七月戊辰，夫人姜氏薨于夷。齊人以歸。（按：唐石經作「齊人以尸歸」，「尸」字是後人增入，不足據。）

楚人伐鄭。

八月，公會齊侯、宋公、鄭伯、曹伯、邾人于檉。（公羊「檉」作「朾」。）

九月，公敗邾師于偃。（公羊「偃」作「纓」。）

冬，十月壬午，公子友帥師敗莒師于酈，（公羊「酈」作「犂」，穀梁作「麗」。）獲莒挐。（諸本並誤作「拏」，今改正。傳亦同。）

十有二月丁巳，夫人氏之喪至自齊。【詁】賈逵云：「殺子輕，故但貶姜。」（本疏。）

二年，春，王正月，城楚丘。【詁】賈逵云：「楚丘，衞地。」（史記索隱。）

夏，五月辛巳，葬我小君哀姜。

虞師、晉師滅下陽。（公、穀皆作「夏陽」。汲郡古文作「下陽」。）【詁】郡國志河東郡：「大陽，有下陽城。」（杜同此。）

秋，九月，齊侯、宋公、江人、黃人盟于貫。（公羊作「盟于貫澤」，劉向新序亦引作「貫澤」。）【詁】賈逵云：「江、黃稱人，刺不度德善隣，恃齊背楚，終爲楚所滅。」（本疏。）地理志汝南郡安陽，應劭曰：「故江國，今江亭是。」（杜本此。）酈道元云：「貫城在蒙縣西北，杜預以爲貰也，云『貰』、『貫』字相似。」

冬，十月，不雨。

楚人侵鄭。

三年，春，王正月，不雨。夏，四月，不雨。【詁】賈逵取穀梁以爲説，曰：「歷時而言不雨，文不憂雨也。不憂雨者，無志于民也。言僖有憂民之志，故每時一書。文無憂民之志，是以歷時總書。」（本疏。）

徐人取舒。【詁】地理志臨淮郡：「徐，故國，盈姓。」廬江郡：「舒，故國。」（杜本此。）按：玉篇引傳文及注，並作「⿰舍阝」。説文：「⿰舍阝，地名，从邑舍聲。」不言所在。知「⿰舍阝」、「舒」古字同也。

六月，雨。

秋，齊侯、宋公、江人、黄人會于陽穀。【詁】郡國志東平國：「須昌，有陽穀城。」（杜同此。）

冬，公子友如齊涖盟。（穀梁作「公子季友」。公、穀「涖」皆作「蒞」。）【詁】按：「涖」從説文當作「䇐」。玉篇「莅」與「涖」同。儀禮鄭注：「涖，臨也。」（杜本此。）

楚人伐鄭。

四年，春，王正月，公會齊侯、宋公、陳侯、衛侯、鄭伯、許男、曹伯侵蔡。蔡潰。遂伐楚，次于陘。【詁】賈逵云：「民逃其上爲潰也。」（史記集解。杜取此。）郡國志汝南郡：「召陵，有陘亭。」（杜同此。）

夏，許男新臣卒。【詁】賈逵云：「不言卒于師，善會主加禮，若卒于國。」（本疏。）

楚屈完來盟于師，盟于召陵。【詁】公羊傳曰：「屈完者何？楚大夫也。何以不稱使？尊屈完也。曷爲尊屈完？以當桓公也。」服虔取以爲説。（本疏。）服又云：「來者，外楚也。嫌楚無罪，言來以外之。」（同上。）地理志汝南郡召陵，師古曰：「『召』讀曰『邵』。」按：水經注引此即作「邵陵」。（杜本此。）

齊人執陳轅濤塗。（公、穀「轅」皆作「袁」。釋文：「『袁』本多作『轅』。」）【詁】按：襄三年傳「陳成公使轅僑如會求成」，〔一〕注云：「轅僑，濤塗四世孫。」史記齊世家作「袁」，陳世家作「轅」。漢國三老袁良碑：「周之興，滿爲陳侯，至玄孫濤塗，以字立姓曰袁。」法言曰：「齊桓公欲徑陳，陳不果納，執轅濤塗。」後漢書袁術傳「袁氏出陳，爲舜後」，注云：「陳大夫轅濤塗，袁氏其後也。」「袁」、「轅」古字同。

秋，及江人、黄人伐陳。

八月，公至自伐楚。

葬許穆公。（公羊「穆」作「繆」。）

冬，十有二月，公孫茲帥師會齊人、宋人、衛人、鄭人、許人、曹人侵陳。（公羊「茲」作「慈」，下同。）

五年，春，晉侯殺其世子申生。

杞伯姬來，朝其子。（釋文「杞伯姬來」絶句，云來歸寧。「朝其子」，猶言其子朝。）【詁】按：公羊傳曰：「其言來朝子何？内辭也。」注云：「據微者不當書朝，連來者，内辭也。」是公羊作一句讀。

夏，公孫茲如牟。

公及齊侯、宋公、陳侯、衛侯、鄭伯、許男、曹伯會王世子于首止。（公、穀皆作「首戴」，下同。）

〔一〕「三」原訛「二」，據春秋左傳襄公三年改。

秋，八月，諸侯盟于首止。

鄭伯逃歸不盟。

楚人滅弦，弦子奔黄。【詁】地理志江夏郡：「軑，〔一〕本弦子國。」（杜本此。）

九月戊申朔，日有食之。

冬，晉人執虞公。

六年，春，王正月。

夏，公會齊侯、宋公、陳侯、衛侯、曹伯伐鄭，圍新城。【詁】地理志河南郡密。（杜本此。）師古曰：「即春秋僖六年『圍新密』者也。」

秋，楚人圍許。

諸侯遂救許。

冬，公至自伐鄭。

七年，春，齊人伐鄭。

夏，小邾子來朝。

鄭殺其大夫申侯。

〔一〕「軑」原訛「軚」，據漢書卷二十八上地理志改。

秋，七月，公會齊侯、宋公、陳世子款、鄭世子華，盟于甯母。（穀梁「甯」作「寧」。釋文「甯母」如字，又音「無」。公羊穀梁亦兩音。按：石經作「毋」，當從之。）【詁】郡國志山陽郡：「方與有泥母亭，或曰古甯母。」（杜同此。）

曹伯班卒。（公羊作「般」。）

公子友如齊。

冬，葬曹昭公。

八年，春，王正月，公會王人、齊侯、宋公、衞侯、許男、曹伯、陳世子款，盟于洮。（公羊「陳世子款」下有「鄭世子華」四字，非。）【詁】按：莊十七年杜注：「洮，魯地。」此注又云「曹地」。今攷下三十一年傳「分曹地自洮以南」，是洮水在曹、魯之界，洮水南屬曹，洮水北屬魯也。

鄭伯乞盟。

夏，狄伐晉。

秋，七月，禘于大廟，用致夫人。

冬，十有二月丁未，天王崩。

九年，春，王三月丁丑，宋公御說卒。（公、穀皆作「禦」。）

夏，公會宰周公、齊侯、宋子、衞侯、鄭伯、許男、曹伯于葵丘。【詁】春秋古地記云：「葵丘，地名，今鄴西三臺是也。」（水經注。）按：傳云「西爲此會」，當以此説爲是。杜注「外黃縣東有葵丘」，則與司馬彪郡國志同。杜于莊八年注又云：「葵丘，齊地，臨淄縣西有地名葵丘。」此則別一葵丘也。

秋，七月乙酉，伯姬卒。

九月戊辰，諸侯盟于葵丘。

甲子，晉侯佹諸卒。（公羊作「甲戌」，誤。公、穀「佹」皆作「詭」。）【詁】惠棟曰：〔一〕「鄭固碑云『造膝佹辭』，是『佹』與『詭』通也。」按：陸氏穀梁音義云：「左傳作『佹』。」今石經、淳化本並作「佹」，因從之。

冬，晉里克殺其君之子奚齊。（公羊作「弒」。按：公羊音義仍作「殺」，音弒。）

十年，春，王正月，公如齊。

狄滅溫，溫子奔衛。

晉里克弒其君卓及其大夫荀息。（公羊作「卓子」。）

夏，齊侯、許男伐北戎。

晉殺其大夫里克。

秋，七月。

冬，大雨雪。（公羊「雪」作「雹」。）

十有一年，春，晉殺其大夫平鄭父。

夏，公及夫人姜氏會齊侯于陽穀。

〔一〕「惠棟」原訛「惠士奇」，據惠棟左傳補注卷一改。

秋，八月，大雩。

冬，楚人伐黄。

十有二年，春，王三月庚午，日有食之。

夏，楚人滅黄。

秋，七月。

冬，十有二月丁丑，陳侯杵臼卒。（公羊作「處臼」。）

十有三年，春，狄侵衞。

夏，四月，葬陳宣公。

公會齊侯、宋公、陳侯、衞侯、鄭伯、許男、曹伯于鹹。【詁】郡國志東郡：「濮陽，有鹹城。」（杜同此。）

秋，九月，大雩。

冬，公子友如齊。

十有四年，春，諸侯城緣陵。【詁】地理志北海郡營陵，臣瓚曰：〔一〕「營陵，春秋時謂之緣陵。」

夏，六月，季姬及鄫子遇于防，使鄫子來朝。（穀梁作「繒」，下同。釋文云：「本或作『繒』。」）地理志東海郡：「繒，

〔一〕「臣」原作「薛」，據漢書卷二十八上地理志顏師古注改。

故國，禹後。」（杜本此。）世本：「鄫，姒姓。」

秋，八月辛卯，沙鹿崩。【詁】説文：「麓，守山林吏也。一曰林屬于山爲麓，春秋傳曰『沙麓崩』。」服虔云：「沙，山名。麓，山足。林屬于山曰麓。」按：「麓」、「鹿」古字通。漢書元后傳亦作「沙麓」。劉熙釋名：「山足曰麓。麓，陸也，言水流順陸燥也。」與穀梁説微異。杜注取公羊説。郡國志魏郡：「元城墟，故沙鹿。」（杜同此。）

狄侵鄭。

冬，蔡侯肸卒。

十有五年，春，王正月，公如齊。

楚人伐徐。

三月，公會齊侯、宋公、陳侯、衛侯、鄭伯、許男、曹伯，盟于牡丘，遂次于匡。【詁】地理志陳留郡長垣，孟康曰：「春秋會于匡，今匡城是。」郡國志：「長垣侯國，有匡城。」（杜本此。）

公孫敖帥師及諸侯之大夫救徐。

夏，五月，日有食之。

秋，七月，齊師、曹師伐厲。【詁】地理志南陽郡：「隨，有厲鄉，故厲國也。」師古曰：「『厲』讀曰『賴』。」（杜本此。）按：厲鄉在今隨州北，今名厲山店。太平寰宇記：「厲山在隨縣北一百里。」又引荆州記曰：「隨地有厲鄉村，有厲山，下有一穴，是神農所生穴也。神農號厲山氏，蓋即以此。」賴爲楚與國，當以在此者爲是。惟司馬彪郡國志于汝南郡褒信侯國下云：「有賴亭，故國。」今攷後漢褒信即前漢鄎縣，屬潁川郡，春秋時爲楚召陵邑，非賴國地。且桓十三年「楚屈瑕伐羅」，「楚子使賴人追之」，羅又在賴國西北，故就近使追。若汝南之褒信，則去羅益遠，非事實矣。明褒信雖有賴亭，實非賴國，彪説誤也。惠棟曰：「桓十三年傳云『楚子使賴人追之』，杜注與此略同。昭四年經云『楚伐吴，遂滅賴』，公羊傳于此年『賴』作『厲』。釋文云：『「厲」如字，又音「賴」。』公羊傳十五年，釋文云：『「厲」舊音「賴」。』則知厲與賴本一國，古音通，故或作『厲』，或作『賴』也。」今按：「厲」、「賴」與「郭」、「虢」，「歸」、「夔」，並同聲字，又古字通。

八月，螽。（公羊作「蝝」，後同。釋文云：「本亦作『蝝』。」）

九月，公至自會。

季姬歸于鄫。（穀梁作「繒」。）

己卯晦，震夷伯之廟。【詁】説文：「震，劈歷震物者。春秋傳曰『震夷伯之廟』。」

冬，宋人伐曹。

楚人敗徐于婁林。【詁】郡國志下邳國：「徐，本國，有婁亭，或曰古婁林。」（杜同此。）

十有一月壬戌，晉侯及秦伯戰于韓，獲晉侯。

十有六年，春，王正月戊申朔，隕石于宋五。【詁】爾雅：「隕，落也。」説文作「磒」，訓同，云：「春秋傳曰『磒石于宋五』。」（杜本此。）按：今本作「隕」，杜注同。公羊作「霣」。是月，六鶂退飛過宋都。【詁】説文：「鶂，鳥也。春秋傳曰『六鶂退飛』。」按：今本作「鷁」，説文無「鷁」字，當作「鶂」爲是。穀梁作「鶂」。劉向傳、終軍傳亦作「六鶂」。史記宋世家作：「霣星如雨，與雨偕下，六鶂退蜚。」史記十二諸侯年表作：「六鷁退飛過我都。」董子春秋繁露王道篇、應劭風俗通亦作「六鷁」，皆傳寫之誤。

三月壬申，公子季友卒。

夏，四月丙申，鄫季姬卒。

秋，七月甲子，公孫兹卒。（公羊作「慈」。）

冬，十有二月，公會齊侯、宋公、陳侯、衛侯、鄭伯、許男、邢侯、曹伯于淮。【詁】地理志臨淮郡有淮浦、淮陰、淮陵諸縣。（杜本此。）

十有七年，春，齊人、徐人伐英氏。【詁】按：古英氏城在今六安州英山縣東北，英山縣即春秋時英氏地也。張守節正義又云：「英後改爲蓼。」漢書地理志蓼屬六安國。

夏，滅項。【詁】釋文：〔一〕「項，國名，魯滅之也。二傳以爲齊滅。」地理志汝南郡：「項，故國。」（杜本此。）

秋，夫人姜氏會齊侯于卞。【詁】地理志魯國卞。（杜本此。）

九月，公至自會。

冬，十有二月乙亥，齊侯小白卒。

十有八年，春，王正月，宋公、曹伯、衛人、邾人伐齊。（公羊「宋公」下有「會」字。）

夏，師救齊。

五月戊寅，宋師及齊師戰于甗，齊師敗績。

狄救齊。

秋，八月丁亥，葬齊桓公。

〔一〕「文」原訛「名」，據春秋左傳正義僖公十七年所引及經典釋文春秋左氏音義改。

冬，邢人、狄人伐衛。

十有九年，春，王三月，宋人執滕子嬰齊。

夏，六月，宋公、曹人、邾人盟于曹南。（公羊作「宋人」。）鄫子會盟于邾。（公羊作「鄫人會于邾婁」。）己酉，邾人執鄫子，用之。

秋，宋人圍曹。衛人伐邢。

冬，會陳人、蔡人、楚人、鄭人，盟于齊。（公羊「會」上有「公」字。）

梁亡。

二十年，春，新作南門。【詁】劉、賈先儒皆云：「言新，有故在；言作，有新在，故爲此言以異之。」（本疏。）

夏，郜子來朝。【詁】説文：「郜，周文王子所封國。」

五月乙巳，西宮災。

鄭人入滑。

秋，齊人、狄人盟于邢。

冬，楚人伐隨。

二十有一年，春，狄侵衛。

宋人、齊人、楚人盟于鹿上。【詁】水經注：「濮水又東北逕鹿城南。郡國志曰『濟陰郡乘氏有鹿城鄉』，春秋僖公二一十一年盟于鹿上。京、杜並謂此亭也。」按：道元蓋誤記。今攷杜注云：「鹿上，宋地，汝陰郡有原鹿縣。」則與乘氏鹿城鄉非一地可知。劉昭補注是其證。蓋以爲在乘氏鹿城鄉者，第京相璠、司馬彪之説耳。究當以杜説爲長。

夏，大旱。

秋，宋公、楚子、陳侯、蔡侯、鄭伯、許男、曹伯會于盂。（公羊「盂」作「霍」，穀梁作「雩」。）【詁】按：「盂」、「雩」音同，古字亦通。公羊作「霍」，又以「雩」字近而誤也。執宋公以伐宋。

冬，公伐邾。

楚人使宜申來獻捷。

十有二月癸丑，公會諸侯，盟于薄，釋宋公。

二十有二年，春，公伐邾，取須句。（公羊作「須朐」，漢書五行志、水經注並同。）

夏，宋公、衞侯、許男、滕子伐鄭。

秋，八月丁未，及邾人戰于升陘。【詁】玉篇：「𨝝，胡經切，鄉名，在高密，左氏傳曰『戰于升𨝝』。」〔一〕按：「𨝝」、「陘」古字通，玉篇蓋采舊説。釋文本又作「登陘」。

冬，十有一月己巳朔，宋公及楚人戰于泓，宋師敗績。

二十有三年，春，齊侯伐宋，圍緡。（穀梁「緡」作「閔」，後同。）【詁】按：史記田齊世家：「宣王卒，子湣王地立。」

〔一〕「𨝝」原作「陘」，據玉篇卷二邑部改。

「湣王」，戰國策皆作「閔王」，與此正同。郡國志山陽郡：「東緡，春秋時曰緡。」水經注引十三州志同。（杜同此。）

夏，五月庚寅，宋公兹父卒。（公羊作「慈父」。）

秋，楚人伐陳。

冬，十有一月，杞子卒。

二十有四年，春，王正月。

夏，狄伐鄭。

秋，七月。

冬，天王出居于鄭。

晉侯夷吾卒。【詁】顧炎武云：「疑此錯簡，當在二十三年之冬。左傳曰：『九月，晉惠公卒。』晉之九月，周之冬也。」

二十有五年，春，王正月丙午，衛侯燬滅邢。【詁】説文：「燬，火也。春秋傳衛侯燬。」

夏，四月癸酉，衛侯燬卒。

宋蕩伯姬來逆婦。【詁】釋例稱賈氏以爲經不書歸者，適世子故也。

宋殺其大夫。

秋，楚人圍陳，納頓子于頓。【詁】地理志汝南郡：「南頓，故頓子國。」

葬衛文公。

冬，十有二月癸亥，公會衛子、莒慶，盟于洮。【詁】服虔云：「明不失子道。」

二十有六年，春，王正月己未，公會莒子、衛甯速，盟于向。（公羊「速」作「遬」。）

齊侯侵我西鄙。公追齊師至酅，弗及。（釋文：「『酅』本又作『嶲』。」按：公羊、穀梁並作「嶲」。）

夏，齊人伐我北鄙。

衛人伐齊。

公子遂如楚乞師。

秋，楚人滅夔，以夔子歸。（公羊「夔」作「隗」。）【詁】地理志南郡：「秭歸歸鄉，故歸國。」水經江水注：「樂緯曰：『昔歸典叶聲律。』宋忠曰：『歸即夔。』歸鄉蓋夔鄉矣。古楚之嫡嗣有熊摯者，以廢疾不立，而居于夔，爲楚附庸。後王命爲夔子。」按：「夔」、「歸」、「隗」音近，字可通假。「夔」是古文正字。

冬，楚人伐宋，圍緡。

公以楚師伐齊，取穀。公至自伐齊。

二十有七年，春，杞子來朝。

夏，六月庚寅，齊侯昭卒。（穀梁音義：「『昭』或作『照』，非。」）【詁】齊世家：「孝公卒，孝公弟潘因衛公子開方殺孝公子而立潘，是爲昭公。」

秋，八月乙未，葬齊孝公。

乙巳，公子遂帥師入杞。

冬，楚人、陳侯、蔡侯、鄭伯、許男圍宋。

十有二月甲戌，公會諸侯，盟于宋。

二十有八年，晉侯侵曹。晉侯伐衞。

公子買戍衞，不卒戍，刺之。【詁】經言「買」，傳言「叢」，蓋名買字叢。（本疏。）説文：「買，市也，从网貝。孟子曰：『登壟斷而网市利。』」又：「叢，聚也，从丵取聲。」按：取非聲，當作从丵聚省。市買聚天下之貨，故買以叢爲字。周禮：「司刺掌三刺之法，一刺曰訊群臣，再刺曰訊群吏，三刺曰訊萬民。」鄭玄云：「刺，殺也。訊而有罪則殺之。」「訊，言也。」內殺大夫，此及成十六年「刺公子偃」。皆書「刺」者，用三刺之法，問臣吏萬民，皆言合殺，乃始殺之，亦不枉濫。

楚人救衞。

三月丙午，晉侯入曹，執曹伯，畀宋人。

夏，四月己巳，晉侯、齊師、宋師、秦師及楚人戰于城濮，楚師敗績。楚殺其大夫得臣。衞侯出奔楚。

五月癸丑，公會晉侯、齊侯、宋公、蔡侯、鄭伯、衞子、莒子，盟于踐土。

陳侯如會。

公朝于王所。

六月，衞侯鄭自楚復歸于衞。衞元咺出奔晉。

陳侯款卒。

秋，杞伯姬來。

公子遂如齊。

冬，公會晉侯、齊侯、宋公、蔡侯、鄭伯、陳子、莒子、邾子、秦人于温。（今本「邾子」作「邾人」。唐石經、岳本並作「邾子」，是。公羊作「邾婁子」。）

天王狩于河陽。（釋文「狩」本又作「守」。公羊亦作「狩」。穀梁作「守」。音同。）【詁】穀梁傳曰：「水北爲陽，山南爲陽。温，河陽也。」水經河水注曰：「服虔、賈逵曰：『河陽，温也。』郭緣生述征記曰：『踐土，今冶坂城。』是河陽城故縣也，在冶坂西北，蓋晉之温地。」今考冶坂城其下爲冶坂津，在今孟縣西南，而踐土在今滎澤縣西北王官城之内，故道元辨其非。

壬申，公朝于王所。

晉人執衛侯，歸之于京師。衛元咺自晉復歸于衛。

諸侯遂圍許。

曹伯襄復歸于曹，遂會諸侯，圍許。

二十有九年，春，介葛盧來。【詁】地理志琅邪郡：「黔陬，故介國也。」

公至自圍許。

夏，六月，會王人、晉人、宋人、齊人、陳人、蔡人、秦人，盟于翟泉。（後漢志注引作「狄泉」。公羊本作「狄泉」。）

【詁】郡國志河南：「雒陽，周時號成周。有狄泉，在城中。」注曰：「蓋本在城外，定元年城成周乃繞之。」

秋，〔一〕大雨雹。

冬，介葛盧來。

三十年，春，王正月。

夏，狄侵齊。

〔一〕「秋」原訛「狄」，據春秋左傳其它各本改。

秋，衛殺其大夫元咺及公子瑕。衛侯鄭歸于衛。

晉人、秦人圍鄭。

介人侵蕭。

冬，天王使宰周公來聘。

公子遂如京師，遂如晉。

三十有一年，春，取濟西田。

公子遂如晉。

夏，四月，四卜郊，不從，乃免牲，猶三望。【詁】周禮大宰：「祀五帝，前期十日，帥執事而卜日。」然則將祭，必十日之前豫卜之也。言「四卜郊」者，蓋三月每旬一卜，至四月上旬更一卜，乃成爲四卜也。此言「四卜郊不從」，襄七年「三卜郊不從」。公羊傳曰：「曷爲或言三卜，或言四卜？三卜，禮也；四卜，非禮也。三卜何以禮？求吉之道三。」今左傳以爲「禮不卜常祀」，則一卜亦非，不云四非而三是，異於公羊說。四時迎氣、冬至、夏至、郊天等，雖有常時常日，猶須審慎，仍卜日。故表記云：「不犯日月，不違卜筮。」注：「日月謂冬夏至、正月及四時。所不違者，日與牲尸也。」假令不吉，改卜後日。故箴膏肓云：「天子郊，以夏正上旬之日。魯之卜，三正下旬之日。」是雖有常時常日，猶卜日也。（本疏及周禮疏。杜取此。）

秋，七月。

冬，杞伯姬來求婦。

狄圍衛。

十有二月，衛遷于帝丘。【詁】地理志東郡：「濮陽，衛成公自楚丘徙此，故帝丘，顓頊墟。」（杜本此。）

三十有二年，春，王正月。

夏，四月己丑，鄭伯捷卒。（公羊「捷」作「接」。「捷」、「接」古字同。）【詁】按：古今人表作「棲」，〔二〕蓋傳寫誤。

衛人侵狄。

秋，衛人及狄盟。

冬，十有二月己卯，晉侯重耳卒。

三十有三年，春，王二月，秦人入滑。

齊侯使國歸父來聘。

夏，四月辛巳，晉人及姜戎敗秦師于殽。（公羊無「師」字，穀梁初刊本亦無「師」字。）

癸巳，葬晉文公。

狄侵齊。

公伐邾，取訾婁。（公羊傳作「取叢」，穀梁作「訾樓」。）

秋，公子遂帥師伐邾。

晉人敗狄于箕。【詁】郡國志太原郡：「陽邑，有箕城。」（杜同此。）

冬，十月，公如齊。

十有二月，公至自齊。

〔二〕「棲」原作「捷」，據漢書卷二十古今人表第八改。

乙巳，公薨于小寢。

隕霜，不殺草，李、梅實。

晉人、陳人、鄭人伐許。

文公

元年，春，王正月，公即位。

二月癸亥，日有食之。（公羊作「癸亥朔」。）

天王使叔服來會葬。

夏，四月丁巳，葬我君僖公。

天王使毛伯來錫公命。

晉侯伐衛。

叔孫得臣如京師。【詁】世本：「桓公生僖叔牙，牙生戴伯兹，兹生莊叔得臣，得臣生穆叔豹。」

衛人伐晉。

秋，公孫敖會晉侯于戚。

冬，十月丁未，楚世子商臣弑其君頵。（穀梁「頵」作「髡」；史記楚世家作「惲」，漢書年表、〔一〕人表同。）

〔一〕漢書無年表，按史記十二諸侯年表楚成王名作惲，「漢書年表」當爲「史記年表」之訛。

公孫敖如齊。

二年，春，王二月甲子，晉侯及秦師戰于彭衙，秦師敗績。

丁丑，作僖公主。

三月乙巳，及晉處父盟。

夏，六月，公孫敖會宋公、陳侯、鄭伯、晉士穀，盟于垂隴。（穀梁作「士穀」。公、穀「垂隴」皆作「垂斂」。）【詁】京相璠曰：「垂隴，鄭地，今滎陽東二十里有故垂隴城。」（水經注。）郡國志滎陽有隴城。（杜同此。）

自十有二月不雨，至于秋七月。

八月丁卯，大事于大廟，躋僖公。

冬，晉人、宋人、陳人、鄭人伐秦。

公子遂如齊納幣。

三年，春，王正月，叔孫得臣會晉人、宋人、陳人、衛人、鄭人伐沈，沈潰。【詁】郡國志汝南郡：「平輿，有沈亭，故國，姬姓。」（杜同此。）

夏，五月，王子虎卒。

秦人伐晉。

秋，楚人圍江。

雨螽于宋。

冬，公如晉。十有二月己巳，公及晉侯盟。

晉陽處父帥師伐楚以救江。（公、穀皆無「以」字。）

四年，春，公至自晉。

夏，逆婦姜于齊。

狄侵齊。

秋，楚人滅江。

晉侯伐秦。

衛侯使甯俞來聘。

冬，十有一月壬寅，夫人風氏薨。【詁】五經異義稱故春秋左氏説：「成風，妾，得立爲夫人，母以子貴，禮也。」駁五經異義：「父爲長子三年，衆子期，明無二嫡也。女君卒，繼攝其事耳，不得復立爲夫人。」（禮記疏。）

五年，春，王正月，王使榮叔歸含且賵。（釋文：「『含』本又作『唅』。」説文：〔一〕『琀，〔二〕送終口中玉。』」）【詁】賈、服云：「含、賵當異人，今一人兼兩使，故書『且』以譏之。」按：鄭康成箴膏肓云：「禮，天子於二王後之喪，〔三〕含爲先，襚次之，賵次之，賻次之；于諸侯含之、賵之，小君亦如之。」含之下既有先後次第，則每事遣一使可知。即如正義譏賈云：「春秋之

〔一〕「説」原脱，據春秋左傳正義文公五年所引釋文補。
〔二〕「琀」原訛「唅」，據春秋左傳正義文公五年所引釋文及説文卷一上改。
〔三〕「於」原脱，據春秋左傳正義文公五年所引箴膏肓補。

世，風教淩遲，吉凶賀弔，罕能如禮。王之崩葬，魯多不行。魯之有喪，寧能盡至？」及備禮云云。此依時勢立言，非制禮本意。公羊及賈、服並據常禮爲説。又經文著「且」字，顯有禮文不備之意。正義以此譏賈，非也。

三月辛亥，葬我小君成風。王使召伯來會葬。（穀梁作「毛伯」，范甯云：「疑誤。」）

夏，公孫敖如晉。

秦人入鄀。【詁】地理志南郡「若」，郡國志作「鄀侯國」。按舊注亦不言鄀所在，今攷傳云「鄀叛楚即秦」，是鄀國在秦、楚之間。地理志南郡若本秦縣，〔一〕故城在今宜城縣東南，去武關不遠，正秦、楚兩國界也。玉篇亦云：「鄀，秦、楚界小國。」

秋，楚人滅六。【詁】地理志六安國：「六，故國，皐陶後，偃姓，爲楚所滅。」（杜本此。）

冬，十月甲申，許男業卒。

六年，春，葬許僖公。

夏，季孫行父如陳。【詁】世本：「公子友生齊仲，齊仲生無逸，無逸生行父。」按：穀梁疏引世本，又云：「季友生仲無佚，無佚生行父。」范甯注：「行父，季友生。」「生」即「孫」也。與杜注同。今本杜注作「季孫，友子」，大誤。

秋，季孫行父如晉。

八月乙亥，晉侯驩卒。（公羊作「讙」，晉語同。）

冬，十月，公子遂如晉，葬晉襄公。

晉殺其大夫陽處父。

〔一〕「南」後原衍「陽」，據漢書卷二十八上地理志删。

晉狐射姑出奔狄。（穀梁作「狐夜姑」。）

閏月，不告月，猶朝于廟。

七年，春，公伐邾。

三月甲戌，取須句。（公羊傳作「須朐」，五行志亦同。）遂城郚。【詁】說文：「郚，東海縣，故紀侯之邑也。」郡國志魯國：「卞，有郚鄉城。」（杜同此。）

夏，四月，宋公王臣卒。（穀梁作「壬臣」。）宋人殺其大夫。

戊子，晉人及秦人戰于令狐。

晉先蔑奔秦。（公羊作「晉先眜以師奔秦」，石經同。穀梁、石經作「蔑」。）

狄侵我西鄙。

秋，八月，公會諸侯、晉大夫，盟于扈。【詁】郡國志河南郡：「卷，有扈城亭。」（杜同此。）酈道元云：「竹書紀年『晉出公十二年河絶于扈』，即此。」

冬，徐伐莒。

公孫敖如莒涖盟。

八年，春，王正月。

夏，四月。

秋，八月戊申，天王崩。

冬，十月壬午，公子遂會晉趙盾，盟于衡雍。

乙酉，公子遂會洛戎，盟于暴。（公羊作「伊雒戎」。釋文：「本或作『伊雒之戎』，此後人妄取傳文增耳。」）

公孫敖如京師，不至而復。丙戌，奔莒。（公羊無「而」字，石經、穀梁亦同。）

螽。

宋人殺其大夫司馬。宋司城來奔。

九年，春，毛伯來求金。

夫人姜氏如齊。

二月，叔孫得臣如京師。辛丑，葬襄王。

晉人殺其大夫先都。

三月，夫人姜氏至自齊。

晉人殺其大夫士穀及箕鄭父。【詁】賈逵云：「箕鄭稱『及』，非首謀。」（本疏。）按：箕鄭上軍將，士穀下軍將，傳文亦先箕鄭而後士穀。今顧于士穀下言及箕鄭，明非首謀，故書法如此，正義糾賈非也。襄二十三年陳殺其大夫慶虎及慶寅，亦同此例。

楚人伐鄭。

公子遂會晉人、宋人、衛人、許人，救鄭。

夏，狄侵齊。

秋，八月，曹伯襄卒。

九月癸酉，地震。

冬，楚子使椒來聘。（穀梁「椒」作「萩」。）

秦人來歸僖公、成風之襚。【詁】公羊傳曰：「衣被曰襚。」（杜本此。）按：釋文曰：「説文作『裞』，云『贈終者衣被曰裞』，爲衣死人衣。」

葬曹共公。

十年，春，王三月辛卯，臧孫辰卒。

夏，秦伐晉。

楚殺其大夫宜申。

自正月不雨，至于秋七月。

及蘇子盟于女栗。

冬，狄侵宋。

楚子、蔡侯次于厥貉。（公羊作「屈貉」。）

十有一年，春，楚子伐麇。（公羊「麇」作「圈」，[一]潁容作「麏」。）【詁】潁容釋例云：「麏在當陽縣境。」

夏，叔彭生會晉郤缺于承匡。（「匡」諸本誤作「筐」。今從岳本訂正。）【詁】服虔云：「叔仲惠伯。」（史記集解。）按：

[一]「圈」原訛「圄」，據春秋公羊傳文公十一年改。

經文「叔」字下衍一「仲」字，今從石經及淳化本削去，與公、穀亦合。漢書志及水經注亦作「叔彭生」。今攷衍「仲」字，蓋因傳文而誤。京相璠曰：「今陳留襄邑西三十里有故承匡城。」（水經注、郡國志同。杜同此。）

秋，曹伯來朝。

公子遂如宋。

狄侵齊。

冬，十月甲午，叔孫得臣敗狄于鹹。【詁】服虔曰：「魯地也。」（史記集解。）

十有二年，春，王正月，郕伯來奔。（公羊傳作「盛」。）

杞伯來朝。

二月庚子，子叔姬卒。

夏，楚人圍巢。【詁】地理志廬江郡居巢，應劭曰：「『楚人圍巢。』巢，國也。」（杜本此。）

秋，滕子來朝。

秦伯使術來聘。（公羊「術」作「遂」，古字通。）

冬，十有二月戊午，晉人、秦人戰于河曲。【詁】服虔云：「河曲，晉地。」（史記集解。）

季孫行父帥師城諸及鄆。（公羊「鄆」作「運」。）【詁】地理志琅邪郡諸，師古曰：「春秋『城諸及鄆』者。」郡國志琅邪國：「東莞，有鄆亭。」（杜同此。）

十有三年，春，王正月。

夏，五月壬午，陳侯朔卒。

邾子蘧蒢卒。（公、穀本皆作「籧篨」。）

自正月不雨，至于秋七月。

大室屋壞。（公羊作「世室」。）【詁】賈、服等皆以爲太廟之室也。（本疏。）服虔云：「太室，太廟之上屋也。」（北史傳。）

冬，公如晉。

衛侯會公于沓。（公羊無「公」字。）

狄侵衛。

十有二月己丑，公及晉侯盟。

公還自晉。（公、穀皆無「公」字。）

鄭伯會公于棐。（公羊作「斐」。）【詁】按：郡國志河南：「菀陵縣，有棐林。」劉昭注：「左傳宣元年諸侯會于棐林，杜預曰：『縣東有林鄉。』」（杜春秋地名作「林亭」。）據此，則棐即棐林，或菀陵縣更有棐鄉矣。

十有四年，春，王正月，公至自晉。

邾人伐我南鄙。叔彭生帥師伐邾。

夏，五月乙亥，齊侯潘卒。

六月，公會宋公、陳侯、衛侯、鄭伯、許男、曹伯、晉趙盾。癸酉，同盟于新城。【詁】郡國志梁國：「穀孰有新城。」（杜同此。）道元云：「睢水又逕新城北，即宋之新城亭也。」

秋，七月，有星孛入于北斗。（釋文引嵇康「孛」音「渤」。）〔一〕【詁】何休公羊傳：「孛者何？彗星也。」（杜本此。）

公至自會。

晉人納捷菑于邾，弗克納。（公羊作「接菑」。）【詁】按：「晉人」，左傳以爲趙盾，公羊以爲郤缺，穀梁以爲郤克。今攷郤克乃傳寫之誤。

九月甲申，公孫敖卒于齊。

齊公子商人弑其君舍。

宋子哀來奔。

冬，單伯如齊。

齊人執單伯。

齊人執子叔姬。【詁】服虔云：「子殺身執，閔之，故言子，爲在室辭。」（本疏。）

十有五年，春，季孫行父如晉。

三月，宋司馬華孫來盟。

夏，曹伯來朝。

齊人歸公孫敖之喪。

六月辛丑朔，日有食之。鼓，用牲于社。

〔一〕「嵇」原訛「稽」，據春秋左傳正義文公十四年所引釋文改。

單伯至自齊。

晉郤缺帥師伐蔡。戊申，入蔡。

秋，齊人侵我西鄙。（諸本皆脱「秋」字，今據宋本增入。）

季孫行父如晉。

冬，十有一月，諸侯盟于扈。

十有二月，齊人來歸子叔姬。

齊侯侵我西鄙，遂伐曹，入其郛。

十有六年，春，季孫行父會齊侯于陽穀，齊侯弗及盟。（石經本脱「春」字，後旁增。）

夏，五月，公四不視朔。

六月戊辰，公子遂及齊侯盟于郪丘。（公羊作「菑丘」，穀梁作「師丘」。）【詁】惠棟曰：「今公羊作犀丘。『郪』本有『西』音，釋文是。毛詩衡門曰『可以棲遲』，前發碑作『西遲』，此其證也。」

秋，八月辛未，夫人姜氏薨。

毀泉臺。

楚人、秦人、巴人滅庸。

冬，十有一月，宋人弑其君杵臼。（公羊作「處臼」。）

十有七年，春，晉人、衛人、陳人、鄭人伐宋。

夏，四月癸亥，葬我小君聲姜。（公羊作「聖姜」。）

齊侯伐我西鄙。【詁】服虔以爲再來伐魯，西鄙書，北鄙不書，諱仍見伐。（本疏。）

六月癸未，公及齊侯盟于穀。

諸侯會于扈。

秋，公至自穀。

冬，公子遂如齊。

十有八年，春，王二月丁丑，公薨于臺下。

秦伯罃卒。

夏，五月戊戌，齊人弒其君商人。

六月癸酉，葬我君文公。

秋，公子遂、叔孫得臣如齊。

冬，十月，子卒。

夫人姜氏歸于齊。

季孫行父如齊。

莒弒其君庶其。【詁】劉、賈、許、潁以爲：君惡及國朝，則稱國以弒；君惡及國人，則稱人以弒。（本疏。）

春秋左傳詁卷三

春秋經三

宣公

元年，春，王正月，公即位。

公子遂如齊逆女。三月，遂以夫人婦姜至自齊。【詁】服虔曰：「古者，一禮不備，貞女不從。故詩云：『雖速我訟，亦不女從。』宣公既以喪娶，夫人從，亦非禮，故不稱氏見略，賤之也。」（本疏。）

夏，季孫行父如齊。

晉放其大夫胥甲父于衛。

公會齊侯于平州。

公子遂如齊。

六月，齊人取濟西田。

秋，邾子來朝。（別本「子」誤「人」，今从宋本改正。）

楚子、鄭人侵陳，遂侵宋。晉趙盾帥師救陳。【詁】服虔云：「趙盾既救陳，而楚師侵宋；趙盾欲救宋，而楚師解去。」（本疏。）宋公、陳侯、衛侯、曹伯會晉師于棐林，伐鄭。（公羊作「斐」。）

冬，晉趙穿帥師侵崇。（公羊「崇」作「柳」。）

晉人、宋人伐鄭。

二年，春，王二月壬子，宋華元帥師及鄭公子歸生帥師戰于大棘。宋師敗績，獲宋華元。【詁】水經注：「大棘後其地爲楚莊所并，故圈稱曰大棘，楚地也。」郡國志陳留郡己吾有大棘鄉。（杜同此。）

秦師伐晉。

夏，晉人、宋人、衛人、陳人侵鄭。

秋，九月乙丑，晉趙盾弒其君夷皋。（公羊作「夷獋」。）

冬，十月乙亥，天王崩。

三年，春，王正月，郊牛之口傷，改卜牛。牛死，乃不郊，猶三望。

葬匡王。

楚子伐陸渾之戎。（公羊作「賁渾戎」。公、穀「戎」上皆無「之」字。）【詁】服虔云：「陸渾在洛西南。」（史記集解。）

夏，楚人侵鄭。

秋，赤狄侵齊。

宋師圍曹。

冬，十月丙戌，鄭伯蘭卒。

葬鄭穆公。

四年，春，王正月，公及齊侯平莒及郯。莒人不肯。公伐莒，取向。

秦伯稻卒。

夏，六月乙酉，鄭公子歸生弑其君夷。

赤狄侵齊。

秋，公如齊。

公至自齊。

冬，楚子伐鄭。

五年，春，公如齊。

夏，公至自齊。

秋，九月，齊高固來逆叔姬。（公羊作「子叔姬」。）【詁】按：以下經校之，此亦當有「子」字，疑傳寫時脱也。

叔孫得臣卒。

冬，齊高固及子叔姬來。

楚人伐鄭。

六年，春，晉趙盾、衛孫免侵陳。

夏，四月。

秋，八月，螽。

冬，十月。

七年，春，衛侯使孫良夫來盟。

夏，公會齊侯伐萊。【詁】地理志東萊郡黄。按：東萊即古萊子國也。（杜本此。）

秋，公至自伐萊。

大旱。

冬，公會晉侯、宋公、衛侯、鄭伯、曹伯于黑壤。

八年，春，公至自會。

夏，六月，公子遂如齊，至黄乃復。

辛巳，有事于大廟。仲遂卒于垂。【詁】地理志東萊郡腄。按：腄、黄二縣皆齊地。遂自黄復，故卒于垂也。腄、垂同。

壬午，猶繹。萬入，去籥。【詁】爾雅：「繹，陳也。」孫炎曰：「祭之明日，尋繹復祭也。」（杜本此。）

戊子，夫人嬴氏薨。（公、穀皆作「熊氏」。）

晉師、白狄伐秦。

楚人滅舒、蓼。（穀梁作「鄝」。）

秋，七月甲子，日有食之，既。

冬，十月己丑，葬我小君敬嬴。（公、穀皆作「頃熊」。）雨，不克葬。庚寅，日中而克葬。

城平陽。【詁】地理志泰山郡東平陽。（杜本此。）

楚師伐陳。

九年，春，王正月，公如齊。

公至自齊。

夏，仲孫蔑如京師。

齊侯伐萊。

秋，取根牟。【詁】郡國志琅邪國：「陽都有牟臺。」（杜同此。）

八月，滕子卒。

九月，晉侯、宋公、衞侯、鄭伯、曹伯會于扈。

晉荀林父帥師伐陳。

辛酉，晉侯黑臀卒于扈。

冬，十月癸酉，衞侯鄭卒。

宋人圍滕。

楚子伐鄭。

晉郤缺帥師救鄭。

陳殺其大夫泄冶。（公、穀本及家語、大戴禮記、史記、漢書並作「泄」，賈公彥周禮疏亦同。今據改。按：此蓋唐時避諱所改。玉篇以「洩」同「泄」。然玉篇亦唐、宋人所增改，非原本也。下「泄」、「紲」字皆同此。）

十年，春，公如齊。

公至自齊。

齊人歸我濟西田。

夏，四月丙辰，日有食之。

己巳，齊侯元卒。

齊崔氏出奔衛。

公如齊。

五月，公至自齊。【詁】鄭、賈、許曰：「不書奔喪，諱過也。」（釋例。）

癸巳，陳夏徵舒弒其君平國。

六月，宋師伐滕。

公孫歸父如齊，葬齊惠公。【詁】服虔云：「歸父，襄仲之子。」（史記集解。）

晉人、宋人、衛人、曹人伐鄭。

秋，天王使王季子來聘。

公孫歸父帥師伐邾，取繹。（公羊作「取蘱」。）【詁】地理志魯國：「騶，繹山在北。」（杜本此。）

大水。

季孫行父如齊。

冬，公孫歸父如齊。齊侯使國佐來聘。

饑。

楚子伐鄭。

十有一年，春，王正月。

夏，楚子、陳侯、鄭伯盟于辰陵。【詁】京相璠曰：「潁川長平有故辰亭。」道元云：「此亭在長平城西北，而杜氏言東南，謬。」按：杜蓋取京相璠之説。至「西北」、「東南」，或傳寫之誤耳。又「辰陵」，穀梁作「夷陵」。按：史記楚世家：「頃襄王二十一年，秦將白起遂拔我郢，燒先王墓夷陵。」索隱曰：「夷陵，陵名，後爲縣，屬南郡。」「夷」、「辰」聲相近。京、杜以長平縣辰亭當之，不若从穀梁作夷陵爲諦也。或疑較長平道稍回遠。然按夷陵今宜昌府治，與當陽、荆門緊接，二邑所屬之宛城，爲春秋時會盟之地，何獨夷陵即以爲遠耶？

公孫歸父會齊人伐莒。

秋，晉侯會狄于欑函。

冬，十月，楚人殺陳夏徵舒。

丁亥，楚子入陳。

納公孫寧、儀行父于陳。【詁】賈逵云：「二子不繫之陳，絶于陳也。惡其與君淫，故絶之。善楚有禮也。」（本疏。）又賈氏依放穀梁云：「稱納者，内難之辭。」（釋例。）按：左氏之意，賈爲得之，杜説非也。

十有二年，春，葬陳靈公。

楚子圍鄭。

夏，六月乙卯，晉荀林父帥師及楚子戰于邲，晉師敗績。【詁】説文：「邲，晉邑也。春秋傳曰：『晉、楚戰于邲。』」按：公羊傳獨以爲邲水。今考水經注：「濟水于此又兼邲目。春秋宣公十二年晉、楚之戰，楚軍于邲，即是水也，音『卞』。」據此，則邲有「卞」音，可補陸氏之缺。道元又引京相璠曰：「邲在敖北。」

秋，七月。

冬，十有二月戊寅，楚子滅蕭。【詁】地理志沛郡：「蕭，故蕭叔國，宋別封附庸也。」

晉人、宋人、衛人、曹人同盟于清丘。【詁】賈氏、許氏曰：「盟載詳者日月備，易者日月略。」（釋例。）京相璠曰：「今東郡濮陽縣東南三十里。」（水經注。）郡國志東郡：「濮陽有清丘。」（杜同此。）

宋師伐陳，衛人救陳。

十有三年，春，齊師伐莒。（公羊作「伐衛」。）

夏，楚子伐宋。

秋，螽。

冬，晉殺其大夫先縠。（穀梁作「穀」，陸氏穀梁音義曰：「一本作『縠』。」）

十有四年，春，衛殺其大夫孔達。

夏，五月壬申，曹伯壽卒。

晉侯伐鄭。

秋，九月，楚子圍宋。

葬曹文公。

冬，公孫歸父會齊侯于穀。

十有五年，春，公孫歸父會楚子于宋。

夏，五月，宋人及楚人平。【詁】賈逵云：「稱人，衆辭，善其與衆同欲。」（本疏。）

六月癸卯，晉師滅赤狄潞氏，以潞子嬰兒歸。（漢書作「路」，劉寬碑陰同。）

秦人伐晉。

王札子殺召伯、毛伯。

秋，螽。

仲孫蔑會齊高固于無婁。（公羊作「牟婁」。）

初税畝。

冬，蝝生。【詁】釋文云：「劉歆曰：『蚍蜉子也。』董仲舒曰：『蝗子。』」説文：「蝝，復陶也。劉歆説：『蝝，蚍蜉子。』」

按：賈義或同。杜注用李巡説。

饑。

十有六年，春，王正月，晉人滅赤狄甲氏及留吁。

夏，成周宣榭火。（北宋公羊本作「謝」。按：釋文：「『榭』本又作『謝』。」公羊「火」皆作「災」。）【詁】服虔曰：「宣揚威武之處。」惠棟曰：「周邢敦銘云：『王格于宣射。』古文『榭』字作『射』。劉逵注吴都賦引國語曰『射不過講軍實』，今本作『榭』，知『射』即『榭』也。説文無『榭』字，後人妄增。」

秋，郯伯姬來歸。

冬，大有年。【詁】説文：「秊，穀孰也，从禾千聲。春秋傳曰：『大有秊。』」孔廟碑亦作「秊」。

十有七年，春，王正月庚子，許男錫我卒。

丁未，蔡侯申卒。

夏，葬許昭公。

葬蔡文公。

六月癸卯，日有食之。

己未，公會晉侯、衛侯、曹伯、邾子，同盟于斷道。

秋，公至自會。

冬，十有一月壬午，公弟叔肸卒。

十有八年，春，晉侯、衛世子臧伐齊。

公伐杞。

夏，四月。

秋，七月，邾人戕鄫子于鄫。（穀梁作「繒」。）【詁】賈逵云：「使大夫往殘賊之。」（本疏。杜取此。）

甲戌，楚子旅卒。（穀梁作「吕」。史記年表、世家並作「侣」。）

公孫歸父如晉。

冬，十月壬戌，公薨于路寢。

歸父還自晉，至笙，遂奔齊。（公、穀皆作「檉」。釋文：「『笙』本又作『檉』，又作『朾』。」）

成公

元年，春，王正月，公即位。

二月辛酉，葬我君宣公。

無冰。

三月，作丘甲。【詁】服虔云：「司馬法云：『四邑爲丘，有戎馬一匹、牛三頭，是曰匹馬丘牛。四丘爲甸，甸六十四井，出長轂一乘，馬四匹、牛十二頭，甲士三人、步卒七十二人，戈楯具備，爲之乘馬。』」（詩疏。）又云：「司馬法：『九夫爲井，四井爲邑，四邑爲丘，馬一匹、牛三頭。四丘爲甸，出轂一乘、甲士三人、步卒七十二人、馬四匹、牛十二頭。』」（禮記疏。杜取此。）

夏，臧孫許及晉侯盟于赤棘。

秋，王師敗績于茅戎。（公、穀皆作「貿戎」，晉敗之。五行志云：「晉敗天子之師于貿戎。」劉向傳同。）

冬，十月。（范甯穀梁注：「疑『冬十月』下脱『季孫行父如齊』六字。」）

二年，春，齊侯伐我北鄙。

夏，四月丙戌，衛孫良夫帥師及齊師戰于新築，衛師敗績。

六月癸酉，季孫行父、臧孫許、叔孫僑如、公孫嬰齊帥師會晉郤克、衛孫良夫、曹公子首及齊侯戰于鞌，齊師敗績。（公、穀皆作「曹公子手」。公羊音義云：「一本作『午』。」）

秋，七月，齊侯使國佐如師。己酉，及國佐盟于袁婁。（公、穀作「爰婁」。）

八月壬午，宋公鮑卒。

庚寅，衛侯速卒。（公羊作「遬」。）

取汶陽田。

冬，楚師、鄭師侵衛。

十有一月，公會楚公子嬰齊于蜀。

丙申，公及楚人、秦人、宋人、陳人、衛人、鄭人、齊人、曹人、邾人、薛人、鄫人盟于蜀。

三年，春，王正月，公會晉侯、宋公、衛侯、曹伯伐鄭。【詁】賈、服皆云：「宋公、衛侯先君未葬而稱爵，譏其不稱子。」（禮記疏。按：疏作十三年。）

辛亥，葬衛穆公。（公羊作「繆」。）

二月，公至自伐鄭。

甲子，新宮災。三日哭。

乙亥，葬宋文公。

夏，公如晉。

鄭公子去疾帥師伐許。（公羊作「率師」，下同。）

公至自晉。

秋，叔孫僑如帥師圍棘。

大雩。

晉郤克、衛孫良夫伐廧咎如。（公羊「廧」作「將」，穀梁作「牆」。）

冬，十有一月，晉侯使荀庚來聘。

衛侯使孫良夫來聘。

丙午，及荀庚盟。丁未，及孫良夫盟。

鄭伐許。【詁】賈逵云：「鄭，小國，與大國争諸侯，仍伐許不稱將帥，夷狄之，刺無知也。」（本疏。）

四年，春，宋公使華元來聘。

三月壬申，鄭伯堅卒。【詁】陸氏公羊音義曰「伯堅」。何休解曰：「左氏作『堅』字，穀梁作『賢』字，今定本作『堅』字。」惠士奇曰：「按：説文『臤』，古文『賢』字。漢校官碑曰『優臤之寵』，今文尚書大誓曰『優臤揚歷』，是古皆以『臤』爲『賢』。」今按：惠説是。釋文作古刃反，誤。又玉篇「堅」又作「絚」，云古千、古兩二切。今考説文「臤」、「緊」同部，疑「絚」字又从「緊」字傳寫而譌。云古兩切，亦非也。

杞伯來朝。

夏，四月甲寅，臧孫許卒。

公如晉。

葬鄭襄公。

秋，公至自晉。

冬，城鄆。

鄭伯伐許。

五年，春，王正月，杞叔姬來歸。

仲孫蔑如宋。

夏，叔孫僑如會晉荀首于穀。（公羊作「荀秀」。）

梁山崩。【詁】穀梁傳：「梁山崩，遏河，三日不流。」按：水經注亦同。

秋，大水。

冬，十有一月己酉，天王崩。

十有二月己丑，公會晉侯、齊侯、宋公、衛侯、鄭伯、曹伯、邾子、杞伯，同盟于蟲牢。（春秋繁露「蟲」作「蟲」。）

【詁】郡國志陳留郡：「封丘，有桐牢亭，或曰古蟲牢。」（杜同此。）

六年，春，王正月，公至自會。

二月辛巳，立武宫。【詁】服虔云：「鞌之戰，禱武宫以求勝，故立其宫。」（本疏。）

取鄟。【詁】按：玉篇、字書並云：「鄟，邾婁邑。」杜云「魯附庸」，恐誤。

衛孫良夫帥師侵宋。
夏，六月，邾子來朝。
公孫嬰齊如晉。
壬申，鄭伯費卒。（史記世家「費」作「濆」，索隱曰：「『濆』音『秘』。鄒本一作『沸』，一作『弗』。」）
秋，仲孫蔑、叔孫僑如帥師侵宋。
楚公子嬰齊帥師伐鄭。
冬，季孫行父如晉。
晉欒書帥師救鄭。（公羊作「率師侵鄭」。）

七年，春，王正月，鼷鼠食郊牛角，改卜牛，鼷鼠又食其角，乃免牛。
吴伐郯。
夏，五月，曹伯來朝。
不郊，猶三望。
秋，楚公子嬰齊帥師伐鄭。
公會晉侯、齊侯、宋公、衛侯、曹伯、莒子、邾子、杞伯救鄭。八月戊辰，同盟于馬陵。【詁】史記魏世家：「太子與齊人戰，敗于馬陵。」徐廣曰：「在元城。」
公至自會。
吴入州來。【詁】地理志沛郡：「下蔡，故州來國。」（杜本此。）

冬，大雩。

衞孫林父出奔晉。

八年，春，晉侯使韓穿來言汶陽之田，歸之于齊。

晉欒書帥師侵蔡。

公孫嬰齊如莒。

宋公使華元來聘。

夏，宋公使公孫壽來納幣。【詁】服虔云：「不稱主人，母命不通，故稱使。婦人無外事。」（儀禮疏。）

晉殺其大夫趙同、趙括。

秋，七月，天子使召伯來賜公命。（公、穀皆作「錫」。曲禮孔疏引經作「來錫公命」。）【詁】賈逵云：「諸夏稱天王，畿内稱王，夷狄曰天子。王使榮叔歸含且賵，以恩深加禮妾母，恩同畿内，故稱王。成公八年乃得賜命，與夷狄同，故稱天子。」（本疏。）服虔曰：「夷狄曰天子。」（禮記疏。）

冬，十月癸卯，杞叔姬卒。

晉侯使士燮來聘。

叔孫僑如會晉士燮、齊人、邾人伐郯。

衞人來媵。

九年，春，王正月，杞伯來逆叔姬之喪以歸。

公會晉侯、齊侯、宋公、衛侯、鄭伯、曹伯、莒子、杞伯，同盟于蒲。【詁】郡國志陳留郡：「長垣，有蒲城。」（杜同此。）

公至自會。

二月，伯姬歸于宋。

夏，季孫行父如宋致女。【詁】服虔云：「謂成婚。」（禮記疏。）

晉人來媵。

秋，七月丙子，齊侯無野卒。

晉人執鄭伯。

晉欒書帥師伐鄭。

冬，十有一月，葬齊頃公。

楚公子嬰齊帥師伐莒。庚申，莒潰。

楚人入鄆。

秦人、白狄伐晉。

鄭人圍許。

城中城。

十年，春，衛侯之弟黑背帥師侵鄭。（公羊「帥」作「率」。）

夏，四月，五卜郊，不從，乃不郊。

五月，公會晉侯、齊侯、宋公、衛侯、曹伯伐鄭。

齊人來媵。

丙午，晉侯獳卒。

秋，七月，公如晉。

冬，十月。【詁】按：禮記中庸疏：「成十年不書『冬十月』。」此有者，當是後人增入。今按公羊經文無此三字。

十有一年，春，王三月，公至自晉。

晉侯使郤犨來聘。己丑，及郤犨盟。（公羊作「郤州」，下同。）【詁】服虔以爲：郤犨，郤克從祖昆弟。按：杜注則云「從父兄」。今考世本：「郤豹生冀芮及義，芮生缺，義生步揚，缺生克，揚生州。」（「州」即「犨」。）據此，則犨與克共曾祖，故服云「從祖昆弟」。杜改云「從父」，誤矣。

夏，季孫行父如晉。

秋，叔孫僑如如齊。

冬，十月。

十有二年，春，周公出奔晉。

夏，公會晉侯、衛侯于瑣澤。（釋文云「瑣澤」。按：石經及諸本並作「瑣澤」，公羊作「沙澤」。）

秋，晉人敗狄于交剛。

冬，十月。

十有三年，春，晉侯使郤錡來乞師。

三月，公如京師。

夏，五月，公自京師，遂會晉侯、齊侯、宋公、衛侯、鄭伯、曹伯、邾人、滕人伐秦。【詁】賈氏以晉直秦曲，無辭不得敵有辭，故不書戰。（釋例。〔一〕）

曹伯盧卒于師。（公、穀皆作「廬」，史記作「彊」。）

秋，七月，公至自伐秦。

冬，葬曹宣公。

十有四年，春，王正月，莒子朱卒。

夏，衛孫林父自晉歸于衛。

秋，叔孫僑如如齊逆女。

鄭公子喜帥師伐許。

九月，僑如以夫人婦姜氏至自齊。

冬，十月庚寅，衛侯臧卒。

秦伯卒。

〔一〕「例」原訛「文」，據春秋釋例侵伐襲例改。

十有五年，春，王二月，葬衛定公。

三月乙巳，仲嬰齊卒。

癸丑，公會晉侯、衛侯、鄭伯、曹伯、宋世子成、齊國佐、邾人，同盟于戚。（公羊「戚」作「戍」。）

晉侯執曹伯歸于京師。（公羊「歸」下有「之」字。）

公至自會。

夏，六月，宋公固卒。

楚子伐鄭。

秋，八月庚辰，葬宋共公。

宋華元出奔晉。宋華元自晉歸于宋。

宋殺其大夫山。

宋魚石出奔楚。

冬，十有一月，叔孫僑如會晉士燮、齊高無咎、宋華元、衛孫林父、鄭公子鰌、邾人會吴于鍾離。

許遷于葉。

十有六年，春，王正月，雨，木冰。

夏，四月辛未，滕子卒。

鄭公子喜帥師侵宋。

六月丙寅朔，日有食之。

晉侯使欒黶來乞師。

甲午晦，晉侯及楚子、鄭伯戰于鄢陵。楚子、鄭師敗績。【詁】服虔云：「鄢陵，鄭之東南地也。」（史記集解。）郡國志潁川郡傿陵，[一]五行志「晉有傿陵之戰」，「鄢」作「傿」。（杜本此。）按：晉、楚戰之鄢陵，與克段之鄢本屬兩地，杜注失于彼而得于此。若劉昭注司馬彪志，合兩地爲一，非也。

楚殺其大夫公子側。

秋，公會晉侯、齊侯、衛侯、宋華元、邾人于沙隨，不見公。【詁】酈道元云：「汳水又東逕甯陵縣之沙陽亭，故沙隨國矣。」

公至自會。

公會尹子、晉侯、齊國佐、邾人伐鄭。

曹伯歸自京師。

九月，晉人執季孫行父，舍之于苕丘。（公羊作「招丘」。）【詁】賈氏以爲書執行父舍于苕丘，言失其所。不書至者，刺晉聽讒執之，是已無罪也。（本疏。）

冬，十月乙亥，叔孫僑如出奔齊。（五行志作「喬如」。）

十有二月乙丑，季孫行父及晉郤犫盟于扈。

公至自會。

乙酉，刺公子偃。

[一]「郡國」原訛「地理」，據漢書卷二十八上地理志與後漢書志第二十郡國二改。

十有七年，春，衛北宮括帥師侵鄭。（公羊作「北宫結」。）

夏，公會尹子、單子、晉侯、齊侯、宋公、衛侯、曹伯、邾人伐鄭。

六月乙酉，同盟于柯陵。（淮南人間訓作「嘉陵」。「柯」、「嘉」音同。）

秋，公至自會。

齊高無咎出奔莒。

九月辛丑，用郊。【詁】賈逵以二傳爲説，諸書「用」者，不宜用也。（本疏。）劉、賈以爲諸言「用」，皆不宜用，反于禮者也。（同上。）按：賈義本二傳，較杜注爲長。

晉侯使荀罃來乞師。

冬，公會單子、晉侯、宋公、衛侯、曹伯、齊人、邾人伐鄭。

十有一月，公至自伐鄭。

壬申，公孫嬰齊卒于貍脤。（公羊作「貍軫」，穀梁作「貍蜃」。）【詁】杜稱舊説云：「壬申，十月十五日。貍脤，魯地也。」（本疏。）

十有二月丁巳朔，日有食之。

邾子貜且卒。

晉殺其大夫郤錡、郤犨、郤至。

楚人滅舒庸。

十有八年，春，王正月，晉殺其大夫胥童。【詁】晉語作「胥之昧」，韋昭注：「胥之昧，胥童也。」按：晉語「童昏不可使謀」，是童有昧義，故胥童字之昧也。

庚申，晉弑其君州蒲。

齊殺其大夫國佐。

公如晉。

夏，楚子、鄭伯伐宋。宋魚石復入于彭城。【詁】地理志楚國彭城。（杜本此。）

公至自晉。

晉侯使士匄來聘。

秋，杞伯來朝。

八月，邾子來朝。

築鹿囿。

己丑，公薨于路寢。

冬，楚人、鄭人侵宋。

晉侯使士魴來乞師。（公羊作「士彭」。何休解云：「考諸正本皆作『士魴』字，若作『士彭』者，誤矣。」）【詁】按：毛詩「祝祭于祊」，説文作「彭」，知「祊」、「彭」古字通也。説文又云：「彭或从方。」

十有二月，仲孫蔑會晉侯、宋公、衛侯、邾子、齊崔杼，同盟于虛朾。

丁未，葬我君成公。

襄公

元年，春，王正月，公即位。

仲孫蔑會晉欒黶、宋華元、衛甯殖、曹人、莒人、邾人、滕人、薛人圍宋彭城。

夏，晉韓厥帥師伐鄭。（公羊作「韓屈」。）

仲孫蔑會齊崔杼、曹人、邾人、杞人，次于鄫。（公羊「鄫」作「合」。）

秋，楚公子壬夫帥師侵宋。（古今人表作「任夫」。顔師古匡謬正俗以爲當作「王夫」，誤。）

九月辛酉，天王崩。

邾子來朝。

冬，衛侯使公孫剽來聘。

晉侯使荀罃來聘。

二年，春，王正月，葬簡王。

鄭師伐宋。

夏，五月庚寅，夫人姜氏薨。

六月庚辰，鄭伯睔卒。【詁】説文：「睔，目大也。春秋傳鄭伯睔。」古今人表作「綸」。

晉師、宋師、衛甯殖侵鄭。

秋，七月，仲孫蔑會晉荀罃、宋華元、衞孫林父、曹人、邾人于戚。

己丑，葬我小君齊姜。

叔孫豹如宋。

冬，仲孫蔑會晉荀罃、齊崔杼、宋華元、衞孫林父、曹人、邾人、滕人、薛人、小邾人于戚，遂城虎牢。

楚殺其大夫公子申。

三年，春，楚公子嬰齊帥師伐吴。

公如晉。

夏，四月壬戌，公及晉侯盟于長樗。

公至自晉。

六月，公會單子、晉侯、宋公、衞侯、鄭伯、莒子、邾子、齊世子光。己未，同盟于雞澤。【詁】郡國志魏郡：「曲梁，侯國，有雞澤。」（杜同此。）

陳侯使袁僑如會。

戊寅，叔孫豹及諸侯之大夫及陳袁僑盟。

秋，公至自會。

冬，晉荀罃帥師伐許。

四年，春，王三月己酉，陳侯午卒。

夏，叔孫豹如晉。

秋，七月戊子，夫人姒氏薨。（公羊作「弋氏」。下「定姒」作「定弋」。）

葬陳成公。

八月辛亥，葬我小君定姒。

冬，公如晉。

陳人圍頓。

五年，春，公至自晉。

夏，鄭伯使公子發來聘。

叔孫豹、鄫世子巫如晉。

仲（別本誤作「叔」。）孫蔑、衛孫林父會吴于善道。（公、穀皆作「善稻」。）【詁】御覽引南兖州記：「盱眙，本春秋時善道也。」

秋，大雩。

楚殺其大夫公子壬夫。

公會晉侯、宋公、陳侯、衛侯、鄭伯、曹伯、莒子、邾子、滕子、薛伯、齊世子光、吴人、鄫人于戚。

公至自會。

冬，戍陳。

楚公子貞帥師伐陳。

公會晉侯、宋公、衛侯、鄭伯、曹伯、齊世子光救陳。十有二月，公至自救陳。（公、穀「曹伯」下有「莒子、邾子」，公羊作「邾婁子、滕子、薛伯」。）

辛未，季孫行父卒。

六年，春，王三月壬午，杞伯姑容卒。

夏，宋華弱來奔。

秋，葬杞桓公。

滕子來朝。

莒人滅鄫。

冬，叔孫豹如邾。

季孫宿如晉。（外傳作「夙」，檀弓鄭注亦同。）

十有二月，齊侯滅萊。

七年，春，郯子來朝。

夏，四月，三卜郊，不從，乃免牲。

小邾子來朝。

城費。

秋，季孫宿如衛。

八月，螽。（公羊作「蝝」。）

冬，十月，衞侯使孫林父來聘。壬戌，及孫林父盟。

楚公子貞帥師圍陳。

十有二月，公會晉侯、宋公、陳侯、衞侯、曹伯、莒子、邾子于鄬。【詁】玉篇「鄬」字注引春秋及杜注，云：「亦作『爲』。」餘詳見傳文下。

鄭伯髡頑如會，未見諸侯。丙戌，卒于鄵。（公、穀「髡頑」皆作「髡原」，「鄵」皆作「操」。）【詁】玉篇：「鄵，鄭地。左氏傳曰：『鄭伯卒于鄵。』」

陳侯逃歸。

八年，春，王正月，公如晉。

夏，葬鄭僖公。

鄭人侵蔡，獲蔡公子燮。（穀梁作「公子溼」。陸氏穀梁音義曰：「『溼』本又作『隰』，又音『燮』。二十年同。左氏作『燮』。」）

季孫宿會晉侯、鄭伯、齊人、宋人、衞人、邾人于邢丘。

公至自晉。

莒人伐我東鄙。

秋，九月，大雩。

冬，楚公子貞帥師伐鄭。

晉侯使士匄來聘。

九年，春，宋災。（公羊作「宋火」。）

夏，季孫宿如晉。

五月辛酉，夫人姜氏薨。

秋，八月癸未，葬我小君穆姜。（公羊作「繆姜」。）

冬，公會晉侯、宋公、衛侯、曹伯、莒子、邾子、滕子、薛伯、杞伯、小邾子、齊世子光伐鄭。十有二月己亥，同盟于戲。

楚子伐鄭。

十年，春，公會晉侯、宋公、衛侯、曹伯、莒子、邾子、滕子、薛伯、杞伯、小邾子、齊世子光會吴于柤。【詁】水經注「柤」作「䣜」。按：説文：「䣜，沛國縣。」漢書地理志作「酇」，應劭曰：「音『嵯』。」師古曰：「此縣本爲䣜，應音是也。中古以來，借『酇』字爲之耳，讀皆爲『䣜』。」今考䣜春秋時爲楚地。昭四年吴伐楚入棘，杜注「酇縣東北有棘亭」，是也。哀六年經叔還會吴于柤亦是此地。蓋是地近吴，故皆就近會之耳。惠士奇云：「柤乃宋地，非楚地。晉、楚方争，而與諸侯會于其地，必無是理。」惠棟又引京相璠曰：「柤，宋地，今彭城偪陽縣西北有柤水溝，去偪陽八十里。」司馬彪郡國志云：「彭城傅陽縣有柤水。」今按京相璠土地名蓋因下傳偪陽生文，故以柤水當之，究不若䣜縣爲得其實也。至云「晉、楚方争，不當與諸侯會其地」，定四年傳劉文公合諸侯于召陵，謀伐楚也。謀伐楚國，尚會于其地，則此會更何嫌乎？尤可証者，柤會之前，先會于鍾離，鍾離即楚地，則惠説又不待辯矣。又按：昭六年傳鄭伯勞楚公子棄疾于柤，當亦此地。鄭畏楚强，又知當取道于鄭，故出境勞之耳。杜注云「鄭地」，蓋亦約略之詞。惟此年經下注云「楚地」，則較京相璠説爲得耳。道元亦云「柤水出自楚之柤地」，亦一證也。

夏五月甲午，遂滅偪陽。【詁】地理志楚國：「傅陽，故偪陽國，莽曰輔陽。」師古曰：「『偪』音『福』。左傳所謂偪陽妘姓者也。」按：古今人表有福陽子，注云「妘姓」，師古曰：「即偪陽。」釋文「徐仙民曰甫目反」，是矣。「偪」、「福」、「傅」、「輔」，音之轉耳。

公至自會。

楚公子貞、鄭公孫輒帥師伐宋。

晉師伐秦。

秋，莒人伐我東鄙。

公會晉侯、宋公、衛侯、曹伯、莒子、邾子、齊世子光、滕子、薛伯、杞伯、小邾子伐鄭。

冬，盜殺鄭公子騑、公子發、公孫輒。（公、穀「騑」皆作「斐」。）

戍鄭虎牢。

楚公子貞帥師救鄭。

公至自伐鄭。

十有一年，春，王正月，作三軍。

夏，四月，四卜郊，不從，乃不郊。

鄭公孫舍之帥師侵宋。

公會晉侯、宋公、衛侯、曹伯、齊世子光、莒子、邾子、滕子、薛伯、杞伯、小邾子伐鄭。

秋，七月己未，同盟于亳城北。（公、穀皆作「京城北」。公羊疏云：「穀梁與此同。左氏經作『亳城北』。服氏之經亦作『京城北』，乃與此傳同之也。」【詁】惠棟云：「亳城當从服氏作京城。京城，鄭地，在滎陽，隱元年謂之京城是也。」今按：此當以字近而誤。

公至自伐鄭。

楚子、鄭伯伐宋。

公會晉侯、宋公、衛侯、曹伯、齊世子光、莒子、邾子、滕子、薛伯、杞伯、小邾子伐鄭。

會于蕭魚。

公至自會。

楚人執鄭行人良霄。

冬，秦人伐晉。

十有二年，春，王三月，莒人伐我東鄙，圍台。季孫宿帥師救台，遂入鄆。（穀梁「台」作「邰」，下同。）

夏，晉侯使士魴來聘。

秋，九月，吴子乘卒。

冬，楚公子貞帥師侵宋。

公如晉。

十有三年，春，公至自晉。

夏，取邿。（公羊傳「邿」作「詩」，水經注同。）【詁】説文：「邿，附庸國，在東平亢父邿亭。春秋傳曰取邿。」（杜本此。）

秋，九月庚辰，楚子審卒。【詁】按：楚語「莊王使士亹傅太子葴」，韋昭曰：「葴，恭王名。」今左傳作「審」，史記同。「審」與「葴」，音之轉也。

冬，城防。

十有四年，春，王正月，季孫宿、叔老會晉士匄、齊人、宋人、衛人、鄭公孫蠆、曹人、莒人、邾人、滕人、薛人、杞人、小邾人會吴于向。（公羊「蠆」作「囆」，下同。）

二月乙未朔，日有食之。

夏，四月，叔孫豹會晉荀偃、齊人、宋人、衛北宫括、鄭公孫蠆、曹人、莒人、邾人、滕人、薛人、杞人、小邾人伐秦。（公羊作「北宫結」。）

己未，衛侯出奔齊。（公羊作「衛侯衎」。）【詁】不修春秋云：「孫林父、甯殖出其君。」仲尼修之曰：「衛侯衎出奔齊。」（十四年本疏。）〔一〕惠棟云：「臣逐君，不可以訓，猶召君也。」杜注謬。諸侯失國名，公、穀皆有『衎』字，左傳脱也。」今按：穀梁本亦無「衎」字，惠氏誤記。

莒人侵我東鄙。

秋，楚公子貞帥師伐吴。

冬，季孫宿會晉士匄、宋華閲、衛孫林父、鄭公孫蠆、莒人、邾人于戚。

〔一〕「十四年」原作「二十年」，按春秋左傳正義襄公二十年無上述引文，而襄公十四年有，據改。

十有五年，春，宋公使向戌來聘。二月己亥，及向戌盟于劉。

劉夏逆王后于齊。

夏，齊侯伐我北鄙，圍成。公救成，至遇。

季孫宿、叔孫豹帥師城成郛。

秋，八月丁巳，日有食之。【詁】隋志云推合丁巳朔。

邾人伐我南鄙。

冬，十有一月癸亥，晉侯周卒。（公羊釋文云：「『周』一本作『雕』。」）

十有六年，春，王正月，葬晉悼公。

三月，公會晉侯、宋公、衛侯、鄭伯、曹伯、莒子、邾子、薛伯、杞伯、小邾子于湨梁。（陸氏公羊音義云：「『狊』本作『湨』。」按：今公羊本亦作「湨」，陸氏所見或古本也。）【詁】郡國志河内郡：「軹，有湨梁。」（杜同此。）戊寅，大夫盟。

【詁】賈、服皆以爲惡大夫專而君失權。（本疏。）

晉人執莒子、邾子以歸。

齊侯伐我北鄙。

夏，公至自會。

五月甲子，地震。

叔老會鄭伯、晉荀偃、衛甯殖、宋人伐許。

秋，齊侯伐我北鄙，圍郕。（公、穀皆作「成」。）

大雩。

冬，叔孫豹如晉。

十有七年，春，王二月庚午，邾子牼卒。（公、穀「牼」皆作「瞯」。）【詁】按：孟子宋牼，荀卿子作宋鈃。此「牼」作「瞯」，亦以音同而轉。

宋人伐陳。

夏，衛石買帥師伐曹。

秋，齊侯伐我北鄙，圍桃。（公羊作「洮」。）【詁】按：此即昭七年傳季孫與孟氏之桃。桃近成邑，當在今兖州府甯陽縣左近。

高厚帥師伐我北鄙，圍防。（公、穀皆作「齊高厚」，疑左氏經脱「齊」字。）

九月，大雩。

宋華臣出奔陳。

冬，邾人伐我南鄙。

十有八年，春，白狄來。

夏，晉人執衛行人石買。

秋，齊師伐我北鄙。（穀梁作「齊侯」。）

冬，十月，公會晉侯、宋公、衛侯、鄭伯、曹伯、莒子、邾子、滕子、薛伯、杞伯、小邾子同圍齊。

曹伯負芻卒于師。

楚公子午帥師伐鄭。

十有九年，春，王正月，諸侯盟于祝柯。（公羊作「祝阿」，水經注引左傳亦作「祝阿」。）【詁】地理志平原郡祝阿。（杜本此。）晉人執邾子。

公至自伐齊。【詁】賈逵曰：「圍齊而致伐，以策伐動也。」（本疏。）取邾田，自漷水。【詁】説文：「漷水在魯。」京相璠曰：「薛縣漷水首受蕃縣，西注山陽湖陸。」（水經注。）

季孫宿如晉。

葬曹成公。

夏，衞孫林父帥師伐齊。

秋，七月辛卯，齊侯環卒。（公羊「環」作「瑗」。）

晉士匄帥師侵齊。至穀，聞齊侯卒，乃還。（白虎通引「匄」作「丐」，「還」作「旋」。）

八月丙辰，仲孫蔑卒。

齊殺其大夫高厚。

鄭殺其大夫公子嘉。（公羊「嘉」作「喜」。）

冬，葬齊靈公。

城西郛。

叔孫豹會晉士匄于柯。

城武城。【詁】京相璠曰：「今泰山南武城縣有澹臺子羽冢，縣人也。」（水經注。杜同此。）

二十年，春，王正月辛亥，仲孫速會莒人，盟于向。

夏，六月庚申，公會晉侯、齊侯、宋公、衛侯、鄭伯、曹伯、莒子、邾子、滕子、薛伯、杞伯、小邾子，盟于澶淵。

【詁】張晏曰：「繁陽縣有繁淵。春秋襄二十年經書『盟于澶淵』，即繁淵也。」（水經注。杜本此。）應劭漢書注：「繁陽在繁水之陽。」按：繁陽，晉屬頓丘郡。

秋，公至自會。

仲孫速帥師伐邾。

蔡殺其大夫公子燮。（穀梁「燮」作「溼」。）蔡公子履出奔楚。

陳侯之弟黄出奔楚。（公、穀「黄」皆作「光」。）【詁】賈逵以爲稱名罪其逼。（本疏。）按：杜注：「稱『弟』，明無罪也。」正義申杜云：「杜以鄭段有罪，去『弟』以罪段。今此存『弟』，非是罪黄之文。言此以排賈氏也。」今考春秋兼罪鄭莊，故段不稱「弟」，觀傳文「如二君」之言自明。此傳于陳侯無譏，不當引此例。又襄三十年「天王殺其弟佞夫」，釋例曰：「佞夫稱『弟』，不聞反謀也。鄭段去『弟』，身爲謀首也。」佞夫以不聞反謀尚得稱「弟」，今賈義雖罪公子黄，不過罪其逼，究非鄭段身爲謀首可比。則稱「弟」而罪之義，固兩不相妨。杜注及正義蓋非也。

叔老如齊。

冬，十月丙辰朔，日有食之。

季孫宿如宋。

春秋左傳詁卷四

春秋經四

襄公

二十有一年，春，王正月，公如晉。【詁】賈逵云：「此年仲尼生，哀十六年夏四月己丑卒，七十二年。」（三十一年本疏。）[一]公羊于經文後書「十有一月庚子孔子生」，穀梁無「十有一月」四字。

邾庶其以漆、閭丘來奔。【詁】劉、賈説三叛人以地來奔，不書叛，謂不能專也。（二十六年本疏。）郡國志山陽郡：「有漆亭，有閭丘亭。」（杜同此。）按：水經注洙水下引從征記曰：「杜謂顯閭，閭丘也。今按：漆鄉在縣東北，漆鄉東北十里見有閭丘鄉，顯閭非也。」應劭十三州記亦云：「漆鄉，邾邑。」見泗水下。

夏，公至自晉。（穀梁作「至自會」。）【詁】按：公如晉後，未嘗有會，當以左氏及公羊爲長。

秋，晉欒盈出奔楚。

[一]「一」原訛「六」，按襄公無三十六年，上述引文見於春秋左傳正義襄公三十一年，據改。

九月庚戌朔，日有食之。

冬，十月庚辰朔，日有食之。

曹伯來朝。

公會晉侯、齊侯、宋公、衛侯、鄭伯、曹伯、莒子、邾子于商任。

二十有二年，春，王正月，公至自會。

夏，四月。

秋，七月辛酉，叔老卒。

冬，公會晉侯、齊侯、宋公、衛侯、鄭伯、曹伯、莒子、邾子、薛伯、杞伯、小邾子于沙隨。公至自會。（公、穀「薛伯」上皆有「滕子」二字，疑左氏經脱去。）

楚殺其大夫公子追舒。

二十有三年，春，王二月癸酉朔，日有食之。

三月己巳，杞伯匄卒。

夏，邾畀我來奔。（石經作「卑我」，宋本亦同。按：二十一年「庶其非卿也」，正義引作「邾卑我」。昭二十年經「曹公孫會自鄸出奔宋」，昭二十七年經「邾快來奔」，正義皆引作「卑」。是「卑」、「畀」二字音同字近。公羊作「鼻」，陸氏音義曰：「二傳作『畀我』。」石經穀梁作「卑我」。「鼻」、「畀」亦音同。左、穀以「鼻」爲「畀」，或古文省。）【詁】賈逵以爲庶其之黨，同有竊邑叛君之罪。（本疏。）按：以畀我爲庶其之黨，賈必有據。劉炫譏之，非是。

葬杞孝公。

陳殺其大夫慶虎及慶寅。

陳侯之弟黄自楚歸于陳。

晉欒盈復入于晉，入于曲沃。

秋，齊侯伐衛，遂伐晉。

八月，叔孫豹帥師救晉，次于雍榆。（公、穀皆作「雍喻」，外傳作「雝俞」。水經注引作：「淇水又東北，流逕雍榆城。」「城」字疑衍。）

己卯，仲孫速卒。

冬，十月乙亥，臧孫紇出奔邾。

晉人殺欒盈。

齊侯襲莒。

二十有四年，春，叔孫豹如晉。

仲孫羯帥師侵齊。（公羊釋文云：「仲孫偈本作『褐』，亦作『羯』，同居謁反。」按：公羊、石經及諸刻本並作「羯」，刻本多改竄釋文本字，不可不察。）

夏，楚子伐吴。

秋，七月甲子朔，日有食之，既。

齊崔杼帥師伐莒。

大水。

八月癸巳朔，日有食之。

公會晉侯、宋公、衛侯、鄭伯、曹伯、莒子、邾子、滕子、薛伯、杞伯、小邾子于夷儀。（公羊作「陳儀」，五行志同。下經同。）

冬，楚子、蔡侯、陳侯、許男伐鄭。

公至自會。

陳鍼宜咎出奔楚。（按：昭四年傳作「箴尹宜臼」。公羊釋文作「咸」，其廉反。今考公羊、石經及諸刻本，並作「鍼」。）

叔孫豹如京師。

大饑。

二十有五年，春，齊崔杼帥師伐我北鄙。

夏，五月乙亥，齊崔杼弑其君光。

公會晉侯、宋公、衛侯、鄭伯、曹伯、莒子、邾子、滕子、薛伯、杞伯、小邾子于夷儀。

六月壬子，鄭公孫舍之帥師入陳。

秋，八月己巳，諸侯同盟于重丘。【詁】地理志平原郡重丘。按：郡國志無重丘縣，蓋建武時所省。應劭曰：「安德縣北五十里有重丘鄉，故縣也。」（水經注。）

公至自會。

衛侯入于夷儀。

楚屈建帥師滅舒鳩。

冬，鄭公孫夏帥師伐陳。（公羊作「公孫蠆」。）

十有二月，吴子遏伐楚，門于巢，卒。（公、穀皆作「吴子謁」。）【詁】地理志廬江郡居巢，應劭曰：「春秋『楚人圍巢』。巢，國也。」

二十有六年，春，王二月辛卯，衛甯喜弒其君剽。

衛孫林父入于戚以叛。

甲午，衛侯衎復歸于衛。（陸氏穀梁音義曰：「『衎』一本作『衍』。」）

夏，晉侯使荀吴來聘。

公會晉人、鄭良霄、宋人、曹人于澶淵。

秋，宋公殺其世子痤。（穀梁作「座」。）

晉人執衛甯喜。

八月壬午，許男甯卒于楚。

冬，楚子、蔡侯、陳侯伐鄭。

葬許靈公。

二十有七年，春，齊侯使慶封來聘。

夏，叔孫豹會晉趙武、楚屈建、蔡公孫歸生、衛石惡、陳孔奂、鄭良霄、許人、曹人于宋。（公羊作「孔瑗」。）

衛殺其大夫甯喜。

衛侯之弟鱄出奔晉。（穀梁作「專」。）【詁】陸賈新語明誡篇：「春秋書衛侯之弟鱄出奔晉，書鱄絶骨肉之親，弃大夫之位，越先人之境，附他人之域，窮涉寒饑，織履而食，不明之效也。」與三傳説並不同。

秋，七月辛巳，豹及諸侯之大夫盟于宋。【詁】膏肓難左氏云：「叔孫喬如舍族，爲尊夫人。按：襄二十七年豹及諸侯之大夫盟，復何所尊而亦舍族？春秋之例，一事再見者，亦从省文耳。左氏爲短。」鄭箴曰：「左氏以豹違命，故貶之而去族。」（成十五年本疏。）

冬，十有二月乙亥朔，日有食之。

二十有八年，春，無冰。

夏，衛石惡出奔晉。

邾子來朝。

秋，八月，大雩。

仲孫羯如晉。

冬，齊慶封來奔。

十有一月，公如楚。

十有二月甲寅，天王崩。

乙未，楚子昭卒。（史記作「招」，論衡同。）

二十有九年，春，王正月，公在楚。

夏，五月，公至自楚。

庚午，衛侯衎卒。

閽弒吴子餘祭。

仲孫羯會晉荀盈、齊高止、宋華定、衛世叔儀、鄭公孫段、曹人、莒人、滕人、薛人、小邾人城杞。（公羊作「衛世叔齊」。又「莒人」下「滕人」上，公羊有「邾婁人」，穀梁有「邾人」，疑左氏經脱去。）【詁】説文：「碬，礪石也。春秋傳曰鄭公孫碬，字子石。」按：左傳公孫段字伯石，印段字子石，説文所引疑有誤，且字从段，不从叚。

晉侯使士鞅來聘。

杞子來盟。

吴子使札來聘。【詁】賈逵、服虔皆以爲夷末新即位，使來通聘。

秋，九月，葬衛獻公。

齊高止出奔北燕。

冬，仲孫羯如晉。

三十年，春，王正月，楚子使薳罷來聘。（公羊作「薳頗」。）

夏，四月，蔡世子般弒其君固。（白虎通作「世子班」。）

五月甲午，宋災。

宋伯姬卒。（公、穀「伯姬」上皆無「宋」字，亦不另行。按：疑因傳文而誤。）

天王殺其弟佞夫。（公羊作「年夫」。「年」、「佞」音同。）

王子瑕奔晉。

秋，七月，叔弓如宋，葬宋共姬。（穀梁下無「宋」字。）【詁】按：上既有「如宋」二字，則下「宋」字亦疑衍。

鄭良霄出奔許，自許入于鄭。

鄭人殺良霄。

冬，十月，葬蔡景公。

晉人、齊人、宋人、衞人、鄭人、曹人、莒人、邾人、滕人、薛人、杞人、小邾人會于澶淵，宋災故。（公、穀皆同。石經「故」字下後人妄增「也」字。）【詁】按：此澶淵宋地，與二十年、二十六年盟會之地不同。許氏說文：「澶淵，水，在宋。」即此。司馬彪郡國志沛國：「杼秋，故屬梁，有澶淵聚。」劉昭注顧引襄二十年盟于澶淵之文以當之，非也。

三十有一年，春，王正月。

夏，六月辛巳，公薨于楚宮。

秋，九月癸巳，子野卒。

己亥，仲孫羯卒。

冬，十月，滕子來會葬。

癸酉，葬我君襄公。

十有一月，莒人弒其君密州。

昭公

元年，春，王正月，公即位。

叔孫豹會晉趙武、楚公子圍、齊國弱、宋向戌、衛齊惡、陳公子招、蔡公孫歸生、鄭罕虎、許人、曹人于虢。（公羊「國弱」作「國酌」，「齊惡」作「石惡」，「罕虎」作「軒虎」，「虢」作「漷」，穀梁又作「郭」。）【詁】潁氏曰：「臣無竟外之交，故去『弟』以貶季友。子招樂憂，故去『弟』以懲過。鄭段去『弟』，惟以名通，故謂之貶。今公子圍、公子招皆書『公子』。『公子』者，名號之美稱，非貶詞也。」（本疏引釋例。）

三月，取鄆。【詁】説文：「魯有鄆地。」京相璠曰：「琅邪姑幕縣南四十里有員亭，故魯鄆邑。」郡國志琅邪：「東莞，有鄆亭。」（杜同此。）賈逵云：「楚以伐莒來討，故諱伐不諱取。」（本疏。）按：劉氏規杜以賈説爲是。

夏，秦伯之弟鍼出奔晉。

六月丁巳，邾子華卒。

晉荀吴帥師敗狄于大鹵。（公、穀皆作「大原」。穀梁傳云：「中國曰大原，夷狄曰大鹵。」）【詁】地理志大原郡晉陽。杜注：「大鹵，大原晉陽縣也。」（杜本此。）

秋，莒去疾自齊入于莒。

莒展輿出奔吴。（公、穀皆無「輿」字。釋文：一本作「莒展出奔吴」。）

叔弓帥師疆鄆田。

葬邾悼公。

冬，十有一月己酉，楚子麇卒。（公、穀「麇」皆作「卷」。史記世家作「員」，索隱曰：「左傳作『麏』。」按：「麇」與「麏」古字通。）

楚公子比出奔晉。（公、穀「公子」上皆有「楚」字。）

二年，春，晉侯使韓起來聘。

夏，叔弓如晉。

秋，鄭殺其大夫公孫黑。

冬，公如晉，至河乃復。

季孫宿如晉。

三年，春，王正月丁未，滕子原卒。（公羊作「泉」。）

夏，叔弓如滕。

五月，葬滕成公。

秋，小邾子來朝。

八月，大雩。

冬，大雨雹。

北燕伯款出奔齊。

四年，春，王正月，大雨雹。（公、穀「雹」皆作「雪」。）

夏，楚子、蔡侯、陳侯、鄭伯、許男、徐子、滕子、頓子、胡子、沈子、小邾子、宋世子佐、淮夷會于申。【詁】地理志汝南郡：「汝陰，本胡子國。」（杜本此。）

楚人執徐子。

秋，七月，楚子、蔡侯、陳侯、許男、頓子、胡子、沈子、淮夷伐吴。

執齊慶封，殺之。

遂滅賴。（公、穀「賴」皆作「厲」。）

九月，取鄫。

冬，十有二月乙卯，叔孫豹卒。

五年，春，王正月，舍中軍。

楚殺其大夫屈申。

公如晉。

夏，莒牟夷以牟婁及防、茲來奔。【詁】郡國志北海國：〔一〕「平昌，有婁鄉。」

秋，七月，公至自晉。

戊辰，叔弓帥師敗莒師于蚡泉。（公羊「蚡」作「濆」，穀梁作「賁」。）【詁】按：爾雅：「濆，大出尾下。」郭璞注曰：「今

〔一〕「國」原訛「郡」，據後漢書志第二十二郡國四改。

河東汾陰縣有水口如車輪許，[一]濆沸湧出，其深無限，名之爲瀵。」廣雅：「濆泉，直泉也。直泉，湧泉也。」「濆」、「瀵」、「蚡」，皆古字通用；「沸」，聲之轉。

秦伯卒。

冬，楚子、蔡侯、陳侯、許男、頓子、沈子、徐人、越人伐吳。

六年，春，王正月，杞伯益姑卒。

葬秦景公。

夏，季孫宿如晉。

葬杞文公。

宋華合比出奔衛。

秋，九月，大雩。

楚薳罷帥師伐吳。

冬，叔弓如楚。

齊侯伐北燕。

七年，春，王正月，暨齊平。【詁】賈逵、何休亦以爲魯與齊平。許惠卿以爲燕與齊平。服虔云：「襄二十四年仲孫

〔一〕「陰」、「口」原脱，據爾雅釋水郭璞注補。

羯侵齊，二十五年崔杼伐我，自爾以來，齊、魯不相侵伐。且齊是大國，何爲求與魯平？此六年冬齊侯伐北燕，將納簡公，齊侯貪賄而與之平，故傳言齊求之也。」（本疏。）按：賈用穀梁傳「以外及内曰暨」義最諦。又經下云「叔孫婼如齊涖盟」，明既平之後，故往涖盟也。杜注用許惠卿説曰「燕及齊平」，非也。

三月，公如楚。

叔孫婼如齊涖盟。（公羊「婼」作「舍」。）【詁】説文：「婼，不順也。春秋傳曰叔孫婼。」

夏，四月甲辰朔，日有食之。

秋，八月戊辰，衛侯惡卒。

九月，公至自楚。

冬，十有一月癸未，季孫宿卒。

十有二月癸亥，葬衛襄公。

八年，春，陳侯之弟招殺陳世子偃師。

夏，四月辛丑，陳侯溺卒。

叔弓如晉。

楚人執陳行人干徵師，殺之。

陳公子留出奔鄭。

秋，蒐于紅。【詁】劉、賈、潁曰：「蒐于紅，不言大者，言公大失權在三家也。十一年蒐于比蒲，經書『大蒐』，復書『大蒐』者，言大衆盡在三家。」（本疏。）按：劉昭補注：「紅亭在泰山郡奉高縣西北，左傳昭八年大蒐于紅。」杜注以爲在沛國蕭縣，誤。今从劉昭説。蓋沛國之紅亭，水經注以爲即地理志之虹縣，王莽改名曰貢，師古曰：「『虹』亦音『貢』。」音義並異。此傳釋文云：「紅，日東反。」則陸亦不以爲沛國之紅也。

陳人殺其大夫公子過。

大雩。

冬，十月壬午，楚師滅陳。執陳公子招，放之于越。殺陳孔奂。（公羊作「孔瑗」。）

葬陳哀公。【詁】賈、服以葬哀公之文在殺孔奂之下，以爲楚葬哀公。（本疏。）按：魯往會葬，則爲楚葬哀公可知。杜注云：「嬖人袁克葬之。」又自亂其例矣。

九年，春，叔弓會楚子于陳。

許遷于夷。

夏，四月，陳災。【詁】公、穀皆作「陳火」。公羊傳曰：「陳已滅矣，其言陳火何？存陳也。」穀梁傳曰：「國曰災，邑曰火。火不志，此何以志？閔陳而存之也。」賈、服取彼爲説，言閔陳不與楚，故存陳而書之，言陳尚爲國也。（本疏。）

秋，仲孫貜如齊。

冬，築郎囿。

十年，春，王正月。

夏，齊欒施來奔。（公羊「齊」作「晉」，誤。）【詁】説文：「欒施字子旗，知施者旗也。」

秋，七月，季孫意如、叔弓、仲孫貜帥師伐莒。（公羊作「隱如」，下同。）

戊子，晉侯彪卒。

九月，叔孫婼如晉，葬晉平公。

十有二月甲子，【詁】賈逵、服虔並云：「無『冬』，刺不登臺觀氣。」（公羊疏。）按：杜注此條及蒐于紅等，皆云「史闕文」，恐非是。

宋公成卒。（公羊「成」作「戌」。）【詁】按：公羊釋文云：「宋戌，讀左傳者音成。〔一〕何云：『向戌與君同名，則宜音恤。』」

十有一年，春，王二月，叔弓如宋，葬宋平公。

夏，四月丁巳，楚子虔誘蔡侯般殺之于申。

楚公子弃疾帥師圍蔡。

五月甲申，夫人歸氏薨。

大蒐于比蒲。

仲孫貜會邾子，盟于祲祥。（公羊作「祲羊」。解曰：「穀梁傳作『侵祥』字。服虔注引者直作『詳』無『侵』字。皆是所見異也。」）【詁】按：穀梁作「祲祥」，釋文曰：「祲，子鴆反。」解引作「侵」，當是傳寫有異。

秋，季孫意如會晉韓起、齊國弱、宋華亥、衛北宮佗、鄭罕虎、曹人、杞人于厥慭。（公羊「意如」作「隱如」，「國弱」作「國酌」，「罕虎」作「軒虎」，「厥慭」作「屈銀」。釋文「北宮佗」作「他」；慭，魚靳反，徐五巾反。）【詁】惠棟曰：「公羊作

〔一〕「成」原訛「城」，據春秋公羊音義昭公十年改。

『屈銀』，是『憖』讀爲『銀』，徐音是也。説文：『憖，从心猌聲。』又犬部：『猌，从犬來聲，讀又若銀。』是古音皆以『憖』爲『銀』。」

九月己亥，葬我小君齊歸。

冬，十有一月丁酉，楚師滅蔡，執蔡世子有以歸，用之。（穀梁「有」作「友」。）

十有二年，春，齊高偃帥師納北燕伯于陽。【詁】地理志中山國唐。（杜本此。）正義言：「經言于陽，傳言于唐，知陽即唐也。」賈氏云：「時陽守距難，故稱納。」（釋例。）按：説文「唐」古文作「啺」，从口昜，故讀「陽」爲「唐」，與公、穀異。此與齊人來歸衛俘，〔二〕皆左氏古字、古音之僅存者。

三月壬申，鄭伯嘉卒。

夏，宋公使華定來聘。

公如晉，至河乃復。

五月，葬鄭簡公。

楚殺其大夫成熊。（公羊作「成然」，穀梁作「成虎」。按：左氏傳亦作「成虎」，解見正義。）

秋，七月。

冬，十月，公子憖出奔齊。（公羊作「公子整」。）

楚子伐徐。

晉伐鮮虞。【詁】穀梁傳曰：「其曰晉，狄之也。不正其與夷狄交伐中國，故狄稱之也。」賈、服取以爲説。（本疏。）

〔二〕「俘」原作「保」，據春秋左傳莊公六年改。

十有三年，春，叔弓帥師圍費。

夏，四月，楚公子比自晉歸于楚，弑其君虔于乾谿。（穀梁「谿」作「溪」。）

楚公子弃疾殺公子比。（公羊「殺」作「弑」。）

秋，公會劉子、晉侯、齊侯、宋公、衛侯、鄭伯、曹伯、莒子、邾子、滕子、薛伯、杞伯、小邾子于平丘。【詁】地理志陳留郡平丘。（杜本此。）

八月甲戌，同盟于平丘。公不與盟。

晉人執季孫意如以歸。公至自會。

蔡侯廬歸于蔡。

陳侯吴歸于陳。

冬，十月，葬蔡靈公。

公如晉，至河乃復。

吴滅州來。

十有四年，春，意如至自晉。

三月，曹伯滕卒。

夏，四月。

秋，葬曹武公。

八月，莒子去疾卒。

冬，莒殺其公子意恢。

十有五年，春，王正月，吴子夷末卒。（公羊作「夷眛」。）

二月癸酉，有事于武宫。籥入，叔弓卒。去樂，卒事。

夏，蔡朝吴出奔鄭。（公羊作「昭吴」，無「出」字。）

六月丁巳朔，日有食之。

秋，晉荀吴帥師伐鮮虞。

冬，公如晉。

十有六年，春，齊侯伐徐。

楚子誘戎蠻子殺之。（公羊作「戎曼子」。郡國志引左傳作「鄤子」。）【詁】賈逵云：「楚子不名，以立其子。」（本疏。）

夏，公至自晉。

秋，八月己亥，晉侯夷卒。

九月，大雩。

季孫意如如晉。

冬，十月，葬晉昭公。

十有七年，春，小邾子來朝。

夏，六月甲戌朔，日有食之。

秋，郯子來朝。【詁】說文：「郯，東海縣，帝少昊之後。」

八月，晉荀吳帥師滅陸渾之戎。（公羊作「賁渾」。穀梁與左氏同，無「之」字。）

冬，有星孛于大辰。

楚人及吳戰于長岸。

十有八年，春，王三月，曹伯須卒。

夏，五月壬午，宋、衛、陳、鄭災。

六月，邾人入鄅。【詁】地理志東海郡：「開陽，故鄅國。」（杜本此。）

秋，葬曹平公。

冬，許遷于白羽。

十有九年，春，宋公伐邾。

夏，五月戊辰，許世子止弑其君買。

己卯，地震。

秋，齊高發帥師伐莒。

冬，葬許悼公。

二十年，春，王正月。

夏，曹公孫會自鄸出奔宋。（穀梁作「夢」。陸氏穀梁音義曰：「本或作『蔑』。」按：此則音同而轉。）【詁】賈逵云：「前此以鄸叛也，叛便從鄸而出。叛不告，故不書。」（本疏。）賈又云：「所以華亥、向寧、射姑等不見有玉帛來聘者，以其時未爲卿也。」（同上。）按：寰宇記：「濟陰乘氏縣有大饗城，故老言古曹之鄸邑也。或作大鄉。」

秋，盜殺衛侯之兄縶。（按：公羊「縶」作「輒」。今考出公名輒，即靈公之孫，與孟縶服尚近，必不同名，當以左傳爲是。）

冬，十月，宋華亥、向寧、華定出奔陳。（公羊作「向甯」，後同。）

十有一月辛卯，蔡侯盧卒。（「盧」字从石經、宋本改定。）

二十有一年，春，王三月，葬蔡平公。

夏，晉侯使士鞅來聘。

宋華亥、向寧、華定自陳入于宋南里以叛。【詁】賈逵云：「書入，華貙兄弟作亂召而逆之。」（本疏。）又云：「南里，穀梁曰南鄙。」（公羊疏。）

秋，七月壬午朔，日有食之。

八月乙亥，叔輒卒。

冬，蔡侯朱出奔楚。（穀梁作「蔡侯東」。今考蓋因東國而誤。）

公如晉，至河乃復。

二十有二年，春，齊侯伐莒。

宋華亥、向寧、華定自宋南里出奔楚。

大蒐于昌間。（公羊作「昌姦」。）

夏，四月乙丑，天王崩。

六月，叔鞅如京師。　葬景王。　王室亂。

劉子、單子以王猛居于皇。【詁】郡國志河南尹：〔一〕「鞏，有黄亭。」〔二〕劉昭注引左傳作「皇」。〔三〕（杜同此。）

秋，劉子、單子以王猛入于王城。【詁】地理志河南郡：「河南，故郟鄏地。〔四〕周武王遷九鼎，〔五〕周公致太平，是爲王城。」（杜本此。）

冬，十月，王子猛卒。

十有二月癸酉朔，日有食之。

二十有三年，春，王正月，叔孫婼如晉。

癸丑，叔鞅卒。

〔一〕「尹」原訛「郡」，據後漢書志第十九郡國一改。

〔二〕「黄」原訛「皇」，據後漢書志第十九郡國一改。

〔三〕「皇」原訛「喤」，據後漢書志第十九郡國一劉昭注改。

〔四〕「地」原訛「也」，據漢書卷二十八上地理志第八上改。

〔五〕「武」原訛「成」，據漢書卷二十八上地理志第八上改。

晉人執我行人叔孫婼。

晉人圍郊。

夏，六月，蔡侯東國卒于楚。

秋，七月，莒子庚輿來奔。

戊辰，吳敗頓、胡、沈、蔡、陳、許之師于雞父。（穀梁作「雞甫」。水經注：「決水从雩婁縣逕雞備亭。」）【詁】賈逵云：「不國國書師，惡其同役不同心。」（本疏。）按：賈據桓十三年齊師、宋師、衛師、燕師敗績，又傳言「七國同役而不同心」，故本此立論。正義譏之，妄矣。服虔云：「不書楚，楚諱敗不告。」（同上。）胡子髡、沈子逞滅，獲陳夏齧。（公羊「逞」作「楹」，穀梁作「盈」。）

天王居于狄泉。【詁】京相璠春秋地名言今大倉西南池水名翟泉。舊説言翟泉本自在洛陽北，萇弘城成周乃繞之。（水經注。）郡國志河南尹：「洛陽，有翟泉，在城中。」（杜本此。）

尹氏立王子朝。

八月乙未，地震。

冬，公如晉，至河，有疾，乃復。（公、穀皆作「公有疾乃復」。）

二十四年，春，王二月丙戌，仲孫貜卒。【詁】賈逵云：「仲尼時年三十五矣。」（史記索隱。）

婼至自晉。（公羊作「叔孫舍至自晉」。）

夏，五月乙未朔，日有食之。

秋，八月，大雩。

丁酉，杞伯郁釐卒。（公羊作「鬱釐」。）

冬，吴滅巢。

葬杞平公。

二十有五年，春，叔孫婼如宋。

夏，叔詣會晉趙鞅、宋樂大心、衛北宫喜、鄭游吉、曹人、邾人、滕人、薛人、小邾人于黄父。（公、穀皆作「叔倪」。公羊「樂大心」作「樂世心」。）【詁】按：公羊疏云：「左氏經賈注者作『叔詣』。」

有鸜鵒來巢。【詁】説文：「古者鴝鵒不踰泲。」[一]釋文：「鸜，嵇康音『權』。[二]又作『鴝』，音『劬』。公羊傳作『鸛』，音『權』。郭璞注山海經曰：『鸜鵒，鴝鵒也。』」高誘淮南王書注引作「鴝」。

秋，七月上辛，大雩；季辛，又雩。

九月己亥，公孫于齊，次于陽州。

齊侯唁公于野井。【詁】郡國志濟南郡：「祝阿，有野井亭。」（杜同此。）

冬，十月戊辰，叔孫婼卒。

十有一月己亥，宋公佐卒于曲棘。【詁】郡國志陳留郡：「外黄，城中有曲棘亭。」（杜同此。）

十有二月，齊侯取鄆。

[一]「鴝」原作「鸜」，據説文解字第四上改。

[二]「嵇」原訛「稽」，據經典釋文春秋左氏音義改。

二十有六年，春，王正月，葬宋元公。

三月，公至自齊，居于鄆。【詁】賈逵云：「季氏示欲爲臣，故以告廟。」（本疏。）

夏，公圍成。

秋，公會齊侯、莒子、邾子、杞伯，盟于鄟陵。

公至自會，居于鄆。

九月庚申，楚子居卒。

冬，十月，天王入于成周。

尹氏、召伯、毛伯以王子朝奔楚。

二十有七年，春，公如齊。

公至自齊，居于鄆。

夏，四月，吴弑其君僚。

楚殺其大夫郤宛。（穀梁「郤」作「郄」，石經同。）【詁】按：吕覽慎行篇，郄尹光唐之子。今穀梁本「郤」亦作「郄」。徐廣誤會史記楚世家文，遂以郤宛爲伯州犁之子，非是。辯已見集中。

秋，晉士鞅、宋樂祁犂、衛北宫喜、曹人、邾人、滕人會于扈。

冬，十月，曹伯午卒。

邾快來奔。

公如齊。

公至自齊，居于鄆。

二十有八年，春，王三月，葬曹悼公。

公如晉，次于乾侯。【詁】臣瓚漢書注：「乾侯在魏郡斥丘縣。」元和郡縣志：「斥丘故城在成安縣南三十里，春秋時乾侯邑。」

夏，四月丙戌，鄭伯寧卒。

六月，葬鄭定公。

秋，七月癸巳，滕子寧卒。（公羊，與上鄭伯寧並作「甯」。）

冬，葬滕悼公。

二十有九年，春，公至自乾侯，居于鄆。齊侯使高張來唁公。

公如晉，次于乾侯。

夏，四月庚子，叔詣卒。

秋，七月。

冬，十月，鄆潰。

三十年，春，王正月，公在乾侯。

夏，六月庚辰，晉侯去疾卒。

秋，八月，葬晉頃公。

冬，十有二月，吳滅徐，徐子章羽奔楚。（公羊作「禹」，漢書古今人表、地理志並同。今依宋本。）【詁】按：經作「羽」，傳作「禹」，蓋經與傳不必盡合。如定十五年齊侯、衞侯次于蘧蒢，傳作蘧挐；哀四年經公孫霍，傳作公孫盱，可類推也。

三十有一年，春，王正月，公在乾侯。

季孫意如會晉荀躒于適歷。（公、穀皆作「荀櫟」，下同。）

夏，四月丁巳，薛伯穀卒。

晉侯使荀躒唁公于乾侯。

秋，葬薛獻公。

冬，黑肱以濫來奔。（公羊作「黑弓」。）【詁】郡國志「濫」作「藍」，云東海郡昌慮有藍鄉。（杜同此。）服虔云：「公羊五分之，然後受之。邾婁本附庸，三十里，而言五分之，爲六里國也。」（公羊疏。）

十有二月辛亥朔，日有食之。

三十有二年，春，王正月，公在乾侯。取闞。【詁】賈逵云：「昭公得闞，季氏奪之，不用師徒。」謂此取闞爲季氏取于公也。（本疏。）按：詳上書法，當以賈義爲長。

夏，吳伐越。

秋，七月。

冬，仲孫何忌會晉韓不信、齊高張、宋仲幾、衛世叔申、鄭國參、曹人、莒人、薛人、杞人、小邾人，城成周。（穀梁「世叔」作「大叔」。公、穀「莒人」下皆有「邾人」，或左氏經失之，公羊作「邾婁人」。）【詁】賈逵云：「魯有昭公難，故會而不盟。」（本疏。）

十有二月己未，公薨于乾侯。

定公

元年，春，王。

三月，晉人執宋仲幾于京師。

夏，六月癸亥，公之喪至自乾侯。

戊辰，公即位。

秋，七月癸巳，葬我君昭公。

九月，大雩。

立煬宮。

冬，十月，隕霜殺菽。（公羊作「霣」。釋文云：「『菽』，本又作『叔』。」）

二年，春，王正月。

夏，五月壬辰，雉門及兩觀災。（周禮鄭康成注引作「雉門災及兩觀」。）

秋，楚人伐吴。

冬，十月，新作雉門及兩觀。

三年，春，王正月，公如晉，至河乃復。【詁】賈逵云：「刺緩朝見辭失所，不諱罪己。」（本疏。）

二月辛卯，邾子穿卒。（公、穀皆作「三月」。）

夏，四月。

秋，葬邾莊公。

冬，仲孫何忌及邾子盟于拔。（公羊「拔」作「枝」。）

四年，春，王二月癸巳，陳侯吴卒。

三月，公會劉子、晉侯、宋公、蔡侯、衛侯、陳子、鄭伯、許男、曹伯、莒子、（按：自此以後，莒不見于經。水經注沭水下引尸子云：「莒君好鬼巫而國亡。」或當在春秋之後。）邾子、頓子、胡子、滕子、薛伯、杞伯、小邾子、齊國夏于召陵，侵楚。

夏，四月庚辰，蔡公孫姓帥師滅沈，以沈子嘉歸，殺之。

五月，公及諸侯盟于皋鼬。（公羊作「公孫歸姓」，後同。釋文云：「公孫生，本又作『姓』，音『生』。」「皋鼬」，公羊作「浩油」。）

杞伯成卒于會。（公羊作「杞伯戊」。）

六月，葬陳惠公。

許遷于容城。【詁】地理志南郡華容，應劭曰：「春秋『許遷于容城』是。」按：水經注亦同。

秋，七月，公至自會。

劉卷卒。

葬杞悼公。

楚人圍蔡。

晉士鞅、衞孔圉帥師伐鮮虞。（公羊作「孔圄」。）

葬劉文公。

冬，十有一月庚午，蔡侯以吴子及楚人戰于柏舉，楚師敗績。（公羊作「伯莒」，穀梁作「伯舉」，淮南王書作「柏莒」，古字並通。）【詁】惠棟曰：「高誘呂覽注：『柏舉，楚鄙邑。』京相璠曰：『柏舉，漢東地。江夏有洰水，〔一〕或作「舉」。』疑即此也。」今按：舉水出今麻城縣東龜頭山，西南流至黄岡縣入江，與水經注同，于漢爲西陵縣地。唐李吉甫亦云：「龜頭山，即春秋時柏舉也。」若江夏之洰水，距此較遠，疑京説非也。

楚囊瓦出奔鄭。

庚辰，吴入郢。（公、穀「郢」皆作「楚」。）

五年，春，王三月辛亥朔，日有食之。（公羊作「正月」。）

夏，歸粟于蔡。【詁】賈逵取穀梁爲説云：「不書所會，後也。」（本疏。）

〔一〕「洰」原訛「柜」，據水經注卷三十五及惠棟春秋左傳補注卷六改。

於越入吴。【詁】漢書貨殖傳：「辟猶戎、狄之與于越，不相入矣。」吴都賦「包括于越」，注引：「春秋曰『于越入吴』，杜注：『于，越人發語聲。』」按：「于」、「於」字雖同，既爲發語聲，則作「於」爲近，「於」字宜作「烏」音讀也。

六月丙申，季孫意如卒。

秋，七月壬子，叔孫不敢卒。

冬，晉士鞅帥師圍鮮虞。

六年，春，王正月癸亥，鄭遊速帥師滅許，以許男斯歸。（公羊作「游遬」。）

二月，公侵鄭。公至自侵鄭。

夏，季孫斯、仲孫何忌如晉。【詁】范甯穀梁傳注曰：「仲孫忌而云仲孫何忌，甯所未詳。公羊傳曰『譏二名』。」按：范氏因下文仲孫忌，兼泥公羊之説，故云然。

秋，晉人執宋行人樂祁犁。

冬，城中城。

季孫斯、仲孫忌帥師圍鄆。【詁】公羊傳曰：「此仲孫何忌也。曷爲謂之仲孫忌？譏二名。二名，非禮也。」公羊疏云：「解曰古本無『何』字，有者誤也。穀梁及賈注皆無『何』字。又哀十三年經云『晉魏多帥師侵衛』，傳云：『此晉魏曼多也。曷爲之晉魏多？譏二名。二名，非禮也。』以此言之，則此經無『何』明矣。而賈氏云公羊曰仲孫何忌者蓋誤。」今按昭三十二年，定三年、六年、十二年，哀元年、二年、五年、六年，經文凡十二書仲孫何忌，（左氏、公、穀並同。）何以不去「何」字以譏之？杜注云：「何忌不言『何』，闕文。」其説是也。古本此無「何」字，有則後人所加，故公羊疏云「有者誤也」。但疏墨守公羊之説，復引哀十三年魏曼多以例之，則非。當春秋時，人臣二名者多矣。聖人襃貶，豈在名之一字、二字；亦斷無一書再書之後，方去一字以示譏也。且哀十三年經，左氏及穀梁皆作晉魏曼多。公羊譏二名之説，甚鑿。

七年，春，王正月。

夏，四月。

秋，齊侯、鄭伯盟于鹹。

齊人執衛行人北宮結以侵衛。齊侯、衛侯盟于沙。（公羊作「沙澤」。）【詁】郡國志魏郡：「元城，有沙亭。」（杜同此。）

大雩。

齊國夏帥師伐我西鄙。

九月，大雩。【詁】賈逵云：「旱也。」（本疏。）

冬，十月。（諸本皆脱此三字，今从石經及宋本增入。）

八年，春，王正月，公侵齊。

公至自侵齊。

二月，公侵齊。【詁】賈逵云：「還至不月，爲曹伯卒月。」（公羊疏。）

三月，公至自侵齊。

曹伯露卒。

夏，齊國夏帥師伐我西鄙。

公會晉師于瓦。【詁】郡國志東郡：「燕，有瓦亭。」（杜本此。）

公至自瓦。

秋，七月戊辰，陳侯柳卒。

晉士鞅帥師侵鄭，遂侵衞。（公羊作「晉趙鞅」。）

葬曹靖公。（陸氏公羊音義曰「曹竫公」。）

九月，葬陳懷公。

季孫斯、仲孫何忌帥師侵衞。

冬，衞侯、鄭伯盟于曲濮。

從祀先公。【詁】服虔云：「自躋僖公以來，昭穆皆逆。」（禮記疏。）

盜竊寶玉、大弓。【詁】劉歆以來説左氏者，皆以爲夏后氏之璜、封父之繁弱，成王所以封魯公也。（本疏。）

九年，春，王正月。

夏，四月戊申，鄭伯蠆卒。（公羊作「鄭囆卒」。）

得寶玉、大弓。

六月，葬鄭獻公。

秋，齊侯、衞侯次于五氏。

秦伯卒。

冬，葬秦哀公。

十年，春，王三月，及齊平。

夏，公會齊侯于夾谷。公至自夾谷。（公、穀皆作「頰谷」。）【詁】服虔云：「東海祝期縣。」（史記集解。）又云：「地二名。」（水經注。）郡國志東海郡：「祝期，春秋時曰祝其，夾谷地。」（杜本此。）

晉趙鞅帥師圍衛。

齊人來歸鄆、讙、龜陰田。（穀梁「田」上多一「之」字。）【詁】説文：「鄆，魯下邑。春秋傳曰：『齊人來歸鄆。』」

叔孫州仇、仲孫何忌帥師圍郈。【詁】公羊作「圍費」，公羊疏云：「解曰左氏、穀梁此『費』字皆爲『郈』，但公羊正本作『費』字，[一]與二家異。賈氏不言公羊作『費』者，蓋文不備，或所見異也。」

秋，叔孫州仇、仲孫何忌帥師圍郈。

宋樂大心出奔曹。（公羊作「樂世心」，後同。公羊疏云：「宋樂世心者，『世』字亦作『泄』，故賈氏言焉。左氏、穀梁作『大』字。」）

宋公子地出奔陳。（公羊作「公子池」，後同。）

冬，齊侯、衛侯、鄭游速會于安甫。（公羊作「會于鞌」。穀梁經「甫」亦作「浦」。）

叔孫州仇如齊。

宋公之弟辰暨仲佗、石彄出奔陳。（公、穀皆作「暨宋仲佗」。何休云：「復出『宋』者，惡仲佗悉欲帥國人去，故舉國言之。」）

[一]「正」原訛「曰」，據春秋公羊傳注疏定公十年改。

十有一年，春，宋公之弟辰及仲佗、石彄、公子地自陳入于蕭以叛。

夏，四月。

秋，宋樂大心自曹入于蕭。

冬，及鄭平。

叔還如鄭涖盟。【詁】世本：「叔弓生定伯閱，閱生西巷敬叔，叔生成于還。」還爲叔弓曾孫。（本疏。）按：杜注：「還，叔詣曾孫。」恐誤。

十有二年，春，薛伯定卒。

夏，葬薛襄公。

叔孫州仇帥師墮郈。【詁】按：水經注汶水下云：「今其城無南面。」

衛公孟彄帥師伐曹。

季孫斯、仲孫何忌帥師墮費。

秋，大雩。

冬，十月癸亥，公會齊侯，盟于黄。（公羊作「晉侯」。）

十有一月丙寅朔，日有食之。

公至自黄。

十有二月，公圍成。

公至自圍成。

十有三年，春，齊侯、衛侯次于垂葭。（穀梁無「衛侯」二字。公羊作「垂瑕」。）

夏，築蛇淵囿。【詁】京相璠曰：「今濟北有蛇丘城，城下有水，魯囿也，俗謂之濁須水。」（水經注。）

大蒐于比蒲。

衛公孟彄帥師伐曹。

秋，晉趙鞅入于晉陽以叛。

冬，晉荀寅、士吉射入于朝歌以叛。

晉趙鞅歸于晉。

薛弒其君比。

十有四年，春，衛公叔戍來奔。

衛趙陽出奔宋。（公、穀皆作「晉趙陽」。）

二月辛巳，楚公子結、陳公孫佗人帥師滅頓，以頓子牂歸。（公羊作「公子佗人」，「頓子牂」作「頓子牄」。）

夏，衛北宮結來奔。

五月，於越敗吴于檇李。（公羊作「醉李」。地理志作「雋李」，又作「就李」。會稽郡由拳下注：「柴辟，故就李鄉，吴、越戰地。」應劭曰：「由拳，古之檇李也。」按：「檇」、「雋」、「醉」、「就」皆以音同而轉。）【詁】説文：「檇，以木有所擣也，从木雋聲。春秋傳曰：『越敗吴檇李。』」賈逵云：「檇李，越地。」（史記集解。又王存九域志引作「檇里」。）

吴子光卒。

公會齊侯、衛侯于牽。（公羊作「堅」。釋文云：「本又作『掔』，音『牽』。」）

公至自會。

秋，齊侯、宋公會于洮。

天王使石尚來歸脤。【詁】説文：「祳，〔一〕社肉，盛以蜃，故謂之祳，天子所以親遺同姓。春秋傳曰：『石尚來歸祳。』」按：五經異義春秋左氏説同。今春秋公羊、穀梁説生居俎上曰「祳」，今本作「脤」。杜注取此。鄭康成周禮注引作：「天王使石尚來歸蜃。」

衞世子蒯聵出奔宋。

衞公孟彄出奔鄭。

宋公之弟辰自蕭來奔。

大蒐于比蒲。

邾子來會公。

城莒父及霄。

十有五年，春，王正月，邾子來朝。

鼷鼠食郊牛，牛死，改卜牛。

二月辛丑，楚子滅胡，以胡子豹歸。

夏，五月辛亥，郊。

〔一〕「祳」原作「脤」，據説文解字第一上改。下兩「祳」字同此。

壬申，公薨于高寢。

鄭罕達帥師伐宋。（公羊作「軒達」，後同。）

齊侯、衛侯次于渠蒢。（公羊作「蘧蒢」。公羊疏：「解云左氏作『蘧挐』。」按：今傳作「蘧挐」，與經文異。）【詁】賈逵云：「欲救宋，蓋恤鄰也。」（公羊疏。）

邾子來奔喪。

秋，七月壬申，姒氏卒。（穀梁作「弋氏卒」。）

八月庚辰朔，日有食之。

九月，滕子來會葬。

丁巳，葬我君定公，雨，不克葬。戊午，日下昃，乃克葬。辛巳，葬定姒。（穀梁作「日下稷」。）

冬，城漆。【詁】潁容曰：「漆有邾之舊廟。」（本疏。）

哀公

元年，春，王正月，公即位。

楚子、陳侯、隨侯、許男圍蔡。

鼷鼠食郊牛，改卜牛。（穀梁「牛」下多「角」字。）

夏，四月辛巳，郊。

秋，齊侯、衛侯伐晉。

冬，仲孫何忌帥師伐邾。

二年，春，王二月，季孫斯、叔孫州仇、仲孫何忌帥師伐邾，取漷東田及沂西田。【詁】説文：「漷水在魯。」「沂水出東海費東，西入泗。」癸巳，叔孫州仇、仲孫何忌及邾子盟于句繹。【詁】服虔云：「季孫尊卿，敵服先歸，使二子與之盟。」（本疏。）又云：「季孫斯尊卿，與仲孫氏伐，敵服而使二子盟也。」（公羊疏。）

夏，四月丙子，衞侯元卒。

滕子來朝。

晉趙鞅帥師納衞世子蒯聵于戚。

秋，八月甲戌，晉趙鞅帥師及鄭罕達帥師戰于鐵，鄭師敗績。（公羊「鐵」作「粟」。服引經「罕達」下無「帥師」二字，見公羊疏。）

冬，十月，葬衞靈公。

十有一月，蔡遷于州來。

蔡殺其大夫公子駟。

三年，春，齊國夏、衞石曼姑帥師圍戚。

夏，四月甲午，地震。

五月辛卯，桓宫、僖宫災。【詁】服虔云：「季氏出桓公，又爲僖公所立，故不毁其廟。」又云：「俱在迭毁，故不言及。」（本疏。）

季孫斯、叔孫州仇帥師城啓陽。【詁】地理志東海郡開陽。（杜本此。按：漢避諱改開陽。）

宋樂髡帥師伐曹。

秋，七月丙子，季孫斯卒。

蔡人放其大夫公孫獵于吴。

冬，十月癸卯，秦伯卒。

叔孫州仇、仲孫何忌帥師圍邾。

四年，春，王二月庚戌，盗殺蔡侯申。（公羊作「三月」。公、穀「殺」皆作「弑」，石經亦作「弑」。按：諸刻本皆作「殺」，與釋文合。石經失于刊正。）

蔡公孫辰出奔吴。

葬秦惠公。

宋人執小邾子。

夏，蔡殺其大夫公孫姓、公孫霍。

晉人執戎蠻子赤，歸于楚。

城西郛。

六月辛丑，亳社災。（公羊作「蒲社」。）【詁】賈氏云：「公羊云蒲社也。」（公羊疏。）

秋，八月甲寅，滕子結卒。

冬，十有二月，葬蔡昭公。

葬滕頃公。

五年，春，城毗。（公羊作「城比」，釋文曰：「『比』，本亦作『芘』，亦作『庇』，同音『毗』。」）

夏，齊侯伐宋。

晉趙鞅帥師伐衞。

秋，九月癸酉，齊侯杵臼卒。（公羊作「處臼」。）

冬，叔還如齊。

閏月，葬齊景公。

六年，春，城邾瑕。（公羊作「城邾婁葭」。）

晉趙鞅帥師伐鮮虞。

吴伐陳。

夏，齊國夏及高張來奔。

叔還會吴于柤。

秋，七月庚寅，楚子軫卒。（史記作「珍」。）

齊陽生入于齊。

齊陳乞弑其君荼。（史記作「田乞」。公羊「荼」作「舍」。）

冬，仲孫何忌帥師伐邾。

宋向巢帥師伐曹。

七年，春，宋皇瑗帥師侵鄭。

晉魏曼多帥師侵衛。

夏，公會吴于鄫。（穀梁「鄫」作「繒」，公羊作「鄫」，史記世家並作「繒」。）【詁】地理志東海郡：「繒，故國。」（杜本此。）

秋，公伐邾。八月己酉，入邾，以邾子益來。

宋人圍曹。

冬，鄭駟弘帥師救曹。

八年，春，王正月，宋公入曹，以曹伯陽歸。

吴伐我。

夏，齊人取讙及闡。（公羊作「僤」，下同。公羊音義曰：「字林作『䦲』。」）【詁】地理志泰山郡：「剛，故闡。」應劭曰：「春秋『取讙及闡』，今闡亭是也。」京相璠曰：「剛縣西四十里有闡亭。」（水經注。）

歸邾子益于邾。

秋，七月。

冬，十有二月癸亥，杞伯過卒。

齊人歸讙及闡。

九年，春，王二月，葬杞僖公。

宋皇瑗帥師取鄭，師于雍丘。【詁】地理志陳留郡：「雍丘，故杞國也。」（杜本此。）

夏，楚人伐陳。

秋，宋公伐鄭。

冬，十月。

十年，春，王二月。

邾子益來奔。

公會吴伐齊。

三月戊戌，齊侯陽生卒。

夏，宋人伐鄭。

晉趙鞅帥師侵齊。

五月，公至自伐齊。

葬齊悼公。

衞公孟彄自齊歸于衞。

薛伯夷卒。（公羊「夷」作「寅」。「寅」、「夷」音同，古字通。）

秋，葬薛惠公。

冬，楚公子結帥師伐陳。

吴救陳。

十有一年，春，齊國書帥師伐我。

夏，陳轅頗出奔鄭。

五月，公會吴伐齊。

甲戌，齊國書帥師及吴戰于艾陵。齊師敗績，獲齊國書。

秋，七月辛酉，滕子虞母卒。

冬，十有一月，葬滕隱公。

衛世叔齊出奔宋。

十有二年，春，用田賦。

夏，五月甲辰，孟子卒。【詁】賈以爲言「孟子」，若言吴之長女也。（春秋傳文疏。）

公會吴于橐皋。【詁】服虔云：「橐皋，地名也。」（史記集解。）地理志九江郡橐皋。（杜本此。）

秋，公會衛侯、宋皇瑗于鄖。（公羊作「運」。）【詁】按：杜注：「廣陵郡海陵有發繇亭。」今考云「廣陵郡海陵」，亦誤。海陵縣，前漢屬臨淮，後漢已廢，至晉大康中復立，屬廣陵，則已名海陽矣。

宋向巢帥師伐鄭。

冬，十有二月，螽。

十有三年，春，鄭罕達帥師取宋師于嵒。

夏，許男成卒。（公羊作「戌」。）

公會晉侯及吳子于黄池。【詁】郡國志陳留郡：「平丘，有黄池亭。」（杜同此。）

楚公子申帥師伐陳。

於越入吳。

秋，公至自會。

晉魏曼多帥師侵衞。（公羊作「晉魏多」。）

葬許元公。

九月，螽。

冬，十有一月，有星孛于東方。

盜殺陳夏區夫。（公羊作「夏彄夫」。）

十有二月，螽。

十有四年，春，西狩獲麟。（公、穀兩家經止此。）【詁】説文云：「麒，〔一〕仁獸。」「麟，大牝鹿也。」説左氏者云：「麟生于火，而遊于土，中央軒轅大角之獸。孔子作春秋。春秋者，禮也。修火德以致其子，故麟來而爲孔子瑞也。」奉德侯陳欽

〔一〕「麒」原作「騏」，據説文解字第十上改。

說：「麟，西方毛蟲，金精也。孔子作春秋，有立言。西方兑，爲口，故麟來。」許慎稱劉向、尹更始皆以爲吉凶不並，〔一〕瑞災不兼。今麟爲周異，不得復爲漢瑞，知麟應孔子而至。鄭玄以爲修母致子，不如立言之説密也。賈逵、服虔、潁容等皆以爲孔子自衛反魯，考正禮樂，〔二〕修春秋，約以周禮。三年，文成致麟，麟感而至。取龍爲水物，故以爲修母致子之應。（本疏。）服虔云：「麟，中央土獸。土爲信。〔三〕信，禮之子。修其母，致其子。視明禮修而麟至，思睿信立而虎擾，言從乂成而神龜在沼，〔四〕聽聰知正則名川出龍，貌恭性仁則鳳凰來儀。」（禮記疏。）

小邾射以句繹來奔。【詁】賈逵亦云：「此下弟子所記。」服虔云：「春秋終于獲麟，故小邾射不在三叛人中也。弟子欲明夫子作春秋以顯其師，故書小邾射以下至孔子卒。」（本疏。杜取此。）

夏，四月，齊陳恆執其君，寘于舒州。【詁】史記齊世家「田常執簡公于徐州」，索隱曰：「『徐』音『舒』。其字從人，左氏作『舒』。舒，陳氏邑。説文作『䣄』，䣄在薛。」田敬仲世家同。惠士奇曰：「戰國策齊一篇曰『楚威王勝于徐州』，高誘曰：『徐州，或作舒州，是時屬齊。』」棟按：『徐』、『舒』古音通。易困之九四曰『來徐徐』，釋文云：『子夏易傳作「荼荼」』。鄭康成考工記注曰：『「荼」，古文「舒」假借字。』鄭司農云：『「荼」讀爲「舒」。』〔五〕『舒』字是。『徐』與『舒』同。説文作『䣄』，讀若『塗』。易釋文云：『「荼」音「圖」。』然則『舒』亦有『塗』音與？非也。司馬貞得之。」今考禮記玉藻篇「諸侯荼」，鄭康成注云：「『荼』讀爲舒遲之『舒』。」是又一證。

庚戌，叔還卒。

〔一〕「尹更始」原作「楊雄」，據春秋左傳正義哀公十四年改。
〔二〕「樂」原脱，據春秋左傳正義哀公十四年補。
〔三〕「土」原訛「子」，據禮記正義禮運改。
〔四〕「乂」原訛「人」，據禮記正義禮運改。
〔五〕「舒」原訛「預」，據周禮冬官考工記弓人鄭玄注改。下一「舒」字同此。

五月庚申朔，日有食之。

陳宗豎出奔楚。

宋向魋入于曹以叛。

莒子狂卒。（諸本皆誤「狂」。今从石經及宋本、釋文改正。）

六月，宋向魋自曹出奔衛。

宋向巢來奔。

齊人弑其君壬于舒州。

秋，晉趙鞅帥師伐衛。

八月辛丑，仲孫何忌卒。

冬，陳宗豎自楚復入于陳，陳人殺之。

陳轅買出奔楚。

有星孛。

饑。

十有五年，春，王正月，成叛。

夏，五月，齊高無丕出奔北燕。

鄭伯伐宋。

秋，八月，大雩。

晉趙鞅帥師伐衛。

冬，晉侯伐鄭。

及齊平。

衛公孟彄出奔齊。

十有六年，春，王正月己卯，衛世子蒯聵自戚入于衛。

衛侯輒來奔。

二月，衛子還成出奔宋。

夏，四月己丑，孔丘卒。

春秋左傳詁卷五

傳

惠公元妃孟子。【詁】謚法：「愛人好與曰惠。」又曰：「柔質慈民曰惠。」史記魯世家惠公名弗湟，世本作「弗皇」，陸德明釋文作「不皇」。春秋元命包：「元，首也。」詩閟宫「建爾元子」毛傳亦同。傳曰：「嘉耦曰妃。」爾雅釋詁：「孟，長也。」張揖廣雅釋詁：「孟，始也。」世本：「宋，子姓。」（杜本此。）孟子卒，【詁】服虔云：「重言孟子者，嫌與惠公俱卒，故重言之。」（本疏。）鄭玄禮記注：「卒，終也。」劉熙釋名：「卒，竟也。」繼室以聲子。【詁】呂覽上德篇高誘注：「繼，續也。」王逸楚辭注同。禮記「三十壯有室」，鄭玄注：「有室，有妻稱室也。」謚法：「不生其國曰聲。」服虔云：「聲子之謚，非禮也。」（杜佑通典引。）生隱公。【詁】謚法：「隱拂不成曰隱。」又：「不顯尸國曰隱。」又：「見美堅長曰隱。」世本隱公名息姑，史記止作「息」。宋武公生仲子。【詁】史記宋世家：「乃命微子開代殷後，國于宋。」世本：「宋更名睢陽。」謚法：「剛强直理曰武。」又：「威强敵德曰武。」又：「克定禍亂曰武。」又：「刑民克服曰武。」又：「夸志多窮曰武。」鄭玄禮記注：「仲，中也。」一切經音義引韓詩同。言位在中也。仲子生而有文在其手，【詁】王充論衡雷虛篇、紀妖篇並作「有文在其掌」，自然篇仍作「手」字。按：古「掌」字本作「爪」。〔一〕説文：「爪，从反爪。」孟子母仉氏，「仉」即「爪」之誤也。曰爲魯夫人，【詁】史記周本紀：

〔一〕「爪」原訛「爪」，據説文解字第三下改。後兩「爪」字同此。

「封弟周公旦于曲阜，曰魯。」應劭曰：「曲阜在魯城中，委曲長七、八里。」曲禮曰：「諸侯曰夫人。」鄭玄注：「夫之言扶。」釋名：「諸侯之妃曰夫人。夫，扶也，扶助其君也。」故仲子歸于我。【詁】詩毛傳：「婦人謂嫁曰歸。」鄭玄禮記注：「歸，謂歸夫家也。」虞翻易注：「歸，嫁也。」（杜本此。）生桓公而惠公薨，【詁】謚法：「辟土服遠曰桓。」又：「克敬勤民曰桓。」又：「辟土兼國曰桓。」是以隱公立而奉之。【詁】賈逵云：「隱立桓爲太子，奉以爲君。」（本疏稱賈逵解詁。）鄭衆以爲隱公攝立爲君，奉桓爲太子。（同上。）按：杜注亦本賈義。惟正義以「奉以爲君」爲賈之妄，不知賈實依經爲訓。使國人知桓有君道而奉之，非隱以君禮奉桓也。周禮鄭注：「奉，猶進也。」廣雅：「奉，持也。」又云：「奉，獻也。」是奉皆有尊崇之義，故賈云「奉以爲君」耳。

隱公

元年，春，王周正月，不書即位，攝也。【詁】説文：「攝，引持也。」鄭玄周禮注「攝」，訓爲代。或云：「攝，假也。」（杜本此。）賈、服之徒以爲四公皆實即位，孔子修經，乃有不書。（本疏。）劉、賈、潁爲傳文生例云：「恩深不忍，則傳言『不稱』。恩淺可忍，則傳言『不書』。」（同上。）賈氏云：「不書隱即位，所以惡桓之篡。」（釋例。）

三月，公及邾儀父盟于蔑，邾子克也。未王命，故不書爵。曰「儀父」，貴之也。（釋文：「一本無『故』字。」）【詁】賈、服以爲北杏之會時已得王命。（本疏。）服虔云：「爵者，醮也，所以醮盡其材也。」（同上。）公攝位而欲求好於邾，故爲蔑之盟。

夏，四月，費伯帥師城郎。【詁】説文：「郎，魯亭也。」（杜本此。）不書，非公命也。

初，鄭武公娶于申，曰武姜，【詁】地理志南陽郡：「宛，故申伯國。」（杜本此。）賈逵云：「凡言初者，隔其年後有禍福將終之，乃言初也。」（本疏。）白虎通：「娶者，取也。」按：釋文本「娶」多作「取」。生莊公【詁】謚法：「叡通克服曰莊。」又：「兵甲亟作曰莊。」又：「勝敵志彊曰莊。」及共叔段。【詁】賈、服以「共」爲謚，謚法：「敬長事上曰共。」按：以「共」爲謚，賈、服之義爲長。正義云：「見殺出奔，無人與之爲謚。」今攷魯之穆伯、晉之欒懷子，皆出奔見殺，得有謚。叔段，莊公母弟，雖出奔，得追謚可知。杜云：「段出奔共，故云共叔。」則虞公出奔共池，亦當謂之共乎？明當以賈、服爲長也。莊公寤生，【詁】按：應劭風俗通：「不舉寤生子。俗説，兒墮地，未可開目便能視者，謂寤生。」是寤生始生即開目者。又南涼録慕容德傳：「德母晝寢而生德，父皝曰：『此兒易生如鄭莊公。』」則又以易生爲寤生。今考杜注以莊公因寤寐而生，則與慕容德正同，故注義亦與德父皝之言相似。驚姜氏，故名曰寤生，遂惡之。愛共叔段，欲立之。亟請於武公，公弗許。及莊公即位，爲之請制。【詁】京相璠曰：「制，鄭邑。」（水經注。）地理志河南郡：「成皋，故虎牢，或曰制。」（杜本此。）按：杜注地理多取京相璠説。公曰：「制，巖邑也，（釋文：「『巖』本又作『嚴』。」）【詁】爾雅釋山：「巖，巉巖，山貌也。」按：成皋四面皆山，故曰巖邑。虢叔死焉。【詁】地理志河南郡滎陽，應劭曰：「故虢國，今虢亭是也。」（杜本此。）按：地理志又云：「子男之國，虢、會爲大，恃勢與險。」鄭語史伯亦云：「虢叔恃險。」此即虢叔恃巖邑之證。佗邑惟命。」請京，【詁】賈逵云：「京，鄭都邑。」（史記集解。）地理志河南郡京，師古曰：「即鄭共叔段所居也。」（杜取此。）使居之，謂之京城大叔。祭仲曰：「都城過百雉，國之害也。【詁】賈逵、馬融、鄭玄、王肅之徒，爲古學者，皆云：「雉長三丈。」（本疏。）古春秋左氏説云：「百雉，爲長三百丈，方五百步。」（禮記疏。）左氏説：「一丈爲板，板廣二尺。五板爲堵。一堵之牆，長丈高丈。三堵爲雉。一雉之牆，長三丈高一丈。以度其長者用其長，以度其高者用其高也。」（本疏引五經異義。）按：諸説不同。杜蓋取賈説。先王之制，大都不過參國之一，中五之一，小九之一。【詁】周書作雒解：「大縣立城，方王城三之一；小縣立城，方王城九之一。」不舉中，從可知。按：與祭仲之言適合，所謂先王之制也。今京不度，【詁】説文：「度，法制也。」（杜本此。）非制也。君將不堪。」公曰：「姜氏欲之，焉辟害？」對曰：「姜氏何厭之有？不如早爲之所，無使滋蔓。

【詁】服虔云：「滋，益也。蔓，延也。謂無使其益延長也。」（衆經音義。）蔓，難圖也。蔓草【詁】説文：「蔓，葛屬。」按：葛屬皆延藤，故上云「滋蔓」。猶不可除，況君之寵弟乎？」公曰：「多行不義，必自斃。【詁】説文：「獘，頓仆也。」「斃或从死。」[一]韋昭國語注：「斃，踣也。」（杜本此。）子姑待之。」【詁】詩毛傳：「姑，且也。」（杜本此。）既而大叔命西鄙、北鄙貳於己。【詁】按：周語「百姓攜貳」，韋昭注：「貳，二心也。」此「貳于己」，義亦當。然杜注云「兩屬」，蓋望文生訓，非本義。公子呂曰：「國不堪貳，君將若之何？欲與大叔，臣請事之；若弗與，則請除之，無生民心。」公曰：「無庸，將自及。」大叔又收貳以爲己邑，至于廩延。【詁】説文：「郔，鄭地。」今本作「延」。按：下傳「晉侯伐鄭及郔」，唐開成石經本即作「延」。[二]三國魏志袁紹渡延津追擊魏武，即此。道元云：「河水自酸棗縣又東北，通謂之延津。」（杜亦同。）子封曰：「可矣。厚將得衆。」公曰：「不義，不暱。厚將崩。」【詁】説文：「䵒，黏也。春秋傳曰不義不䵒。」按：今本作「暱」。「暱」與「䵒」音同，又假借字。今考「不䵒」之義，正與「將崩」相屬，自當以䵒黏爲長。杜訓親暱，失之。又按：考工記「凡昵之類不能方」，鄭司農云：「故書『昵』或作『樴』。」杜子春云：「『樴』讀爲『不義不昵』之『昵』。或爲『䵖』。䵖，黏也。」賈公彦引左傳亦作「昵」，李善文選注引左傳同。吾友陳樹華云：「唐玄度九經字様『䵒』字注：『音衵，[三]黏也。見春秋。』則知唐時尚有作『䵒』者。」大叔完聚，【詁】服虔以聚爲聚禾黍也。（本疏。）按：完聚以服説爲長。杜云城郭人民，失之。繕甲兵，具卒乘，【詁】説文：「繕，補也。」廣雅：「繕，治也。」三倉同。高誘呂覽注：「步曰卒。」衆經音義引三蒼：「載曰乘。」（杜本此。）將襲鄭，【詁】白虎通德論：「襲者何謂也？行不假塗，掩人不備也。」夫人將啓之。【詁】説文：「启，開也。」（杜本此。）公聞其期，曰：「可矣。」命子封帥車二百乘以伐京。【詁】司馬法：「兵車一乘，甲士三人，步卒七十二人。」（杜

[一]「獘」原作「斃」，據説文解字第十上改。
[二]「延」原作「郔」，據春秋左傳注疏宣公三年阮元校勘記改。
[三]「衵」原訛「相」，據九經字様日部改。

本此。）炊家子十人，固守衣裝五人，廄養五人，樵汲五人。輕車七十五人，重車二十五人，故二乘兼，一百人爲一隊。京叛大叔段。段入于鄢。公伐諸鄢。五月辛丑，大叔出奔共。【詁】賈逵曰：「共，國名。」（史記集解。）地理志河内郡：「共，故國。」（杜本此。）書曰：「鄭伯克段于鄢。」段不弟，故不言弟。如二君，故曰克。稱鄭伯，譏失教也，謂之鄭志。不言出奔，難之也。【詁】服虔云：「公本欲養成其惡而加誅，使不得生出。此鄭伯之志意也。」（本疏。杜取此。）

遂寘姜氏于城潁，【詁】虞翻易注：「寘，置也。」釋文同。賈逵云：「鄭地。」（杜取此。）按：水經注：「洧水南有鄭莊公望母臺。」而誓之曰：「不及黄泉，【詁】服虔云：「天玄地黄，泉在地中，故曰黄泉。」（史記集解。杜本此。）一曰：「泉注地中，故曰黄泉也。」（李善文選注。）無相見也。」既而悔之。潁考叔爲潁谷封人，【詁】賈逵云：「潁谷，鄭地。」（同上。）水經：「潁水出潁川陽城縣西北少室山。」酈道元云：「潁水有三源奇發，右水出陽乾山之潁谷，春秋潁考叔爲其封人。」按：廣韻：「潁，禾末也，穗也。又姓，左傳有潁考叔。」今攷潁考叔以潁谷得名，謂作「穎」，誤。聞之，有獻於公。公賜之食，食舍肉。公問之，對曰：「小人有母，皆嘗小人之食矣。未嘗君之羹，請以遺之。」【詁】爾雅：「肉謂之羹。」字林：「臛，肉有汁也。」公曰：「爾有母遺，繄我獨無。」【詁】按：僖五年服虔注：「繄，發聲也。」則此亦當同。杜注云「語助」，即取此義。潁考叔曰：「敢問何謂也？」公語之故，且告之悔。對曰：「君何患焉？若闕地及泉，【詁】詩「蜉蝣掘閲」，鄭箋：「掘地解閲，謂其始生也。」管子山權數篇：〔一〕「北郭有掘闕而得龜者。」尹知章注：「掘，穿也，求物反。〔二〕穿地至泉曰闕。」吾友桂馥云：「掘閲、掘闕，即左氏闕地之義。」隧而相見，【詁】賈逵國語注：「闕地通路曰隧。」鄭玄禮記注：「隧，延道也。」（杜本此。）聲類：「埏，墓隧也。」（文選注。）後漢書陳蕃傳：「不閉埏隧。」其誰曰不然？」公從之。公

〔一〕「數」原訛「發」，據管子山權數第七十五改。
〔二〕「反」原訛「及」，據管子山權數尹知章注改。

入而賦：「大隧之中，其樂也融融。」【詁】惠棟補注曰：「『融』，古文作『肜』。〔一〕張衡思玄賦『展洩洩以肜肜』，李善注引左傳『鄭莊公入而賦：「大隧之中，其樂也肜肜。」』『融』與『肜』古字通。按：殽院碑亦以『肜』爲『融』。」〔二〕姜出而賦：「大隧之外，其樂也泄泄。」【詁】服虔云：「入言公，出言姜，明俱出入互相見。」（本疏。）思玄賦舊注：「泄泄、肜肜，皆和貌。」按：「泄」諸本皆作「洩」，因避唐諱。今訂正，下同。遂爲母子如初。君子曰：「潁考叔，純孝也，【詁】爾雅：「純，大也。」詩毛傳同。愛其母，施及莊公。詩曰：『孝子不匱，【詁】鄭玄禮記注：「匱，乏也。」永錫爾類。』【詁】王逸楚辭章句：「類，法也。」詩云『永錫爾類』。」其是之謂乎！」

秋，七月，天王使宰咺來歸惠公、仲子之賵。緩，且子氏未薨，故名。天子七月而葬，同軌畢至；【詁】鄭玄、服虔皆以軌爲車轍也。（本疏。）說文同。諸侯五月，同盟至；大夫三月，同位至；士踰月，外姻至。【詁】說文：「姻，婿家也，女之所因。」「婚，婦家也。」按：散言之則並通，故詩曰「懷婚姻也」。周禮「睦婣」，鄭注：「姻，親於外親也。」「婣」、「姻」古字通。杜注：「姻，猶親也。」本此。贈死不及尸，弔生不及哀，豫凶事，（諸本或作「預」，从宋本改。）【詁】高誘淮南王書注、韋昭國語注並云：「豫，備也。」非禮也。

八月，紀人伐夷。【詁】應劭漢書注：「劇縣，故紀侯國，今紀亭是。」（杜本此。）夷不告，故不書。

有蜚。不爲災，亦不書。【詁】說文：「蜚，臭蟲負蠜也。」（杜本此。）

惠公之季年，敗宋師于黃。【詁】地理志陳留郡外黃，臣瓚曰：「縣有黃溝，故氏之也。」（杜亦同。）公立而求成焉。

九月，及宋人盟于宿，始通也。

〔一〕「肜」原訛「彤」，據春秋左傳補注卷一改。後「肜」字同此。

〔二〕「院」原訛「阮」，據春秋左傳補注卷一改。

冬，十月庚申，改葬惠公。【詁】賈逵云：「改備禮也。」（太平御覽。）公弗臨，【詁】賈逵云：「葬，嗣君之事。公弗臨，言無恩。禮曰改葬緦也。」（同上。）故不書。惠公之薨也，有宋師，大子少，【詁】服虔以爲宋師即黄之師也。是時宋來伐魯，公自與戰。（本疏。）葬故有闕，【詁】賈逵云：「言是以禮闕故。」（御覽。）是以改葬。

衛侯來會葬，不見公，亦不書。【詁】地理志河内郡：「朝歌，紂所都。周武王弟康叔所封，更名衛。」（杜本此。）

鄭共叔之亂，公孫滑出奔衛。衛人爲之伐鄭，取廩延。鄭人以王師、虢師伐衛南鄙。【詁】地理志弘農郡：「陝，故虢國。北虢在大陽，東虢在滎陽，西虢在雍州。」[一]（杜本此。）請師于邾，邾子使私于公子豫。豫請往，公弗許，遂行，及邾人、鄭人盟于翼。不書，非公命也。

新作南門。不書，亦非公命也。

十二月，祭伯來，非王命也。

衆父卒，公不與小斂，故不書日。【詁】賈逵云：「不與大斂，則不書卒。」（本疏。）

二年，春，公會戎于潛，修惠公之好也。戎請盟，公辭。

莒子娶于向，向姜不安莒而歸。夏，莒人入向，以姜氏還。

司空無駭入極，費庈（諸本誤作「庈」字，今从釋文改正。）父勝之。

戎請盟。秋，盟于唐，復修戎好也。

九月，紀裂繻來逆女，卿爲君逆也。

[一]「雍州」原訛「雒」，據漢書卷二十八上地理志第八上改。

冬，紀子帛、莒子盟于密，魯故也。

鄭人伐衛，討公孫滑之亂也。

三年，春，王三月壬戌，平王崩。赴以庚戌，故書之。

夏，君氏卒，聲子也。不赴于諸侯，不反哭于寢，不祔于（此上三「于」字，諸本皆誤「於」。今从石經、宋本訂正。）姑，故不曰「薨」。不稱夫人，故不言葬，不書姓。爲公故，曰「君氏」。

鄭武公、莊公爲平王卿士。【詁】賈逵云：「卿士之有事者，六卿也。」（御覽。）王貳于虢，鄭伯怨王。王曰：「無之。」故周、鄭交質。【詁】韋昭國語注：「質，信也。」王子狐【詁】賈逵云：「周平王之子。」（同上。杜取此。）爲質於鄭，鄭公子忽【詁】賈逵云：「鄭莊公太子忽也。」（同上。）説文：「曰，出氣詞也，从曰，象气出形。春秋傳曰鄭太子曶。」按：古今人表仲忽作「中曶」，揚雄傳「于時人皆曶之」，漢樊敏碑「奄曶滅形」，「曶」乃古「忽」字。爲質於周。王崩，周人將畀虢公政。【詁】詩毛傳：「畀，與也。」釋文同。四月，鄭祭足帥師取温之麥。【詁】賈逵云：「温，周地名，蘇氏邑也。」（同上。）漢書地理志河内郡：「温，故國，已姓，蘇忿生所封也。」按：云「四月」、云「秋」，皆舉夏時而言，杜注非也。秋，又取成周之禾。【詁】地理志河南郡：「洛陽，是爲成周。」（杜本此。）周、鄭交惡。君子曰：「信不由中，質無益也。明恕而行，要之以禮，雖無有質，誰能間之？苟有明信，（詩正義采蘩引傳作「明德」。）澗、谿、沼、沚之毛，【詁】爾雅：「山夾水，澗。」「山瀆無所通，谿。」説文同。按：杜注云「谿亦澗」，誤。詩毛傳：「沼，池也。沚，渚也。」廣雅：「毛，草也。」詩采蘩傳引此「毛」即作「草」。（杜本此。）蘋、蘩、薀、藻之菜，【詁】詩毛傳：「蘋，大蓱也。蘩，皤蒿也。藻，聚藻也。」按：杜注：「薀藻，聚藻也。」是訓薀爲聚，非毛傳意。今攷顔氏家訓書證篇引郭注三倉云：「薀，藻之類也。」則薀亦水草，不可空訓作聚。且尋上下文義，「澗、谿、沼、沚」，「筐、筥、錡、釜」，皆四者並舉。况「薀」字从草，何得空訓作聚？杜氏之説疏矣。筐、筥、錡、釜之器，【詁】詩毛傳：「方曰筐，員曰筥，有足曰錡，無足曰釜。」（杜並本此。）潢、汙、行潦之水，【詁】服虔云：「畜小水謂之潢。水不流謂之汙。行潦，道路之水是也。」（本疏。）一云：「水不泄謂之汙。」（文選注。）可薦於鬼神，可羞於王公，【詁】鄭玄周禮注：「薦、羞，皆進也。未食未飲曰薦，既食既飲曰羞。」按：此傳于鬼神言薦，于王公言羞，蓋即此意。杜「羞」字注本此。而況君子結二國之信，行之以禮，又焉用質？風有采蘩、采蘋，雅有行葦、泂酌，昭忠信也。」

武氏子來求賻，王未葬也。

宋穆公疾，召大司馬孔父而屬殤公焉，【詁】謚法：「短折不成曰殤。」曰：「先君舍與夷而立寡人，寡人弗敢忘。若以大夫之靈，【詁】薛綜東京賦注：「靈，明也。」得保首領以没，【詁】說文：「歾，終也，从歺勿聲。」「歿」字注云：「歾，或从叟。」先君若問與夷，其將何辭以對？請子奉之，以主社稷。寡人雖死，亦無悔焉。」對曰：「群臣願奉馮也。」公曰：「不可。先君以寡人爲賢，使主社稷。若弃德不讓，是廢先君之舉也，豈曰能賢？光昭先君之令德，可不務乎？吾子其無廢先君之功。」使公子馮出居于鄭。八月庚辰，宋穆公卒，殤公即位。君子曰：「宋宣公【詁】謚法：「聖善周聞曰宣。」可謂知人矣。立穆公，其子饗之，命以義夫。商頌曰：『殷受命咸宜，百禄是何。』（石經及諸本作「荷」，今从詩頌及釋文改正。）其是之謂乎！」

冬，齊、鄭盟于石門，尋盧之盟也。【詁】按：哀十二年傳服虔注：「尋之言重也，温也。」義當同此。地理志泰山郡盧，郡國志屬濟北國。（杜本此。）庚戌，鄭伯之車僨于濟。【詁】服虔云：「僨，仆也。」（漢書注。）按：釋文取服說。水經：「濟水出河東垣縣東王屋山爲沇水，至鞏縣北入于河。」

衛莊公娶于齊東宮得臣之妹，【詁】服虔云：「得臣，齊世子名，居東宮。」（詩疏。杜取此。）曰莊姜。美而無子，衛人所爲賦碩人也。又娶于陳，【詁】地理志淮陽國：「陳，故國，舜後胡公所封。」（杜本此。）曰厲嬀，【詁】謚法：「暴慢無親曰厲。」世本：「陳，嬀姓。」生孝伯，早死。其娣戴嬀生桓公，【詁】謚法：「典禮無愆曰戴。」莊姜以爲己子。公子州吁，嬖人之子也，【詁】説文：「嬖，〔一〕便嬖，愛也。」有寵而好兵，公弗禁。【詁】廣雅：「禁，止也。」莊姜惡之。石唶諫曰：【詁】賈逵云：「衛上卿。」（史記集解。）按：説文無「碏」字，當作「諎」。説文：「諎，大聲也。諎或从口。」〔二〕今本「碏」字當屬「唶」傳寫之譌。又熹平石經作「踖」。廣韻：「踖，敬也。」按：莊十九年「敗黄師于踖陵」，石唶字或从此。今定从「唶」。「臣聞愛子，教之以義方，【詁】廣雅：「方，義也。」何晏論語注：「方，義方也。」弗納于邪。驕、奢、淫、泆，【詁】説文：「泆，水所蕩泆也。」按：此喻人性蕩泆如水。所自邪也。四者之來，【詁】服虔云：「言此四者，過從邪起。」（本疏。）寵禄過也。將立州吁，乃定之矣。若猶未也，階之爲禍。夫寵而不驕，驕而能降，降而不感，感而能眕者，鮮矣。【詁】鄭玄禮記注：「感，恨也。」釋文本此。按：「感」字下已从心，再加心旁，非是。今諸刊本皆誤作「憾」，此从石經。宣十二年「二感往矣」、〔三〕成二年「釋感」等字尚皆作「感」，因據改。下並同。説文：「眕，目有所恨而止也。」按：爾雅釋言：「眕，重也。」釋文本此。且夫賤妨貴，少陵長，遠間親，新間舊，小加大，淫破義，所謂六逆也。君義，臣行，父慈，子孝，兄愛，弟敬，所謂六順也。去順效逆，所以速禍也。君人者，將禍是務去，而速之，無乃不可乎？」弗聽。其子厚與州吁游，禁之，不可。桓公立，乃老。

四年，春，衛州吁弑桓公而立。公與宋公爲會，將尋宿之盟。未及期，衛人來告亂。

夏，公及宋公遇于清。

宋殤公之即位也，公子馮出奔鄭。鄭人欲納之。及衛州吁立，將修先君之怨於鄭，【詁】服虔以先君爲莊

〔一〕「嬖」原訛「嬖」，據説文解字第十二下改。

〔二〕「口」原訛「唶」，據説文解字第三上改。

〔三〕「十二年」之「二」原訛「一」，據春秋左傳宣公十二年改。

公。（本疏。）一云：「隱二年鄭人伐衛。先君，莊公。」（詩疏。）按：州吁弒桓公，必不更爲之修怨。此先君，服説指莊公最是。杜注非也。而求寵於諸侯，以和其民。使告於宋曰：「君若伐鄭，以除君害，【詁】服虔云：「公子馮將爲君之害。」（詩疏。）君爲主，敝邑以賦【詁】服虔云：「賦，兵也。以田賦出兵，故謂之賦。」（同上。）與陳、蔡從，則衛國之願也。」宋人許之。於是陳、蔡方睦於衛，【詁】地理志汝南郡：「上蔡，故蔡國。」（杜本此。）故宋公、陳侯、蔡人、衛人伐鄭，【詁】服虔云：「衛使宋爲主，使大夫將，故敘衛于陳、蔡下。」（同上。）詩序：「使公孫文仲將，而平陳與宋。」按：詩序蓋本毛傳：「孫子仲謂公孫文仲也。」圍其東門，五日而還。公問於衆仲曰：「衛州吁其成乎？」對曰：「臣聞以德和民，不聞以亂。以亂，猶治絲而棼之也。【詁】廣雅：「紛紛，亂也。」「紛」、「棼」古字通。釋文亦云：「棼，亂也。」夫州吁，阻兵而安忍，【詁】文選注引此傳文并杜注云：「阻，恃也。」今杜注無之，則此三字或係服注。阻兵，無衆；安忍，無親。衆叛、親離，難以濟矣。夫兵，猶火也，弗戢，【詁】詩鄭箋：「戢，斂也。」將自焚也。夫州吁，弒其君而虐用其民，於是乎不務令德，而欲以亂成，必不免矣。」

秋，諸侯復伐鄭。宋公使來乞師，公辭之。羽父請以師會之，公弗許，固請而行，故書曰「翬帥師」，疾之也。諸侯之師敗鄭徒兵，取其禾而還。

州吁未能和其民，厚問定君於石子。石子曰：「王覲爲可。」曰：「何以得覲？」曰：「陳桓公方有寵於王，陳、衛方睦，若朝陳使請，必可得也。」厚從州吁如陳，石碏使告於陳曰：「衛國褊小，【詁】王逸楚辭章句：「褊，狹也。」老夫耄矣，【詁】説文：「年九十曰𦒿，从老从高省。」玉篇收「𦒿」、「耄」二字，「耄」字下注與上同。亦作「𦒭」，五經文字「耄」字从老省、从毛。今从釋文及石經作「耄」，後同。按：經典通作「旄」。周禮「再赦曰老旄」，禮記「旄期稱道不亂者」，孟子「反其旄倪」，是也。又作「眊」。漢書武帝紀「哀夫老眊孤寡鰥獨」，平帝紀「及眊悼之人」，師古曰：「『眊』，古『耄』字，八十曰眊。」是「𦒿」、「耄」、「𦒭」、「旄」、「眊」本一字，古通。無能爲也。此二人者，實弒寡君，敢即圖之。」陳人執之，而請涖于衞。【詁】鄭玄儀禮注：「涖，臨也。」下並同。九月，衞人使右宰醜涖殺州吁于濮。【詁】服虔云：「右宰醜，衞大夫。濮，陳地。」（史記集解。）石碏使其宰獳羊肩涖殺石厚于陳。君子曰：「石碏，純臣也，惡州吁而厚與焉。『大義滅親』，其是之謂乎！」

衞人逆公子晉于邢。【詁】賈逵云：「邢，周公之胤，姬姓國。」（同上。）冬，十二月，宣公即位。書曰「衞人立晉」，衆也。

五年，春，公將如棠觀魚者。【詁】釋文：「本亦作『漁者』。」臧僖（漢書作「釐」。）伯諫曰：【詁】世本：「臧僖伯彄，孝公之子。孝公生僖伯彄，彄生哀伯達，達生伯氏瓶，瓶生文仲辰。」（本疏及莊二十八年疏。）「凡物不足以講大事，其材不足以備器用，則君不舉焉。君，將納民於軌物者也。【詁】廣雅：「軌，道也。」高誘淮南王書注：「軌者，法度之名。」故講事以度軌量謂之軌，取材以章物采謂之物。不軌不物，謂之亂政。亂政亟行，所以敗也。故春蒐、（釋文云：「本亦作『廋』，音『蒐』。」齊語「春以獀振旅」。亦作「獀」，李善文選注：「『蒐』與『獀』古字通。」漢書多作「猨」。）【詁】爾雅：「春獵爲蒐，夏獵爲苗，秋獵爲獮，冬獵爲狩。」按：「蒐」亦作「獀」，鄭玄禮記注曰：「春獵爲獀。」夏苗、秋獮、【詁】釋文曰：「『獮』，說文作『𤢗』，殺也。」按：今說文作：「𤢗，秋田也，从犬璽聲。」冬狩，皆於農隙以講事也。三年而治兵，入而振旅，【詁】國語「蒐于農隙」，韋昭注：「隙，間也。」薛綜西京賦注：「振，整理也。」爾雅：「旅，衆也。」（杜並本此。）歸而飲至，以數軍實，【詁】鄭氏云：「軍所以討獲曰實。」（文選注。）昭文章，【詁】服虔解此亦引司馬職文，明是旌旗所建用秋辨旗物之法。（本疏。）明貴賤，辨等列，【詁】小爾雅：「列，次也。」順少長，習威儀也。鳥獸之肉不登於俎，（釋文：「『之肉』，一本作『其肉』。」）【詁】服虔以上登爲升，下登爲成。（本疏。）廣雅：「俎，几也。」皮革、齒牙、骨角、毛羽不登于器，則公不射，（「公」當作「君」。）古之制也。若夫山林川澤之實，器用之資，皁隸之事，官司之守，非君所及也。」公曰：「吾將略地焉。」【詁】説文：「略，經略土地也。」遂往，陳魚而觀之。僖伯稱疾不從。書曰「公矢魚于棠」，非禮也，且言遠地也。

曲沃莊伯以鄭人、邢人伐翼。【詁】地理志河東郡：「聞喜，故曲沃。晉武公自晉陽徙此。」趙國：「襄國，故邢國。」又河東郡：「絳，晉武公自曲沃徙此。」郡國志河東郡：「絳邑，有翼城。」（杜並本此。）王使尹氏、武氏助之。翼侯奔隨。【詁】韋昭國語注：「隨，晉邑。」（杜本此。）按：山西圖經：「隨城在今介休縣東。」

夏，葬衛桓公。衛亂，是以緩。

四月，鄭人侵衛牧，【詁】按：爾雅：「郊外謂之牧。」非邑名。與下「伐宋入其郛」同。前年伐鄭圍其東門，故鄭亦侵其牧地以報之。又衛地無名牧者。若云朝歌之牧野，則亦不可僅名爲「牧」。明杜注非也。以報東門之役。衛人以燕師伐鄭。【詁】地理志東郡：「南燕，本南燕國，姞姓，黄帝後。」（杜本此。）鄭祭足、原繁、泄駕以三軍軍其前，使曼伯與子元潛軍軍其後。燕人畏鄭三軍，而不虞制人。【詁】詩鄭箋：「虞，度也。」六月，鄭二公子以制人敗燕師于北制。君子曰：「不備不虞，不可以師。」

曲沃叛王。秋，王命虢公伐曲沃，而立哀侯于翼。

衛之亂也，郕人侵衛，故衛師入郕。

九月，考仲子之宫，將萬焉。【詁】初學記稱韓詩：「萬，大舞。」（杜本此。）公問羽數於衆仲，對曰：「天子用八，諸侯用六，大夫四，士二。」【詁】服虔云：「天子八八，諸侯六八，大夫四八，士二八。」（宋書及通志。）服以用六爲六八四十八人，大夫四爲四八三十二，士二爲二八十六。（本疏。）按：宋傅隆之云：「若如杜注，至士祇餘四人，豈復成樂？」參詳以服説爲是。夫舞，所以節八音而行八風，【詁】賈逵云：「兑爲金，爲閶闔風也。乾爲石，爲不周風也。坎爲革，爲廣莫風也。艮爲匏，爲融風也。震爲竹，爲明庶風也。巽爲木，爲清明風也。離爲絲，爲景風也。坤爲土，爲涼風也。」（本疏四十九。杜略取此。）按：賈依易緯通卦驗文相配。服虔以爲八卦之風，乾音石，其風不周。坎音革，其風廣莫。艮音匏，其風融。震音竹，其風明庶。巽音木，其風清明。離音絲，其風景。坤音土，其風涼。兑音金，其風閶闔。（本疏。）故自八以下。」公從之。於是初獻六羽，始用六佾也。

宋人取邾田。邾人告於鄭曰：「請君釋感於宋，敝邑爲道。」鄭人以王師會之，伐宋，入其郛，【詁】韋昭國語注：「郛，郭也。」（杜本此。）以報東門之役。宋人使來告命，公聞其入郛也，將救之，問於使者曰：「師何及？」對曰：「未及國。」公怒，乃止。辭使者曰：「君命寡人同恤社稷之難，今問諸使者，曰『師未及國』，非寡人之所敢知也。」

冬，十二月辛巳，臧僖伯卒。公曰：「叔父有感於寡人，寡人弗敢忘。」葬之加一等。

宋人伐鄭，圍長葛，以報入郛之役也。

六年，春，鄭人來渝平，更成也。【詁】服虔云：「公爲鄭所獲，釋而不結平，於是更爲約束以結之，故曰渝平。」（本疏。）按：經書「渝平」，傳曰「更成」，今服注「更爲約束」云云，是服亦訓渝爲更，與張揖同。

翼九宗五正頃父之子嘉父逆晉侯于隨，納諸鄂。【詁】世本居篇云：「唐叔虞居鄂。」宋忠曰：「晉地，今在大夏。」晉人謂之鄂侯。

夏，盟于艾，始平于齊也。

五月庚申，鄭伯侵陳，大獲。往歲，鄭伯請成于陳，陳侯不許。五父諫曰：「親仁善鄰，國之寶也。君其許鄭。」陳侯曰：「宋、衛實難，鄭何能爲？」遂不許。君子曰：「善不可失，惡不可長，其陳桓公之謂乎！長惡不悛，從自及也。【詁】韋昭國語注：「悛，止也。」詩鄭箋：「從，隨也。」（杜本此。）雖欲救之，其將能乎！商書曰：

『惡之易也，如火之燎于原，不可鄉邇，【詁】按：莊十五年傳引商書，亦有「惡之易也」四字，今盤庚無之。其猶可撲滅？』周任有言曰：『爲國家者，見惡，如農夫之務去草焉，芟夷藴崇之，【詁】說文：「癹，以足蹋夷草，春秋傳曰『癹夷藴崇之』。」按：鄭司農周禮稻人注已作「芟夷藴崇之」，與說文異。詩毛傳：「除草曰芟。」廣雅曰：「夷，滅也。」「藴，積也。」「崇，聚也。」（杜本此。）絶其本根，勿使能殖，【詁】韋昭國語注：「殖，長也。」則善者信矣。』」

秋，宋人取長葛。

冬，京師來告饑，公爲之請糴【詁】廣雅：「糴，買也。」於宋、衞、齊、鄭，禮也。

鄭伯如周，始朝桓王也。王不禮焉。周桓公言於王曰：「我周之東遷，晉、鄭焉依。善鄭以勸來者，猶懼不蔇，【詁】說文：「蔇，草多皃。」按：玉篇、廣韻：「既，已也，盡也。」古「蔇」、「既」字通。杜注：「蔇，至也。」亦屬同義。況不禮焉？鄭不來矣。」

七年，春，滕侯卒。不書名，未同盟也。凡諸侯同盟，於是稱名，故薨則赴以名，告終稱嗣也，以繼好息民，謂之禮經。

夏，城中丘。書，不時也。

齊侯使夷仲年來聘，結艾之盟也。

秋，宋及鄭平。七月庚申，盟于宿。公伐邾，爲宋討也。

初，戎朝于周，發幣于公卿，【詁】鄭玄禮記注：「幣，帛也。」凡伯弗賓。【詁】服注云：「戎以朝禮及公卿大夫，發陳其幣。凡伯以諸侯爲王卿士，不修賓主之禮敬報于戎，是以冬天王使凡伯來聘，還，戎伐之于楚丘以歸。」（儀禮疏。）冬，王使凡伯來聘。還，戎伐之于楚丘以歸。

陳及鄭平。十二月，陳五父如鄭涖盟。壬申，及鄭伯盟，歃如忘。【詁】服虔云：「如，而也。臨歃而忘其盟載之辭，言不精也。」（本疏。）説文引作「歃而忘」。泄伯曰：「五父必不免，不賴盟矣。」鄭良佐如陳涖盟。辛巳，及陳侯盟，亦知陳之將亂也。

鄭公子忽在王所，故陳侯請妻之。鄭伯許之，乃成昏。【詁】鄭玄儀禮昏禮目録：「士娶妻之禮，以昏爲期，故以名焉。」

八年，春，齊侯將平宋、衛，有會期。宋公以幣請於衛，請先相見，衛侯許之，故遇于犬丘。

鄭伯請釋泰山之祀而祀周公，以泰山之祊易許田。三月，鄭伯使宛來歸祊，（公羊「祊」皆作「邴」，下同。）不祀泰山也。

夏，虢公忌父始作卿士于周。

四月甲辰，鄭公子忽如陳逆婦嬀。辛亥，以嬀氏歸。甲寅，入于鄭。陳鍼子送女。先配而後祖，【詁】賈逵云：「以配爲成夫婦也。禮，齊而未配，三月廟見然後配。」（本疏。）鄭衆以配爲同牢食也。先食而後祭祖，無敬神之心，故曰「誣其祖」也。（同上。）鄭康成以祖爲祓道之祭也。先爲配匹，而後祖道，言未去而行配。（同上。）賈、服之義，大夫以上，無問舅姑在否，皆三月見祖廟之後乃始成昏，故譏鄭公子忽先爲配匹乃見祖廟。（禮記疏。）鍼子曰：「是不爲夫婦，誣其祖矣。非禮也，何以能育？」

齊人卒平宋、衛于鄭。秋，會于温，盟于瓦屋，以釋東門之役，禮也。

八月丙戌，鄭伯以齊人朝王，禮也。

公及莒人盟于浮來，以成紀好也。

冬，齊侯使來告成三國。公使衆仲對曰：「君釋三國之圖，以鳩其民，【詁】爾雅：「鳩，聚也。」君之惠也。寡君聞命矣，敢不承受君之明德。」

無駭卒，羽父請謚與族。公問族於衆仲，衆仲對曰：「天子建德，因生以賜姓，【詁】王充論衡：「因其所生，賜之姓也。若夏吞薏苡而生，則姓苡氏；商吞燕子而生，則姓子氏；周履大人跡，則姓姬氏。」胙之土【詁】薛綜東京賦注：「胙，報也。」（杜本此。）而命之氏。諸侯以字爲謚，【詁】服虔云：「公之母弟，則以長幼爲氏，貴適統，伯、仲、叔、季是也。庶公子則以配字爲氏，尊公族，展氏、臧氏是也。」（本疏。）鄭康成駁許慎五經異義，引此傳文「諸侯以字爲氏」。惠棟云：「今此以『氏』作『謚』者，傳寫誤也。杜考之不詳，乃妄斷其句而强解之。」按：據服注及五經駁義，則「謚」爲「氏」字之誤甚明。第承譌已久，未敢更定。今不以「字」字絶句，而以「謚」字爲句，讀者詳之。因以爲族。官有世功，則有官族。邑亦如之。」【詁】服虔止謂異姓，又引宋司城、〔二〕韓、魏爲證。（本疏。）公命以字爲展氏。

九年，春，王三月癸酉，大雨霖以震，書始也。庚辰，大雨雪，亦如之。書，時失也。凡雨，自三日以往爲霖，（鄭玄禮記注作「三日以上」。）【詁】爾雅：「久雨謂之淫，淫雨謂之霖。」平地尺爲大雪。

夏，城郎。書，不時也。

宋公不王，鄭伯爲王左卿士，以王命討之。伐宋。宋以入郛之役怨公，不告命。公怒，絶宋使。

秋，鄭人以王命來告伐宋。

冬，公會齊侯于防，謀伐宋也。

〔二〕「城」原訛「成」，據春秋左傳正義隱公八年改。

北戎侵鄭。鄭伯禦之，患戎師，曰：「彼徒我車，懼其侵軼我也。」【詁】高誘淮南王書注：「自後過前曰軼。」公子突曰：「使勇而無剛者嘗寇，【詁】鄭玄禮記注：「嘗，猶試也。」（杜本此。）而速去之。君爲三覆以待之。戎輕而不整，【詁】鄭玄禮記注：「整，正列也。」貪而無親，勝不相讓，敗不相救。先者見獲，必務進；【詁】服虔云：「先者見獲，言必不往相救。各自務進，言其貪利也。」（本疏。）進而遇覆，必速奔，後者不救，則無繼矣。乃可以逞。」【詁】方言：「逞，解也。」廣雅：「呈，解也。」「呈」與「逞」通。（杜本此。）從之。戎人之前遇覆者奔，祝明逐之，（諸本作「聃」，今从釋文、石經訂正。）衷戎師，【詁】韋昭國語注：「衷，中也。」按：謂貫其中也。前後擊之，盡殪。【詁】說文：「殪，死也。」（杜本此。）戎師大奔。十一月甲寅，鄭人大敗戎師。

十年，春，王正月，公會齊侯、鄭伯于中丘。癸丑，盟于鄧，爲師期。

夏，五月，羽父先會齊侯、鄭伯伐宋。

六月戊申，公會齊侯、鄭伯于老桃。壬戌，公敗宋師于菅。庚午，鄭師入郜。辛未，歸于我。庚辰，鄭師入防。辛巳，歸于我。君子謂：「鄭莊公於是乎可謂正矣。以王命討不庭，【詁】爾雅：「庭，直也。」按：謂諸侯之不直者。杜注殊屬曲說。韋昭周語注即云：「庭，直也。不直，謂不道也。」不貪其土，以勞王爵，【詁】爾雅：「勞，勤也。」（杜本此。）正之體也。」

蔡人、衛人、郕人不會王命。

秋，七月庚寅，鄭師入郊，猶在郊。宋人、衛人入鄭，蔡人從之，伐戴。（公、穀皆作「載」。釋文曰：「『伐載』，音『再』。」）八月壬戌，鄭伯圍戴。癸亥，克之，取三師焉。宋、衛既入鄭，而以伐戴召蔡人，蔡人怒，故不和而敗。

九月戊寅，鄭伯入宋。

冬，齊人、鄭人入郕，討違王命也。

十一年，春，滕侯、薛侯來朝，争長。【詁】服虔云：「争長先登授玉。」（儀禮疏。）薛侯曰：「我先封。」滕侯曰：「我周之卜正也。薛，庶姓也，我不可以後之。」公使羽父請於薛侯曰：「君與滕君辱在寡人。周諺有之曰：【詁】鄭玄禮記注：「諺，俗語也。」釋文本此。『山有木，工則度之；【詁】爾雅：「木謂之度。」亦作「剫」。廣雅云：「剫，分也。」按：郭璞引此傳文即云：「山有木，工則剫之。」賓有禮，主則擇之。』周之宗盟，【詁】賈逵以宗爲尊。（本疏。）服虔以宗盟爲同宗之盟。（同上。）孫毓以爲宗伯屬官掌作盟詛之載辭，故曰宗盟。（同上。）異姓爲後。寡人若朝于薛，不敢與諸任齒。【詁】世本姓氏篇：「任姓，謝、章、薛、呂、舒、祝、終、泉、畢、過。」此十國皆任姓。高誘呂覽注：「齒，列也。」（杜本此。）君若辱貺寡人，【詁】詩毛傳：「貺，賜也。」則願以滕君爲請。」薛侯許之，乃長滕侯。

夏，公會鄭伯于郲，【詁】水經注引此傳「郲」作「釐」。京相璠曰：「今滎陽縣東四十里有故釐城也。」（杜本此。）按：唐石經初刻作「于時郲」，後刊去「時」字。謀伐許也。鄭伯將伐許。五月甲辰，授兵于大宮。公孫閼與潁考叔争車，潁考叔挾輈以走，【詁】服虔云：「考叔挾車轅箠馬而走。」（本疏。）鄭玄儀禮注：「輈，轅也。」（杜本此。）子都拔棘以逐之。【詁】詩鄭箋：「棘，戟也。」（杜本此。）及大逵，【詁】爾雅：「九達謂之逵。」按：杜注「道方九軌」，蓋本考工記。然以軌訓逵，殊誤，下桓十四年傳等並同。弗及，子都怒。

秋，七月，公會齊侯、鄭伯伐許。庚辰，傅于許。【詁】晉灼漢書注：「傅，著也。」潁考叔取鄭伯之旗蝥弧以先登，子都自下射之，顛。【詁】詩毛傳：「顛，仆也。」瑕叔盈又以蝥弧登，周麾而呼曰：【詁】詩鄭箋：「周，徧也。」王逸楚辭章句：「舉手曰麾。」（杜本此。）「君登矣。」鄭師畢登。壬午，遂入許。許莊公奔衛。齊侯以許讓公，公曰：「君謂許不共，故從君討之。許既伏其罪矣，雖君有命，寡人弗敢與聞。」乃與鄭人。鄭伯使許大夫百里奉許叔以居許東偏，曰：「天禍許國，鬼神實不逞于許君，而假手于我寡人。寡人惟是一二父兄不能共億，【詁】鄭玄周禮注：「共，猶給也。」韋昭國語注：「億，安也。」（杜本此。）其敢以許自爲功乎？寡人有弟，不能和協，【詁】爾雅：「協，和也。」而使餬其口於四方，【詁】説文：「餬，寄食也。」方言：「寄食爲餬。」廣雅：「餬，寄也。」其况能久有許乎？吾子其奉許叔以撫柔此民也，吾將使獲也佐吾子。若寡人得没于地，天其以禮悔禍于許，無寧兹許公復奉其社稷。惟我鄭國之有請謁焉，【詁】爾雅：「謁，告也。」（杜本此。）如舊昏媾，【詁】爾雅：「婦之父曰昏。」賈逵國語注：「重昏曰媾。」（一切經音義。杜本此。）其能降以相從也。無滋他族實偪處此，以與我鄭國争此土也。吾子孫其覆亡之不暇，而况能禋祀許乎？【詁】爾雅：「禋，祀也。」孫炎曰：「禋，絜敬之祭。」（杜注略同。）寡人之使吾子處此，不惟許國之爲，亦聊以固吾圉也。」【詁】爾雅：「圉，垂也。」舍人曰：「圉，拒邊垂也。」（杜本此。）乃使公孫獲處許西偏，曰：「凡而器用財賄，無寘於許。我死，乃亟去之。吾先君新邑於此，【詁】地理志河南郡：「新鄭，詩鄭國，桓公之子武公所國。」應劭曰：「國語云：『鄭桓公爲周司徒，王室將亂，寄孥與賄于虢、會之間。幽王敗，桓公死之。其子武公與平王東遷洛邑，遂伐虢、會，并其地而邑于此。』」（杜本此。）王室而既卑矣，〔一〕周之子孫日失其序。夫許，大岳之胤也。【詁】爾雅：「胤，繼也。」舍人曰：「胤，繼世也。」（杜本此。）天而既厭周德矣，吾其能與許争乎？」君子謂：「鄭莊公於是乎有禮。禮，經國家，定社稷，序民人，利後嗣者也。許無刑【詁】詩毛傳：「刑，法也。」（杜本此。）而伐之，服而舍之，度德而處之，量力而行之，相時而動，無累後人，可謂知禮矣。」

鄭伯使卒出豭，【詁】司馬法：「百人爲卒。」説文：「豭，牡豕也。」廣雅：「豭，豕也。」行出犬雞，以詛射潁考叔者。【詁】韋昭國語注：「行，行列也。」鄭玄周禮注：「詛，謂祝之使沮敗也。」君子謂：「鄭莊公失政刑矣。政以治民，刑以

〔一〕「卑」原作「畢」，據春秋左傳其它各本改。

正邪。既無德政，又無威刑，是以及邪。邪而詛之，將何益矣！」

王取鄔、劉、【詁】地理志河南郡：「緱氏劉聚，周大夫劉子邑。」郡國志河南尹：「緱氏，有鄔聚。」（杜本此。）蔿、【詁】吾友邵學士晉涵云：「周大夫有蔿國，蓋食邑于蔿。」邘（石經作「邗」，誤。）【詁】說文：「邘，周武王子所封，在河内野王是也。从邑于聲。又讀若區。」郡國志河内郡：「野王，有邘城。」水經注：「邘城，故邘國也。」之田于鄭，而與鄭人蘇忿生之田：温、原、【詁】地理志河内郡：「温，故國，己姓，蘇忿生所封也。」（杜本此。）郡國志河内郡：「軹，有原鄉。」（杜同此。）絺、【詁】說文作「郗」。地理志河内郡波，孟康曰：「今有絺城。」郡國志同。（杜本此。）樊、【詁】郡國志河内郡：「修武，有陽樊、攢茅田。」服虔云：「樊仲山之所居，故名陽樊。」（杜取此。）按：圖經引舊說文云：「仲山甫所封之樊在今南陽。」疑在修武者，仲山甫所居；在南陽者，則其封國也。隰郕、【詁】郡國志河内郡：「懷，有隰城。」（杜同此。）按：僖廿五年傳作「隰城」，劉昭引此傳亦作「城」。攢茅、向、（石經本作「欑」，誤。）【詁】京相璠曰：「或云今河内軹西有城名向。」〔二〕闞駰十三州志曰：「軹縣南山西曲有故向城，即周向國也。」（水經注。杜注同此。）盟、【詁】書禹貢：「導河又東，至于孟津。」「盟」、「孟」古字通，盟即孟津也。（杜本此。）按：唐武德四年于孟津置盟州以此。州、【詁】地理志河内郡州，酈道元云：「周以賜鄭昭公。」按：「昭」當作「莊」。（杜本此。）陘、【詁】按：元和郡縣志：「太行陘，在河内縣西北三十里。連山中斷曰陘。」述征記曰：『太行山首始于河内，自河内北至幽州，凡有八陘：第一曰軹關陘，第二曰太行陘，第三曰白陘。」今攷此上三陘，皆在河内左近。疑此傳之陘即指太行陘等而言，然未敢以爲是。姑附記于此。或又以密縣陘山當之。今攷密在河以南，非是。隤、【詁】京相璠曰：「河内修武縣北有故隤城實中。」（水經注。）郡國志河内郡：「修武縣有隤城。」（杜同此。）懷。【詁】地理志河内郡懷。（杜本此。）君子是以知桓王之失鄭也。恕而行之，德之則也，禮之經也。已弗能有，而以與人，

〔二〕「向」後原衍「上」，據水經注卷七删。

人之不至，不亦宜乎？

鄭、息有違言，【詁】世本：「息國，姬姓。」説文：「鄎，姬姓之國，在淮北，今汝南新鄎。」地理志汝南郡新息，孟康曰：「故息國，其後徙東，故加新焉。」（杜本此。）息侯伐鄭。鄭伯與戰于竟，息師大敗而還。君子是以知息之將亡也。不度德，不量力，不親親，不徵辭，不察有罪，犯五不韙，【詁】倉頡篇（釋文。）及廣雅：「韙，是也。」（杜本此。）而以伐人，其喪師也，不亦宜乎！

冬，十月，鄭伯以虢師伐宋。壬戌，大敗宋師，以報其入鄭也。宋不告命，故不書。凡諸侯有命，告則書，不然則否。師出臧否，亦如之。雖及滅國，滅不告敗，勝不告克，不書于策。

羽父請殺桓公，將以求太宰。公曰：「爲其少故也，吾將授之矣。使營菟裘，（公羊傳作「塗裘」。）吾將老焉。」【詁】服虔云：「菟裘，魯邑也。營菟裘以作宮室，欲居之以終老也。」（史記集解。）郡國志泰山郡：「梁父，有菟裘聚。」（杜同此。）羽父懼，反譖公于桓公而請弑之。公之爲公子也，與鄭人戰于狐壤，止焉。鄭人囚諸尹氏。賂尹氏，【詁】詩毛傳：「賂，遺也。」而禱于其主鍾巫，【詁】鄭玄周禮注：「求福曰禱。」賈逵云：「鍾巫，祭名也。」（史記集解。）遂與尹氏歸，而立其主。十一月，公祭鍾巫，齊于社圃，館于寪氏。【詁】服虔云：「館，舍也。寪氏，魯大夫。」（同上。杜取此。）壬辰，羽父使賊弑公于寪氏，立桓公，而討寪氏，有死者。不書葬，不成喪也。【詁】賈、潁云：「君弑不書葬，賊不討也。」（釋例。）

桓公

元年，春，公即位，修好于鄭。鄭人請復祀周公，卒易祊田，公許之。三月，鄭伯以璧假許田，爲周公、祊故也。

夏，四月丁未，公及鄭伯盟于越，結祊成也。盟曰：「渝盟無享國。」

秋，大水。凡平原出水爲大水。【詁】爾雅：「廣平曰原。」（杜本此。）

冬，鄭伯拜盟。

宋華父督【詁】世本：「華父督，宋戴公之孫，好父説之子。」（本疏。）服虔云：「督，戴公之孫。」（史記集解。）見孔父之妻【詁】鄭玄儀禮注作「孔甫」，云：「『甫』字或作『父』。」又士相見禮注：「今文『父』爲『甫』。」于路，目逆而送之，曰：「美而豔。」【詁】詩毛傳：「色美曰豔。」（杜本此。）

二年，春，宋督攻孔氏，殺孔父而取其妻。公怒，督懼，遂弒殤公。君子以督爲有無君之心，而後動於惡，故先書弒其君。會于稷，以成宋亂，爲賂故，立華氏也。宋殤公立，十年十一戰，【詁】服虔云：「與夷，隱四年即位。一戰伐鄭圍其東門，再戰取其禾，皆在隱四年。三戰取邾田，四戰邾、鄭入其郛，五戰伐鄭圍長葛，皆在隱五年。六戰鄭伯以王命伐宋，在隱九年。七戰公敗宋師于菅，八戰宋、衛入鄭，九戰宋人、蔡人、衛人伐戴，十戰戊寅鄭伯入宋，皆在隱十年。十一戰鄭伯以虢師大敗宋師，在隱十一年。」（本疏。又史記宋世家集解作賈逵注，説同。）民不堪命。孔父嘉爲司馬，督爲大宰，故因民之不堪命，先宣言曰：「司馬則然。」已殺孔父而弒殤公，召莊公于鄭而立之，以親鄭。以郜大鼎賂公，【詁】郡國志濟陰郡：「成武，有郜城。」（杜同此。）齊、陳、鄭皆有賂，故遂相宋公。

夏，四月，取郜大鼎于宋。戊申，納于太廟，非禮也。臧哀伯諫曰：「君人者，將昭德塞違，【詁】高誘呂覽注：「塞，遏也。」以臨照百官，猶懼或失之，故昭令德以示子孫。是以清廟茅屋，【詁】賈逵云：「肅然清静謂之清廟。」（詩疏。杜取此。）大路越席，【詁】服虔云：「大路，祀天車也。越席，結括草以爲席也。」（史記集解。按：家語即作「趏席」。）又云：「大路，總名也，如今駕駟高車矣，尊卑俱乘之，其采色有差。」（續漢書注。）又云：「大路，木路。」（本疏。）王肅云：「不緣也。」（史記集解。）杜注取服説。大羹不致，（淮南王書作「大羹不和」。）粢食不鑿，【詁】釋文云：「字林作『毇』，子沃反，云：『糲米一斛舂爲八斗。』」玉篇：「毇，許委切，米一斛舂爲八斗也。」「鑿，子各切，左氏傳云『粢食不鑿』。鑿，精也，一斛舂爲九斗也。」按：淮南王書作「粢食不毇」，高誘注：「毇，細也。」「鑿」爲「毇」古字假借。昭其儉也。衮、冕、黻、珽，【詁】鄭司農周禮注：「衮，卷龍衣也。」釋名：「畫卷龍于衣也。」杜注「畫衣」本此。書孔傳：「冕，冠也。」正義：「『黻』或作『韍』，或作『芾』，音義同。」白虎通：「韍，蔽膝也。」廣雅：「珽，笏也。」皆杜注所本。帶、裳、幅、舄，【詁】玉藻：「革帶博二寸。」白虎通云：「男子有鞶帶者，示有金革之事。」詩毛傳：「在下曰裳，所以配衣也。」鄭箋：「幅，斜幅，如今行縢也。」釋名：「複其下曰舄。」衡、紞、紘、綖，【詁】鄭司農周禮注：「衡，維持冠者。」字林：「紞，冠之垂者。」詩毛傳：「紘，纓之無緌者，從下仰屬于冠。綖，冕上覆也。」（杜本此。）按：張衡東京賦「衡」作「珩」，李善注引此傳亦同。思玄賦注云：「『珩』與『衡』音義同也。」昭其度也。藻、率、鞞、鞛，【詁】服虔以藻爲畫藻，率爲刷巾。（本疏。）鄭玄禮記注：「藻，所以藉玉。」詩毛傳：「下曰鞞，上曰琫。」按：「琫」與「鞛」音義同。杜注鞞鞛，正與毛傳上下相反，疑誤。又按：東京賦作「藻繂」，李善注同。傳遜云：「按：禮經，率帶諸侯大夫皆五采，士二采。」「率」與「繂」同。鞶、厲、游、纓，【詁】服虔云：「鞶，大帶。厲是大帶之垂者。」（禮疏。按：詩毛傳：「厲，帶之垂者。」「游」或作「斿」，或作「旒」，旌旗之垂者也。）又云：「纓，如索帬，今乘輿大駕有之。」（本疏。）按：疏云賈、服等説鞶厲，皆與杜同，是杜取賈、服説。昭其數也。火、龍、黼、黻，【詁】鄭司農考工記注：「火，謂圜形似火也。」鄭玄云：「龍，水物。畫水者并畫龍。」考工記：「白與黑謂之黼，黑與青謂之黻。」書孔傳：「黼若斧形，黻謂兩己相背。」（杜並本此。）昭其文也。五色比象，昭其物也。鍚、鸞、和、鈴，【詁】服虔云：「鸞在鑣，和在衡。」（史記集解。）鄭玄周禮注：「鍚，馬面當盧。」詩毛傳：「鈴在旂。」（杜取服説，又本此。）昭其聲也。三辰旂旗，【詁】服虔云：「三辰，日、月、星也。（杜取此。）謂之辰者，辰，時也。日以昭晝，月以昭夜，星則運行于天，民得取其時節，故謂之辰也。」（詩疏。）服氏注云：「九旂之總名。」（儀禮注。）昭其明也。夫德，儉而有度，登降有數，文物以紀之，聲明以發之，以臨照（諸本誤作「照臨」，今訂正。）百官。百官於是乎戒懼，而不敢易紀律。今滅德立違，而寘其賂器於大廟，以明示百官，百官象之，其又何誅焉？國家之敗，由官邪也。官之失德，寵賂章也。郜鼎在廟，章孰甚焉？」武王克商，遷九鼎于洛邑，【詁】服虔云：「今河南有鼎中觀。」（書疏。）釋文云：「『雒』音『洛』，本亦作『洛』。」書孔傳引此作「洛」。按：地理志河南郡有雒陽，師古引魚豢曰：「漢，火行，忌水，故去『洛』『水』而加『隹』。」如魚氏説，則光武以後始改爲雒邑。今諸刊本並皆作「雒」。此從孔傳及宋本改正，下並同。義士猶或非之，而況將昭違亂之賂器於大廟，其若之何？」公不聽。周内史聞之，曰：「臧孫達其有後於魯乎！君違，不忘諫之以德。」

秋，七月，杞侯來朝，不敬。杞侯歸，乃謀伐之。

蔡侯、鄭伯會于鄧，始懼楚也。【詁】地理志南郡：「江陵，故楚郢都，楚王自丹陽徙此。」（杜本此。）

九月，入杞，討不敬也。

公及戎盟于唐，修舊好也。

冬，公至自唐，告于廟也。凡公行，告于宗廟；反行，飲至、舍爵、【詁】高誘吕覽注：「爵，飲爵。」策勳焉，禮也。特相會，往來稱地，讓事也。自參以上，則往稱地，來稱會，成事也。

初，晉穆侯之夫人姜氏以條之役生大子，命之曰仇。【詁】高誘吕覽注：「⿰日晉，國名也，音『晉』」，今爲『晉』字之誤也。」此説未詳。然古人或有依據，附此存攷。廣雅：「命，名也。」按：説文：「名，自命也。」其弟以千畝之戰生，【詁】郡國志太原郡：「界休，有千畝聚。」（杜同此。）命之曰成師。（漢書志二「命」字皆作「名」。）師服曰：【詁】賈逵云：「晉大夫。」（史記集解。杜取此。）「異哉，君之名子也！【詁】按：史記「名」作「命」，「名」與「命」古字通。夫名以制義，義以出禮，禮以體政，政以正民。是以政成而民聽，易則生亂。嘉耦曰妃，怨耦曰仇，古之命也。【詁】按：説文引虞書云「怨匹曰仇」。然則此二語，古書之辭，故杜注亦以爲自古有此言。陳樹華云：「禮記緇衣引詩云『君子好仇』，鄭氏注云：

『仇，匹也。』詩國風『君子好逑』，鄭氏箋云：『怨耦曰仇。』陸氏音義云：『「逑」音「仇」，本又作「仇」。』是『仇』與『逑』通。但此言怨耦，則義自不同。」今君命大子曰仇，弟曰成師，始兆亂矣，兄其替乎！」【詁】詩毛傳：「替，廢也。」釋文本此。惠士奇曰：「三體石經作『暜』。」按：「暜」乃隸省，依説文當作「䪻」。今从石經定作「替」。惠之二十四年，【詁】石經凡經、傳文「二十」皆作「廿」字，「三十」皆作「卅」，惟「四十」仍作「四十」。晉始亂，故封桓叔于曲沃。靖侯【詁】謚法：「柔德安衆曰靖。」又：「恭己鮮言曰靖。」又：「寬樂令終曰靖。」之孫欒賓傅之。師服曰：「吾聞國家之立也，本大而末小，是以能固。故天子建國，諸侯立家，卿置側室，大夫有貳宗，士有隸子弟，【詁】服虔云：「士卑，自以其子弟爲僕隸。」禄不足以及宗，是其有隸子弟也。」（儀禮疏。杜取此。）庶人、工、商，各有分親，皆有等衰。是以民服事其上，而下無覬覦。【詁】説文：「覦，欲也。」服虔「覬」作「窺」，云：「窺，謂舉足而視也。」（一切經音義。）吾友王給事念孫曰：「漢書武五子傳『廣陵王胥見上年少無子，有覬欲心』，即覬覦也。」今晉，甸侯也，而建國，本既弱矣，其能久乎？」惠之三十年，晉潘父弒昭侯而納桓叔，【詁】謚法：「容儀恭美曰昭。」又：「昭德有勞曰昭。」又：「聖聞周達曰昭。」不克。晉人立孝侯。【詁】謚法：「五宗安之曰孝。」又：「慈惠愛親曰孝。」又：「秉德不回曰孝。」又：「協時肇厚曰孝。」惠之四十五年，曲沃莊伯伐翼，弒孝侯。翼人立其弟鄂侯。鄂侯生哀侯。哀侯侵陘庭之田。（「庭」史記作「廷」。）【詁】賈逵云：「翼南鄙邑名。」（史記集解。杜取此。）陘庭南鄙啓曲沃伐翼。

三年，春，曲沃武公伐翼，次于陘庭。韓萬御戎，梁弘爲右。【詁】世本：「武公，莊伯子。」「韓萬，莊伯弟。」（本疏。）服虔云：「韓萬，晉大夫，曲沃桓叔之子，莊伯之弟。晉爲大夫，[一]以韓爲氏。」（詩疏。史記集解作賈注，説同。杜取

[一]「爲」原脱，據毛詩正義韓奕詩序補。

此。）逐翼侯于汾隰，【詁】水經：「汾水出太原汾陽縣北管涔山，東南過晉陽縣。」爾雅：「下濕曰隰。」（杜本此。）驂絓而止，【詁】鄭玄儀禮注：「騑馬曰驂。」廣雅：「絓，縣也。」（杜本此。）夜獲之，及欒共叔。

會于嬴，成昏于齊也。

夏，齊侯、衛侯胥命于蒲，不盟也。

公會杞侯于郕，杞求成也。

秋，公子翬如齊逆女。修先君之好，故曰「公子」。齊侯送姜氏，【詁】釋文：「本或作『送姜氏于讙』。」水經注引傳文又作：「齊侯送姜氏于下讙。」非禮也。凡公女嫁于敵國，姊妹則上卿送之，以禮於先君；公子則下卿送之。於大國，雖公子亦上卿送之。於天子，則諸卿皆行，公不自送。於小國，則上大夫送之。

冬，齊仲年來聘，致夫人也。

芮伯萬之母芮姜，惡芮伯之多寵人也，故逐之，出居于魏。【詁】地理志左馮翊：〔二〕「臨晉芮鄉，故芮國。」河東郡：「河北，詩魏國。」世本：「芮、魏皆姬姓。」（本疏。杜本此。）

四年，春，正月，公狩于郎。書，時、禮也。

夏，周宰渠伯糾來聘。父在，故名。

秋，秦師侵芮，敗焉，小之也。

冬，王師、秦師圍魏，執芮伯以歸。【詁】汲郡古文云：「取芮伯萬而東之。」

〔二〕「左」原訛「在」，據漢書卷二十八上地理志第八上改。

五年，春，正月甲戌、己丑，陳侯鮑卒。再赴也。於是陳亂。文公子佗殺大子免而代之。公疾病【詁】鄭玄論語注：「病，謂疾困也。」（本疏。）按：白虎通考黜篇：〔一〕「傳曰甲戌之日亡，己丑之日死而得，有狂易之病，蜚亡而死，由不絶也。」據此，則鮑之病蓋狂易，甲戌日已亡，尚未絶，己丑日始盡死耳。而亂作，國人分散，故再赴。

夏，齊侯、鄭伯朝于紀，欲以襲之。紀人知之。

王奪鄭伯政，鄭伯不朝。

秋，王以諸侯伐鄭，鄭伯禦之。王爲中軍；虢公林父將右軍，蔡人、衛人屬焉；周公黑肩將左軍，【詁】賈逵云：「黑肩，莊王弟子儀也。」（史記周本紀集解。）陳人屬焉。鄭子元請爲左拒以當蔡人、衛人，爲右拒以當陳人，曰：「陳亂，民莫有鬭心，若先犯之，必奔。王卒顧之，必亂。蔡、衛不枝，【詁】高誘戰國策注：「支，猶拒也。」「支」、「枝」字同。韋昭國語注：「枝，拄也。」固將先奔。既而萃于王卒，可以集事。」從之。【詁】易彖下傳：「萃，聚也。」詩鄭箋：「集，猶成也。」（杜本此。）曼伯爲右拒，祭仲足爲左拒，原繁、高渠彌（史記作「高渠眯」。）以中軍奉公，爲魚麗之陳，先偏後伍，【詁】司馬法：「車戰二十五乘爲偏。」周禮司馬：「五人爲伍。」（杜本此。）伍承彌縫。【詁】廣雅釋詁：「縫，合也。」戰于繻葛。命二拒曰：「旝動而鼓。」【詁】賈逵以旝爲發石。一曰「飛石」，范蠡兵法云：「飛石重二十斤，爲機發，行二百步。」（本疏。）説文：「旝，建大木，置石其上，發以機，以磓敵。」釋文云：「『旝』，説文作『檜』。」按：今刻本説文仍作「旝」。又按：三國志「太祖爲發石車擊袁紹」，注引魏氏春秋曰：「以古有矢石，又傳言『旝動而鼓』，説曰：『旝，發石也。』于是造發石車。」惠棟云：「説者，即賈侍中説也。」杜以旝爲旃，蓋本馬融。」今按：新唐書李密傳：「造雲旝三百具，以機發石，爲攻城具，號將軍礮。」益可證賈氏之説。杜注雖本馬融，然究不若賈説之信而有徵也。蔡、衛、陳皆奔，王

〔一〕「考黜」原訛「巡狩」，據白虎通改。

卒亂。鄭師合以攻之，王卒大敗。祝聃射王中肩，（史記作「祝瞻射王中臂」。）王亦能軍。祝聃請從之，公曰：「君子不欲多上人，況敢陵天子乎？（今本作「淩」，非是，从文選注改正。）苟自救也，社稷無隕，多矣。」夜，鄭伯使祭足勞王，且問左右。

仍叔之子，弱也。

秋，大雩。書，不時也。凡祀，啓蟄而郊，【詁】服虔注左傳曰：「一説郊，祀天祈農事；雩，祭山川而祈雨也。」（續漢書注。）服虔注：「魯祭天以孟月，祭宗廟以仲月。」（釋例。）龍見而雩，【詁】服虔云：「龍，角、亢也。謂四月昏龍星體見，萬物始盛，待雨而大，故雩祭以求雨也。」（續漢書注。）潁氏以爲龍見五月。（釋例。）始殺而嘗，【詁】賈、服始殺惟據孟秋，[一]不通建酉之月。（本疏。）按：杜注亦從賈、服，以雩爲遠。閉蟄而烝，過則書。

冬，淳于公如曹，度其國危，遂不復。【詁】地理志北海郡淳于，應劭曰：「春秋『州公如曹』，左氏傳曰：『淳于公如曹。』」臣瓚曰：「州，國名也，淳于公國之所都。」（杜注同。）

六年，春，自曹來朝。書曰「實來」，不復其國也。

楚武王侵隨，【詁】賈逵云：「隨，姬姓。」（史記集解。）世本同。地理志南陽郡：「隨，故國。」（杜本此。）使薳章求成焉，【詁】王符潛夫論：「蚡冒生蔿章者，王子無鈞也。令尹孫叔敖者，蔿章之孫也。」「薳」與「蔿」同。按：見僖二十七年傳注。軍於瑕以待之。隨人使少師董成。【詁】爾雅：「董，正也。」（杜本此。）鬭伯比言於楚子曰：「吾不得志于漢東也，我則使然。我張吾三軍，而被吾甲兵，【詁】詩毛傳：「張，大也。」（杜本此。）以武臨之，彼則懼而協以謀我，

[一]「秋」原訛「春」，據春秋左傳正義桓公五年改。

故難間也。漢東之國，隨爲大。隨張，必弃小國。小國離，楚之利也。少師侈，請羸師以張之。」【詁】韋昭國語注：「羸，弱也。」（杜本此。）熊率且比曰：「季梁（水經注引作「李良」。）在，何益？」鬭伯比曰：「以爲後圖，少師得其君。」王毁軍而納少師。少師歸，請追楚師。隨侯將許之，季梁止之，曰：「天方授楚，楚之羸，其誘我也。君何急焉？臣聞小之能敵大也，小道大淫。所謂道，忠於民而信於神也。上思利民，忠也；祝史正辭，信也。今民餒而君逞欲，（「餒」當作「餧」。）祝史矯舉以祭，【詁】方言、廣雅：「逞，快也。」何休公羊傳：「詐稱曰矯。」（杜本此。）臣不知其可也。」公曰：「吾牲牷肥腯，【詁】服虔曰：「牛羊曰肥，豕曰腯。」（本疏。）書孔傳：「牛羊豕曰牲。」鄭司農周禮注：「牷，純也。」（杜取服義，兼本此。）粢盛豐備，【詁】何休公羊傳：「黍稷曰粢，在器曰盛。」惠士奇曰：「禹廟殘碑作『資盛』。說文作『穧』，云：『稷也，从禾齊聲。或作『粢』，从次。』按：石經、宋本皆作「粢」。鄭注周禮云：『『齍』讀爲『粢』』。」何則不信？」對曰：「夫民，神之主也。是以聖王先成民，（今本誤作「名」。詩正義引作「先成於民」，多一「於」字。）而後致力於神。故奉牲以告曰：『博碩肥腯。』【詁】鄭玄儀禮注：「博，廣也。」詩毛傳：「碩，大也。」（杜本此。）謂民力之普存也，（詩正義引此「謂」下多「其」字。按：以下二句例之，似當有「其」字。）謂其畜之碩大蕃滋也，謂其不疾瘯蠡也，【詁】釋文稱說文「蠡」作「瘰」。按：說文無「瘰」字，「痤」字下注云：「小腫也，从疒坐聲。〔一〕一曰族絫。」臣鉉等曰：「今別作『瘯蠡』，非是。」今攷玉篇：「瘯蠡，皮膚病。左傳曰『不疾瘯蠡也』。一作『瘰』。」按：釋文所引說文，疑屬玉篇之誤。又按：說文「痤」字注既云「小腫」，而陸氏所引說文亦云「皮肥」，是族絫不過皮毛肥腫之病，故玉篇云然。杜注以疥癬當之，考說文：「疥，搔也。」「癬，乾瘍也。」恐非其義。謂其備腯咸有也。奉盛以告曰：『絜粢豐盛。』謂其三時不害，而民和年豐也。奉酒醴以告曰：『嘉栗旨酒。』【詁】爾雅：「嘉，善也。」何休公羊傳：「栗，猶戰栗，謹敬貌。」（杜本此。）謂

〔一〕「疒」原訛「爿」，據說文解字第七下改。

其上下皆有嘉德而無違心也。所謂馨香，無讒慝也。故務其三時，修其五教，親其九族，【詁】古尚書説九族者，從高祖至玄孫凡九。按：杜注九族雖用戴、歐陽等説，然諸侯絶旁親，况下云「致其禋祀」，則非施于他姓可知。究當以孔、鄭説爲是。以致其禋祀。【詁】爾雅〔一〕：「禋，敬也。」（杜本此。）於是乎民和而神降之福，（文選注引此「而」下有「後」字。）故動則有成。今民各有心，而鬼神乏主，君雖獨豐，其何福之有？君姑修政而親兄弟之國，庶免於難。」隨侯懼而修政，楚不敢伐。

夏，會于成，紀來諮謀齊難也。

北戎伐齊。齊侯使乞師于鄭。鄭太子忽帥師救齊。六月，大敗戎師，獲其二帥大良、少良，甲首三百，以獻於齊。於是諸侯之大夫戍齊，齊人饋之餼，【詁】論語集解引鄭注：「牲生曰餼。」（杜本此。）陳樹華云：「説文『氣』字下引春秋傳云『齊人來氣諸侯』，『槩』字下云『氣或从既』，『餼』字下云『氣或从食』。『餼』之爲『氣』，『槩』之爲『既』，皆古文也。杜子春云字當爲『餼』，失之。」使魯爲其班，【詁】鄭玄儀禮注：「班，次也。」（杜本此。）後鄭。鄭忽以其有功也，怒，故有郎之師。公之未昏於齊也，齊侯欲以文姜妻鄭大子忽，大子忽辭。人問其故，大子曰：「人各有耦，齊大，非吾耦也。詩云『自求多福』，在我而已，大國何爲？」君子曰：「善自爲謀。」及其敗戎師也，齊侯又請妻之，固辭。人問其故，大子曰：「無事於齊，吾猶不敢。今以君命奔齊之急，而受室以歸，是以師昏也。民其謂我何？」遂辭諸鄭伯。

秋，大閲，簡車馬也。

九月丁卯，子同生。以大子生之禮舉之：接以大牢，（「接」鄭注禮記作「捷」。）【詁】服虔云：「桓公之大子莊公

〔一〕「爾雅」原訛「説文」，説文解字無「禋」字，爾雅釋詁有，且有此義項，據改。

同。」（御覽。）唐呂才陰陽雜書序：「以長曆檢之，莊公生當乙亥之歲建申之月。」賈注云：「不稱大子者，書始生。」（禮疏。）服虔云：「接者，子初生接見于父。」（御覽。）卜士負之，士妻食之，公與文姜、宗婦命之。公問名於申繻，【詁】賈逵云：「申繻，魯大夫。」（史記集解。杜取此。）對曰：「名有五：有信，有義，有象，有假，有類。以名生爲信，【詁】論衡作「生名」，下「德命」作「德名」，「類命」作「類名」。以德命爲義，【詁】服虔云：「謂若大王度德命文王曰昌，命武王曰發。」（本疏。）以類命爲象，取於物爲假，取於父爲類。不以國，不以官，不以山川，【詁】大戴禮及賈誼新書胎教篇：「名無取于名山通谷。」不以隱疾，不以畜牲，【詁】鄭衆、服虔皆以六畜爲：馬、牛、羊、豕、犬、雞。（本疏。）不以器幣。【詁】服虔以爲俎豆、罍彝、犧象之屬皆不可以爲名也。（本疏。）周人以諱事神，名終將諱之。（釋文以「名」字絶句。）【詁】淮南王書曰：「祝則名君。」高誘注：「周人以諱事神，敬之至也。」故以國則廢名，以官則廢職，以山川則廢主，以畜牲則廢祀，以器幣則廢禮。晉以僖侯廢司徒，宋以武公廢司空，【詁】服虔云：「武公名司空，廢司空爲司城。」（禮疏。杜取此。）先君獻、武廢二山，【詁】謚法：「聰明睿知曰獻。」又：「知質有聖曰獻。」是以大物不可以命。」公曰：「是其生也，與吾同物，【詁】惠棟云：「物謂六物，歲、時、日、月、星、辰是也。與桓公同日，故曰同物。古稱六物，唐稱禄命。」〔一〕命之曰同。」

冬，紀侯來朝，請王命以求成于齊，公告不能。

七年，春，穀伯、鄧侯來朝。名，賤之也。【詁】服虔云：「穀、鄧密邇于楚，不親仁善鄰以自固，卒爲楚所滅，無同好之救。桓又有弑賢兄之惡，故賤而名之。」（本疏。）

〔一〕「禄」原作「六」，據惠棟春秋左傳補注卷一改。

夏，盟、向求成于鄭，既而背之。

秋，鄭人、齊人、衛人伐盟、向。王遷盟、向之民于郟。【詁】地理志河南郡：「河南，故郟鄏也。」玉篇：「郟，洛陽北地。」（杜本此。）

冬，曲沃伯誘晉小子侯殺之。

八年，春，滅翼。

隨少師有寵，楚鬭伯比曰：「可矣。讎有釁，【詁】韋昭國語注：「釁，瑕也。」薛綜東京賦注：「釁，隙也。」（杜本此。）不可失也。」夏，楚子合諸侯于沈鹿。黄、隨不會。使薳章讓黄。【詁】地理志南郡弋陽縣，應劭曰：「故黄國。」（杜本此。）楚子伐隨，軍于漢、淮之間。季梁請下之：「弗許而後戰，所以怒我而怠寇也。」少師謂隨侯曰：「必速戰。不然，將失楚師。」隨侯禦之，望楚師。季梁曰：「楚人上左，君必左，無與王遇。且攻其右，右無良焉，必敗。偏敗，衆乃攜矣。」少師曰：「不當王，非敵也。」弗從。戰于速杞。隨師敗績。隨侯逸。【詁】韋昭國語注：「逸，奔也。」鬭丹獲其戎車與其戎右少師。秋，隨及楚平。楚子將不許，鬭伯比曰：「天去其疾矣，隨未可克也。」乃盟而還。

冬，王命虢仲立晉哀侯之弟緡于晉。

祭公來，遂逆王后于紀，禮也。

九年，春，紀季姜歸于京師。凡諸侯之女行，惟王后書。

巴子使韓服告于楚，【詁】地理志巴郡，應劭曰：「左氏傳：『巴子使韓服告楚。』」（杜本此。）請與鄧爲好。楚子使道朔將巴客以聘於鄧。鄧南鄙鄾人【詁】説文：「鄧，曼姓之國。」「鄾，鄧國地也，春秋傳曰：『鄧南鄙鄾人攻之。』」按：此即哀十八年巴人伐楚圍鄾之鄾。杜注云「楚邑」，蓋楚滅鄧之後，鄾又爲楚邑也。郡國志南陽郡有鄾聚。晉書地理志襄陽郡鄾縣。按：縣蓋晉置，後省。圖經襄陽縣北有鄾城。攻而奪之幣，殺道朔及巴行人。楚子使薳章讓于鄧，鄧人弗受。夏，楚使鬬廉帥師及巴師圍鄾。鄧養甥、聃甥帥師救鄾，三逐巴師，不克。鬬廉衡陳其師於巴師之中，【詁】廣雅：「衡，横也。」（杜本此。）以戰，而北。【詁】釋文云：「嵇康『北』音『背』。」〔一〕韋昭國語注：「軍敗奔走曰北。」「北」，古之「背」字也。（杜本此。）鄧人逐之，背巴師，而夾攻之，鄧師大敗。鄾人宵潰。【詁】詩毛傳：「宵，夜也。」（杜本此。）

秋，虢仲、芮伯、梁伯、【詁】地理志左馮翊：「夏陽，故少梁。」（杜本此。）正義據僖十七年傳知梁爲嬴姓。荀侯、【詁】説文：「郇，周武王子所封國，在晉地。」按：應劭北征賦注引此作「郇侯」，地理志注亦同。「郇」、「荀」古字同。賈伯【詁】劉昭引博物志：「臨汾有賈鄉，賈伯邑。」伐曲沃。

冬，曹大子來朝，賓之以上卿，禮也。【詁】服虔云：「大子，桓公子莊公射姑。」（御覽。）又云：「曹伯有故，使其大子攝而朝。曲禮曰諸侯之嫡子攝其君，未誓于天子，〔二〕則以皮帛繼子男，諸侯之上卿之禮也。上卿出入三積，食三牢，牽二牢，一享一食宴之也。」（同上。杜取此。）享曹大子。初獻，樂奏而歎。【詁】服虔云：「初獻酒如獻爵。樂奏，人上堂也。初獻爵樂奏，大子歎而哀樂也。」（同上。）施父曰：【詁】服虔云：「施父，魯大夫。」（同上。杜取此。）「曹大子其有憂乎！非歎所也。」【詁】服虔云：「古之爲享食，所以觀威儀、省禍福。無喪而感，憂必讎焉。今大子臨樂而嘆，是父將死而兆先

〔一〕「嵇」原訛「稽」，據經典釋文春秋左氏音義桓公九年改。
〔二〕「未」原訛「來」，據太平御覽卷一四六改。

見也。」（本疏。）

十年，春，曹桓公卒。

虢仲譖其大夫詹父于王。詹父有辭，以王師伐虢。

夏，虢公出奔虞。【詁】地理志河東郡：「大陽，吴山在西，上有吴城，周武王封大伯後于此，是爲虞公，爲晉所滅。」（杜本此。）

秋，秦人納芮伯萬于芮。

初，虞叔有玉，虞公求旃，【詁】詩毛傳：「旃，之也。」（杜本此。）弗獻。既而悔之，曰：「周諺有之：（李善文選注引作「周任」。）『匹夫無罪，懷璧其罪。』吾焉用此，其以賈害也。」【詁】爾雅：「賈，市也。」乃獻之。又求其寶劍。叔曰：「是無厭也。無厭，將及我。」遂伐虞公，故虞公出奔共池。【詁】圖經：「共城在解州平陸縣西四十里。」

冬，齊、衛、鄭來戰于郎，我有辭也。初，北戎病齊，諸侯救之。鄭公子忽有功焉。齊人餼諸侯，使魯次之。魯以周班後鄭。鄭人怒，請師于齊。齊人以衛師助之，故不稱侵伐。先書齊、衛，王爵也。

十一年，春，齊、衛、鄭、宋盟于惡曹。【詁】服虔以爲不書宋，宋後盟。（本疏。）

楚屈瑕【詁】王逸楚辭章句：「楚武王生子瑕，受屈爲客卿，因以爲氏。」將盟貳、軫。【詁】國名記：「貳，偃姓，在隨州南，楚滅之。軫亦偃姓，在楚東南，亦楚所滅。」鄖人軍于蒲騷，【詁】地理志江夏郡雲杜，應劭曰：「左傳若敖取于邔，今邔亭是也。」「邔」，釋文：「本亦作『涓』。」「涓」、「鄖」音義並同。按：通典應城縣有古蒲騷城。今考安陸應城本春秋邔子之國，邔人蓋軍于己境也。將與隨、絞、州、蓼【詁】春秋地圖：「洨在漢水之北。」説文：「鄝，地名，从邑翏聲。」釋文云：

「『蓼』或作『鄝』。」鄭氏詩箋亦引作「鄝」。地理志南陽郡：「湖陽，故廖國。」郡國志南陽郡：「棘陽，有湖陽邑。」（杜同此。）圖經：「監利縣東三十里有州陵城，春秋時州國。」伐楚師。莫敖患之。（漢書志「敖」作「囂」。）鬭廉曰：「鄖人軍其郊，必不誡，且日虞四邑之至也。【詁】廣雅：「虞，望也。」按：言日望四邑之至也，較杜義爲長。君次于郊郢，以禦四邑。我以鋭師宵加于鄖。鄖有虞心，而恃其城，莫有鬭志。若敗鄖師，四邑必離。」莫敖曰：「盍請濟師於王？」【詁】鄭玄禮記注：「盍，何不也。」（杜本此。）對曰：「師克在和，不在衆。商、周之不敵，君之所聞也。成軍以出，又何濟焉？」莫敖曰：「卜之。」對曰：「卜以決疑。不疑，何卜？」遂敗鄖師于蒲騷，卒盟而還。

鄭昭公之敗北戎也，齊人將妻之。昭公辭。祭仲曰：「必取之。君多内寵，【詁】服虔云：「言庶子有寵者多。」（史記集解。）子無大援，將不立。三公子皆君也。」弗從。

夏，鄭莊公卒。初，祭封人【詁】郡國志陳留郡：「長垣，古祭城。」（杜同此。）仲足有寵於莊公，莊公使爲卿。爲公娶鄧曼，生昭公，故祭仲立之。宋雍氏女於鄭莊公，曰雍姞，生厲公。【詁】賈逵云：「雍氏，黄帝之孫，姞姓之後，爲宋大夫。」（杜取此。）雍氏宗有寵於宋莊公，【詁】服虔云：「爲宋正卿，故曰有寵。」（同上。）按：春秋之世，宋未嘗以異姓爲正卿，不知服何據。故誘祭仲而執之，曰：「不立突，將死。」亦執厲公而求賂焉。祭仲與宋人盟，以厲公歸而立之。

秋，九月丁亥，昭公奔衛。己亥，厲公立。

十二年，夏，盟于曲池，平杞、莒也。

公欲平宋、鄭。秋，公及宋公盟于句瀆之丘。宋成未可知也，故又會于虚；冬，又會于龜。宋公辭平，故與鄭伯盟于武父，遂帥師而伐宋，戰焉，宋無信也。君子曰：「苟信不繼，盟無益也。詩云：『君子屢盟，（諸本作「屨」，今从釋文改正。）亂是用長。』無信也。」

楚伐絞，軍其南門。莫敖屈瑕曰：「絞小而輕，輕則寡謀。請無扞采樵者以誘之。」【詁】高誘戰國策注：「扞，禦也。」廣雅：「樵，薪也。」（杜本此。）從之。絞人獲三十人。明日，絞人争出，驅楚役徒于山中。楚人坐其北門，【詁】廣雅：「坐，止也。」惠棟云：「按兵法有立陳、坐陳，見尉繚子。立陳，所以行也；坐陳，所以止也。傳曰『裹糧坐甲』，又云『王使甲坐于道』，又云『士皆坐列』；司馬法云『徒以坐固』，荀子曰『庶士介而坐道』，及此傳『坐其北門』，皆坐陳也。」按：此則「坐」字當從廣雅訓爲止。杜注：「坐，猶守也。」于訓詁爲不合矣。而覆諸山下，大敗之，爲城下之盟而還。伐絞之役，楚師分涉於彭。【詁】水經：「漢水過筑陽縣東，筑水出自房陵縣東，〔一〕過其縣南流注之。」按：道元云：「杜預謂之彭水。」今攷楚附庸臨彭水當即絞。羅人欲伐之，【詁】地理志南郡：「枝江，故羅國。」世本：「羅，熊姓。」（杜本此。）使伯嘉諜之，三巡數之。【詁】韋昭國語注：「諜，候也。」鄭氏周禮注：「巡，徧也。」（杜本此。）

十三年，春，楚屈瑕伐羅。鬭伯比送之，還，謂其御曰：（漢志「御」作「馭」。）「莫敖必敗。舉趾高，【詁】按：漢書五行志引傳「趾」作「止」。高誘呂覽注：「止，足也。」鄭注士昏禮：「古文『止』作『趾』。」易虞翻注亦云：「趾，足也。」（杜本此。）心不固矣。」遂見楚子，曰：「必濟師。」楚子辭焉。入告夫人鄧曼。鄧曼曰：「大夫其非衆之謂，其謂君撫小民以信，【詁】説文：「撫，安也。」廣雅同。訓諸司以德，而威莫敖以刑也。莫敖狃於蒲騷之役，【詁】説文：「狃，犬性驕也。」玉篇：「狃，狎習也。」按：杜訓狃爲忕，本小爾。將自用也，必小羅。君若不鎮撫，【詁】廣雅：「鎮，安也。」其不設備乎！夫固謂君訓衆而好鎮撫之，【詁】服虔云：「夫謂鬭伯比。」（本疏，襄二十三年。）召諸司而勸之以

〔一〕「筑」原訛「筠」，據水經注卷二十八改。

令德，見莫敖而告諸天之不假易也。不然，夫豈不知楚師之盡行也？」楚子使賴人追之，【詁】地理志南陽郡：「隨，有厲鄉，故厲國。」（杜本此。）師古曰：「『厲』讀曰『賴』。」郡國志汝南郡：「褒信，有賴亭，故國。」按：此賴國所在，當以地理志爲是。不及。莫敖使徇于師曰：【詁】説文：「㣙，行示也，从彳勻聲。司馬法『斬以㣙』。」廣雅：「徇，巡也。」杜注：「徇，宣令也。」義亦本此。玉篇：「『徇』同『㣙』。」「諫者有刑。」及鄢，亂次以濟淇水，【詁】釋文：「本或作『亂次以濟其水』。」按：水經注引傳作「亂次以濟淇水」。「攷沶水與夷水亂流東出謂之淇水，（「沶」、「淇」同，後傳寫誤耳。）逕蠻城南城，在宜城南三十里。」杜預釋例：「羅在宜城縣西山中，後在南郡枝江縣。」自楚及羅，須渡此水。杜本因脱「淇水」二字，故注析不清。釋文「其」字又誤脱水旁。今从酈注及釋文增入二字。又按：杜注以此傳之鄢爲水名，亦誤。攷鄢，楚縣名。昭十三年王沿夏將欲入鄢，服虔云：「鄢，別都也。」此傳文「鄢」字亦指楚縣而言，不指鄢水。杜注及正義皆誤。遂無次，且不設備。及羅，羅與盧戎兩軍之，【詁】釋文：「『盧』或作『廬』。」「廬」、「盧」古字同。按：文十六年楚使廬侵庸，書牧誓微、盧、彭、濮人，皆即指此。史記作「纑」，亦通。括地志：「金州有石盧國。」大敗之。莫敖縊于荒谷。群帥囚于冶父【詁】水經注：「沔水下白湖等三湖，合爲一水，東通荒谷，東岸有冶父城。」按：皆當在今江陵。又按：説文荒谷字當作「巟」，釋文亦云：「本或作『巟』。」「荒」後傳寫誤耳。以聽刑。楚子曰：「孤之罪也。」皆免之。

宋多責賂於鄭，鄭不堪命，故以紀、魯及齊與宋、衛、燕戰。不書所戰，後也。【詁】服虔云：「不日者，公至而後定戰日。地之與日當同時設期，公既不及期地，安得及期日也？」（本疏。杜亦取此。）

鄭人來請修好。

十四年，春，會于曹。曹人致餼，禮也。

夏，鄭子人來尋盟，且修曹之會。

秋，八月壬申，御廪災。乙亥，嘗。書，不害也。

冬，宋人以諸侯伐鄭，報宋之戰也。焚渠門，入，及大逵。伐東郊，取牛首。【詁】水經注：「沙水又東南，逕牛首亭東，左傳伐東郊取牛首者也，俗謂之車牛城矣。」按：道元當本舊説。以大宫之椽歸，爲盧門之椽。【詁】説文：「周謂之椽，齊、魯謂之桷。」

十五年，春，天王使家父來求車，非禮也。諸侯不貢車服，天子不私求財。

祭仲專，鄭伯患之，使其壻雍糾殺之。【詁】賈逵云：「雍糾，鄭大夫。」（史記集解。）爾雅：「女子之夫爲壻。」將享諸郊。雍姬知之，謂其母曰：「父與夫孰親？」其母曰：「人盡夫也，父一而已，胡可比也？」遂告祭仲曰：「雍氏舍其室而將享子於郊，吾惑之，以告。」祭仲殺雍糾，尸諸周氏之汪。【詁】服虔通俗文：「亭水曰汪。」（一切經音義。）按：高誘淮南王書注作「矢諸周氏之汪」。[一] 今攷「尸」、「矢」皆陳也，義並通。公載以出，曰：「謀及婦人，宜其死也。」夏，厲公出奔蔡。

六月乙亥，昭公入。

許叔入于許。

公會齊侯于艾，謀定許也。

秋，鄭伯因櫟人殺檀伯，（史記作「單伯」。）【詁】服虔云：「鄭守櫟大夫。」（水經注。）又云：「櫟，鄭之大都。」（同上。又史記集解。杜取此。）而遂居櫟。

[一]「諸」原訛「謂」，據淮南子俶真訓高誘注改。

冬，會于袲，謀伐鄭，將納厲公也。弗克而還。

十六年，春，正月，會于曹，謀伐鄭也。

夏，伐鄭。秋，七月，公至自伐鄭，以飲至之禮也。

冬，城向。書，時也。

初，衛宣公烝於夷姜，生急子，（史記、漢書人表並作「伋」。釋文云：「『急』，詩作『伋』。」）【詁】服虔云：「上淫曰烝。」（詩疏。杜取此。）屬諸右公子。爲之娶於齊，而美，公取之。生壽及朔。屬壽于左公子。夷姜縊。【詁】説文：「縊，經也。春秋傳曰『夷姜縊』。」宣姜與公子朔構急子。【詁】服虔云：「構，會其過惡。」（詩疏。杜取此。）公使諸齊，使盜待諸莘，將殺之。【詁】服虔云：「莘，衛東地。」（同上。）京相璠曰：「今平原陽平縣北十里有故莘亭，阸限蹊要，自衛適齊之道也。」（水經注。）郡國志：「陽平，侯國，有莘亭。」（杜同此。）壽子告之，使行。不可，曰：「棄父之命，惡用子矣？【詁】高誘呂覽注：「惡，安也。」（杜本此。）有無父之國則可也。」及行，飲以酒。壽子載其旌以先，盜殺之。急子至，曰：「我之求也。此何罪？請殺我乎。」又殺之。二公子故怨惠公。十一月，左公子泄、（諸本作「洩」，今从古今人表改正。）右公子職立公子黔牟。惠公奔齊。

十七年，春，盟于黄，平齊、紀，且謀衛故也。

及邾儀父盟于趡，尋蔑之盟也。

夏，及齊師戰于奚，疆事也。於是齊人侵魯疆，疆吏來告。公曰：「疆埸之事，【詁】説文：「畺，界也。从畕，三其界畫也。或从彊土。」惠棟曰：「古文作『畺易』，周禮有『畺地』、『易地』。楊統碑云『疆易不争』，張公神道碑云『畺界家静』，吕君碑云『愼守壘易』，蓋用此文。」愼守其一，而備其不虞。姑盡所備焉。事至而戰，又何謁焉？」

蔡桓侯卒。蔡人召蔡季于陳。

秋，蔡季自陳歸于蔡，蔡人嘉之也。

伐郲，宋志也。

冬，十月朔，日有食之。不書，日官失之也。天子有日官，諸侯有日御。【詁】服虔云：「日官、日御，典曆數者也。」（周禮疏。杜取此。）日官居卿【詁】服虔云：「是居卿者，卿居其官以主之，重曆數也。」（本疏。）以底日，【詁】顧炎武云：「五經無『底』字，皆是『底』字。惟左傳襄二十九年『處而不底』，昭元年『勿使有壅閉湫底』，乃音丁禮反耳。[一] 今説文本『底』字下有一畫，誤也。字當从『氏』。」按：「底」與「抵」古字通。廣雅釋詁：「抵，推也。」此「抵日」猶言推日耳。杜注「平也」，似未諦。禮也。日御不失日，以授百官于朝。

初，鄭伯將以高渠彌爲卿，昭公惡之，固諫，不聽。昭公立，懼其殺己也。辛卯，弑昭公而立公子亹。（韓非子作「子亹」。）君子謂：「昭公知所惡矣。」公子達曰：（韓非子作「公子圉」。）「高伯其爲戮乎！復惡已甚矣。」（韓非子「復」作「報」。）【詁】按：據韓非子則「復」當訓報復之復。鄭康成周禮注：「復，猶報也。」杜注「重也」，失之。陳樹華校本同。

十八年，春，公將有行，遂與姜氏如齊。申繻（管子作「申俞」。）曰：「女有家，男有室，無相瀆也，謂之有禮。易此，必敗。」公會齊侯于濼，遂及文姜如齊。齊侯通焉。【詁】服虔云：「旁淫曰通。」（詩疏。）公謫之，【詁】韋昭漢

[一]「音丁」原訛「章」，據十三經注疏阮元校勘記所引改。

書注：「謫，譴也。」（杜本此。）以告。夏，四月丙子，享公。【詁】服虔云：「爲公設享讌之禮。」（史記集解。杜取此。）使公子彭生乘公，【詁】蔡邕獨斷：「乘，猶載也。」公薨于車。【詁】史記魯世家：「使公子彭生抱魯桓公，因命彭生折其脅，公死于車。」按：玉篇「骭」字下引左氏傳云「拉公骭而殺之」，云「以手拉折其骭」。今攷玉篇誤以公羊爲左氏傳，下句即何休注也。詩毛傳又云：「搚，殺之。」説文：「搚，捉也。」與「拉」字義亦通。魯人告于齊曰：「寡君畏君之威，不敢寧居，來修舊好。禮成而不反，無所歸咎，惡於諸侯。請以彭生除之。」齊人殺彭生。

秋，齊侯師于首止。【詁】服虔云：「首止，近鄭之地。」（史記集解。）郡國志陳留郡：「己吾，有首鄉。」（杜同此。）子亹會之，高渠彌相。七月戊戌，齊人殺子亹，而轘高渠彌。【詁】鄭玄周禮注：「轘，車裂也。」（杜本此。）祭仲逆鄭子于陳而立之。【詁】服虔云：「鄭子，昭公弟子儀也。」（詩疏。）按：史記作：「召公子亹弟公子嬰于陳而立之，是爲鄭子。」按：小司馬云：「左傳以鄭子名子儀，此云嬰，[一]蓋必有所見。」杜取服説。是行也，祭仲知之，故稱疾不往。人曰：「祭仲以知免。」仲曰：「信也。」

周公欲弒莊王而立王子克。【詁】賈逵云：「莊王弟子儀也。」（史記集解。杜取此。）辛伯告王，【詁】賈逵云：「辛伯，周大夫也。」（同上。杜取此。）遂與王殺周公黑肩。王子克奔燕。初，子儀有寵於桓王，桓王屬諸周公。辛伯諫曰：「並后、匹嫡，兩政、耦國，亂之本也。」周公弗從，故及。

[一]「嬰」原脱，據史記卷四十二鄭世家第十二索隱補。

春秋左傳詁卷六

傳

莊公

元年，春，不稱即位，文姜出故也。【詁】魏書引服虔注云：「文姜通于兄齊襄，與殺公而不反。父殺母出，隱痛深諱。期而中練，思慕少殺，念至于母，故經書：『三月夫人孫于齊。』既有念母深諱之文，明無讐疾告列之理。」

三月，夫人孫于齊。不稱姜氏，絶不爲親，禮也。【詁】魏書引注云：「夫人有與殺桓之罪，絶不爲親，得尊父之義。善莊公思大義，絶有罪，故曰禮也。」按：説苑亦云：「絶文姜之屬，而不爲不愛其母。」正可與服説相發明。杜注似非。

秋，築王姬之館于外。爲外，禮也。

二年，冬，夫人姜氏會齊侯于禚。書，姦也。

三年，春，溺會齊師伐衛，疾之也。

夏，五月，葬桓王，緩也。

秋，紀季以酅入于齊，紀於是乎始判。【詁】説文：「判，分也。」（杜本此。）

冬，公次于滑，將會鄭伯，謀紀故也。鄭伯辭以難。凡師一宿爲舍，再宿爲信，過信爲次。【詁】賈逵云：「若魯公次乾侯之比。」（本疏。）詩毛傳：「一宿曰宿，再宿曰信。」

四年，春，王三月，楚武王荆尸，【詁】爾雅：「尸，陳也。」（杜本此。）授師孑焉，以伐隨。【詁】注云：「孑，句孑。」（考工記疏。）方言：「楚謂戟爲孑。」（杜本此。）將齊，入告夫人鄧曼曰：【詁】服虔云：「鄧，曼姓。」（史記集解。）「余心蕩。」【詁】賈逵云：「蕩，揺也。」（同上。）鄧曼歎曰：「王禄盡矣。盈而蕩，天之道也。先君其知之矣，故臨武事，將發大命，而蕩王心焉。若師徒無虧，王薨於行，國之福也。」王遂行，卒於樠木之下。【詁】説文：「樠，松心木。」按：杜注止云「木名」，故采説文補之。或説文本賈氏説也。高誘淮南王書注：「樠，讀姓樠氏之樠。」釋文及正義俱云「有曼、朗二音」，疑非。正義又疑樠木爲朗榆，亦不見説文之故。余以歲己未遣戍伊犂，道過天山，樹如松者萬株，土人尚呼爲樠。驗之，皆松心木，與説文無異。又考竟陵縣武來山一名樠木山，樂史稱郡國志，左傳楚武王卒於樠木之下，即此山。令尹鬭祁、莫敖屈重【詁】按：此屈重當係屈瑕之子。除道梁溠，【詁】説文：「溠水，在漢南，荆州浸也。春秋傳曰修涂梁溠。」〔一〕按：今本「修涂」作「除道」。然考杜注，則杜時本已與漢異。又按：説文溠荆州浸，本周禮職方。而釋例以爲義陽縣西漈水，亦誤。「溠」，釋文引高貴鄉公音側稼反，云水名；字林壯加反。營軍臨隨。隨人懼，行成。莫敖以王命入盟隨侯，且請爲會於漢汭，而還。【詁】鄭玄尚書注：「汭之言内也。」（杜本此。）濟漢而後發喪。

〔一〕「涂」原訛「除」，據説文解字第十一上改。

紀侯不能下齊，以與紀季。夏，紀侯大去其國，違齊難也。【詁】韋昭國語注：「違，避也。」（杜本此。）

五年，秋，郳犂來來朝。名，未王命也。

冬，伐衞，納惠公也。

六年，春，王人救衞。

夏，衞侯入，放公子黔牟于周，放甯跪于秦，【詁】説文：「放，逐也。」殺左公子泄、右公子職，乃即位。君子以二公子之立黔牟爲不度矣。夫能固位者，必度其本末，而後立衷焉。不知其本，不謀；知本之不枝，弗强。詩云：「本枝百世。」（詩大雅作「支」。）

冬，齊人來歸衞寶，文姜請之也。

楚文王伐申，過鄧。鄧祁侯曰：【詁】謚法：「治典不殺曰祁。」「吾甥也。」【詁】爾雅：「謂我舅者，吾謂之甥。」釋名：「舅謂姊妹之子曰甥。」（杜本此。）止而享之。騅甥、（古今人表作「駐」。）聃甥、養甥請殺楚子，鄧侯弗許。三甥曰：「亡鄧國者，必此人也。若不早圖，後君噬齊，【詁】按：玉篇引左傳作「臍」。「臍」俗字，當作「齊」。釋名：「臍，劑也，腸端之所限劑也。」〔一〕説文：「噬，啗也，喙也。」「齧」字下注云：「齧，噬也。」（杜本此。）其及圖之乎？圖之，此爲時矣。」鄧侯曰：「人將不食吾餘。」對曰：「若不從三臣，抑社稷實不血食，而君焉取餘？」弗從。還年，楚子伐鄧。十六年，楚復伐鄧，滅之。

〔一〕「劑」原訛「制」，據釋名釋形體改。

七年，春，文姜會齊侯于防，齊志也。

夏，恒星不見，夜明也。星隕如雨，與雨偕也。【詁】詩毛傳：「偕，俱也。」（杜本此。）

秋，無麥苗，不害嘉穀也。

八年，春，治兵于廟，禮也。（公羊作「祠兵」。）【詁】按：周禮大司馬之職賈公彦正義引此傳「治兵于廟禮也」，又引注云：「三年而治兵，與秋同名。兵革將出，[一]故曰治兵。」今杜注無之，則公彦所引當係服説。

夏，師及齊師圍郕。郕降于齊師。仲慶父請伐齊師，公曰：「不可。我實不德，齊師何罪？罪我之由。夏書曰：『皋陶邁種德，【詁】孔安國尚書傳：「邁，行也。」説文：「邁，遠行也。」按：書傳及爾雅等皆訓邁爲行。杜注：「邁，勉也。」「邁」字無勉義，恐非。德乃降。』姑務修德，以待時乎。」秋，師還。君子是以善魯莊公。

齊侯使連稱、管至父戍葵丘，【詁】賈逵云：「連稱、管至父，皆齊大夫。」（史記集解。）京相璠曰：「齊西五十里有葵丘。」（水經注。杜同此。）瓜時而往，曰：「及瓜而代。」【詁】服虔云：「瓜時，七月。及瓜，爲後年瓜時。」期戍，公問不至。【詁】説文：「問，訊也。」按：杜注：「問，命也。」恐非。請代，弗許，【詁】尉繚子曰：「兵戍過一歲，遂亡不候代者，法比亡軍。」故謀作亂。僖公之母弟曰夷仲年，生公孫無知，（古今人表作「公子无知」。）有寵於僖公，衣服禮秩如適。【詁】按：説文「秩」字下云：「積也。詩云『穦之秩秩』。」「豑」字下注云：「爵之次第也。虞書曰『平豑東作』。」是二字文義俱别。經典从省，借「秩」爲「豑」耳。襄公絀之。【詁】説文：「黜，貶下也。」廣韻「黜」亦作「絀」。按：「絀」、「黜」古字同。文元年傳「黜乃亂也」，史記即作「絀」。二人因之以作亂。連稱有從妹在公宫，【詁】服虔云：「爲妾在宫也。」（史記集

[一]「革」原脱，據周禮正義大司馬補。

解。)無寵。使間公，【詁】王肅云：「候公之間隙。」廣雅：「間，覸也。」(杜本此。)曰：「捷，【詁】詩毛傳：「捷，勝也。」吾以女爲夫人。」冬，十二月，齊侯游于姑棼，【詁】賈逵云：「姑棼，齊地也。」(史記集解。)遂田于貝丘。(史記作「沛丘」。)【詁】京相璠曰：「博昌縣南近澠水有地名貝丘，在齊城西北四十里。」(水經注。杜同此。)按：地理志清河郡貝丘，應劭曰：「左氏傳齊襄公田于貝丘是。」酈元以應説爲疏。今考貝丘縣故城在今廣平府清河縣界，春秋時屬齊國，雖較博昌爲遠，然齊侯出田，本無定地。景公欲觀轉附、朝儛，遵海而南，又豈得以遠疑之乎？應説或當有據也。見大豕，(史記「豕」作「彘」。)從者曰：「公子彭生也。」公怒，曰：「彭生敢見！」射之。【詁】服虔云：「公見彘，從者乃見彭生，鬼改形爲豕也。」(史記集解。杜取此。)豕人立而啼。【詁】服虔云：「啼，呼也。」(文選注。)公懼，隊于車。傷足，喪屨。反，誅屨【詁】孔安國論語注：「誅，責也。」(杜本此。)於徒人費。(史記作「茀」。)【詁】按：古今人表有寺人費，師古曰：「即徒人費也。」據此，則費蓋宦者。弗得，鞭之，見血。走出，遇賊于門，劫而束之。【詁】鄭玄禮記注：「劫，劫脅也。」費曰：「我奚御哉？」袒而示之背，【詁】廣雅：「袒，解也。」信之。費請先入。伏公而出，鬭，死于門中。石之紛如死于堦下。遂入，殺孟陽于牀，【詁】説文：「牀，安身之坐也。」曰：「非君也，不類。」見公之足于户下，遂弑之，而立無知。初，襄公立，無常。鮑叔牙曰：「君使民慢，亂將作矣。」奉公子小白出奔莒。亂作，管夷吾、召忽奉公子糾來奔。

初，公孫無知虐于雍廩。(史記作「雍林」。)【詁】賈逵云：「葵丘大夫。」(史記集解。)史記齊世家：「齊君無知游于雍林。雍林人嘗有怨無知，及其往游，雍林人襲殺無知。」按：梁元帝金樓子亦與史記同。古今人表又作「雍稟人」。「稟」、「廩」古字通。水經注作「雝稟」。今考若據史記、金樓子，則雍林地名；據賈逵注及檢古今人表，則雍廩人名。今細繹經、傳，上云「虐于雍廩」，下經云「齊人殺無知」，傳又云「雍廩殺無知」，則當以人名爲是。杜注亦取賈説。

九年，春，雍廩殺無知。

公及齊大夫盟于蔇，齊無君也。

夏，公伐齊，納子糾。桓公自莒先入。

秋，師及齊師戰于乾時。我師敗績。公喪戎路，傳乘而歸。【詁】按：漢書宣帝紀「得毋用傳」，集注：「傳謂傳舍。」今考此「傳乘」，亦謂乘驛傳以歸。杜注云「乘他車」，恐誤。秦子、梁子以公旗辟于下道，是以皆止。【詁】韋昭國語注：「止，獲也。」（杜本此。）

鮑叔帥師來言曰：「子糾，親也，請君討之。管、召，讐也，請受而甘心焉。」乃殺子糾于生竇。（史記作「笙瀆」。）【詁】賈逵云：「生竇，魯地句竇。」（史記索隱。杜取此。）地理志濟陰郡句陽，應劭曰：「左氏傳句瀆之丘也。」召忽死之。【詁】按：論語「自經于溝瀆」，即指召忽。襄十九年齊莊公執公子牙于句瀆之丘。「句竇」、「溝瀆」音同。據此，則召忽之死蓋自經也。後漢書應劭傳載劭議亦云：「昔召忽死子糾之難，而孔子曰：『經于溝瀆，人莫之知。』是也。」管仲請囚，鮑叔受之。及堂阜而稅之。【詁】賈逵云：「堂阜，魯北境。」（史記集解。）按：文十五年傳「飾棺置諸堂阜」，明堂阜爲齊、魯交界。既至齊境，故即釋其縛也。歸而以告曰：「管夷吾治於高傒，【詁】賈逵云：「齊正卿高敬仲也。」（同上。）秘笈新書：「齊太公六代孫文公子高孫傒，以王父字爲氏。」使相可也。」公從之。

十年，春，齊師伐我。公將戰，曹劌請見。（戰國策「劌」作「沬」，呂覽又作「翽」，〔一〕並音同。）其鄉人曰：「肉食者謀之，又何間焉？」劌曰：「肉食者鄙，未能遠謀。」乃入見。問何以戰，公曰：「衣食所安，弗敢專也，必以

〔一〕「翽」原訛「劌」，據呂氏春秋離俗覽改。

分人。」對曰：「小惠未徧，民弗從也。」公曰：「犧牲玉帛，弗敢加也，必以信。」對曰：「小信未孚，【詁】虞翻易注：「孚，信也。」按：杜隨文生訓，故加「大」字。神弗福也。」公曰：「小大之獄，雖不能察，必以情。」對曰：「忠之屬也，可以一戰。戰則請從。」公與之乘。戰于長勺。公將鼓之，劌曰：「未可。」齊人三鼓，劌曰：「可矣。」齊師敗績。公將馳之，劌曰：「未可。」下視其轍，【詁】説文：「轍，車迹也。」登軾而望之，曰：「可矣。」遂逐齊師。既克，公問其故。對曰：「夫戰，勇氣也。一鼓作氣，再而衰，三而竭。彼竭我盈，故克之。夫大國，難測也，懼有伏焉。吾視其轍亂，望其旗靡，【詁】説文：「靡，披靡也。」故逐之。」

夏，六月，齊師、宋師次于郎。公子偃曰：「宋師不整，可敗也。宋敗，齊必還。請擊之。」公弗許。自雩門竊出，【詁】廣雅：「竊，私也。」蒙皋比而先犯之。【詁】樂記曰：「倒載干戈，蒙之以虎皮，名之曰建櫜。」鄭玄以爲兵甲之衣曰櫜。櫜，韜也。而其字或作「建皋」，故服虔引以解此。（本疏。杜取此。）公從之，大敗宋師于乘丘。齊師乃還。

蔡哀侯娶于陳，息侯亦娶焉。息嬀將歸，過蔡。蔡侯曰：「吾姨也。」（李善文選注引此傳作「是吾姨也」。）【詁】爾雅：「妻之姊妹同出爲姨。」釋名：「妻之姊妹曰姨。姨，弟也，言與己妻相長弟也。」（杜本此。）止而見之，弗賓。息侯聞之，怒，使謂楚文王曰：「伐我，吾求救於蔡而伐之。」楚子從之。秋，九月，楚敗蔡師于莘，以蔡侯獻舞歸。

齊侯之出也，過譚，譚不禮焉。及其入也，諸侯皆賀，譚又不至。冬，齊師滅譚，譚無禮也。譚子奔莒，同盟故也。

十一年，夏，宋爲乘丘之役故，侵我。公禦之。宋師未陳而薄之，【詁】高誘淮南王書注：「薄，迫也。」廣雅同。敗諸鄑。凡師，敵未陳曰敗某師，皆陳曰戰，大崩曰敗績，得儁曰克，【詁】釋文：「本或作『俊』。」按：漢書顏師古陳湯傳注引此作「得儁曰克」。玉篇云：「『儁』同『俊』也。」覆而敗之曰取某師，【詁】服虔云：「覆，隱也，設伏而敗之，謂攻其無備，出其不意。敵人不知，敗之易，故曰取。」（本疏。）京師敗曰王師敗績于某。（釋文：「本或作『京師敗績』者，非。」）

秋，宋大水。公使弔焉，【詁】賈逵云：「問凶曰弔。」（史記集解。）曰：「天作淫雨，害於粢盛，若之何不弔？」（鄭玄周禮注引作「如何不弔」。）對曰：「孤實不敬，天降之災。又以爲君憂，拜命之辱。」臧文仲曰：「宋其興乎！禹、湯罪己，其興也悖焉；（釋文：「本一作『勃』。」今按：爾雅釋詁作「浡」。正義引作「其興也浡然」。韓詩外傳引作「其興也勃然」。呂覽當染篇引傳作「勃焉」，〔一〕陳蕃傳同。）【詁】廣雅：「浡，盛也。」（杜本此。）桀、紂罪人，其亡也忽焉。【詁】廣雅：「忽，疾也。」（杜本此。）且列國有凶稱孤，禮也。言懼而名禮，其庶乎！」既而聞之曰：「公子御說之辭也。」（史記「御」作「禦」，古今人表同。）【詁】史記宋世家此言乃公子魚教湣公也，與左傳異。按：子魚即公子目夷，至僖八年始見左傳，距此尚三十餘年，史記說非也，當以左傳爲是。臧孫達曰：【詁】世本：「孝公生僖伯彄，彄生哀伯達，達生伯氏瓶，瓶生文仲辰。」惠棟曰：「此傳先載文仲之言，不應後録哀伯之語。『達』當爲『辰』字之誤也。桓二年傳先稱臧哀伯，後云臧孫達，與此一例。」今按：哀伯此時當已久卒，故文仲世其職，明「達」爲「辰」字之誤。「是宜爲君，有恤民之心。」

冬，齊侯來逆共姬。【詁】按：此則王姬，後謚爲共。與衞共姬同是齊侯之妃，有兩共姬矣。衞共姬見僖十七年傳。

乘丘之役，公以金僕姑【詁】玉篇作「鏷錞」，云「春秋僕姑」。射南宮長萬，【詁】賈逵云：「南宮，氏；萬，名；宋卿。」（史記集解。）按：下年經書「宋萬弒其君」，則萬本宋卿可知。杜注云「宋大夫」，又云「不書獲，萬時未爲卿」，則杜意以萬歸宋後始爲卿也。無論見獲、歸宋，爲時甚暫，未必以此時爲卿。且下年傳書「萬殺大宰督于東宮之西」，督爲宋正卿，經亦

〔一〕「染」原訛「梁」，呂氏春秋有當染篇，而無當梁篇；又十三經注疏阮元校勘記亦作「染」字，據改。

不書。則此年不書獲萬，亦經文簡略。終當以賈說爲是。公右歂孫生搏之。宋人請之。宋公靳之，【詁】服虔云：「恥而惡之曰靳。」（本疏。）玉篇：「戲而相媿曰靳。」[一]（杜同此。）曰：「始吾敬子；今子魯囚也，吾弗敬子矣。」病之。

十二年，秋，宋萬弑閔公于蒙澤。【詁】謚法：「在國遭憂曰愍。」又：「在國逢囏曰愍。」又：「禍亂方作曰愍。」按：史記作「湣」，漢書五行志作「愍」。「閔」、「愍」、「湣」音義並同。賈逵云：「蒙澤，宋澤名也。」（史記集解。）郡國志梁國：「蒙縣，有蒙澤。」（杜同此。）十三州志：「蒙澤在蒙縣東。」（水經注。）遇仇牧于門，批而殺之。【詁】按：一切經音義引此傳作「搉而殺之」。今考說文：「搉，反手擊也。」今本作「批」，非是。公羊傳「萬臂摋仇牧，碎其首」，何休云：「側手曰摋。」則義與說文「反手擊」亦同。玉篇作「搉」，云：「手擊也。」字林、廣雅皆作「批」，云：「批，擊也。」相沿已久，姑承之。遇大宰督于東宮之西，又殺之。立子游。群公子奔蕭，公子御說奔亳。【詁】服虔云：「蕭、亳，宋邑也。」（同上。）地理志沛郡：「蕭，故蕭叔國。」（杜本此。）山陽郡薄，臣瓚曰：「湯所都。」郡國志薄屬梁國。按：「亳」、「薄」古字通。杜預注「薄城中有成湯冢」，亦本皇覽。南宮牛、猛獲帥師圍亳。冬，十月，蕭叔大心及戴、武、宣、穆、莊之族以曹師伐之，殺南宮牛于師，殺子游于宋，立桓公。猛獲奔衛。南宮萬奔陳，以乘車輦其母，【詁】高誘呂覽注：「人引車曰輦。」（杜本此。）一日而至。宋人請猛獲于衛。衛人欲勿與，石祁子曰：「不可。天下之惡一也，惡於宋而保於我，保之何補？得一夫而失一國，與惡而棄好，非謀也。」衛人歸之。亦請南宮萬于陳，以賂。陳人使婦人飲之酒，【詁】服虔云：「宋萬多力，勇不可執，故先使婦人誘而飲之酒，醉而縛之。」（史記集解。）而以犀革裹之。比及宋，手足皆見。宋人皆醢之。【詁】服虔云：「醢，肉醬。」（同上。杜本此。）

[一] 「戲」前原衍「釋文」二字，據玉篇革部第四百二十三删。

十三年，春，會于北杏，以平宋亂。遂人不至。

夏，齊人滅遂而戍之。

冬，盟于柯，始及齊平也。

宋人背北杏之會。

十四年，春，諸侯伐宋。齊請師于周。夏，單伯會之。取成于宋而還。

鄭厲公自櫟侵鄭。及大陵，【詁】京相璠曰：「潁川臨潁縣東北二十五里有故巨陵亭，古大陵也。」（水經注。）獲傅瑕。（史記作「甫瑕」。）傅瑕曰：「苟舍我，吾請納君。」與之盟而赦之。六月甲子，傅瑕殺鄭子及其二子而納厲公。初，内蛇與外蛇鬬於鄭南門中，内蛇死。六年而厲公入。【詁】服虔云：「蛇，北方水物。水成數六，故六年而厲公入。」（本疏。）公聞之，問於申繻曰：「猶有妖乎？」對曰：「人之所忌，其氣炎以取之，【詁】釋文、石經本並作「炎」，後人妄改「燄」。按：漢書五行志引傳作「炎」，師古曰：「炎，音弋贍反。」藝文志亦作「炎」，師古曰：「炎謂火之光始燄燄也。『炎』讀與『燄』同。」王符潛夫論引此亦作「其氣炎以取之」。今从諸家改定。妖由人興也。人無釁焉，妖不自作。（漢書藝文志「妖」並作「訞」。按：大戴禮易本命「訞孽數起」。漢書文帝紀「除訞言之罪」，師古曰：「『訞』同『妖』。」）人弃常，則妖興，故有妖。」（漢書藝文志此二句在「人無釁焉」句上。「弃」一作「失」。）厲公入，遂殺傅瑕。使謂原繁曰：（史記作「而讓其伯父原」，無「繁」字。）「傅瑕貳，周有常刑，既伏其罪矣。納我而無二心者，吾皆許之上大夫之事。吾願與伯父圖之。且寡人出，伯父無裏言。入，又不念寡人。寡人感焉。」對曰：「先君桓公命我先人典司宗祏。【詁】説文：「祏，宗廟主也。周禮有郊宗石室。」（杜本此。）社稷有主，而外其心，其何貳如之？苟主社稷，國内之民，其誰不爲臣？臣無二心，天之制也。子儀在位十四年矣，而謀召君者，庸非貳乎？莊公之子猶有八人，若皆以官爵行賂勸貳而可以濟事，君其若之何？臣聞命矣。」乃縊而死。

蔡哀侯爲莘故，譝息嬀【詁】按：釋文稱説文作「譝」。今説文本闕。廣雅云：「譝，譽也。」周書皇門解云：「是陽是繩。」「繩」、「譝」古字同。呂覽：「周公旦作詩以繩文王之德。」孔鮒曰：「譝之，譽之也。」表記曰：「君子不以口譽人。」鄭注：「譽，譝也。」（杜本此。）以語楚子。楚子如息，以食入享，遂滅息。以息嬀歸，生堵敖及成王焉。【詁】史記作「杜敖」。按：史記楚世家曰：「子熊囏立，是爲杜敖。」索隱曰：「杜，音側壯反。」十二諸侯年表作「堵敖」，索隱曰：「世家作『莊敖』，劉音壯。此作『杜敖』，劉氏云亦作『堵』，〔一〕『杜』、『堵』聲相近。又與世家乖，未識誰是。」古今人表又作「杜敖」，師古曰：「即堵敖。」今考索隱云云，則楚世家「杜敖」當作「莊敖」。「莊」作「杜」，傳寫誤也。未言。楚子問之，對曰：「吾一婦人，而事二夫，縱弗能死，其又奚言？」楚子以蔡侯滅息，遂伐蔡。秋，七月，楚入蔡。君子曰：「商書所謂『惡之易也，如火之燎于原，不可鄉邇，其猶可撲滅』者，其如蔡哀侯乎！」

冬，會于鄄，宋服故也。

十五年，春，復會焉，齊始霸也。

秋，諸侯爲宋伐郳。

鄭人間之而侵宋。

十六年，夏，諸侯伐鄭，宋故也。（釋文：「本或作『爲宋故』。」）

〔一〕「堵」原訛「杜」，據史記卷十四十二諸侯年表第二索隱改。

鄭伯自櫟入，緩告于楚。秋，楚伐鄭，及櫟，爲不禮故也。

鄭伯治與於雍糾之亂者，九月，殺公子閼，刖强鉏。（古今人表「强」作「彊」。）【詁】釋文：「隱十一年鄭有公孫閼，距此三十五年，不容復有公子閼。若非『閼』字誤，則『子』當爲『孫』。」公父定叔出奔衞。三年而復之，曰：「不可使共叔無後於鄭。」使以十月入，曰：「良月也，就盈數焉。」【詁】服虔云：「定叔之祖公叔段，有伐君之罪，宜世不長。而云『不可使共叔無後於鄭』，言其刑之偏頗。鄭厲公以逆篡適，同惡相恤，故黨於共叔，欲令其後不絕。傳所以惡厲公也。」（本疏。）君子謂：「强鉏不能衞其足。」

冬，同盟于幽，鄭成也。

王使虢公命曲沃伯以一軍爲晉侯。

初，晉武公伐夷，執夷詭諸。蔿國請而免之，既而弗報，故子國作亂，謂晉人曰：「與我伐夷而取其地。」遂以晉師伐夷，殺夷詭諸。周公忌父出奔虢。惠王立而復之。

十七年，春，齊人執鄭詹，鄭不朝也。

夏，遂因氏、頜氏、工婁氏、須遂氏饗齊戍，醉而殺之，齊人殲焉。

十八年，春，虢公、晉侯朝王。王饗醴，命之宥，皆賜玉五瑴、【詁】釋文引倉頡篇「瑴」作「珏」，雙玉爲瑴，故字从兩玉。按：說文「瑴」字下云：「珏或从㱿。」馬三匹，非禮也。王命諸侯，名位不同，禮亦異數，（隋書經籍志引作「節文異數」。）不以禮假人。

虢公、晉侯、鄭伯使原莊公逆王后于陳。陳嬀歸于京師，實惠后。

夏，公追戎于濟西。不言其來，諱之也。

秋，有蜮，爲災也。【詁】服虔云：「短狐，南方盛暑所生，其狀如鼈，古無今有。含沙射人，入皮肌中，其瘡如疥，徧身濩濩或或，故爲災。」（周禮疏。）

初，楚武王克權，使鬭緡尹之。以叛，圍而殺之。遷權于那處，【詁】按：史記管蔡世家曰：「封季載于冉。」索隱曰：「『冉』或作『郍』。國語曰『冉由鄭姬』。〔一〕賈逵云『文王子聃季之國』也。莊十八年『楚武王克權遷于那處』。『郍』與『那』皆音奴甘反。」使閻敖尹之。及文王即位，與巴人伐申，而驚其師。巴人叛楚，而伐那處，取之，遂門于楚。閻敖游涌而逸。【詁】水經：「江水又東南當華容縣南涌水入焉。」（杜本此。）春秋所謂「閻敖游涌而逸」者也。（道元注。）楚子殺之，其族爲亂。冬，巴人因之以伐楚。

十九年，春，楚子禦之，大敗于津。（水經注引作「大敗于津鄉」。）【詁】應劭曰：「南郡江陵縣有津鄉。」（水經注。杜本此。）郡國志同。（杜本此。）還，鬻拳弗納，（古今人表作「粥拳」。）【詁】鄭玄箴膏肓曰：「鬻拳，楚同姓。」遂伐黄。【詁】郡國志汝南郡：「弋陽，侯國。有黄亭，故黄國，嬴姓。」（杜同此。）敗黄師于踖陵。還，及湫，有疾。夏，六月庚申，卒。鬻拳葬諸夕室，亦自殺也，而葬於絰皇。【詁】按：宣十四年傳「屨及於窒皇」。「絰」與「窒」通。正義云：「窒皇當是寢門闕。此『絰皇』或是冢前闕也。」初，鬻拳强諫楚子，楚子弗從。臨之以兵，懼而從之。鬻拳曰：「吾懼君以兵，罪莫大焉。」遂自刖也。楚人以爲大閽，謂之大伯。使其後掌之。君子曰：「鬻拳可謂愛君矣。諫以自納於刑，刑猶不忘納君於善。」

〔一〕「由」原訛「季」，據史記卷三十五管蔡世家第五索隱及國語周語中改。

初，王姚嬖于莊王，生子穨。（釋文及别本作「頽」，誤。按：石經及宋本並作「穨」，舊本外傳亦作「穨」，並與説文合，今从改正。下並同。）子穨有寵，蔿國爲之師。及惠王即位，取蔿國之圃以爲囿。【詁】説文：「種菜曰圃。」「囿，園有垣也。」按：哀十五年服虔注：「圃，園也。」又鄭注周禮：「囿，今之苑。」（杜取此。）邊伯之宫近於王宫，王取之。王奪子禽、祝跪與詹父田，而收膳夫之秩。【詁】鄭玄周禮注：「秩，禄廩也。」（杜本此。）故蔿國、邊伯、石速、（外傳「速」作「遫」。按：説文，「遫」，籀文「速」。漢書宣帝紀注師古曰：「『遫』，古『速』字。」）詹父、子禽、祝跪作亂，因蘇氏。

秋，五大夫奉子穨以伐王，不克，出奔温。蘇子奉子穨以奔衛。衛師、燕師伐周。

冬，立子穨。

二十年，春，鄭伯和王室，不克。執燕仲父。【詁】服虔云：「南燕，伯爵。」（杜取此。）

夏，鄭伯遂以王歸。王處于櫟。【詁】服虔云：「櫟，鄭大都。」（史記集解。）

秋，王及鄭伯入于鄔。遂入成周，取其寶器而還。

冬，王子穨享五大夫，樂及徧舞。【詁】賈逵云：「徧舞，皆舞六代之樂。」（史記集解。杜取此。）鄭伯聞之，見虢叔，曰：「寡人聞之：哀樂失時，殃咎必至。今王子穨歌舞不倦，樂禍也。夫司寇行戮，君爲之不舉，而况敢樂禍乎！姦王之位，禍孰大焉？臨禍忘憂，憂必及之。盍納王乎？」虢公曰：「寡人之願也。」

二十一年，春，胥命于弭。夏，同伐王城。鄭伯將王自圉門入，虢叔自北門入。殺王子穨及五大夫。鄭伯享王于闕西辟，【詁】服虔云：「西辟，西偏也，當爲兩觀之内道之西也。」（本疏。）潁容云：「闕者，上有所失，下得書之于闕。」（水經注。）廣雅：「象魏，闕也。」（杜本此。）樂備。王與之武公之略，自虎牢以東。【詁】地理志河南郡：「成皋，故虎牢。」穆天子傳：「七萃之士生捕虎，即獻天子。天子畜之東虢，號曰虎牢。」原伯曰：「鄭伯效尤，其亦將有咎。」五月，鄭厲公卒。王巡虢守，（釋文：「本或作『狩』。」）虢公爲王宮于玤，王與之酒泉。鄭伯之享王也，王以后之鞶鑑予之。虢公請器，王予之爵。【詁】史記鄭世家云：「惠王不賜厲公爵禄。」索隱曰：「此言爵禄，與左氏説異。」鄭伯由是始惡于王。【詁】服虔云：「鞶鑑，王后婦人之物，非所以賜有功。爵，飲酒器，玉爵也。〔一〕一升曰爵。爵，人之所貴也。言鄭伯以其父得賜不如虢公，爲是始惡于王，積而成怨。」（本疏。）冬，王歸自虢。

二十二年，春，陳人殺其大子御寇。（公、穀、釋文「御」皆作「禦」。）陳公子完與顓孫奔齊。顓孫自齊來奔。齊侯使敬仲爲卿，辭曰：「羈旅之臣，【詁】賈逵云：「羈，寄；旅，客也。」（史記集解。杜取此。）幸若獲宥，【詁】何休公羊傳：「宥，赦也。」（杜本此。）及於寬政，赦其不閑於教訓，而免於罪戾，（風俗通「於」作「諸」。）弛於負儋，【詁】鄭玄周禮注：「弛，釋下之。」按：杜注：「弛，去離也。」義轉屈曲。説文：「儋，何也，从人詹聲。」按：漢書貨殖傳「漿千儋」，師古曰：「儋，人儋之也，一儋兩甖。」漢碑凡負儋字皆作「儋」。諸刊本並作「擔」，非是，今據改。君之惠也。所獲多矣，敢辱高位以速官謗？請以死告。詩云：『翹翹車乘，【詁】服虔云：「翹翹，遠貌。」（詩疏。杜取此。）招我以弓。豈不欲往，畏我友朋。』」使爲工正。【詁】賈逵云：「掌百工。」（史記集解。杜取此。）漢大府陳球碑云：「公子完適齊，爲桓公公正。」按：古「公」、「工」通。惠士奇亦同。飲桓公酒，樂。公曰：「以火繼之。」辭曰：「臣卜其晝，【詁】服虔云：「臣將享君，必卜之，示戒慎也。」（本疏。按：詩湛露疏引此，又云「示敬慎也」。）未卜其夜，不敢。」君子曰：「酒以成禮，不繼以淫，（風俗通「不」作「弗」。）義也。以君成禮，弗納於淫，仁也。」

〔一〕「玉」原訛「王」，據春秋左傳正義莊公二十一年改。

初，懿氏卜妻敬仲。【詁】曲禮：「龜曰卜。」（杜本此。）按：傳上云「臣卜其晝」，杜舍前而注後，亦誤。其妻占之，曰：「吉。是謂：『鳳皇于飛，和鳴鏘鏘。有嬀之後，【詁】潁容釋例云：「舜居西域，本曰嬀汭。」（御覽。）將育于姜。五世其昌，並于正卿。【詁】服虔云：「言完後五世與卿並列。」（史記集解。）八世之後，莫之與京。』」【詁】賈逵云：「京，大也。」（同上。杜取此。）按：與下文「物莫能兩大」同。

陳厲公，蔡出也，【詁】爾雅：「姊妹之子曰出。」（杜本此。）故蔡人殺五父而立之。生敬仲。其少也，周史有以周易見陳侯者。陳侯使筮之，【詁】曲禮：「蓍曰筮。」（杜本此。）遇觀䷓【詁】王充曰：「卜曰逢，筮曰遇。」之否䷋，【詁】賈逵云：「坤下巽上，觀。坤下乾上，否。」（同上。）又云：「觀爻在六四，變而之否。」（漢上易叢談。）正義云：「服說亦同。」（杜取此。）曰：「是謂：『觀國之光，利用賓于王。』此其代陳有國乎？不在此，其在異國。（周禮疏引此「國」下有「乎」字。）非此其身，在其子孫。光，遠而自他有燿者也。（石經、刊本並作「耀」。今改正。）坤，土也。巽，風也。乾，天也。風爲天。於土上，山也。有山之材，而照之以天光，於是乎居土上，故曰：『觀國之光，利用賓于王。』（劉用熙以此上五字爲衍文。）庭實旅百，【詁】韋昭云：「庭實，庭中之實。百，舉成數也。」爾雅：「旅，陳也。」（杜本此。）奉之以玉帛，天地之美具焉，故曰：『利用賓于王。』猶有觀焉，故曰：『其在後乎。』風行而著於土，【詁】服虔云：「巽在坤上，故爲著土也。一曰巽爲風，復爲木，風吹木，實落去，更生他土而長育，是爲在異國。」（本疏。）故曰：『其在異國乎。』若在異國，必姜姓也。姜，大嶽之後也。【詁】周語云：「堯命禹治水，共之從孫四嶽佐之。」賈逵注：「共，共工也。從孫，同姓末嗣之孫。四岳，官名，太岳也，主四岳之祭焉。」（本疏。）山嶽則配天。物莫能兩大。陳衰，此其昌乎！」

及陳之初亡也，陳桓子始大於齊。其後亡也，成子得政。

二十三年，夏，公如齊觀社，非禮也。曹劌諫曰：「不可。夫禮，所以整民也。故會以訓上下之則，制財用之節。朝以正班爵之義，帥長幼之序。征伐以討其不然。諸侯有王，【詁】按：賈公彦周禮疏引此傳文，并引注云：「有王，朝于王。」疑是服注。王有巡守，以大習之。【詁】管子幼官篇曰：「千里之外，二千里之内，諸侯三年而朝習命。二千里之外，三千里之内，諸侯五年而會至習命。」惠棟曰：「此所云大習者，蓋習會朝之教命也。」非是，君不舉矣。君舉，必書。書而不法，後嗣何觀？」

晉桓、莊之族偪，獻公患之。士蔿曰：【詁】賈逵云：「晉大夫。」（史記集解。杜取此。）「去富子，則群公子可謀也已。」【詁】按：尋繹上下文義，疑富子爲群公子之一。非强族，即係多知術，能爲群公子謀畫者。譖而去之，則群公子失謀主矣。杜以富强解之，恐誤。公曰：「爾試其事。」士蔿與群公子謀，譖富子而去之。

秋，丹桓公之楹。

二十四年，春，刻其桷，皆非禮也。御孫諫曰：（古今人表作「禦」。釋文云：「本亦作『禦』。」外傳作「匠師慶」，韋昭曰：「掌匠大夫，御孫之名也。」下「御孫曰」，外傳作「宗人夏父展曰」。）「臣聞之：『儉，德之共也。侈，惡之大也。』先君有共德，而君納諸大惡，無乃不可乎？」

秋，哀姜至，公使宗婦覿，用幣，非禮也。御孫曰：「男贄，大者玉帛，小者禽鳥，以章物也。女贄，不過榛、栗、棗、脩，【詁】説文：「亲，果實如小栗，春秋傳曰『女贄不過亲栗』。」廣雅：「亲，栗也。」按：「榛」，説文：「木也。一曰菆也。」高誘淮南王書注：「叢木曰榛。」此女贄之「亲」，當以説文、廣雅爲是。先儒以爲栗取其戰栗也，棗取其早起也，脩取其自修也，惟榛無説。惠棟云：「正義以爲榛聲近虔，失之。外傳魯語曰：『夫婦贄，不過棗栗，以告虔也。』不及榛、脩，明榛不訓虔。」唐玄度九經字樣引傳作「亲」。以「榛」爲「亲」，經典相承隸變。以告虔也。【詁】詩毛傳：「虔，敬也。」（杜本此)今男女同贄，是無别也。男女之别，國之大節也，而由夫人亂之，無乃不可乎？」

晉士蔿又與群公子謀，使殺游氏之二子。士蔿告晉侯曰：「可矣。不過二年，君必無患。」

二十五年，春，陳女叔來聘，始結陳好也。嘉之，故不名。

夏，六月辛未朔，日有食之。鼓，用牲于社，非常也。唯正月之朔，慝未作，【詁】鄭玄周禮注：「慝，陰姦也。」(杜略本此。)日有食之，於是乎用幣于社，伐鼓于朝。

秋，大水。鼓，用牲于社、于門，亦非常也。凡天災，有幣無牲。非日月之眚，不鼓。【詁】韋昭國語注：「眚，猶灾也。」(杜本此。)

晉士蔿使群公子盡殺游氏之族，乃城聚【詁】賈逵云：「聚，晉邑。」(史記集解。杜取此。)而處之。冬，晉侯圍聚，盡殺群公子。

二十六年，春，晉士蔿爲大司空。夏，士蔿城絳，【詁】地理志河東郡：「絳，晉武公自曲沃徙此。」(杜本此。)以深其宫。

秋，虢人侵晉。冬，虢人又侵晉。

二十七年，春，公會杞伯姬于洮，非事也。天子非展義不巡守，諸侯非民事不舉，卿非君命不越竟。

夏，同盟于幽，陳、鄭服也。

秋，公子友如陳葬原仲，非禮也。原仲，季友之舊也。

冬，杞伯姬來，歸寧也。凡諸侯之女歸寧曰來，出曰來歸；夫人歸寧曰如某，出曰歸于某。

晉侯將伐虢。士蔿曰：「不可。虢公驕，若驟得勝於我，必弃其民。無衆而後伐之，欲禦我，誰與？夫禮樂慈愛，戰所畜也。夫民，讓事、樂和、愛親、哀喪，而後可用也。虢弗畜也，亟戰，將饑。」

王使召伯廖賜齊侯命，且請伐衛，以其立子穨也。

二十八年，春，齊侯伐衛。戰，敗衛師。數之以王命，取賂而還。

晉獻公娶于賈，無子。烝於齊姜，生秦穆夫人及大子申生。又娶二女于戎，大戎狐姬生重耳，小戎子生夷吾。【詁】晉語：「狐氏出自唐叔。狐姬，〔一〕伯行之子，實生重耳。」按：史記又云：「夷吾母，重耳母女弟。」又云：「秦穆夫人爲太子申生同母女弟。」皆與此傳顯違，並不足據。他倣此。晉伐驪戎。驪戎男女以驪姬，（淮南王書作「孋姬」。呂覽又作「麗」，云亦作「驪」。）歸，生奚齊，【詁】地理志京兆尹：「新豐，驪山在南，故驪戎國。」（杜本此。）案：莊子齊物論：「麗之姬，艾封人之子也。」「麗」、「艾」聲相近。其娣生卓子。【詁】史記晉世家曰：「驪姬女弟生悼子。」索隱曰：「左傳作『卓子』。」徐廣曰：「一作『倬』。」按：「悼」、「倬」字形相近，傳寫誤耳。驪姬嬖，欲立其子，賂外嬖梁五與東關嬖五，使言於公曰：「曲沃，君之宗也；蒲與二屈，【詁】地理志河東郡有蒲子、北屈二縣。（杜本此。）案：韋昭漢書注又云：「蒲，今蒲坂。」按：有南、北二屈，故云二。水經注稱汲郡古文云：「翟章救鄭，次于南屈。」應劭曰：「有南，故稱北。」是二屈之證。杜注：「『二』當爲『北』。」誤。君之疆也，不可以無主。宗邑無主，則民不威。疆埸無主，則啓戎心。戎之生心，民慢其政，國之患也。若使大子主曲沃，而重耳、夷吾主蒲與屈，則可以威民而懼戎，且旌君伐。」【詁】

〔一〕「姬」字原脱，據國語晉語四補。

按：史記晉世家集解引賈逵云：「旌，表也。」則賈注此傳當亦同。廣雅亦云：「旌，表也。」杜云：「旌，章也。」蓋用韋昭國語注。下「伐功」亦同。使俱曰：「狄之廣莫，於晉爲都。晉之啓土，不亦宜乎？」晉侯説之。夏，使大子居曲沃，重耳居蒲城，夷吾居屈，群公子皆鄙，唯二姬之子在絳。二五卒與驪姬譖群公子而立奚齊，晉人謂之二五耦。【詁】考工記：「耜廣五寸，〔一〕二耜爲耦。」（杜本此。）

楚令尹子元欲蠱文夫人，【詁】伏曼容易注：「蠱，惑亂也。」（杜注及釋文本此。）爲館於其宫側，而振萬焉。【詁】鄭玄禮記注：「振，動也。」何休公羊傳：「萬者何？干舞也。」（杜本此。）夫人聞之，泣曰：「先君以是舞也，習戎備也。今令尹不尋諸仇讎，【詁】小爾雅：「尋，用也。」（杜本此。）而於未亡人之側，不亦異乎？」御人以告子元，子元曰：「婦人不忘襲讎，我反忘之。」秋，子元以車六百乘伐鄭，入于桔柣之門。【詁】玉篇：「⿵門吉⿵門失，鄭城門，左傳作『桔柣』。」子元、鬬御彊、鬬梧、耿之不比爲旆，【詁】爾雅：「緇廣充幅，長尋曰旐，繼旐曰旆。」（杜本此。）鬬班、王孫游、王孫喜殿。衆車入自純門，及逵市。縣門不發，楚言而出。子元曰：「鄭有人焉。」諸侯救鄭，楚師夜遁。鄭人將奔桐丘，【詁】京相璠曰：「桐丘，鄭地也。今圖無，而城見存，西南去許昌故城可三十五里，俗名之曰隄。其城南即長堤，固洧水之北防也。西南桐丘，其城邪長而不方，蓋憑丘之稱，即城之名矣。」（水經注。）按：杜注：「許昌縣東北有桐丘城。」與道元説略同。諜告曰：【詁】鄭玄周禮注：「諜，間也。」（杜本此。）「楚幕有烏。」【詁】廣雅：「幕，帳也。」（杜本此。）乃止。

冬，饑。臧孫辰告糴于齊，禮也。

築郿，非都也。凡邑，有宗廟先君之主曰都，（詩疏引此作「邑有先君之廟曰都」。）無曰邑。邑曰築，都曰城。

〔一〕「耜」原訛「耦」，據周禮考工記匠人改。

二十九年，春，新作延廄。書，不時也。凡馬，日中而出，日中而入。

夏，鄭人侵許。凡師有鐘鼓曰伐，無曰侵，輕曰襲。

秋，有蜚，爲災也。凡物，不爲災，不書。

冬，十二月，城諸及防。書，時也。凡土功，龍見而畢務，【詁】韋昭國語注：「辰角，大辰蒼龍之角。角者，星名也。見者，朝見東方，寒露節也。」（杜本此。）戒事也；火見而致用，水昏正而栽，【詁】蔡邕月令章句引傳曰：「水昏正而栽築。」惠棟曰：「水即營室也。昏正者，昏中也。栽築者，栽木而始築也。」日至而畢。

樊皮叛王。

三十年，春，王命虢公討樊皮。夏，四月丙辰，虢公入樊，執樊仲皮，歸于京師。【詁】郡國志河内郡：「修武有陽樊。」服虔云：「樊，仲山之所居，故名陽樊。」按：漢鄧縣地亦有古樊城。欒史引郭仲產、摯虞等記云：「樊本仲山甫之國，即今襄陽縣樊城也。」與南虢相去亦近。

楚公子元歸自伐鄭，而處王宫。鬭射師諫，則執而梏之。【詁】服虔云：「射師，若敖之子鬭班也。」（本疏。）鄭玄周禮注：「在手曰梏，在足曰桎。」（杜本此。）秋，申公鬭班殺子元。鬭穀於菟（漢書敘傳作「穀於檡」。釋文云：「『鬭穀』，漢書作『㝅』。」按：據陸氏所引，則舊本作「穀」也。今通志堂刊本釋文「穀」作「㝅」，汲古閣本亦作「㝅」，皆誤。）爲令尹，自毀其家，【詁】廣雅：「毀，虧也。」按：杜注訓減，義亦同。俗本譌作「滅」，非。以紓楚國之難。【詁】詩毛傳：「紓，緩也。」（杜本此。）

冬，遇于魯濟，謀山戎也，以其病燕故也。【詁】地理志廣陽國：「薊，故燕國。」（杜本此。）

三十一年，夏，六月，齊侯來獻戎捷，非禮也。凡諸侯有四夷之功，則獻于王，王以警于夷。中國則否。諸侯不相遺俘。

三十二年，春，城小穀，爲管仲也。

齊侯爲楚伐鄭之故，請會于諸侯。宋公請先見于齊侯。夏，遇于梁丘。

秋，七月，有神降于莘。惠王問諸內史過曰：「是何故也？」對曰：「國之將興，明神降之，監其德也。將亡，神又降之，觀其惡也。故有得神以興，亦有以亡。虞、夏、商、周皆有之。」【詁】服虔云：「虞舜祖考來格，鳳凰來儀，百獸率舞。」（本疏。）王曰：「若之何？」對曰：「以其物享焉。【詁】馬融易傳：「享，祭也。」（杜本此。）其至之日，亦其物也。」王從之。內史過往，聞虢請命，反曰：「虢必亡矣。虐而聽於神。」神居莘六月。虢公使祝應、宗區、史嚚享焉。神賜之土田。史嚚曰：「虢其亡乎！吾聞之：國將興，聽於民；將亡，聽於神。神，聰明正直而壹者也，依人而行。虢多涼德，【詁】說文「𣩵」字下云：「爾雅：『𣩵，薄也。』从无京聲。」廣雅同，曹憲注曰：「𣩵良音。世人作𣩵薄之𣩵，水傍著京。」訓薄，容古字假借，今仍之。（杜本此。）其何土之能得？」

初，公築臺，臨黨氏，【詁】賈逵云：「黨氏，魯大夫，任姓。」（史記集解。杜取此。）見孟任，（史記作「孟女」。）【詁】賈逵云：「黨氏女。」（同上。杜取此。）史記索隱云：「孟，長。任，字也，非姓。」從之。【詁】服虔云：「從之，言欲與通也。」（本疏。）閟，【詁】說文：「閟，閉門也。春秋傳曰『閟門而與之言』。」而以夫人言，許之。割臂盟公。【詁】服虔云：「割其臂以與公盟。」（史記集解。）生子般焉。雩，講于梁氏，女公子觀之。【詁】鄭玄禮記注：「雩，祭天也。」（杜本此。）按：史記曰：「班長，悦梁氏女，往觀。圉人犖自牆外與梁氏女戲。班怒，鞭犖。」左傳「女公子」句疑有脫文。杜注云：「女公子，子般妹。」亦屬臆解。史記所載似近情理。且女公子之稱，別無所見也。圉人犖（公羊傳「僕人鄧扈樂」。）自牆外與之戲。

【詁】服虔云：「圉人，掌養馬者。犖，其名也。」（史記集解。）子般怒，使鞭之。公曰：「不如殺之，是不可鞭。犖有力焉，能投蓋于稷門。」【詁】服虔云：「能投千金之重，過門之上也。」（水經注。）按：杜注以爲：「走而自投，接其屋之桷，反覆門上。」殊屬臆説。劉炫規之，是也。又按：水經注：「稷門亦曰雩門，門南隔水有雩壇，壇高三丈。」梁氏居蓋近此門，故於此講肄也。公疾，問後於叔牙，對曰：「慶父材。」問於季友，對曰：「臣以死奉般。」公曰：「鄉者牙曰慶父材。」成季使以君命命僖叔，待于鍼巫氏，使鍼季酖之。【詁】服虔云：「鴆鳥一名運日鳥。」（史記集解。）曰：「飲此，則有後於魯國。不然，死且無後。」飲之。歸，及逵泉而卒。立叔孫氏。

八月癸亥，公薨于路寢。子般即位，次于黨氏。

冬，十月己未，共仲使圉人犖賊子般于黨氏。【詁】孔安國尚書傳：「賊，殺也。」高誘吕覽注同。成季奔陳。【詁】服虔云：「季友内知慶父之情，力不能討，故避其難出奔。」（同上。）立閔公。（「閔公」記作「湣」，漢書志並作「愍」。）【詁】服虔云：「閔公於是年九歲。」（閔二年本疏。）

閔公

元年，春，不書即位，亂故也。

狄人伐邢。管敬仲言於齊侯曰：「戎狄豺狼，不可厭也。諸夏親暱，【詁】爾雅：「暱，近也。」（杜本此。）不可弃也。宴安酖毒，不可懷也。詩云：『豈不懷歸，畏此簡書。』簡書，同惡相恤之謂也。請救邢以從簡書。」齊人救邢。

夏，六月，葬莊公。亂故，是以緩。

秋，八月，公及齊侯盟于落姑，請復季友也。齊侯許之，使召諸陳，公次于郎以待之。「季子來歸」，嘉之也。

冬，齊仲孫湫來省難，書曰「仲孫」，亦嘉之也。仲孫歸，曰：「不去慶父，魯難未已。」公曰：「若之何而去之？」對曰：「難不已，將自斃，【詁】爾雅：「斃，踣也。」（杜本此。）君其待之。」公曰：「魯可取乎？」對曰：「不可，猶秉周禮。周禮，所以本也。臣聞之：國將亡，本必先顛，而後枝葉從之。魯不弃周禮，未可動也。君其務寧魯難而親之。親有禮，因重固，【詁】服虔云：「重，不可動，因其不可動而堅固之。」（本疏。）説文：「因，就也，从口大。」按：惠棟稱：「説文：『植有禮，因重固。因，[一]就也，从口大。能大者，衆圍就之。』」今考此係徐鍇説，惠氏以爲説文，誤也。凡説文稱傳文皆云「春秋傳」，無云「左傳」者，其誤無疑。杜注：「能重能固，則當就成之。」義亦略同。間攜貳，覆昏亂，霸王之器也。」

晉侯作二軍，公將上軍，大子申生將下軍。趙夙御戎，【詁】晉語：「趙衰，先君之戎御趙夙之弟也。」史記趙世家：「夙生共孟，孟生趙衰。」（杜注本晉語。）按：世本：「公明生孟及趙夙，夙生成季衰。」史記以衰爲夙孫，既誤；晉語又以爲夙弟，益非。當以世本爲正。惠棟曰：「晉語無繆戾至此，必傳寫之誤。」畢萬爲右，【詁】世本：「畢萬生芒季，芒季生武仲州。」按：州即魏犫。（杜本此。）以滅耿、滅霍、滅魏。【詁】服虔云：「三國皆姬姓。魏在晉之蒲坂，河東也。」（史記集解。）地理志河東郡：「皮氏，耿鄉，故耿國。」「彘，霍大山在東。」（杜本此。）還，爲大子城曲沃。賜趙夙耿，賜畢萬魏，以爲大夫。士蔿曰：「大子不得立矣。分之都城，【詁】服虔云：「邑有先君之主曰都。」（史記集解。）而位以卿，【詁】賈逵云：「謂將下軍。」（同上。杜取此。）先爲之極，【詁】服虔云：「言其祿位極盡於此。」（同上。）又焉得立？不如逃之，

[一]「因」原訛「固」，據惠棟春秋左傳補注卷二所引改。

無使罪至。爲吴大伯，不亦可乎？【詁】王肅云：「大伯知天命在王季，奔吴不反。」（同上。）猶有令名，與其及也。【詁】王肅云：「雖去猶可有令名，何與其坐而及禍也？」（同上。）廣雅：「與，如也。」襄二十六年傳亦同。且諺曰：『心苟無瑕，何恤乎無家？』天若祚大子，【詁】按：左傳凡「祚」字皆當作「胙」。此及僖廿八年、宣三年、昭十一年、卅年，凡六處，皆作「祚」。石經亦同。以古字尚可通，故不追改。其無晉乎！」卜偃曰：「畢萬之後必大。【詁】賈逵云：「卜偃，晉掌卜大夫郭偃。」（同上。杜取此。）萬，盈數也。魏，大名也。【詁】服虔云：「數起一，至萬爲滿。魏，喻巍巍高大也。」（同上。）以是始賞，天啓之矣。【詁】服虔云：「以魏賞畢萬，是爲天開其福。」（同上。）天子曰兆民，諸侯曰萬民。今名之大，以從盈數，其必有衆。」初，畢萬筮仕於晉，【詁】服氏以爲畢萬在周，筮仕于晉。（本疏。）遇屯䷂之比䷇。【詁】賈逵云：「震下坎上，屯。坤下坎上，比。屯初九變之比。」（史記集解。）辛廖占之，曰：「吉。【詁】賈逵云：「辛廖，晉大夫。」（同上。杜取此。）屯固，比入，吉孰大焉？其必蕃昌。震爲土，車從馬，足居之，兄長之，母覆之，衆歸之，六體不易，合而能固，安而能殺，公侯之卦也。公侯之子孫，必復其始。」【詁】馬融云：「畢、毛，文王庶子。」史記魏世家：「魏之先，畢公高之後也。」（杜取此。）按：史記云畢公高與周同姓。而左傳富辰説文王之子十六國有畢、原、酆、郇，小司馬亦言畢公是文王之子，與史記説不同。

二年，春，虢公敗犬戎于渭汭。【詁】水經注引作「渭隊」。服虔云：「隊，渭汭也。」據此，則服本作「隊」。水經注又曰：「杜本作『汭』。」按鄭玄尚書注：「汭，隈曲中也。」王肅云：「汭，入也。」杜蓋本鄭説。舟之僑曰：「無德而禄，殃也。殃將至矣。」遂奔晉。

夏，吉禘于莊公，速也。

初，公傅奪卜齮田，公不禁。【詁】賈逵云：「卜齮，魯大夫。」（史記集解。）秋，八月辛丑，共仲使卜齮賊公于武闈。【詁】賈逵云：「宮中之門謂之闈。」（同上。）按：賈注用爾雅釋宮文。釋宮又云：「其小者謂之闈。」今按：杜注于「門」上增一「小」字，是合二句爲一，于詁訓之道爲不通矣。成季以僖公適邾。共仲奔莒，乃入，立之。以賂求共仲于莒，莒人歸之。及密，使公子魚請。不許，哭而往。共仲曰：「奚斯之聲也。」乃縊。閔公，哀姜之娣叔姜之子也，故齊人立之。共仲通於哀姜，哀姜欲立之。閔公之死也，哀姜與知之，故孫于邾。齊人取而殺之于夷，以其尸歸。僖公請而葬之。

成季之將生也，桓公使卜楚丘之父卜之，曰：「男也。其名曰友，在公之右，間于兩社，【詁】賈逵云：「兩社，周社、亳社也。兩社之間，朝廷執政之臣所在。」（同上。杜取此。）爲公室輔。季氏亡，則魯不昌。」【詁】服虔云：「謂季友出奔魯，弑二君。」（本疏。）又筮之，遇大有䷍之乾䷀，曰：「同復于父，敬如君所。」及生，有文在其手曰「友」，遂以命之。

冬，十二月，狄人伐衛。衛懿公好鶴，鶴有乘軒者。【詁】服虔云：「車有藩曰軒。」（本疏。）説文：「軒，曲輈藩車也。」將戰，國人受甲者皆曰：「使鶴，鶴實有禄位，余焉能戰？」公與石祁子玦，與甯莊子矢，使守，曰：「以此贊國，【詁】鄭司農周禮注：「贊，助也。」（杜本此。）擇利而爲之。」與夫人繡衣，曰：「聽於二子。」渠孔御戎，子伯爲右，黄夷前驅，孔嬰齊殿。及狄人戰于熒澤。【詁】書禹貢：「熒、波既豬。」師古曰：「熒，沇水泆出所爲，即今熒澤是也。」京相璠曰：「熒澤在熒陽縣西南。」按：竹書紀年作「洞澤」。「洞」當作「泂」，「泂」、「熒」音同。衛師敗績，遂滅衛。【詁】詩載馳序云：「衛懿公爲狄人所滅。滅者，懿公死也。君死于位曰滅。」衛侯不去其旗，是以甚敗。狄人囚史華龍滑與禮孔，以逐衛人。二人曰：「我大史也，實掌其祭。不先，國不可得也。」乃先之。至，則告守曰：「不可待也。」夜與國人出。狄入衛，遂從之，又敗諸河。初，惠公之即位也少，齊人使昭伯烝於宣姜，不可，强之。【詁】服虔云：「昭伯，衛宣公之長庶，伋之兄。宣姜，宣公夫人，惠公之母。」（詩疏。）生齊子、戴公、文公、宋桓夫人、許穆夫人。文公爲衛之多患也，先適齊。及敗，宋桓公逆諸河，宵濟。衛之遺民，男女七百有三十人，益之以共、滕之民，爲五千人。立戴公以廬于曹。【詁】詩序及鄭箋「曹」並作「漕」。釋文云音同。案：「漕」作「曹」，古文省。説文：「廬，寄也。」詩毛傳亦同。釋文：「寄止曰廬。」按：管子中匡篇：「狄人攻衛，衛人出旅于曹。」則「廬」字從本訓爲得。韋昭注外傳亦同。許穆夫人賦載馳。齊侯使公子無虧帥車三百乘、甲士三千人以戍曹。歸公乘馬，祭服五稱，牛、羊、豕、雞、狗皆三百，與門材。歸夫人魚軒，【詁】服虔云：「魚，獸名。」（詩疏。）重錦三十兩。【詁】服虔云：「重，牢也。」（本疏。）

鄭人惡高克，使帥師次于河上，久而弗召，師潰而歸，高克奔陳。鄭人爲之賦清人。

晉侯使大子申生伐東山皋落氏。【詁】賈逵云：「東山，赤狄别種。」（史記集解。）服虔云：「赤狄之都也。」（水經注。）劉昭郡國志注引上黨記：「東山在壺關城東南，晉申生所伐，今名平睪。」[一] 里克諫曰：（高誘呂覽注引作「李古」。）【詁】賈逵云：「里克，晉卿里季也。」（史記集解。）「大子奉冢祀社稷之粢盛，以朝夕視君膳者也，【詁】服虔云：「厨膳飲食。」（同上。杜取此。）故曰冢子。君行則守，有守則從，【詁】服虔云：「有代大子守則從之。」（同上。）從曰撫軍，【詁】服虔云：「助君撫循軍士。」（同上。）守曰監國，古之制也。夫帥師，專行謀，誓軍旅，君與國政之所圖也，【詁】賈逵云：「國政，正卿也。」（同上。杜取此。）非大子之事也。師在制命而已，禀命則不威，專命則不孝，故君之嗣適不可以帥師。君失其官，帥師不威，將焉用之？且臣聞皋落氏將戰，君其舍之。」【詁】服虔云：「舍之，置申生弗使將兵也。」（御覽。）公曰：「寡人有子，未知其誰立焉？」不對而退。【詁】服虔云：「里克不對。」（同上。）見大子，大子曰：「吾其廢乎？」對曰：「告之以臨民，教之以軍旅，【詁】賈逵云：「將下軍。」（同上。杜取此。）不共是懼，何

[一] 「睪」原訛「泉」，據後漢書志第二十三郡國五劉昭注引改。

故廢乎？且子懼不孝，無懼弗得立。【詁】服虔云：「不得立己。」（同上。）修己而不責人，則免於難。」大子帥師，公衣之偏衣，（外傳作「衣之偏裻之衣」。）【詁】服虔云：「偏衣，偏裻之衣，偏異色，[一]駮不純，裻在中，左右各異，故曰偏衣。」（同上。）高誘呂覽注：「偏，半也。」（杜取此。）佩之金玦。【詁】服虔云：「金玦，以金爲玦也。」（同上。）狐突御戎，先友爲右。梁餘子養御罕夷，先丹木爲右。羊舌大夫爲尉。先友曰：「衣身之偏，握兵之要，在此行也，子其勉之。偏躬無慝，兵要遠災，親以無災，又何患焉？」狐突歎曰：「時，事之徵也。衣，身之章也。佩，衷之旗也。【詁】韋昭國語注：「衷，中也。」（杜本此。）故敬其事，則命以始。服其身，則衣之純。用其衷，則佩之度。今命以時卒，閟其事也。衣之尨服，【詁】鄭司農考工記注：「尨，雜也。」（杜本此。）遠其躬也。佩以金玦，弃其衷也。服以遠之，時以閟之，尨涼【詁】説文：「牻，白黑雜毛牛。」「椋，厖牛也。春秋傳曰牻椋。」惠棟曰：「牛之雜色者，不中爲犧牲。衣之不純者，不得爲大子。若以『尨』爲『椋』，義無所取。古文省少，或借『涼』爲『椋』。」冬殺，金寒玦離，胡可恃也？雖欲勉之，狄可盡乎？」梁餘子養曰：「帥師者，受命於廟，受脤於社，【詁】韋昭國語注：「脤，宜社之肉盛以蜃器。」（杜本此。）有常服矣。不獲而尨，命可知也。死而不孝，不如逃之。」罕夷曰：「尨奇無常，金玦不復。【詁】應劭曰：「復，反也。」荀卿子曰：「絶人以玦。」雖復何爲？君有心矣。」先丹木曰：（外傳作僕人贊語。）「是服也，狂夫阻之。【詁】服虔云：「阻，止也。方相之士，蒙玄衣朱裳，主索室中毆疫，號之爲狂夫。止此服，言君與大子以狂夫所止之服衣之。」（本疏。）韋昭云：「狂夫，方相氏之士也。『阻』，古『詛』字。」杜注殊非。曰：『盡敵而反。』敵可盡乎？雖盡敵，猶有内讒。不如違之。」【詁】詩毛傳：「違，去也。」（杜本此。）狐突欲行，羊舌大夫曰：「不可。違命不孝，弃事不忠。雖知其寒，惡不可取。子其死之。」大子將戰，狐突諫曰：「不可。昔辛伯諗周桓公【詁】説文：「諗，深諫

[一]「偏」原脱，據史記卷三十九晉世家第九集解補。

也。春秋傳曰『辛伯諗周桓公』。」按：桓十八年傳本曰「辛伯諫曰」，則「諗」訓説文爲長。杜注：「諗，告也。」雖本詩鄭箋，究當以説文爲是。云：『内寵並后，外寵二政，嬖子配適，大都耦國，亂之本也。』周公弗從，故及於難。今亂本成矣，立可必乎？孝而安民，子其圖之，與其危身以速罪也。」【詁】服虔云：「速，召也，疾也。言大子不去，自必危疾召罪。狐突知其難本既成。而大子拘于一節，不達至孝之義，與皋落雖戰勝而歸，猶不能免乎難，而使父有悖惑殺子之罪。故傳備載衆賢之言，以迹大子所以死也。經在僖公五年，晉侯殺其大子申生。」（御覽。）

成風聞成季之繇，【詁】服虔云：「繇，抽也，抽出吉凶也。」（易釋文。）按：説文卜詞本作「籀」，「繇」字作「䌛」。徐鉉等曰：「今俗从䍃。遂借作『摇』、『謡』、『猶』、『游』、『猷』、『陶』、『悠』等字。只此『繇』字，别無分别。」漢書文帝紀注師古曰：「『繇』音丈救反，〔一〕本作『籀』。籀，書也。」今考釋文、石經並作「繇」，姑仍之。詩鄭箋：「繇，卦兆之辭也。」（杜本此。）乃事之，而屬僖公焉，故成季立之。

僖之元年，齊桓公遷邢于夷儀。【詁】水經注引應劭曰：「邢侯自襄國徙此，當齊桓公時。衛人伐邢，邢遷于夷儀，其地屬晉，號曰邢丘。」臣瓚注漢書曰：「春秋狄人伐邢，邢遷夷儀，不至此也。今襄國西有夷儀，去襄國百餘里。」二年，封衛于楚丘。邢遷如歸，衛國忘亡。

衛文公【詁】服虔云：「戴公卒在於此年。」（詩疏。）大布之衣、大帛之冠，【詁】鄭玄禮記注：「大白冠，太古之布冠也。春秋傳曰『衛文公大布之衣、大白之冠』。」正義引傳亦作「大白」。務材訓農，通商惠工，敬教勸學，授方任能。元年，革車三十乘，季年乃三百乘。

〔一〕「丈」原訛「文」，據漢書卷四文帝紀第四顔師古注改。

春秋左傳詁卷七

傳

僖公一

元年，春，不稱即位，公出故也。公出復入，不書，諱之也。諱國惡，禮也。

諸侯救邢。邢人潰，出奔師。師遂逐狄人，具邢器用而遷之，師無私焉。

夏，邢遷于夷儀。諸侯城之，救患也。凡侯伯救患分災討罪，禮也。

秋，楚人伐鄭，鄭即齊故也。盟于犖，謀救鄭也。

九月，公敗邾師于偃，虚丘之戍將歸者也。【詁】服虔云：「虚丘，魯邑。魯有亂，邾使兵戍虚丘。魯與邾無怨，因兵將還，襲而敗之，所以惡僖公也。」

冬，莒人來求賂。公子友敗諸酈，獲莒子之弟挐。非卿也，嘉獲之也。公賜季友汶陽之田及費。【詁】賈逵云：「汶陽、鄪，魯二邑。」（史記集解。）按：此則賈逵左傳本作「鄪」，與史記同。索隱曰：「『鄪』今作『費』，音秘。」水經：「汶水出泰山萊蕪縣西南入濟。」（杜本此。）

夫人氏之喪至自齊。君子以齊人之殺哀姜也爲已甚矣，女子從人者也。

二年，春，諸侯城楚丘而封衛焉。不書所會，後也。

晉荀息【詁】王符潛夫論作「郇息」。按：此則息蓋晉大夫，食采于郇，因以爲氏。說文：「郇，周武王子所封國，在晉地。」「郇」、「荀」古字通。水經注汾水下：「古水又西逕荀城東，古荀國也。汲郡古文：『晉武公滅荀，以賜大夫原氏。』」（竹書紀年下有「黯」字。）又竹書紀年：「莊伯以曲沃叛，伐翼，公子萬救翼，荀叔軫追之。」此荀叔軫豈息之宗耶？請以屈產之乘【詁】服氏謂產爲產生也。（公羊疏。）與垂棘之璧，假道於虞，以伐虢。（公羊「虢」作「郭」，戰國策同。）【詁】賈逵云：「虞在晉南，虢在虞南。」（史記集解。）公曰：「是吾寶也。」對曰：「若得道於虞，猶外府也。」公曰：「宮之奇存焉。」對曰：「宮之奇之爲人也，懦而不能强諫。（宋本及穀梁傳「强」並作「彊」。）【詁】廣雅：「懦，弱也。」（杜本此。）且少長於君，君暱之。雖諫，將不聽。」乃使荀息假道於虞，曰：「冀爲不道，入自顛軨，（水經注「顛」作「巔」。）【詁】郡國志河東郡：「皮氏，有冀亭。」「大陽，有顛軨坂。」（杜同此。）酈道元云：「傳巖東北十餘里，即顛軨坂也。」伐鄍、三門。【詁】說文：「鄍，晉邑。春秋傳曰『伐鄍、三門』。」服虔云：「鄍，晉別都。」（郡國志注。）又云：「謂冀伐晉也。」（本疏。）水經：「河水又東過砥柱間。」道元注亦謂之三門矣。冀之既病，則亦惟君故。【詁】服虔謂：「虞助晉也，將欲假道稱前恩以誘之。」（同上。）今虢爲不道，保於逆旅，【詁】荀子作「御旅」。按：「御」與「迓」同。尚書「迓」字皆作「御」。御，迎也，迎即逆也。以侵敝邑之南鄙。敢請假道，以請罪于虢。」虞公許之，且請先伐虢。宮之奇諫，不聽，遂起師。夏，晉里克、荀息帥師會虞師，伐虢，滅下陽。【詁】服虔云：「下陽，虢邑，在大陽東北三十里。」（史記集解、水經注同，惟無「北」字。）先書虞，賄故也。

秋，盟于貫，服江、黃也。

齊寺人貂始漏師于多魚。（國語及管子、呂覽、劉向說苑並作「豎刁」，漢書作「豎貂」。）虢公敗戎于桑田。晉卜偃曰：「虢必亡矣。亡下陽不懼，而又有功，是天奪之鑒，而益其疾也。必易晉而不撫其民矣。不可以五稔。」【詁】韋昭國語注：「稔，熟也。」（杜本此。）

冬，楚人伐鄭，鬭章囚鄭聃伯。

三年，春，不雨。夏，六月，雨。自十月不雨，至于五月。不曰旱，不爲災也。

秋，會于陽穀，謀伐楚也。

齊侯爲陽穀之會來尋盟。冬，公子友如齊涖盟。

楚人伐鄭。鄭伯欲成，孔叔不可，曰：「齊方勤我，棄德不祥。」【詁】爾雅：「祥，善也。」（杜本此。）

齊侯與蔡姬乘舟于囿。【詁】王逸楚辭注：「囿，苑也。」（杜本此。）蕩公，【詁】賈逵云：「蕩，搖也。」（史記集解。杜取此。）公懼，變色；禁之，不可。公怒，歸之，未之絶也。（諸本並誤作「未絶之也」。今从石經及宋本改正。）蔡人嫁之。

四年，春，齊侯以諸侯之師侵蔡。蔡潰，遂伐楚。楚子使與師言曰：（史記齊世家作「楚成王興師問曰」。）「君處北海，寡人處南海，惟是風馬牛不相及也。【詁】賈逵云：「風，放也。牝牡相誘曰風。」（書疏。）服虔同。（本疏。）按：廣雅、釋名並同賈、服。又呂覽：「乃合纍牛騰馬，游牝于牧。」高誘注：「纍牛，父牛也；騰馬，父馬，皆將群游，從牝于牧之野風合也。」不虞君之涉吾地也，何故？」管仲對曰：「昔召康公命我先君大公，【詁】服虔云：「召公奭。」（史記集解。）京相璠曰：「召亭在周城南十五里。」（水經注。杜取此。）曰：『五侯九伯，【詁】賈逵云：「五等諸侯，九州之伯。」

(周禮疏。杜取此。)服虔云：「五侯：公、侯、伯、子、男。九伯，九州之長。大公爲王官之長，掌司馬職，以九伐之法征討邦國，故得征之。」(詩疏。)女實征之，以夾輔周室。』賜我先君履，東至于海，西至于河，【詁】服虔云：「是皆大公始受封土彊界所至也。」(史記集解。)南至于穆陵，【詁】春秋大事表：「穆陵關在青州臨朐縣東南一百五里。」北至于無棣。【詁】水經注：「清河又東北，無棣溝出焉。」淇水下又引京相璠曰：「舊説無棣在遼西孤竹縣。」通典：「鹽山，春秋之無棣邑也。」酈道元云：「管仲以責楚，無棣在北方之爲近。」爾貢包茅不入，(高誘吕覽注引傳「包茅」作「苞茆」，顔師古漢書注亦同。)【詁】韓非子外儲説曰：「是時楚之菁茅不貢於天子三年矣。」賈逵云：「包茅，菁茅包匭之也，以供祭祀。」(史記集解。)王祭不共，(説文引傳「共」作「供」。釋文云：「本亦作『供』。」按：「共」、「供」古字通。)無以縮酒，【詁】説文：「茜，禮，祭束茅加于裸圭，而灌鬯酒，是爲茜，象神歆之也。春秋傳曰『爾貢包茅不入，王祭不供，無以茜酒』。」按：今本作「縮」。周禮鄭興注：「『茜』讀爲『縮』。」寡人是徵。昭王南征而不復，【詁】服虔云：「周昭王南巡狩，涉漢未濟，船解而溺昭王。王室諱之，不以赴，諸侯不知，故桓公以爲辭責問楚也。」(史記集解。)按：高誘吕覽注引此傳作「没而不復」，蓋一本有「没」字。唐石經于「而」字上亦旁增一「没」字。又正義引舊説皆云：「漢濱之人以膠膠船，故得水而壞，昭王溺焉。」不知本出何書。寡人是問。」對曰：「貢之不入，寡君之罪也，敢不共給？(吕覽注作「敢不共乎」。)昭王之不復，君其問諸水濱。」【詁】宋忠云：「丹陽，南郡枝江縣也。枝江去漢，其路甚遥，昭王時漢非楚境，故不受罪也。」(本疏。杜本此。)説文：「瀕，水厓，人所賓附，頻蹙不前而止，从頁从涉。」廣雅云：「濱，厓也。」「頻頻，比也。」徐鉉曰：「今俗作『水濱』，非是。」按：詩大雅「池之竭矣，不云自瀕」，毛傳：「瀕，厓也。」鄭箋云：「『瀕』當作『濱』。」殊誤。今「濱」又別作「濵」，或省作「浜」，要皆「瀕」之或字也。師進，次于陘。夏，楚子使屈完如師。師退，次于召陵。齊侯陳諸侯之師，與屈完乘而觀之。齊侯曰：「豈不穀是爲？先君之好是繼。與不穀同好如何？」對曰：「君惠徼福於敝邑之社稷，【詁】説文：「徼，循也。」「憿，幸也。」按：玉篇「徼」字始要、求、遮二訓。今尋傳義，則説文循、幸二義並通。古字「徼」、「憿」同。釋文作「僥」，非也。杜注宣十二年傳作要福，義亦同玉篇。辱收寡君，寡君之願也。」齊侯曰：「以此衆戰，誰能禦之？以此攻城，何城不克？」對曰：「君若以德綏諸侯，誰敢不服？君若以力，楚國方城以爲城，漢水以爲池，（釋文：「本或作『漢以爲池』，衍『水』字。」）【詁】服虔云：「方城山在漢南。」（史記集解。）又云：「方城，山也；漢，水名，皆楚之隘塞耳。」（詩疏。）地理志隴西郡：「氐道，禹貢養水所出，東至武都爲漢。」水經：「沔水出武都沮縣，至江夏沙羡縣入江。」水經注：「汝水又東得醴水。醴水又屈而東南，流逕葉縣故城北，春秋昭公十五年許遷于葉是也。楚盛周衰，控霸南土，欲争强中國，多築列城于北方，以逼華夏，故號此城爲萬城，或作『万』字。（舊本譌「方」。）唐勒奏土論曰：『我是楚也，世霸南土，自越以至葉，垂境萬里，故號曰萬城也。』」按：此則「方城」當作「萬城」；或作「万」，以字近又譌作「方」矣。臧琳經義雜記亦云：「萬城與内傳大城之説合。」（杜方城取服説，漢水本水經、地理志。）雖衆，無所用之。」屈完及諸侯盟。

陳轅濤塗謂鄭申侯曰：「師出於陳、鄭之間，國必甚病。若出於東方，觀兵於東夷，循海而歸，其可也。」申侯曰：「善。」濤塗以告齊侯，許之。（當以「齊侯」絶句。）申侯見曰：「師老矣，若出於東方而遇敵，懼不可用也。若出於陳、鄭之間，共其資糧屝屨，【詁】方言：「屝屨，麤履也。」廣雅：「屝，屨也。」釋名：「齊人謂草履曰屝。」（杜本此。）其可也。」齊侯説，與之虎牢。執轅濤塗。

秋，伐陳，討不忠也。

許穆公卒于師，葬之以侯，禮也。凡諸侯薨于朝會，加一等；死王事，加二等。【詁】賈逵云：「謂朝天子以命用師。」（御覽。）於是有以衮斂。【詁】賈逵云：「衮斂，上公九命服衮也。」（同上。）

冬，叔孫戴伯帥師會諸侯之師，侵陳。陳成，歸轅濤塗。

初，晉獻公欲以驪姬爲夫人，卜之，不吉；筮之，吉。公曰：「從筮。」卜人曰：「筮短龜長，不如從長。【詁】馬融云：「筮史短，龜史長。」（周禮疏。）且其繇曰：『專之渝，攘公之羭。【詁】説文：「渝，變也。」「攘，除也。」虞翻易注、王逸楚辭章句並同。（杜本此。）一薰一蕕，【詁】廣雅：「薰草，蕙草也。」王逸楚辭章句：「蕙，香草也。」（杜本此。）按：漢書龔勝傳「薰以香自燒」是矣。禮記内則「牛夜鳴則庮」，鄭玄注：「庮，惡臭也。春秋傳曰『一薰一蕕』。」「庮」、「蕕」古通。十年尚猶有臭。』必不可。」弗聽，立之。生奚齊，其娣生卓子。及將立奚齊，既與中大夫成謀，姬謂大子曰：「君夢齊姜，必速祭之。」大子祭于曲沃，【詁】服虔云：「齊姜廟所在。」（史記集解。）歸胙于公。（穀梁作「致福于君」。史記作「歸釐于君」。）【詁】韋昭國語注：「胙，祭肉也。」按：胙止可訓肉。杜注云：「胙，祭之酒肉。」則于訓詁不通矣。下八年「賜齊侯胙」，即云「祭肉」，與韋注同。公田，姬寘諸宮六日。公至，毒而獻之。【詁】晉語：「驪姬受胙，寘酖于酒，寘堇于肉。」賈逵云：「堇，烏頭也。」公祭之地，地墳。（穀梁「墳」作「賁」。「賁」、「墳」古今字。）與犬，犬斃；【詁】説文：「獘，頓仆也。春秋傳曰『與犬，犬獘』。从犬敝聲。或作『斃』。」按：五經文字注云：「『獘』字見春秋傳。又作『斃』。」足知唐本又多作「獘」字也。與小臣，小臣亦斃。姬泣曰：「賊由大子。」大子奔新城。公殺其傅杜原款。或謂大子：「子辭，君必辯焉。」大子曰：「君非姬氏，居不安，食不飽。我辭，姬必有罪。君老矣，吾又不樂。」曰：「子其行乎？」大子曰：「君實不察其罪，被此名也以出，人誰納我？」十二月戊申，縊于新城。【詁】呂覽上德篇：「大子遂以劍死。」韋昭國語注：「新城，曲沃也，新爲大子城。」姬遂譖二公子曰：「皆知之。」重耳奔蒲，【詁】酈道元云：「蒲川水出石樓山，南逕蒲城東，即重耳所奔之處。羊求水出羊求川，西逕北屈縣故城南城，即夷吾所奔邑。」夷吾奔屈。

五年，春，王正月辛亥朔，日南至。公既視朔，遂登觀臺以望，【詁】左氏説：「天子靈臺在太廟之中。雍之靈沼，謂之辟雍。諸侯有觀臺，亦在廟中，皆以望嘉祥也。」（五經異議。）服氏云：「人君入太廟視朔、告朔，天子曰靈臺，諸侯曰觀臺，在明堂之中。」（禮疏及通典。）而書，禮也。凡分、至、啓、閉，必書雲物，爲備故也。【詁】服虔云：「分爲春、秋分。至爲冬、夏至。啓，立春、夏也，陽氣用事爲啓。閉，立秋、冬也，陰氣用事爲閉。雲，五雲也。風、氣、日、月、星、辰也。分、至、啓、閉，天地之大節，陰陽之分也，故遂登觀臺望氣以審妖祥。變亂之氣，先見于八節。審其雲物之形，言其所致，務爲之備也。」（御覽。）鄭衆云：「以二至、二分觀雲色，青爲蟲，白爲喪，赤爲兵，荒黑爲水，黃爲豐。」（本疏。）

晉侯使以殺大子申生之故來告。初，晉侯使士蔿爲二公子築蒲與屈，不慎，寘薪焉。夷吾訴之。公使讓之，士蔿稽首而對曰：「臣聞之：『無喪而戚，憂必讎焉。無戎而城，讎必保焉。』寇讎之保，又何慎焉？守官廢命，不敬；固讎之保，不忠。失忠與敬，何以事君？詩云：『懷德惟寧，宗子惟城。』君其修德而固宗子，何城如之？三年將尋師焉，焉用慎？」退而賦曰：「狐裘尨茸，一國三公，吾誰適從？」【詁】服虔云：「蒙茸，以言亂兒。三公，言君與二公子將敵，故不知所從。」（史記集解。）及難，公使寺人披伐蒲。【詁】史記晉世家曰：「獻公使宦者履鞮趣殺重耳。」韋昭國語注曰：「伯楚，寺人勃之字也。」索隱曰：「即左傳之勃鞮，亦曰寺人披。」按：「披」、「勃」同音。「履鞮」急讀即爲「披」。重耳曰：「君父之命不校。」（諸本或作「挍」，今定作「校」。）乃狥曰：「校者，吾讎也。」踰垣而走。披斬其袪。【詁】服虔云：「袪，袂也。」（同上。）按：說文：「袪，衣袂也。袪，尺二寸。春秋傳曰『披斬其袪』。」（杜取服說。）遂出奔翟。【詁】酈道元云：「晉公子重耳出亡，及柏谷。卜適齊、楚，狐偃曰：『不如之翟。』」（水經注。）

夏，公孫兹如牟，娶焉。（釋文：「『娶』本又作『取』。」）會于首止，會王大子鄭，【詁】服虔云：「惠王以惠后故，將廢大子鄭，而立王子帶。故齊桓帥諸侯會王大子，以定其位。」（御覽。）謀寧周也。

陳轅宣仲怨鄭申侯之反己於召陵，故勸之城其賜邑，曰：「美城之，大名也，子孫不忘。吾助子請。」乃爲之請於諸侯而城之，美。遂譖諸鄭伯，曰：「美城其賜邑，將以叛也。」申侯由是得罪。

秋，諸侯盟。王使周公召鄭伯，曰：「吾撫女以從楚，輔之以晉，可以少安。」鄭伯喜於王命，而懼其不朝於齊也，故逃歸不盟。孔叔止之，曰：「國君不可以輕，輕則失親；失親，患必至。病而乞盟，所喪多矣。君必悔之。」弗聽，逃其師而歸。

楚鬬穀於菟滅弦，弦子奔黄。於是江、黄、道、柏（諸本作「栢」，今从善本定作「柏」。）【詁】地理志汝南郡陽安，應劭曰：「故道國。」又西平，應劭曰：「故柏子國也。」（杜本此。）按：杜本「陽安」，今作「安陽」，蓋傳寫誤。汝南郡别有安陽縣，應劭曰：「故江國也。」方睦於齊，皆弦姻也。弦子恃之而不事楚，又不設備，故亡。

晉侯復假道於虞以伐虢。宫之奇諫曰：「虢，虞之表也。虢亡，虞必從之。晉不可啓，寇不可翫。【詁】廣雅：「翫，習也。」（杜本此。）一之謂甚，其可再乎？諺所謂『輔車相依，（諸本「謂」誤「爲」，今改正。）【詁】服虔云：「輔，上頷車也，與牙相依。」（詩疏。）按：玉篇引：「説文：『酺，頰也。左氏傳曰「酺車相依」。』亦作『輔』。」今考説文「輔」字下引：「春秋傳曰『輔車相依』。」（徐鍇本有此八字，徐鉉本無。）从車甫聲，人頰車也。」「酺」字云：「頰也，从面甫聲。」不引春秋傳。是許君所見左氏本作「輔」字無疑。玉篇引説文作「酺」，當别有所本。要之，古「酺」、「輔」本通，故傳寫亦不一。服虔注「頷」當作「頜」。説文：「頜，頤也。」是服義與許君同。脣亡齒寒』者，其虞、虢之謂也。」公曰：「晉，吾宗也，豈害我哉？」對曰：「大伯、虞仲，大王之昭也。大伯不從，（史記作「大伯亡去」。）是以不嗣。虢仲、虢叔，【詁】賈逵云：「虢仲封東虢，制是也。虢叔封西虢，虢公是也。」馬融曰：「虢叔，同母弟；虢仲，異母弟。虢仲封下陽，虢叔封上陽。」（本疏。）按：虢有三。晉太康地記：「扶風郡雍，西虢地也。平王東遷，虢叔自此之上陽，爲南虢矣。」又下陽亦名北虢。水經注下陽，地理志所謂北虢也。王季之穆也，爲文王卿士，勳在王室，藏於盟府。將虢是滅，何愛於虞？且虞能親於桓、莊乎？其愛之也。【詁】服虔「其」作「甚」，注云：「愛之甚，當爲愛桓、莊之族甚也。」（本疏。）按：服所據當係古文，必非妄改。正義譏之，非是。桓、莊之族何罪？而以爲戮，不惟偪乎！親以寵偪，猶尚害之，况以國乎？」公曰：「吾享祀豐絜，神必據我。」【詁】詩毛傳：「據，依也。」按：玉篇等亦同，蓋言神所據依。較杜訓安爲近。對曰：「臣聞之，鬼神非人實親，惟德是依。故周書曰：『皇天無親，惟德是輔。』又曰：『黍稷非馨，明德惟馨。』【詁】説文：

「香，芳也。春秋傳曰『黍稷馨香』。」按：杜本「馨，香之遠聞」，亦用説文。又曰：『民不易物，惟德繄物。』【詁】服虔云：「繄，發聲也。言黍稷牲玉不易，無德薦之，則不見饗；有德則言饗。」（詩疏。）如是，則非德，民不和，神不享矣。神所馮依，將在德矣。若晉取虞，而明德以薦馨香，神其吐之乎？」弗聽，許晉使。宫之奇以其族行，【詁】鄭玄禮記注：「行，去也。」（杜本此。）曰：「虞不臘矣。【詁】獨斷：「臘，歲終大祭，縱吏民宴飲。非迎氣，故但送不迎。」應劭風俗通云：「按禮，夏曰嘉平，殷曰清祀，周曰大蜡，漢改曰臘。」御覽引舊注云：「臘，祭名也。日月會于龍尾，百物備合，因于是祭群神也。」今按：合之禮記月令孟冬「臘門閭及先祖五祀」，是臘祭三代有之，故宫之奇亦云然。宋儒朱子云：「秦時始有臘祭。」余一言以斷之。曰：史記秦本紀惠王十二年初臘，始皇三十一年改臘曰嘉平。如謂臘始于秦，則秦改臘爲嘉平，亦云嘉平始于秦，可乎？又不待辨而明矣。在此行也，晉不更舉矣。」八月甲午，晉侯圍上陽。【詁】地理志弘農郡：「陜，故虢國。」（杜本此。）酈道元云：「昔周、召分伯，以陜城爲東西之别，東城即虢之上陽也。」問於卜偃曰：「吾其濟乎？」對曰：「克之。」公曰：「何時？」對曰：「童謡云：『丙之晨，（漢書律曆志作「丙子之辰」。）龍尾伏辰，均服振振，【詁】賈、服等皆爲「均」，均，同也。（周禮疏。）服虔又云：「袀服，黑服也。」（文選注。）惠棟云：「古戎服尚黑。戰國策『願令補黑衣之數』，注云：『黑衣，戎服。』漢書五行志引傳作『袀』。（劉逵吴都賦注引亦同。）儀禮士冠禮曰『兄弟畢袗玄』，鄭注：『袗，同也。古文「袗」爲「均」。』司馬彪輿服志曰：『郊祀之服，皆以袀玄。』淮南子曰『尸祝袀袨』，高誘曰：『袀，純服。袨，墨齊衣也。』『袀袨』猶『袗玄』，上下皆玄，故謂之黑服。謂『均服』爲『黑服』，失之。『袀』古文皆作『均』。杜氏謂『戎事上下同服』，是也。管子大匡篇『四年修兵同甲十萬』。『同甲』者，均服之謂也。」今按：周禮司几筵「設莞筵紛純」，鄭注云：「『純』讀爲『均服』之『均』。」李善閒居賦注引傳作「袀」。廣雅云：「袀，戎衣也。左傳『袀服振振』。」呂覽悔過篇「今袀服四建」，高誘注：「袀，同也。兵服上下無別，故曰袀服。」今服虔注尚作「袀」，是漢時左氏本作「袀服」也。釋文亦云字書「袀」音同。劉逵吴都賦注引傳亦作「袀」。取虢之旂。鶉之賁賁，天策焞焞，火中成軍，虢公其奔。』（漢書五行志作「犇」。）其九月、十月之交乎！丙子旦，（五行志引此，上多「十月朔」三字。）日在尾，月在策，鶉火中，必是時也。」冬，十二月丙子朔，晉滅虢，虢公醜奔京師。師還，館于虞，遂襲虞，滅之。執虞公及其大夫井伯，【詁】史記晉世家曰「及其大夫井伯百里奚」，正義曰：「南雍州記云：『百里奚，字井伯，宛人也。』」梁劉峻世説新語注：「百里奚字井伯。」按：古今人表百里奚列上之下，井伯列中之下，則非一人也。以媵秦穆姬。【詁】孫炎爾雅注：「送女曰媵。」（杜本此。）而修虞祀，【詁】服虔云：「虞所祭祀，命祀也。」（史記集解。）且歸其職貢於王。故書曰：「晉人執虞公。」罪虞，且言易也。（「言」上一本無「且」字。）

六年，春，晉侯使賈華伐屈。【詁】賈逵云：「晉右行大夫。」（同上。）按：賈據僖十年傳文爲説。夷吾不能守，盟而行。將奔狄，郤芮曰：【詁】聲類：「郤鄉在河内。」（一切經音義。）按：此則芮食采于郤，後因以爲氏也。「後出同走，罪也。不如之梁，梁近秦而幸焉。」乃之梁。

夏，諸侯伐鄭，以其逃首止之盟故也。圍新密，鄭所以不時城也。

秋，楚子圍許以救鄭，諸侯救許，乃還。

冬，蔡穆侯將許僖公以見楚子於武城。【詁】郡國志南陽郡：「宛，有東武亭。」（杜同此。）許男面縛，【詁】廣雅：「偭，偝也。」漢書賈誼傳「偭蟂獺以隱處兮」，王逸、應劭注並云：「偭，背也。」項籍傳「馬童面之」，張晏曰：「背之也。」師古亦云：「面謂背之，不面向也。」「偭」、「面」古字同。按：杜注云「但見其面」，可爲臆説。銜璧，大夫衰絰，士輿櫬。【詁】説文：「櫬，棺也。春秋傳曰『士輿櫬』。」（杜本此。）下襄二年亦同。楚子問諸逢伯，對曰：「昔武王克殷，微子啓如是。武王親釋其縛，受其璧而祓之，【詁】説文：「祓，除惡之祭也。」（杜本此。）焚其櫬，禮而命之，使復其所。」楚子從之。

七年，春，齊人伐鄭。孔叔言於鄭伯曰：「諺有之曰：『心則不競，（「則」風俗通作「苟」。）【詁】詩毛傳：「競，强也。」（杜本此。）何憚於病？』【詁】詩鄭箋：「憚，難也。」（杜本此。）既不能彊，又不能弱，所以斃也。國危矣，請下齊以救國。」公曰：「吾知其所由來矣，姑少待我。」對曰：「朝不及夕，何以待君？」

夏，鄭殺申侯以説于齊，且用陳轅濤塗之譖也。初，申侯，申出也，有寵於楚文王。文王將死，與之璧，使行，曰：「惟我知女。女專利而不厭，予取予求，不女疵瑕也。（呂覽注「疵」作「玼」。）【詁】説文：「疵，病也。」鄭玄禮記注：「瑕，玉之病也。」陸德明釋文：「瑕疵，過也。」後之人將求多於女，女必不免。我死，女必速行。無適小國，將不女容焉。」既葬，出奔鄭。又有寵於厲公。子文聞其死也，曰：「古人有言曰：『知臣莫若君。』弗可改也已。」

秋，盟于甯母，謀鄭故也。管仲言於齊侯曰：「臣聞之：招攜以禮，【詁】韋昭國語注：「攜，離也。」（杜本此。）懷遠以德。德禮不易，無人不懷。」齊侯修禮於諸侯，諸侯官受方物。鄭伯使大子華聽命於會，言於齊侯曰：「泄氏、孔氏、子人氏三族，實違君命。君若去之（諸本作「若君」，今从石經、宋本改正。）以爲成，我以鄭爲内臣，君亦無所不利焉。」齊侯將許之。管仲曰：「君以禮與信屬諸侯，而以姦終之，無乃不可乎？子父不奸之謂禮，守命共時之謂信，違此二者，姦莫大焉。」公曰：「諸侯有討於鄭，未捷。今苟有釁，從之，不亦可乎？」對曰：「君若綏之以德，加之以訓辭，而帥諸侯以討鄭，鄭將覆亡之不暇，豈敢不懼？若總其罪人以臨之，鄭有辭矣，何懼？且夫合諸侯，以崇德也。會而列姦，何以示後嗣？夫諸侯之會，其德刑禮義，無國不記。記姦之位，君盟替矣。（三禮石經作「暜」，今从唐石經定作「替」字。）【詁】詩毛傳：「替，廢也。」（杜本此。）作而不記，非盛德也。君其勿許，鄭必受盟。夫子華既爲大子，而求介於大國，【詁】索隱稱志林：「介者，因也。」（杜本此。）以弱其國，亦必不免。鄭有叔詹、堵叔、師叔三良爲政，未可間也。」齊侯辭焉。子華由是得罪於鄭。【詁】服虔云：「鄭伯罪之也。」（御覽。）

冬，鄭伯使請盟于齊。

閏月，惠王崩。襄王惡太叔帶之難，（釋文「叔」作「州」。）懼不立，不發喪而告難于齊。

八年，春，盟于洮，謀王室也。鄭伯乞盟，請服也。襄王定位而後發喪。

晉里克帥師，〔一〕梁由靡御，虢射爲右，以敗狄于采桑。（史記作「齧桑」。）【詁】服虔云：「狄地也。」（史記集解。）郡國志河東郡：「北屈有采桑津。」（杜同此。）梁由靡曰：「狄無恥，從之，必大克。」里克曰：「懼之而已，無速衆狄。」虢射曰：「期年狄必至，示之弱矣。」

夏，狄伐晉，報采桑之役也。復期月。

秋，禘而致哀姜焉，非禮也。凡夫人，不薨于寢，不殯于廟，【詁】服氏云：「不薨于寢，寢謂小寢。（杜取此。）不殯于廟，廟謂殯宮，鬼神所在謂之廟。」（禮記疏。）不赴于同，不祔于姑，則弗致也。

冬，王人來告喪，難故也，是以緩。

宋公疾，大子茲父（史記作「茲甫」。）固請曰：「目夷長且仁，君其立之。」公命子魚。子魚辭曰：「能以國讓，仁孰大焉？臣不及也，且又不順。」遂走而退。

九年，春，宋桓公卒。未葬而襄公會諸侯，故曰子。凡在喪，王曰小童，公侯曰子。

〔一〕「帥」原訛「師」，據春秋左傳其它各本改。

夏，會于葵丘，尋盟且修好，禮也。王使宰孔賜齊侯胙，【詁】周禮大行人正義引傳文，并引注云：「周禮，脤膰之禮，親兄弟之國，不以賜異姓。尊齊侯，客之若先代之後。」按：此當是服注。杜亦本此立說。曰：「天子有事于文、武，使孔賜伯舅胙。」齊侯將下拜，孔曰：「且有後命。天子使孔曰：『以伯舅耋老，【詁】馬融易注：「七十曰耋。」服虔同。（詩疏。杜取此。）加勞賜一級，【詁】鄭玄禮記注：「級，等也。」（杜本此。）無下拜。』」對曰：「天威不違顏咫尺，【詁】方言云：「顏、額，爲顙也。中夏謂之額，東齊謂之顙，河、潁、淮、泗之間謂之顏。」賈逵國語注：「八尺曰咫。」説文：「周制，[一]寸、尺、咫、尋，皆以人之體爲法。中婦人手長八寸謂咫。」（杜取此。）小白余，敢貪天子之命無下拜？【詁】爾雅：「余，身。」舍人曰：「余，卑謙之身也。」（杜本此。）按：岳氏本以「白」字絶句。今考釋詁文「朕、余、躬，身也」，邢昺疏引此傳云「齊侯曰小白余」。是當以「余」字爲句。恐隕越于下，以遺天子羞。敢不下拜？」下拜，登受。

秋，齊侯盟諸侯于葵丘，曰：「凡我同盟之人，既盟之後，言歸于好。」

宰孔先歸，遇晉侯，曰：「可無會也。齊侯不務德，（水經注引作「不務修德」。）而勤遠略，故北伐山戎，南伐楚，西爲此會也。東略之不知，西則否矣。其在亂乎！（「在」，水經注作「有」。）【詁】鄭玄儀禮注：「在，存也。」（杜本此。）君務靖亂，無勤於行。」晉侯乃還。

九月，晉獻公卒。里克、㔻鄭（外傳作「丕」，史記晉世家作「邳」。）【詁】賈逵云：「晉大夫。」（史記集解。）欲納文公，故以三公子之徒作亂。【詁】賈逵云：「三公子：申生、重耳、夷吾。」（同上。杜取此。）初，獻公使荀息傅奚齊。公疾，召之，曰：「以是藐諸孤，【詁】方言：「眇，小也。」「眇」、「藐」古字通。按：惠氏譏顧氏炎武訓藐爲小爲未當，不知實本方言。呂諶字林又云：「藐，小兒笑也。」辱在大夫，其若之何？」稽首而對曰：「臣竭其股肱之力，加之以忠

[一]「制」原作「禮」，據説文解字第八上改。

貞。其濟，君之靈也；不濟，則以死繼之。」公曰：「何謂忠貞？」對曰：「公家之利，知無不爲，忠也。送往事居，耦俱無猜，貞也。」【詁】廣雅：「耦，二也。」「猜，疑也。」按：杜注訓耦爲兩亦此意。及里克將殺奚齊，先告荀息曰：「三怨將作，秦、晉輔之，子將何如？」荀息曰：「將死之。」里克曰：「無益也。」荀叔曰：「吾與先君言矣，不可以貳。能欲復言而愛身乎？雖無益也，將焉辟之？且人之欲善，誰不如我？我欲無貳，而能謂人已乎？」冬，十月，里克殺奚齊于次。書曰「殺其君之子」，未葬也。荀息將死之，人曰：「不如立卓子而輔之。」荀息立公子卓以葬。十一月，里克殺公子卓于朝，荀息死之。君子曰：「詩所謂：『白圭之玷，尚可磨也；（史記「圭」作「珪」、「尚」作「猶」。）【詁】詩毛傳：「玷，缺也。」（杜本此。按：説文引詩「玷」作「列」。）斯言之玷，不可爲也。』荀息有焉。」

齊侯以諸侯之師伐晉，及高梁而還，【詁】服虔云：「晉地也。」（史記集解。）郡國志河東郡：「楊，有高梁亭。」（杜同此。）討晉亂也。令不及魯，故不書。（釋文：「『令』本又作『命』。」）晉郤芮使夷吾重賂秦以求入，曰：「人實有國，我何愛焉？入而能民，土於何有？」從之。齊隰朋【詁】王符潛夫論：「隰氏，姜姓。」帥師會秦師納晉惠公。秦伯謂郤芮曰：「公子誰恃？」對曰：「臣聞亡人無黨，有黨必有讎。夷吾弱不好弄，【詁】爾雅：「弄，玩也。」能鬭不過，長亦不改，不識其他。」公謂公孫枝曰：（史記作「支」。）【詁】服虔云：「秦大夫公孫子桑。」（史記集解。）「夷吾其定乎？」對曰：「臣聞之：『惟則定國。』【詁】爾雅：「則，法也。」（杜本此。）按：呂覽權勳篇：[一]「赤章曼枝曰：[二]『詩曰：「惟則定國。」』則此四字乃逸詩也。詩曰：『不識不知，順帝之則。』文王之謂也。又曰：『不僭不賊，鮮不爲

[一]「權」原訛「稽」，據呂氏春秋權勳篇改。
[二]「枝」原訛「支」，據呂氏春秋權勳篇改。

則。』【詁】廣雅：「僭，差也。」高誘呂覽注：「賊，害也。」（杜本此。）無好無惡，不忌不克之謂也。今其言多忌克，難哉。」公曰：「忌則多怨，又焉能克？是吾利也。」

宋襄公即位，以公子目夷爲仁，使爲左師以聽政，於是宋治。故魚氏世爲左師。

十年，春，狄滅温，蘇子無信也。蘇子叛王即狄，又不能於狄，狄人伐之。王不救，故滅。蘇子奔衛。

夏，四月，周公忌父、【詁】賈逵云：「周卿士。」（史記集解。杜取此。）王子黨會齊隰朋立晉侯。晉侯殺里克以說。將殺里克，公使謂之曰：「微子，則不及此。雖然，子弒二君與一大夫，（文選注引傳作「二公」。）【詁】服虔云：「奚齊、卓子、荀息也。」（同上。）爲子君者，不亦難乎？」【詁】按：公羊傳作「不亦病乎」。廣雅：「病，難也。」對曰：「不有廢也，君何以興？欲加之罪，其無辭乎？臣聞命矣。」伏劍而死。於是丕鄭聘于秦，且謝緩賂，故不及。

晉侯改葬共大子。（外傳「大」作「世」。檀弓、史記、漢書「共」並作「恭」。）秋，狐突適下國，【詁】服虔云：「晉所滅國，以爲下邑。一曰曲沃有宗廟，故謂之國；在絳下，故曰下國也。」（同上。）按：說苑立節篇：「獻公卒，突即辭歸自殺。」蓋屬虚語。遇大子。大子使登僕【詁】論衡死僞篇引作「大子超登僕車而告之曰」。而告之曰：「夷吾無禮，【詁】賈逵云：「烝於獻公夫人賈君，故曰無禮。」馬融云：「申生不自明而死，夷吾改葬之，章父之過，故曰無禮。」（本疏。）余得請於帝矣，【詁】服虔云：「帝，天帝。謂罰有罪。」（史記集解。）將以晉畀秦，秦將祀余。」對曰：「臣聞之：『神不歆非類，【詁】賈逵國語注：「歆，貪也。」按：說文：「歆，神食气也。」義亦與賈同。杜注：「歆，饗也。」本詩毛傳。民不祀非族。』君祀毋乃殄乎？【詁】詩毛傳：「殄，絶也。」（杜本此。）且民何罪？失刑乏祀，君其圖之！」君曰：「諾。吾將復請。七日（史記作「後十日」。）新城西偏將有巫者而見我焉。」許之，遂不見。及期而往，告之曰：「帝許我罰有罪矣，敝於韓。」（史記作「獘」。論衡「敝」下多一「之」字。）【詁】賈逵云：「敝，敗也。韓，晉韓原。」（史記集解。）丕鄭之如秦也，言於秦伯曰：「呂甥、（史記作「呂省」。）【詁】按：呂甥先又嘗食邑于虢。竹書紀年：「晉獻公十有九年，伐虢，滅下陽，命瑕父呂甥邑于虢。」水經注云：「地理志所謂北虢也。」郤稱、冀芮實爲不從，若重問以召之，臣出晉君，君納重耳，蔑不濟矣。」【詁】詩毛傳：「蔑，無也。」（杜本此。）冬，秦伯使泠至報問，且召三子。郤芮曰：「幣重而言甘，誘我也。」遂殺丕鄭、祁舉及七輿大夫：【詁】服虔云：「下軍之輿帥七人屬申生者，襄二十三年下軍輿帥七人。往前申生將下軍，今七輿大夫爲申生報怨。欒盈將下軍，故七輿大夫與欒氏。」（本疏。按：劉炫亦爲服言是，不取杜説。）左行共華、右行賈華、叔堅、騅歂、纍虎、特宮、山祁，【詁】按：此上七人，即七輿大夫之名。皆里、丕之黨也。丕豹奔秦，（李斯書「丕」作「邳」。）言於秦伯曰：「晉侯背大主而忌小怨，民弗與也。伐之，必出。」公曰：「失衆，焉能殺？違禍，誰能出君？」

十一年，春，晉侯使以丕鄭之亂來告。

天王使召武公、内史過賜晉侯命，受玉惰。【詁】説文：「憜，不敬也，从心𡐦省。春秋傳曰『受玉憜』。或省𠂤。」過歸告王曰：「晉侯其無後乎！王賜之命，而惰於受瑞，先自棄也已，其何繼之有？禮，國之幹也。敬，禮之輿也。不敬，則禮不行；禮不行，則上下昏，何以長世？」

夏，揚、拒、泉、皋、【詁】郡國志河南郡：「雒陽，有前亭。」按：「泉」、「前」古字通。（杜同此。）伊、洛之戎同伐京師，入王城，焚東門，王子帶召之也。秦、晉伐戎以救周。秋，晉侯平戎于王。

黄人不歸楚貢。冬，楚人伐黄。

十二年，春，諸侯城衛楚丘之郛，懼狄難也。【詁】韋昭國語注：「郛，郭也。」（杜本此。）

黄人恃諸侯之睦于齊也，不共楚職，曰：「自郢及我九百里，焉能害我？」夏，楚滅黄。【詁】史記楚世家作「滅英」，徐廣曰：「年表及他本皆作『英』，一本作『黄』。」正義曰：「英國在淮南，蓋蓼國也，不知改名時。」今按：滅蓼在魯文公三年，時爲楚穆王四年，非此一時事。

王以戎難故，討王子帶。秋，王子帶奔齊。

冬，齊侯使管夷吾平戎于王，使隰朋平戎于晉。【詁】韋昭國語注：「平，和也。」服虔云：「戎伐周，晉伐戎救周，故和也。」（史記集解。杜本此。）王以上卿之禮饗管仲，管仲辭曰：「臣，賤有司也。有天子之二守國、高在，若節春秋【詁】賈逵云：「節，時也。」（同上。杜取此。）王肅云：「春秋，聘享之節也。」（同上。）來承王命，何以禮焉？陪臣敢辭。」【詁】服虔云：「陪，重也。諸侯之臣于天子，故曰陪臣。」（同上。）王曰：「舅氏，【詁】賈逵云：「舅氏，言伯舅之使也。」（同上。杜取此。）余嘉乃勳。應乃懿德，【詁】惠棟曰：「『應』讀爲『膺』，言膺受女美德也。古文皆以『應』爲『膺』。」謂督不忘。【詁】爾雅：「督，正也。」往踐乃職，無逆朕命。」管仲受下卿之禮而還。君子曰：「管氏之世祀也宜哉。讓不忘其上。詩云：『愷悌君子，【詁】爾雅：「愷，樂也。」「悌，易也。」（杜本此。）神所勞矣。』」

十三年，春，齊侯使仲孫湫聘于周，且言王子帶。事畢，不與王言。歸，復命曰：「未可。王怒未怠，其十年乎？不十年，王弗召也。」

夏，會于鹹，淮夷病杞故，且謀王室也。

秋，爲戎難故，諸侯戍周。【詁】詩毛傳：「戍，守也。」（杜本此。）齊仲孫湫致之。

冬，晉薦饑，【詁】按：文選注引傳作「晉洊饑」。字書曰：「洊，仍也。」爾雅：「穀不熟爲饑，仍饑爲薦。」李巡曰：「連歲不熟曰薦。」杜注：「麥禾皆不熟。」蓋亦本此。使乞糴于秦。秦伯謂子桑：「與諸乎？」曰：「重施而報，君將何求？重施而不報，其民必攜；攜而討焉，無衆必敗。」謂百里：「與諸乎？」【詁】服虔云：「百里奚，秦大夫。」（史記集解。）對曰：「天災流行，（史記作「菑」。下同。）國家代有。救災恤鄰，道也。行道有福。」丕鄭之子豹在秦，請伐晉。秦伯曰：「其君是惡，其民何罪？」秦於是乎輸粟于晉，自雍及絳【詁】服虔云：「雍，秦國都。絳，晉國都。」（同上。杜取此。）相繼，命之曰「汎舟之役」。【詁】按：雍近渭，絳近河，以舟輸粟，故云「汎舟之役」也。

十四年，春，諸侯城緣陵而遷杞焉。不書其人，有闕也。

鄫季姬來寧，公怒，止之，以鄫子之不朝也。夏，遇于防，而使來朝。

秋，八月辛卯，沙鹿崩。晉卜偃曰：「期年將有大咎，幾亡國。」

冬，秦饑，使乞糴于晉，晉人弗與。慶鄭曰：「背施無親，幸災不仁，貪愛不祥，怒鄰不義。四德皆失，何以守國？」虢射曰：「皮之不存，毛將安傅？」慶鄭曰：「棄信背鄰，患孰恤之？無信患作，失援必斃，是則然矣。」虢射曰：「無損於怨，而厚於寇，不如弗與。」慶鄭曰：「背施幸災，民所棄也。近猶讎之，況怨敵乎？」弗聽。退曰：「君其悔是哉。」

十五年，春，楚人伐徐，徐即諸夏故也。三月，盟于牡丘，尋葵丘之盟，且救徐也。孟穆伯帥師及諸侯之師救徐，諸侯次于匡（諸本並作「匡」，蓋相沿避宋諱。今皆改正，下同。）以待之。

夏，五月，日有食之。不書朔與日，官失之也。

秋，伐厲，以救徐也。

晉侯之入也，秦穆姬屬賈君焉，【詁】按：杜注：「賈君，晉獻公次妃。」既無明文，惟左傳云「獻公娶于賈」，則賈乃正妃。獻公即位二十六年而卒，若係正妃，則惠公即位，年齒已高，無由更爲所烝。唐固説賈君爲申生之妃，情事較合，故申生有「夷吾無禮」之言。惠棟左傳補注所見亦同。且曰：〔二〕「盡納群公子。」晉侯烝於賈君，又不納群公子，是以穆姬怨之。晉侯許賂中大夫，既而皆背之。賂秦伯以河外列城五，東盡虢略，南及華山，内及解梁城，【詁】郡國志弘農郡：「陸渾，西有虢略地。」「華陰，有太華山。」河東郡：「解，有解城。」（杜同此。）既而不與。晉饑，秦輸之粟；秦饑，晉閉之糴，故秦伯伐晉。卜徒父筮之，吉：「涉河，侯車敗。」【詁】爾雅：「敗，覆也。」詰之，對曰：「乃大吉也。三敗，必獲晉君。其卦遇蠱䷑，曰：『千乘三去，【詁】惠棟云：「上林賦曰『江河爲阹』，注云：『遮禽獸爲阹。』『阹』即『去』，實一字。」三去之餘，獲其雄狐。』夫狐蠱，必其君也。蠱之貞，風也；其悔，山也。歲云秋矣，我落其實，而取其材，所以克也。實落材亡，不敗何待？」三敗及韓。晉侯謂慶鄭曰：「寇深矣，若之何？」對曰：「君實深之，可若何？」公曰：「不孫。」【詁】服虔云：「孫，順也。」（史記集解。）卜右，慶鄭吉，弗使。步揚御戎，家僕徒爲右。（史記「揚」作「陽」。）【詁】服虔云：「二子，晉大夫也。」（同上。）乘小駟，鄭入也。慶鄭曰：「古者大事，必乘其産。生其水土而知其人心，安其教訓而服習其道，惟所納之，無不如志。今乘異産，以從戎事，及懼而變，將與人易。亂氣狡憤，【詁】賈逵國語注：「憤，盛也。」（一切經音義。）按：賈注此傳亦當作盛滿解。鄭玄樂記注：「『賁』讀爲『憤』，怒氣充實也。春秋傳『血氣狡憤』。」王粲登樓賦「氣交憤于胸臆」，李善注引杜云：「交，戾也。」是「交」、「狡」，「賁」、「憤」古字並通。陰血周作，張脈僨興，【詁】説文：「衇，血理之分衺行體中者，从𠂢从血。衇或从肉。籀文作『䘑』。」按：此則今本作「脈」不誤。釋文、石經並同。張有復古編以爲俗作「脈」非，過矣。「僨」當作「賁」，或作「濆」。禮記射義「賁軍之將」，鄭玄注：「『賁』讀爲『僨』。」穀梁僖十年傳「地賁」，范甯注：「賁，沸起也。」又管子勢「以待天下之濆作也」，

〔二〕「曰」原作「云」，據春秋左傳其它各本改。

尹知章云：「動亂也。」陸氏附注以爲「僨」無動義，譏杜失之，是矣。外彊中乾，進退不可，周旋不能，君必悔之。」弗聽。

九月，晉侯逆秦師，使韓簡視師。復曰：「師少於我，鬬士倍我。」公曰：「何故？」對曰：「出因其資，入用其寵，饑食其粟，三施而無報，是以來也。今又擊之，我怠秦奮，倍猶未也。」公曰：「一夫不可狃，【詁】爾雅：「狃，復也。」孫炎注：「狃，忕，前事復爲也。」按：杜注：「狃，忕也。」即本此。況國乎？」遂使請戰，曰：「寡人不佞，能合其衆而不能離也。君若不還，無所逃命。」秦伯使公孫枝對曰：「君之未入，寡人懼之。入而未定列，猶吾憂也。苟列定矣，敢不承命。」韓簡退曰：「吾幸而得囚。」壬戌，戰于韓原。晉戎馬還濘而止。【詁】鄭玄禮記注：「還，言便也。」廣雅：「濘，泥也。」（杜本此。）公號慶鄭。慶鄭曰：「愎諫違卜，【詁】高誘呂覽注：「愎，戾也。」（杜本此。）固敗是求，又何逃焉？」遂去之。梁由靡御韓簡，（史記「由」作「繇」。）虢射爲右，【詁】服虔云：「虢射，惠公舅。」（史記集解。）輅秦伯，【詁】服虔云：「輅，迎也。」（同上。杜取此。）將止之。【詁】韋昭國語注：「止，獲也。」（杜本此。）鄭以救公誤之，遂失秦伯。秦獲晉侯以歸，晉大夫反首拔舍從之。（詩疏「拔」作「茇」。）【詁】周禮夏官司馬「中夏教茇舍」，鄭注云：「『茇』讀如萊沛之沛。茇舍，草止也。軍有草止之法。」説文：「废，舍也，从广犮聲，詩曰『召伯所废』。」按：此則字當作「废」，「跋」、「拔」、「茇」古字通。秦伯使辭焉，曰：「二三子何其慼也？寡人之從君而西也，亦晉之妖夢是踐，豈敢以至？」晉大夫三拜稽首曰：「君履后土而戴皇天，（周禮、禮記疏並引作「戴皇天而履后土」。）皇天后土，實聞君之言，群臣敢在下風。」

穆姬聞晉侯將至，以大子罃、弘與女簡璧登臺而履薪焉。使以免服衰絰逆，且告。【詁】按：此下傳文或有：「曰上天降災，使我兩君匪以玉帛相見，而以興戎。若晉君朝以入，則婢子夕以死；夕以入，則朝以死。惟君裁之！」釋文：「自『曰上天降災』至此凡四十七字，檢古文皆無，尋杜注亦不得有。有是後人妄加也。」今按：釋文「四十七」字「七」當作「二」，蓋誤并「乃舍諸靈臺」五字數之耳。此後人校勘之疏。孔疏亦云：「服虔解誼，其文甚煩，傳本若有此文，服虔必應多解，何由四十餘字不解一言？亦至二十三年始解『婢子』，明是本無之也。」據此，則服、杜本尚皆不誤，服、杜以後人妄增。今據削去。乃舍諸靈臺。【詁】詩含神霧云：「作邑于豐起靈臺。」易乾鑿度云：「伐崇作靈臺。」孔穎達疏云：「是靈臺在豐邑之都内也。」水經注：「豐水又北逕靈臺西。」括地志：「雍州長安縣有靈臺，高二丈，周回百二十步。」今按：杜注云：「所以杜絶令不得通外内。」或即以此。大夫請以入，公曰：「獲晉侯，以厚歸也。既而喪歸，焉用之？大夫其何有焉？且晉人慼憂以重我，天地以要我。不圖晉憂，重其怒也。我食吾言，背天地也。重怒難任，【詁】韋昭國語注：「任，當也。」（杜本此。）背天不祥，必歸晉君。」公子縶曰：【詁】韋昭國語注據禮記云：「縶字子顯。」盧植曰：「古者名字相配，『顯』當爲『韅』。」「不如殺之，無聚慝焉。」子桑曰：「歸之而質其大子，必得大成。晉未可滅，而殺其君，衹以成惡。[一]（「衹」刊本多誤作「祇」。）[二]【詁】説文：「緹，从糸是聲。緹或从氏。」詩毛傳：「衹，適也。」玉篇：「衹，之移切，適也。又音岐。」漢書竇嬰傳「衹皆對是明揚主上之過」，師古曰：「衹音支，其字从衣。」[三]今从石經定作「衹」字。且史佚有言曰：『無始禍，無怙亂，無重怒。』重怒難任，陵人不祥。」乃許晉平。

晉侯使郤乞告瑕吕飴甥，【詁】按：竹書紀年作「瑕父吕甥」。今考吕甥先食采于瑕，故稱曰瑕父。郡國志河東郡：「解，有瑕城。」是也。後又食采于吕，故又稱瑕吕。劉昭補注引張華博物志：「河東郡永安有吕鄉，吕甥邑也。」是瑕、吕皆所食采地。杜注云：「姓瑕吕，名飴甥。」非矣。下傳云陰飴甥，陰亦采邑名。且召之。子金教之言曰：「朝國人而以君命賞。且告之曰：『孤雖歸，辱社稷矣，其卜貳圉也。』」（鄭玄禮記注「貳」作「二」。）【詁】鄭司農周禮注：「貳，副也。」

[一]「衹」原作「祇」，據洪氏所據石經改。以下六「衹」字原皆作「祇」，各據所引原書改。
[二]「祇」原作「衹」，據洪氏所據刊本改。
[三]「衣」原訛「祇」，據漢書卷五十二竇田灌韓傳第二十二顔師古注改。

按：杜訓貳爲代，非。衆皆哭。晉於是乎作爰田。【詁】服虔、孔晁皆云：「爰，易也。賞衆以田，易其疆畔。」（本疏。）按：外傳作「轅田」，賈逵注：「轅，車也。以田出車賦。」説文云：「爰，引也。籀文以爲車轅字。」又按：「趄田易居也」，徐鍇繫傳云：「『爰』、『轅』皆假借，此乃正字，謂以田相换易也。」孟康地理志注：「『轅』、『爰』同。」今考「爰田」當以賈義爲長。杜注取服虔説。呂甥曰：「君亡之不恤，而群臣是憂，惠之至也，將若君何？」衆曰：「何爲而可？」對曰：「征繕以輔孺子。【詁】韋昭國語注：「征，賦也。」廣雅：「繕，治也。」（杜本此。）諸侯聞之，喪君有君，群臣輯睦，甲兵益多。好我者勸，惡我者懼，庶有益乎。」衆説。晉於是乎作州兵。【詁】按：「作州兵」蓋亦改易兵制。或使二千五百家略增兵額，故上云「甲兵益多」，非僅修繕兵甲而已。杜注似非。

初，晉獻公筮嫁伯姬於秦，遇歸妹䷵之睽䷥。[一] 史蘇占之，曰：「不吉。其繇曰：『士刲羊，亦無衁也。【詁】説文：「衁，血也。春秋傳曰『士刲羊亦無衁也』。」廣雅同。（杜本此。）女承筐，亦無貺也。（釋文：「『貺』本亦作『況』。」）【詁】詩毛傳：「貺，賜也。」（杜本此。）服虔以離爲戈兵，兑爲羊。震變爲離，是用兵刺羊之象也。三至五有坎象，坎爲血，血在羊上，故刺無血也。震爲竹，竹爲筐。震變爲離，離爲火，火動而上，其施不下，故筐無實也。（同上。）西鄰責言，不可償也。【詁】服虔以爲三至五爲坎，坎爲月，月生西方，故爲西鄰。坎爲水，兑爲澤，澤聚水，故坎責之澤。澤償水則竭，故責言不可償。（同上。）歸妹之睽，猶無相也。』【詁】服虔云：「兑爲金，離爲火，金火相遇而相害，故無助也。」（同上。）應劭漢書注：「相，助也。」（杜本此。）震之離，亦離之震。爲雷爲火，爲嬴敗姬。【詁】服虔云：「離爲日，爲火。秦，嬴姓，水位。一至五有坎象，水勝火，故爲嬴敗姬。」（同上。）車説其輹，【詁】説文：「輹，車軸縛也。」馬融易注：「輹，車下縛也。」（杜本此。）火焚其旗，不利行師，敗于宗丘。【詁】服虔云：「五至三有坎，爲水象。震爲車，車得水而脱其輹

〔一〕「䷥」原訛「䷨」，據春秋左傳其它各本和周易改。

也。震爲龍，龍爲諸侯旗。離之震，故火焚其旗也。震，東方，木；兑，西方，金。木遇金，必敗。韓有先君之宗廟，故曰宗丘。」（同上。）説文：「四邑爲丘。」（杜本此。）鄭玄禮記注：「『丘』與『區』同。」歸妹睽孤，寇張之弧。【詁】服虔云：「坎爲寇、爲弓，故曰『寇張之弧』。」（同上。）姪其從姑，【詁】爾雅：「父之姊妹爲姑。」「女子謂昆弟之子爲姪。」（杜本此。）六年其逋，【詁】廣雅：「逋，亡也。」（杜本此。）逃歸其國，而棄其家，明年其死于高梁之虛。」【詁】郡國志河東郡：「楊，有高梁亭。」（杜同此。）及惠公在秦，曰：「先君若從史蘇之占，吾不及此夫。」韓簡侍，曰：「龜，象也；筮，數也。物生而後有象，象而後有滋，滋而後有數。先君之敗德，及可數乎？（釋文以「先君之敗德及」絶句。）【詁】按：「及可數乎」，猶「數可及乎」，蓋倒字法也。今仍以「及」字屬下讀。史蘇是占，勿從何益？詩曰：『下民之孽，匪降自天。僔沓背憎，職競由人。』」【詁】詩作「噂」。按：説文：「噂，聚語也。」「僔，聚也。」並引詩小雅。「僔」、「噂」古字同。

震夷伯之廟，罪之也。於是展氏有隱慝焉。

冬，宋人伐曹，討舊怨也。

楚敗徐于婁林，徐恃救也。

十月，晉陰飴甥會秦伯，盟于王城。【詁】郡國志左馮翊：「臨晉，有王城。」（杜本此。）秦伯曰：「晉國和乎？」對曰：「不和。小人恥失其君而悼喪其親，不憚征繕以立圉也，曰：『必報讎，寧事戎狄。』君子愛其君而知其罪，不憚征繕以待秦命，曰：『必報德，有死無二。』以此不和。」秦伯曰：「國謂君何？」對曰：「小人慼，謂之不免。君子恕，以爲必歸。小人曰：『我毒秦，秦豈歸君？』君子曰：『我知罪矣，秦必歸君。貳而執之，服而舍之，德莫厚焉，刑莫威焉。服者懷德，貳者畏刑，此一役也，【詁】服虔云：「一役者，謂韓戰之役。」（同上。）秦可以霸。納而不定，廢而不立，以德爲怨，秦不其然。』」秦伯曰：「是吾心也。」改館晉侯，饋七牢焉。（史記作「餽」。）【詁】賈逵云：「諸侯雍餼七牢。牛一、羊一、豕一爲一牢也。」（史記集解。杜取此。）蛾析（外傳作「蛾晳」。）謂慶鄭曰：

【詁】釋文曰：「『蛾』本或作『蟻』。」惠棟云：「婁壽曰：『「蛾」與「蟻」通。』漢書『白蛾群飛』、『扶服蛾伏』，陳球後碑『聚蛾蜂動』，仲秋下旬碑『蛾附』，皆與『蟻』同。」今按：禮記「蛾子時術之」。後漢書皇甫嵩傳「時人謂之黄巾，亦名爲蛾賊」，注：「『蛾』音魚綺反，即『蟻』字也。」今釋文有五何反。廣韻于歌部列晉大夫蛾析，似誤。「盍行乎？」對曰：「陷君於敗，敗而不死，又使失刑，非人臣也。臣而不臣，行將焉入？」

十一月，晉侯歸。丁丑，殺慶鄭而後入。是歲，晉又饑，秦伯又餼之粟，曰：「吾怨其君，而矜其民。且吾聞唐叔之封也，箕子曰：【詁】馬融、王肅皆以箕子爲紂諸父。（史記集解。）鄭玄、王肅皆以爲諸父。服、杜以爲紂之庶兄。（本疏。）按：此則杜取服説。『其後必大。』晉其庸可冀乎？姑樹德焉，以待能者。」於是秦始征晉河東，置官司焉。

十六年，春，隕石于宋五，隕星也。【詁】按：御覽引水經注云：「睢陽有隕石水，一名漆溝。左傳曰：『隕石于宋五，隕星也。』故老云此水有時涸竭，五石存焉，故名隕石水。墜處爲津。」六鷁退飛，過宋都，風也。【詁】賈逵云：「風起于遠，至宋都高而疾，故鷁逢風卻退。」（史記集解。）周内史叔興聘于宋。宋襄公問焉，曰：「是何祥也？吉凶焉在？」（漢書五行志作「何在」。）對曰：「今兹魯多大喪，明年齊有亂，君將得諸侯而不終。」【詁】賈逵云：「石，山岳之物。齊，大岳之胤。而五石隕宋，象齊桓卒而五公子作亂。宋將得諸侯，而治五公子之亂。鷁退，不成之象，後六年霸業退也。鷁，水鳥，陽中之陰，象君臣之訟鬩也。」（穀梁疏。）退而告人曰：「君失問，是陰陽之事，非吉凶所生也。（漢書「所」字上有「之」字。）【詁】服虔云：「鷁退風咎，君行所致，非吉凶所從生。襄公不問己有所失而致此變，但問吉凶焉在，以爲石隕、鷁退，吉凶所從而生，故云君失問。」（本疏。）吉凶由人，（漢書「由」作「繇」。）【詁】按：「由」字當是古「甹」字。説文：「甹，木生條也。」又别有「繇」，云：「繇，徑也。」假借作「由」，古字多通。吾不敢逆君故也。」

夏，齊伐厲，不克，救徐而還。

秋，狄侵晉，取狐、厨、受鐸，涉汾，及昆都，【詁】按：狐即狐突食邑。厨即厨武子食邑。鐸即鐸遏寇食邑。水經：「汾水出太原汾陽縣北，至汾陰縣入河。」（杜本此。）因晉敗也。

王以戎難告于齊。齊徵諸侯戍周。（諸本「戍」上衍「而」字，今从石經删。）

冬，十一月乙卯，鄭殺子華。

十二月，會于淮，謀鄫，且東略也。城鄫，役人病。有夜登丘而呼曰：「齊有亂。」不果城而還。

十七年，春，齊人爲徐伐英氏，以報婁林之役也。

夏，晉大子圉爲質于秦，秦歸河東而妻之。惠公之在梁也，梁伯妻之。梁嬴孕，過期。【詁】説文：「孕，懷子也。」（杜本此。）卜招父與其子卜之。其子曰：「將生一男一女。」招曰：「然。男爲人臣，女爲人妾。」故名男曰圉，女曰妾。【詁】服虔云：「圉人，掌養馬官之賤者。不聘曰妾。」（史記集解。）説文：「春秋云『女爲妾』。妾，不聘也。」（杜取此。）及子圉西質，妾爲宦女焉。

師滅項。淮之會，公有諸侯之事，未歸，而取項。齊人以爲討，而止公。

秋，聲姜以公故，會齊侯于卞。九月，公至。書曰「至自會」，猶有諸侯之事焉，且諱之也。

齊侯之夫人三：王姬、徐嬴、（史記作「徐姬」。）蔡姬，皆無子。齊侯好内，【詁】服虔云：「内，婦官也。」（史記集解。）多内寵。（按：漢書顔師古注、文選李善注引此傳皆無「内」字。今考此「内」字蓋因後「内寵」之文而衍。且服、杜皆舍此句而注下句，其意自明。但石經、宋本皆有此字，姑仍之。）内嬖如夫人者六人：長衛姬生武孟，少衛姬生惠公，鄭姬生孝公，葛嬴生昭公，密姬生懿公，宋華子生公子雍。【詁】賈逵云：「宋華氏之女子。」（同上。杜取此。）公與管仲屬孝公於宋襄公，以爲大子。雍巫有寵於衛共姬，【詁】賈逵云：「雍巫，雍人名巫，易牙字。」（同上。杜取此。）按：管子有棠巫，與此或係一人。因寺人貂以薦羞於公，亦有寵。公許之立武孟。管仲卒，五公子皆求立。冬，十月乙亥，齊桓公卒。易牙入，（賈誼新書作「狄牙」，大戴禮記、淮南王書並同。嵇康琴賦云「狄牙喪味」。）與寺人貂因內寵以殺群吏，【詁】服虔云：「內寵，如夫人者六人。群吏，諸大夫也。」（同上。）而立公子無虧。（史記、漢書人表作「無詭」。）孝公奔宋。十二月乙亥，赴。辛巳，夜殯。

十八年，春，宋襄公以諸侯伐齊。三月，齊人殺無虧。

鄭伯始朝于楚。楚子賜之金，既而悔之，與之盟曰：「無以鑄兵。」故以鑄三鐘。

齊人將立孝公，不勝四公子之徒，遂與宋人戰。夏，五月，宋敗齊師于甗，立孝公而還。

秋，八月，葬齊桓公。

冬，邢人、狄人伐衛，圍菟圃。衛侯以國讓父兄子弟及朝衆，曰：「苟能治之，燬請從焉。」【詁】賈誼新書：「衛侯朝于周。周行人問其名，答曰：『衛侯辟疆。』周行人還之，曰：『啓疆、辟疆，天子之號，諸侯弗得用。』衛侯更其名曰燬，然後受之。」衆不可，而後師于訾婁。（別本「後」作「從」，誤。）狄師還。

梁伯益其國而不能實也，命曰新里，秦取之。

十九年，春，遂城而居之。

宋人執滕宣公。

夏，宋公使邾文公用鄫子于次睢之社，【詁】水經：「睢水出梁郡鄢縣，東流當蕭縣，南入于陂。」張華博物記：〔一〕「琅邪臨沂縣東界次睢有大叢社，民謂之食人社，即此。」郡國志琅邪：「臨沂，〔二〕有叢亭。」欲以屬東夷。司馬子魚曰：「古者六畜不相爲用，小事不用大牲，而况敢用人乎？祭祀以爲人也。（風俗通引此無「祀」字。下句引傳作「民人神之主也」。）民，神之主也。用人，其誰饗之？齊桓公存三亡國以屬諸侯，義士猶曰薄德。今一會而虐二國之君，又用諸淫昏之鬼，將以求霸，不亦難乎？得死爲幸。」

秋，衛人伐邢，以報菟圃之役。於是衛大旱，卜有事于山川，不吉。甯莊子曰：「昔周饑，克殷而年豐。今邢方無道，諸侯無伯，【詁】爾雅：「伯，長也。」（杜本此。）天其或者欲使衛討邢乎？」從之。師興而雨。

宋人圍曹，討不服也。子魚言於宋公曰：「文王聞崇德亂而伐之，軍三旬而不降。退修教而復伐之，（釋文云：「『伐』衍字。」按：石經、宋本並有，今仍之。）因壘而降。詩曰：『刑于寡妻，【詁】詩毛傳：「刑，法也。」（杜本此。）至于兄弟，以御于家邦。』今君德毋乃猶有所闕，而以伐人，若之何？盍姑内省德乎！無闕而後動。」

陳穆公請修好於諸侯，以無忘齊桓之德。冬，盟于齊，修齊桓之好也。

梁亡，不書其主，自取之也。初，梁伯好土功，亟城而弗處。民罷而弗堪，則曰：「某寇將至。」乃溝公宫，【詁】賈逵云：「溝，塹也。」（史記集解。杜取此。）曰：「秦將襲我。」民懼而潰，秦遂取梁。

二十年，春，新作南門。書，不時也。凡啓塞，從時。【詁】服虔云：「闔扇所以開，鍵閉所以塞。」月令仲春修闔

〔一〕「記」原訛「志」，據後漢書志第二十一郡國三劉昭注改。

〔二〕「臨」字原脱，據後漢書志第二十一郡國三補。

扇，孟冬修鍵閉，從此時也。」（本疏。）

滑人叛鄭，而服於衛。【詁】賈逵云：「滑，姬姓之國。」（史記集解。）夏，鄭公子士、泄堵寇帥師入滑。

秋，齊、狄盟于邢，爲邢謀衛難也。於是衛方病邢。

隨以漢東諸侯叛楚。冬，楚鬭穀於菟帥師伐隨，取成而還。君子曰：「隨之見伐，不量力也。量力而動，其過鮮矣。善敗由己，而由人乎哉？詩曰：『豈不夙夜，謂行多露。』」

宋襄公欲合諸侯。臧文仲聞之，曰：「以欲從人則可，以人從欲鮮濟。」

二十一年，春，宋人爲鹿上之盟，以求諸侯于楚。楚人許之。公子目夷曰：「小國争盟，禍也。宋其亡乎！幸而後敗。」

夏，大旱。公欲焚巫尪。臧文仲曰：「非旱備也。修城郭，【詁】服虔云：「國家凶荒，則無道之國乘而加兵，故修城郭爲守備也。」（本疏。）貶食省用，務穡（論衡引作「嗇」。）勸分，【詁】鄭玄儀禮注：「收斂曰穡。」按：杜注：「穡，儉也。」疑字近而誤。此其務也。巫尪何爲？天欲殺之，則如勿生。若能爲旱，焚之滋甚。」公從之。是歲也，饑而不害。

秋，諸侯會宋公于盂。子魚曰：「禍其在此乎！君欲已甚，其何以堪之？」於是楚執宋公以伐宋。冬，會于薄以釋之。子魚曰：「禍猶未也，未足以懲君。」

任、宿、須句、顓臾，【詁】郡國志東平國：「無鹽，本宿國，任姓。」（杜同此。）京相璠曰：「須朐，一國二名。蓋遷都須昌，朐是其本。」杜注：「在東平須昌縣西北。」道元云：「杜注非也。地理志曰『壽張西北有朐城』者是也。」郡國志泰山郡：「南武陽，有顓臾城。」（杜同此。）風姓也，（釋文：「本或作『皆風姓』。」）實司大皞與有濟之祀，【詁】詩毛傳：「司，主也。」

（杜本此。）按：「皡」與「昊」通。禮記月令「其帝大皡」，釋文：「『皡』亦作『昊』。」昭十七年郯子來朝篇少皡、大皡，漢書律曆、五行等志引作少昊、大昊。孔子世家、家語並同。說文作「皞」。又漢書鄭崇傳「欲報之德，皞天罔極」，師古曰：「『皞』字與『昊』同。」今从石經及善本定作「皡」字。又按：水經：「濟水與河合流，至乘氏縣又分爲二。其一又東北過壽張縣西界，又北過須昌縣西。」是此上四國皆近濟水，必當有濟水之祠，故世守其祀也。（杜注略同。）以服事諸夏。邾人滅須句。須句子來奔，因成風也。【詁】賈氏曰：「但因成風來不見公，故來奔及反不書于經。」（釋例。）成風爲之言於公曰：「崇明祀，保小寡，周禮也。【詁】詩毛傳：「保，安也。」（杜本此。）蠻夷猾夏，周禍也。若封須句，是崇皡、濟而修祀紓禍也。」

二十二年，春，伐邾。取須句，反其君焉，禮也。

三月，鄭伯如楚。

夏，宋公伐鄭，子魚曰：「所謂禍在此矣。」

初，平王之東遷也，辛有適伊川，見被髮而祭於野者，曰：「不及百年，此其戎乎！其禮先亡矣。」秋，秦、晉遷陸渾之戎于伊川。

晉大子圉爲質於秦，將逃歸，謂嬴氏曰：「與子歸乎？」對曰：「子，晉大子，而辱於秦。子之欲歸，不亦宜乎！寡君之使婢子【詁】服虔云：「曲禮曰：『世婦以下自稱婢子。』婢子，婦人之卑稱。」（史記集解。杜取此。）侍執巾櫛，以固子也。從子而歸，弃君命也。不敢從，亦不敢言。」遂逃歸。

富辰言於王曰：【詁】服虔云：「富辰，周大夫。」（同上。杜取此。）「請召大叔。詩曰：『協比其鄰，昏姻孔云。』【詁】詩毛傳：「鄰，近也。孔，甚也。云，旋也。」（杜本此。）吾兄弟之不協，焉能怨諸侯之不睦？」王說。王子帶自齊復歸于京師，王召之也。

邾人以須句故出師。公卑邾，不設備而禦之。（釋文：「本亦作『御』。」）臧文仲曰：「國無小，不可易也。無備，雖衆不可恃也。詩曰：『戰戰兢兢，如臨深淵，如履薄冰。』又曰：『敬之敬之，天惟顯思，命不易哉！』【詁】詩鄭箋：「顯，明也。」毛傳：「思，辭也。」（杜本此。）先王之明德，猶無不難也，無不懼也，況我小國乎？君其無謂邾小。蠭蠆有毒，【詁】說文：「蠭，飛蟲螫人者也。」「蠆，毒蟲也。」通俗文云：「蠆長尾謂之蠍。蠍毒傷人曰蛆。」按：近人疑通俗文出李虔，不知李虔所作係續通俗文。唐藝文志分晰甚清，辯已見更生齋集中。故此書凡服虔通俗文，悉皆録入，以補服注之缺。又按：「蠆」當从說文作「蠤」。惠棟云：「李翊夫人碑亦作『蠭蠤』。」而況國乎？」弗聽。八月丁未，公及邾師戰于升陘。我師敗績。邾人獲公冑，縣諸魚門。【詁】說文：「冑，兜鍪，首鎧也。」（杜本此。）郡國志梁國：「睢陽，有魚門。」劉昭注引此傳。

楚人伐宋以救鄭。宋公將戰，大司馬固諫曰：【詁】晉語：「晉公子重耳過宋，與司馬公孫固相善。」韋昭注：「固，宋莊公之孫大司馬固也。」（杜本此。）「天之棄商久矣，君將興之，弗可赦也已。」弗聽。

冬，十一月己巳朔，宋公及楚人戰于泓。宋人既成列，楚人未既濟。司馬曰：「彼衆我寡，及其未既濟也，請擊之。」公曰：「不可。」既濟而未成列，又以告。公曰：「未可。」既陳而後擊之，宋師敗績。公傷股，門官殲焉。【詁】詩毛傳：「殲，盡也。」（杜本此。）國人皆咎公。公曰：「君子不重傷，【詁】說文：「傷，創也。」鄭玄禮記注：「創之淺者曰傷。」不禽二毛。古之爲軍也，不以阻隘也。寡人雖亡國之餘，不鼓不成列。」子魚曰：「君未知戰。勍敵之人，【詁】說文：「勍，彊也。春秋傳曰『勍敵之人』。」廣雅：「勍勍，武也。」隘而不列，（文選注引作「隘而不成列」。）天贊我也。阻而鼓之，不亦可乎？猶有懼焉。且今之勍者，皆吾敵也。雖及胡耇，【詁】周書謚法解：「彌年壽考曰胡。胡，大也。」爾雅：「耇，壽也。」獲則取之，何有於二毛？明恥教戰，求殺敵也。傷未及死，如何勿重？

若愛重傷，則如弗傷。愛其二毛，則如服焉。三軍以利用也，金鼓以聲氣也。利而用之，阻隘可也。聲盛致志，鼓儳可也。」【詁】説文：「儳儳，互不齊也。」蓋謂及其成列不齊鼓之。

丙子晨，鄭文夫人芈氏、姜氏勞楚子于柯澤。楚子使師縉示之俘馘。【詁】爾雅：「俘，取也。」李巡曰：「囚敵曰俘。」詩毛傳：「殺而獻其耳曰馘。」説文作「聝」，〔二〕云：「軍戰斷耳也，从耳或聲。或从首。」字林云：「截耳則从耳旁，獻首則作首旁。」杜注云：「馘，所截耳。」明當以耳旁爲是。君子曰：「非禮也。婦人送迎不出門，見兄弟不踰閾，【詁】爾雅：「柣謂之閾。」孫炎曰：「柣，門限也。」戎事不邇女器。」【詁】詩毛傳：「邇，近也。」高誘淮南王書注：「器，物用也。」（杜本此。）丁丑，楚子入饗（石經及宋本並作「享」。）于鄭，九獻，庭實旅百，加籩豆六品。饗畢，夜出，文芈送于軍。取鄭二姬以歸。叔詹曰：（史記作「瞻」。呂覽作「被瞻」。）「楚王其不没乎！爲禮卒於無别，無别不可謂禮，將何以没？」諸侯是以知其不遂霸也。

二十三年，春，齊侯伐宋，圍緍，以討其不與盟于齊也。（穀梁「緍」作「閔」，下同。）【詁】服虔云：「魯僖公十九年諸侯盟于齊，以無忘桓公之德。宋襄欲行霸道，不與盟，故伐之。」（史記集解。杜取此。）

夏，五月，宋襄公卒，傷於泓故也。

秋，楚成得臣帥師伐陳，討其貳於宋也。遂取焦、夷，城頓而還。（水經注「焦」引作「醮」。）【詁】地理志沛郡譙。郡國志汝南郡：「城父，故屬沛，春秋時曰夷。」「南頓，本頓國。」（杜本此。）子文以爲之功，使爲令尹。叔伯曰：「子若國何？」對曰：「吾以靖國也。夫有大功而無貴仕，其人能靖者與有幾？」

〔二〕「聝」原作「馘」，據説文解字第十二上改。

九月，晉惠公卒。懷公命無從亡人，期，期而不至，無赦。狐突之子毛及偃從重耳在秦，弗召。冬，懷公執狐突，曰：「子來則免。」對曰：「子之能仕，父教之忠，古之制也。策名、委質，【詁】服虔注云：「古者必先書其名于策，委死之質于君，然後爲臣，示必死節也。」（史記索隱。）按：此則服訓質爲責。「責」、「質」古字通。晉語「臣委質于翟之鼓」，韋昭注：「質，贄也。士贄以雉。」是韋訓質爲贄。正義申杜：「質，形體也。」是杜訓質爲形質之質。合數家之訓，則服義得之矣。貳乃辟也。【詁】爾雅：「辟，辠也。」今臣之子，名在重耳，有年數矣。若又召之，教之貳也。父教子貳，何以事君？刑之不濫，君之明也，臣之願也。淫刑以逞，誰則無罪？臣聞命矣。」乃殺之。卜偃稱疾不出，曰：「周書有之：『乃大明服。』己則不明，而殺人以逞，（釋文：「本亦作『呈之』。」）不亦難乎？民不見德，而惟戮是聞，其何後之有？」

十一月，杞成公卒。【詁】譙周古史考云：「惠公生成公及桓公。」書曰「子」，杞夷也。不書名，未同盟也。凡諸侯同盟，死則赴以名，禮也。赴以名，則亦書之，不然則否，辟不敏也。【詁】爾雅釋樂：「商謂之敏。」釋文：「敏，審也。」高誘呂覽注：「審，實也。」按：「辟不敏」，蓋辟不實耳。（杜同此。）

晉公子重耳之及於難也，晉人伐諸蒲城。蒲城人欲戰，重耳不可，曰：「保君父之命而享其生祿，於是乎得人。有人而校，罪莫大焉。【詁】李奇漢書注：「保，恃也。」包咸論語注：「校，報也。」（杜本此。）吾其奔也。」遂奔狄。從者狐偃、趙衰、顛頡、魏武子、司空季子。【詁】服虔云：「胥臣臼季也。」（史記集解。杜取此。）狄人伐廧咎如，【詁】賈逵云：「赤狄之別種，隗姓。」（同上。杜取此。）按：玉篇「廧」同「牆」。戰國策：「趙皆以荻蒿苦楚廧之。」漢書鄒陽傳：「牽帷廧之制。」李善文選注引韓非子曰：「董閼于爲上地守，行石邑山中深澗，峭如廧，〔二〕深百仞。」蔡邕石經論語凡

〔二〕「峭如」原訛「悄加」，據文選永明九年策秀才文李善注改。

宫牆字从土从嗇。今从唐石經作「嗇」字。獲其二女：叔隗、季隗。納諸公子。公子取季隗，生伯鯈、（釋文「鯈」作「儵」。）叔劉。以叔隗妻趙衰，生盾。將適齊，謂季隗曰：「待我二十五年，不來而後嫁。」對曰：「我二十五年矣，又如是而嫁，則就木焉。請待子。」處狄十二年而行。

過衛，衛文公不禮焉。出於五鹿，【詁】賈逵云：「衛地。」（同上。）京相璠曰：「今衛縣西北三十里有五鹿城，今屬頓丘縣。」（水經注。杜同此。）穆天子傳：「白鹿一牾桀逸出走。天子乘渠黃之乘□焉。五子丘之，是曰五鹿。」按：此則五鹿之名蓋起于此。乞食於野人，野人與之塊。（外傳作「野人舉塊以與之」。史記晉世家作「野人盛土器中進之」。漢書律曆志作「乞食于野人，野人舉凷而與之」。按：説文：「凷，墣也，从土从凵。〔一〕凵屈象形。」〔二〕或从鬼。是「塊」當依漢書作「凷」爲正。但釋文、石經等並作「塊」，今姑仍之。）公子怒，欲鞭之。子犯（史記作「趙衰曰」。）曰：「天賜也。」稽首受而載之。

及齊，齊桓公妻之。有馬二十乘，【詁】服虔云：「八十匹。」（史記集解。杜取此。）公子安之。從者以爲不可。將行，謀於桑下。蠶妾在其上，以告姜氏。姜氏殺之，【詁】服虔云：「懼孝公怒，故殺之以滅口。」（同上。杜取此。）而謂公子曰：「子有四方之志，其聞之者，吾殺之矣。」公子曰：「無之。」姜曰：「行也。（禮記疏引此「姜」下有「氏」字。下亦同。）懷與安，實敗名。」公子不可。姜與子犯謀，醉而遣之。（石經「醉」上有「飲之酒」三字，後人所增。）醒，以戈逐子犯。

及曹，曹共公【詁】高誘呂覽注：「共公，名襄，昭公之子。」聞其駢脅，（「駢」應作「骿」。説文：「骿，并脅也。」晉文公

〔一〕「凵」原訛「一」，據説文解字第十三下改。
〔二〕「凵」原脱，據説文解字第十三下補。

駢脅。」論衡作「比脇」。按：晉語作「骿」，與説文合。金樓子作「胼脇」。）【詁】廣雅：「脅幹謂之肋。」通俗文：「掖下謂之脅。」欲觀其裸。[一]（釋文：「本一讀至『裸』字絶句。」）【詁】説文、廣雅：「羸，袒也。」「羸」、「裸」字同。浴，薄而觀之。【詁】外傳：「諜其將浴，設微薄而觀之。」按：「微薄」即「帷薄」也，音義並同。韋昭訓微爲蔽，訓薄爲迫，義較迂曲。又按：釋文引國語云：「薄，簾也。」當係賈逵注國語，下脱「注」字耳。高誘淮南王書注云：「使袒而捕魚，設薄而觀之。」義亦同。杜注本韋昭説，亦訓爲迫，然究不若簾字解有實據。韓非子十過篇又作「袒裼而觀之」。[二]僖負羈之妻曰：（韓非子作「釐負羈」，史記、漢書並同。）「吾觀晉公子之從者，皆足以相國。若以相夫子，【詁】顧炎武云：「當以此絶句。」按：晉語説此事云：「其從者皆相國也。以相一人，必得晉國。」用彼文相方，其義益明。必反其國。反其國，必得志於諸侯。得志於諸侯而誅無禮，曹其首也。子盍蚤自貳焉。」乃饋盤飱寘璧焉，公子受飱反璧。

及宋，宋襄公贈之以馬二十乘。

及鄭，鄭文公亦不禮焉。叔詹諫曰：「臣聞天之所啓，人弗及也。晉公子有三焉，天其或者將建諸？君其禮焉。男女同姓，其生不蕃。【詁】鄭玄周禮注：「蕃，蕃息也。」（杜本此。）晉公子，姬出也，而至于今，一也。離外之患，而天不靖晉國，殆將啓之，二也。有三士，足以上人，而從之，三也。晉、鄭同儕，【詁】一切經音義引舊説：「儕，猶輩、類也。左傳『晉、鄭同儕』是也。」按：鄭玄注樂記亦同。杜此注用鄭曲禮注。其過子弟，固將禮焉。況天之所啓乎！」弗聽。

及楚，楚子饗之，曰：「公子若反晉國，則何以報不穀？」對曰：「子女玉帛，則君有之。羽毛齒革，則君

[一] 「裸」原訛「祼」，據春秋左傳南宋相臺岳氏等本改。下兩「裸」字原亦訛「祼」，據改。

[二] 「裼」原訛「禓」，據韓非子十過篇改。

地生焉。其波及晉國者，君之餘也。其何以報？」君曰：「雖然，何以報我？」（呂覽注引作「則何以報我」。）對曰：「若以君之靈得反晉國，晉、楚治兵，遇於中原，其辟君三舍。【詁】賈逵云：「司馬法：『從遯不過三舍。』三舍，九十里也。」（史記集解。）若不獲命，其左執鞭弭，右屬櫜鞬，以與君周旋。」（呂覽注引作「周還」。）【詁】爾雅：「弓無緣者謂之弭。」韋昭國語注：「櫜，矢房。」通俗文：「弓檠謂之鞬。」鄭玄禮記注：「屬猶著也。」（杜本此。）子玉請殺之，楚子曰：「晉公子廣而儉，（高誘引作「廉而儉」。）文而有禮。其從者肅而寬，忠而能力。晉侯無親，外內惡之。吾聞姬姓唐叔之後，其後衰者也，其將由晉公子乎！（高誘引「公子」下多「重耳」二字。）【詁】按：此「衰」字當作「興」字解，如古訓「亂」爲「治」同，與下「天將興之」「興」字互文。古人往往有此文法。天將興之，誰能廢之？違天，必有大咎。」乃送諸秦。

秦伯納女五人，懷嬴與焉。奉匜沃盥，既而揮之，【詁】說文：「盥，澡手也。春秋傳曰『奉匜沃盥』。」鄭玄儀禮注：「匜，沃盥器也。」（杜本此。）按：晉語韋昭注：「揮，灑也。」何承天亦云：「振去爲揮。」蓋懷嬴不欲，故以手揮灑此水。杜注「湔也」，義轉迂曲。怒，曰：「秦、晉匹也，何以卑我？」【詁】晉語：「公子欲辭，司空季子、子犯、子餘勸取之，乃歸女而納幣，且逆。」孔晁曰：「歸懷嬴，更以貴妾迎之也。」公子懼，降服而囚。【詁】服虔云：「申意於楚王，伸於知己。降服於懷嬴，屈於不知己。」（本疏。）他日公享之，子犯曰：「吾不如衰之文也，請使衰從。」公子賦河水，【詁】韋昭國語注云：「『河』當作『沔』，字相似誤也。」按：杜云「逸詩」，誤。劉炫規之是矣。公賦六月，趙衰曰：「重耳拜賜。」公子降，拜，稽首，公降一級而辭焉。衰曰：「君稱所以佐天子者命重耳，重耳敢不拜？」

春秋左傳詁卷八

傳

僖公二

二十四年，春，王正月，秦伯納之。不書，不告入也。及河，子犯以璧授公子，曰：「臣負羈紲，【詁】說文：「羈，馬絡頭也，从罒从馽。羈，[一]絆也。羈或从革。」「紲，系也。春秋傳『臣負羈紲』。」應劭漢官儀亦云：「馬曰羈。」服虔云：「一云犬繮曰紲。古者行則有犬。」少儀曰：「犬則執紲。」按：此則紲爲犬繮之證。韋昭國語注「從者爲羈紲之僕」，亦云「犬曰紲」，是矣。杜注必改曰「馬韁」，非是。從君巡於天下，臣之罪甚多矣。臣猶知之，而況君乎？請由此亡。」公子曰：「所不與舅氏同心者，（禮記疏引作「及國不與舅氏同心者」。）有如白水。」投其璧于河。濟河，圍令狐，入桑泉，取臼衰。【詁】京相璠曰：「春秋土地名桑泉、臼衰並在解東南。」（水經注。）郡國志河東郡：「解，有桑泉城、臼城。」按：杜注云：「桑泉在解縣西，解縣東南有臼城。」張華博物記曰：「臼季邑，解縣西北。」今考解州西北三十里已至臨晉縣

[一]「羈」原作「二馬」，據說文解字第七下改。

界，解故城在臨晉東南，則距解州界當不甚遠。臼城在州西北，雖不言里數，然尚在故縣東南。可知京、杜言臼城在解縣東南之説爲諦，博物記非也。二月甲午，晉師軍于廬柳。秦伯使公子縶如晉師，師退軍于郇。【詁】説文：「郇，周武王子所封國，在晉地。从邑旬聲，讀若泓。」按：索隱云：「周文王子。」又云：「『郇』音『荀』，又音『環』。」疑有誤。服虔云：「郇國在解縣東，郇瑕氏之墟也。」（水經注。）按：蒲州圖經「郇城在猗氏縣西南」，正漢解縣之東。杜注云「在西北」，非也。辛丑，狐偃及秦、晉之大夫盟于郇。壬寅，公子入于晉師。丙午，入于曲沃。丁未，朝于武宮。【詁】賈逵云：「文公之祖武公廟。」（史記集解。杜取此。）戊申，使殺懷公于高梁。不書，亦不告也。

呂、郤畏偪，將焚公宮而弒晉侯。寺人披（「寺」本又作「侍」。）請見。公使讓之，且辭焉曰：「蒲城之役，君命一宿，女即至。其後余從狄君以田渭濱，（韓非子作「惠竇」。）女爲惠公來求殺余。命女三宿，女中宿至。雖有君命，何其速也？夫袪猶在，女其行乎！」對曰：「臣謂君之入也，其知之矣。若猶未也，又將及難。君命無二，古之制也。除君之惡，惟力是視。蒲人、狄人，余何有焉？今君即位，其無蒲、狄乎！齊桓公置射鉤，而使管仲相。君若易之，何辱命焉？行者甚衆，（釋文：「一本作『其』。」）豈惟刑臣？」公見之，以難告。三月，晉侯潛會秦伯于王城。〔一〕【詁】郡國志左馮翊：「臨晉，有王城。」（杜同此。）按：今本杜注脱去，惟史記索隱引左傳有之。己丑晦，公宮火。瑕甥、郤芮不獲公，【詁】按：呂甥蓋食采于瑕，故又稱瑕甥。郡國志河東郡：「解，有瑕城。」乃如河上，秦伯誘而殺之。晉侯逆夫人嬴氏以歸。【詁】服虔云：「繆公女。」（史記集解。）秦伯送衛於晉三千人，【詁】高誘淮南王書注：「衛，猶護助也。」韓非子云：「穆公以疇騎三千，輔公子重耳入之于晉。」即指此事。實紀綱之僕。

初，晉侯之豎頭須，守臧者也。【詁】顏師古禮樂志注：「古書懷藏之事，本皆作『臧』。」徐鉉曰：「漢書通用『臧』

〔一〕「秦」原訛「泰」，據春秋左傳其它各本改。

字。从草，後人所加。」今諸刊本並作「藏」。此依釋文、石經改正。下並同。其出也，竊臧以逃，【詁】韓詩外傳：「晉文公亡過曹，里須鳧從，因盜重耳資而亡。」按：杜注：「頭須，一曰里鳧須。」即本此。盡用以求納之。及入，求見，公辭焉以沐。謂僕人曰：「沐則心覆，心覆則圖反，宜吾不得見也。居者爲社稷之守，行者爲羈紲之僕，其亦可也，何必罪居者？國君而讎匹夫，懼者甚衆矣。」（釋文：「『甚』本或作『其』。」）僕人以告，公遽見之。

狄人歸季隗于晉，而請其二子。文公妻趙衰，生原同、屏括、樓嬰。趙姬請逆盾與其母，子餘辭。姬曰：「得寵而忘舊，何以使人？必逆之。」固請，許之。來，以盾爲才，固請于公，以爲嫡子，而使其三子下之。以叔隗爲內子，而己下之。

晉侯賞從亡者，介之推（大戴禮作「介山之推」。）不言禄，禄亦弗及。推曰：「獻公之子九人，惟君在矣。惠、懷無親，外內棄之。天未絶晉，必將有主。主晉祀者，非君而誰？天實置之，（史記「置」作「開」。）而二三子以爲己力，不亦誣乎？竊人之財，猶謂之盜，況貪天之功以爲己力乎？下義（史記作「冒」。）其罪，上賞其姦，上下相蒙，【詁】服虔云：「蒙，欺也。」（史記集解。杜取此。）難與處矣。」其母曰：「盍亦求之？以死，誰懟？」對曰：「尤而效之，罪又甚焉。且出怨言，不食其食。」（史記作「禄」。）其母曰：「亦使知之，若何？」對曰：「言，身之文也。身將隱，焉用文之？（史記下重「文之」二字。）是求顯也。」其母曰：「能如是乎？與女偕隱。」【詁】詩毛傳：「偕，俱也。」（杜本此。）遂隱而死。晉侯求之，不獲。以緜上爲之田，【詁】賈逵云：「緜上，晉地。」（同上。）郡國志太原郡：「界休，有緜上聚。」（杜同此。）曰：「以志吾過，且旌善人。」【詁】賈逵云：「旌，表也。」（同上。杜取此。）

鄭之入滑也，滑人聽命。師還，又即衞。鄭公子士、泄堵俞彌帥師伐滑。【詁】按：岳本以「公子士」絶句。二十年注「公子士，鄭文公子。泄堵寇，鄭大夫。」此注云「堵俞彌，鄭大夫」者，泄姓見前，不須更舉也。从岳本爲是。王使伯服、游孫伯如鄭請滑。【詁】賈逵云：「二子，周大夫。」（同上。杜取此。）按：史記鄭世家作「伯犕」、索隱云：「『犕』音

『服』。」今攷後漢書皇甫嵩傳董卓謂嵩曰：「義真犕未乎？」注云：「『犕』音『服』。說文曰『犕牛乘馬』。」鄭伯怨惠王之入而不與厲公爵也，【詁】服虔云：「惠王以后之鞶鑑與鄭厲公，而獨與虢公玉爵。」〔一〕（同上。）又怨襄王之與衞滑也，【詁】賈逵云：「滑，小國，近鄭，世世服從，〔二〕而更違叛，鄭師伐之，聽命。後自怨于王，王以與衞。」（同上。）故不聽王命，而執二子。（釋文一本「二」字上有「其」字，乃衍文。）王怒，將以狄伐鄭。富辰諫曰：「不可。臣聞之，大上以德撫民，其次親親以相及也。【詁】鄭玄禮記注：「以太上爲帝皇之世，其次謂三王以來。」按：此亦當同。昔周公弔二叔之不咸，【詁】鄭衆、賈逵皆以二叔爲管叔、蔡叔，傷其不和睦而流言作亂，故封建親戚。鄭玄詩箋亦然。（本疏。）賈逵云：「二叔，管、蔡。」（詩疏。）詩毛傳：「弔，傷也。」鄭箋：「咸，同也。」按：二叔，馬融以爲夏、殷叔世。杜注蓋用馬說。今攷晉書秦秀傳「周公弔二季之陵遲」，秀與杜預同時，蓋亦主馬說。然究以鄭、賈義爲長。故封建親戚，【詁】小爾雅廣詁：「戚，近也。」以蕃屏周。管、蔡、郕、霍、（王符論引作「成」。）魯、衞、毛、聃、郜、雍、【詁】京相璠曰：「今河内山陽西有故雍城。」（水經注。）郡國志：「山陽，邑。有雍城。」（杜同此。）曹、滕、畢、原、酆、郇，【詁】說文：「酆，周文王所都，在京兆杜陵西南。」「郇，周武王子所封國，在晉地。」地理志「郇」作「栒」。按：「周武王子」，「武」字蓋「文」字之誤。文之昭也。邘、【詁】京相璠曰：「今野王西北三十里有故邘城邘臺是也。」（水經注。）郡國志河内郡：「野王，有邘城。」（杜同此。）晉、應、韓，【詁】郡國志河東郡：「河北，有韓城。」潁川郡：「父城，有應鄉。」（杜同此。）武之穆也。凡、蔣、邢、茅、胙、祭，【詁】郡國志汝南郡：「期思，有蔣鄉，故蔣國。」「高平，侯國，有茅鄉城。」東郡：「燕，有胙城，故胙國。」王符論作「茆」、「祚」。京相璠曰：「今高平縣西三十里有故茅鄉者也。」（杜並本此。）周公之胤也。召穆公思周德之不類，【詁】服虔云：「穆公，召康

〔一〕「玉」原作「王」，據史記周本紀集解改。
〔二〕「從」原脫，據史記周本紀集解補。

公十六世孫。然康公與成王同時，穆公與厲王並世，而世數不同者，生子有早晚，壽命有短長故也。」（詩疏。）又云：「召穆公，王卿士。」（同上。）爾雅：「類，善也。」（杜本此。）故糾合宗族于成周而作詩，【詁】韋昭國語注：「糾，收也。」（杜本此。）曰：『常棣之華，鄂不韡韡。凡今之人，莫如兄弟。』其四章曰：『兄弟鬩于墻，外禦其侮。』【詁】詩毛傳：「鬩，很也。」按：杜注云：「訟争皃。」乃隨文生訓。究當從毛傳本訓爲是。如是，則兄弟雖有小忿，不廢懿親。【詁】爾雅：「懿，美也。」（杜本此。）今天子不忍小忿，以棄鄭親，其若之何？庸勳、親親、暱近、尊賢，德之大者也。【詁】詩毛傳：「庸，用也。」孫炎爾雅注：「暱，親近也。」（杜本此。）即聾、從昧、與頑、用嚚，姦之大者也。弃德、崇姦，禍之大者也。【詁】廣雅：「崇，聚也。」（杜本此。）鄭有平、惠之勳，又有厲、宣之親，【詁】服虔云：「母弟。」（詩疏。杜取此。）棄嬖寵而用三良，於諸姬爲近，四德具矣。耳不聽五聲之和爲聾，目不别五色之章爲昧，心不則德義之經爲頑，口不道忠信之言爲嚚。狄皆則之，四姦具矣。周之有懿德也，猶曰『莫如兄弟』，故封建之。其懷柔天下也，猶懼有外侮。扞禦侮者，莫如親親，故以親屏周。召穆公亦云。今周德既衰，於是乎又渝周、召，以從諸姦，無乃不可乎？民未忘禍，王又興之，其若文、武何？」王弗聽，使穨叔、桃子（釋文：「本或作『姚』。」）出狄師。

夏，狄伐鄭，取櫟。王德狄人，將以其女爲后。富辰諫曰：「不可。臣聞之曰：『報者倦矣，施者未厭。』狄固貪惏，（文選注作「婪」。）【詁】釋文引方言：「殺人取財曰惏。」説文云：「河内之北謂貪爲惏。」〔一〕又曰：「婪，貪也，从女林聲。杜林説卜者黨相詐驗爲婪，讀若潭。」王又啓之。女德無極，婦怨無終，狄必爲患。」王又弗聽。

初，甘昭公有寵于惠后，【詁】洛陽記：「河南縣西南二十五里有水出焉，北流入洛。山上有甘城，即甘公采邑。」（史

〔一〕「河」原脱，據説文解字第十下補。

記正義。)水經注：「甘水出弘農宜陽縣鹿蹏山，東北至河南縣南，北入洛。」京相璠曰：「甘水西山上夷汙而平，有故甘城，在河南城西二十五里。」又云：「河南縣西有甘水，北入洛。」(杜本此。)惠后將立之，未及而卒。昭公奔齊，王復之，又通于隗氏。王替隗氏。穨叔、桃子曰：「我實使狄，狄其怨我。」遂奉大叔以狄師攻王。王御士將禦之，王曰：「先后其謂我何？寧使諸侯圖之。」王遂出，及坎欿，【詁】京相璠曰：「鞏東地名坎欿，在洞水東。」服虔以爲鞏東邑名也。(水經注。)郡國志作「坎埳」，注引左傳同。按：水經注稱晉書地道記、晉太康地志云：「坎埳聚在鞏西。」按：杜注云：「在縣東。」蓋承京、服之舊，實則聚在縣西南也。國人納之。秋，穨叔、桃子奉大叔以狄師伐周，大敗周師，獲周公忌父、原伯、毛伯、富辰。王出適鄭，處于氾。[一]【詁】郡國志潁川郡：「襄城，有氾城。」[二](杜同此。)按：史記高祖本紀「度兵氾水」，正義云：「『氾』音『祀』，在成臯故城東。」今土人尚呼爲氾(祀)水，與此自別。大叔以隗后居于溫。

鄭子華之弟子臧出奔宋，好聚鷸冠。【詁】惠棟曰：「『鷸』一作『述』。知天文者冠之述。」或作「鴥」。「顔師古以爲子臧好與術士游。然按下文『服之不衷』，則不必如顔説也。」鄭伯聞而惡之，使盜誘之。八月，盜殺之于陳、宋之間。君子曰：「服之不衷，身之災也。詩曰：『彼其之子，不稱其服。』子臧之服，(釋文：「『之服』一本作『之及』。」)不稱也夫。詩曰『自詒伊慼』，【詁】爾雅：「詒，遺也。」廣雅：「慼，憂也。」(杜本此。)其子臧之謂矣。夏書曰『地平天成』，稱也。」

宋及楚平。宋成公如楚。還，入於鄭。鄭伯將享之，問禮於皇武子，對曰：「宋，先代之後也，於周爲客。天子有事，膰焉；【詁】五經異義：「宗廟之肉名曰膰。」釋文：「周禮又作『鐇』字，音義同。」按：説文：「鐇，宗廟火熟肉，

[一]「氾」原作「汜」，據春秋左傳釋文改。以下「氾」字同此，據改。
[二]「氾」原作「汜」，據後漢書志第十九郡國二改。

从炙番聲。」〔二〕廣雅：「膰，肉也。」「春秋傳曰『天子有事膰焉』，以饋諸侯同姓。」今攷異姓惟二王後得與賜。有喪，拜焉。豐厚可也。」鄭伯從之。享宋公，有加，禮也。

冬，王使來告難，曰：「不穀不德，得罪于母之寵子帶，鄙在鄭地氾，敢告叔父。」【詁】按：淳化本無「弟」字，今从删去。按：五年「會于首止」傳文孔氏正義引此作「得罪于母氏」，則「弟」字當爲「氏」字之誤也。臧文仲對曰：「天子蒙塵于外，敢不奔問官守？」王使簡師父告于晉，使左鄢父告于秦。天子無出，書曰「天王出居于鄭」，辟母弟之難也。天子凶服降名，禮也。

鄭伯與孔將鉏、石甲父、侯宣多【詁】廣韻引作「甲石父」。按：「甲」在「石」上，此傳寫之誤。何焯以爲古本如是，惠氏校本輒據之，非也。省視官具于氾，而後聽其私政，禮也。【詁】戰國策曰：「天子巡守，諸侯辟舍，納筦鍵，攝衽抱几，視膳于堂下，天子已食而退聽朝也。」按：鄭伯蓋行是禮。

衛人將伐邢，禮至曰：「不得其守，國不可得也。我請昆弟仕焉。」乃往，得仕。

二十五年，春，衛人伐邢。二禮從國子巡城，掖以赴外，殺之。【詁】說文：「掖，以手持人臂投地也。」按：杜無注，故采說文補之。釋文稱許慎作「以手持人臂曰掖」，無「投地」二字，今本說文有之。今考「掖」無投地之義，惟此傳「掖以赴外」可從此訓。疑說文本因春秋傳此文爲訓也。詩衡門正義引傳作「持以赴外」，謂持其臂而投之城外也。正月丙午，衛侯燬滅邢。同姓也，故名。禮至爲銘曰：「余掖殺國子，莫余敢止。」

秦伯師于河上，將納王。狐偃言於晉侯曰：「求諸侯莫如勤王。諸侯信之，且大義也。繼文之業，而信

〔二〕「从」前原衍「从肉」兩字，據説文解字第十下删。

宣於諸侯，今爲可矣。」使卜偃卜之，曰：「吉。遇黄帝戰于阪泉之兆。」【詁】服虔云：「阪泉，地名。」（史記集解。）公曰：「吾不堪也。」對曰：「周禮未改，今之王，古之帝也。」公曰：「筮之。」筮之，遇大有䷍之睽䷥，曰：「吉。遇『公用享于天子』之卦。戰克而王饗，吉孰大焉？且是卦也，天爲澤以當日，天子降心以逆公，不亦可乎？大有去睽而復，亦其所也。」晉侯辭秦師而下。三月甲辰，次于陽樊。【詁】服虔云：「陽樊，周地。陽，邑名也，樊仲山之所居，故曰陽樊。」（同上。）右師圍温，左師逆王。

夏，四月丁巳，王入于王城，取大叔于温，殺之于隰城。【詁】京相璠曰：「隰城在懷縣西南。」（水經注。）郡國志河内郡：「懷，有隰城。」

戊午，晉侯朝王。王享醴，（釋文及石經「饗」作「享」，宋本亦同。今从之。）命之宥。（晉語作「侑」。）【詁】按：「宥」與「右」同。説文及字書：「右，助也。」鄭玄周禮注：「『右』讀爲『侑』。侑，勸尸食而拜。」是右亦有勸意，杜蓋本此。下二十八年傳即作「侑」。知「右」、「宥」、「侑」古字皆通也。請隧，弗許，【詁】説文：「隧，兩阜之間也。」賈逵周語注：「闕地通路曰隧。」（杜取此。）曰：「王章也。【詁】周官冢人「以度爲丘隧」，鄭玄注：「隧，羨道也。」正義云：「天子有隧道，諸侯以下有羨道。隧道則上有負土，羨道則無負土。」按：隧則闕地通路，惟天子始克爲之，故云王章。若羨，即不過築墓道使通間隙。何以知之？鄭注考工記玉人云：「羨，猶延也。」爾雅：「延，間也。」郭璞注以爲間隙，是矣。羨道亦可容人。史記衛世家「共伯入釐侯羨自殺」，可知諸侯有羨道矣。蓋隧道寬，羨道窄，一有負土，一無負土。鄭注訓隧、羨道爲一，似誤。未有代德，而有二王，【詁】周書：「芮良夫曰：『觀天下有土之君，厥德不遠，罔有代德。』」按：「代德」二字始見此。亦叔父之所惡也。」與之陽樊、温、原、欑茅之田。（「欑」諸刊本从「扌」旁，誤。）【詁】郡國志河内郡：「軹，有原鄉。」「修武，故南陽。有陽樊、欑茅田。」晉於是始啓南陽。【詁】馬融曰：「晉地自朝歌以北至中山爲東陽，朝歌以南至軹爲南陽。」（水經注。杜本此。）陽樊不服，圍之。倉葛呼曰：「德以柔中國，刑以威四夷，宜吾不敢服也。此，誰非王之親姻，其俘之也？」乃出其民。

秋，秦、晉伐鄀。【詁】按：鄀在秦、楚界上，與晉地縣隔。且晉文方啓南陽，圍樊、圍原，何暇會秦遠伐小國？傳中無一語及晉，可見「晉」字爲衍文。杜注云：「不復言晉，秦爲兵主。」此亦曲爲之解。楚鬬克、屈禦寇以申、息之師戍商密。秦人過析隈，【詁】郡國志南陽郡：「丹水，有章密鄉。」「析，故楚白羽邑。」（杜本此。）説文：「隈，水曲。」高誘淮南王書注：「隈，曲深處也。」（杜注略同。）入而係輿人，以圍商密，昏而傅焉。宵，坎血加書，僞與子儀、子邊盟者。商密人懼曰：「秦取析矣，戍人反矣。」乃降秦師。秦師囚（諸本皆誤作「因」，今从石經改正。）申公子儀、息公子邊以歸。楚令尹子玉追秦師，弗及。遂圍陳，納頓子于頓。

冬，晉侯圍原，命三日之糧。原不降，命去之。諜出，【詁】説文：「諜，軍中反間也。」（杜本此。）曰：「原將降矣。」軍吏曰：「請待之。」公曰：「信，國之寶也，民之所庇也。得原失信，何以庇之？所亡滋多。」退一舍而原降。遷原伯貫于冀。趙衰爲原大夫，狐溱爲温大夫。

衛人平莒于我。十二月，盟于洮，修衛文公之好，且及莒平也。

晉侯問原守於寺人勃鞮，【詁】後漢書宦者傳曰：「其能者則勃貂、管蘇，有功于楚、晉。」注云：「勃貂，即寺人披，一名勃鞮，字伯楚。」李善文選注以「勃鞮」爲「履鞮」。對曰：「昔趙衰以壺飧從徑，（釋文以「從」字絶句，蓋从劉炫規過。）【詁】高誘淮南王書注：「徑，行也。」（杜本此。）韓非子曰：「箕鄭挈壺飧而從。」餒而弗食。」故使處原。

二十六年，春，王正月，公會莒兹丕公、甯莊子盟于向，尋洮之盟也。

齊師侵我西鄙，討是二盟也。

夏，齊孝公伐我北鄙，衛人伐齊，洮之盟故也。公使展喜犒師，【詁】外傳作「展禽使乙喜以膏沐犒」。㈠服虔云：「以師枯槁，故餽之飲食。勞苦謂之勞也。」（水經注。）説文無「犒」字。惠棟云：「謹按禮記『犒』非古字，古文作『槀』，或作『槁』。張揖撰廣雅，始从牛旁高。洪氏隸續載漢碑有『勞⿰酉高』之語。『⿰酉高』與『犒』同。公羊注云：『牛酒曰犒。』故其字一从牛、一从酉，漢隸皆然，非古文也。周禮小行人云：『若國師役，則令槁襘之。』注云：『故書「槁」爲「槀」。』鄭司農云：『「槀」當爲「槁」，謂犒師也。』」先鄭不言字誤，明古『犒』字本作『槀』，或作『槁』，與服子慎枯槁之説合。張有復古編云：『鎬，㈡餉也，从金高。別作「犒」，非。五經文字注「勞師」，借「槁」字爲之。』㈢按：説文：『鎬，温器也。』以『鎬』爲犒勞字無據。」使受命于展禽。【詁】高誘淮南注：「柳下惠，魯大夫，展無侅之子，名獲字禽。家有大柳樹，因號柳下惠。」藝文類聚作許慎注。（「侅」即「駭」，古字同。）齊侯未入竟，展喜從之，曰：「寡君聞君親舉玉趾，將辱於敝邑，使下臣犒執事。」齊侯曰：「魯人恐乎？」對曰：「小人恐矣，（文選注作「小人則恐」。）君子則否。」齊侯曰：「室如縣罄，【詁】服虔云：「言宮室皆發撤，榱椽在，如縣罄。」孔晁曰：「縣罄，但有桷無覆。」（本疏。）按：韋昭國語注即用服義。野無青草，何恃而不恐？」對曰：「恃先王之命。昔周公、大公，股肱周室，夾輔成王。成王勞之，而賜之盟，曰：『世世子孫無相害也。』載在盟府，大師職之。【詁】爾雅：「職，主也。」（杜本此。）按：吾友武進士億云：「『師』當作『史』，聲之誤也。」杜注非。桓公是以糾合諸侯，而謀其不協，彌縫其闕，而匡救其災，昭舊職也。及君即位，諸侯之望曰：『其率桓之功。』【詁】爾雅：「率，循也。」（杜本此。）我敝邑用不敢保聚，（石經「用」下增「是」字。）曰：『豈其嗣世九年而弃命廢職，其若先君何？君必不然。』恃此以不恐。」齊侯乃還。

㈠「展」、「使」原脱，據國語魯語上補。
㈡「鎬」原訛「犒」，據惠棟春秋左傳補注卷二及張有复古編上改。
㈢「槁」原訛「犒」，據惠棟春秋左傳補注卷二及張有复古編上改。

東門襄仲、臧文仲如楚乞師。臧孫見子玉而道之伐齊、宋，以其不臣也。夔子不祀祝融與鬻熊，（潛夫論作「粥熊」。）【詁】服虔云：「夔，楚熊渠之孫熊摯之後。夔在巫山之陽秭歸鄉。」〔一〕（史記集解。）楚人讓之，對曰：「我先王熊摯有疾，鬼神弗赦，而自竄于夔。吾是以失楚，又何祀焉？」【詁】譙周古史考：「熊渠卒，子熊翔立；卒，長子摯有疾，少子熊延立。」（史記索隱。）按：熊延即楚之先也，故夔子以爲失楚。秋，楚成得臣、鬭宜申帥師滅夔，以夔子歸。

宋以其善於晉侯也，叛楚即晉。冬，楚令尹子玉、司馬子西帥師伐宋，圍緡。公以楚師伐齊，取穀。凡師能左右之曰「以」。【詁】正義：「『以』之於言，所涉甚多。劉、賈、許、潁既不守例爲斷，又不能盡通諸『以』，惟雜取『晉人執季孫以歸』，『劉子、單子以王猛居于皇』，『尹氏、毛伯以王子朝奔楚』，隨示『以』義數事而已。又云諸稱『以』皆小以大、下以上，非其宜也。」（本疏。）寘桓公子雍於穀，易牙奉之，以爲魯援。楚申公叔侯戍之。桓公之子七人，爲七大夫於楚。

二十七年，春，杞桓公來朝。用夷禮，故曰「子」。公卑杞，杞不共也。

夏，齊孝公卒。有齊怨，不廢喪紀，禮也。

秋，入杞，責禮也。（釋文：「『責禮』，本或作『責無禮』，非。」按：淳化本已下皆作「責無禮」。今从釋文、石經刪定。）

楚子將圍宋，使子文治兵於睽，終朝而畢，不戮一人。子玉復治兵於蔿，終日而畢，鞭七人，貫三人耳。【詁】按：說文「聅」字云：「軍法，以矢貫耳也，从耳从矢。司馬法曰『小罪聅，中罪刖，大罪剄』。」正義所解非是。國老皆賀

〔一〕「秭」原訛「稊」，據史記楚世家集解改。

子文，子文飲之酒。蔿賈尚幼，【詁】按：高誘淮南王書注云：「孫叔敖，楚大夫蔿賈伯盈子。」今攷下傳作「伯嬴」。「蒍」、「蔿」、「盈」、「嬴」古字通。廣雅：「幼，少也。」（杜本此。）又按：賈蓋食邑于蔿，故以爲氏。傳上云「治兵于蔿」，杜注：「蔿，楚地。」是也。後至，不賀。子文問之，對曰：「不知所賀。子之傳政於子玉，曰：『以靖國也。』靖諸内而敗諸外，所獲幾何？子玉之敗，子之舉也。舉以敗國，將何賀焉？子玉剛而無禮，不可以治民，過三百乘，其不能以入矣。苟入而賀，何後之有？」

冬，楚子及諸侯圍宋。宋公孫固如晉告急。先軫曰：「報施救患，取威定霸，於是乎在矣。」狐偃曰：「楚始得曹，而新婚於衛，若伐曹、衛，楚必救之，則齊、宋免矣。」於是乎蒐于被廬，作三軍。【詁】王肅云：「始復成國之禮，半周軍也。」（史記集解。杜本此。）謀元帥，趙衰曰：「郤縠可。臣亟聞其言矣，説禮、樂而敦詩、書。詩、書，義之府也。禮、樂，德之則也。德、義，利之本也。夏書曰：『賦納以言，明試以功，車服以庸。』君其試之！」【詁】古本作：「敷納以言，明庶以功。」「敷」作「賦」，「庶」作「試」，師授不同，古字改易耳。（杜本此。）馬融尚書注：「庸，功也。」（本疏。）乃使郤縠將中軍，郤溱佐之。使狐偃將上軍，讓於狐毛，而佐之。命趙衰爲卿，讓於欒枝、先軫。使欒枝將下軍，先軫佐之。【詁】賈逵云：「欒枝，欒賓之孫。」韋昭國語注：「欒共子之子。」（同上。杜取此。）荀林父御戎，【詁】世本：「晉大夫逝遨生桓伯林父。」魏犨爲右。【詁】按：説文有「犨」字，無「犫」字。張有復古編云：「俗作『犫』，非。」五經文字反云作「犨」訛，非矣。晉侯始入而教其民。二年，欲用之。子犯曰：「民未知義，未安其居。」於是乎出定襄王，入務利民，民懷生矣。將用之。子犯曰：「民未知信，未宣其用。」於是乎伐原以示之信。民易資者，不求豐焉，明徵其辭。公曰：「可矣乎？」子犯曰：「民未知禮，未生其共。」於是乎大蒐，以示之禮，作執秩以正其官，民聽不惑，而後用之。出穀戍，釋宋圍，一戰而霸，文之教也。

二十八年，春，晉侯將伐曹，假道於衞，衞人弗許。還，自南河濟，【詁】服虔云：「南河，濟南之東南流河也。」（史記集解。）水經注：「河水又逕東燕縣故城，河水于是有棘津之名，又謂之石濟，故南津也。春秋僖公二十八年還自南河濟，即此。」侵曹，伐衞。正月戊申，取五鹿。二月，晉郤縠卒。原軫將中軍，胥臣佐下軍，【詁】服虔云：「胥臣，臼季也。」（同上。杜取此。）上德也。晉侯、齊侯盟于斂盂。衞侯請盟，晉人弗許。衞侯欲與楚，國人不欲，故出其君以説于晉。衞侯出居于襄牛。【詁】服虔云：「襄牛，衞地也。」（同上。杜取此。）

公子買戍衞，楚人救衞，不克。公懼於晉，殺子叢以説焉。【詁】按：上言公子買，下言子叢，則子叢自係買之字。正義以爲或字相近而謬，非也。説文：「説，説釋也。」謂楚人曰：（石經、宋本並無「曰」字，今从岳本。）「不卒戍也。」

晉侯圍曹。門焉，多死，曹人尸諸城上，晉侯患之。聽輿人之謀，曰稱舍於墓。（正義「謀」字或作「誦」。）【詁】鄭玄周禮注：「輿，衆也。」（杜本此。）師遷焉。曹人兇懼，【詁】説文：「兇，擾恐也。春秋傳曰『曹人兇懼。』」按：荀子天論篇「君子不爲小人匈匈也輟行」，楊倞注曰：「匈匈，喧譁之聲。」爲其所得者棺而出之。因其兇也而攻之。三月丙午，入曹。數之以其不用僖負羈，而乘軒者三百人也，且曰獻狀。【詁】按：外傳云：「文公誅觀狀。」獻狀，觀狀也。令無入僖負羈之宮，而免其族，報施也。魏犨、顛頡怒曰：「勞之不圖，報於何有？」爇僖負羈氏。【詁】説文：「爇，燒也。春秋傳曰『爇僖負羈』。」魏犨傷於匈。【詁】説文：「匈，膺也，从勹凶聲。」又作「𦙄」。復古編云：「俗作『胸』、『胷』，非。」按：唐石經昭二十七年傳「鈹交于胷」，初刻正作「匈」字。今據改。公欲殺之，而愛其材。使問，且視之，病，將殺之。魏犨束匈見使者，曰：「以君之靈，不有寧也。」【詁】惠棟云：「劉炫規過以傷爲寧，不有寧謂不有損傷。古人多反語，如甘爲苦、治爲亂皆是。以傷爲寧亦有理。」距躍三百，曲踊三百。【詁】廣雅：「躍、踊，皆跳也。」按：杜注：「百，猶勵也。」無此義訓。今攷「百」、「迫」古字通。廣雅：「迫，急也。」蓋皆言其急遽無序耳。又應劭風俗通：「涉始於足，足率長十寸，十寸則尺。一躍三尺，〔一〕法天地人，再躍則涉。」「三百」或當作「三尺」。古人跳躍之法如此耳。乃舍之。殺顛頡，以徇于師。【詁】商子賞刑篇：「晉文公將欲明刑。顛頡後至，請其罪，君曰：『用事焉。』吏遂斷顛頡之脊以殉。晉國之士稽焉皆懼，曰：『顛頡之有寵也，斷以殉，況於我乎？』」立舟之僑以爲戎右。

宋人使門尹般如晉師告急。（外傳「般」作「班」。）公曰：「宋人告急，舍之則絶，告楚不許。我欲戰矣，齊、秦未可，若之何？」先軫曰：「使宋舍我而賂齊、秦，〔二〕藉之告楚。我執曹君，而分曹、衛之田，以賜宋人。楚愛曹、衛，必不許也。喜賂怒頑，能無戰乎？」公説。執曹伯，分曹、衛之田以畀宋人。

楚子入居于申，使申叔去穀，使子玉去宋，曰：「無從晉師。晉侯在外十九年矣，【詁】按：史記晉世家，重耳出亡時年四十三，凡十九歲而得入，年六十二。而杜注則本晉語，言：「晉侯生十七年而亡，十九年而反，凡三十六年，至此四十矣。」今攷夷吾爲重耳之弟，夷吾之子圉以僖十七年出質于秦，秦即妻之，至小亦當年十五六。自僖十七年至二十八年，又及十二年，則懷公此時若在，亦當年近三十。安得重耳爲其伯父，年止四十也？明重耳之年當以晉世家爲實，晉語及杜並非也。況昭十三年叔向言文公生十七年有士五人，是文公生十七年即能得士，非即以是年出亡也。杜又確指戰城濮之年謂文公年正四十，可云鑿而妄。而果得晉國。險阻艱難，備嘗之矣；民之情僞，盡知之矣。天假之年，【詁】按：云「天假之年」，益可知文公此時年齒必非壯盛。而除其害，天之所置，其可廢乎？軍志曰：『允當則歸。』又曰：『知難而退。』又曰：『有德不可敵。』此三志者，晉之謂矣。」子玉使伯棼請戰，曰：「非敢必有功也，願以間執讒慝之口。」【詁】服虔云：「子玉非敢求有大功，但欲執蔿賈讒慝之口，謂子玉過三百乘不能入。」（同上。）按：釋文引韓詩：「執，服也。」此「間執」義亦同。杜注非也。王怒，少與之師，惟西廣、東宮與若敖之六卒實從之。

〔一〕「一」原脱，據文選四子講德論李善注補。

〔二〕「賂」原訛「輅」，據春秋左傳其它各本改。

子玉使宛春告於晉師曰：（唐石經初刻「師」作「侯」，後改「師」。从定本。）【詁】賈逵云：「楚大夫。」（同上。）「請復衞侯而封曹，臣亦釋宋之圍。」子犯曰：「子玉無禮哉！君取一，臣取二，不可失矣。」先軫曰：「子與之！定人之謂禮，楚一言而定三國，我一言而亡之，我則無禮，何以戰乎？不許楚言，是弃宋也。救而弃之，謂諸侯何？楚有三施，我有三怨，怨讎已多，將何以戰？不如私許復曹、衞以攜之，【詁】韋昭國語注：「攜，離也。」（杜本此。）執宛春以怒楚，既戰而後圖之。」公說。乃拘宛春於衞，且私許復曹、衞。曹、衞告絶於楚。

子玉怒，從晉師。晉師退，軍吏曰：「以君辟臣，辱也。且楚師老矣，何故退？」子犯曰：「師直爲壯，曲爲老，豈在久乎？微楚之惠，不及此。退三舍辟之，所以報也。背惠食言，【詁】孫炎爾雅注：「食，言之僞也。」（書疏。下成十六年等並同。）以亢其讎，【詁】廣雅：「亢，當也。」（杜本此。）我曲楚直。其衆素飽，不可謂老。我退而楚還，我將何求？若其不還，君退臣犯，曲在彼矣。」退三舍。楚衆欲止，子玉不可。

夏，四月戊辰，晉侯、宋公、齊國歸父、崔夭、秦小子慭次于城濮。楚師背酅而舍，晉侯患之。聽輿人之誦曰：「原田苺苺，【詁】說文：「苺，草盛上出也。」徐鉉等：「案：左傳『原田苺苺』，今別作『莓』，非。」廣雅：「腜腜，肥也。」「腜」通作「每」。按：「每每」亦當謂田之肥美。杜注似采說文，而以爲喻晉君之美盛，則失之。舍其舊而新是謀。」公疑焉。子犯曰：「戰也！戰而捷，必得諸侯。若其不捷，表裏山河，必無害也。」公曰：「若楚惠何？」欒貞子曰：「漢陽諸姬，楚實盡之。思小惠而忘大恥，不如戰也。」晉侯夢與楚子搏，楚子伏己而盬其腦，【詁】服虔云：「如俗語相罵云唓汝腦。」（本疏。杜取此。）說文：「𡿺，頭髓也，从匕。匕，相匕箸也。」考工記弓人「蹵于刲」，[一]「刲」同，移匕字在右耳。俗作「腦」，非。論衡卜筮篇云：「晉文公與楚子戰，夢與成王搏，成王在上而盬其腦。占曰：『凶。』咎犯

[一]「弓」原訛「工」，據周禮考工記弓人改。

曰：『吉。君得天，楚伏其罪。盬君之腦者，柔之也。』」按：或以「伏」字絶句者，非。是以懼。子犯曰：「吉。我得天，楚伏其罪。吾且柔之矣。」

子玉使鬭勃請戰，曰：「請與君之士戲，君馮軾而觀之，得臣與寓目焉。」【詁】鄭玄禮記注：「寓，寄也。」（杜本此。）晉侯使欒枝對曰：「寡君聞命矣。楚君之惠，未之敢忘，是以在此。爲大夫退，其敢當君乎？既不獲命矣，敢煩大夫謂二三子：『戒爾車乘，敬爾君事，詰朝將見。』」[一]

晉車七百乘，韅、靷、鞅、靽。【詁】説文：「韅，著掖鞥也。」「靷，引軸也。」「鞅，頸靼也。」廣雅：「馬鞅謂之脅。」説文：「絆，馬縶也。」釋文：「『靽』，一云『縶』也。」毛傳：「縶，絆也。」「靽」、「絆」字同。按：陸德明引説文云：「靷，軸也。」「鞅，頸皮也。」皆與今本説文小異。惠棟云：「『濕』，古文以爲『顯』，故傳作『韅』，从古文省。」晉侯登有莘之虚以觀師，曰：「少長有禮，其可用也。」遂伐其木，以益其兵。

己巳，晉師陳于莘北，胥臣以下軍之佐當陳、蔡。子玉以若敖之六卒將中軍，曰：「今日必無晉矣。」子西將左，子上將右。胥臣蒙馬以虎皮，先犯陳、蔡。陳、蔡奔，楚右師潰。狐毛設二旆而退之。欒枝使輿曳柴而僞遁，楚師馳之，原軫、郤溱以中軍公族横擊之。狐毛、狐偃以上軍夾攻子西，楚左師潰。楚師敗績，子玉收其卒而止，故不敗。

晉師三日館穀，及癸酉而還。甲午，至于衡雍，（外傳作「衡雝」，水經注同。）【詁】郡國志河南郡：「卷，有垣雍城。」道元云：「史記所記韓獻秦垣雍是也。」（杜本此。）作王宫于踐土。【詁】服虔云：「既敗楚師，襄王自往臨踐土，賜命晉侯。晉侯聞而爲之作宫。」（史記集解。）

[一]「詁」原訛「誥」，據春秋左傳其它各本改。

鄉役之三月，【詁】説文：「鄒，不久也。春秋傳曰『鄒役之三月』。」按：今「鄒」作「鄉」，杜注「猶屬也」，義並通。釋文云：「『鄉』亦作『鄒』。」鄭伯如楚致其師。爲楚師既敗而懼，使子人九行成于晉。晉欒枝入盟鄭伯。五月丙午，晉侯及鄭伯盟于衡雍。

丁未，獻楚俘于王：駟介百乘，徒兵千。鄭伯傅王，用平禮也。【詁】服虔云：「駟介，駟馬被甲也。徒兵，步卒也。」（同上。）廣雅：「傅，相也。」（杜取此。）己酉，王享醴，命晉侯宥。王命尹氏及王子虎、【詁】賈逵云：「周大夫。」（同上。）内史叔興父（鄭衆周禮内史注引春秋傳作「内史興父」。）策命晉侯爲侯伯，【詁】鄭司農云：「策，謂以簡策書王命。」（同上。）賜之大輅之服、戎輅之服，彤弓一、彤矢百，玈弓矢千，【詁】賈逵云：「大輅，金輅。彤弓，赤；玈弓，黑也。諸侯賜弓矢，然後征伐。」（同上。）服虔云：「矢千，則弓十。」（詩疏。）韋昭國語注及袁紹傳注引左傳並作「玈弓十玈矢千。」按：石經玈弓「弓」字下旁增「十」字。「玈」字當是别本有之，後人據以增入。然攷服注云云，則是本無「十玈」二字矣。今仍從舊本，不敢據增。秬鬯一卣，虎賁三百人，【詁】賈逵云：「秬，黑黍；鬯，香酒也，所以降神。卣，器名。諸侯賜圭瓚，然後爲鬯。天子卒曰虎賁。」（史記集解。）曰：「王謂叔父：『敬服王命，以綏四國，糾逖王慝。』」【詁】孔安國書傳：「逖，遠也。」（杜本此。）衛彈碑云「糾剔王慝」。惠棟曰：「按：魯頌『狄彼東南』，鄭箋云：『「狄」當爲「剔」。剔，治也。』『逖』與『狄』同，古文作『逷』，又與『剔』通。故或訓爲遠，或訓爲治。此傳當從古文作『逷』，訓爲治。」晉侯三辭，從命，曰：「重耳敢再拜稽首，奉揚天子之丕顯休命。」【詁】賈逵云：「稽首，首至地。」（同上。）孔安國書傳：「丕，大也。休，美也。」（杜取此。）受策以出。出入三覲。

衛侯聞楚師敗，懼，出奔楚，遂適陳，使元咺奉叔武以受盟。癸亥，王子虎盟諸侯于王庭，【詁】服虔云：「王庭，踐土也。」（同上。杜取此。）要言曰：「皆獎王室，無相害也。有渝此盟，明神殛之，【詁】韋昭國語注：「獎，成也。」虞翻易注：「渝，變也。」爾雅：「殛，誅也。」（杜本此。）俾隊其師，無克祚國，【詁】詩毛傳：「俾，使也。」高誘淮南王書

注：「隊，隕也。」爾雅：「克，能也。」（杜本此。）及而玄孫，（諸刊本「而」誤作「其」。今改正。）無有老幼。」君子謂是盟也信，謂晉於是役也能以德攻。

初，楚子玉自爲瓊弁玉纓，【詁】釋文：「『弁』，本又作『玣』。」[一]説文：「璿，美玉也。春秋傳曰『璿弁玉纓』。」按説文：「璿，美玉也。」「瓊，赤玉也。」毛傳云：「瓊，玉之美者。」則「瓊」亦玉之總名，故左傳亦轉作「瓊」。張衡集引作「璿弁玉纓」，與説文同。薛綜曰：「弁，馬冠也，又髦以璿玉作之。纓，馬鞅，以玉飾之。」服虔云：「謂馬飾。」（禮記疏。）未之服也。先戰，夢河神謂己曰：「畀余，余賜女孟諸之麋。」【詁】地理志梁國：「睢陽，盟諸澤在東北，青州藪。」按：禹貢作「孟豬」。正義曰：「左傳、爾雅作『孟諸』，周禮作『望諸』，聲轉字異，正是一地也。」詩毛傳：「水草交謂之麋。」（杜本此。）弗致也。大心與子西使榮黄諫，弗聽。榮季曰：「死而利國，猶或爲之，况瓊玉乎？是糞土也，而可以濟師，將何愛焉？」弗聽。出，告二子曰：「非神敗令尹，令尹其不勤民，實自敗也。」既敗，王使謂之曰：「大夫若入，其若申、息之老何？」子西、孫伯曰：「得臣將死，二臣止之曰：『君其將以爲戮。』」及連穀而死。晉侯聞之而後喜可知也，曰：「莫余毒也已。蔿吕臣實爲令尹，奉己而已，不在民矣。」

或訴元咺於衛侯曰：【詁】姓纂：「其先食采於元，因氏焉。今元城是也。」「立叔武矣。」其子角從公，公使殺之。咺不廢命，奉夷叔以入守。【詁】謚法：「克殺秉政曰夷。」又：「安心好静曰夷。」六月，晉人復衛侯。甯武子與衛人盟于宛濮，（水經注作「莞濮」。）【詁】京相璠曰：「衛地也」。（水經注。）地理志陳留郡：「封丘，濮渠水首受泲，東北至都關，入羊里水。」道元云：「濮渠側有漆城，或亦謂之宛濮亭。」曰：「天禍衛國，君臣不協，以及此憂也。今天誘其衷，【詁】韋昭國語注：「衷，中也。」（杜本此。）使皆降心，以相從也。不有居者，誰守社稷？不有行者，誰扞牧圉？

[一]「玣」原作「玶」，據經典釋文春秋左氏音義僖公二十八年改。

【詁】高誘淮南王書注：「牧圉，養馬者。」（杜本此。）不協之故，用昭乞盟于爾大神，以誘天衷。自今日以往，既盟之後，行者無保其力，居者無懼其罪。有渝此盟，以相及也。明神先君，是糾是殛。」國人聞此盟也，而後不貳。衛侯先期入，甯子先，長牂守門，以爲使也，與之乘而入。公子歂犬、華仲前驅。叔武將沐，聞君至，（諸刊本「君」誤作「公」。今改正。）喜，捉髮走出，【詁】説文：「捉，搤也。一曰握也。」廣雅：「捉，持也。」前驅射而殺之。公知其無罪也，枕之股而哭之。歂犬走出，公使殺之。元咺出奔晉。

城濮之戰，晉中軍風于澤，亡大旆之左旃。【詁】爾雅：「繼旐曰旆。」周禮：「通帛爲旜。」（杜本此。）祁瞞奸命，司馬殺之，以徇于諸侯，使茅茷代之。師還。壬午，濟河。舟之僑先歸，士會攝右。秋，七月丙申，振旅愷以入于晉。【詁】按：釋文曰：「旅凱。」劉逵吴都賦注引此正作「旅凱」。今石經及諸刊本並作「愷」，蓋一本作「愷」也。周禮「王師大獻，則令奏凱樂」，鄭注引傳「振旅愷以入于晉」，正義：「愷樂，獻功之樂者，則晉之振旅愷是也。」夏官「愷樂獻于社」，鄭司農引春秋傳曰「振旅愷以入于晉」。是作「愷」相承已久，今仍之。獻俘受馘，飲至大賞，徵會討貳，殺舟之僑以徇于國。民於是大服。君子謂：「文公其能刑矣，三罪而民服。詩云：『惠此中國，以綏四方。』不失賞刑之謂也。」

冬，會于温，討不服也。

衛侯與元咺訟，甯武子爲輔，鍼莊子爲坐，【詁】按：廣韻「箴」字注引風俗通曰：「有衛大夫箴莊子。」今攷宣四年箴尹克黄、定四年鍼尹固，是「箴」、「鍼」古字通。李善文選注：「『箴』，古『針』字。」士榮爲大士。（鄭玄周禮注引作「大理」。）【詁】鄭衆云：「士謂主斷刑之官。」（周禮注。）衛侯不勝，殺士榮，刖鍼莊子，謂甯俞忠而免之。執衛侯歸之于京師，寘諸深室。【詁】惠棟曰：「荀卿子云：『公侯失禮則幽。』故寘諸深室。」甯子職納橐饘焉。【詁】爾雅：「橐，囊也。」説文、方言：「饘，糜也。」（杜本此。）按：橐袛可置食物，杜增一字曰「衣囊」，恐非。元咺歸于衛，立公子瑕。

是會也，晉侯召王，以諸侯見，且使王狩。仲尼曰：「以臣召君，不可以訓。」故書曰：「天王狩于河陽。」

言非其地也，且明德也。壬申，公朝于王所。

丁丑，諸侯圍許。晉侯有疾，曹伯之豎侯獳貨筮史，使曰以曹爲解：「齊桓公爲會而封異姓，今君爲會而滅同姓。曹叔振鐸，文之昭也。先君唐叔，武之穆也。且合諸侯而滅兄弟，非禮也。與衛偕命，而不與偕復，非信也。同罪異罰，非刑也。禮以行義，信以守禮，刑以正邪，舍此三者，君將若之何？」公說，復曹伯。遂會諸侯于許。

晉侯作三行以禦狄。【詁】服虔云：「辟天子六軍，故謂之三行。」（史記集解。）荀林父將中行，屠擊將右行，先蔑將左行。【詁】史記作：「先穀將右行。」按：獻公時已有左、右行，至此復立中行。

二十九年，春，介葛盧來朝，舍于昌衍之上。【詁】史記「孔子生魯昌平鄉陬邑」，索隱云：「昌平，鄉號。」（杜本此。）公在會，饋之芻米，禮也。

夏，公會王子虎、晉狐偃、宋公孫固、齊國歸父、陳轅濤塗、秦小子憖，盟于翟泉，尋踐土之盟，且謀伐鄭也。卿不書，罪之也。在禮，卿不會公、侯，會伯、子、男可也。

秋，大雨雹，爲災也。

冬，介葛盧來。以未見公故，復來朝。禮之，加燕好。介葛盧聞牛鳴，曰：「是生三犧，皆用之矣。」（張湛列子注引傳云：「是生四子，盡爲犧矣。」鄭司農周禮注又引作「是生三犧，皆用矣」。）其音云。問之而信。【詁】賈逵云：「言八律之音，聽鳥獸之鳴，則知其嗜欲，生死可知。伯益明是術，故堯、舜使掌朕虞。周失其道，官又在四夷。」〔一〕（周禮疏。）

〔一〕「官又」原作「又官」，據周禮秋官夷隸正義乙正。

三十年，春，晉人侵鄭，以觀其可攻與否。狄聞晉之有鄭虞也，夏，狄侵齊。晉侯使醫衍酖衛侯。甯俞貨醫，使薄其酖，不死。公爲之請，納玉于王與晉侯，皆十瑴，【詁】爾雅：「雙玉曰玨。」説文：「二玉相合爲一玨。玨或从㱿。」[一]（杜本此。）王許之。秋，乃釋衛侯。

衛侯使賂周歂、冶廑曰：【詁】説文：「歂，讀若輇。」[二]古今字詁曰：「『廑』，古『勤』字也。」俗本誤作「厪」。「苟能納我，吾使爾爲卿。」周、冶殺元咺及子適、子儀。公入，祀先君。周、冶既服，將命，周歂先入，及門，遇疾而死。冶廑辭卿。

九月甲午，晉侯、秦伯圍鄭，以其無禮於晉，且貳於楚也。晉軍函陵，【詁】按：函陵在今河南新鄭縣北十三里，與東汜水甚近。歲壬子及丙辰，余出使兩過其地，狹長如土衖，且旋轉屈曲，若行書函中，與閿鄉函谷關無異，益信古人命名之諦也。秦軍汜南。【詁】水經注所謂東汜者也。佚之狐言於鄭伯曰：「國危矣。若使燭之武見秦君，【詁】水經注：「洧水下七里溝水，又南歷燭城西，即鄭大夫燭之武之邑也。」按：此以邑名爲氏。然春秋時氏燭者實不止一人。齊景公時有燭雛，見説苑。吴有燭庸，晉有燭過，見子華子。師必退。」公從之。辭曰：「臣之壯也，猶不如人。今老矣，無能爲也已。」公曰：「吾不能早用子，今急而求子，是寡人之過也。然鄭亡，子亦有不利焉。」許之。夜，縋而出。【詁】廣雅：「縋，索也。」餘見襄十九年傳。見秦伯，曰：「秦、晉圍鄭，鄭既知亡矣。若亡鄭而有益於君，敢以煩執事。越國以鄙遠，君知其難也。焉用亡鄭以陪鄰？（諸刊本誤「倍」。今从石經、宋本改正。）【詁】廣雅：「陪，益也。」（杜本此。）案：新序引傳亦作「陪」。鄰之厚，君之薄也。若舍鄭以爲東道主，（史記作「東道交」。）行李之

〔一〕「㱿」原作「瑴」，據説文解字第一上改。
〔二〕「若」後原衍「車」，據説文解字第八下删。

往來，【詁】賈逵云：「理，吏也，小行人也。」（本疏。）按：今本作「李」，古字同。杜此注及襄八年、昭十三年注並取賈說。共其乏困，君亦無所害。且君嘗爲晉君賜矣，許君焦、瑕，【詁】京相璠曰：「今河東解縣西南五里有故瑕城。」按：焦城在今陝州南，瑕城在今閿鄉縣西。酈道元云：「陝城中有小城，故焦國也。武王以封神農之後于此。」朝濟而夕設版焉，君之所知也。夫晉，何厭之有？既東封鄭，又欲肆其西封，【詁】廣雅：「肆，伸也。」「申」與「伸」同。（杜本此。）不闕秦，焉取之？（石經作「不闕秦焉取之」。後人于「不」字上旁增「若」字，「焉」字上旁增「將」字。孔疏摘傳文作「不闕秦焉取之」。正義并引沈文何云：「不闕秦家，更何處取之？」則古文無此二字可知。今从石經、孔疏及宋本删定。）闕秦以利晉，惟君圖之！」秦伯說，與鄭人盟。使杞子、逢孫、楊孫戍之，乃還。子犯請擊之，公曰：「不可。微夫人之力不及此。因人之力而敝之，不仁。失其所與，不知。以亂易整，不武。吾其還也！」亦去之。

初，鄭公子蘭出奔晉。【詁】服虔云：「公子蘭，鄭文公賤妾燕姞之子，穆公。鄭逐群公子，故奔晉也。」（御覽。）從於晉侯伐鄭，請無與圍鄭，【詁】服虔云：「晉善蘭不忘本國故也。」（同上。）許之，使待命于東。【詁】服虔云：「待命于鄭東也。」（同上。）鄭石甲父、侯宣多逆以爲大子，以求成于晉，晉人許之。

冬，王使周公閱來聘，饗有昌歜、【詁】服虔云：「昌歜，昌本之菹。」[一]（周禮疏。）韓非子難篇：「文王嗜昌蒲葅。」（杜本此。）按：説文「𣤶」字注云：「欱𣤶也，从欠䆱聲。」玉篇：「𣤶，子合、才六二切，嗚𣤶也，[二]亦作『𪅴』。」[三]又俎敢切，菖蒲菹也。」蓋本作「𣤶」，傳寫譌作「歜」耳。故釋文亦作在感反。正義云昌蒲草無此別名，殊未深考。今承寫已久，姑仍之。白黑、形鹽。辭曰：「國君，文足昭也，武可畏也，則有備物之饗，以象其德。薦五味，羞嘉穀，鹽虎形，【詁】服

[一]「菹」原訛「葅」，據周禮天官醢人正義改。
[二]「嗚」原訛「鳴」，據玉篇卷九欠部改。
[三]「𪅴」原訛「蹴」，據玉篇卷九欠部改。

虔云：「剋形。」（同上。）鄭司農云：「築鹽以爲虎形。」（周禮注。）以獻其功。吾何以堪之？」

東門襄仲將聘于周，遂初聘于晉。【詁】賈、服謂先聘晉後聘周。（本疏。）

三十一年，春，取濟西田，分曹地也。使臧文仲往，宿於重館。【詁】韋昭國語注：「重，魯地。館，侯館也。」重館人告曰：「晉新得諸侯，必親其共。不速行，將無及也。」從之。分曹地自洮以南，東傅于濟，盡曹地也。【詁】水經注：「今甄城西南五十里有姚城，或謂之洮也。」按：春秋莊十八年「公追戎于濟西」，服氏注云：「濟西，曹地。」京相璠云：「濟水自鉅野至濟北。」是魯與曹當以濟爲界，此云「東傅于濟」，是也。襄仲如晉，拜曹田也。

夏，四月，四卜郊，不從，乃免牲，非禮也。猶三望，亦非禮也。禮，不卜常祀，而卜其牲、日。牛卜日曰牲。〔一〕牲成而卜郊，上怠慢也。望，郊之細也。不郊，亦無望可也。

秋，晉蒐于清原，作五軍以禦狄。趙衰爲卿。

冬，狄圍衛。衛遷于帝丘，卜，曰：「三百年。」衛成公夢康叔曰：「相奪予享。」【詁】馬融易注：「享，祭也。」（杜本此。）公命祀相。甯武子不可，曰：「鬼神，非其族類，不歆其祀。【詁】詩毛傳：「歆，饗也。」（杜本此。）杞、鄫何事？相之不享於此久矣，非衛之罪也。不可以間成王、周公之命祀，請改祀命。」

鄭泄駕惡公子瑕，鄭伯亦惡之，故公子瑕出奔楚。

三十二年，春，楚鬭章請平于晉，晉陽處父報之，晉、楚始通。

〔一〕「卜」原訛「上」，據春秋左傳其它各本改。

夏，狄有亂。衛人侵狄，狄請平焉。

秋，衛人及狄盟。

冬，晉文公卒。庚辰，將殯于曲沃。【詁】説文：「殯，死在棺，將遷葬柩，賓遇之。从歺从賓，賓亦聲。」出絳，柩有聲如牛。【詁】廣雅：「柩，棺也。」卜偃使大夫拜，曰：「君命大事：將有西師過軼我，擊之，【詁】高誘淮南王書注：「自後過前曰軼。」必大捷焉。」杞子自鄭使告于秦曰：【詁】高士傳作「祀子」，蓋字近而誤。按：史記鄭世家賣鄭者乃鄭司城繒賀，與此傳異。「鄭人使我掌其北門之管，【詁】鄭玄禮記注：「管，鍵也。」按：杜注云：「鑰也。」義亦同。若潛師以來，國可得也。」穆公訪諸蹇叔，蹇叔曰：【詁】史記秦本紀曰：「穆公問蹇叔、百里奚。」史記列傳蹇叔語皆作二老曰。公、穀皆作百里子、蹇叔子。「勞師以襲遠，非所聞也。師勞力竭，遠主備之，無乃不可乎！師之所爲，〔一〕鄭必知之。勤而無所，必有悖心。且行千里，其誰不知？」公辭焉。召孟明、西乞、白乙，【詁】呂覽先識篇云：「蹇叔有子曰申與視。」高誘注：「申，白乙丙也。視，孟明視也。」史記曰：「使百里傒子孟明視，蹇叔子西乞術、白乙丙將。」南史亦云：「孟明，百里奚子。」下傳云即明云百里孟明視。使出師於東門之外。蹇叔哭之，曰：「孟子，【詁】按：呂覽以孟明視爲蹇叔子。今蹇叔哭孟子之後，始云其子與師，哭而送之；且稱爲孟子，明視非蹇叔子可知。史記以蹇叔子爲西乞、白乙，正義非之。今攷三師同出，蹇叔先哭孟子，不及二人。次乃云「蹇叔之子與師，哭而送之」，則西乞、白乙或即爲蹇叔子。以其爲子，故哭有次第。又改而稱「爾」，文法甚明。至變文言「蹇叔之子」，乃行文互見之法。正義譏之，非也。釋文：「『孟子』，本或作『孟兮』。」吾見師之出，而不見其入也。」公使謂之曰：「爾何知？中壽，（三體石經作「耈」。）【詁】按：正義言上壽、中壽、下壽年歲亦非。攷李善文選注引養生經：「黃帝曰：『中壽百年。』」又莊子盜跖篇「中壽八十」，

〔一〕「之」原訛「知」，據春秋左傳其它各本改。

吕覽安死篇「中壽不過六十」，淮南原道訓「凡人中壽七十歲」。此云「中壽」，亦當在八十以下、六十以上也。爾墓之木拱矣。」【詁】爾雅：「兩手持爲拱。」（杜本此。）蹇叔之子與師，哭而送之，曰：「晉人禦師必於殽。【詁】郡國志弘農郡：「黽池，有二崤。新安，澗水出。」按：高誘淮南王書注及廣韻引傳並作「郩」。後漢書龐參傳作「崤」。釋文：「『殽』，本又作『崤』。」殽有二陵焉。其南陵，夏后皋之墓也。【詁】史記夏本紀：「孔甲崩，子帝皋立。」竹書紀年作「帝昊」。沈約注：「『昊』一作『皋』。」其北陵，文王之所辟風雨也。【詁】爾雅：「大阜曰陵。」（杜本此。）按：吕覽先識篇作「南岸」、「北岸」，義亦同。詩所云「高岸爲谷，深谷爲陵」也。必死是間，余收爾骨焉。」秦師遂東。

三十三年，春，秦師過周北門，左右免胄而下，超乘者三百乘。王孫滿尚幼，觀之，言於王曰：「秦師輕而無禮，【詁】服虔云：「無禮，謂過天子門不櫜甲束兵，而但免胄。」（本疏。）必敗。輕則寡謀，無禮則脱。（按：鄭玄喪服小記注引傳「脱」作「説」。「説」、「脱」古字通。）【詁】韋昭國語注：「脱，簡脱也。」入險而脱，又不能謀，能無敗乎？」及滑，鄭商人弦高將市於周，【詁】吕覽作：「鄭賈人弦高、奚施將西市于周，遽使奚施歸告。」淮南王書「奚施」作「蹇他」。遇之，以乘韋先，牛十二犒師，【詁】按：古無「犒」字，張揖廣雅始有之。蓋從此傳生義。曰：「寡君聞吾子將步師出於敝邑，敢犒從者。不腆敝邑，爲從者之淹，【詁】方言：「腆，厚也。」爾雅：「淹，久也。」（杜本此。）居則具一日之積，行則備一夕之衛。」且使遽告于鄭。【詁】爾雅：「遽，傳也。」（杜本此。）鄭穆公使視客館，則束載、厲兵、秣馬矣。【詁】説文：「秣，食馬穀也。」按：今本「秣」誤作「䬴」。使皇武子辭焉，曰：「吾子淹久於敝邑，惟是脯資餼牽竭矣，【詁】韋昭國語注：「資，稟也。」按：杜注：「資，糧也。」義亦同。服虔云：「腥曰餼。」（儀禮疏。）又云：「死曰餼。」（禮記疏。）鄭司農云：「牽，牲可牽而行者」。（周禮注。）爲吾子之將行也。鄭之有原圃，猶秦之有具圃也，（吕覽、淮南、水經注、初學記並作「具圃」。「圃」後訛爲「囿」，今訂正。）【詁】穆天子傳：「祭父自圃鄭來謁天子。」地理志河南郡：「中牟，圃田澤在西，豫州藪。」水經注：「濟水又東，逕原武縣故城南，春秋之原圃也。」淮南墬形訓「秦之楊紆」，高誘注：「楊紆，在馮翊池陽，一名具圃。」按：爾雅十藪，秦有陽陓，郭璞注又云：「在扶風汧縣西。」今攷地理志扶風郡：「汧，吴山在西，古文以爲汧山。雍州山。北有蒲谷鄉弦中谷。」以地形按之，是周之焦護即秦之楊紆，前後異名耳。池陽縣，漢屬馮翊，晉初屬扶風，故郭注與高誘異也。淮南墬形訓藪止有九，無周之焦護，明焦護即楊紆也。周禮雍州澤藪曰弦蒲，亦即此楊陓。「陓」、「蒲」、「紆」、「瓠」音並同。吾子取其麋鹿，以閒敝邑，若何？」杞子奔齊，逢孫、揚孫奔宋。孟明曰：「鄭有備矣，不可冀也。攻之不克，圍之不繼，吾其還也。」滅滑而還。

齊國莊子來聘，自郊勞至于贈賄，禮成而加之以敏。臧文仲言於公曰：「國子爲政，齊猶有禮，君其朝焉。臣聞之：『服於有禮，社稷之衞也。』」

晉原軫曰：【詁】按：先軫，僖二十八年傳及此傳皆别云原軫，當係食采于原，故云。杜預釋例云：「河内沁水縣西北有原城。」是矣。至先且居則稱霍伯，當亦以采地名。郡國志河東：「永安縣有霍大山。」水經注「山側有霍城」是也。然韋昭國語注又云：「先且居，先軫之子蒲城伯也。後受霍爲霍伯。」則先且居前又食采蒲城。蒲城即重耳所居，在漢河東郡蒲子縣。大率晉大夫皆以采地爲氏，除趙、韓、魏之外，如吕、郤、荀、欒、胥、燕、狐、輔、虢、范、祁、邢、屏、樓、楊、鄔、賈、杜、陽、臼、隨、苗、温、冀、知、閻、瑕、疇、銅鞮、邯鄲等並是。「秦違蹇叔，而以貪勤民，天奉我也。【詁】高誘淮南王書注：「奉，助也。」（杜義亦同。）奉不可失，敵不可縱。縱敵患生，違天不祥，必伐秦師。」欒枝曰：「未報秦施而伐其師，其爲死君乎？」先軫曰：「秦不哀吾喪而伐吾同姓，秦則無禮，何施之爲？吾聞之：『一日縱敵，數世之患也。』謀及子孫，可謂死君乎！」遂發命，遽興姜戎。子墨衰絰，【詁】賈逵云：「墨，變凶。」（史記集解。）梁弘御戎，萊駒爲右。

夏，四月辛巳，敗秦師于殽，獲百里孟明視、西乞術、（史記作「秫」。）白乙丙以歸。遂墨以葬文公，【詁】服虔云：「非禮也。」（同上。）晉於是始墨。文嬴請三帥，曰：「彼實構吾二君。（「構」字从石經改。）寡君若得而食之，不厭，君何辱討焉？使歸就戮于秦，以逞寡君之志，若何？」公許之。先軫朝，問秦囚，公曰：「夫人請之，吾舍之矣。」先軫怒曰：「武夫力而拘諸原，婦人暫而免諸國。墮軍實而長寇讎，【詁】廣雅：「暫，卒也。」爾雅：「墮，毀也。」（杜本此。）亡無日矣。」不顧而唾。【詁】説文：「唾，口液也。」公使陽處父追之，及諸河，則在舟中矣。釋左驂，以公命贈孟明。孟明稽首曰：「君之惠，不以纍臣釁鼓，【詁】賈逵曰：「殺而以血塗鼓謂之釁鼓。」（詩疏。）廣雅：「纍，拘也。」使歸就戮于秦。寡君之以爲戮，死且不朽。若從君惠而免之，三年將拜君賜。」秦伯素服郊次，鄉師而哭，曰：「孤違蹇叔，以辱二三子，孤之罪也。不替孟明，（文選注引作「不廢」。）孤之過也。大夫何罪？且吾不以一眚掩大德。」【詁】馬融書傳：「眚，過也。」（杜本此。）

狄侵齊，因晉喪也。

公伐邾，取訾婁，以報升陘之役。邾人不設備。秋，襄仲復伐邾。

狄伐晉，及箕。八月戊子，晉侯敗狄于箕。【詁】京相璠土地名：「箕城在陽邑南，水北即陽邑縣故城也。」（水經注。）郤缺獲白狄子。先軫曰：「匹夫逞志於君而無討，敢不自討乎？」免胄入狄師，死焉。狄人歸其元，面如生。初，臼季使，過冀，【詁】京相璠曰：「今河東皮氏縣有冀亭，古之冀國所都也。」（同上。）見冀缺耨，其妻饁之，【詁】馬融易注：「耨，鉏也。」（易釋文。）説文：「饁，餉也。」孫炎爾雅注：「饁，野之餽也。」韋昭國語注同。（杜皆本此。）敬，相待如賓。與之歸，言諸文公曰：「敬，德之聚也。能敬，必有德。德以治民，君請用之！臣聞之：『出門如賓，承事如祭，仁之則也。』」公曰：「其父有罪，可乎？」對曰：「舜之罪也殛鯀，其舉也興禹。管敬仲，桓之賊也，實相以濟。康誥曰：『父不慈，子不祗，【詁】説文：「祗，敬也。」（杜本此。）兄不友，弟不共，不相及也。』【詁】惠棟曰：「昭廿年傳：在康誥曰：『父子兄弟，罪不相及。』孔氏謂非康誥之全文，引其意而言之。棟謂此康誥之闕文也。法言曰：『酒誥之篇俄空焉。』伏生引酒誥曰：『王曰封惟曰若圭璧。』今酒誥無此文，故漢藝文志云：『酒誥脱簡一。』梓材『今王惟曰』以下文義不屬。蓋康誥三篇皆有脱誤。孔以爲引其意而言之，非也。」詩曰：『采葑采菲，無以下體。』君取節焉，可也。」文公以爲下軍大夫。反自箕，襄公以三命命先且居將中軍，以再命命先茅之縣賞胥臣，曰：「舉郤缺，子之功也。」以一命命郤缺爲卿，復與之冀，亦未有軍行。

冬，公如齊，朝，且弔有狄師也。反，薨于小寢，即安也。

晉、陳、鄭伐許，討其貳於楚也。楚令尹子上侵陳、蔡。陳、蔡成，遂伐鄭，將納公子瑕。門于桔柣之門，瑕覆于周氏之汪，【詁】通俗文：「亭水曰汪。」（一切經音義。）外僕髡屯禽之以獻。【詁】崔憬易注曰：「『禽』，古『擒』字。擒猶獲也。」文夫人斂而葬之鄶城之下。【詁】服虔云：「鄶城，故鄶國之墟。」（詩疏。杜取此。）

晉陽處父侵蔡。楚子上救之，與晉師夾泜而軍。【詁】水經注：「汝水又東南，逕定陵縣故城北，水右，則滍水左入焉。」按：地理志南陽郡：「魯陽，魯山，[一]滍水所出，東北至定陵入汝。」（杜本此。）師古曰：「『滍』音『時』，又音『雉』。」「滍」、「泜」同音，即泜水也。陽子患之，使謂子上曰：「吾聞之：『文不犯順，武不違敵。』子若欲戰，則吾退舍，子濟而陳，遲速惟命。不然，紓我。【詁】詩毛傳：「紓，緩也。」（杜本此。）老師費財，亦無益也。」乃駕以待。子上欲涉，大孫伯曰：「不可。晉人無信，半涉而薄我，悔敗何及？不如紓之。」乃退舍。陽子宣言曰：【詁】爾雅：「宣，徧也。」高誘注戰國策亦同。「楚師遁矣。」遂歸。楚師亦歸。大子商臣譖子上曰：「受晉賂而辟之，楚之恥也，罪莫大焉。」王殺子上。

葬僖公，緩作主，【詁】按：劉敞云：「杜讀『緩』以上爲句，非也。僖公以十二月薨，明年四月葬，凡五月，不得云緩。」

[一]「魯」原訛「堯」，據漢書卷二十八上地理志第八上改。

今从劉氏讀。又繹下釋例所引賈氏説，則「緩」字亦當連下讀爲是。非禮也。【詁】賈氏以爲僖公始不順祀，生則致哀姜，終則小寢，以慢典常，故其子文公緣事生邪志，作主陵遲。于是文公復有夫人歸，嗣子罹咎。傳故上係此文于僖公篇。凡君薨，卒哭而祔，祔而作主，特祀於主，烝、嘗、禘於廟。【詁】服虔云：「特祀於主，謂在寢。烝、嘗、禘於廟者，三年喪畢，遭烝嘗則行祭皆於廟焉。」（儀禮、禮記疏。）

春秋左傳詁卷九

傳

文公

元年，春，王使內史叔服來會葬。公孫敖聞其能相人也，見其二子焉。叔服曰：「穀也食子，難也收子。穀也豐下，必有後於魯國。」

於是閏三月，非禮也。先王之正時也，履端於始，舉正於中，歸餘於終。（史記曆書「餘」作「邪」，注云：「『邪』音『餘』。」）履端於始，序則不愆。舉正於中，民則不惑。歸餘於終，事則不悖。（漢書志引作「誖」。）

夏，四月丁巳，葬僖公。

王使毛伯衛來賜公命。（从石經、宋本改「錫」作「賜」。）【詁】按：顧炎武以石經爲非，誤。經、傳文往往不盡同。如五年經「王使榮叔歸含且賵」，傳作「來含」，是也。又公羊傳云：「錫者何？賜也。」左氏作「賜」，正以釋經。今據改。叔孫得臣如周拜。

晉文公之季年，諸侯朝晉。衛成公不朝，使孔達侵鄭，伐緜、訾及匡。【詁】酈道元云：「扶溝縣匡亭在匡城鄉，春秋『孔達侵鄭伐緜、訾及匡』，即此邑也。」晉襄公既祥，使告于諸侯而伐衛，及南陽。先且居曰：「效尤，禍也。請君朝王，臣從師。」晉侯朝王于溫。先且居、胥臣伐衛。五月辛酉朔，晉師圍戚。六月戊戌，取之，獲孫昭子。衛人使告于陳。陳共公曰：「更伐之，我辭之。」衛孔達帥師伐晉。君子以爲古。古者，越國而謀。

秋，晉侯疆戚田，故公孫敖會之。

初，楚子將以商臣爲大子，訪諸令尹子上。子上曰：「君之齒未也，【詁】鄭玄禮記注：「齒，年也。」（杜本此。）而又多愛，黜乃亂也。楚國之舉，【詁】賈逵云：「舉，立也。」（史記集解。杜取此。）恒在少者。且是人也，蠭目而豺聲，忍人也，【詁】釋文：「『蠭』本又作『蜂』。」服虔云：「言忍爲不義。」（同上。杜取此。）不可立也。」弗聽。既，又欲立王子職，而黜大子商臣。【詁】賈逵云：「職，商臣庶弟。」（同上。杜取此。）商臣聞之而未察，告其師潘崇曰：「若之何而察之？」潘崇曰：「享江芈而勿敬也。」（按：史記作「饗王之寵姬而弗敬也」。索隱云：「『姬』當作『妹』。」）從之。江芈怒曰：「呼，役夫！宜君王之欲殺女而立職也。」【詁】案：韓非子作「廢女而立職」。傳上云「黜商臣」，似作「廢」字爲允。唐劉知幾史通言語篇亦引作「廢女」。況既作「殺」字，則潘崇下可無「能事諸乎」一語。告潘崇曰：「信矣。」潘崇曰：「能事諸乎？」【詁】服虔云：「若立職，子能事之？」（同上。）曰：「不能。」「能行乎？」曰：「不能。」「能行大事乎？」【詁】服虔云：「謂弒君。」（同上。杜取此。）案：高誘戰國策注云：「大事，兵事。」傳所云「國之大事，在祀與戎」也。惠氏說亦同。曰：「能。」冬，十月，以宮甲圍成王。【詁】韓非子內儲篇：「于是乃起宿營之甲，而攻成王。」王請食熊蹯而死，【詁】說文：「熊，獸，似豕，山居冬蟄。」爾雅釋獸：「其足蹯。」鄭玄周禮注：「蹯，掌也。」孟子：「熊掌，我所欲也。」按：服虔注「熊蹯」，見宣公二年傳下。弗聽。丁未，王縊。【詁】史記：「成王自絞死。」謚之曰靈，不瞑；曰成，乃瞑。穆王立，以其爲大子之室與潘崇，使爲大師，且掌環列之尹。

穆伯如齊，始聘焉，禮也。凡君即位，卿出並聘，踐修舊好，【詁】鄭玄禮記注：「踐，猶履也。」（杜本此。）要結外援，（文選注引作「大援」。）好事鄰國，以衛社稷，忠信卑讓之道也。忠，德之正也。信，德之固也。卑讓，德之基也。

殽之役，晉人既歸秦帥，秦大夫及左右皆言於秦伯曰：「是敗也，孟明之罪也，必殺之。」秦伯曰：「是孤之罪也。周芮良夫之詩曰：『大風有隧，【詁】詩毛傳：「隧，道也。」釋文同。貪人敗類。聽言則對，誦言如醉。匪用其良，覆俾我悖。』是貪故也，孤之謂矣。孤實貪以禍夫子，夫子何罪？」復使爲政。

二年，春，秦孟明視帥師伐晉，以報殽之役。二月，晉侯禦之，先且居將中軍，趙衰佐之。王官無地御戎，狐鞫居爲右。甲子，及秦師戰于彭衙，秦師敗績。晉人謂秦「拜賜之師」。戰于殽也，晉梁弘御戎，萊駒爲右。戰之明日，晉襄公縛秦囚，使萊駒以戈斬之。囚呼，萊駒失戈，狼瞫取戈以斬囚，禽之以從公乘，遂以爲右。箕之役，先軫黜之，而立續簡伯。狼瞫怒，其友曰：「盍死之？」瞫曰：「吾未獲死所。」其友曰：「吾與女爲難。」瞫曰：「周志有之：【詁】鄭司農云：「志，謂記也。」（周禮注。）『勇則害上，不登於明堂。』【詁】按：二語今見汲冢周書大匡解，云：「勇如害上，則不登于明堂。」五經異誼：「布政之堂，故稱明堂。明堂，盛貌也。」（南齊書。）潁容云：「告朔行政謂之明堂。」（藝文類聚引五經釋例。）又云：「明堂，太廟，凡有八名，其體一也。」（舊唐書引潁容例。）又云：「凡有七名。」（文苑英華。）左氏舊説及賈逵、盧植、蔡邕、服虔等，皆以祖廟與明堂爲一。（本疏。）服虔云：「明堂，祖廟。」（通典。杜取此。）死而不義，非勇也。共用之爲勇。吾以勇求右，無勇而黜，亦其所也。謂上不我知，黜而宜，乃知我矣。子姑待之。」及彭衙，既陳，以其屬馳秦師，死焉。晉師從之，大敗秦師。君子謂：「狼瞫於是乎君子。詩曰：『君子如怒，亂庶遄沮。』【詁】爾雅：「遄，疾也。」詩毛傳：「沮，止也。」（杜本此。）又曰：『王赫斯怒，爰整其旅。』怒不作亂，而以從師，可謂君子矣。」

秦伯猶用孟明。孟明增修國政，重施於民。趙成子言於諸大夫曰：「秦師又至，將必辟之。懼而增德，不可當也。詩曰：『毋念爾祖，聿修厥德。』孟明念之矣。念德不怠，其可敵乎？」

丁丑，作僖公主。書，不時也。

晉人以公不朝來討，公如晉。夏，四月己巳，晉人使陽處父盟公以恥之。書曰「及晉處父盟」，以厭之也。【詁】鄭玄儀禮注：「厭，伏也。」按：杜注：「厭，猶損也。」今攷漢書集注辛慶忌傳：「厭，抑也。」與杜注相近。然究不若鄭義爲長。適晉不書，諱之也。

公未至，六月，穆伯會諸侯及晉司空士縠盟于垂隴，晉討衛故也。書「士縠」，堪其事也。陳侯爲衛請成于晉，執孔達以説。

秋，八月丁卯，大事于大廟，躋僖公，逆祀也。【詁】惠棟曰：「古文左氏説云：『大廟，周公之廟，饗有禮義者也。祀，國之大事也。惡其亂國之大事于太廟，故云大事也。躋，登也。登僖公主于閔公上，逆祀也。』」於是夏父弗忌爲宗伯，（鄭司農周禮注引作「宗人」。）【詁】禮記云：「夏父弗綦。」按：鄭詩大叔于田云：「叔善射忌，又良御忌。」鄭箋云：「『忌』讀如『彼己之子』之『己』。」曹詩候人，[一]「彼己之子」之「己」作「其」。惠棟云：「『其』可讀爲『記』，則『忌』亦可讀作『其』。古『基』字、[二]『期』字皆省作『其』，與『綦』同音。」今案：家語亦作「綦」。古今人表作「不忌」。尊僖公，且明見曰：「吾見新鬼大，故鬼小。【詁】服虔注云：「閔公死時年九歲。」（本疏。）先大後小，順也。躋聖賢，明也。明、順，禮也。」君子以爲失禮：「禮無不順。祀，國之大事也，而逆之，可謂禮乎？子雖齊聖，不先父食久矣。故禹不先鯀，湯不先

[一]「候」原訛「侯」，據詩曹風候人改。

[二]「基」原訛「綦」，據惠棟春秋左傳補注卷二改。

契，文、武不先不窋。【詁】服虔云：「周家祖后稷以配天，明不可先也，故言不先不窋。禹、湯，異代之王，故言不先鯀、契也。」（本疏。）宋祖帝乙，鄭祖厲王，猶上祖也。是以魯頌曰：『春秋匪解，享祀不忒。【詁】廣雅：「忒，差也。」（杜本此。）皇皇后帝，皇祖后稷。』君子曰禮，謂其后稷親而先帝也。詩曰：『問我諸姑，遂及伯姊。』君子曰禮，謂其姊親而先姑也。」仲尼曰：「臧文仲其不仁者三，不知者三。下展禽，廢六關，【詁】家語云「置六關」，王肅曰：「六關，關名，魯本無此關，文仲置之以税行者，故云不仁。」惠棟曰：「『廢』與『置』古字通。公羊傳云：『去其有聲者，廢其無聲者。』鄭志答張逸曰：『廢，置也。』以『廢』爲『置』，猶以『亂』爲『治』、『徂』爲『存』、『故』爲『今』、『曩』爲『曏』、『苦』爲『快』、『臭』爲『香』、『藏』爲『去』。郭璞詁訓義有反覆旁通，美惡不嫌同名也。杜氏云：『六關，所以禁絶末遊而廢之。』杜此説昧于義矣。小爾雅亦以『廢』爲『置』。杜集解頗用孔鮒之説，獨不及此，何也？」今攷莊子徐無鬼篇：「于是調瑟，廢一於堂，廢一於室。」是古多訓「廢」爲「置」。妾織蒲，三不仁也。作虛器，（家語「作」字作「設」。）縱逆祀，祀爰居，三不知也。」

冬，晉先且居、宋公子成、陳轅選、鄭公子歸生伐秦，取汪，及彭衙而還，以報彭衙之役。卿不書，爲穆公故，尊秦也，謂之崇德。

襄仲如齊納幣，禮也。凡君即位，好舅甥，修昏姻，娶元妃以奉粢盛，孝也。孝，禮之始也。

三年，春，莊叔會諸侯之師伐沈，以其服於楚也。沈潰。凡民逃其上曰潰，在上曰逃。【詁】賈、潁以爲舉國曰潰，一邑曰叛。（本疏。）案：賈義本公羊傳「國曰潰，邑曰叛」文。正義糾之，非也。

衛侯如陳，拜晉成也。

夏，四月乙亥，王叔文公卒，來赴，弔如同盟，禮也。

秦伯伐晉，濟河焚舟，取王官及郊。（史記秦本記作「及鄗」。正義曰：「『鄗』音『郊』。左傳作『郊』。」）[一]晉人不出，（按：上年傳趙成子曰「將必辟之」，故今用其言不出師。）遂自茅津濟，【詁】史記秦本紀「穆公元年自將伐茅津」，劉伯莊曰：「戎號也。」郡國志河東郡：「大陽，有茅津。」（杜同此。）封殽尸而還。（水經注引作「崤尸」。）【詁】賈逵云：「封，識之。」（同上。）遂霸西戎，用孟明也。君子是以知秦穆公之爲君也，（石經無「公」字。）舉人之周也，【詁】服虔曰：「周，備也。」（同上。）按：一切經音義稱賈逵國語注亦云：「周，備也。」（杜取此。）與人之壹也。孟明之臣也，其不解也，能懼思也。子桑之忠也，其知人也，能舉善也。詩曰：「于以采蘩，于沼于沚。于以用之，公侯之事。」秦穆有焉。「夙夜匪解，以事一人。」孟明有焉。「詒厥孫謀，以燕翼子。」【詁】爾雅：「詒，遺也。」詩毛傳：「燕，安也。」韋昭國語注：「翼，成也。」（杜本此。）子桑有焉。

秋，雨螽于宋，隊而死也。

楚師圍江。晉先僕伐楚以救江。

冬，晉以江故告于周。王叔桓公、晉陽處父伐楚以救江，門于方城，遇息公子朱而還。

晉人懼其無禮於公也，請改盟。公如晉，及晉侯盟。晉侯饗公，賦菁菁者莪。莊叔以公降拜，曰：「小國受命於大國，敢不慎儀？君貺之以大禮，何樂如之？抑小國之樂，大國之惠也。」晉侯降，辭。登，成拜。公賦嘉樂。

四年，春，晉人歸孔達于衛。以爲衛之良也，故免之。

[一]「左」原訛「本」，據史記秦本紀正義改。

夏，衛侯如晉拜。

曹伯如晉會正。

逆婦姜于齊，卿不行，非禮也。君子是以知出姜之不允於魯也，【詁】爾雅：「允，信也。」（杜本此。）曰：「貴聘而賤逆之，君而卑之，立而廢之，棄信而壞其主，在國必亂，在家必亡，不允宜哉。詩曰：『畏天之威，于時保之。』敬主之謂也。」

秋，晉侯伐秦，圍邧、新城，【詁】説文：「邧，鄭邑。」服虔云：「秦所築城也。」（杜取此。）以報王官之役。

楚人滅江，秦伯爲之降服、出次、不舉，過數。大夫諫，公曰：「同盟滅，雖不能救，敢不矜乎？吾自懼也。」君子曰：「詩云：【詁】正義：「徧檢諸本『君子曰』下皆無『詩云』，則傳文本自略也。」按：石經及諸刻本皆有此二字，今姑仍之。『惟彼二國，其政不獲。惟此四國，爰究爰度。』其秦穆之謂矣。」

衛甯武子來聘，公與之宴，爲賦湛露及彤弓。不辭，又不答賦。使行人私焉。對曰：「臣以爲肄業及之也。【詁】説文：「𦘔，習也。」篆文作「肄」。案：詩「子寧不嗣音」，毛傳：「嗣，習也。古者教以詩樂，誦之歌之，絃之舞之。」「嗣」與「肄」聲近義同。韓詩「嗣」作「詒」。周禮「肄儀爲位」，鄭注云：「肄，習也。故書『肄』爲『肆』，『儀』爲『義』。杜子春讀『肆』爲『肄』，『義』爲『儀』。若今時肄司徒府是也。」賈逵國語注亦同。（杜注本鄭、賈義。）昔諸侯朝正于王，王宴樂之，於是乎賦湛露，則天子當陽，諸侯用命也。諸侯敵王所愾，而獻其功，【詁】説文：「鎎，怒戰也。春秋傳曰『諸侯敵王所鎎』。」按：今本作「愾」，非。説文：「愾，太息也。」杜注：「愾，恨怒也。」當从説文轉訓。王於是乎賜之彤弓一、彤矢百，玈弓矢千，（石經「弓」下旁增「十玈」二字。御覽同。今从宋本刪。）以覺報宴。【詁】惠棟云：「覺讀爲較。」何邵公云：「古者諸侯有較德也。」今陪臣來繼舊好，君辱貺之，其敢干大禮以自取戾？」【詁】詩毛傳：「貺，賜也。戾，罪也。」薛綜西京賦注：「干，犯也。」（杜本此。）

冬，成風薨。

五年，春，王使榮叔來含且賵，召昭公來會葬，禮也。

初，鄀叛楚即秦，又貳于楚。夏，秦人入鄀。

六人叛楚即東夷。秋，楚成大心、仲歸帥師滅六。

冬，楚公子燮滅蓼。（諸刊本脱「公」字，今增入。）【詁】地理志六安國：「蓼，故國，皋陶後，爲楚所滅。」（杜本此。）臧文仲聞六與蓼滅，曰：「皋陶庭堅（漢書作「咎繇」。孫叔敖碑作「霆堅」。）不祀忽諸。【詁】服虔云：「諸，辭。」（詩疏。）德之不建，（水經注引作「逮」。）民之無援。哀哉！」

晉陽處父聘於衛，反過甯，甯嬴從之。【詁】賈逵、孔晁皆以甯嬴爲掌逆旅之大夫。（本疏。杜取此。）韋昭國語注：「甯，晉邑，今河内修武是也。」（杜本此。）及温而還。其妻問之，嬴曰：「以剛。商書曰：『沈漸剛克，（按：「漸」尚書作「潛」，史記及劉寬碑並作「漸」。谷永傳曰「意豈將軍忘湛漸之義」，師古曰：『「湛」讀曰「沈」，「漸」讀曰「潛」。』）高明柔克。』夫子壹之，其不没乎！天爲剛德，猶不干時，况在人乎？且華而不實，怨之所聚也。犯而聚怨，不可以定身。余懼不獲其利而離其難，是以去之。」

晉趙成子、欒貞子、霍伯、【詁】賈逵曰：「欒貞子，欒枝也。霍伯，先且居也。」（史記集解。）臼季皆卒。【詁】按：臼季，胥臣也。臼亦以采地名。郡國志河東郡：「解，有臼城。」劉昭注引博物志曰：「臼季邑在縣西北。」

六年，春，晉蒐于夷，舍二軍。使狐射姑將中軍，趙盾佐之。【詁】服虔云：「使射姑代先且居，趙盾代趙衰也。箕鄭將上軍，林父佐也。先蔑將下軍，先都佐也。改蒐于董，趙盾將中軍，射姑奔狄，先克代佐中軍。」（本疏。）陽處父至自温，改蒐于董，【詁】水經注引作「蒐于董澤」。郡國志河東郡：「臨汾，有董亭。」（杜同此。）按：郡國志董澤在聞喜邑，與董亭自屬兩地。劉昭注兩處皆引此傳，雖本杜、酈二説，然非也。今攷董澤當以涑水所經者爲是。杜注反舍此而從彼，失之。易中軍。陽子，成季之屬也，【詁】按：處父蓋嘗爲趙衰屬大夫。説苑：「師曠對晉平公曰：『陽處父欲臣文公，因咎犯三年不達，因趙衰三日而達。』」是處父由趙衰方得進用。杜注作「趙盾」，蓋傳寫之誤。成季，趙衰謚。成八年傳：「韓厥言于晉侯曰：『成季之勳，宣孟之忠，而無後，爲善者其懼矣。』」杜注即云趙衰，故知此注傳寫失也。故黨於趙氏，且謂趙盾能，曰：「使能，國之利也。」是以上之。宣子於是乎始爲國政，【詁】謚法：「聖善周聞曰宣。」制事典，正法罪，辟獄刑，（諸刊本誤作「刑獄」。）董逋逃，由質要，【詁】鄭玄周禮注：「典，常也。」孔安國書傳：「董，督也。」詩毛傳：「由，用也。」（杜本此。）治舊洿，（釋文：「本又作『汙』。」）本秩禮，續常職，出滯淹。既成，以授大傅陽子與太師賈佗，【詁】按：賈佗與賈季是屬兩人。韋昭國語注：「賈佗，即賈季。」恐非。使行諸晉國，以爲常法。

臧文仲以陳、衛之睦也，欲求好于陳。夏，季文子聘于陳，且娶焉。

秦伯任好卒。以子車氏之三子【詁】服虔云：「子車，秦大夫氏也。」（詩疏。杜取此。）按：詩黄鳥云「子車、奄息」，正義曰：「左傳作『子輿』。『輿』、『車』字異義同。」今傳仍作「車」，當是轉寫之譌。孔氏所據乃古本也。史記秦本紀亦作「子輿氏」。奄息、仲行、鍼虎爲殉，皆秦之良也。國人哀之，爲之賦黄鳥。【詁】服虔云：「殺人以葬，璇環其左右曰殉。」（同上。）君子曰：「秦穆之不爲盟主也，宜哉！【詁】史記蒙恬列傳：「秦穆公殺三良而死，罪百里奚而非其罪也，故立號曰繆。」王充論衡：「儒家之徒董無心，墨家之徒纏子，相見講道。〔一〕纏子稱墨家右鬼神，是引秦穆公有明德，上帝賜

〔一〕「講」原訛「請」，據論衡福虛改。

之十九年。〔一〕董子難以堯、舜不賜年，桀、紂不夭死。近而秦穆、晉文言之。夫『穆』者，〔二〕誤亂之名。『文』者，德惠之表。」又云「晉文之謚美于穆公」云云。〔三〕按：此則「穆」當讀曰「繆」，所謂「名與實爽曰繆」也。死而棄民。先王違世，猶詒之法，而況奪之善人乎？詩曰：『人之云亡，邦國殄瘁。』無善人之謂。若之何奪之？古之王者知命之不長，是以並建聖哲，樹之風聲，【詁】廣雅：「風，聲也。」（文選注引。）分之采物，著之話言，【詁】廣雅：「話，善也。」（杜本此。）爲之律度，【詁】服虔云：「鳧氏爲鐘，各自計律，倍而半之。黄鐘之管長九寸，則黄鐘之鐘長二尺二寸半。餘鐘亦各自計律，倍而半之。度、量、衡其本俱出于律。」（本疏。）陳之藝極，（六經正誤引傳文作「埶」。）【詁】文穎漢書注：「所射準的爲藝。」詩毛傳：「極，中也。」（杜本此。）引之表儀，【詁】廣雅：「引，道也。」（杜本此。）予之法制，告之訓典，教之防利，委之常秩，【詁】文選注引倉頡篇：「委，任也。」（杜本此。）道之禮則，（諸刊本「禮」上有「以」字，是後人妄加。今據石經删。）使毋失其土宜，衆隸賴之，而後即命。【詁】詩毛傳：「即，就也。」（杜本此。）聖王同之。今縱無法以遺後嗣，而又收其良以死，難以在上矣。」君子是以知秦之不復東征也。

秋，季文子將聘于晉，使求遭喪之禮以行。其人曰：「將焉用之？」文子曰：「備豫不虞，古之善教也。求而無之，實難。過求，何害？」

八月乙亥，晉襄公卒。靈公少，【詁】謚法：「不勤成名曰靈。」又：「好祭鬼怪曰靈。」又：「亂而不損曰靈。」晉人以難故，【詁】服虔曰：「晉國數有患難。」（史記集解。）欲立長君。趙孟曰：「立公子雍。好善而長，先君愛之，且近於秦。秦，舊好也。置善則固，事長則順，立愛則孝，結舊則安。爲難故，故欲立長君。有此四德者，難必抒

〔一〕「十」原脱，據論衡福虚及墨子明鬼下補。
〔二〕「穆」原作「謬」，據論衡福虚改。
〔三〕「穆」原作「繆」，據論衡福虚改。

矣。」【詁】服虔作「紓」。「紓，緩也」。（本疏。）説文同。案：杜注：「抒，除也。」是隨文生訓。賈季曰：「不如立公子樂。辰嬴嬖於二君，【詁】服虔云：「辰嬴，懷嬴也。二君，懷公、文公。」（史記集解。）立其子，民必安之。」趙孟曰：「辰嬴賤，班在九人，【詁】服虔云：「班，次也。」（同上。）其子何震之有？【詁】服虔云：「震，威也。」（同上。杜取此。）且爲二嬖，淫也。爲先君子，不能求大，而出在小國，辟也。母淫、子辟，無威；陳小而遠，無援，將何安焉？杜祁【詁】案：雍，杜祁子。史記以爲秦出，誤。以君故，讓偪姞而上之；以狄故，讓季隗而己次之，故班在四。先君是以愛其子，而仕諸秦，爲亞卿焉。【詁】鄭玄儀禮注：「亞，次也。」（杜本此。）秦大而近，足以爲援。母義子愛，足以威民。立之，不亦可乎？」使先蔑、士會如秦，【詁】世本：「范氏，晉大夫隰叔之子士蔿之後。蔿生成伯缺，缺生武子會，會生文子燮，燮生宣叔匄，匄生獻子鞅，鞅生吉射。」惠棟云：「范氏，本陶唐氏之後。襄廿四年傳范宣子曰『昔匄之祖，在夏爲御龍氏』，注云：『謂劉累也。』又云『在周爲唐杜氏』。汲郡古文云：『成王八年王師滅唐，遷其民于杜。』杜伯之子隰叔違難奔于晉，生子輿，即士蔿也。士蔿生士穀、士缺，缺生會，食采于范，是爲范武子。宣子曰『晉主夏盟爲范氏』。焦竑曰：『士穀、士會「士」皆當作「土」，傳譌，讀爲「杜」。土，姓，杜伯之後。「土」即古「杜」字。』棟案：古『土』字皆作『士』。（見牧敦。）史記曰『有邦有士』，今呂刑作『土』。周頌曰『保有厥士』，正義作『土』。呂覽任地云『后稷曰子能使吾士靖而甽浴士乎』，高誘曰：『「士」當作「土」。』周牧敦亦以『士』爲『土』。焦氏以爲傳譌，非也。『士』本古『杜』字。鄭康成周禮注云：『世本云「相土作乘馬」。』荀卿子曰『杜作乘馬』，楊倞：『按世本「相土作乘馬」。』毛詩『自土沮漆』，齊詩作『自杜』。又云『徹彼桑土』，韓詩作『桑杜』。毛詩、左氏傳皆出孔壁中，故多古文。今按：晉語訾祏曰：『隰叔子違周難于晉，生子輿爲理。』韋昭曰：『理，士官也。』班固亦云：『晉主夏盟爲范氏。』范氏爲晉士師。」是范氏又似以官爲氏。存攷。」逆公子雍。賈季亦使召公子樂于陳，趙孟使殺諸郫邵。【詁】按：劉昭郡國志注，垣縣下引此傳文：「賈季逆公子樂于陳，趙孟殺諸郫邵。」據此，則今左傳本脱「邵」字。襄二十三年傳成郫邵，劉昭垣縣下注復引博物志云：「縣東九十里有郫邵之阨。」皆連言郫邵，則係晉之一邑可知。傳既脱「邵」字，而杜注遂泛言：「郫，晉地。」可云近而不察矣。今據補。

賈季怨陽子之易其班也，而知其無援於晉也。九月，賈季使續鞫居【詁】姓纂：「晉大夫狐鞫居食采于續，又姓續氏。」殺陽處父。書曰：「晉殺其大夫。」侵官也。

冬，十月，襄仲如晉，葬襄公。

十一月丙寅，晉殺續簡伯，賈季奔狄。宣子使臾駢送其帑。【詁】説文：「帑，金幣所藏。」字書「帑」从子。經、傳「妻帑」亦从巾。杜注：「帑，妻子也。」蓋本韋昭國語注。夷之蒐，賈季戮臾駢，臾駢之人欲盡殺賈氏以報焉。臾駢曰：「不可。吾聞前志有之，曰：『敵惠敵怨，【詁】爾雅：「敵，當也。」史記衛世家注引服虔同。不在後嗣。』忠之道也。夫子禮於賈季，我以其寵報私怨，無乃不可乎？介人之寵，【詁】索隱稱志林：「介，因也。」（杜本此。）非勇也。損怨益仇，非知也。以私害公，非忠也。釋此三者，何以事夫子？」盡具其帑與其器用財賄，親帥扞之，送致諸竟。

閏月不告朔，非禮也。閏以正時，時以作事，（隋書經籍志引作「時以序事」。）事以厚生。生民之道，（鄭玄周禮注引作「生民之本」。）於是乎在矣。不告閏朔，棄時政也，何以爲民？

七年，春，公伐邾，間晉難也。

三月甲戌，取須句，寘文公子焉，非禮也。

夏，四月，宋成公卒。於是公子成爲右師，公孫友爲左師，樂豫爲司馬，鱗矔爲司徒，公子蕩爲司城，華御事爲司寇。昭公將去群公子，樂豫曰：「不可。公族，公室之枝葉也。若去之，則本根無所庇廕矣。葛藟猶能庇其本根，故君子以爲比，況國君乎？此諺所謂『庇焉而縱尋斧焉』者也。【詁】高誘淮南王書注：「縱，放也。」（杜本此。）必不可。君其圖之！親之以德，皆股肱也，誰敢攜貳？若之何去之？」不聽。穆、襄之族率國人以攻公，殺公孫固、公孫鄭于公宮。六卿和公室，樂豫舍司馬以讓公子卬。昭公即位而葬。書曰：「宋人殺其大夫。」不稱名，衆也，且言非其罪也。

秦康公送公子雍于晉，【詁】服虔云：「康公，秦穆公之子罃，晉出也。」（御覽。）曰：「文公之入也無衛，故有吕、郤之難。」【詁】服虔云：「吕甥、郤芮欲焚公宮也。」（同上。）乃多與之徒衛。【詁】服虔云：「衛，從兵也。」（同上。）穆嬴【詁】服虔云：「襄公夫人。」（同上。杜取此。）日抱太子以啼于朝，曰：「先君何罪？其嗣亦何罪？舍嫡嗣不立，而外求君，將焉寘此？」【詁】服虔云：「寘，置也。」（同上。）「此，大子。」（史記集解、御覽。）出朝，則抱以適趙氏，頓首於宣子，曰：「先君奉此子也而屬諸子，曰：『此子也才，吾受子之賜；【詁】服虔云：「如子善爲教誨此子，使之有賢才，知人君之道也，則吾受之賜。賜猶惠。」（同上。）不才，吾惟子之怨。』【詁】服虔云：「才而受賜，美其教也。不才怨子，怨其教不至也。」（同上。）王肅云：「怨其教導不至。」（集解。）今君雖終，言猶在耳，【詁】服虔云：「君没未久，其言聲氣尚在耳。」（御覽。）而棄之，若何？」宣子與諸大夫皆患穆嬴，且畏偪，【詁】服虔云：「言諸大夫患穆嬴以君顧命之言責己也；畏偪迫無置大子，一云畏他公子相偪迫也。」（同上。）乃背先蔑而立靈公，以禦秦師。箕鄭居守。趙盾將中軍，先克佐之。荀林父佐上軍。先蔑將下軍，先都佐之。步招御戎，戎津爲右。及堇陰。宣子曰：「我若受秦，秦則賓也；不受，寇也。既不受矣，而復緩師，秦將生心。先人有奪人之心，軍之善謀也。逐寇如追逃，軍之善政也。」訓卒厲兵，秣馬蓐食，【詁】案：漢書韓信傳「亭長妻晨炊蓐食」，張宴注云：「未起而牀蓐中食。」杜注取此。吾友王給事念孫廣雅疏證又云：「蓐，厚也。蓐食者，厚食也，不得云牀蓐中食。」今知不然者，此傳下云「潛師夜起」，則夜食可知；成十六年「蓐食申禱」，其時楚軍亦曰「雞鳴而起」；襄二十六年「秣馬蓐食」下亦有「楚軍宵潰」之文。是張宴云「牀蓐中食」，而杜從之，不爲無據。且「蓐」字當从本訓。説文：「蓐，陳草復生也。」人所藉薦蓐，取其豐厚，亦如草之復生，故名爲蓐耳。潛師夜起。戊子，敗秦師于令狐，至于刳首。【詁】水經注引闞駰云：「令狐即猗氏，刳首在西三十里。」顧炎武云：「後漢衛敬侯碑陰文：『城惟解梁，地即郇首。〔一〕山對靈足，谷當猗口。』『刳』字作『郇』。玉篇：『郇，口瓜切，秦地，在河東，對郇首。』」乙丑，先蔑奔秦，士會從之。先蔑之使也，荀林父止之，曰：「夫人、大子猶在，而外求君，此必不行。子以疾辭，若何？不然，將及。攝卿以往，可也，何必子？同官爲寮，（釋文：「本又作『僚』。」）吾嘗同寮，敢不盡心乎？」弗聽。爲賦板之三章，又弗聽。及亡，荀伯盡送其帑及其器用財賄於秦，曰：「爲同寮故也。」士會在秦三年，不見士伯。其人曰：「能亡人於國，不能見於此，焉用之？」士季曰：「吾與之同罪，非義之也，將何見焉？」及歸，遂不見。

狄侵我西鄙，公使告于晉。趙宣子使因賈季問酆舒，且讓之。酆舒問於賈季曰：「趙衰、趙盾孰賢？」對曰：「趙衰，冬日之日也。趙盾，夏日之日也。」

秋，八月，齊侯、宋公、衞侯、陳侯、鄭伯、許男、曹伯會晉趙盾，盟于扈，晉侯立故也。公後至，故不書所會。凡會諸侯，不書所會，後也。後至，不書其國，辟不敏也。

穆伯娶于莒，曰戴己，生文伯；其娣聲己，生惠叔。戴己卒，又聘于莒。莒人以聲己辭，則爲襄仲聘焉。

冬，徐伐莒，莒人來請盟。穆伯如莒涖盟，且爲仲逆。及鄢陵，登城見之，美，自爲娶之。仲請攻之，公將許之。叔仲惠伯諫【詁】世本：「桓公生僖叔牙，叔牙生武仲休，休生惠伯彭，彭生皮，爲叔仲氏。」曰：「臣聞之：『兵作於内爲亂，於外爲寇。寇猶及人，亂自及也。』今臣作亂，而君不禁，以啓寇讎，若之何？」公止之。惠伯成之，使仲舍之，公孫敖反之，復爲兄弟如初。從之。

晉郤缺言于趙宣子曰：「日衞不睦，故取其地，今已睦矣，可以歸之。叛而不討，何以示威？服而不柔，

〔一〕「郇」原作「刳」，據顧炎武左傳杜解補正卷二改。

何以示懷？非威非懷，何以示德？無德，何以主盟？子爲正卿以主諸侯，而不務德，將若之何？夏書曰：『戒之用休，董之用威，勸之以九歌，勿使壞。』（尚書作「俾勿壞」。）九功之德，皆可歌也，謂之九歌。六府、三事，謂之九功。水、火、金、木、土、穀，謂之六府。正德、利用、厚生，【詁】賈逵云：「正德，人德；利用，地德；厚生，天德。」（易疏。）謂之三事。義而行之，謂之德禮。無禮不樂，所由叛也。若吾子之德，莫可歌也，其誰來之？盍使睦者歌吾子乎？」宣子説之。

八年，春，晉侯使解揚【詁】服虔云：「解揚，晉大夫。」（史記集解。）歸匡、戚之田于衛；且復致公壻池之封，自申至于虎牢之境。【詁】服虔以爲致之于鄭。（本疏。）按：杜注既言申鄭地，則服説云「致之于鄭」，方得事實。寧有以鄭地轉致于衛者乎？劉炫以服説規杜，得之。

夏，秦人伐晉，取武城，以報令狐之役。

秋，襄王崩。

晉人以扈之盟來討。

冬，襄仲會晉趙孟，盟于衡雍，報扈之盟也。遂會伊、洛之戎。書曰「公子遂」，珍之也。【詁】薛綜東京賦注：「珍，貴也。」（杜本此。）

穆伯如周弔喪，不至，以幣奔莒，從己氏焉。

宋襄夫人，襄王之姊也。昭公不禮焉，夫人因戴氏之族以殺襄公之孫孔叔、公孫鍾離及大司馬公子卬，皆昭公之黨也。司馬握節以死，故書以官。司城蕩意諸來奔，效節於府人而出。【詁】高誘淮南王書注：「效，致也。」（杜本此。）公以其官逆之，皆復之。亦書以官，皆貴之也。

夷之蒐，晉侯將登箕鄭父、先都，而使士縠、梁益耳【詁】東觀漢記：「其先與秦同祖，出于伯益，別封于梁。」將中軍。先克曰：「狐、趙之勳，不可廢也。」從之。先克奪蒯得田于堇陰，故箕鄭父、先都、士縠、梁益耳、蒯得作亂。

九年，春，王正月己酉，使賊殺先克。乙丑，晉人殺先都、梁益耳。

毛伯衛來求金，非禮也。不書王命，未葬也。

二月，莊叔如周，葬襄王。

三月甲戌，晉人殺箕鄭父、士縠、蒯得。

范山言於楚子曰：「晉君少，不在諸侯，北方可圖也。」楚子師于狼淵，以伐鄭，因公子堅、公子龙及樂耳。鄭及楚平。

公子遂會晉趙盾、宋華耦、衛孔達、許大夫救鄭，不及楚師。卿不書，緩也，以懲不恪。

夏，楚侵陳，克壺丘，【詁】水經注：「汝水又東南逕壺丘城北，故陳地。春秋左傳文公九年『楚侵陳克壺丘』是也。」以其服於晉也。

秋，楚公子朱自東夷伐陳。陳人敗之，獲公子茷。陳懼，乃及楚平。

冬，楚子越椒來聘，執幣傲。叔仲惠伯曰：「是必滅若敖氏之宗。傲其先君，神勿福也。」

秦人來歸僖公、成風之襚，禮也。諸侯相弔賀也，雖不當事，苟有禮焉，書也，以無忘舊好。

十年，春，晉人伐秦，取少梁。【詁】地理志左馮翊：「夏陽，故少梁。」（杜本此。）

夏，秦伯伐晉，取北徵。【詁】地理志左馮翊徵，師古曰：「左傳所云取北徵謂此。」按：史記晉世家作「秦亦取晉之殽」。

初，楚范巫矞似謂成王與子玉、子西曰：「三君皆將强死。」城濮之役，王思之，故使止子玉曰：「毋死。」不及。止子西，子西縊而縣絶，王使適至，遂止之，使爲商公。【詁】地理志弘農郡商。（杜本此。）沿漢泝江，將入郢。王在渚宫，【詁】爾雅：「小洲曰渚。」（杜本此。）按：鄭玄禮記注：「『渚』作『陼』。」「陼」、「渚」古字同。説文：「如渚者陼丘。」下，見之。懼而辭曰：「臣免於死，又有讒言，謂臣將逃，臣歸死於司敗也。」王使爲工尹。又與子家謀弑穆王。穆王聞之。五月，殺鬭宜申及仲歸。

秋，七月，及蘇子盟于女栗，頃王立故也。【詁】謚法：「敏以敬慎曰頃。」

陳侯、鄭伯會楚子于息。冬，遂及蔡侯次于厥貉，將以伐宋。宋華御事曰：「楚欲弱我也，先爲之弱乎！何必使誘我？我實不能，民何罪？」乃逆楚子，勞且聽命。遂道以田孟諸。【詁】地理志梁國：「睢陽，禹貢盟諸澤在東。」（杜本此。）宋公爲右盂，鄭伯爲左盂，期思公復遂爲右司馬，【詁】地理志汝南郡期思。（杜本此。）子朱及文之無畏爲左司馬。命夙駕載燧，（釋文：「本又作『隧』。」）【詁】鄭玄禮記注：「金燧可取火于日。」（杜本此。）宋公違命，無畏抶其僕以徇。【詁】廣雅：「抶，擊也。」或謂子舟曰：「國君不可戮也。」子舟曰：「當官而行，何彊之有？詩曰：『剛亦不吐，柔亦不茹。』『毋縱詭隨，以謹罔極。』【詁】詩鄭箋：「謹，猶慎也。罔，無也。」（杜本此。）是亦非辟彊也。敢愛死以亂官乎？」

厥貉之會，麇子逃歸。（公羊「麇」作「圄」。）【詁】按：字亦作「麕」。「麇」、「麕」字近音同。惠士奇引盛弘之荆州記云：「當陽本楚之舊。」麕在當陽境也。

十一年，春，楚子伐麇。成大心敗麇師于防渚。潘崇復伐麇，至于錫穴。（諸刊本並誤作「鍚」。今从兩漢志及岳本改作「錫」。）【詁】按：防即漢中郡之房陵。「房」、「防」本一字。防渚蓋房陵縣之渚也。錫即漢中郡之錫。郡國志：「錫，有錫，春秋時曰錫穴。」是也。應劭漢書注：「『錫』音『陽』。」陸德明云：「或作『鍚』，星歷反。」非。闞駰十三州志：「防陵即春秋防渚也。」

夏，叔仲惠伯會晉郤缺于承匡，謀諸侯之從於楚者。

秋，曹文公來朝，即位而來見也。

襄仲聘于宋，且言司城蕩意諸而復之，【詁】服虔云：「反不書者，施而不德。」衞冀隆亦同服義。（本疏。）因賀楚師之不害也。

鄋瞞侵齊，【詁】説文：「鄋，北方長狄國也，在夏爲防風氏，在殷爲汪芒氏。春秋傳曰『鄋瞞侵齊』。」按：此則鄋爲國號，瞞或其君之稱，如酋稱豪之類。服、杜注並云：「鄋瞞，狄國名。」疑非也。遂伐我。【詁】服虔云：「伐我不書，諱之。」（本疏。）公卜使叔孫得臣追之，吉。侯叔夏御莊叔，緜房甥爲右，富父終甥【詁】服虔云：「魯大夫也。」（史記集解。）駟乘。冬，十月甲午，敗狄于鹹，獲長狄僑如。（釋文：「本又作『喬』。」）富父終甥舂其喉，【詁】服虔云：「舂猶衝。」（同上。杜取此。）按：説文無「摏」字，史記作「舂」。鄭玄禮記注「待其從容」云：「『從』讀如富父舂戈之『舂』。」合以服注，是古本皆作「舂」，今从改正。以戈殺之，埋其首於子駒之門。【詁】賈逵云：「子駒，魯郭門名。」（同上。杜本此。）王符潛夫論：「魯之公族有子駒氏。」以命宣伯。【詁】服虔云：「宣伯，叔孫得臣子喬如也。得臣獲僑如，以名其子，使後世識其功。」（同上。杜取此。）初，宋武公之世，鄋瞞伐宋，【詁】服虔云：「武公，周平王時，春秋前二十五年。鄋瞞，長狄國名。」（同上。）司徒皇父帥師禦之。耏班（諸刊本作「斑」，非。今改正。）御皇父充石，公子穀甥爲右，司寇牛父駟乘，以敗狄于長丘，【詁】張華博物志云：「陳留封丘有狄溝，春秋之長丘也。」獲長狄緣斯。【詁】賈逵云：「僑如之祖。」（同上。）

杜取此。）服虔云：「不言所埋，埋其身首同處于戰地可知。」（本疏。）皇父之二子死焉。【詁】賈逵云：「皇父與穀甥、牛父三子皆死。」鄭衆以爲穀甥、牛父二人死耳，皇父不死。馬融以爲皇父之二子從父在軍，爲狄所殺。名不見者，方道二子死，故得勝之。如今皆死，誰殺緣斯？服虔云：「殺緣斯者，未必三子之手，士卒獲之耳。下言宋公以門賞耏班，班爲皇父御而有賞，三子不見賞，疑皆死。賈君爲近之。」（本疏。）按：耏班獨見賞。或殺緣斯者即耏班也，故以門爲耏門，所以旌其功。亦可備一說。又服、杜皆取賈義。宋公於是以門賞耏班，使食其征，謂之耏門。晉之滅潞也，獲僑如之弟焚如。（史記「潞」作「路」，「焚如」作「棼如」。）齊襄公之二年，【詁】按：史記魯世家引此傳文作「齊惠公之二年」。又齊世家：「惠公二年，長狄來，王子成父攻殺之。」十二諸侯表亦于齊惠公二年書「王子城父敗長翟。」三處史文並同。攷齊惠公二年即魯宣公二年，在晉滅潞之前僅十三年耳。以惠公爲襄公，蓋傳寫之譌。杜因有既長且壽之説，失之不攷也。鄋瞞伐齊。齊王子成父【詁】賈逵云：「齊大夫。」（史記集解。）獲其弟榮如，埋其首於周首之北門。【詁】京相璠曰：「今濟北所治盧子城，故齊周首邑也。」（水經注。杜同此。）衛人獲其季弟簡如。【詁】服虔云：「獲與僑如同時。」（同上。）鄋瞞由是遂亡。

郕大子朱儒自安於夫鍾，國人弗徇。【詁】服虔云：「自安，猶處也。夫鍾，邑名。」「徇」，服虔作「循」，曰：「循，順也。」（御覽。杜取此。）

十二年，春，郕伯卒。郕人立君。【詁】服虔云：「立君，改立君，不用大子也。」（同上。）大子以夫鍾與郕邽來奔。【詁】服虔云：「郕邽亦邑名也。一曰郕邦之家寶圭。大子及身而自安於夫鍾，國人以爲不順，故郕伯卒而更立君。大子以其國寶來奔也。」（同上。）惠士奇云：「然則『邽』不當从邑。」公以諸侯逆之，非禮也，故書曰：「郕伯來奔。」不書地，尊諸侯也。

杞桓公來朝，始朝公也。且請絶叔姬而無絶昏，公許之。【詁】顧炎武云：「啖叔佐曰：『左氏事蹟倒錯者甚多。此文當在成四年「杞伯來朝，〔一〕歸叔姬故也」之下，誤書于此。』二月，叔姬卒。不言「杞」，絶也。書「叔姬」，言非女也。

楚令尹大孫伯卒，成嘉爲令尹。群舒叛楚。【詁】世本：「偃姓，舒庸、舒蓼、舒鳩、舒龍、舒鮑、舒龔。」郡國志廬江郡有舒及龍舒侯國。（杜本此。）夏，子孔執舒子平及宗子，遂圍巢。

秋，滕昭公來朝，亦始朝公也。

秦伯使西乞術來聘，且言將伐晉。襄仲辭玉，曰：「君不忘先君之好，照臨魯國，鎮撫其社稷，重之以大器，寡君敢辭玉。」對曰：「不腆敝器，不足辭也。」主人三辭。賓答曰：「寡君願徼福于周公、魯公以事君，不腆先君之敝器，使下臣致諸執事，以爲瑞節，要結好命，所以藉寡君之命，結二國之好，是以敢致之。」襄仲曰：「不有君子，其能國乎？國無陋矣。」厚賄之。

秦爲令狐之役故，冬，秦伯伐晉，取羈馬。【詁】服虔云：「晉地也。」（史記集解。杜取此。）圖經：「羈馬城，在今郃陽縣東。」晉人禦之。趙盾將中軍，荀林父佐之；郤缺將上軍，臾駢佐之；欒盾將下軍，胥甲佐之；范無恤御戎。以從秦師于河曲。臾駢曰：「秦不能久，請深壘固軍以待之。」從之。秦人欲戰。秦伯謂士會曰：「若何而戰？」對曰：「趙氏新出其屬曰臾駢，必實爲此謀，將以老我師也。趙有側室曰穿，晉君之壻也，有寵而弱，不在軍事，好勇而狂，且惡臾駢之佐上軍也。若使輕者肆焉，其可。」【詁】服虔云：「肆突，言使輕鋭之兵往驅突晉軍。」（周禮疏。）惠棟曰：「詩云『是伐是肆』，鄭箋云：『肆，犯突也。』杜謂肆爲暫往而退，此釋『輕』，非釋『肆』也。」秦伯以璧祈戰于河。十二月戊午，秦軍掩晉上軍。趙穿追之，不及。反，怒曰：「裹糧坐甲，【詁】荀卿子曰：「庶士

〔一〕「朝」原脱，據顧炎武左傳杜解補正卷二補。

介而坐道。」即「坐甲」也。固敵是求。敵至不擊，將何俟焉？」軍吏曰：「將有待也。」穿曰：「我不知謀，將獨出。」乃以其屬出。宣子曰：「秦獲穿也，獲一卿矣。秦以勝歸，我何以報？」乃皆出戰，交綏。【詁】舊說：「綏，卻也。」（本疏。）秦行人夜戒晉師曰：「兩君之士皆未憖也，【詁】說文：「憖，閒也，謹敬也。一曰說也。一曰且也。春秋傳曰『兩君之士皆未憖』。」按：今本「閒」誤「問」，「且」誤「甘」，从玉篇、廣韻校改。哀十六年「昊天不憖」，杜注：「憖，且也。」正用說文。此注：「憖，缺也。」未知何據。余按此「憖」當與「閒」同義，故說苑載此事云：「三軍之士皆未息。」「息」、「閒」義並通。又釋文云：「憖，爾雅願也，强也，且也。」韓詩曰：「憖，閒也。」昭二十八年傳：「憖使吾君聞勝與臧之死也以爲快。」此「憖」字亦當訓且。杜注：「憖，發語之聲。」非。惠氏補注訓作願，亦失語意。又按：方言、廣雅訓「憖」爲傷，與此傳義亦通。明日請相見也。」臾駢曰：「使者目動而言肆，【詁】服虔通俗文云：「目動曰眗。」（一切經音義。）說文：「旬，〔一〕目摇也。」懼我也，將遁矣。薄諸河，【詁】高誘淮南王書注：「薄，迫也。」（杜本此。）必敗之。」胥甲、趙穿當軍門呼曰：「死傷未收而棄之，不惠也。不待期而薄人於險，無勇也。」乃止。秦師夜遁。復侵晉，入瑕。【詁】郡國志河東郡：「解，有瑕城。」劉昭注：「秦侵晉及瑕，即此。」按：此陝州西南之瑕，昭注以爲解縣之瑕，非也。因爲秦所侵，故明年春即使詹嘉處瑕以守桃林之塞耳。桃林及瑕皆屬漢弘農縣地。

城諸及鄆。書，時也。

十三年，春，晉侯使詹嘉處瑕，以守桃林之塞。【詁】郡國志弘農郡：「弘農，有桃丘聚，故桃林。」（杜同此。）

晉人患秦之用士會也，夏，六卿相見於諸浮。趙宣子曰：「隨會在秦，賈季在狄，難日至矣。若之何？」

〔一〕「旬」原訛「旬」，據說文解字第四上改。

中行桓子曰：「請復賈季，能外事，且由舊勳。」郤成子曰：「賈季亂，且罪大。不如隨會，能賤而有恥，柔而不犯，【詁】服虔云：「謂能處賤，且又知恥，言不可汙辱。」（本疏。）其知足使也，且無罪。」乃使魏壽餘僞以魏叛者，（史記秦本紀作「魏讎餘」，正義曰：「『讎』音『受』。亦作『犨』，[一]音同。」）【詁】服虔云：「晉之魏邑大夫。」（史記集解。）以誘士會。執其帑於晉，【詁】按：趙岐孟子注：「帑，妻子也。」韋昭國語注：「妻子曰帑。」則此執其帑，當亦兼妻子而言。杜注止云壽餘子，恐鑿。觀下傳士會云「妻子爲戮」，而秦伯即答云「所不歸爾帑」，是帑兼妻子之一證。使夜逸。請自歸于秦，秦伯許之。履士會之足於朝。秦伯師于河西，魏人在東。壽餘曰：「請東人之能與夫二三有司言者，吾與之先。」使士會，士會辭曰：「晉人，虎狼也。若背其言，臣死，妻子爲戮，無益於君，不可悔也。」秦伯曰：「若背其言，所不歸爾帑者，有如河！」乃行。繞朝贈之以策，【詁】服虔云：「繞朝以策書贈士會。」（本疏。）白氏六帖引舊注云：「以有策而不用也。」曰：「子無謂秦無人，吾謀適不用也。」【詁】韓非説難曰：「繞朝之言當矣，其爲聖人于晉，而爲戮于秦也。」元何犿注云：「後秦竟以言戮之。」按：非之説必非無據，或即出秦史也。既濟，魏人譟而還。秦人歸其帑。其處者爲劉氏。【詁】後漢書賈逵傳逵上疏云：「五經皆無證圖讖明劉氏爲堯後者，而左氏獨有明文。」按：范蔚宗後漢書賈逵傳贊言逵「能附會文致，最差貴顯」。後儒因并疑傳文此語爲賈氏所增益。今攷左傳襄二十四年、昭二十九年士匄之語叔孫、蔡墨之對獻子，其言范氏爲陶唐氏之後、劉累之裔，固已甚明，不必藉此語爲之佐證也。則疑賈氏增益傳文者，蓋習而不察耳。惠棟曰：「處者爲留，謂留于秦者遂以爲氏。漢人因改『留』爲『劉』，以合卯金刀之説。」此語或尚得事實。然惠氏每喜引唐書宰相世系表等以證經，竊所不取。

邾文公卜遷于繹。【詁】地理志魯國：「騶，嶧山在北。」應劭曰：「邾文公卜遷于嶧者也。」按：「繹」、「嶧」字同。京

[一]「犨」原作「讎」，據史記秦本紀正義改。

相璠曰：「嶧山在鄒縣北，繹邑之所依爲名也。」（水經注。杜本此。）史曰：「利於民而不利於君。」邾子曰：「苟利於民，孤之利也。天生民，而樹之君，以利之也。民既利矣，孤必與焉。」左右曰：「命可長也，君何弗爲？」邾子曰：「命在養民。死之短長，時也。民苟利矣，遷也，吉莫如之。」遂遷于繹。五月，邾文公卒。君子曰：「知命。」

秋，七月，大室之屋壞。書，不共也。

冬，公如晉朝，且尋盟。衛侯會公于沓，請平于晉。公還，鄭伯會公于棐，亦請平于晉。公皆成之。鄭伯與公宴于棐。子家賦鴻雁，季文子曰：「寡君未免於此。」文子賦四月。子家賦載馳之四章。【詁】服虔云：「載馳五章，屬鄘風。許穆夫人閔衛滅，戴公失國，欲馳驅而唁之，故作以自痛，國小力不能救。在禮，婦人父母既没，不得寧兄弟。於是許人不嘉，故賦二章，以喻思不遠也。許人尤之，遂賦三章，以卒章非許人。不聽，遂賦四章，言我遂往，無我有尤也。」（詩疏。）文子賦采薇之四章。鄭伯拜，公答拜。

十四年，春，頃王崩。周公閱與王孫蘇爭政，故不赴。凡崩、薨，不赴，則不書；禍、福，不告，亦不書，懲不敬也。

邾文公之卒也，公使弔焉，不敬。邾人來討，伐我南鄙，故惠伯伐邾。

子叔姬妃齊昭公，生舍。叔姬無寵，舍無威。公子商人驟施于國，【詁】宣三年服虔注：「驟，數也。」（杜本此。）而多聚士，盡其家，貸於公有司以繼之。夏，五月，昭公卒，舍即位。

邾文公元妃齊姜生定公，二妃晉姬生捷菑。文公卒，邾人立定公，捷菑奔晉。

六月，同盟于新城，從於楚者服，且謀邾也。

秋，七月乙卯，夜，齊商人弒舍，而讓元。元曰：「爾求之久矣。我能事爾，爾不可使多蓄憾，（釋文：「『蓄』，本又作『畜』。『憾』本又作『感』」。[一]今並从石經、釋文訂正。）將免我乎？爾爲之。」

有星孛入于北斗。周内史叔服曰：「不出七年，宋、齊、晉之君皆將死亂。」

晉趙盾以諸侯之師八百乘納捷菑于邾。邾人辭曰：「齊出貜且長。」宣子曰：「辭順而弗從，不祥。」乃還。

周公將與王孫蘇訟于晉，王叛王孫蘇，【詁】王逸楚辭章句：「叛，倍也。」而使尹氏與聃啓訟周公于晉。趙宣子平王室而復之。

楚莊王立，子孔、潘崇將襲群舒，使公子燮與子儀守，而伐舒蓼。二子作亂，城郢，而使賊殺子孔，不克而還。八月，二子以楚子出，將如商密。廬戢黎【詁】郡國志南郡：「中廬，侯國。」襄陽耆舊傳：「故廬戎也。」（杜同此。）及叔麇誘之，遂殺鬭克及公子燮。初，鬭克囚于秦。秦有殽之敗，而使歸求成，成而不得志；公子燮求令尹而不得，故二子作亂。

穆伯之從己氏也，魯人立文伯。穆伯生二子於莒，而求復。文伯以爲請。襄仲使無朝聽命。復而不出。三年而盡室以復適莒。文伯疾而請曰：「穀之子弱，請立難也。」許之。文伯卒，立惠叔。穆伯請重賂以求復，惠叔以爲請，許之。將來，九月，卒於齊。告喪請葬，弗許。

宋高哀爲蕭封人，以爲卿，不義宋公而出，遂來奔。書曰：「宋子哀來奔。」貴之也。

齊人定懿公，使來告難，故書以「九月」。齊公子元不順懿公之爲政也，終不曰「公」，曰「夫己氏」。【詁】

[一]「感」原訛「慼」，據經典釋文春秋左氏音義改。

吾友孔檢討廣森云：「桓公如夫人者六人，懿公母氏位次在弟六，故以甲乙之數名之。」

襄仲使告于王，請以王寵求昭姬于齊，曰：「殺其子，焉用其母？請受而罪之。」冬，單伯如齊請子叔姬，齊人執之，又執子叔姬。

十五年，春，季文子如晉，爲單伯與子叔姬故也。

三月，宋華耦來盟，其官皆從之。書曰：「宋司馬華孫。」貴之也。【詁】服虔曰：「華耦爲卿，侈而不度，以君命修好結盟，舉其官屬從之。空官廢職，魯人不知其非，反尊貴之。」其意以爲貴者，魯人貴之，非君子貴之也。（本疏。）公與之宴，辭曰：「君之先臣督得罪于宋殤公，名在諸侯之策。臣承其祀，其敢辱君？請承命於亞旅。」魯人以爲敏。

夏，曹伯來朝，禮也。諸侯五年再相朝，以修王命，古之制也。

齊人或爲孟氏謀，曰：「魯，爾親也，飾棺寘諸堂阜，魯必取之。」從之。卞人以告。惠叔猶毁以爲請，立於朝以待命。許之。取而殯之。齊人送之，書曰：「齊人歸公孫敖之喪。」爲孟氏，且國故也。葬視共仲。聲已不視，帷堂而哭。襄仲欲弗哭，惠伯曰：「喪，親之終也。雖不能始，善終可也。史佚有言曰：【詁】服虔云：「史佚，周成王太史。」（禮記疏。）『兄弟致美。』救乏、賀善、弔災、祭敬、喪哀，情雖不同，毋絶其愛，親之道也。子無失道，何怨於人？」襄仲説，帥兄弟以哭之。他年，其二子來，孟獻子愛之，聞於國。或譖之，曰：「將殺子。」獻子以告季文子。二子曰：「夫子以愛我聞，我以將殺子聞，不亦遠於禮乎？遠禮不如死。」一人門于句鼆，（釋文：「『鼆』又作『黽』。」）【詁】服虔云：「魯國中小寇，非異國攻伐，故不書也。」（本疏。）一人門于戾丘，皆死。

六月辛丑朔，日有食之。鼓，用牲于社，非禮也。日有食之，天子不舉，伐鼓于社；諸侯用幣于社，伐鼓于朝，以昭事神、訓民、事君，示有等威，古之道也。

齊人許單伯請而赦之，使來致命。書曰：「單伯至自齊。」貴之也。

新城之盟，蔡人不與。晉郤缺以上軍、下軍伐蔡，曰：「君弱，不可以怠。」【詁】高誘呂覽注：「怠，懈也。」（杜本此。）戊申，入蔡，以城下之盟而還。凡勝國曰「滅之」，獲大城焉曰「入之」。

秋，齊人侵我西鄙，故季文子告于晉。

冬，十一月，晉侯、宋公、衛侯、蔡侯、陳侯、鄭伯、許男、曹伯盟於扈，尋新城之盟，且謀伐齊也。齊人賂晉侯，故不克而還。於是有齊難，是以公不會。書曰：「諸侯盟于扈。」無能爲故也。凡諸侯會，公不與，不書，諱君惡也。與而不書，後也。

齊人來歸子叔姬，王故也。

齊侯侵我西鄙，謂諸侯不能也。遂伐曹，入其郛，討其來朝也。季文子曰：「齊侯其不免乎？己則無禮，而討于有禮者，曰：『女何故行禮？』禮以順天，天之道也。己則反天，而又以討人，難以免矣。詩曰：『胡不相畏？不畏于天。』君子之不虐幼賤，畏于天也。在周頌曰：『畏天之威，于時保之。』不畏于天，將何能保？以亂取國，奉禮以守，猶懼不終。多行無禮，弗能在矣。」

十六年，春，王正月，及齊平。公有疾，使季文子會齊侯于陽穀。請盟，齊侯不肯，曰：「請俟君間。」

夏，五月，公四不視朔，疾也。公使襄仲納賂于齊侯，故盟于郪丘。

有蛇自泉宮出，入于國，如先君之數。秋，八月辛未，聲姜薨，毁泉臺。

楚大饑。戎伐其西南，至于阜山，師于大林。【詁】伍瑞休江陵記曰：「城西北六十里有林城，春秋『至于阜山，師于大林』，即此城也。」（御覽。）鄖陽圖經：「阜山在房縣南一百五十里，左傳『戎伐其西南，至于阜山』是也。」又伐其東南，至于陽丘，以侵訾枝。庸人【詁】說文：「鄘，南夷。」郡國志漢中郡：「上庸，本庸國。」（杜同此。）帥群蠻以叛楚，麇人帥百濮【詁】通鑑注引潁容釋例曰：「麇，當陽也。」劉伯莊史記地名曰：「濮在楚西南。」周書王會篇曰：「伊尹爲四方獻令，正南曰百濮。」爾雅：「南至于濮鉛。」聚于選，將伐楚。於是申、息之北門不啓。楚人謀徙于阪高。【詁】按：蜀志張飛傳：「曹公追先主一日一夜，及于當陽之長阪。」今長阪在當陽南，北去江陵城百五十里，地形高險，或即楚人所欲遷也。荆州記亦云：「當陽縣東有櫟林、長阪。」蔿賈曰：「不可。我能往，寇亦能往，不如伐庸。夫麇與百濮，謂我饑不能師，故伐我也。若我出師，必懼而歸。百濮離居，將各走其邑，誰暇謀人？」乃出師。旬有五日，百濮乃罷。自廬以往，【詁】按：此廬當即南郡中廬。振廩同食。次于句澨。使廬戢黎侵庸及庸方城。【詁】圖經：「竹山縣，古庸國，方城山在縣東南三十里。」庸人逐之，囚子揚窗。三宿而逸，曰：「庸師衆，群蠻聚焉，不如復大師，且起王卒，合而後進。」師叔曰：「不可。姑又與之遇以驕之。彼驕我怒，而後可克，先君蚡冒【詁】史記楚世家：「蚡冒十七年，卒。蚡冒弟熊通弑蚡冒子而立，是謂楚武王。」索隱曰：「古本『蚡』作『羒』，音『憤』。冒，音亡北反，或亡報反。」古今人表作「蚠」。王符潛夫論亦作「蚠冒」。按：杜注與史記異。所以服陘隰也。」又與之遇，七遇皆北，【詁】孔安國書傳：「軍走曰北。」（杜本此。）惟裨、鯈、魚人實逐之。【詁】郡國志巴郡：「魚復，古庸國。」劉昭注：「文十六年魚人逐楚師是也。」按：庸國「庸」字當作「魚」。水經注：「江水下魚復，故魚國也。」（杜同此。）庸人曰：「楚不足與戰矣。」遂不設備。楚子乘馹，會師于臨品，分爲二隊，【詁】服虔云：「隊，部也。」（杜取此。）子越自石谿，子貝自仞，以伐庸。秦人、巴人從楚師。群蠻從楚子盟，遂滅庸。

宋公子鮑【詁】史記昭公弟鮑革，徐廣曰：「一本無『革』字。」禮於國人。宋饑，竭其粟而貸之。【詁】說文：「貸，施也。」年自七十以上，無不饋詒也，時加羞珍異。無日不數于六卿之門。國之材人，無不事也。親自桓以下，無不恤也。公子鮑美而豔，襄夫人欲通之，而不可，【詁】服虔云：「襄夫人，周襄王之姊王姬也。不可，鮑不肯也。」（史記集解。）乃助之施。（諸本「乃」字誤作「夫人」，今改正。）昭公無道，國人奉公子鮑以因夫人。於是華元爲右師，公孫友爲左師，華耦爲司馬，鱗矔爲司徒，蕩意諸爲司城，公子朝爲司寇。初，司城蕩卒，公孫壽辭司城，請使意諸爲之。既而告人曰：「君無道，吾官近，懼及焉。棄官，則族無所庇。子，身之貳也，姑紓死焉。雖亡子，猶不亡族。」【詁】詩毛傳：「姑，且也。紓，緩也。」（杜本此。）既，夫人將使公田孟諸而殺之。公知之，盡以寶行。蕩意諸曰：「盍適諸侯？」公曰：「不能其大夫至于君祖母以及國人，諸侯誰納我？且既爲人君，而又爲人臣，不如死。」盡以其寶賜左右而使行。【詁】廣雅：「行，去也。」（杜本此。）夫人使謂司城去公，對曰：「臣之而逃其難，若後君何？」冬，十一月甲寅，宋昭公將田孟諸。未至，夫人王姬使帥甸（禮記疏引此「帥甸」作「甸師」。）攻而殺之。蕩意諸死之。書曰：「宋人弒其君杵臼。」君無道也。文公即位，使母弟須爲司城。華耦卒，而使蕩虺爲司馬。

十七年，春，晉荀林父、衞孔達、陳公孫寧、鄭石楚伐宋，討曰：「何故弒君？」猶立文公而還。卿不書，失其所也。

夏，四月癸亥，葬聲姜。有齊難，是以緩。

齊侯伐我北鄙，襄仲請盟。六月，盟于穀。

晉侯蒐于黃父，遂復合諸侯于扈，平宋也。公不與會，齊難故也。書曰「諸侯」，無功也。於是晉侯不見鄭伯，以爲貳於楚也。鄭子家使執訊而與之書，以告趙宣子，曰：「寡君即位三年，召蔡侯而與之事君。九月，蔡侯入于敝邑以行。敝邑以侯宣多之難，寡君是以不得與蔡侯偕。十一月，克減侯宣多，【詁】揚雄太玄經：「減，日省也。」（杜本此。）而隨蔡侯以朝于執事。十二年六月，歸生佐寡君之嫡夷，以請陳侯于楚，而朝諸君。十四年七月，寡君又朝以茍陳事。【詁】賈逵云：「茍，敕也。」（本疏十二。）賈、服皆云：「茍，敕也。」（本疏。）韋昭國語注：「箴，猶敕也。」按：晉以後諸本皆作「蕆」。偏檢字書，並無「蕆」字。（方言、廣雅「蕆」字亦後人追改。）今攷字當爲「茍」。通作「蒧」，形相近而誤也。説文：「茍，自急敕也。」正用賈義。方言：「茍，備也。」「葡」字從「茍」，亦是一證。今據改。以又服、杜皆取賈義。十五年五月，陳侯自敝邑往朝于君。往年正月，燭之武往，朝夷也。八月，寡君又往朝。以陳、蔡之密邇於楚，而不敢貳焉，則敝邑之故也。雖敝邑之事君，何以不免？在位之中，一朝于襄，而再見于君。夷與孤之二三臣相及於絳。雖我小國，則蔑以過之矣。今大國曰：『爾未逞吾志。』敝邑有亡，無以加焉。古人有言曰：『畏首畏尾，身其餘幾？』【詁】高誘淮南王書注：「畏始畏終，中身不畏，凡有幾何，言常畏也。」（杜本此。）又曰：『鹿死不擇音。』【詁】服虔云：「鹿得美草，呦呦相呼。至于困迫將死，不暇復擇善音，急之至也。」按：莊子人間世「獸死不擇音」，郭象注：「譬之野獸，蹴之窮地，意急情迫，則和聲不至。」劉逵吳都賦注：「凡閒暇則有好音，逼急不擇音。凡獸皆然，非惟鹿也。」皆主音聲而言。杜注以「音」作「蔭」，義轉迂曲，而無所承。劉炫規之，最得。正義非也。小國之事大國也，德，則其人也；不德，則其鹿也。鋌而走險，【詁】説文：「鋌，銅鐵扑也。」「挺，拔也」。按：此似當从手廷。高誘吕覽注：「猶動也。」蓋云動而走險耳。杜注非義訓。急何能擇？命之罔極，亦知亡矣。將悉敝賦以待于鯈，惟執事命之。文公二年六月壬申，朝于齊。四年二月壬戌，爲齊侵蔡，亦獲成於楚。居大國之間，而從於彊令，〔一〕豈其罪也？大國若弗圖，無所逃命。」晉鞏朔行成於鄭，趙穿、公壻池爲質焉。

秋，周甘歜敗戎于邥垂，【詁】案：説文無「邥」字。廣韻：「『邥』，『沈』字古文，國名，亦姓。本自周文王第十子聃

〔一〕「彊」原訛「疆」，據春秋左傳宋本改。

季，食采于沈，即汝南平輿沈亭是也。」服虔云：「郕垂在高都南。」（水經注。）按：服説最諦。郡國志亦云：「新城縣有高都城。」今亭在城南七里。京相璠亦引舊説言沈垂在高都南，而又以爲上黨有高都縣。此回遠之至，宜其爲道元所嗤矣。乘其飲酒也。

冬，十月，鄭大子夷、石楚爲質于晉。

襄仲如齊，拜穀之盟。復曰：「臣聞齊人將食魯之麥。以臣觀之，將不能。齊君之語偷。臧文仲有言曰：『民主偷，必死。』」

十八年，春，齊侯戒師期，而有疾。醫曰：「不及秋，將死。」公聞之，卜，曰：「尚無及期。」惠伯令龜，卜楚丘占之，曰：「齊侯不及期，非疾也。君亦不聞。令龜有咎。」二月丁丑，公薨。

齊懿公之爲公子也，與邴歜之父爭田，弗勝。【詁】按：史記齊世家曰：「與丙戎之父獵，[一]爭獲，不勝。」則田乃田獵。或以爲田邑，誤。漢書古今人表作「邴歜」。水經注亦作「邴戎」。廣韻「丙」字注引風俗通云：「齊有大夫丙歜。」[二]及即位，乃掘而刖之，（説文「掘」作「拙」。）而使歜僕。【詁】賈逵云：「僕，御也。」（史記集解。杜本此。）納閻職之妻，（史記作「庸職」。説苑引作「庸織」。）而使職驂乘。

夏，五月，公遊于申池。二人浴于池，歜以扑抶職，【詁】鄭玄儀禮注：「扑，擊也。」廣雅：「抶，擊也。」（杜本此。）職怒。歜曰：「人奪女妻而不怒，一抶女，庸何傷？」職曰：「與刖其父而弗能病者何如？」乃謀弒懿公，納諸

[一] 「丙」原作「邴」，據史記齊太公世家改。
[二] 「丙」原作「邴」，據廣韻上聲梗部改。

竹中。歸，舍爵而行。齊人立公子元。

六月，葬文公。

秋，襄仲、莊叔如齊，惠公立故，且拜葬也。

文公二妃敬嬴生宣公。敬嬴嬖，而私事襄仲。【詁】服虔云：「襄仲，公子遂。」（史記集解。）宣公長而屬諸襄仲。襄仲欲立之，叔仲不可。【詁】服虔云：「叔仲，惠伯。」（同上。）仲見于齊侯而請之，齊侯新立而欲親魯，許之。

冬，十月，仲殺惡及視而立宣公。書曰：「子卒。」諱之也。仲以君命召惠伯，其宰公冉務人止之，曰：「入必死。」叔仲曰：「死君命可也。」公冉務人曰：「若君命，可死。非君命，何聽？」弗聽，乃入，殺而埋之馬矢之中。公冉務人奉其帑以奔蔡，既而復叔仲氏。

夫人姜氏歸于齊，大歸也。將行，哭而過市，曰：「天乎！仲爲不道，殺適立庶。」市人皆哭。魯人謂之哀姜。

莒紀公生大子僕，又生季佗。（韋昭國語注引作「李它」。）愛季佗而黜僕，且多行無禮於國。僕因國人以弒紀公，以其寶玉來奔，納諸宣公。公命與之邑，曰：「今日必授。」季文子使司寇出諸竟，曰：「今日必達。」公問其故，季文子使大史克（魯語作「里克」。）對，曰：「先大夫臧文仲教行父事君之禮，行父奉以周旋，弗敢失隊，曰：『見有禮於其君者事之，如孝子之養父母也；見無禮於其君者誅之，如鷹鸇之逐鳥雀也。』先君周公制周禮曰：『則以觀德，【詁】爾雅：「則，法也。」（杜本此。）德以處事，事以度功，【詁】鄭玄禮記注：「度，量也。」（杜本此。）功以食民。』作誓命曰：【詁】鄭玄禮記注：「約信曰誓。」（杜本此。）『毀則爲賊，掩賊爲藏，【詁】韋昭國語注：「掩，匿也。」（杜本此。）竊賄爲盜，盜器爲姦。主藏之名，賴姦之用，爲大凶德，有常無赦。在九刑不忘』。【詁】賈逵云：「正刑一，加之以八議。」（周禮疏。）服虔云：「正刑一，議刑八。」（本疏。）行父還觀莒僕，莫可則也。孝、敬、忠、信，爲吉德；盗、賊、藏、姦，爲凶德。夫莒僕，則其孝敬，則弑君父矣；則其忠信，則竊寶玉矣。其人，則盗賊也；其器，則姦兆也。【詁】爾雅：「兆，域也。」（杜本此。）保而利之，則主藏也。以訓則昏，民無則焉。不度於善，【詁】詩毛傳：「度，居也。」（杜本此。）而皆在於凶德，是以去之。昔高陽氏有才子八人：【詁】服虔云：「八人，禹、垂之屬也。」（本疏。）按：史記索隱引賈逵，亦以左傳高陽才子八人，謂其後代子孫而稱爲子。按：此則杜取賈義。蒼舒、隤敳、（索隱作「隤鼭」，王符潛夫論作「隤凱」。）檮戭、（王符作「擣演」，古今人表作「檮戭」。）【詁】説文：「戭，長槍也。春秋傳有濤戭。」大臨、尨降、（王符作「龍降」。）庭堅、仲容、叔達，齊聖廣淵，【詁】馬融尚書注：「齊，中也。」詩毛傳：「淵，深也。」（杜本此。）明允篤誠，【詁】爾雅：「允，信也。」詩毛傳：「篤，厚也。」（杜本此。）天下之民謂之『八愷』。【詁】賈逵云：「愷，和也。」（史記集解。杜取此。）高辛氏有才子八人：伯奮（古今人表作「柏奮」。）仲堪、叔獻、季仲、伯虎、（人表作「柏虎」。）仲熊、（王符作「仲雄」，人表作「季熊」。）叔豹、季貍，忠肅共懿，【詁】詩毛傳：「肅，敬也。懿，美也。」（杜本此。）宣慈惠和，【詁】爾雅：「宣，徧也。」（杜本此。）天下之民謂之『八元』。【詁】賈逵云：「元，善也。」（同上。杜取此。）此十六族也，世濟其美，不隕其名。以至於堯，堯不能舉。舜臣堯，舉八愷，使主后土，【詁】王肅云：「君治九土之宜。」（同上。）以揆百事，【詁】詩毛傳：「揆，度也。」（杜本此。）莫不時序，地平天成。【詁】詩毛傳：「成，平也。」（杜本此。）舉八元，使布五教于四方，父義、母慈、兄友、弟共、子孝，内平外成。昔帝鴻氏有不才子，【詁】賈逵云：「帝鴻，黄帝也。不才子，其苗裔驩兜也。」掩義隱賊，好行凶德；醜類惡物，【詁】詩毛傳：「醜，惡也。」（杜本此。）頑嚚不友，是與比周。【詁】廣雅：「比，近也。」韋昭國語注：「周，密也。」（杜本此。）天下之民謂之渾敦。（史記作「渾沌」，莊子作「倱伅」。）【詁】服虔用山海經，以爲驩兜人面馬喙，渾敦亦爲獸名。（本疏。）又服虔通俗文：「大而無形曰倱伅。」（一切經音義。）少皞氏有不才子，【詁】服虔云：「金天氏帝號。」同上。杜取此。）毁信廢忠，崇飾惡言，靖譖庸回，【詁】廣雅：「崇，聚也。」「靖，安也。」詩毛傳：「庸，用也。」「回，邪也。」（杜本此。）服讒蒐慝，【詁】服虔亦以「蒐」爲「隱」。陰慝，謂陰隱爲惡也。（本疏。）高誘吕覽注：「服，行也。」孔安國書傳：「慝，惡也。」（杜取服説。餘皆杜所本。）以誣盛德，【詁】服虔以「成德」爲成就之德，故爲賢人也。定本「成德」爲「盛德」。（同上。）按：「成」、「盛」古字通。公羊皆以「盛」爲「成」。天下之民謂之窮奇。【詁】服虔云：「謂共工氏也，其行窮而好奇。」（史記集解。杜取此。）顓頊氏有不才子，不可教訓，不知話言，【詁】小爾雅：「話，善也。」（杜本此。）告之則頑，舍之則嚚，傲狠明德，以亂天常，天下之民謂之檮杌。【詁】賈逵云：「檮杌，凶頑無疇匹之貌，謂鯀也。」（同上。）服虔案神異經云：「檮杌狀似虎，毫長二尺，人面，虎足，豬牙，尾長丈八尺，能鬥不退。」（本疏。）説文：「檮，斷木也，从木𠷎聲。春秋傳曰檮柮。」按：説文無「杌」字，當以作「柮」爲是。此三族也，世濟其凶，增其惡名，以至于堯，堯不能去。縉雲氏有不才子，【詁】賈逵曰：「縉雲氏，姜姓也，炎帝之苗裔。當黄帝時，爲縉雲之官。」（同上。）服虔云：「夏官爲縉雲氏。」（杜取此。）説文：「縉，帛赤色也。春秋傳曰縉雲氏。禮有縉緣。从糸晉聲。」貪于飲食，冒于貨賄，【詁】按：賈子道述篇：「厚人自薄謂之讓，反讓爲冒。」正可作此「冒」字訓解。杜注：「冒，亦貪也。」乃隨文生義耳。侵欲崇侈，不可盈厭，聚斂積實，【詁】高誘淮南王書注：「實，財也。」（杜本此。）不知紀極，不分孤寡，不恤窮匱，天下之民以比三凶，謂之饕餮。【詁】賈、服並云：「貪財爲饕，貪食爲餮。」（本疏。杜取此。）服虔案神異經：「饕餮，獸名，身如牛，人面，目在腋下，食人。」（同上。）説文：「飻，貪也。春秋傳曰謂之饕飻。」按：「飻」字本从「殄」省，故亦可作「餮」。玉篇亦云「餮」與「飻」同。高誘淮南注：「帝鴻氏之裔子渾敦，少昊氏之裔子窮奇，縉雲氏之裔子饕餮，三族之苗裔，故謂之三危。」今攷孟子「舜流共工于幽州」，賈逵云：「窮奇，共工也。」「放驩兜于崇山」，賈逵云：「渾敦，驩兜也，音亦相近。」「殛鯀于羽山」，賈逵云：「檮杌，鯀。」以此傳及孟子證之，不當如高氏之説矣。然四凶獨缺饕餮，四裔復闕西裔，則竄三危者當即指饕餮也。書傳：「三危，西裔之山。」水經注：「三危山，在敦煌南。」圖經云：「三危山，西極要路。」是矣。舜臣堯，賓于四門，流四凶族，渾敦、窮奇、檮杌、饕餮投諸四裔，【詁】賈逵云：「四裔之地去王城四千里。」（史記集解。）詩毛傳：「投，棄也。」方言同。廣雅：「裔，遠也。」（杜本此。）以禦螭魅。【詁】賈逵云：「螭，山神，獸形。

或曰如虎而噉虎。或曰魅人面獸身而四足。」（服注同。並周禮疏。）按：說文作「彪」，云：「老精物也。」與賈注微異。服虔云：「螭魅，人面獸身，四足，好惑人，山林異氣所生，以爲人害。」（史記集解。）按：服所引當亦神異經之文。（杜取服説。）是以堯崩而天下如一，同心戴舜以爲天子，以其舉十六相，去四凶也。故虞書數舜之功曰：『愼徽五典，【詁】詩毛傳：「徽，美也。」鄭玄周禮注：「典，常也。」（杜本此。）五典克從。』無違教也。曰：『納于百揆，百揆時序。』無廢事也。曰：『賓于四門，四門穆穆。』無凶人也。舜有大功二十而爲天子。今行父雖未獲一吉人，去一凶矣。於舜之功，二十之一也。庶幾免於戾乎！」

宋武氏之族道昭公子，將奉司城須以作亂。十二月，宋公殺母弟須及昭公子，使戴、莊、桓之族攻武氏于司馬子伯之館，遂出武、穆之族。【詁】賈逵云：「出，逐也。」（同上。）使公孫師爲司城。公子朝卒，使樂吕爲司寇，以靖國人。

春秋左傳詁卷十

傳

宣公

元年，春，王正月，公子遂如齊逆女，尊君命也。三月，遂以夫人婦姜至自齊，尊夫人也。

夏，季文子如齊，納賂以請會。

晉人討不用命者，放胥甲父于衛，而立胥克。先辛奔齊。

會于平州，以定公位。

東門襄仲如齊拜成。

六月，齊人取濟西之田，爲立公故，以賂齊也。

宋人之弑昭公也，晉荀林父以諸侯之師伐宋。宋及晉平。宋文公受盟于晉。又會諸侯于扈，將爲魯討齊，皆取賂而還。鄭穆公曰：「晉不足與也。」遂受盟于楚。陳共公之卒，楚人不禮焉。陳靈公受盟于晉。

秋，楚子侵陳，遂侵宋。晉趙盾帥師救陳、宋。會于棐林，以伐鄭也。楚蔿賈救鄭，遇于北林，【詁】服虔云：

「北林，鄭南地也。」京相璠曰：「今滎陽苑陵縣有故陵鄉，在新鄭北，故曰北林也。」（水經注。）按：道元主杜說，以京、服說爲疏。囚晉解揚，晉人乃還。

晉欲求成于秦，趙穿曰：「我侵崇，秦急崇，必救之。吾以求成焉。」冬，趙穿侵崇，秦弗與成。

晉人伐鄭，以報北林之役。於是晉侯侈，趙宣子爲政，驟諫而不入，故不競於楚。【詁】詩毛傳：「競，彊也。」（杜本此。）

二年，春，鄭公子歸生受命于楚，伐宋。（釋文：「『受命于楚』，本或作『命于楚』。」今按杜注，不當有「受」字，似可刪。）宋華元、樂呂御之。二月壬子，戰于大棘，宋師敗績。囚華元，獲樂呂及甲車四百六十乘，俘二百五十人，馘百人。（諸本「百」下「人」字，釋文所無。）狂狡輅鄭人，鄭人入於井，【詁】服虔云：「輅，迎也。」（見僖十五年。杜取此。）膏肓：「狂狡近于古道。」箴膏肓：「狂狡臨敵，拘于小仁，忘在軍之禮，譏之，義合于讖。」（詩疏。）倒戟而出之，獲狂狡。君子曰：「失禮違命，宜其爲禽也。『戎，昭果毅以聽之』之謂禮。【詁】大戴禮論四代之政刑云：「祭祀昭有神明，燕食昭有慈惠，宗廟之事昭有義，率禮朝廷昭有五官，無廢甲胄之戒（當作「戎」。），昭果毅以聽。」惠棟云：「據此，則『戎』爲句。『昭果毅以聽』，古語也。下四句乃左氏益之耳。杜注殊不的。」殺敵爲果，致果爲毅。易之，戮也。」將戰，華元殺羊食士，其御羊斟不與。及戰，曰：「疇昔之羊，子爲政；今日之事，我爲政。」【詁】呂覽作：「昨日之事，子爲制；今日之事，我爲制。」高誘注：「今日之事，御事也。」按：「政」作「制」，蓋因秦始皇名正而改也。與入鄭師，故敗。君子謂：「羊斟，非人也。以其私感，【詁】釋文：「『憾』，本又作『感』。」今定作「感」。敗國殄民，於是刑孰大焉？詩所謂『人之無良』者，其羊斟之謂乎！殘民以逞。」

宋人以兵車百乘、文馬百駟【詁】賈逵云：「文，貍文也。」王肅云：「畫馬也。」（史記注。）說文：「駁馬，赤鬣縞身，目若黃金，名曰媽。从馬从文，文亦聲。春秋傳曰『媽馬百駟』，畫馬也。西伯獻紂以全其身。」（王與杜並取此。）周書王會曰：「犬戎文馬。」按：丘光庭曰：「文馬，馬之毛色有文采者。」蓋取賈義。今攷叔重既言：「駁馬，赤鬣縞身，目若黃金。」又云：「畫馬也。」則意亦言馬之文采似畫耳。漢書王莽傳注晉灼曰：「許慎說文：『媽馬，縞身金精，周成王時西戎獻之。』」晉所引與今本說文異。以贖華元于鄭。半入，華元逃歸。立于門外，告而入。見叔牂，曰：「子之馬然也？」對曰：「非馬也，其人也。」既合而來奔。【詁】服虔載三說，皆以「子之馬然」爲叔牂之言，對曰以下爲華元之言。賈逵云：「叔牂，宋守門大夫。華元既見叔牂，牂謂華元曰，子見獲于鄭者，是由子之馬使然也。華元對曰，非馬自奔也，其人爲之也。謂羊斟驅入鄭也。奔，走也。言宋人贖我之事既和合，而我即來奔耳。」鄭衆曰：「叔牂，即羊斟也，在先得歸。華元見叔牂，牂即誣之曰，奔入鄭軍者，子之馬然也，非我也。華元曰，非馬也，其人也。言是汝驅之耳。叔牂既與華元合語，而即來奔魯。」又一說：「叔牂，宋人，見宋以馬贖華元，謂元以贖得歸。謂元曰，子之得來，當以馬贖故。然華元曰，非馬也，其人也。言己不由馬贖，自以人事來耳。贖事既合，而我即來奔。」（本疏。）按：以叔牂爲羊斟，始于鄭衆，而杜用之。又無別據，第云羊斟與叔牂當是名字相配。今攷「羊」當是氏，無緣作字與氏相配。又羊斟既明言「今日之事我爲政」，則不得更以「子之馬然」面誣華元。鄭衆之說非也。斟前既有言，則元亦不必反爲飾辭。杜說亦非。賈以叔牂爲宋守門大夫，其義最確。服虔稱或一說，亦云「叔牂，宋人」，與賈注合也。又「既合而來奔」句，正義欲申杜，乃不引爾雅釋詁文：「合，對也。」而云合是聚合言語，亦可謂進退失據。又按：淮南繆稱訓「羊羹不斟而宋國危」，是斟又訓斟酌之斟。「其御羊斟不與」，謂御不與食羊羹也。高誘注亦不以「羊斟」爲人姓名，得之。

宋城，華元爲植，巡功。【詁】鄭司農云：「植爲部曲將吏。」（本疏及周禮疏。杜本此。）城者謳曰：「睅其目，【詁】說文：「睅，大目也，从目旱聲。」字林同。皤其腹，棄甲而復。于思于思，【詁】賈逵云：「白頭貌。」（本疏。）服虔同。（詩疏。）惠士奇曰：「按：毛詩瓠葉云『有兔斯首』，鄭箋云：『斯，白也。』今俗語斯白之字作『鮮』，齊、魯之間聲近「斯」。』〔一〕正義云：『服虔以于思爲白頭貌。』字雖異，蓋亦以『斯』聲近『鮮』，故爲白頭也。後漢書朱儁傳『賊多髭者號于氏根』，注引杜注爲證。按：此則于爲須，斯爲白，于斯爲白須也。」今按杜注以「于思」爲多鬚貌，恐非。當以賈義爲長。役棄甲復來。」使其驂乘謂之曰：「牛則有皮，犀兕尚多，棄甲則那？」【詁】廣雅：「奈，那也。」按那猶言奈何也。役人曰：「從其有皮，丹漆若何？」華元曰：「去之！夫其口衆，我寡。」

秦師伐晉，以報崇也，遂圍焦。夏，晉趙盾救焦，遂自陰地，及諸侯之師侵鄭，以報大棘之役。楚鬬椒救鄭，曰：「能欲諸侯而惡其難乎？」遂次于鄭，以待晉師。趙盾曰：「彼宗競于楚，殆將斃矣。姑益其疾。」乃去之。

晉靈公不君，厚斂以雕牆，【詁】賈逵云：「雕，畫也。」（史記集解。杜取此。）從臺上彈人，而觀其辟丸也。【詁】高誘呂覽注：「從高臺上引彈，觀其走而辟丸以爲樂也。」宰夫胹熊蹯不孰，（諸本「孰」作「熟」，從宋本改正。）【詁】說文：「胹，爛也。」方言、廣雅：「胹，熟也。」正義引字書曰：「過熟曰胹。」按：杜無注，故采衆說補之。服虔云：「蹯，熊掌，其肉難熟。」（史記集解。）說文：「獸足謂之番，从釆，田象其掌。」殺之，寘諸畚，【詁】說文：「畚，蒲器，可以盛糧。」使婦人載以過朝。趙盾、士季見其手，（釋文：「一本作『其首』。」）問其故，而患之。將諫，士季曰：「諫而不入，則莫之繼也。會請先，不入，則子繼之。」三進，及溜，而後視之，【詁】說文：「霤，屋水漏也。」釋名：〔二〕「霤，當今之棟下直室之中，古者霤下之處也。」按：「溜」與「霤」同。曰：「吾知所過矣，將改之。」稽首而對曰：「人誰無過，過而能改，善莫大焉。詩曰：『靡不有初，鮮克有終。』夫如是，則能補過者鮮矣。君能有終，則社稷之固也，豈惟群臣賴之。又

〔一〕「齊魯」二字原闕，據惠棟春秋左傳補注卷二補。

〔二〕「名」原訛「文」，據釋名釋宮室改。

曰：「『衮職有闕，惟仲山甫補之。』能補過也。君能補過，衮不廢矣。」猶不改。宣子驟諫，【詁】賈逵云：「驟，疾也。」（衆經音義引國語注。）公患之，使鉏麑賊之。（吕覽作「沮麛」，㈠古今人表作「鉏麛」，説苑作「鉏之彌」。按：「鉏之彌」急讀即作「鉏麑」。）【詁】賈逵云：「鉏麑，晉力士。」（史記集解。杜取此。）晨往，寢門闢矣。盛服將朝，尚早，坐而假寐。【詁】詩鄭箋：「不脱冠衣而寐曰假寐。」（杜本此。）麑退，歎而言曰：「不忘恭敬，民之主也。【詁】高誘吕覽注：「大夫稱主，因曰民之主。」賊民之主，不忠；棄君之命，不信。有一於此，不如死也。」觸槐而死。【詁】吕覽「觸庭槐而死」。外傳曰「觸庭之槐而死」，韋昭注：「庭，外朝之庭也。周禮：『王之外朝三槐，三公位焉。』則諸侯之朝三槐，三卿位焉。」按：惠氏云：「麑退而觸靈公之廷槐，明歸死于君。」其説得之。杜注以爲趙盾庭樹，非也。

秋，九月，晉侯飲趙盾酒，伏甲，將攻之。其右提彌明知之，（公羊傳作「祁彌明」，史記作「示眯明」，古今人表與公羊同。）趨登，曰：「臣侍君宴，過三爵，非禮也。」遂跣以下。【詁】服虔本「扶」作「跣」，注云「趙盾徒跣而下走」。（本疏。釋文同。）按：禮，見君解襪。哀二十五年：「褚師聲子襪而登席，衛侯怒。」此其證也。公嗾夫獒焉，【詁】説文：「嗾，使犬聲。春秋傳曰『公嗾夫獒』。」「獒，犬知人心可使者。」釋文：「『嗾』，服本作『㖃』。」尚書傳：「獒，大犬也。」尔雅：「狗四尺爲獒。」服虔云：「嗾，㖃也。夫，語辭。獒，犬名。公乃嗾夫獒，使之噬盾也。」（本疏。）按：服讀「嗾」爲「㖃」，非改字。明搏而殺之。盾曰：「棄人用犬，雖猛何爲？」鬭且出，提彌明死之。初，宣子田于首山，【詁】地理志河東郡：「蒲反，雷首山在南。」（杜本此。）馬融曰：「在蒲坂，華山之北，河曲之中。」（劉昭補注。）酈道元云：「昔趙盾田首山，食祁彌明翳桑之下，即此。」（水經注。）舍於翳桑。見靈輒餓，問其病，曰：「不食三日矣。」食之，舍其半。問之，曰：「宦三年矣，【詁】服虔云：「宦，宦學士也。」（史記集解。）又禮疏引服注云：「宦，學也。」（杜取此。）未知母之存否？今近焉，請以

㈠「麛」原作「麑」，據吕氏春秋過理篇改。

遺之。」使盡之，而爲之簞食與肉，寘諸橐以與之。既而與爲公介，倒戟以禦公徒，而免之。問何故，對曰：「翳桑之餓人也。」問其名居，不告而退，【詁】服虔云：「不望報也。」（史記集解。杜取此。）遂自亡也。

乙丑，趙穿攻靈公于桃園。【詁】虞翻曰：「園名也。」（同上。）宣子未出山而復，大史書曰：「趙盾弑其君。」以示於朝。【詁】石經及宋本「視」皆作「示」。惠棟曰：「毛詩鹿鳴曰『視民不恌』，鄭箋曰：『「視」古「示」字。』士昏禮曰『視諸衿鞶』，注云：『「視」乃正字，今文作「示」，俗誤行之。』郭忠恕曰：『鄭君此説大與説文、石經相乖。』郭氏不識古文，其説非也。」今按：鄭康成曲禮「幼子常視無誑」，注曰：「『視』，今之『示』字。」漢書趙充國傳「非所以視蠻夷也」，師古曰：「『視』讀曰『示』。」又云漢書多以「視」爲「示」，古通用字。且説文列作部首，則非俗字可知。郭説固非，惠氏之説亦祇見其一也。宣子曰：「不然。」對曰：「子爲正卿，亡不越竟，反不討賊，非子而誰？」宣子曰：「烏乎！『我之懷矣，自貽伊慼』。」【詁】王肅曰：「此邶風雄雉之詩。」惠棟云：「今詩『慼』作『阻』；惟小明作『慼』，而上句又異。王子雍或見三家之詩，據以爲衛詩。（三家惟齊詩亡于魏代，自餘杜氏猶及見之。）」其我之謂矣。」[一]孔子曰：「董狐，古之良史也，書法不隱。趙宣子，古之良大夫也，爲法受惡。【詁】服虔云：「聞義則服。」（史記集解。）惜也，越竟乃免。」宣子使趙穿逆公子黑臀于周而立之。【詁】説文：「𡱂，髀也，从尸下丌居几。」「𡱂，或從肉或從骨，殿聲。」今作「臀」，蓋又「臀」之省文也。壬申，朝于武宮。

初，麗姬之亂，詛無畜群公子，【詁】服虔云：「麗姬與獻公及諸大夫詛無畜群公子，欲令其二子專國。」（本疏。）自是晉無公族。及成公即位，乃宦卿之適（諸本「適」下有「子」字。按：釋文曰「之適」。昭十八年正義引作「宦卿之適以爲公族」，詩魏風正義引傳同。是古文無「子」字。宋本亦無。今削去。又一切經音義引左傳作「嫡」。釋文：「『適』本又作

[一]「其我之謂矣」原脱，據春秋左傳其它各本補。

『嫡』。」當屬玄應所據本。「適」、「嫡」古字同。）【詁】鄭康成禮記注：「宦，仕也。」（杜本此。）而爲之田，以爲公族。【詁】服虔云：「公族大夫。」（史記集解。）又宦其餘子，亦爲餘子。其庶子爲公行。晉于是有公族、餘子、公行。趙盾請以括爲公族，曰：「君姬氏之愛子也。微君姬氏，則臣狄人也。」公許之。冬，趙盾爲旄車之族，【詁】服虔云：「旄車，戎車之倅。」（詩鄭箋及疏引此傳「旄」並作「耗」。）使屏季以其故族爲公族大夫。

三年，春，不郊，而望，皆非禮也。望，郊之屬也。不郊，亦無望可也。

晉侯伐鄭，及郔。【詁】按：補刻石經及淳化本「郔」作「延」。顧氏以石經爲非。今攷「郔」即鄭廩延地，隱元年傳即作「延」。顧説非也。鄭及晉平，士會入盟。

楚子伐陸渾之戎，遂至于洛，【詁】地理志弘農郡：「上洛，禹貢洛水出冢嶺山，東北至鞏入河。」〔一〕（杜本此。）觀兵于周疆。【詁】服虔云：「陸渾戎在洛西南。」「觀兵，陳兵示周也。」（史記集解。）定王使王孫滿勞楚子。【詁】賈逵云：「王孫滿，周大夫也。」（史記集解。杜取此。）服虔云：「以郊勞禮迎之也。」（同上。）楚子問鼎之大小輕重焉，對曰：「在德不在鼎。昔夏之方有德也，【詁】吾友孫兵備星衍曰：「夏之方有德，謂啓之世。杜注云禹，非也。啓鑄鼎事見墨子耕柱篇，〔二〕云：『九鼎既成，遷于三國。』是此鼎無疑。後人誤傳爲禹鑄。今山海經海内、大荒等篇，即後人録夏鼎之文也。」遠方圖物，貢金九牧，【詁】服虔云：「使九州之牧貢。」（同上。杜取此。）鑄鼎象物，【詁】賈逵云：「象所圖物鑄之于鼎。」（同上。杜取此。）百物而爲之備，使民知神姦。故民入川澤山林，（劉逵引傳作「使入山澤林藪」。）禁禦不若。【詁】

〔一〕「東」原訛「南」，據漢書卷二十八上地理志第八上改。
〔二〕「耕柱」原訛「明鬼」，據墨子改。

惠棟云：「張衡東京賦云：『禁禦不若，以知神姦。螭魅魍魎，莫能逢旃。』尔雅釋詁云：『若，善也。』郭璞注：『左傳云「禁禦不若」。』今左傳作『不逢不若』。按：下傳云『莫能逢之』，杜氏曰：『逢，遇也。』既云『不逢』，又云『莫逢』，文既重出，且杜氏不應舍上句注下句。此晉以後傳寫之譌。今從張衡、郭璞本訂正。」螭魅罔兩，【詁】説文作「螭魅蝄蜽」，鄭康成周禮注作「螭彪魍魎」，云：「百物之神曰彪。」通俗文：「山澤怪謂之螭魅，木石怪謂之魍魎。」莫能逢之。（張衡東京賦作「逢旃」。毛萇詩傳曰：「旃，之也。」）用能協于上下，以承天休。桀有昏德，鼎遷于商，載祀六百。【詁】賈逵云：「載，辭也。祀，年也。商曰祀。」（史記集解。）商紂暴虐，鼎遷于周。德之休明，雖小，重也。其姦回昏亂，雖大，輕也。天祚明德，有所底止。【詁】爾雅：「底，致也。」成王定鼎于郟鄏，【詁】説文：「鄏，河南縣直城門官陌地也。春秋傳曰『成王定鼎于郟鄏』。」京相璠曰：「郟，山名。鄏，地邑也。」（水經注。）卜世三十，卜年七百，天所命也。周德雖衰，天命未改。鼎之輕重，未可問也。」

夏，楚人侵鄭，鄭即晉故也。

宋文公即位三年，殺母弟須及昭公子，武氏之謀也。使戴、桓之族攻武氏于司馬子伯之館，盡逐武、穆之族。武、穆之族以曹師伐宋。秋，宋師圍曹，報武氏之亂也。

冬，鄭穆公卒。初，鄭文公有賤妾曰燕姞，【詁】賈逵云：「姞，南燕姓。」（史記集解。杜取此。）夢天使與己蘭，【詁】賈逵云：「蘭，香草也。」（同上。杜取此。）曰：「余爲伯鯈。【詁】説文作「伯鯈」，〔一〕云：「黄帝之後，姞姓。」按：「鯈」即「鯈」，但移偏傍居上耳。惠氏譏釋文誤字，非也。余，而祖也。【詁】賈逵云：「伯鯈，南燕祖。」（同上。杜取此。）以是爲而子。【詁】王肅云：「以是蘭也，爲汝子之名。」（同上。杜取此。）以蘭有國香，人服媚之如是。」既而文公見之，與

〔一〕「伯」原訛「百」，據説文解字第十二下改。

之蘭而御之。辭曰：「妾不才，幸而有子，將不信，敢徵蘭乎？」公曰：「諾。」生穆公，名之曰蘭。文公報鄭子之妃【詁】服虔云：「鄭子，文公之叔父子儀也。報，復也。淫親族之妻曰報。漢律淫季父之妻曰報。」（詩疏。杜取此。）曰陳嬀，生子華、子臧。子臧得罪而出。誘子華而殺之南里，使盜殺子臧於陳、宋之間。又娶于江，生公子士。朝于楚，楚人酖之，及葉而死。【詁】地理志南陽郡：「葉，楚葉公邑也。」（杜本此。）又娶于蘇，生子瑕、【詁】史記「瑕」作「溉」，徐廣曰：「一作『瑕』。」索隱曰：「音『既』。左傳作『瑕』。」子俞彌。俞彌早卒。泄駕惡瑕，文公亦惡之，故不立也。公逐群公子，公子蘭奔晉。從晉文公伐鄭。石癸曰：「吾聞姬、姞偶，其子孫必蕃。姞，吉人也，【詁】丘光庭曰：「石癸所言，是論『佶』字之義。字當从人从吉，後代改之从女，安得吉人之語乎？」后稷之元妃也。今公子蘭，姞甥也。天或啓之，必將爲君，其後必蕃。先納之，可以亢寵。」【詁】廣雅：「亢，極也。」（杜本此。）與孔將鉏、侯宣多納之，盟于大宫而立之，以與晉平。穆公有疾，曰：「蘭死，吾其死乎！吾所以生也。」刈蘭而卒。【詁】韋昭國語注：「芟草曰刈。」又云：「刈，鎌也。」

四年，春，公及齊侯平莒及郯，莒人不肯。公伐莒，取向，非禮也。平國以禮，不以亂。伐而不治，亂也。以亂平亂，何治之有？無治，何以行禮？

楚人獻黿于鄭靈公。【詁】説文：「黿，大鼈也。」公子宋與子家將見，子公之食指動，【詁】服虔云：「第二指。」（史記集解。杜取此。）「俗所謂啑鹽指也。」（本疏。）以示子家，曰：「他日我如此，必嘗異味。」及入，宰夫將解黿，相視而笑。公問之，子家以告。及食大夫黿，召子公而勿與也。子公怒，染指于鼎，嘗之而出。公怒，欲殺子公。子公與子家謀先，子家曰：「畜老，猶憚殺之，而況君乎？」反譖子家，子家懼而從之。夏，弑靈公。書曰：「鄭公子歸生弑其君夷。」權不足也。君子曰：「仁而不武，無能達也。」凡弑君，稱君，君無道也；稱臣，臣之罪也。【詁】按：劉、賈、許、潁説已見前文公十六年。鄭人立子良，辭曰：「以賢，則去疾不足；以順，則公子堅長。」【詁】爾雅：「順，敘也。」乃立襄公。襄公將去穆氏，而舍子良。子良不可，曰：「穆氏宜存，則固願也。若將亡之，則亦皆亡，去疾何爲？」乃舍之，皆爲大夫。

初，楚司馬子良生子越椒，子文曰：「必殺之。是子也，熊虎之狀，而豺狼之聲。弗殺，必滅若敖氏矣。諺曰：『狼子野心。』是乃狼也，其可畜乎？」子良不可。子文以爲大慼。及將死，聚其族曰：「椒也知政，乃速行矣，無及於難。」且泣曰：「鬼猶求食，若敖氏之鬼不其餒而！」及令尹子文卒，鬬般爲令尹，子越爲司馬。蔿賈爲工正，譖子揚而殺之，子越爲令尹，己爲司馬。子越又惡之，乃以若敖氏之族，圄伯嬴【詁】鄭玄禮記注：「圄，所以禁守繫者，若今別獄也。」於轑陽而殺之。遂處烝野，將攻王。王以三王之子爲質焉，弗受。師于漳澨。秋，七月戊戌，楚子與若敖氏戰于皋滸。伯棼射王，汏輈，【詁】説文：「泰，滑也，从廾从水大聲。」臣鉉等曰：「本音他達切。今左傳作『汏舟』非是。」説文又有「夳」字，云：「古文『泰』。」説文「大」字解云：「天大地大人亦大，故大象人形。」據此，則汏从水大聲，爲古「泰」字之省文，音義亦通。徐説似非。別本又作「汰」，誤。及鼓跗，著于丁寧。又射，汏輈，以貫笠轂。【詁】服虔云：「笠轂，轂之蓋如笠，所以蔽轂上以禦矢也。一曰車轂上鐵也。或曰兵車旁幔輪謂之笠轂。」（本疏。）按：「著」當从竹。師懼，退。王使巡師曰：【詁】廣雅：「徇，巡也。」按：巡師即徇師也。字詁云：「『徇』，今『巡』字。」（爾雅釋文。）「吾先君文王克息，獲三矢焉。伯棼竊其二，盡於是矣。」鼓而進之，遂滅若敖氏。初，若敖娶於䢵，【詁】釋文：「『䢵』，本又作『鄖』。」説文：「鄖，漢南之國，漢中有鄖關。」地理志江夏郡雲杜，應劭曰：「左傳若敖娶於䢵，今䢵亭是也。」生鬬伯比。若敖卒，從其母畜於䢵。【詁】詩毛傳：「畜，養也。」（杜本此。）淫於䢵子之女，生子文焉。【詁】王逸天問章句：「子文之母，鄖公之女，旋穿閭社，通于丘陵，以淫而生子文。」䢵夫人使弃諸夢中。（班固序傳作「瞢中」。周禮荊州其澤藪曰雲瞢。）虎乳之。䢵子田，見之，懼而歸。夫人以告，遂使收之。楚人謂乳穀，謂虎於菟，故命之曰鬭穀於菟。【詁】説文云：「楚人謂虎爲烏䖘。」今按「䖘」字係徐鉉新附。惠氏補注以爲説文，誤也。又惠氏引唐石經：「楚人謂乳爲穀，謂虎爲於菟。」疑今本脱一「爲」字。不知此亦朱梁補刻石經，非唐石經也。又按王逸章句「楚人謂乳爲鬭穀」。今攷鬭乃伯比之姓，章句「鬭」字恐後人妄增。以其女妻伯比。實爲令尹子文。其孫箴尹克黄【詁】高誘呂覽注：「楚有箴尹之官，諫臣也。」使於齊。還及宋，聞亂。其人曰：「不可以入矣。」箴尹曰：「弃君之命，獨誰受之？君，天也，天可逃乎？」遂歸，復命，而自拘于司敗。王思子文之治楚國也，曰：「子文無後，何以觀善？」使復其所，改名曰生。

冬，楚子伐鄭，鄭未服也。

五年，春，公如齊。高固使齊侯止公，請叔姬焉。

夏，公至自齊。書，過也。

秋，九月，齊高固來逆女，自爲也。故書曰「逆叔姬」，卿自逆也。

冬，來，反馬也。

楚子伐鄭。陳及楚平。晉荀林父救鄭伐陳。

六年，春，晉、衛侵陳，陳即楚故也。

夏，定王使子服求后于齊。

秋，赤狄伐晉，圍懷，及邢丘。【詁】地理志懷、平皋皆河内郡屬縣。應劭曰：「邢侯自襄國徙平皋。當齊桓時，衛人伐邢，邢遷于夷儀。其地屬晉，名曰邢丘。」（杜本此。）晉侯欲伐之，中行桓子曰：「使疾其民，以盈其貫，【詁】惠棟云：「劉光伯據梅賾泰誓『商罪貫盈』，以爲紂之爲惡，如物在繩索之貫，不得爲習。其説是也，而所引之書非也。按：韓非子曰：『有與悍者鄰，欲賣宅而避之。人曰：「是其貫將滿也。」或曰：「子姑待之。」答曰：「吾恐其以我滿貫也。」遂去之。』此説與劉合，可以規杜過矣。」將可殪也。【詁】爾雅：「殪，死也。」説文同。周書曰：『殪戎殷。』此類之謂也。」

冬，召桓公逆王后于齊。

楚人伐鄭，取成而還。

鄭公子曼滿與王子伯廖語，欲爲卿。伯廖告人曰：「無德而貪，其在周易豐䷶之離䷝，弗過之矣。」間一歲，鄭人殺之。

七年，春，衛孫桓子來盟，始通，且謀會晉也。

夏，公會齊侯伐萊，不與謀也。凡師出，與謀曰「及」，不與謀曰「會」。【詁】劉、賈、許、潁皆以經諸「及」字爲義。（本疏。）

赤狄侵晉，取向陰之禾。

鄭及晉平，公子宋之謀也，故相鄭伯以會。冬，盟于黑壤。王叔桓公臨之，以謀不睦。

晉侯之立也，公不朝焉，又不使大夫聘，晉人止公于會。盟于黄父，公不與盟，以賂免。故黑壤之盟不書，諱之也。

八年，春，白狄及晉平。

夏，會晉伐秦。晉人獲秦諜，【詁】史記晉世家：「伐秦，虜秦將赤。」索隱曰：「赤曰斥，謂斥堠之人也。」按：宣八年左傳：『晉伐秦，獲諜，殺諸絳市。』諜即此斥也。晉成公六年爲魯宣八年，故知然也。」殺諸絳市，六日而蘇。

有事于大廟，襄仲卒而繹，非禮也。

楚爲衆舒叛故，伐舒蓼，滅之。楚子疆之。[一] 及滑汭，盟吳、越而還。【詁】地理志會稽郡：「吳，故國。」「山陰，越王句踐本國。」（杜本此。）

晉胥克有蠱疾，郤缺爲政。秋，廢胥克，使趙朔佐下軍。

冬，葬敬嬴。旱，無麻，始用葛茀。雨，不克葬，禮也。禮，卜葬，先遠日，辟不懷也。【詁】爾雅：「懷，思也。」（杜本此。）

城平陽，書，時也。

陳及晉平。楚師伐陳，取成而還。

九年，春，王使來徵聘。【詁】鄭玄周禮注：「徵，召也。」（杜本此。）

夏，孟獻子聘于周。王以爲有禮，厚賄之。

秋，取根牟，言易也。

滕昭公卒。

會于扈，討不睦也。陳侯不會，晉荀林父以諸侯之師伐陳。晉侯卒于扈，乃還。

冬，宋人圍滕，因其喪也。

[一]「疆」原訛「彊」，據春秋左傳其它各本改。

陳靈公與孔寧、儀行父（鄭玄禮記注引作「孔甯」。又「儀」高誘引作「義」。）通于夏姬，皆衷其衵服，【詁】說文：「衷，裏褻衣。春秋傳曰『皆衷其衵服』。」「衵，日日所常衣。」字林同，又曰：「婦人近身内衣也。」（杜本此。）以戲於朝。泄冶諫曰：「公卿宣淫，民無效焉，【詁】詩毛傳：「宣，示也。」（杜本此。）且聞不令。君其納之！」公曰：「吾能改矣。」公告二子。二子請殺之，公弗禁，遂殺泄冶。孔子曰：「詩云：『民之多辟，【詁】高誘呂覽注：「辟，邪也。」（杜本此。）無自立辟。』其泄冶之謂乎！」

楚子爲厲之役故，伐鄭。

晉郤缺救鄭。鄭伯敗楚師于柳棼，國人皆喜，惟子良憂，曰：「是國之災也，吾死無日矣。」

十年，春，公如齊。齊侯以我服故，歸濟西之田。

夏，齊惠公卒。崔杼有寵于惠公，高、國畏其偪也，公卒而逐之，奔衛。書曰「崔氏」，非其罪也，【詁】正義：「何休膏肓以爲公羊譏世卿而難左氏。蘇氏釋曰『崔氏祖父名不見經、傳，則知非世卿』云云。」惠棟：「按：唐書宰相世系表：『崔氏出自姜姓。齊丁公伋嫡子季子讓國叔乙，食采于崔，遂爲崔氏。濟南東朝陽西北有崔氏城是也。季子生穆伯，〔一〕穆伯生沃，沃生野。八世孫夭生杼，爲齊正卿。』云云。僖廿八年傳有齊崔夭，蘇寬謂崔子祖父名不見經、傳，非也。」且告以族，不以名。凡諸侯之大夫違，【詁】書孔傳：「違，奔亡也。」（杜本此。）告於諸侯曰：「某氏之守臣某，失守宗廟，敢告。」所有玉帛之使者，則告；不然，則否。

公如齊奔喪。

〔一〕「子」原作「氏」，據新唐書卷七十二下宰相世系二下改。

陳靈公與孔寧、儀行父飲酒於夏氏。公謂行父曰：「徵舒似女。」對曰：「亦似君。」徵舒病之。公出，自其廄射而殺之。二子奔楚。

滕人恃晉而不事宋。六月，宋師伐滕。

鄭及楚平。諸侯之師伐鄭，取成而還。

秋，劉康公來報聘。

師伐邾，取繹。

季文子初聘于齊。

冬，子家如齊，伐邾故也。國武子來報聘。

楚子伐鄭。晉士會救鄭，逐楚師于潁北。【詁】地理志潁川郡：「陽城，陽乾山，潁水所出，東至下蔡入淮。」（杜本此。）諸侯之師戍鄭。

鄭子家卒。鄭人討幽公之亂，斲子家之棺，而逐其族。改葬幽公，謚之曰靈。

十一年，春，楚子伐鄭，及櫟。子良曰：「晉、楚不務德而兵争，與其來者可也。晉、楚無信，我焉得有信？」乃從楚。夏，楚盟于辰陵，陳、鄭服也。

楚左尹子重侵宋，王待諸郔。【詁】按説文：「郔，鄭地。」今考隱元年至于廩延，杜注：「鄭邑，陳留酸棗縣北有延津。」此注復云：「楚地。」至後二年「楚子師次于郔」，注又云：「鄭北地。」前後不同如此。自當以説文爲定也。令尹蔿艾獵城沂，【詁】服虔云：「艾獵，蔿賈之子孫叔敖也。」（杜取此。）按世本蔿艾獵爲叔敖之兄，今云艾獵即叔敖，未知何據？襄十五年傳「蔿子馮爲大司馬」，世本云：「子馮，艾獵之子。」而杜亦云：「叔敖從子也。」明艾獵非即叔敖。杜注一依世本，一又取服注，可云前後失據。使封人慮事，【詁】舊注：「封人，司徒之屬官。」（周禮疏。）以授司徒。量功命日，分財用，平板榦，【詁】爾雅：「板榦，楨也。」舍人云：「榦，正也，築牆所立兩木也。」（杜本此。）稱畚築，【詁】韋昭國語注：「畚，土籠也。」（杜略同。）程土物，議遠邇，略基址，【詁】廣雅：「略，行也。」（杜本此。）具餱糧，【詁】鄭玄周禮注：「餱，乾食。」（杜本此。）度有司。事三旬而成，不愆于素。【詁】廣雅：「傃，經也。」「素」、「傃」同。鄭玄儀禮注：「刑法定爲素。」

晉郤成子求成于衆狄。衆狄疾赤狄之役，遂服于晉。秋，會于欑函，衆狄服也。是行也，諸大夫欲召狄。郤成子曰：「吾聞之：『非德莫如勤。』非勤，何以求人？能勤，有繼，其從之也。詩曰：『文王既勤止。』文王猶勤，況寡德乎？」

冬，楚子爲陳夏氏亂故，伐陳。謂陳人無動，將討於少西氏。遂入陳，殺夏徵舒，轘諸栗門。【詁】說文：「轘，車裂人也。春秋傳曰『轘諸栗門』。」（杜本此。）因縣陳。陳侯在晉。申叔時【詁】賈逵云：「楚大夫。」（史記集解。）使於齊，反，復命而退。王使讓之，曰：「夏徵舒爲不道，弒其君。寡人以諸侯討而戮之，諸侯、縣公皆慶寡人，女獨不慶寡人，何故？」對曰：「猶可辭乎？」王曰：「可哉。」曰：「夏徵舒弒其君，其罪大矣。討而戮之，君之義也。抑人亦有言曰：【詁】鄭玄禮記注：「抑，辭也。」（杜本此。）『牽牛以蹊人之田，【詁】史記陳世家、楚世家「蹊」並作「徑」。說文：「徯，待也。」「徯」或作「蹊」。杜注：「蹊，徑也。」蓋本史記。而奪之牛。』牽牛以蹊者，信有罪矣。而奪之牛，罰已重矣。諸侯之從也，曰討有罪也。今縣陳，貪其富也。以討召諸侯，而以貪歸之。無乃不可乎？」王曰：「善哉！吾未之聞也。反之，可乎？」對曰：「可哉。吾儕小人，【詁】說文：「儕，等輩也。春秋傳曰『吾儕小人』。」所謂取諸其懷而與之也。」乃復封陳。鄉取一人焉以歸，謂之夏州。【詁】服虔云：「言取封夏徵舒之州。」（周禮疏。）鄭司農云：「二千五百家爲州。」（同上。）按：史記蘇秦列傳説楚威王曰「東有夏州、海陽」，當即此。裴駰集解引車胤撰桓温集云：「夏口城上數里有洲，名夏州。」晉書劉毅傳：「夏口，二州之中，地居形要。」故書曰：「楚子入陳。」

納公孫寧、儀行父于陳。」書有禮也。

厲之役，鄭伯逃歸。自是楚未得志焉。鄭既受盟于辰陵，又徼事于晉。

十二年，春，楚子圍鄭，旬有七日。鄭人卜行成，不吉。卜臨于大宮，【詁】賈逵云：「臨，哭也。」（御覽。杜取此。）且巷出車，吉。【詁】賈逵云：「陳于街巷，示雖困不降，必欲戰也。」（同上。）按：下言師退鄭人修城，則復欲戰之說，賈說良是。杜注恐非。國人大臨，守陴者皆哭。【詁】賈逵云：「陴，城也。」（同上。）釋名：「城上垣曰埤堄。」（杜本此。）按：「俾倪」、「埤堄」字並同。楚子退師。鄭人修城。進復圍之，三月克之。入自皇門，【詁】賈逵云：「皇門，鄭城門。」（史記集解。）至于逵路。【詁】爾雅：「九達謂之逵。」說文作「馗」，云：「九逵道，似龜背，故謂之馗」。「逵」或作「馗」。（本疏。杜本此。）鄭伯肉袒牽羊（史記「牽」作「掔」。）【詁】賈逵云：「服爲臣隸也。」（同上。杜取此。）以逆，曰：「孤不天，【詁】賈逵云：「不爲天所祐。」（同上。杜取此。）不能事君，使君懷怒以及敝邑，孤之罪也，敢不惟命是聽？其俘諸江南，以實海濱，亦惟命。其翦以賜諸侯，【詁】詩鄭箋：「翦，割截也。」使臣妾之，亦惟命。若惠顧前好，徼福於厲、宣、桓、武，不泯其社稷，【詁】詩毛傳：「泯，滅也。」（杜本此。）使改事君，夷於九縣，君之惠也，孤之願也，非所敢望也。敢布腹心，君實圖之。」左右曰：「不可許也，得國無赦。」王曰：「其君能下人，必能信用其民矣，庸可幾乎！」退三十里而許之平。潘尫入盟，【詁】賈逵云：「楚大夫。師叔，字也。」（史記集解。杜取此。）子良出質。【詁】賈逵云：「鄭大夫。」（同上。）

夏，六月，晉師救鄭。荀林父將中軍，先縠佐之。【詁】服虔云：「食采於彘。」（本疏。）地理志河東郡有彘縣，即周厲王所奔地。韋昭國語注：「彘，晉地也。」按：傳文稱彘子而注稱彘季，劉伯莊以此規杜，實亦不然。晉語稱士魴爲彘恭子，亦稱彘季，即其明證矣。士會將上軍，郤克佐之。趙朔將下軍，欒書佐之。趙括、趙嬰齊爲中軍大大，鞏朔、韓穿爲上軍大夫，荀首、趙同爲下軍大夫，韓厥爲司馬。【詁】世本：「桓叔生子萬，萬生求伯，求伯生子輿，子輿生獻子厥。」（本疏。）服虔云：「韓厥，萬玄孫。」韋昭國語注同。（杜取此。）按：史記韓世家：「韓之先事晉，得封韓原，曰韓武子。」據史記所言，武子蓋韓萬也，後三世有韓厥，與此傳正義所引世本世次相同，則厥爲萬曾孫，不得云玄孫也。時兒子飴孫方輯世本，檢出小司馬所引世本一條，云：「萬生賕伯，賕伯生定伯簡，簡生輿，輿生獻子厥。」云惟此所引，與世族譜世次同。則知史記及孔疏所引世本皆脱一代，當以服氏所據之本爲是。知必當有賕伯、定伯兩世者，僖十五年「韓簡視師」下杜注云：「簡，晉大夫韓萬之孫。」韋昭國語注亦同。韋、杜皆當用服氏。服注雖無可攷，然亦必據世本可知。蘇子由古史攷又以子輿爲簡之曾孫，則大誤矣。及河，聞鄭既及楚平。桓子欲還，曰：「無及于鄭而勦民，焉用之？【詁】説文：「勦，勞也。春秋傳曰『安用勦民』。」（杜本此。）楚歸而動，不後。」隨武子曰：「善。會聞用師，觀釁而動。【詁】服虔云：「釁，間也。」德、刑、政、事、典、禮不易，不可敵也，不爲是征。楚君討鄭，（諸本「君」誤作「軍」，以唐石經及宋本改正。）怒其貳而哀其卑。叛而伐之，服而舍之，（文選注引作「赦之」。）德、刑成矣。伐叛，刑也；柔服，德也，二者立矣。昔歲入陳，今茲入鄭，民不罷勞，君無怨讟，【詁】説文：「讟，痛怨也。春秋傳曰『民無怨讟』。」方言、廣雅：「讟，痛也。」按：今本作「君無怨讟」，昭元年傳又作「民無謗讟」。杜注此云「謗也」，昭元年注又云「誹也」。政有經矣。荆尸而舉，【詁】爾雅：「尸，陳也。」（杜本此。）商農工賈不敗其業，而卒乘輯睦，【詁】司馬法：「兵車一乘，有甲士三人，步卒七十二人。」高誘呂覽注及三倉：「步曰卒，車曰乘。」（杜本此。）事不奸矣。蔿敖爲宰，擇楚國之令典。軍行，右轅，左追蓐，前茅慮無，【詁】爾雅：「茅，明也。」（杜本此。）中權，後勁。百官象物而動，軍政不戒而備，能用典矣。其君之舉也，内姓選于親，外姓選于舊。舉不失德，賞不失勞。老有加惠，旅有施舍。君子小人，物有服章。貴有常尊，賤有等威，禮不逆矣。德立刑行，政成事時，典從禮順，若之何敵之？見可而進，知難而退，軍之善政也。兼弱攻昧，武之善經也。【詁】周書武稱解：「并小奪亂，□强攻弱，而襲不正，武之善經也。」廣雅：「昧，冥也。」

蒼頡篇、小爾雅並同。子姑整軍【詁】詩毛傳：「姑，且也。」（杜本此。）而經武乎！猶有弱而昧者，何必楚？仲虺有言曰：『取亂侮亡。』兼弱也。汋曰：【詁】按：詩正義：「『酌』，左傳作『汋』，古今字耳。」『於鑠王師，遵養時晦。』耆昧也。【詁】爾雅：「鑠，美也。」鄭玄禮記注：「耆，至也。」（杜本此。）武曰：『無競惟烈。』【詁】爾雅：「烈，業也。」（杜本此。）撫弱耆昧，以務烈所，可也。」彘子曰：「不可。晉所以霸，師武臣力也。今失諸侯，不可謂力；有敵而不從，不可謂武。由我失霸，不如死。且成師以出，聞敵彊而退，非夫也。命爲軍帥，而卒以非夫，惟群子能，我弗爲也。」以中軍佐濟。知莊子曰：「此師殆哉！周易有之，在師䷆之臨䷒，【詁】服虔云：「坎爲水，坤爲衆。又互體震，震爲雷，雷鼓類，又爲長子。長子帥衆鳴鼓，巡水而行，行師之象也。臨，兑爲澤，坤爲地，居地而俯視于澤，臨下之義，故名爲臨。」（本疏。）曰：『師出以律，否臧，凶。』執事順成爲臧，逆爲否。衆散爲弱，川壅爲澤。【詁】説文：「𡿧，害也。春秋傳曰『川雝爲澤凶』。」按：今本作「壅」，非。今據釋文改。有律以如己也，故曰律。（岳本有律句，故曰律句。）否臧，且律竭也。盈而以竭，夭且不整，所以凶也。不行之謂臨，有帥而不從，臨孰甚焉？此之謂矣。果遇，必敗，彘子尸之。【詁】爾雅：「尸，主也。」服虔云：「主此禍也。」（杜取此。）又引易師卦六五：「長子帥師，弟子輿尸，凶。」長子帥師，以中行也；弟子輿尸，使不當也。佐之于元帥，弟子也，而專以師濟，使不當也，軍必破敗而輿尸。（本疏。）雖免而歸，必有大咎。」韓獻子謂桓子曰：「彘子以偏師陷，子罪大矣。（文選注引作「罪孰大焉」。）子爲元帥，師不用命，誰之罪也？失屬亡師，爲罪已重，不如進也。事之不捷，惡有所分。與其專罪，六人同之，不猶愈乎？」師遂濟。

楚子北師次于郔。沈尹將中軍，【詁】按：呂覽當染篇曰：「荆莊王染于孫叔敖、沈尹烝。」高誘注：「二大夫。」説苑：「沈尹名聞天下，以爲令尹，而讓孫叔敖。」按：此則沈尹、孫叔敖爲二人，不得如杜説。又杜注：「『沈』或作『寢』，寢縣也。」按：郡國志汝南郡：「固始，侯國，故寢也。」（杜同此。）子重將左，子反將右，將飲馬於河而歸。聞晉師既濟，王欲還，嬖人伍參欲戰。（古今人表「伍」作「五」。）令尹孫叔敖勿欲，曰：「昔歲入陳，今茲入鄭，不無事矣。戰而不捷，參之肉其足食乎？」參曰：「若事之捷，孫叔爲無謀矣。不捷，參之肉將在晉軍，可得食乎？」令尹南轅反旆，伍參言於王曰：「晉之從政者新，未能行令。其佐先縠剛愎不仁，【詁】廣雅：「愎，狠也。」（杜本此。）未肯用命。其三帥者，專行不獲。聽而無上，衆誰適從？此行也，晉師必敗。且君而逃臣，若社稷何？」王病之，告令尹改乘轅而北之，次于管以待之。【詁】郡國志河南郡：「中牟，有管城。」（杜同此。）

晉師在敖、鄗之間。【詁】詩小雅：「搏獸于敖。」按：今敖山在滎澤縣西北。圖經：「滎陽有碻、磝。晉書劉裕留向彌守碻、磝，即此。」按：碻、磝即敖，鄗也。釋文：「鄗，山名。」郡國志又云：「滎陽，有敖亭。」劉昭注：「晉師在敖、鄗之間。秦立爲敖倉。」鄭皇戌使如晉師，曰：「鄭之從楚，社稷之故也，未有貳心。楚師驟勝而驕，其師老矣，而不設備。子擊之，鄭師爲承，【詁】詩毛傳：「承，繼也。」（杜本此。）楚師必敗。」彘子曰：「敗楚服鄭，于此在矣。必許之。」欒武子曰：「楚自克庸以來，其君無日不討國人而訓之，【詁】馬融論語注：「討，治也。」（杜本此。）于民生之不易，【詁】詩鄭箋：「于，曰也。」（杜本此。）禍至之無日，戒懼之不可以怠。在軍，無日不討軍實而申儆之，于勝之不可保，紂之百克而卒無後，訓之以若敖、蚡冒篳路藍縷，【詁】服虔云：「言其縷破藍藍然。」（本疏。）方言引作「襤褸」。説文：「裯，〔一〕謂之襤褸。襤，無緣也。」以啓山林。（方言作「启」。）箴之曰：『民生在勤，勤則不匱。』不可謂驕。先大夫子犯有言曰：『師直爲壯，曲爲老。』我則不德，而徼怨于楚。我曲楚直，不可謂老。其君之戎，分爲二廣，廣有一卒，卒偏之兩。【詁】服虔云：「左、右廣各十五乘。百人爲卒，言廣有一卒爲承也。五十人爲偏，二十五人曰兩。廣既有一卒爲承，承有偏，偏有兩，故曰卒偏之兩。」（周禮疏。）按：杜注據司馬法，與周制不合，當从服説。右廣初駕，

〔一〕「裯」原作「綢」，據説文解字第八上改。

數及日中，左則受之以至于昏。內官序當其夜，（釋文：「一本『夜』作『次』。」）以待不虞，不可謂無備。子良，鄭之良也；師叔，楚之崇也。師叔入盟，子良在楚，楚、鄭親矣。來勸我戰，我克則來，不克遂往，以我卜也。鄭不可從。」趙括、趙同曰：「率師以來，惟敵是求。克敵得屬，又何俟？必從彘子。」知季曰：「原、屏，咎之徒也。」趙莊子曰：「欒伯善哉！實其言，必長晉國。」

楚少宰如晉師，曰：「寡君少遭閔凶，不能文。聞二先君之出入此行也，將鄭是訓定，豈敢求罪于晉？二三子無淹久。」隨季對曰：「昔平王命我先君文侯曰：『與鄭夾輔周室，毋廢王命。』今鄭不率，寡君使群臣問諸鄭，豈敢辱候人？敢拜君命之辱。」彘子以爲諂，使趙括從而更之，曰：「行人失辭。寡君使群臣遷大國之迹於鄭，曰：『無辟敵。』群臣無所逃命。」

楚子又使求成于晉，晉人許之，盟有日矣。楚許伯御樂伯，攝叔爲右，以致晉師。許伯曰：「吾聞致師者，御靡旌摩壘而還。」【詁】廣雅：「摩，近也。」淮南王書：「物類之相摩近而異門户者。」（杜本此。）按：鄭康成云：「摩，猶迫也。」義亦同。樂伯曰：「吾聞致師者，左射以菆，【詁】服虔云：「凡兵車之法，射者在左，御者在中，戈盾在右。」鄭玄儀禮注：「蒲菆，牡蒲莖也。」按：此則蒲莖之可爲矢者。下傳云「董澤之蒲」是也。杜注：「菆，矢之善者。」蓋望文生訓。代御執轡，御下兩馬，掉鞅而還。」【詁】正義：「兩，飾也；掉，正也。」皆無明訓，服虔亦云，是相傳爲然也。」惠棟曰：「鄭康成周禮環人注引作『⿰木兩馬』。釋文引徐仙民云：『或作「⿰木兩」。』按：此則『兩』本『⿰木兩』字，故服、杜訓爲飾。古文省故作『兩』。邵寶以爲掉兩馬之鞅，非也。」攝叔曰：「吾聞致師者，右入壘，折馘執俘而還。」皆行其所聞而復。（鄭玄周禮注引此傳「復」下有「之」字。）晉人逐之，左右角之。樂伯左射馬而右射人，角不能進。矢一而已，麋興于前，射麋麗龜。【詁】服虔云：「龜，背之隆高當心者。」（杜取此。）廣雅：「麗，著也。」（杜本此。）晉鮑癸當其後，使攝叔奉麋獻焉，曰：「以歲之非時，獻禽之未至，敢膳諸從者。」鮑癸止之，曰：「其左善射，其右有辭，君子也。」既免。

晉魏錡求公族未得，【詁】世本：「錡，犨孫。」（本疏。）服虔以爲犨子。（同上。杜取此。）而怒，欲敗晉師。請致師，弗許。請使，許之。遂往，請戰而還。楚潘黨逐之，及滎澤，見六麋，射一麋以顧獻，曰：「子有軍事，獸人無乃不給於鮮，【詁】孔安國書傳：「鳥獸新殺曰鮮。」（杜本此。）敢獻于從者。」叔黨命去之。趙旃求卿未得，且怒於失楚之致師者，請挑戰，【詁】説文：「挑，撓也。一曰摷，爭也。」廣雅：「誂，嬈也。」史記集解引薛瓚曰：「挑戰，擿嬈敵求戰也。」「挑」、「譊」、「撓」、「嬈」字並通。弗許。請召盟，許之，與魏錡皆命而往。郤獻子曰：「二感往矣。弗備，必敗。」彘子曰：「鄭人勸戰，弗敢從也。楚人求成，弗能好也。師無成命，多備何爲？」士季曰：「備之善。若二子怒楚，楚人乘我，【詁】賈逵國語注：「乘，陵也。」按：杜注似非。喪師無日矣。不如備之。楚之無惡，除備而盟，何損于好？若以惡來，有備不敗。且雖諸侯相見，軍衛不徹，警也。」彘子不可。士季使鞏朔、韓穿帥七覆于敖前，故上軍不敗。趙嬰齊使其徒先具舟于河，故敗而先濟。

潘黨既逐魏錡，趙旃夜至於楚軍，席於軍門之外，使其徒入之。楚子爲乘廣三十乘，分爲左右。右廣雞鳴而駕，日中而説；左則受之，日入而説。許偃御右廣，養由基爲右；（淮南王書作「養由其」，高誘注曰：「由其，楚王之臣，養姓。」班固東都賦作「游基」，李善注：「『游』與『由』同。」）彭名御左廣，屈蕩爲右。乙卯，王乘左廣以逐趙旃，趙旃棄車而走林。屈蕩搏之，得其甲裳。晉人懼二子之怒楚師也，使軘車逆之。【詁】服虔曰：「軘車，屯守之車。」潘黨望其塵，【詁】孫子曰：「塵高而鋭者，車來也。」使騁而告曰：「晉師至矣。」楚人亦懼王之入晉軍也，遂出陳。孫叔曰：「進之！寧我薄人，無人薄我。詩曰：『元戎十乘，以先啓行。』先人也。軍志曰：『先人有奪人之心。』薄之也。」遂疾進師，車馳卒奔，乘晉軍。桓子不知所爲，鼓于軍中，曰：「先濟者有賞。」中軍、下軍争舟，舟中之指可匊也。【詁】説文：「在手曰匊，从勹米。」徐鉉等曰：「今俗作『掬』，非是。」今據改正。（杜本此。）

晉師右移，上軍未動。工尹齊將右拒卒以逐下軍。楚子使唐狡與蔡鳩居告唐惠侯【詁】地理志南陽郡：

「春陵，上唐鄉，故唐國。」（杜本此。）曰：「不穀不德而貪，以遇大敵，不穀之罪也。然楚不克，君之羞也。敢藉君靈，【詁】漢書服虔注：「藉，借也。」（杜取此。）以濟楚師。」使潘黨率游闕四十乘，（鄭玄周禮注引傳「率」作「帥」，「游」作「斿」。）【詁】惠棟云：「游闕，游車、闕車也。外傳曰：『戎車待游車之裂。』周禮車僕有闕車之倅。」從唐侯以爲左拒，以從上軍。駒伯曰：【詁】惠棟曰：「郤錡字駒伯，克之子也。大夫門子，得從父于軍。鄢陵之戰，范匄從文子于軍，此其證。」今按：此亦不必遠引，即此傳，知罃，知莊子之子，從其父在軍，爲楚所獲；又逢大夫與其二子乘，皆是顯證。杜氏以爲郤克，疏矣。「待諸乎？」隨季曰：「楚師方壯，若萃于我，吾師必盡。不如收而去之，分謗生民，不亦可乎？」殿其卒而退，不敗。

王見右廣，將從之乘，屈蕩户之，曰：（諸本「户」字並譌作「尸」。今從漢書注、文選注及各宋本訂正。）【詁】小爾雅：「扈，止也。」案：「户」、「扈」通用。（杜本此。）「君以此始，亦必以終。」（文選注引此「亦以此終」。）自是楚之乘廣先左。

晉人或以廣隊不能進，楚人惎之【詁】説文：「𢍏，[一]舉也。春秋『或以廣墜，楚人𢍏之』。黄顥説廣車陷，[二]楚人爲舉之。」按：此則賈本或作「𢍏」，與今本異。傳遂謂楚人將毒害之，而晉人乃脱扃拔斾投衡而出，非也。詳見定四年傳。又小爾雅：「惎，教也。」（杜本此。）脱扃。【詁】服虔云：「扃，横木。有横木投于輪間。」一曰：「扃，車前横木。」（本疏。）少進，馬還，又惎之拔斾投衡，乃出。顧曰：「吾不如大國之數奔也。」

趙旃以其良馬二濟其兄與叔父，以他馬反。遇敵不能去，棄車而走林。逢大夫與其二子乘，謂其二子無

[一]「𢍏」原作「畀」，據説文解字第三上改。
[二]「顥」原訛「顯」，據説文解字第三上改。

顧。顧曰：「趙傁在後。」【詁】説文：「叜，老也。」「叜」或作「傁」。惠棟：「『傁』與『叟』同，見漢書、無極山碑。」怒之，使下，指木曰：「尸女於是。」授趙旃綏，以免。明日以表尸之，皆重獲在木下。

楚熊負羈囚知罃，知莊子以其族反之，【詁】世本：「晉大夫逝敖生桓伯林父及莊子首。」劉昭引博物志：「河東解縣有知邑。」括地志：「故智城在蒲州虞鄉縣西北四十里。」廚武子御，下軍之士多從之。【詁】按：廚當屬武子采邑。僖二十六年傳「秋侵晉取狐、廚」，杜注：「平陽臨汾縣西北有狐谷亭。」則廚又別一地可知。彼注云：「狐廚、受鐸、昆都，晉三邑。」亦以意定之，或不止三也。每射，抽矢菆，【詁】廣雅：「抽，拔也。」既夕禮云「御以蒲菆」，鄭注云：「古文『菆』作『騶』。」賈公彦云：「據左氏傳，蒲非直得策馬，亦爲矢幹。」漢書鼂錯傳曰「材伯騶發，矢道同的」，如淳曰：「騶，矢也，左氏傳作『菆』。」按：「菆」、「騶」音同。納諸廚子之房。廚子怒，曰：「非子之求，而蒲之愛。董澤之蒲，【詁】郡國志河東郡：「聞喜，有董池陂，古董澤。」（杜同此。）可勝既乎？」【詁】按：「塈」、「既」古字同。詩毛傳：「塈，取也。」廣雅同。知季曰：「不以人子，吾子其可得乎？吾不可以苟射故也。」射連尹襄老，獲之，遂載其尸；射公子穀臣，囚之，以二者還。

及昏，楚師軍于邲。晉之餘師不能軍，宵濟，亦終夜有聲。

丙辰，楚重至于邲，遂次于衡雍。潘黨曰：「君盍築武軍，而收晉尸以爲京觀？臣聞克敵必示子孫，以無忘武功。」楚子曰：「非爾所知也。夫文，止戈爲武。武王克商，作頌曰：『載戢干戈，載櫜弓矢。』【詁】詩毛傳：「戢，聚也。櫜，韜也。」（杜本此。）我求懿德，肆于時夏，【詁】書孔傳：「肆，遂也。」爾雅：「夏，大也。」（杜本此。）允王保之。』又作武，其卒章曰：『耆定爾功。』其三曰：『鋪時繹思，（詩「鋪」作「敷」。）【詁】廣雅：「鋪，布也。」詩毛傳：「時，是也。繹，陳也。思，辭也。」（杜本此。）我徂惟求定。』其六曰：『綏萬邦，婁豐年。』【詁】爾雅：「綏，安也。」（杜本此。）説文無「屢」字，當从毛詩作「婁」。漢書皆以「婁」爲「屢」。毛詩亦有作「屢」者，俗所增。今據説文、漢書訂正。按：杜注云：「此三六之數，與今詩頌篇次不同。」梁履繩云：「此蓋未經孔子删定。」似爲得之。夫武，禁暴、戢兵、保大、定功、安民、和衆、豐財者也，故使子孫無忘其章。今我使二國暴骨，暴矣。觀兵以威諸侯，兵不戢矣。暴而不戢，安能保大？猶有晉在，焉得定功？所違民欲猶多，民何安焉？無德而强争諸侯，何以和衆？利人之幾，【詁】爾雅：「幾，危也。」（杜本此。）而安人之亂，以爲己榮，何以豐財？武有七德，我無一焉，何以示子孫？其爲先君宫，告成事而已。武非吾功也。古者明王伐不敬，取其鯨鯢而封之，【詁】説文：「鱷，海大魚也。春秋傳曰『取其鱷鯢』。鱷或从京。」許慎淮南王書注曰：「鯨，魚之王也。」（衆經音義。）廣雅：「魶，鯢也。」以爲大戮。於是乎有京觀，以懲淫慝。今罪無所，而民皆盡忠以死君命，又可以爲京觀乎？」【詁】按：「可」與「何」通。説文誰何之「何」，本單作「可」。其从人者，則爲儋何之「何」，詩「何蓑何笠」、爾雅「何鼓謂之牽牛」是也。此傳「可」字當讀作「何」。諸本竟改作「何」，又誤。今訂正。祀于河，作先君宫，告成事而還。

是役也，鄭石制實入楚師，【詁】服虔云：「入楚師，使楚師來入鄭也。」（本疏。）將以分鄭而立公子魚臣。辛未，鄭殺僕叔及子服。君子曰：「史佚所謂『毋怙亂』者，謂是類也。詩曰：『亂離瘼矣，爰其適歸。』（家語「爰」作「奚」。）【詁】爾雅：「離，憂也。瘼，病也。爰，於也。」（杜本此。）歸於怙亂者也夫！」

鄭伯、許男如楚。

秋，晉師歸，桓子請死。晉侯欲許之，士貞子諫曰：（史記晉世家作「隨會曰」。）「不可。城濮之役，晉師三日穀，文公猶有憂色。左右曰：『有喜而憂，如有憂而喜乎？』公曰：『得臣猶在，憂未歇也。困獸猶鬭，况國相乎？』及楚殺子玉，公喜而後可知也。曰：『莫余毒也已。』是晉再克而楚再敗也，楚是以再世不競。今天或者大警晉也，而又殺林父以重楚勝，其無乃久不競乎？林父之事君也，進思盡忠，退思補過，【詁】按：孝經有此二言，當屬古語。社稷之衛也。若之何殺之？夫其敗也，如日月之食焉，何損于明？」晉侯使復其位。

冬，楚子伐蕭。宋華椒以蔡人救蕭，蕭人囚熊相宜僚及公子丙。王曰：「弗殺，吾退。」蕭人殺之。王怒，遂圍蕭，蕭潰。【詁】顧炎武云：「下有『明日蕭潰』之文，此處疑衍。若此云『蕭潰』，下便不得云『遂傅于蕭』也。」按：顧説是。正義殊屬曲説。申公巫臣曰：「師人多寒。」王巡三軍，拊而勉之，三軍之士皆如挾纊。」【詁】説文：「纊，絮也。春秋傳曰『皆如挾纊』。或从光作『絖』。」水經注引作「皆同挾纊」。杜注：「纊，綿也。」本三倉。遂傅于蕭。還無社與司馬卯言，號申叔展。叔展曰：「有麥麴乎？」曰：「無」。「有山鞠窮乎？」曰：「無。」（群經音辨引作「鞠藭」。）【詁】正義曰：「麥麴、鞠窮，所以禦溼。賈逵有此言。」（杜取此。）「河魚腹疾柰何？」（諸本作「奈」，从宋本改正。）曰：「目於眢井而拯之。」【詁】字林云：「眢井，無水也。」（釋文。）方言：「出休爲抍。」「休」與「溺」，「抍」與「拯」，古字並通。（杜本此。）「若爲茅絰，哭井則已。」明日，蕭潰。申叔視其井，則茅絰存焉，號而出之。

晉原縠、宋華椒、衛孔達、曹人同盟于清丘，曰：「恤病討貳。」於是卿不書，不實其言也。宋爲盟故，伐陳。衛人救之。孔達曰：「先君有約言焉。若大國討，我則死之。」

十三年，春，齊師伐莒，莒恃晉而不事齊故也。

夏，楚子伐宋，以其救蕭也。君子曰：「清丘之盟，惟宋可以免焉。」

秋，赤狄伐晉，及清，先縠召之也。

冬，晉人討邲之敗與清之師，歸罪于先縠而殺之，盡滅其族。君子曰：「『惡之來也，己則取之。』其先縠之謂乎！」

清丘之盟，晉以衛之救陳也，討焉。使人弗去，曰：「罪無所歸，將加而師。」孔達曰：「苟利社稷，請以我説，罪我之由。我則爲政，而亢大國之討，【詁】鄭玄周禮注：「亢，御也。」（杜本此。）將以誰任？我則死之。」

十四年，春，孔達縊而死。衛人以說于晉而免。遂告于諸侯曰：「寡君有不令之臣達，構我敝邑于大國，（諸本「構」誤作「搆」，从石經改正。）既伏其罪矣。敢告。」衛人以爲成勞，復室其子，使復其位。【詁】世本：「莊叔達生得閭叔穀，穀生成叔烝鉏，烝鉏生頃叔羅，羅生昭叔起，起生文叔圉。」

夏，晉侯伐鄭，爲邲故也。告于諸侯，蒐焉而還。中行桓子之謀也，曰：「示之以整，使謀而來。」鄭人懼，使子張代子良于楚。鄭伯如楚，謀晉故也。鄭以子良爲有禮，故召之。

楚子使申舟聘于齊，曰：「無假道于宋。」亦使公子馮聘于晉，不假道于鄭。申舟以孟諸之役惡宋，曰：「鄭昭、宋聾，【詁】馬融尚書注：「昭，明也。」（杜本此。）說文：「聾，無聞也。」說苑：「上無聞則謂之聾。」按：杜注：「聾，闇也。」非義訓。晉使不害，我則必死。」王曰：「殺女，我伐之。」見犀而行。及宋，宋人止之。華元曰：「過我而不假道，鄙我也。鄙我，亡也。殺其使者，必伐我；伐我，亦亡也。亡一也。」乃殺之。楚子聞之，投袂而起。【詁】呂覽行論篇：「莊王方削袂。」吾友孔檢討廣森云：「削，裁也。投袂，投其所削之袂也。」較杜注爲長。屨及於窒皇，【詁】高誘呂覽注引此傳作「絰皇」，與莊十九年「絰皇」同。吾友桂進士馥云：「及者，追而及之也。楚子未納屨，未帶劍，未乘車，急遽而走。左右奉屨追及于窒皇，奉劍追及于寢門，御者駕車而追及于蒲胥之市。此猶宋武帝往西州幸徐羨之宅，便步出西掖門，羽儀絡繹追隨，已出西闕矣。」按：窒皇至蒲胥之市，皆由近至遠，則窒皇在寢門左近可知。爾雅釋言：「窒，塞也。」釋詁：「隍，虛也。」「皇」、「隍」同。是窒皇蓋即今之擁道，上實中虛。今乾清宮陛下擁道亦然。莊十九年「鬻拳自殺葬于絰皇」同。蓋絰皇之在墓上，即隧道，羨道也。正義云：「絰皇當是寢門闕。」言寢門近之，言闕非也。劍及于寢門之外，車及于蒲胥之市。（呂覽作「蒲蔬之市」。「胥」、「蔬」古字通。）

秋，九月，楚子圍宋。

冬，公孫歸父會齊侯于穀。見晏桓子，與之言魯樂。桓子告高宣子曰：「子家其亡乎！懷于魯矣。懷必貪，貪必謀人。謀人，人亦謀己。一國謀之，何以不亡？」

孟獻子言於公曰：「臣聞小國之免于大國也，聘而獻物，於是有庭實旅百；朝而獻功，於是有容貌采章嘉淑，而有加貨，謀其不免也。誅而薦賄，【詁】爾雅：「薦，進也。」（杜本此。）則無及也。今楚在宋，君其圖之！」公説。

十五年，春，公孫歸父會楚子于宋。

宋人使樂嬰齊告急于晉。晉侯欲救之，伯宗曰：「不可。【詁】賈逵云：「晉大夫。」（史記集解。杜取此。）世本：「晉孫伯起生伯宗，因氏焉。」（元和姓纂。）古人有言曰：『雖鞭之長，不及馬腹。』天方授楚，未可與争。雖晉之强，能違天乎？諺曰：『高下在心。』【詁】失名注：「高下，猶屈伸也。」（御覽。按：左傳補注作服虔。）川澤納汙，山藪臧疾，瑾瑜匿瑕，（漢書引作「匿惡」。）國君含垢，（漢書作「垢」。釋文：「本或作『詬』，音同。」）【詁】失名注：「含，忍也。垢，恥也。」（同上。杜取此。）淮南王書：「老子曰：『能受國之垢，是爲社稷主。』」天之道也。君其待之！」乃止。使解揚如宋，使無降楚，曰：「晉師悉起，將至矣。」【詁】服虔云：「解揚，晉大夫。」（史記集解。）史記鄭世家曰：「乃求壯士，得霍人解揚，字子虎，誑楚，令宋無降。」説苑載此事，與史記略同。按：惠氏補注舍史記而反引説苑，疏矣。「揚」，晉世家又作「楊」。鄭人囚而獻諸楚。楚子厚賂之，使反其言，不許。三而許之。登諸樓車，【詁】服虔云：「樓車，所以窺望敵軍，兵法所謂雲梯者。」（同上。）

使呼宋人而告之。遂致其君命。楚子將殺之，使與之言曰：「爾既許不穀而反之，何故？非我無信，女則棄之，速即爾刑。」對曰：「臣聞之，君能制命爲義，臣能承命爲信，信載義而行之爲利。謀不失利，以衛社稷，民之主也。義無二信，信無二命。君之賂臣，不知命也。受命以出，有死無實，（史記作「隕」。）【詁】服虔云：

「霣，隊也。」（杜本此。）又可賂乎？臣之許君，以成命也。死而成命，臣之禄也。寡君有信臣，下臣獲考死，又何求？」楚子舍之以歸。

夏，五月，楚師將去宋。申犀稽首於王之馬前，曰：「毋畏知死而不敢廢王命，王弃言焉。」王不能答。申叔時僕，曰：「築室反耕者，宋必聽命。」從之。宋人懼，使華元夜入楚師，登子反之牀，【詁】「兵法：因其鄉人而用之，必先知其守將、左右、謁者、門者、舍人之姓名，因而利道之。」按：杜注三十一字皆見孫子用間篇。曹公孫子注曰：「因敵鄉人，知敵表裏虛實之情。故舊而用之，可使伺候。」「守，有官職者。謁，告也，上告事者也。門者，守門者也。舍人，守舍之人也。又先知爲親舊，有急即呼之，則不呵止，亦因以之知敵情。」起之，曰：「寡君使元以病告，曰：『敝邑易子而食，析骸以爨。（釋文「骸」又作「骨」，公羊傳作「骸」。何休注云：「骸，骨也。」「爨」，公羊作「炊」。史記宋世家、楚世家並作「析骨而炊」。吕覽作「析骨而爨之」。）【詁】廣雅：「爨，炊也。」（杜本此。）雖然，城下之盟，有以國斃，不能從也。去我三十里，惟命是聽。』」子反懼，與之盟，【詁】服虔曰：「與華元私盟，許爲退師。若孟任割臂與莊公盟。」（本疏。）而告王。退三十里。宋及楚平。華元爲質，盟曰：「我無爾詐，爾無我虞。」【詁】高誘淮南王書注：「虞，欺也。」廣雅同。

潞子嬰兒之夫人，晉景公之姊也。酆舒（古今人表、水經注並作「豐舒」。）爲政而殺之，（王符引此「殺」作「虐」。）又傷潞子之目。晉侯將伐之，諸大夫皆曰：「不可。酆舒有三儁才，【詁】趙岐孟子注：「俊，美才出衆者也。」「俊」、「儁」同。不如待後之人。」伯宗曰：「必伐之。狄有五罪，儁才雖多，何補焉？不祀，一也。耆酒，二也。棄仲章而奪黎氏地，【詁】服虔云：「黎侯之國。」（本疏。）地理志上黨郡壺關，應劭曰：「黎侯國也。」（杜本此。）三也。虐我伯姬，【詁】惠棟曰：「上云殺之，此云虐者。按：尚書吕刑『惟作五虐之刑』，墨子引作『五殺之刑』。論語：『不教而殺謂之虐。』又十八年『民自内虐其君曰弑』。皆以虐爲殺也。」四也。傷其君目，五也。怙其儁才，【詁】爾雅：「怙，恃也。」定四年「無怙富」同。而不以茂德，茲益罪也。〔一〕後之人或者將敬奉德義以事神人，而申固其命，若之何待之？不討有罪，曰『將待後』，後有辭而討焉，毋乃不可乎？夫恃才與衆，亡之道也。商紂由之，故滅。天反時爲災，地反物爲妖，民反德爲亂，亂則妖災生。【詁】説文「祅」字注云：「地反物爲祅也，从示芺聲。」故文，反正爲乏。【詁】説文：「春秋傳曰『反正爲乏』。」按：説文無義，惟服虔云：「言人反正者，乏絶之道也。」蓋亦以意釋之。盡在狄矣。」晉侯從之。六月癸卯，晉荀林父敗赤狄于曲梁。【詁】劉昭郡國志注引上黨記曰：「潞，濁漳也。縣地臨潞。晉荀林父伐曲梁，在城西十里，今名石梁。」按：杜注：「曲梁，今廣平府曲梁縣也。」今攷赤狄潞子國即在潞縣。晉欲伐赤狄，必不反東走五六百里至廣平之曲梁，况又隔太行一山。杜注可云全不計道里矣。辛亥滅潞，酆舒奔衛。衛人歸諸晉，晉人殺之。

王孫蘇與召氏、毛氏争政，使王子捷殺召戴公及毛伯衛，卒立召襄。

秋，七月，秦桓公伐晉，次于輔氏。壬午，晉侯治兵于稷，【詁】郡國志河東郡：「聞喜邑，有稷山亭。」（杜同此。）酈道元云：「汾水又逕稷山，山上有稷祠，山下稷亭，晉侯治兵于稷是也。」以略狄土，【詁】廣雅：「略，取也。」（杜本此。）立黎侯而還。及洛，魏顆敗秦師于輔氏，獲杜回，（論衡重「杜回」二字。張衡傳注引左傳亦同。）秦之力人也。初，魏武子有嬖妾，無子。武子疾，命顆曰：「必嫁是。」（論衡引作「必嫁是妾」。張衡傳注同。）疾病，則曰：「必以爲殉。」（論衡作「必以是爲殉」。）及卒，顆嫁之，曰：「疾病則亂，吾從其治也。」及輔氏之役，顆見老人結草以亢杜回。【詁】廣雅：「亢，遮也。」鄭玄儀禮注：「抗，禦也。」按：杜注蓋本鄭義。然詳此傳文義，當从廣雅訓爲是。杜回躓而顛，【詁】説文：「躓，跲也。」詩毛傳：「顛，仆也。」故獲之。夜夢之，曰：「余，而所嫁婦人之父也。（論衡「而」引作

〔一〕「茲」原訛「滋」，據春秋左傳其它各本改。

「是」，文選注引作「乃」。）爾用而先人之治命，（諸本脱「而」字。今从石經本增入。）余是以報。」

晉侯賞桓子狄臣千室，亦賞士伯以瓜衍之縣，曰：「吾獲狄土，子之功也。微子，吾喪伯氏矣。」羊舌職説是賞也，曰：「周書所謂『庸庸祗祗』者，謂此物也夫。士伯庸中行伯，君信之，亦庸士伯，此之謂明德矣。文王所以造周，不是過也。故詩曰『陳錫載周』，【詁】詩大雅作「哉周」。毛傳訓「哉」爲「載」。正義曰：「『哉』與『載』古字通。」周語亦作「載周」。能施也。率是道也，其何不濟？」

晉侯使趙同獻狄俘于周，不敬。（釋文：「一本作『而傲』。」）劉康公曰：「不及十年，原叔必有大咎。天奪之魄矣。」

初税畝，非禮也。穀出不過藉，以豐財也。

冬，蝝生，饑。幸之也。

十六年，春，晉士會帥師滅赤狄甲氏及留吁、鐸辰。三月，獻狄俘。晉侯請于王。戊申，以黻冕命士會將中軍，且爲太傅。於是晉國之盗逃奔于秦。羊舌職曰：「吾聞之：『禹稱善人，【詁】玉篇引作「禹偁善人」。「偁」與「稱」同。爾雅：「偁，舉也。」（杜本此。）不善人遠。』此之謂也夫。詩曰：『戰戰兢兢，（釋文：「本『兢』又作『矜』。」）如臨深淵，如履薄冰。』善人在上也。善人在上，則國無幸民。諺曰：『民之多幸，國之不幸也。』是無善人之謂也。」

夏，成周宣榭火，人火之也。凡火，人火曰火，天火曰災。【詁】説文「烖」字注曰：「天火烖，从火𢦏聲。或从宀火。〔一〕籀文災。」

〔一〕「宀火」原作「灾」，據説文解字第十上改。

秋，郯伯姬來歸，出也。

爲毛、召之難故，王室復亂。王孫蘇奔晉，晉人復之。

冬，晉侯使士會平王室，定王享之，原襄公相禮，殽烝。【詁】書馬融注：「烝，升也。」（杜本此。）武子私問其故。王聞之，召武子曰：「季氏，而弗聞乎？〔一〕王享有體薦，宴有折俎。公當享，卿當宴，王室之禮也。」武子歸而講求典禮，以修晉國之法。

十七年，春，晉侯使郤克徵會于齊。齊頃公帷婦人使觀之。郤子登，婦人笑于房。獻子怒，出而誓曰：「所不此報，無能涉河。」獻子先歸，使欒京廬待命于齊，曰：「不得齊事，無復命矣。」郤子至，請伐齊，晉侯弗許。請以其私屬，又弗許。齊侯使高固、晏弱、蔡朝、南郭偃會。及斂盂，高固逃歸。夏，會于斷道，討貳也。盟于卷楚，辭齊人。晉人執晏弱于野王，執蔡朝于原，執南郭偃于温。苗賁皇（外傳作「苗棼皇」。説苑：「蘧伯云：『釁蚠黄生楚，走之晉，治七十二縣。』」疑即苗賁皇。）使，見晏桓子。歸，言於晉侯曰：「夫晏子何罪？昔者諸侯事吾先君，皆如不逮。舉言群臣不信，諸侯皆有貳志。齊君恐不得禮，故不出，而使四子來。左右或沮之，【詁】詩毛傳：「沮，止也。」（杜本此。）曰：『君不出，必執吾使。』故高子及斂盂而逃。夫三子者，曰：『若絶君好，寧歸死焉。』爲是犯難而來。吾若善逆彼，以懷來者。吾又執之，以信齊沮，吾不既過矣乎？過而不改，而又久之，以成其悔，何利之有焉？使反者得辭，而害來者以懼，諸侯將焉用之？」晉人緩之，逸。

秋，八月，晉師還。【詁】按：此年晉未嘗出師而言晉師還者，惠氏補注云：「豈斷道討貳之師與？似有闕文。」

〔一〕「弗」原作「勿」，據春秋左傳其它各本改。

范武子將老，召文子曰：「燮乎！吾聞之，喜怒以類者鮮，易者實多。詩曰：『君子如怒，亂庶遄沮。君子如祉，【詁】爾雅：「遄，速也。」「祉，福也。」（杜本此。）亂庶遄已。』君子之喜怒，以已亂也。弗已者，必益之。郤子其或者欲已亂于齊乎？（高麗宋本作「欲已于亂乎」。）不然，余懼其益之也。余將老，使郤子逞其志，庶有豸乎？（唐石經本作「豸」，後改作「鳩」。按：群經音辯云：「鳩，辭也，音豸。春秋傳『庶有鳩乎』。今文作『豸』。」）【詁】按：「解廌」，字林等皆作「解豸」。「豸」、「解」音同，故杜以解訓豸也。爾從二三子，惟敬。」乃請老，郤獻子爲政。

冬，公弟叔肸卒，公母弟也。凡大子之母弟，公在曰公子，不在曰弟。凡稱弟，皆母弟也。【詁】先儒説母弟善惡褒貶，既多相錯涉，又云：「稱弟皆爲公子不爲大夫者，得以君爲名。」潁氏又云：「臣無竟外之交，故去弟以貶。季友、子招樂憂，故去弟以懲過。鄭段去弟，惟以名通，故謂之貶。」（本疏。）

十八年，春，晉侯、衞大子臧伐齊，至于陽穀。齊侯會晉侯，盟于繒，以公子彊爲質于晉。晉師還。蔡朝、南郭偃逃歸。

夏，公使如楚乞師，欲以伐齊。

秋，邾人戕鄫子于鄫。凡自内虐其君曰弒，自外曰戕。（「内」字从唐石經增。正義曰：「春秋諸自内虐其君者，通以弒爲文也。」李善魏都賦注引此作「凡自内害其君曰殺，自外曰戕」。周禮大司馬之職賈公彦正義引左傳作「凡自内虐其君曰弒」，又云：「自内虐其君曰弒者，[一]晉人弒其君蒲是也。」更是確證。）

楚莊王卒，楚師不出。既而用晉師，楚于是乎有蜀之役。

[一]「弒」原作「殺」，據周禮夏官大司馬賈公彦正義改。下「弒」字同此。

公孫歸父以襄仲之立公也，有寵，【詁】服虔云：「襄仲之子。」（史記集解。杜取此。）欲去三桓以張公室。【詁】服虔云：「三桓，魯桓公之族仲孫、叔孫、季孫。」（同上。）與公謀，而聘于晉，欲以晉人去之。冬，公薨。季文子言于朝曰：「使我殺適立庶以失大援者，仲也夫。」【詁】服虔云：「援，助也。仲殺適立庶，國政無常，鄰國非之，是失大援助也。」（同上。）臧宣叔怒曰：「當其時不能治也，後之人何罪？子欲去之，許請去之。」遂逐東門氏。子家還，及笙壇帷，復命于介。既復命，袒，括髮，【詁】惠棟曰：「士喪禮曰『主人髻髮袒』，鄭注云：『古文「髻」爲「括」。』是『括』爲古文『髻』也。」即位哭，三踊而出。遂奔齊。書曰：「歸父還自晉。」善之也。

江蘇文脉整理與研究工程

江蘇文庫
精華編
18

春秋左傳詁

下

（清）洪亮吉 撰　李解民 點校

鳳凰出版社

春秋左傳詁卷十一

傳

成公

元年，春，晉侯使瑕嘉平戎于王，（周禮典瑞注引作「叚嘉」。惠棟曰：「蓋古文止作『叚』，讀爲遐也。今本亦作『瑕』。惟陸氏周禮釋文猶存古字。」）單襄公如晉拜成。劉康公徼戎，將遂伐之。叔服曰：「背盟而欺大國，此必敗。背盟不祥，欺大國不義，神人弗助，將何以勝？」不聽，遂伐茅戎。三月癸未，敗績于徐吾氏。

爲齊難故，作丘甲。

聞齊將出楚師，夏，盟于赤棘。

秋，王人來告敗。

冬，臧宣叔令修賦、繕完、具守備，曰：「齊、楚結好，我新與晉盟，晉、楚爭盟，齊師必至。雖晉人伐齊，楚必救之，是齊、楚同我也。知難而有備，乃可以逞。」【詁】方言：「逞，解也。」（杜本此。）

二年，春，齊侯伐我北鄙，圍龍。（史記魯、晉世家並作「隆」，索隱曰：「劉氏云：『隆即龍也，魯國有隆山。』」鄒誕生及別本作『俱』字。『俱』當作『鄆』。文十二年『季孫行父帥師城諸及鄆』。鄆即俱也，字變耳。」）【詁】地理志云：「在東莞縣東。」按：字書無「俱」字，疑誤。郡國志泰山郡：「博，有龍鄉城。」（杜同此。）頃公之嬖人盧蒲就魁門焉，（水經注引作「盧蒲就」。）龍人囚之。齊侯曰：「勿殺。吾與而盟，無入而封。」弗聽，殺而膊諸城上。【詁】說文：「膊，薄脯，膊之屋上。」按：方言、廣雅：「膊，曝也。」說文「膊之屋上」，亦有曝義。鄭玄周禮注：「膊，磔也。」蓋隨文爲訓。杜本鄭說。齊侯親鼓，士陵城。三日，取龍。遂南侵，及巢丘。【詁】賈逵云：「殺盧蒲就魁，不與齊盟，以亡其邑，故諱不書耳。」（本疏。）按：賈義蓋因内諱不書之例推之。正義譏賈，乃引楚子滅蕭，嬰齊入莒以例，失其旨矣。當以賈義爲長也。

衛侯使孫良夫、石稷、甯相、向禽將侵齊，與齊師遇。石子欲還，孫子曰：「不可。以師伐人，遇其師而還，將謂君何？若知不能，則如無出。今既遇矣，不如戰也。」夏，有……石成子曰：「師敗矣。子不少須，衆懼盡。子喪師徒，何以復命？」皆不對。又曰：「子，國卿也。隕子，辱矣。【詁】說文：「抎，有所失也。春秋傳曰『抎子辱矣』。」廣雅：「抎，失也。」按：今本作「隕」。說文：「隕，從高下也。易曰『有隕自天』。」高誘訓隕曰隊，音同。「抎」、「隕」二字古通。惠氏補注以「抎」爲古字，「隕」爲今字，似誤。子以衆退，我此乃止。」且告車來甚衆。齊師乃止，次于鞫居。

新築人仲叔于奚（古今人表作「中」。）救孫桓子，桓子是以免。既，衛人賞之以邑，辭，請曲縣、【詁】周禮小胥：「王宮縣，諸侯軒縣，卿大夫判縣，士特縣。」鄭衆云：「宮縣，四面。軒縣，去其一面。判縣，又去一面。特縣，又去一面。」王肅云：「禮，天子宮縣，四面。諸侯軒縣，軒縣闕一面，故謂之曲縣也。」舊注云：「諸侯軒縣，闕南方，形如車輿。」（周禮疏。杜取此。）繁纓【詁】鄭玄周禮注：「『樊』讀如鞶帶之『鞶』，謂今馬大帶也。」「纓，今馬鞅也。」「樊」、「繁」古字同。（杜本此。）以朝，許之。仲尼聞之，曰：「惜也，不如多與之邑。惟器與名，不可以假人，君之所司也。（高誘呂覽注引此

「司」作「慎」。）名以出信，信以守器，器以臧禮，禮以行義，義以生利，利以平民，政之大節也。若以假人，與人政也。政亡，則國家從之，弗可止也已。」

孫桓子還於新築，不入，遂如晉乞師。臧宣叔亦如晉乞師。皆主郤獻子。晉侯許之七百乘，郤子曰：「此城濮之賦也，有先君之明與先大夫之肅，故捷。克於先大夫，無能爲役。請八百乘。」【詁】賈逵云：「六萬人。」（史記集解。杜取此。）許之。郤克將中軍，士燮佐上軍，（諸本「佐」字誤「將」，今改正。）欒書將下軍，韓厥爲司馬，以救魯、衛。臧宣叔逆晉師，且道之。季文子帥師會之。

及衛地，韓獻子將斬人，郤獻子馳，將救之。至，則既斬之矣。郤子使速以徇，【詁】說文：「㣙，行示也。司馬法『斬以㣙』。」按：集韻云：「或作『徇』、『[illegible]』。」是「㣙」乃「徇」本字也。告其僕曰：「吾以分謗也。」

師從齊師于莘。六月壬申，師至于靡笄之下。【詁】賈逵云：「靡笄，山名。」（同上。杜取此。）齊侯使請戰，曰：「子以君師辱於敝邑，不腆敝賦，詰朝請見。」對曰：「晉與魯、衛，兄弟也。來告曰：『大國朝夕釋憾於敝邑之地。』寡君不忍，使群臣請於大國，無令輿師淹於君地。【詁】鄭玄周禮注：「輿，衆也。」爾雅：「淹，久也。」（杜本此。）能進不能退，君無所辱命。」齊侯曰：「大夫之許，寡人之願也。若其不許，亦將見也。」齊高固入晉師，桀石以投人，【詁】說文：「桀，磔也。」廣雅：「桀，擔也。」按：「桀」、「揭」、「擔」並舉也。杜注本廣雅。禽之而乘其車，繫桑本焉，以徇齊壘，曰：「欲勇者賈余餘勇。」

癸酉，師陳于鞌。【詁】服虔云：「鞌，齊地名也。」（史記集解。又作「鞍」。）按：史記作「戰于靡下」，徐廣曰：「『靡』當作『歷』。」蓋戰于歷下耳。據此，則鞌在歷下可知。邴夏御齊侯，逢丑父爲右。【詁】賈逵云：「齊大夫。」（同上。）晉解張御郤克，鄭丘緩爲右。齊侯曰：「余姑翦滅此而朝食。」（諸本衍「後」字，今从宋本刪。）【詁】方言、廣雅：「翦，盡也。」「煎」、「翦」聲近義同。薛綜西京賦注亦云：「翦，盡也。」（杜本此。）不介馬而馳之。郤克傷於矢，流血及屨，未絶鼓音，曰：「余病矣。」張侯曰：「自始合，而矢貫余手及肘，余折以御。左輪朱殷，【詁】廣雅：「朱，赤也。」王逸楚辭章句：「朱，赤色也。」豈敢言病？吾子忍之！」緩曰：「自始合，苟有險，余必下推車。子豈識之？然子病矣。」張侯曰：「師之耳目，在吾旗鼓，【詁】荀卿子曰：「將死鼓，御死轡。」進退從之。此車一人殿之，【詁】詩毛傳：「殿，鎮也。」（杜本此。）可以集事。若之何其以病敗君之大事也？擐甲【詁】國語「服兵擐甲」，賈逵云：「擐衣甲也。」（衆經音義。）説文：「擐，貫也。春秋傳曰『擐甲執兵』。」（杜本此。）執兵，固即死也。【詁】詩鄭箋：「即，就也。」（杜本此。）病未及死，吾子勉之！」左并轡，右援枹【詁】説文：「援，引也。」「枹，擊鼓杖也。」而鼓，馬逸不能止，師從之。齊師敗績，逐之，三周華不注。【詁】韋昭國語注：「華，齊地。不注，山名。」按：合下華泉觀之，華泉蓋華地之泉。杜注以「華不注」三字合爲山名，非也。伏琛齊地記「不」讀如「跗」，「跗注」與成十六年「韎韋之跗注」義同。

韓厥夢子輿謂己曰：「旦辟左右。」（石經及淳化本作「旦」，餘刻本誤作「且」。按：韓厥夢當以夜，故子輿告厥曰「旦辟左右」也。「且」字無意義，今從石經、宋本改正。）故中御而從齊侯。邴夏曰：「射其御者，君子也。」公曰：「謂之君子而射之，非禮也。」射其左，越于車下；射其右，斃于車中。綦毋張喪車，從韓厥，曰：「請寓乘。」【詁】方言：「寓，寄也。」（杜本此。）從左右，皆肘之，使立於後。韓厥俛，定其右。【詁】素問注：「俛仰謂屈伸也。」逢丑父與公易位。將及華泉，【詁】京相璠曰：「華泉，華不注山下泉水也。」（水經注。）驂絓於木而止。丑父寢於轏中，【詁】説文：「竹木之車曰棧。」字林曰：「卧車也。」按：「轏」當爲「棧」。杜注：「轏，士車。」蓋取周禮巾車「士乘棧車」之義，非本訓也。詩「有棧之車」，傳曰：「棧車，役車也。」亦與説文義通。蛇出於其下，以肱擊之，傷而匿之，故不能推車而及。韓厥執縶馬前，再拜稽首，【詁】説文：「馽，馬絆也。春秋傳曰『韓厥執馽馬前』。（一本無「馬」字。）讀若『輒』。或從系執聲。」穀梁傳曰：「輒者何也？曰兩足不能相過。齊謂之綦，楚謂之踂，衛謂之縶。」（一作「輒」。）奉觴加璧以進，【詁】服虔引司馬法：「其有殞命以行禮，如會所用儀也。若殞命，則左結旗，司馬授飲，右持苞壺，左承飲以進。」（本疏。）曰：「寡君使群臣爲魯、衛請曰：『無令輿師陷入君地。』下臣不幸，屬當戎行，無所逃隱。【詁】韋昭國語注：「屬，適也。」（杜本此。）且懼奔辟，而忝兩君。臣辱戎士，敢告不敏，攝官承乏。」丑父使公下，如華泉取飲。鄭周父御佐車，宛茷爲右，載齊侯以免。韓厥獻丑父，郤獻子將戮之，呼曰：「自今無有代其君任患者，有一於此，將爲戮乎！」郤子曰：「人不難以死免其君，我戮之不祥，赦之以勸事君者。」乃免之。【詁】按：春秋繁露竹林篇又云：「獲齊頃公，斮逢丑父。」蓋公羊家言如此。

齊侯免，求丑父，三入三出。每出，齊師以帥退。入于狄卒，狄卒皆抽戈楯冒之。以入于衛師，衛師免之，遂自徐關入。齊侯見保者，曰：「勉之！齊師敗矣。」辟女子，【詁】按：「辟」讀作「闢」。孟子「行辟人」，趙岐注：「辟除人，使卑辟尊也。」惠棟云：「下云『乃奔』，則『辟』讀當爲『趕』，與五年『伯宗辟重』同。杜注訓爲『避』，非。」女子曰：「君免乎？」曰：「免矣。」曰：「鋭司徒免乎？」曰：「免矣。」曰：「苟君與吾父免矣，可若何？」乃奔。齊侯以爲有禮。既而問之，辟司徒之妻也，予之石窌。

晉師從齊師，入自丘輿，擊馬陘。【詁】賈逵云：「馬陘，齊地也。」（史記集解。杜取此。）史記作「馬陵」，徐廣曰：「一作『陘』。」于欽齊乘：「馬陵一作馬陘。」按：虞喜志林：「馬陵在濮州鄄城縣東北六十里。」今考華泉、徐關並在齊州，與馬陵爲近，當是此矣。齊侯使賓媚人賂以紀甗、玉磬與地。【詁】説文：「甗，甑也。一曰穿也。」鄭衆注考工記云：「甗，無底甑。」按：杜注：「甗，玉甑。」非是。正義申杜更非。且竹書紀年明言「紀公之甗」，則非玉可知。「不可，則聽客之所爲。」賓媚人致賂，晉人不可，曰：「必以蕭同叔子爲質，【詁】賈逵云：「蕭，附庸，子姓。」（史記集解。）公、穀皆作「蕭同姪子」。穀梁傳曰：「以蕭同姪子之母爲質。」晉世家作「蕭桐姪子」。帝王世紀：「周封子姪之别爲附庸也。」按：今徐州蕭縣，古蕭叔之國。干寶曰：「蕭同叔子，惠公之妾，頃公之母。」而使齊之封内盡東其畝。」【詁】服虔云：「欲令齊隴畝東行。」（同上。杜取此。）對曰：「蕭同叔子非他，寡君之母也。若以匹敵，則亦晉君之母也。吾子布大命於諸侯，而曰：『必質其母以爲信。』其若王命何？且是以不孝令也。詩曰：『孝子不匱，永錫爾類。』若以不孝令於諸侯，其無乃非德類也乎？先王疆理天下，（鄭玄周禮注引此「先王」作「吾子」，蓋涉下文而誤。）物土之宜而布其利，故詩曰：『我疆我理，南東其畝。』今吾子疆理諸侯，而曰『盡東其畝』而已。惟吾子戎車是利，無顧土宜，其無乃非先王之命也乎？反先王則不義，何以爲盟主？其晉實有闕。【詁】韋昭國語注：「闕，缺也。」四王之王也，樹德【詁】方言及高誘淮南王書注：「樹，立也。」（杜本此。）而濟同欲焉。五伯之霸也，【詁】服虔云：「五伯謂夏伯昆吾，商伯大彭、豕韋，周伯齊桓、晉文也。」（詩疏。杜取此。）勤而撫之，以役王命。【詁】高誘吕覽注：「役，事也。」（杜本此。）今吾子求合諸侯，以逞無疆之欲。詩曰：『布政優優，【詁】詩作「敷政」。昭二十年同。鄭玄儀禮注云：「今文『布』作『敷』。」爾雅：「優優，和也。」（杜本此。）百禄是遒。』【詁】詩毛傳：「遒，聚也。」（杜本此。）子實不優，而弃百禄，諸侯何害焉？不然，寡君之命使臣則有辭矣，曰：『子以君師辱於敝邑，不腆敝賦，以犒從者。畏君之震，【詁】易序卦傳：「震，動也。」師徒橈敗。【詁】按：漢書高帝紀「與酈食其謀橈楚權」，服虔云：「橈，弱也。」服虔注此傳當亦同。杜訓曲，似回遠。吾子惠徼齊國之福，不泯其社稷，使繼舊好，惟是先君之敝器土地不敢愛。子又不許，請收合餘燼，【詁】説文：「𤇾，火餘也。一曰薪也，從火聿聲。」按：杜注增一「木」字，即與訓詁之義乖。「𤇾」，今刊本並作「燼」。玉篇「燼」同「𤇾」。經典相仍作「燼」，今不改。背城借一。敝邑之幸，亦云從也；況其不幸，敢不唯命是聽？』」魯、衛諫曰：「齊疾我矣。其死亡者，皆親暱也。子若不許，讎我必甚。唯子，則又何求？子得其國寶，我亦得地，而紓於難，其榮多矣。齊、晉亦唯天所授，豈必晉？」晉人許之。對曰：「群臣帥賦輿以爲魯、衛請，若苟有以藉口，【詁】服虔云：「今河南俗語治生求利少有所得，皆云可用藉手矣。」（本疏。）按：杜訓薦，反回遠。而復於寡君，【詁】鄭玄禮記注：「復，白也。」（杜本此。）君之惠也。敢不唯命是聽？」禽鄭自師逆公。秋，七月，晉師及齊國佐盟于爰婁。使齊人歸我汶陽之田。公會晉師于上鄍。賜三帥先路三命之服，司馬、司空、【詁】高誘云：「軍司馬、軍司空也。」輿帥、候正、亞旅皆受一命之服。（諸本「帥」誤作「師」，今校正。）

八月，宋文公卒。始厚葬，用蜃炭，（釋文作「蜄」。）益車馬，始用殉，重器備，椁有四阿，棺有翰檜。【詁】馬融尚書注：「植在前，榦在兩旁。」按：杜注：「翰，旁飾。」蓋本此。君子謂：「華元、樂舉於是乎不臣。【詁】王符潛夫論曰：「華元、樂呂厚葬文公，春秋以爲不臣。」按：本作「樂昌」，當以字近而誤。魏志文帝紀又作「樂莒」。又攷宣二年傳樂呂爲鄭所獲，不應尚存。或其時宋贖華元，樂呂亦同歸也。據此，則宣二年囚華元、獲樂呂，「囚」、「獲」義皆互通。杜注似分囚爲生獲，獲爲死得，誤矣。臣，治煩去惑者也，（文選注引作「治煩而去惑」。）是以伏死而争。今二子者，君生則縱其惑，死又益其侈，是弃君於惡也，何臣之爲？」

九月，衞穆公卒。晉三子自役弔焉，哭於大門之外。衞人逆之，婦人哭於門内，送亦如之。遂常以葬。

楚之討陳夏氏也，莊王欲納夏姬。申公巫臣曰：「不可。君召諸侯，以討罪也。今納夏姬，貪其色也。貪色爲淫，淫爲大罰。周書曰：『明德慎罰。』文王所以造周也。明德，務崇之之謂也；慎罰，務去之之謂也。若興諸侯以取大罰，非慎之也。君其圖之！」王乃止。子反欲取之，巫臣曰：「是不祥人也。是夭子蠻，殺御叔，【詁】韋昭國語注云：「公子夏，陳宣公之子，御叔之父也，爲御叔娶鄭穆公少妃姚子之女夏姬也。」弑靈侯，戮夏南，出孔、儀，喪陳國，何不祥如是？人生實難，其有不獲死乎！天下多美婦人，何必是？」子反乃止。王以予連尹襄老。【詁】按：連，楚地名；襄老當爲此地之尹，故以官稱之也。楚語有「雲連徒洲」。漢書地理志長沙國連道縣，唐時爲連州。襄老死於邲，不獲其尸。其子黑要烝焉。巫臣使道焉，曰：「歸，吾聘女。」又使自鄭召之，曰：「尸可得也，必來逆之。」姬以告王。王問諸屈巫，對曰：「其信。知罃之父，成公之嬖也，而中行伯之季弟也，新佐中軍而善鄭皇戌，甚愛此子，其必因鄭而歸王子與襄老之尸以求之。鄭人懼於邲之役，而欲求媚於晉，其必許之！」王遣夏姬歸。將行，謂送者曰：「不得尸，吾不反矣。」巫臣聘諸鄭，鄭伯許之。及共王即位，將爲陽橋之役，使屈巫聘于齊，且告師期。巫臣盡室以行，申叔跪從其父，將適郢，遇之，曰：「異哉！夫子有三軍之懼，而又有桑中之喜，宜將竊妻以逃者也。」及鄭，使介反幣，而以夏姬行。將奔齊，齊師新敗，曰：「吾不處不勝之國。」遂奔晉，而因郤至，【詁】世本：「郤豹生冀芮，芮生缺，缺生克。」又云：「豹生義，義生步揚，步揚生蒲城鵲居，鵲居生至。」以臣於晉。晉人使爲邢大夫。【詁】賈逵云：「邢，晉邑。」（史記集解。杜取此。）子反請以重幣錮之，王曰：「止。【詁】高誘呂覽注：「止，禁止也。」其自爲謀也，則過矣。其爲吾先君謀也，則忠。忠，社稷之固也，所蓋多矣。【詁】小爾雅：「蓋，覆也。」（杜本此。）且彼若能利國家，雖重幣，晉將可乎？若無益於晉，晉將弃之，何勞錮焉？」

晉師歸，范文子後入。武子曰：「無爲吾望爾也乎？」對曰：「師有功，國人喜以逆之。先入，必屬耳目焉，是代帥受名也，故不敢。」武子曰：「吾知免矣。」（釋文：「一本無『知』字。」）郤伯見，公曰：「子之力也夫。」對曰：「君之訓也，二三子之力也，臣何力之有焉？」范叔見，勞之如郤伯，對曰：「庚所命也，克之制也，燮何力之有焉？」欒伯見，公亦如之，對曰：「燮之詔也，士用命也，書何力之有焉？」

宣公使求好于楚，莊王卒，宣公薨，不克作好。公即位，受盟于晉，會晉伐齊。衞人不行使于楚，而亦受盟于晉，從於伐齊。故楚令尹子重爲陽橋之役以救齊。將起師，子重曰：「君弱，群臣不如先大夫，師衆而後可。詩曰：『濟濟多士，文王以寧。』夫文王猶用衆，况吾儕乎？且先君莊王屬之曰：『無德以及遠方，莫如惠恤其民而善用之。』」乃大户，已責，逮鰥，救乏，赦罪。悉師，王卒盡行。彭名御戎，蔡景公爲左，許靈公爲右。二君弱，皆强冠之。

冬，楚師侵衞，遂侵我，師于蜀。使臧孫往，辭曰：「楚遠而久，固將退矣。無功而受名，臣不敢。」楚侵及陽橋。孟孫請往賂之，以執斲、執鍼、織紝【詁】服虔云：「織紝，治繒帛者。」（詩疏。）説文：「紝，或從任作『絍』。」釋文作「祚」。皆百人，公衡爲質，以請盟。楚人許平。十一月，公及楚公子嬰齊、蔡侯、許男、秦右大夫説、宋華元、陳公孫寧、衛孫良夫、鄭公子去疾及齊國之大夫盟于蜀。卿不書，匱盟也。【詁】詩毛傳：「匱，乏也。」高誘淮南王書注同。（杜本此。）於是乎畏晉而竊與楚盟，故曰「匱盟」。蔡侯、許男不書，乘楚車也，謂之失位。君子曰：「位其不可不慎也乎！蔡、許之君，一失其位，不得列於諸侯，況其下乎？詩曰：『不解于位，民之攸塈。』（諸本作「墍」，誤，今改正。）【詁】詩毛傳：「攸，所也。塈，息也。」（杜本此。）其是之謂矣。」

楚師及宋，公衡逃歸。臧宣叔曰：「衡父不忍數年之不宴，【詁】説文：「宴，安也。」以棄魯國，國將若之何？誰居？【詁】惠棟曰：「檀弓云『何居？我未之前聞也』。注云：『「居」讀爲姬姓之「姬」，齊、魯之間語助也。』列子黄帝篇云：『闕尹爲列子曰：「姬魚語女。」』張湛曰：『「姬」音「居」。「魚」當作「吾」。』是『居』、『姬』互訓，蓋古音同也。」後之人必有任是夫。國棄矣。」是行也，晉辟楚，畏其衆也。君子曰：「衆之不可以已也。大夫爲政，猶以衆克。況明君而善用其衆乎？大誓所謂『商兆民離，周十人同』者，衆也。」

晉侯使鞏朔獻齊捷于周。王弗見，使單襄公辭焉，曰：「蠻夷戎狄，不式王命，【詁】爾雅：「式，用也。」（杜本此。）淫湎毁常，王命伐之，則有獻捷，王親受而勞之，所以懲不敬、勸有功也。兄弟甥舅，侵敗王略，【詁】説文：「略，經略土地也。」昭七年傳云「天子經略」，定四年「吾子欲復文、武之略」並同。按：杜注云法度，失之。王命伐之，告事而已，不獻其功，所以敬親暱、禁淫慝也。今叔父克【詁】爾雅：「克，能也。」（杜本此。）遂，有功于齊，而不使命卿鎮撫王室，所使來撫余一人，而鞏伯實來，未有職司於王室，又姦先王之禮，余雖欲於鞏伯，其敢廢舊典以忝叔父？夫齊，甥舅之國也，而大師之後也，寧不亦淫從其欲以怒叔父，抑豈不可諫誨？」士莊伯不能對。王使委於三吏，（鄭玄禮記注引作「王命委之三吏」。）禮之如侯伯克敵使大夫告慶之禮，降於卿禮一等。王以鞏伯宴，而私賄之。使相告之曰：「非禮也，勿籍。」【詁】説文：「籍，簿書也。」（杜本此。）

三年，春，諸侯伐鄭，次于伯牛，討邲之役也。遂東侵鄭。鄭公子偃帥師禦之，使東鄙覆諸鄤，敗諸丘輿。皇戌如楚獻捷。

夏，公如晉，拜汶陽之田。

許恃楚而不事鄭，鄭子良伐許。

晉人歸楚公子穀臣與連尹襄老之尸于楚，以求知罃。於是荀首佐中軍矣，故楚人許之。王送知罃，曰：「子其怨我乎？」對曰：「二國治戎，臣不才，不勝其任，以爲俘馘。【詁】說文：「俘，軍所獲也。」春秋傳曰『以爲俘馘』。」「馘，軍戰斷耳也。」執事不以釁鼓，使歸即戮，君之惠也。臣實不才，又誰敢怨？」王曰：「然則德我乎？」對曰：「二國圖其社稷，而求紓其民，【詁】詩毛傳：「紓，緩也。」（杜本此。）各懲其忿，以相宥也，【詁】韋昭國語注：「宥，赦也。」（杜本此。）兩釋纍囚以成其好。【詁】鄭玄禮記注：「纍猶繫也。」（杜本此。）二國有好，臣不與及，其誰敢德？」王曰：「子歸，何以報我？」對曰：「臣不任受怨，君亦不任受德。無怨無德，不知所報。」王曰：「雖然，必告不穀。」對曰：「以君之靈，纍臣得歸骨於晉，寡君之以爲戮，死且不朽。若從君之惠而免之，以賜君之外臣首，首其請於寡君而以戮於宗，亦死且不朽。若不獲命，而使嗣宗職，【詁】按：宗職，父職也。荀首之父未嘗爲卿，故罃止言嗣宗職。杜注言「嗣祖宗之位職」，疑誤。次及於事，而帥偏師以修封疆，雖遇執事，其弗敢違。其竭力致死，無有二心，以盡臣禮，所以報也。」王曰：「晉未可與爭。」重爲之禮而歸之。

秋，叔孫僑如圍棘，取汶陽之田。棘不服，故圍之。

晉郤克、衛孫良夫伐廧咎如，討赤狄之餘焉。廧咎如潰，上失民也。

冬，十一月，晉侯使荀庚來聘，且尋盟。衛侯使孫良夫來聘，且尋盟。公問諸臧宣叔曰：「中行伯之於晉也，其位在三；孫子之於衛也，位爲上卿。將誰先？」對曰：「次國之上卿當大國之中，中當其下，下當其上大夫。小國之上卿當大國之下卿，中當其上大夫，下當其下大夫。上下如是，古之制也。衞在晉，（後漢書注引作「衞之于晉」。）不得爲次國。晉爲盟主，其將先之。」丙午，盟晉；丁未，盟衞，禮也。

十二月甲戌，晉作六軍。【詁】賈逵云：「初作六軍，僭王也。」（史記集解。杜本此。）韓厥、趙括、鞏朔、韓穿、荀騅、【詁】索隱：「騅謚文子。」按：惠氏以爲出世本。趙旃皆爲卿，賞鞌之功也。

齊侯朝于晉，將授玉。【詁】史記齊世家曰：「頃公十一年，晉初置六卿，頃公朝晉，欲尊王晉景公，景公不敢當。」晉世家云：「景公十二年，齊頃公如晉，欲上尊景公爲王，景公讓不敢。」「王劭按：張衡曰：『禮，諸侯朝天子執玉，既授而反之。若諸侯自相朝，則不授玉。』齊頃公戰敗朝晉而授玉，是欲尊晉侯爲王。〔一〕太史公探其旨而言之。」惠棟：「按古『玉』字皆作『王』。左氏傳多古字古言，故『玉』从『王』。」今按春秋時諸侯相朝亦皆授玉。成六年：「鄭伯如晉拜成，授玉于東楹之東。」定十五年：「邾隱公來朝，子貢觀焉。邾子執玉高，其容仰；公受玉卑，其容俯。」皆諸侯相朝授玉之證。平子之説，未可信也。至太史公尊王之語，本不足憑。正義駁之是矣。郤克趨進，曰：「此行也，君爲御人之笑辱也，（各本「御」誤作「婦」，今从石經改。）寡君未之敢任。」晉侯享齊侯。齊侯視韓厥，韓厥曰：「君知厥也乎？」齊侯曰：「服改矣。」韓厥登，舉爵曰：「臣之不敢愛死，爲兩君之在此堂也。」

荀罃之在楚也，鄭賈人有將寘諸褚中以出。既謀之，未行，而楚人歸之。賈人如晉，荀罃善視之，如實出己。賈人曰：「吾無其功，敢有其實乎？吾小人，不可以厚誣君子。」遂適齊。

四年，春，宋華元來聘，通嗣君也。

〔一〕「尊」原訛「争」，據史記齊太公世家索隱改。

杞伯來朝，歸叔姬故也。

夏，公如晉。晉侯見公不敬，季文子曰：「晉侯必不免。詩曰：『敬之敬之，天惟顯思，命不易哉！』夫晉侯之命在諸侯矣，可不敬乎？」

秋，公至自晉，欲求成于楚而叛晉。季文子曰：「不可。晉雖無道，未可叛也。國大臣睦，而邇於我，諸侯聽焉，未可以貳。史佚之志有之，曰：『非我族類，其心必異。』楚雖大，非吾族也，其肯字我乎？」【詁】詩毛傳：「字，愛也。」（杜本此。）公乃止。

冬，十一月，鄭公孫申帥師疆許田，許人敗諸展陂。鄭伯伐許，取鉏任、泠敦之田。

晉欒書將中軍，荀首佐之，士燮佐上軍，以救許伐鄭，取汜、祭。

楚子反救鄭。鄭伯與許男訟焉，皇戌攝鄭伯之辭。子反不能決也，曰：「君若辱在寡君，寡君與其二三臣共聽兩君之所欲，成其可知也。不然，側不足以知二國之成。」

晉趙嬰通于趙莊姬。

五年，春，原、屏放諸齊。嬰曰：「我在，故欒氏不作。我亡，吾二昆其憂哉！且人各有能有不能，舍我何害？」弗聽。嬰夢天使謂己：「祭余，余福女。」使問諸士貞伯，貞伯曰：「不識也。」既而告其人曰：「神，福仁而禍淫。淫而無罰，福也。祭，其得亡乎？」祭之，之明日而亡。

孟獻子如宋，報華元也。

夏，晉荀首如齊逆女，故宣伯餫諸穀。【詁】説文：「野饋曰餫。」（杜本此。）

梁山崩，晉侯以傳召伯宗。（穀梁作「伯尊」。）伯宗辟重，曰：「辟傳。」重人曰：「待我，不如捷之速也。」問其所，曰：「絳人也。」問絳事焉，曰：「梁山崩，將召伯宗謀之。」問：「將若之何？」曰：「山有朽壤（國語作「朽壤」，韋昭注：「不言政失所爲，而稱朽壤，言遜也。」今按：「壤」、「壞」二字相近，故譌。說文釋「崩」字亦云：「山壞也。」宋槧本國語傳、注並作「朽壞」。弘治本同。嘉靖本轉而爲「壤」，坊本因之，恐誤。）而崩，可若何？國主山川，故山崩川竭，君爲之不舉，降服，乘縵，【詁】說文：「縵，繒無文也。」按：周禮巾車「卿乘夏縵」，此車蓋以繒爲車帷，取其無文。鄭玄注：「夏縵，亦五采，畫無瑑耳。」[一]疑非。杜注蓋取說文，然改「繒」爲「車」，亦失本訓。徹樂，出次，祝幣，史辭，以禮焉。其如此而已。雖伯宗若之何？」伯宗請見之，不可。遂以告，而從之。

許靈公【詁】許，史記鄭世家作「無公惡鄭于楚」，徐廣曰：「『無』音『許』。」按：說文：「鄦，炎帝太嶽之後甫侯所封，在潁川，从邑無聲，讀若許。」是「許」乃後人省文，依字當作「鄦」字。愬鄭伯于楚。六月，鄭悼公如楚訟。不勝，楚人執皇戌及子國。故鄭伯歸，使公子偃請成于晉。秋，八月，鄭伯及晉趙同盟于垂棘。

宋公子圍龜爲質于楚而歸，華元享之。請鼓譟以出，鼓譟以復入，曰：「習攻華氏。」宋公殺之。

冬，同盟于蟲牢，鄭服也。諸侯謀復會，宋公使向爲人辭以子靈之難。（釋文：「一本無『之難』二字。子靈爲辭，一本無『爲辭』二字。」）

十一月己酉，定王崩。

六年，春，鄭伯如晉拜成，子游相，授玉于東楹之東。士貞伯曰：「鄭伯其死乎！自棄也已。視流而行速，不安其位，宜不能久。」

[一]「瑑」原作「緣」，據周禮春官巾車鄭玄注改。

二月，季文子以鞌之功立武宮，非禮也。聽於人以救其難，不可以立武。立武由己，非由人也。

取鄟，言易也。

三月，晉伯宗、夏陽説、衛孫良夫、甯相、鄭人、伊雒之戎、陸渾、蠻氏【詁】郡國志河南尹：〔一〕「新城，有鄤聚，古鄤氏，今名蠻中。」（杜同此。）侵宋，以其辭會也。師于鍼。衛人不保。説欲襲衛，曰：「雖不可入，多俘而歸，有罪不及死。」伯宗曰：「不可。衛惟信晉，故師在其郊而不設備。若襲之，是棄信也。雖多衛俘，而晉無信，何以求諸侯？」乃止。師還，衛人登陴。

晉人謀去故絳，諸大夫皆曰：「必居郇瑕氏之地，【詁】服虔云：「郇國在解縣東，郇瑕氏之墟也。」（水經注。）説文：「郇，周武王子所封國，在晉地。」按：即郇瑕氏之地。杜注：「郇瑕，古國名。」不知郇瑕即郇國也。僖二十四年「咎犯與秦、晉大夫盟于郇」，文十二年「秦侵晉及瑕」，郇、瑕二地相接，亦可作一地。司馬彪郡國志解縣有瑕城。杜注：「解縣西北有郇城。」水經注引京相璠曰：「故瑕城在解縣西南。」是其證也。二地連稱，春秋時多有，如解梁、郫邵等，皆取便俗耳。（水經注：「古水又西，逕荀城東北，古荀國也。」汲郡古文：「晉武公滅郇，以賜大夫原氏。」）沃饒而近盬，【詁】服虔云：「土田而有溉曰沃。盬，盬池也。」（水經注。杜取此。）説文：「盬，河東鹽池，袤五十一里，〔二〕廣七里，周百十六里。从鹽省，古聲。」按：衆經音義：「天生曰鹵，人生曰鹽。」國利君樂，不可失也。」韓獻子將新中軍，且爲僕大夫。公揖而入，獻子從。公立於寢庭，謂獻子曰：「何如？」對曰：「不可。郇瑕氏土薄水淺，其惡易覯。【詁】詩毛傳：「構，成也。」「構」、「遘」同。〔三〕（杜本此。）易覯則民愁，民愁則墊隘，【詁】説文：「墊，下也。」（方言、司馬彪注莊子並同。）春秋傳曰『墊

〔一〕「尹」原作「郡」，據後漢書志第十九郡國一改。

〔二〕「五」原作「三」，據説文解字第十二上改。

〔三〕「遘」據上下文，當爲「覯」字之訛。

隘』。」『隘，陋也。』又説文：「㲋，寒也。或曰早霜，讀若春秋傳『墊阨』。」『阨』、『隘』古字通。按：杜注：「墊隘，羸困也。」于訓詁爲不通。正義更屬曲説。鄭玄尚書注：「墊，陷也。」陷與下義並同。於是乎有沈溺重膇之疾。【詁】按：埤蒼引左傳作「瘇」，云與「膇」同。衆經音義引釋名云：「下重曰瘇。」今釋名無此語。玄應不知何本。不如新田，土厚水深，居之不疾，有汾、澮以流其惡，【詁】水經：「汾水出太原汾陽縣北，至汾陰縣北注于河。」「澮水出河東絳縣東，西至王澤注于汾」。（杜本此。）周書曰：「地有五形，不通曰惡。」且民從教，十世之利也。夫山澤林鹽，國之寶也。國饒，則民驕佚；近寶，公室乃貧，不可謂樂。」公説，從之。夏，四月丁丑，晉遷于新田。

六月，鄭悼公卒。

子叔聲伯如晉，命伐宋。秋，孟獻子、叔孫宣伯侵宋，晉命也。

楚子重伐鄭，鄭從晉故也。

冬，季文子如晉，賀遷也。

晉欒書救鄭，與楚師遇於繞角。楚師還，晉師遂侵蔡。楚公子申、公子成以申、息之師救蔡，禦諸桑隧。趙同、趙括欲戰，請於武子。武子將許之，知莊子、范文子、韓獻子諫曰：「不可。吾來救鄭，楚師去我，吾遂至於此，是遷戮也。戮而不已，又怒楚師，戰必不克。雖克，不令。成師以出，而敗楚之二縣，何榮之有焉？若不能敗，爲辱已甚，不如還也。」乃遂還。於是軍帥之欲戰者衆。或謂欒武子曰：「聖人與衆同欲，是以濟事。子盍從衆？【詁】鄭玄禮記注：「盍，何不也。」（杜本此。）子爲大政，將酌於民者也。子之佐十一人，【詁】服虔云：「是時欒書將中軍，荀首佐之；荀庚將上軍，士燮佐之；郤錡將下軍，趙同佐之；韓厥將新中軍，趙括佐之；鞏朔將新上軍，韓穿佐之；荀騅將新下軍，趙旃佐之。」（本疏。）其不欲戰者三人而已，欲戰者可謂衆矣。商書曰：『三人占，從二人。』衆故也。」武子曰：「善鈞，【詁】高誘淮南王書注：「鈞，等也。」（杜本此。）從衆。夫善，衆之主也。三卿爲主，可謂衆矣。從之，不亦可乎？」

七年，春，吴伐郯，郯成。季文子曰：「中國不振旅，【詁】李奇上林賦注：「振，整也。」爾雅：「旅，衆也。」（杜本此。）蠻夷入伐而莫之或恤，無弔者也夫。詩曰：『不弔昊天，亂靡有定。』其此之謂乎！有上不弔，其誰不受亂？吾亡無日矣。」君子曰：「知懼如是，斯不亡矣。」

鄭子良相成公以如晉，見且拜師。

夏，曹宣公來朝。

秋，楚子重伐鄭，師于汜。【詁】郡國志潁川郡：「襄城，有汜城。」（杜同此。）諸侯救鄭。鄭共仲、侯羽軍楚師，囚鄖公鍾儀，獻諸晉。八月，同盟于馬陵，尋蟲牢之盟，且莒服故也。

晉人以鍾儀歸，囚諸軍府。

楚圍宋之役，師還，子重請取於申、吕以爲賞田。王許之。申公巫臣曰：「不可。此申、吕所以邑也，是以爲賦，以御北方。若取之，是無申、吕也，晉、鄭必至于漢。」王乃止。子重是以怨巫臣。子反欲取夏姬，巫臣止之，遂取以行，子反亦怨之。及共王即位，子重、子反殺巫臣之族子閻、子蕩及清尹弗忌及襄老之子黑要，而分其室。子重取子閻之室，使沈尹與王子罷分子蕩之室，子反取黑要與清尹之室。巫臣自晉遺二子書，曰：「爾以讒慝貪惏【詁】王逸楚辭章句：「愛財曰貪，愛食曰惏。」方言：「貪，殺也。楚謂之貪。」「惏，殘也。」殺而取其財曰惏。事君，而多殺不辜，余必使爾罷於奔命以死。」巫臣請使於吴，晉侯許之。吴子壽夢説之。乃通吴于晉。以兩之一卒適吴，【詁】司馬法：「百人爲卒，二十五人爲兩。車九乘爲小偏，十五乘爲大偏。」（杜本此。）舍偏兩之一焉。與其射御，教吴乘車，教之戰陳，教之叛楚。寘其子狐庸焉，使爲行人於吴。【詁】服虔云：「行人，掌國賓客之禮籍，以待四方之使，賓大客，受小國之幣辭。」（史記集解。）吳始伐楚，伐巢，伐徐，子重奔命。馬陵之會，吳入州來。子重自鄭奔命。子重、子反於是乎一歲七奔命。蠻夷屬於楚者，吳盡取之。是以始大，通吳於上國。

衛定公惡孫林父。冬，孫林父出奔晉。衛侯如晉，晉反戚焉。

八年，春，晉侯使韓穿來言汶陽之田，歸之于齊。季文子餞之，私焉，【詁】説文：「餞，送去食也。」按：「餞」字本訓當依説文。杜注蓋本薛、鄭義。文選注引韓詩薛君章句「送行飲酒曰餞」，是因詩「飲餞于禰」，「飲」字隨文爲義。釋文稱毛詩箋云：「祖而舍軷，飲酒於其側曰餞。」是因「顯父餞之，清酒百壺」句隨文爲義。皆非「餞」字本訓也。杜于訓詁之義本不精，類此者極多，姑附記于此。曰：「大國制義，以爲盟主，是以諸侯懷德畏討，無有貳心。（明刊本作「二」，誤。今从宋本改正。）謂汶陽之田，敝邑之舊也，而用師於齊，使歸諸敝邑。今有二命，曰『歸諸齊』。信以行義，義以成命，小國所望而懷也。信不可知，義無所立，四方諸侯，其誰不解體？詩曰：『女也不爽，士貳其行。士也罔極，【詁】詩毛傳：「爽，差也。」鄭箋：「極，中也。」（杜本此。）二三其德。』七年之中，一與一奪，二三孰甚焉？士之二三，猶喪妃耦，而況霸主？霸主將德是以，而二三之，其何以長有諸侯乎？詩曰：『猶之未遠，【詁】詩鄭箋：「猶，圖也。」（杜本此。）是用大簡。』【詁】詩作「大諫」。按：杜訓簡爲諫，古義通。周禮鄭司農注亦同。行父懼晉之不遠猶而失諸侯也，是以敢私言之。」

晉欒書侵蔡，遂侵楚，獲申驪。楚師之還也，晉侵沈，【詁】地理志汝南郡平輿，應劭曰：「故沈子國。」（杜本此。）獲沈子揖初，從知、范、韓也。君子曰：「從善如流，宜哉！詩曰：『愷悌君子，遐不作人？』【詁】爾雅：「遐，遠也。」荀爽易注：「作，用也。」（杜本此。）求善也夫。作人，斯有功績矣。」是行也，鄭伯將會晉師，門于許東門，大獲焉。

聲伯如莒，逆也。

宋華元來聘，聘共姬也。夏，宋公使公孫壽來納幣，禮也。

晉趙莊姬爲趙嬰之亡故，【詁】賈、服皆以爲成公之女。（本疏。杜取此。）譖之于晉侯，曰：「原、屏將爲亂。」欒、郤爲徵。六月，晉討趙同、趙括。武從姬氏畜于公宮。【詁】詩毛傳：「畜，養也。」（杜本此。）以其田與祁奚。【詁】呂覽去私篇作「祁黄羊」，高誘注：「祁奚，高梁伯之子祁黄羊也。」又云：「黄羊，祁奚字。」韓厥言於晉侯曰：「成季之勳，宣孟之忠，而無後，爲善者其懼矣。三代之令王，皆數百年保天之禄。夫豈無辟王？賴前哲以免也。（釋文作「喆」。）周書曰：『不敢侮鰥寡。』所以明德也。」乃立武而反其田焉。

秋，召桓公來賜公命。

晉侯使申公巫臣如吴，假道于莒。與渠丘公立於池上，曰：「城已惡。」莒子曰：「辟陋在夷，其孰以我爲虞？」對曰：「夫狡焉，（一説「狡焉」當屬下爲句。）【詁】高誘呂覽注：「狡，猾也。」（杜本此。）思啓封疆以利社稷者，何國蔑有？唯然，故多大國矣。惟或思或縱也。勇夫重閉，【詁】按：釋文：『閉』一音户旦反。」今攷「閉」字無此音，當是本又作「閈」，故有此反，傳寫脱誤耳。況國乎？」

冬，杞叔姬卒。來歸自杞，故書。

晉士燮來聘，言伐郯也，以其事吴故。公賂之，請緩師。文子不可，曰：「君命無貳，失信不立。禮無加貨，事無二成。君後諸侯，是寡君不得事君也。燮將復之。」季孫懼，使宣伯帥師會伐郯。

衛人來媵共姬，禮也。凡諸侯嫁女，同姓媵之，異姓則否。【詁】箴膏肓：「諸侯直云備酒漿，何得有異姓在内？」（穀梁疏。）

九年，春，杞桓公來逆叔姬之喪，請之也。杞叔姬卒，爲杞故也。逆叔姬，爲我也。（釋文：「本或無『爲』字。」）

爲歸汶陽之田故，諸侯貳於晉。晉人懼，會于蒲，以尋馬陵之盟。季文子謂范文子曰：「德則不競，【詁】詩毛傳：「競，彊也。」（杜本此。）尋盟何爲？」范文子曰：「勤以撫之，寬以待之，堅彊以御之，明神以要之，柔服而伐貳，德之次也。」是行也，將始會吴，吴人不至。

二月，伯姬歸于宋。

楚人以重賂求鄭，鄭伯會楚公子成于鄧。

夏，季文子如宋致女，復命，公享之。賦韓奕之五章。穆姜出於房，再拜曰：「大夫勤辱，不忘先君，以及嗣君，施及未亡人。先君猶有望也，敢拜大夫之重勤。」又賦緑衣之卒章而入。（釋文：「『緑』本又作『緣』。」）【詁】按：詩鄭箋：「『緑』當爲『褖』，故作『褖』，轉作『緣』字之誤也。」

晉人來媵，禮也。

秋，鄭伯如晉。晉人討其貳於楚也，執諸銅鞮。【詁】郡國志上黨郡銅鞮，劉昭注引上黨記曰：「晉別宮墟闕猶有北城，去晉宮二十里，羊舌所邑。」（杜同此。）

欒書伐鄭。鄭人使伯蠲行成，晉人殺之，非禮也。兵交，使在其間可也。楚子重侵陳以救鄭。

晉侯觀于軍府，見鍾儀，問之曰：「南冠而縶者，誰也？」【詁】服虔云：「楚冠。」（御覽。杜取此。）獨斷引胡廣説曰：「南冠，蓋楚之冠。秦滅楚，以其君冠賜御史。」司馬彪莊子注：「縶，拘也。」（杜同此。）有司對曰：「鄭人所獻楚囚也。」使税之，召而弔之。再拜稽首。問其族，對曰：「泠人也。」（詩疏引作「伶人」，文選注同。）公曰：「能樂乎？」對曰：「先父之職官也，敢有二事？」使與之琴，操南音。公曰：「君王何如？」對曰：「非小人之所得知也。」固問之，對曰：「其爲太子也，師、保奉之，以朝于嬰齊而夕于側也。不知其他。」公語范文子，文子曰：「楚囚，君子也。言稱先職，不背本也。樂操土風，不忘舊也。稱大子，抑無私也。名其二卿，尊君也。不背本，仁也。不忘舊，信也。無私，忠也。尊君，敏也。【詁】韋昭國語注：「敏，達也。」（杜本此。）仁以接事，信以守之，忠以成之，敏以行之，事雖大，必濟。君盍歸之？使合晉、楚之成。」公從之，重爲之禮，使歸求成。

冬，十一月，楚子重自陳伐莒，圍渠丘。渠丘城惡，衆潰，奔莒。戊申，楚入渠丘。莒人囚楚公子平。楚人曰：「勿殺，吾歸而俘。」莒人殺之，楚師圍莒。莒城亦惡，庚申，莒潰。楚遂入鄆。莒無備故也。君子曰：「恃陋而不備，罪之大者也。備豫不虞，善之大者也。莒恃其陋，而不修城郭，浹辰之間，而楚克其三都，無備也夫。詩曰：『雖有絲麻，無棄菅蒯。【詁】玉篇：「蕆，苦怪切，草中爲索。左氏傳曰『無棄菅蕆』。」下「蒯」字注云同上。雖有姬、姜，無棄蕉萃。【詁】詩東門之池正義引傳作「憔悴」。淮南説林曰：「有榮華者必有憔悴。」「蕉萃」猶「憔悴」也。凡百君子，莫不代匱。』言備之不可以已也。」

秦人、白狄伐晉，諸侯貳故也。

鄭人圍許，示晉不急君也。是則公孫申謀之，曰：「我出師以圍許，爲將改立君者，而紓晉使，晉必歸君。」

城中城，書，時也。

十二月，楚子使公子辰如晉，報鍾儀之使，請修好結成。

十年，春，晉侯使糴茷如楚，【詁】説文：「春秋傳曰『晉糴茷』。」報太宰子商之使也。

衛子叔黑背侵鄭，晉命也。

鄭公子班聞叔申之謀。三月，子如立公子繻。（史記索隱曰：「『繻』音『須』。鄒氏曰：『一作「纁」，音「訓」。』」）夏，四月，鄭人殺繻，立髡頑，（史記鄭世家作「惲」，索隱曰：「惲，紆粉反。〔一〕左傳作『髡原』。」按：公、穀皆作「髡原」。今索隱云左傳本作「髡原」，或因公、穀本而誤也。）子如奔許。欒武子曰：「鄭人立君，我執一人焉，何益？不如伐鄭而歸其君，以求成焉。」晉侯有疾，五月，晉立大子州滿，〔二〕【詁】應劭作舊名諱議，云：「昔者周穆王名滿，晉厲公名州滿，又有王孫滿，是名同不諱。」正義云：「據此則爲州滿。或作『州蒲』，誤耳。」（本疏。）按：晉世家作「壽曼」，十二諸侯年表同。是州滿聲之轉，其爲「滿」字無疑。今據應劭、劉知幾改正。釋文亦云：「本或作『州滿』。」以爲君，而會諸侯伐鄭。鄭子罕賂以襄鐘，子然盟于修澤，子駟爲質。辛巳，鄭伯歸。

晉侯夢大厲，【詁】服虔又以爲公明之鬼。（本疏。）按：索隱引世本云：「公明生共孟及趙夙，夙生成季衰。」而宣二年左傳正義引世本又云：「夙爲衰祖。」至晉語則云：「趙衰，趙夙之弟。」一人而世次不同，且分作三代，疑世本傳寫有誤。今詳傳文及服氏所言，則公明當屬括之祖，與晉語合。杜預世族譜次系亦同。李頤莊子解曰：「死而無後曰厲。」披髮及地，搏膺而踊，曰：「殺余孫，不義。余得請於帝矣。」壞大門，及寢門而入。（釋文：「一本無『及』字。」）公懼，入于室，又壞户。公覺，召桑田巫，巫言如夢。公曰：「何如？」曰：「不食新矣。」公疾病，求醫于秦。秦伯使醫緩爲之。未至，公夢疾爲二豎子，曰：「彼良醫也，懼傷我，焉逃之？」（釋文：「『懼傷我』絶句。焉，徐于虔反，一讀如字，屬上句。『逃之』絶句。」按：「焉」字屬下句爲允。釋文一讀非。）其一曰：「居肓之上，膏之下，若我何？」【詁】賈逵云：「肓，鬲也。心下爲膏。」（本注，杜取此。）説文：「肓，心上鬲下也。春秋傳曰『病在肓之下』。」按：尋賈義及説文，應云

〔一〕「紆」原作「組」，據史記鄭世家索隱改。

〔二〕「晉」字原脱，據春秋左傳其它各本補。

「居肓之下，膏之上」。今本「上」、「下」字疑有脱亂。釋文引説文作「心下鬲上」，誤。賈、服、何休等亦皆以爲膏。雖凝者爲脂，釋者爲膏，其實凝者亦曰膏，故内則云「小切狼臅膏」。則此膏爲連心脂膏也。醫至，曰：「疾不可爲也。【詁】高誘淮南王書注：「爲，治也。」廣雅：「爲，瘉也。」「瘉」、「愈」同。在肓之上，膏之下，攻之不可，達之不及，藥不至焉，不可爲也。」公曰：「良醫也。」厚爲之禮而歸之。六月丙午，晉侯欲麥，使甸人獻麥，饋人爲之。召桑田巫，示而殺之。將食，張，如厠，【詁】玉篇稱左氏傳云：「將食，脹，如厠。」云：「脹，痛也。」或係舊注。按：「脹」即「張」之俗字。陷而卒。小臣有晨夢負公以登天，及日中，負晉侯出諸厠，遂以爲殉。

鄭伯討立君者，戊申，殺叔申、叔禽。君子曰：「忠爲令德，非其人猶不可，况不令乎？」

秋，公如晉。晉人止公，使送葬。於是糴茷未反。冬，葬晉景公。公送葬，諸侯莫在。魯人辱之，故不書，諱之也。

十一年，春，王三月，公至自晉。晉人以公爲貳於楚，故止公。公請受盟，而後使歸。

郤犨來聘，且涖盟。

聲伯之母不聘，穆姜曰：「吾不以妾爲姒。」【詁】賈逵、鄭玄皆云：「兄弟之妻相謂爲姒。」（本疏。杜取此。）生聲伯而出之，嫁於齊管于奚，生二子而寡，以歸聲伯。聲伯以其外弟爲大夫，而嫁其外妹於施孝叔。郤犨來聘，求婦於聲伯。聲伯奪施氏婦以與之。婦人曰：「鳥獸猶不失儷，【詁】鄭玄儀禮注及廣雅：「儷，偶也。」（杜本此。）子將若何？」曰：「吾不能死亡。」婦人遂行，生二子于郤氏。郤氏亡，晉人歸之施氏。施氏逆諸河，沈其二子。婦人怒曰：「已不能庇其伉儷而亡之，【詁】鄭玄禮記注：「伉，敵也。」（杜本此。）又不能字人之孤，【詁】詩毛傳：「字，愛也。」（杜本此。）而殺之，將何以終？」遂誓施氏。

夏，季文子如晉，報聘且涖盟也。

周公楚惡惠、襄之偪也，且與伯與争政，不勝，怒而出。及陽樊，王使劉子復之，盟于鄄而入。三日，復出奔晉。

秋，宣伯聘于齊，以修前好。

晉郤至與周争鄇田。【詁】説文：「鄇，晉之温地。春秋傳曰『争鄇田』。」（杜本此。）王命劉康公、單襄公訟諸晉。郤至曰：「温，吾故也，故不敢失。」劉子、單子曰：「昔周克商，使諸侯撫封，【詁】鄭玄禮記注：「撫猶有也。」廣雅同。（杜本此。）蘇忿生以温爲司寇，與檀伯達封于河。蘇氏即狄，又不能於狄而奔衞。襄王勞文公而賜之温，狐氏、陽氏先處之，而後及子。若治其故，則王官之邑也。子安得之？」晉侯使郤至勿敢争。

宋華元善於令尹子重，又善於欒武子，聞楚人既許晉糴茷成，而使歸復命矣。冬，華元如楚，遂如晉，合晉、楚之成。

秦、晉爲成，將會于令狐。晉侯先至焉。秦伯不肯涉河，次于王城，使史顆盟晉侯于河東。晉郤犫盟秦伯于河西。范文子曰：「是盟也何益？齊盟，所以質信也。【詁】詩毛傳：「質，成也。」（杜本此。）會所，信之始也。始之不從，其可質乎？」秦伯歸而背晉成。

十二年，春，王使以周公之難來告。書曰：「周公出奔晉。」凡自周無出，周公自出故也。

宋華元克合晉、楚之成。夏，五月，晉士燮會楚公子罷、許偃。癸亥，盟于宋西門之外，曰：「凡晉、楚無相加戎，好惡同之，同恤菑危，備救凶患。若有害楚，則晉伐之；在晉，楚亦如之。交贄往來，【詁】薛綜東京賦注：「贄，禮也。」道路無壅，（諸本皆作「壅」。今从石經、宋本改正。）謀其不協，而討不庭。有渝此盟，明神殛之，

【詁】爾雅：「庭，直也。」「殛，誅也。」俾隊其師，【詁】詩鄭箋：「俾，使也。」韋昭國語注：「隊，失也。」（杜本此。）無克胙國。」鄭伯如晉聽成，【詁】高誘國策注：「聽，受也。」（杜本此。）會于瑣澤，成故也。

狄人間宋之盟以侵晉，而不設備。秋，晉人敗狄于交剛。

晉郤至如楚聘，且涖盟。楚子享之，子反相，爲地室而縣焉。郤至將登，金奏作於下，驚而走出。子反曰：「日云莫矣，寡君須矣，【詁】爾雅：「須，待也。」吾子其入也！」賓曰：「君不忘先君之好，施及下臣，貺之以大禮，【詁】韋昭國語注：「況，賜也。」「貺」當作「況」。（杜本此。）重之以備樂。如天之福，兩君相見，何以代此？下臣不敢。」子反曰：「如天之福，兩君相見，無亦惟是一矢以相加遺，【詁】詩毛傳：「遺，加也。」焉用樂？寡君須矣，吾子其入也！」賓曰：「若讓之以一矢，禍之大者，其何福之爲？世之治也，諸侯間於天子之事，則相朝也，於是乎有享宴之禮。享以訓共儉，宴以示慈惠。共儉以行禮，而慈惠以布政。政以禮成，民是以息。百官承事，朝而不夕。此公侯之所以扞城其民也。【詁】漢書集注：「扞蔽猶言藩屏也。」故詩曰：『赳赳武夫，【詁】爾雅：「赳赳，武也。」（杜本此。）公侯干城。』及其亂也，諸侯貪冒，侵欲不忌，爭尋常以盡其民，【詁】小爾雅：「四尺謂之仞，倍仞謂之尋，倍尋謂之常。」（杜本此。）略其武夫以爲己腹心、股肱、爪牙，【詁】方言：「略，强取也。」廣雅：「略，取也。」（杜本此。）故詩曰：『赳赳武夫，公侯腹心。』天下有道，則公侯能爲民干城，而制其腹心。亂則反之。今吾子之言，亂之道也，不可以爲法。然吾子主也，至敢不從？」遂入，卒事。歸以語范文子。文子曰：「無禮，必食言，吾死無日矣夫。」冬，楚公子罷如晉聘，且涖盟。十二月，晉侯及楚公子罷盟于赤棘。

十三年，春，晉侯使郤錡來乞師，將事不敬。孟獻子曰：「郤氏其亡乎！禮，身之幹也。敬，身之基也。郤子無基。且先君之嗣卿也，受命以求師，將社稷是衛，而惰，棄君命也。不亡，何爲？」

三月，公如京師。宣伯欲賜，請先使。王以行人之禮禮焉。孟獻子從，王以爲介而重賄之。公及諸侯朝王，遂從劉康公、成肅公會晉侯伐秦。成子受脤于社，【詁】五經異義：「左氏説：脤，社稷之肉，盛之以蜃；宗廟之肉名曰膰。」（周禮疏。杜本此。）不敬。劉子曰：「吾聞之，民受天地之中以生，【詁】按：「中」與「衷」通。孔安國尚書傳：「衷，善也。」所謂命也。是以有動作禮義威儀之則，以定命也。能者養之以福，不能者敗以取禍。是故君子勤禮，小人盡力。勤禮莫如致敬，盡力莫如敦篤。敬在養神，篤在守業。國之大事，在祀與戎。祀有執膰，戎有受脤，神之大節也。今成子惰，弃其命矣。其不反乎！」

夏，四月戊午，晉侯使吕相絶秦，【詁】賈逵云：「晉大夫。」（史記集解。）曰：「昔逮我獻公及穆公相好，勠力同心，【詁】説文：「勠，并力也，从力翏聲。」惠棟曰：「戰國策『勠力同憂』，高誘曰：『勠力也，勉力也。』其字从『力』，今諸本作『戮』，誤。詛楚文又作『繆力』，蓋古字假借。」今按：石經、釋文、宋本並作「勠」，今據改。又國語補音引嵇康云：「勠音留。」申之以盟誓，重之以昏姻。天禍晉國，文公如齊，惠公如秦。無禄，獻公即世。穆公不忘舊德，俾我惠公用能奉祀于晉。又不能成大勳，而爲韓之師。亦悔于厥心，用集我文公，【詁】小爾雅：「集，成也。」（杜本此。）是穆之成也。文公躬擐甲胄，跋履山川，【詁】詩毛傳：「草行曰跋。」（杜本此。）踰越險阻，征東之諸侯，虞、夏、商、周之胤而朝諸秦，則亦既報舊德矣。鄭人怒君之疆埸，我文公帥諸侯及秦圍鄭。秦大夫不詢于我寡君，【詁】爾雅：「詢，謀也。」（杜本此。）擅及鄭盟。諸侯疾之，將致命于秦。文公恐懼，綏静諸侯。秦師克還無害，則是我有大造于西也。【詁】鄭玄易注：「造，成也。」（杜本此。）無禄，文公即世。穆爲不弔，蔑我死君，（釋文：「『死我君』本或以『我』字在『死』上。」）【詁】惠棟曰：「按：僖三十三年傳『其爲死君乎』、『可謂死君乎』，尋文義，當云『蔑我死君』。鄭康成易注云：『蔑，輕慢也。』」今據釋文改正。寡我襄公，【詁】高誘吕覽注：「寡，少也。」迭我殽地，奸絶我好，伐我保城，殄滅我費滑，散離我兄弟，撓亂我同盟，【詁】廣雅：「撓，亂也。」傾覆我國家。我襄公未忘君之舊勳，而懼社稷之隕，是以有殽之師。猶願赦罪于穆公，穆公弗聽，而即楚謀我。【詁】詩衞風「來即我謀」。爾雅：「即，尼也。」郭璞注：「尼，近也。」天誘其衷，成王隕命，穆公是以不克逞志于我。穆、襄即世，康、靈即位。康公，我之自出，又欲闕翦我公室，傾覆我社稷，帥我蝥賊以來蕩摇我邊疆，我是以有令狐之役。康猶不悛，【詁】方言：「悛、懌，改也。」説文：「悛，止也。」廣雅：「悛，更也。」按：義訓並通。杜注本方言。入我河曲，伐我涑川，俘我王官，【詁】郡國志河東郡：「聞喜邑有涑水。」（杜同此。）翦我羈馬，我是以有河曲之戰。東道之不通，則是康公絶我好也。及君之嗣也，我君景公引領西望，曰：『庶撫我乎！』君亦不惠稱盟，利吾有狄難，入我河縣，焚我箕、郜，芟夷我農功，【詁】小爾雅：「夷，傷也。」（杜本此。）虔劉我邊垂，（别本作「陲」。今从石經改。）【詁】方言、廣雅並云：「虔，殺也。」爾雅：「劉，殺也。」（杜本此。）我是以有輔氏之聚。【詁】韋昭國語注：「聚，衆也。」（杜本此。）君亦悔禍之延，【詁】爾雅：「延，長也。」（杜本此。）而欲徼福于先君獻、穆，使伯車來命我景公曰：『吾與女同好棄惡，復修舊德，以追念前勳。』言誓未就，景公即世，我寡君是以有令狐之會。【詁】釋文：「『寡君』讀者亦作『寡人』。」按：上文云「我是以有令狐之役」、「我是以有河曲之戰」、「我是以有輔氏之聚」，此準上例，則「寡君」當爲衍字。君又不祥，背棄盟誓。白狄及君同州，君之仇讎，而我昏姻也。（别本「我」下衍「之」字，从石經删。）君來賜命曰：『吾與女伐狄。』寡君不敢顧昏姻，畏君之威，而受命于吏。君有二心於狄，曰：『晉將伐女。』狄應且憎，是用告我。楚人惡君之二三其德也，亦來告我，曰：『秦背令狐之盟，而來求盟于我：「昭告昊天上帝、秦三公、楚三王曰：『余雖與晉出入，余惟利是視』。」不穀惡其無成德，是用宣之，以懲不壹。』諸侯備聞此言，斯是用痛心疾首，暱（釋文作「昵」。）就寡人。【詁】何休公羊注：「疾，痛也。」爾雅：「暱，親近也。」（杜本此。）寡人帥以聽命，惟好是求。君若惠顧諸侯，矜哀寡人，而賜之盟，則寡人之願也。其承寧諸侯以退，豈敢徼亂？【詁】漢書集注：「邀，要求也。」君若不施大惠，寡人不佞，【詁】服虔云：「佞，才也。不才者，自謙之辭也。」（本疏。）其不能以諸侯退矣。敢盡布之執事，俾執事實圖利之。」秦桓公既與晉厲公爲令狐之盟，而又召狄與楚，欲道以伐晉，諸侯是以睦於晉。晉欒書將中軍，荀庚佐之；士燮將上軍，郤錡佐之；韓厥將下軍，荀罃佐之；趙旃將新軍，郤至佐之；郤毅御戎，欒鍼爲右。孟獻子曰：「晉帥乘和，師必有大功。」五月丁亥，晉師以諸侯之師及秦師戰于麻隧。秦師敗績，獲秦成差及不更女父。曹宣公卒于師。【詁】禮記檀弓「曹桓公卒于會」，鄭注：「魯成公十三年曹伯廬卒于師是也。廬謚宣，言桓，聲之誤也。」師遂濟涇，及侯麗而還。【詁】地理志安定郡：「涇陽，幵頭山在西，禹貢涇水所出，東南至陽陵入渭。」（杜本此。）迓晉侯于新楚。（釋文：「『迓』本又作『訝』。」）【詁】爾雅：「迓，迎也。」（杜本此。）成肅公卒于瑕。

六月丁卯夜，鄭公子班自訾求入于大宮，不能，殺子印、子羽，反軍于市。己巳，子駟帥國人盟于大宮，遂從而盡焚之，殺子如、子駹、孫叔、孫知。

曹人使公子負芻守，使公子欣時逆曹伯之喪。【詁】古今人表作「曹剞時」，師古曰：「即曹欣時也。剞音許其反。」劉向新序作「喜時」。按：詩毛傳：「時，善也。」欣時字子臧，即此義。秋，負芻殺其大子而自立也。諸侯乃請討之，晉人以其役之勞請俟他年。冬，葬曹宣公。既葬，子臧將亡，國人皆將從之。成公乃懼，告罪，且請焉。乃反，而致其邑。

十四年，春，衛侯如晉。晉侯强見孫林父焉，（釋文作「彊」。）定公不可。夏，衛侯既歸，晉侯使郤犨送孫林父而見之。衛侯欲辭，定姜曰：「不可。是先君宗卿之嗣也，大國又以爲請。不許，將亡。雖惡之，不猶愈於亡乎？君其忍之！安民而宥宗卿，不亦可乎？」衛侯見而復之。衛侯享苦成叔，【詁】王符潛夫論曰：「苦城，城名也，在鹽池東北。後人書之或爲『枯』。齊人聞其音，則書之曰『車』。敦煌見其字，呼之曰車城。其在漢陽者不喜『枯』、『苦』之字，則更書之曰『古城氏』。」甯惠子相。苦成叔傲，（五行志引作「敖」，師古曰：「『敖』讀曰『傲』。」）則此字古當作

「敖」，今姑仍之。）甯子曰：「苦成家其亡乎？古之爲享食也，以觀威儀、省禍福也。故詩曰：『兕觥其觩，旨酒思柔。【詁】説文：「觵，[一]兕牛角，可以飲者也。从角黄聲。其狀觵觵，故謂之觵觵。俗从光。」[二]按：此則石經字亦未从俗，間有勝釋文處也。又按：詩良耜「有觩其角」，則觩是角貌，故范甯穀梁成七年傳「展觓角而知傷」亦云：「觓，觩觩然，角皃。」杜注云：「陳設之皃。」失之。「觓」、「觩」古字通。彼交匪傲，萬福來求。』（五行志引作「匪儌匪敖」，師古曰：「儌爲徼幸也。」）今夫子傲，取禍之道也。」

秋，宣伯如齊逆女。稱族，尊君命也。

八月，鄭子罕伐許，敗焉。戊戌，鄭伯復伐許。庚子，入其郛。許人平以叔申之封。

九月，僑如以夫人婦姜氏至自齊。舍族，尊夫人也。故君子曰：「春秋之稱，微而顯，志而晦，婉而成章，【詁】衆經音義引字詁：「識，記也。」「識」、「志」字同。（杜本此。）詩毛傳：「晦，昧也。婉，順也。」按：杜注言「晦，亦微也」；「婉，曲也」，並非義訓。盡而不汙，懲惡而勸善。非聖人，誰能修之？」

衛侯有疾，使孔成子、甯惠子立敬姒之子衎以爲大子。冬，十月，衛定公卒。夫人姜氏既哭而息，見大子之不哀也，不内酌飲，歎曰：「是夫也，將不惟衛國之敗，其必始於未亡人。烏乎！天禍衛國也夫。吾不獲鱄也使主社稷。」大夫聞之，無不聳懼。孫文子自是不敢舍其重器於衛，盡寘諸戚，【詁】詩毛傳：「寘，置也。」（杜本此。）而甚善晉大夫。

[一]「觵」原作「觥」，據説文解字第四下改。

[二]「光」原作「觥」，據説文解字第四下改。

十五年，春，會于戚，討曹成公也。執而歸諸京師。書曰：「晉侯執曹伯。」不及其民也。凡君不道於其民，諸侯討而執之，則曰：「某人執某侯。」不然則否。諸侯將見子臧於王而立之，子臧辭曰：「前志有之，曰：『聖達節，次守節，下失節。』【詁】按：劉向新序引作「下不失節」，誤。爲君，非吾節也。雖不能聖，敢失守乎？」遂逃奔宋。

夏，六月，宋共公卒。（五行志作「恭」。）

楚將北師，子囊曰：「新與晉盟而背之，無乃不可乎？」子反曰：「敵利則進，何盟之有？」申叔時老矣，在申聞之，曰：「子反必不免。信以守禮，禮以庇身。信、禮之亡，欲免，得乎？」楚子侵鄭，及暴隧。遂侵衛，及首止。鄭子罕侵楚，取新石。欒武子欲報楚，韓獻子曰：「無庸。【詁】詩毛傳：「庸，用也。」（杜本此。）使重其罪，民將叛之。無民，孰戰？」

秋，八月，葬宋共公。於是華元爲右師，魚石爲左師，蕩澤爲司馬，華喜爲司徒，公孫師爲司城，向爲人爲大司寇，鱗朱爲少司寇，向帶爲太宰，魚府爲少宰。蕩澤弱公室，殺公子肥。華元曰：「我爲右師，君臣之訓，師所司也。今公室卑而不能正，吾罪大矣。不能正官，敢賴寵乎？」乃出奔晉。二華，戴族也。司城，莊族也。六官者，皆桓族也。魚石將止華元，魚府曰：「右師反，必討，是無桓氏也。」魚石曰：「右師苟獲反，雖許之討，必不敢。且多大功，國人與之，不反，懼桓氏之無祀於宋也。右師討，猶有戌在。桓氏雖亡，必偏。」魚石自止華元于河上。請討，許之，乃反。使華喜、公孫師帥國人攻蕩氏，殺子山。（史記作「司馬唐山」。按：「子山」蓋即「蕩澤」，澤爲司馬也，「唐」、「蕩」音同。）書曰：「宋殺其大夫山。」言背其族也。魚石、向爲人、鱗朱、向帶、魚府出舍于睢上。【詁】水經：「睢水出梁郡鄢縣，東流至蕭縣，南入于陂。」華元使止之，不可。冬，十月，華元自止之，不可，乃反。魚府曰：「今不從，不得入矣。右師視速而言疾，有異志焉。若不我納，今將馳矣。」登丘而望之。則馳。（釋文「馳」字絶句。）騁而從之，則決睢澨，【詁】王逸楚辭章句：「澨，水涯也。」（杜本此。）高誘呂覽注：「決，溢也。」閉門登陴矣。左師、二司寇、二宰遂出奔楚。【詁】服虔云：「魚石卿，故書。以爲四人非卿，故不書。」（本疏。）華元使向戌爲左師，老佐爲司馬，樂裔爲司寇，以靖國人。

晉三郤【詁】賈逵云：「郤錡、郤犨、郤至。」（史記集解。）害伯宗，譖而殺之，及欒弗忌。伯州犁奔楚。（潛夫論作「伯州黎」。）韓獻子曰：「郤氏其不免乎？善人，天地之紀也，而驟絶之，不亡，何待？」初，伯宗每朝，其妻必戒之曰：「『盜憎主人，民惡其上。』【詁】家語載金人銘有此二語。説苑作：「盜怨主人，民害其貴。」子好直言，必及於難。」

十一月，會吴于鍾離，始通吴也。

許靈公畏偪于鄭，請遷于楚。辛丑，楚公子申遷許于葉。

十六年，春，楚子自武城使公子成以汝陰之田求成于鄭。〔二〕鄭叛晉，子駟從楚子盟于武城。

夏，四月，滕文公卒。

鄭子罕伐宋。宋將鉏、樂懼敗諸汋陂。退舍於夫渠，不儆。鄭人覆之，敗諸汋陵，獲將鉏、樂懼，宋恃勝也。

衛侯伐鄭，至于鳴雁，（諸本作「鴈」。今从説文、石經改定。）【詁】郡國志陳留郡：「陳留，有鳴雁亭。」（杜同此。）酈道元云：「汳水又東，逕鳴雁亭南，左傳衛侯伐鄭至于鳴雁者也。」爲晉故也。

〔二〕「公子成」之「成」原作「城」，據春秋左傳其它各本改。

晉侯將伐鄭，范文子曰：「若逞吾願，【詁】賈逵國語注：「逞，快也。」（杜取此。）諸侯皆叛，晉可以逞。若惟鄭叛，晉國之憂，可立俟也。」欒武子曰：「不可以當吾世而失諸侯，必伐鄭。」乃興師。欒書將中軍，士燮佐之；郤錡將上軍，荀偃佐之；韓厥將下軍；郤至佐新軍。荀罃居守。郤犨如衛，遂如齊，皆乞師焉。欒黶來乞師，孟獻子曰：「有勝矣。」

戊寅，晉師起。鄭人聞有晉師，使告于楚，姚句耳與往。楚子救鄭。司馬將中軍，令尹將左，右尹子辛將右。過申，子反入見申叔時，曰：「師其何如？」對曰：「德、刑、詳、義、【詁】正義曰：「詳者，祥也。古字同。」爾雅：「祥，善也。」禮、信，戰之器也。德以施惠，刑以正邪，詳以事神，義以建利，禮以順時，信以守物。民生厚而德正，用利而事節，時順而物成，上下和睦，周旋不逆，求無不具，各知其極。故詩曰：『立我烝民，【詁】詩毛傳：「烝，衆也。」（杜本此。）莫匪爾極。』是以神降之福，時無災害，民生敦厖，【詁】詩毛傳：「敦，厚也。」爾雅：「厖，大也。」（杜本此。）和同以聽，莫不盡力以從上命，致死以補其闕，此戰之所由克也。今楚内棄其民，而外絶其好，瀆齊盟【詁】崔憬易注曰：「『瀆』，古『黷』字。」傳皆以「瀆」爲「黷」。按：虞翻易注：「黷，亂也。」而食話言，奸時以動，而疲民以逞。【詁】服虔以外絶其好爲刑不正邪也，食話言爲義不建利也，疲民以逞爲信不守物也。（本疏。）民不知信，進退罪也。人恤所厎，【詁】詩毛傳：「厎，至也。」（杜本此。）其誰致死？子其勉之！吾不復見子矣。」（釋文一本無「復」字。）姚句耳先歸。子駟問焉，對曰：「其行速，過險而不整。速則失志，不整喪列。志失列喪，將何以戰？楚懼不可用也。」

五月，晉師濟河。聞楚師將至，范文子欲反，曰：「我僞逃楚，可以紓憂。夫合諸侯，非吾所能也，以遺能者。我若群臣輯睦以事君，多矣。」武子曰：「不可。」

六月，晉、楚遇於鄢陵。【詁】淮南氾論訓作「楚恭王戰于陰陵」，高誘注云：「恭王與晉厲戰于陰陵。」按：「陰」、

「鄢」聲相近。范文子不欲戰，郤至曰：「韓之戰，惠公不振旅；箕之役，先軫不反命；邲之師，荀伯不復從，皆晉之恥也。子亦見先君之事矣。今我辟楚，又益恥也。」文子曰：「吾先君之亟戰也，【詁】爾雅：「亟，亦數也。」（杜本此。）有故。秦、狄、齊、楚皆彊，不盡力，子孫將弱。今三彊服矣，敵楚而已。惟聖人能外內無患。自非聖人，外寧必有內憂。盍釋楚以爲外懼乎？」

甲午晦，楚晨壓晉軍而陳，軍吏患之。范匄趨進，（釋文：『匄』本又作『丐』。）曰：「塞井夷竈，【詁】毛傳：「夷，平也。」賈逵云：「夷，毀也。」（衆經音義引國語注。）陳於軍中而疏行首。【詁】司馬法曰：「凡陳行惟疏。」淮南王書「疏隊而擊之」，高誘注：「疏，分也。」晉、楚惟天所授，何患焉？」文子執戈逐之，曰：「國之存亡，天也，童子何知焉？」欒書曰：「楚師輕窕，【詁】爾雅：「佻，偷也。」固壘而待之，三日必退。退而擊之，必獲勝焉。」郤至曰：「楚有六間，不可失也。其二卿相惡，王卒以舊，鄭陳而不整，蠻軍而不陳，陳不違晦，在陳而囂。（晉語作「譁」。）【詁】鄭玄周禮注：「囂，譁也。」（杜本此。）合而加囂，各顧其後，莫有鬭心，舊不必良，以犯天忌，我必克之。」

楚子登巢車，【詁】説文：「轈，兵車，高如巢，以望敵也。春秋傳曰『楚子登轈車』。」廣雅：「巢，高也。」按：今本作「巢」。杜注：「巢車，車上爲櫓。」今考説文：「櫓，澤中守草樓也。」杜合「轈」、「櫓」爲一，恐非。以望晉軍。子重使太宰伯州犁（王符引作「州黎」。）侍于王後。王曰：「騁而左右，何也？」【詁】王逸楚辭章句：「騁，馳也。」杜注：「走也。」曰：「召軍吏也。」「皆聚於中軍矣。」曰：「合謀也。」「張幕矣。」曰：「虔卜於先君也。」【詁】廣雅：「虔，敬也。」（杜本此。）「徹幕矣。」曰：「將發命也。」「甚囂，且塵上矣。」曰：「將塞井夷竈而爲行也。」「皆乘矣，左右執兵而下矣。」曰：「聽誓也。」「戰乎？」曰：「未可知也。」「乘而左右皆下矣。」曰：「戰禱也。」伯州犁以公卒告王。苗賁皇（説苑引作「釁蚠黄」。）在晉侯之側，亦以王卒告。皆曰：「國士在，且厚，不可當也。」【詁】服虔以此皆曰之文在州犁、賁皇之下。解曰：「州犁、賁皇皆言曰晉、楚之士皆在君側，且陳厚不可當。」以爲州犁言晉强，賁皇言楚强，故云「皆曰」也。（本疏。）苗賁皇言於晉侯曰：「楚之良在其中軍王族而已。請分良以擊其左、右，而三軍萃於王卒，【詁】詩毛傳：「萃，集也。」（杜本此。）必大敗之。」公筮之，史曰：「吉。其卦遇復䷗，【詁】服虔云：「復，反也。陰盛于上，陽動于下，以喻小人作亂于上，聖人興道于下，萬物復萌，制度復理，故曰復也。」（同上。）曰：『南國蹙，【詁】詩毛傳：「蹙，促也。」鄭箋：「蹙蹙，縮小之貌。」廣雅：「蹙，縮也。」射其元王，中厥目。』【詁】服虔以爲陽氣觸地射出爲射之象。（同上。）國蹙、王傷，不敗何待？」公從之。

有淖於前，【詁】說文：「淖，泥也。」衆經音義引倉頡：「淖，深泥也。」（杜本此。）乃皆左右相違于淖。【詁】韋昭國語注：「違，辟也。」（杜本此。）步毅御晉厲公，欒鍼爲右。彭名御楚共王，潘黨爲右。石首御鄭成公，唐苟爲右。欒、范以其族夾公行。陷於淖，欒書將載晉侯，鍼曰：「書退。國有大任，焉得專之？且侵官，冒也；失官，慢也；離局，姦也。有三罪焉，不可犯也。」乃掀公以出於淖。【詁】說文：「掀，舉出也。春秋傳曰『掀公出于淖』。」廣雅：「掀，舉也。」（杜本此。）

癸巳，潘尫之黨（釋文：「一本作『潘尫之子黨』。」按：注云：「黨，潘尫之子也。」則傳文不得有「子」字。古本此及襄二十三年「申鮮虞之傳摯」，皆無「子」字。）與養由基蹲甲而射之，【詁】說文：「蹲，踞也。」廣雅：「蕁，聚也。」「蕁」、「蹲」音義同。（杜本此。）鄭玄音，蹲，才丸切。（宋本群經音辯。）按：養蓋所食采地。郡國志潁川郡襄有養陰里。水經注稱京相璠曰：「在襄城郟縣西南。養，水名也。」徹七札焉。【詁】廣雅：「札，甲也。」按：「徹七札」言徹七重甲，能陷堅也。太玄經玄掜云「比札爲甲」，是其證。以示王，曰：「君有二臣如此，何憂於戰？」王怒曰：「大辱國。詰朝，爾射死藝。」呂錡夢射月，中之，退入於泥。占之，曰：「姬姓，日也；異姓，月也，必楚王也。射而中之，退入於泥，亦必死矣。」及戰，射共王中目。王召養由基，與之兩矢，使射呂錡，中項，伏弢。【詁】說文：「弢，弓衣。」（杜本此。）以一矢復命。

郤至三遇楚子之卒，見楚子，必下，免胄而趨風。楚子使工尹襄問之以弓，【詁】穀梁傳云「聘弓鍭矢」，麋信曰：「古者以弓矢以聘問。」惠棟曰：「故左傳云楚子問郤至以弓。」曰：「方事之殷也，【詁】鄭玄儀禮注：「殷，盛也。」（杜本此。）有韎韋【詁】賈逵云：「一染曰韎。」按：説文：「韎，茅蒐染韋也。一入曰韎。」與賈義同。鄭箋亦用説文。之跗注，【詁】賈逵、服虔並云：「跗謂足跗。注，屬也。跨而屬于跗。」（周禮疏。杜取此。）鄭玄雜問志云：「『韎韋之不注』，『不』讀如『跗』。跗，幅也。」惠棟曰：「『不』、『跗』古字通，見詩箋。以『跗注』爲『不注』者，鄭所受春秋異讀也。」君子也。識見不穀而趨，【詁】按：「識」與「適」同。外傳作「屬」，訓爲適。無乃傷乎？」郤至見客，免胄承命曰：「君之外臣至從寡君之戎事，以君之靈，間蒙甲胄，【詁】按：杜注：「間，近也。」今考莊九年、昭廿六年杜注並云：「間，與也。」則此傳亦宜訓「與」爲是，謂與于甲胄之事耳。又高誘淮南注：「間，遠也。」則「間」無近義可知。不敢拜命。敢告不寧，【詁】詩毛傳：「不寧，寧也。」劉炫以爲楚王云「無乃傷乎」，恐其傷也。答云「敢告不寧」，告其身不傷耳。魏犨云「不有寧也」，以傷爲寧。此與魏犨相似。（規杜。本疏。）君命之辱。爲事之故，敢肅使者。」【詁】周禮大祝「肅拜」，鄭司農云：「肅拜，但俯下手，今時揖是也。」（杜本此。）三肅使者而退。

晉韓厥從鄭伯，其御杜溷羅曰：「速從之。其御屢顧，不在馬，可及也。」韓厥曰：「不可以再辱國君。」乃止。郤至從鄭伯，【詁】詩毛傳：「從，逐也。」（杜本此。）其右茀翰胡曰：（韋昭國語注引作「弗」，古字通。）「諜輅之，【詁】説文：「諜，軍中反間也。」余從之乘，而俘以下。」郤至曰：「傷國君有刑。」亦止。石首曰：「衛懿公惟不去其旗，是以敗於熒。」〔一〕乃内旌於弢中。唐苟謂石首曰：「子在君側，敗者壹大。我不如子，子以君免，我請止。」乃死。

〔一〕「熒」原作「滎」，據春秋左傳其它各本改。

楚師薄於險，【詁】小爾雅：「薄，迫也。」（杜本此。）叔山冉（古今人表作「叔山舟」。一本仍作「冉」。按：「舟」當屬傳寫之誤。）謂養由基曰：「雖君有命，爲國故，子必射。」乃射，再發，盡殪。叔山冉搏人以投，中車，折軾。晉師乃止。囚楚公子茷。（晉語作「王子發鉤」。）

欒鍼見子重之旌，請曰：「楚人謂夫旌，子重之麾也，彼其子重也。日臣之使於楚也，子重問晉國之勇，臣對曰：『好以衆整。』曰：『又何如？』臣對曰：『好以暇。』今兩國治戎，行人不使，不可謂整。臨事而食言，不可謂暇。請攝飲焉。」【詁】鄭玄儀禮注：「攝，持也。」（杜本此。）公許之。使行人執榼承飲，【詁】說文：「榼，酒器也。」詩鄭箋：「承，猶奉也。」（杜本此。）造於子重，曰：「寡君乏使，使鍼御持矛，【詁】廣雅：「御，侍也。」（杜本此。）是以不得犒從者，使某攝飲。」子重曰：「夫子嘗與吾言於楚，必是故也。不亦識乎？」受而飲之，免使者而復鼓。【詁】韋昭國語注：「免，脱也。」（杜本此。）旦而戰，見星未已。

子反命軍吏察夷傷，【詁】服虔云：「金創爲夷。」（本疏。）補卒乘，繕甲兵，【詁】衆經音義引三蒼：「繕，治也。」（杜本此。）展車馬，【詁】周禮司市賈逵注：「展之言整也。」雞鳴而食，惟命是聽。晉人患之。苗賁皇徇曰：「蒐乘補卒，【詁】爾雅：「蒐，聚也。」秣馬利兵，修陳固列，【詁】詩毛傳：「固，堅也。」（杜本此。）蓐食申禱，【詁】爾雅：「申，重也。」（杜本此。）明日復戰。」乃逸楚囚。【詁】臣瓚漢書注：「逸，放也。」王聞之，召子反謀。穀陽豎獻飲於子反，（韓非子、呂覽、淮南王書、史記、說苑並作「豎穀陽」，或作「豎陽穀」。）子反醉而不能見。王曰：「天敗楚也夫。余不可以待。」乃宵遁。

晉入楚軍，三日穀。范文子立於戎馬之前，曰：「君幼，（釋文：「本或作『君幼弱』。」）諸臣不佞，【詁】小爾雅：「佞，才也。」（杜本此。）何以及此？君其戒之！周書曰：『惟命不于常。』有德之謂。」

楚師還，及瑕，【詁】京相璠曰：「楚地。」（水經注。杜同此。）道元云：「瑕陂水又東南，逕瑕城南，左傳楚師還及瑕，即此城也。」王使謂子反曰：「先大夫之覆師徒者，君不在。子無以爲過，不穀之罪也。」子反再拜稽首，曰：「君賜臣死，死且不朽。臣之卒實奔，臣之罪也。」子重使謂子反曰：「初隕師徒者，而亦聞之矣。盍圖之？」對曰：「雖微先大夫有之，大夫命側，側敢不義？側亡君師，敢忘其死？」王使止之，弗及而卒。【詁】史記「王怒射殺子反」，與左氏異。呂覽又云：「襲王斬司馬子反以爲戮。」

戰之日，齊國佐、高無咎至于師，衛侯出于衛，公出于壞隤。

宣伯通于穆姜，【詁】服虔云：「宣伯，叔孫僑如。」（史記集解。）欲去季、孟而取其室。將行，穆姜送公，而使逐二子。公以晉難告，曰：「請反而聽命。」姜怒，公子偃、公子鉏趨過，指之曰：「女不可，是皆君也。」公待於壞隤，申宮儆備，【詁】説文：「儆，戒也。春秋傳曰『儆宮』。」文選注「儆」作「警」。設守而後行，是以後。使孟獻子守于公宫。

秋，會于沙隨，謀伐鄭也。宣伯使告郤犨曰：「魯侯待于壞隤，以待勝者。」郤犨將新軍，且爲公族大夫，以主東諸侯。取貨于宣伯，而訴公于晉侯。【詁】馬融論語注：「愬，譖也。」「訴」、「愬」同。（杜本此。）晉侯不見公。

曹人請于晉曰：「自我先君宣公即世，國人曰：『若之何憂猶未弭？』【詁】詩毛傳：「弭，止也。」按：杜注：「息也。」義亦同。而又討我寡君，以亡曹國社稷之鎮公子，是大泯曹也。【詁】李巡爾雅注：「泯，没之盡也。」（詩疏。）先君無乃有罪乎？若有罪，則君列諸會矣。君惟不遺德刑，以伯諸侯。豈獨遺諸敝邑？敢私布之。」

七月，公會尹武公及諸侯伐鄭。將行，姜又命公如初。公又申守而行。諸侯之師次于鄭西，我師次于督揚，不敢過鄭。子叔聲伯使叔孫豹請逆于晉師，【詁】服虔以爲叔孫豹先在齊矣，此時從國佐在師。子叔聲伯令人就齊師使豹，豹不忘宗國，聞白國佐，爲魯請逆。（本疏。）按：豹奔齊後生二子，魯乃召之，則服義爲長。爲食於鄭郊。師逆以至。聲伯四日不食以待之，食使者而後食。（釋文：「一本作『聲伯而後食』。」）

諸侯遷于制田。知武子佐下軍，以諸侯之師侵陳，至于鳴鹿。【詁】河南圖經：「鹿邑故城在今縣西，春秋陳鳴鹿地。」太平寰宇記：「鹿邑縣有鳴鹿臺，在城內。」遂侵蔡。未反，諸侯遷于潁上。戊午，鄭子罕宵軍之，宋、齊、衛皆失軍。【詁】服虔以失軍爲失其軍糧。（本疏。）

曹人復請于晉。晉侯謂子臧：「反，吾歸而君。」子臧反，曹伯歸。子臧盡致其邑與卿而不出。

宣伯使告郤犨曰：「魯之有季、孟，猶晉之有欒、范也，政令於是乎成。今其謀曰：『晉政多門，不可從也。寧事齊、楚，有亡而已，蔑從晉矣。』若欲得志於魯，請止行父而殺之，我斃蔑也，而事晉，蔑有貳矣。魯不貳，小國必睦。不然，歸必叛矣。」九月，晉人執季文子于苕丘。公還，待于鄆。【詁】京相璠曰：「公羊傳作『運』，今東郡廩丘縣東八十里有故運城，即此城也。」（水經注。杜同此。）使子叔聲伯請季孫于晉，郤犨曰：「苟去仲孫蔑而止季孫行父，吾與子國，親於公室。」對曰：「僑如之情，子必聞之矣。若去蔑與行父，是大弃魯國而罪寡君也。若猶不弃，而惠徼周公之福，使寡君得事晉君，則夫二人者，魯國社稷之臣也。若朝亡之，魯必夕亡。以魯之密邇仇讐，亡而爲讐，治之何及？」郤犨曰：「吾爲子請邑。」對曰：「嬰齊，魯之常隸也，敢介大國以求厚焉？承寡君之命以請，若得所請，吾子之賜多矣，又何求？」范文子謂欒武子曰：「季孫於魯，相二君矣。妾不衣帛，馬不食粟，可不謂忠乎？信讒慝而弃忠良，若諸侯何？子叔嬰齊奉君命無私，謀國家不貳，圖其身不忘其君。若虛其請，是弃善人也。子其圖之！」乃許魯平，赦季孫。冬，十月，出叔孫僑如而盟之。【詁】按：此蓋言諸大夫皆盟，獨出叔孫僑如，使不在盟之列也。吾友莊進士述祖云：「襄二十三年傳盟叔孫氏也，曰：『毋或如叔孫僑如，欲廢國常，蕩覆公室。』即其事也。故此云出僑如而盟之。」義亦通。僑如奔齊。十二月，季孫及郤犨盟于扈。歸，刺公子偃，召叔孫豹于齊而立之。

齊聲孟子通僑如，使立於高、國之間。僑如曰：「不可以再罪。」奔衛，（唐石經作「遂奔衛」，今本並脫「遂」

字。)亦問於卿。

晉侯使郤至獻楚捷于周，與單襄公語，驟稱其伐。【詁】韋昭國語注：「伐，功也。」(杜本此。)單子語諸大夫曰：「温季其亡乎！位於七人之下，而求掩其上，怨之所聚，亂之本也。多怨而階亂，何以在位？夏書曰：『怨豈在明？不見是圖。』將慎其細也。今而明之，其可乎？」

十七年，春，王正月，鄭子駟侵晉虛、滑。衛北宮括救晉，侵鄭，至于高氏。【詁】郡國志潁川郡：「陽翟，有高氏亭。」(杜同此。)夏，五月，鄭大子髡頑、侯獳爲質於楚。楚公子成、公子寅戍鄭。公會尹武子、單襄公及諸侯伐鄭，自戲童至于曲洧。【詁】水經：「洧水出河南密縣西南馬領山下，入于潁。」(杜本此。)注：「洧水又東，逕新汲縣故城北，縣置于許之汲鄉曲洧城。」按：即春秋時曲洧。

晉范文子反自鄢陵，使其祝宗祈死，曰：「君驕侈(文選注引作「君無禮」。)而克敵，是天益其疾也，難將作矣。愛我者惟祝我，使我速死，無及於難，范氏之福也。」六月戊辰，士燮卒。

乙酉，同盟于柯陵，尋戚之盟也。

楚子重救鄭，師于首止。諸侯還。

齊慶克通于聲孟子，與婦人蒙衣乘輦而入于閎。【詁】説文：「閎，巷門也。」(杜本此。)鮑牽見之，以告國武子。武子召慶克而謂之。慶克久不出，而告夫人曰：「國子讁我。」【詁】韋昭國語注：「讁，譴責也。」(杜本此。)夫人怒。國子相靈公以會，高、鮑處守。及還，將至，閉門而索客。孟子訴之曰：「高、鮑將不納君，而立公子角。國子知之。」秋，七月壬寅，刖鮑牽而逐高無咎。無咎奔莒。高弱以盧叛。【詁】地理志盧屬泰山郡。郡國志屬濟北國。齊人來召鮑國而立之。初，鮑國去鮑氏而來，爲施孝叔臣。施氏卜宰，匡句須吉。【詁】應劭風俗通曰：「匡，魯邑，句須爲之宰，其後氏焉。」施氏之宰有百室之邑，與匡句須邑，使爲宰，以讓鮑國而致邑焉。施孝叔曰：「子實吉。」對曰：「能與忠良，吉孰大焉？」鮑國相施氏忠，故齊人取以爲鮑氏後。仲尼曰：「鮑莊子之知不如葵，【詁】淮南王書：「聖人之于道，猶葵之與日也，雖不能與終始哉，其鄉之誠也。」葵猶能衛其足。」

冬，諸侯伐鄭。十月庚午，圍鄭。楚公子申救鄭，師于汝上。十一月，諸侯還。

初，聲伯夢涉洹，【詁】水經：「洹水出上黨泫氏縣，至内黃縣北，東入于白溝。」注謂之洹口也。注又引許慎説文、呂忱字林，並云：「洹水出晉、魯之間。」按：杜注：「洹水出汲郡林慮縣，東北至魏郡長樂縣入清水。」與郭璞山海經注同。或與己瓊瑰食之，【詁】説文：「瓊，赤玉也。」「瑰，玫瑰。一曰珠圜好。」（杜略同。）泣而爲瓊瑰，盈其懷。從而歌之，【詁】廣雅：「從，就也。」（杜本此。）曰：「濟洹之水，贈我以瓊瑰。歸乎歸乎，瓊瑰盈吾懷乎！」懼不敢占也。還自鄭，壬申，至于貍脤而占之，曰：「余恐死，故不敢占也。【詁】服虔云：「聲伯惡瓊瑰贈死之物，故畏而不言也。」（詩疏。）今衆繁而從余三年矣，【詁】詩毛傳：「繁，多也。」（杜本此。）無傷也。」言之，之莫而卒。

齊侯使崔杼爲大夫，使慶克佐之，帥師圍盧。國佐從諸侯圍鄭，以難請而歸。遂如盧師，殺慶克，以穀叛。齊侯與之盟于徐關而復之。十二月，盧降。使國勝告難于晉，待命于清。【詁】地理志清屬東郡，應劭曰：「章帝更名樂平。」（杜本此。）

晉厲公侈，多外嬖。反自鄢陵，（釋文：「本作『自鄢陵』。」）欲盡去群大夫，而立其左右。胥童（韓非子引作「胥僮」，晉語作「胥之昧」。）以胥克之廢也，怨郤氏，而嬖於厲公。郤錡奪夷陽五（晉語作「夷羊午」，宋本又作「羊五」。）田，五亦嬖於厲公。郤犫與長魚矯争田，（晉語作「蟜」。）執而梏之，與其父母妻子同一轅。既，矯亦嬖於厲公。欒書怨郤至，以其不從己而敗楚師也，欲廢之。使楚公子茷告公曰：「此戰也，郤至實召寡君，以東師之未至也，與軍帥之不具也，曰：『此必敗，吾因奉孫周以事君。』」公告欒書，書曰：「其有焉。不然，豈其死之不恤，而受敵使乎？君盍嘗使諸周而察之？」【詁】小爾雅：「嘗，試也。」（杜本此。）郤子聘于周，欒書使孫周見之。公使覘之，信。【詁】說文：「覘，窺也。春秋傳曰『公使覘之信』。」遂怨郤至。

厲公田，與婦人先殺而飲酒，後使大夫殺。郤至奉豕，寺人孟張奪之，郤至射而殺之。公曰：「季子欺余。」

厲公將作難，胥童曰：「必先三郤，族大多怨。去大族不偪，敵多怨有庸。」公曰：「然。」郤氏聞之，郤錡欲攻公，曰：「雖死，君必危。」郤至曰：「人所以立，信、知、勇也。信不叛君，知不害民，勇不作亂。失茲三者，其誰與我？死而多怨，將安用之？君實有臣而殺之，其謂君何？我之有罪，吾死後矣。若殺不辜，將失其民，欲安得乎？待命而已。受君之禄，是以聚黨。有黨而争命，罪孰大焉？」

壬午，胥童、夷羊五帥甲八百將攻郤氏。長魚矯請無用衆，公使清沸魋助之，抽戈結衽，【詁】說文：「衽，衣裣也。」按：杜注：「衽，裳際也。」本鄭康成禮記注。今攷傳云「結衽」，則訓當以說文爲是。倉頡解詁亦云：「衽，裳際。」或云：『衣襟也。』」而僞訟者。三郤將謀於榭，矯以戈殺駒伯、苦成叔於其位。温季曰：「逃威也。」遂趨。矯及諸其車，以戈殺之。皆尸諸朝。

胥童以甲劫欒書、中行偃於朝，矯曰：「不殺二子，憂必及君。」公曰：「一朝而尸三卿，【詁】韓非子載厲公語曰：「吾一朝而夷三卿，予不忍盡也。」惠棟曰：「周禮凌人『大喪共夷槃』，鄭氏曰：『夷之言尸也。尸之槃曰夷槃。』古『夷』字作『𡰥』，與『尸』相近，故或从尸，或从夷也。」余不忍益也。」對曰：「人將忍君。臣聞亂在外爲姦，在内爲軌。御姦以德，遇軌以刑。不施而殺，不可謂德。臣偪而不討，不可謂刑。德、刑不立，姦、軌並至。臣請行。」遂出奔狄。公使辭於二子曰：「寡人有討於郤氏，郤氏既伏其辜矣。大夫無辱，其復職位。」皆再拜稽首，曰：「君討有罪，而免臣於死，君之惠也。二臣雖死，敢忘君德？」乃皆歸。公使胥童爲卿。

公遊于匠麗氏，（史記作「驪」。大戴禮記保傳篇作「匠黎」，外傳同。明道本「麗」作「酈」。按：「麗」讀如「酈食其」之「酈」。索隱：「『麗』音『歷』，高陽聚名，屬陳留。」可補陸音之闕。）【詁】賈逵云：「匠麗氏，公外嬖大夫在翼者。」（史記集解。）欒書、中行偃遂執公焉。召士匄，士匄辭。召韓厥，韓厥辭，曰：「昔吾畜於趙氏，孟姬之讒，吾能違兵。【詁】詩毛傳：『違，去也。』（杜本此。）古人有言，曰：『殺老牛莫之敢尸。』【詁】爾雅：『尸，主也。』（杜本此。）而況君乎？二三子不能事君，焉用厥也？」

舒庸人以楚師之敗也，道吳人圍巢，伐駕，圍釐、虺，遂恃吳而不設備。楚公子橐師襲舒庸，滅之。（諸本「橐」誤作「櫜」。從石經、釋文改正。）

閏月乙卯晦，欒書、中行偃殺胥童。民不與郤氏，胥童道君爲亂，故皆書曰：「晉殺其大夫。」

十八年，春，王正月庚申，晉欒書、中行偃使程滑弒厲公，葬之于翼東門之外，以車一乘。【詁】呂覽驕恣篇：「厲公遊于匠麗氏，欒書、中行偃劫而幽之，三月而殺之。」按：自十二月至正月，內有閏月，故云三月也。淮南人間訓同。晉語亦稱厲公三月殺。賈誼書禮容篇：「厲公弒于東門。」按：即翼東門也。使荀罃、士魴逆周子于京師而立之，生十四年矣。大夫逆于清原，周子曰：「孤始願不及此。雖及此，豈非天乎？抑人之求君，使出命也。立而不從，將安用君？二三子用我今日，否亦今日。共而從君，神之所福也。」對曰：「群臣之願也，敢不惟命是聽。」庚午，盟而入，館于伯子同氏。【詁】服虔云：「館，舍也。」（隱十一年疏。杜取此。）辛巳，朝于武宮。【詁】服虔本作「辛未」。晉語亦作「辛巳」。孔晁曰：「以辛未盟國入，辛巳朝祖廟，取其新也。」（本疏。）逐不臣者七人。周子有兄而無慧，不能辨菽麥，【詁】詩鄭箋：「菽，大豆也。」故不可立。

齊爲慶氏之難故，甲申晦，齊侯使士華免以戈殺國佐于内宫之朝。〔一〕師逃于夫人之宫。書曰：「齊殺其大夫國佐。」棄命，專殺，以穀叛故也。使清人殺國勝。國弱來奔。王湫奔萊。慶封爲大夫，慶佐爲司寇。既，齊侯反國弱，使嗣國氏，禮也。

二月乙酉朔，晉悼公即位于朝。始命百官，施舍，已責，逮鰥寡，振廢滯，匡乏困，救災患，禁淫慝，薄賦斂，宥罪戾，【詁】詩毛傳：「宥，寬也。」（杜本此。）節器用，【詁】賈子道術：「費弗過嗇謂之節。」時用民，欲無犯時。使魏相、士魴、【詁】按：外傳云「彘恭子」，蓋亦以采地爲氏。魏頡、趙武爲卿。荀家、荀會、欒黶、韓無忌爲公族大夫，使訓卿之子弟共儉孝弟。使士渥濁爲大傅，使修范武子之法。右行辛爲司空，使修士蔿之法。弁糾御戎，【詁】晉語作「欒糾」，韋昭曰：「晉大夫弁糾也。」校正屬焉，使訓諸御知義。荀賓爲右，司士屬焉，【詁】服虔以爲司士主右之官，謂司右也。（本疏。）使訓勇力之士時使。卿無共御，立軍尉以攝之。祁奚爲中軍尉，羊舌職佐之。（史記晉世家作「祁傒」，大戴禮記作「祁徯」，吕覽作「祈奚餘」。惠棟云：「羊舌職，説苑作『羊殖』，殖爲舌職合聲。」）魏絳爲司馬。張老爲候奄。鐸遏寇爲上軍尉，籍偃爲之司馬，【詁】韋昭國語注：「籍偃，晉大夫籍季之子籍游也。」按：杜注：「偃，籍談父。」與韋注蓋皆取世本。世本見昭十五年正義。知偃即籍游者，孔子弟子言偃字子游是也。使訓卒乘，親以聽命。程鄭爲乘馬御，六騶屬焉，使訓群騶知禮。凡六官之長，皆民譽也。舉不失職，官不易方，爵不踰德，師不陵正，旅不偪師，民無謗言，所以復霸也。

公如晉，朝嗣君也。

夏，六月，鄭伯侵宋，及曹門外。遂會楚子伐宋，取朝郟。楚子辛、鄭皇辰侵城郜，取幽丘，同伐彭城，納

〔一〕「佐」原作「子」，據春秋左傳其它各本改。

宋魚石、向爲人、鱗朱、向帶、魚府焉。以三百乘戍之而還。書曰：「復入。」凡去其國，國逆而立之曰「入」，復其位曰「復歸」，諸侯納之曰「歸」，【詁】賈氏又以爲諸歸稱所自之國，所自之國有力也。（本疏。）以惡曰「復入」。（釋文：「本或作『以惡入曰「復入」。』」）【詁】賈氏雖夫人姜氏之入，皆以爲例，如此甚多。又依仿穀梁云：「稱納者，内難之辭。」（本疏。）宋人患之，西鉏吾曰：「何也？若楚人與吾同惡，以德於我，吾固事之也，不敢貳矣。大國無厭，鄙我猶感。不然，而收吾憎，使贊其政，以間吾釁，亦吾患也。今將崇諸侯之姦，【詁】廣雅：「崇，聚也。」按：杜注似回曲。而披其地，【詁】説文：「披，散也。」廣雅同。按：杜注：「披，猶分也。」義略同。以塞夷庚。【詁】繁欽辨惑云：「吳人以江海爲夷庚。」陸機辨亡論云：「旋皇輿于夷庚。」惠棟曰：「夷庚，蓋通謂車馬往來之大道。」今按：夷，平也。庚，道也。古字「庚」與「迒」通。薛綜西京賦注：「迒，道也。」廣雅亦同。詩序：「由庚，萬物得由其道也。」是皆訓庚爲道矣。此傳云以塞夷庚，通謂車馬往來之平道。杜注乃云吳、晉往來之要道，則似實有其地，似非也。逞姦而攜服，毒諸侯而懼吳、晉，吾庸多矣，非吾憂也。且事晉何爲？晉必恤之。」

公至自晉。晉范宣子來聘，且拜朝也。君子謂：「晉於是乎有禮。」

秋，杞桓公來朝，勞公。且問晉故，公以晉君語之。杞伯於是驟朝於晉，而請爲昏。

七月，宋老佐、華喜圍彭城，老佐卒焉。

八月，邾宣公來朝，即位而來見也。

築鹿囿，書，不時也。

己丑，公薨于路寢，言道也。

冬，十一月，楚子重救彭城，伐宋。宋華元如晉告急。韓獻子爲政，曰：「欲求得人，必先勤之。成霸安疆，自宋始矣。」晉侯師于台谷以救宋。遇楚師于靡角之谷，楚師還。

晉士魴來乞師。季文子問師數於臧武仲，對曰：「伐鄭之役，知伯實來，下軍之佐也。今彘季亦佐下軍，如伐鄭可也。事大國，無失班爵而加敬焉，禮也。」從之。

十二月，孟獻子會于虛朾，謀救宋也。宋人辭諸侯，而請師以圍彭城。孟獻子請於諸侯，而先歸會葬。

丁未，葬我君成公。書，順也。

春秋左傳詁卷十二

傳

襄公一

元年，春，己亥，圍宋彭城。非宋地，追書也。於是爲宋討魚石，故稱宋，且不登叛人也，【詁】詩毛傳：「登，成也。」（杜本此。）謂之宋志。彭城降晉。晉人以宋五大夫在彭城者歸，寘諸瓠丘。【詁】郡國志河東郡：「垣縣有壺丘亭。」（杜同此。）酈道元云：「清水又東南逕陽壺城東，即垣縣之壺丘亭，晉遷宋五大夫所居也。」齊人不會彭城，晉人以爲討。二月，齊大子光爲質於晉。

夏，五月，晉韓厥、荀偃帥諸侯之師伐鄭，入其郛，【詁】賈逵云：「韓厥、荀偃帥諸侯之師，謂帥宋、衞、滕、薛伐鄭。齊、魯、曹、邾、杞次于鄫，故諸侯之師不序也。入郛不書者，晉人先以鄭罪令于諸侯，故書伐鄭；入郛，既敗鄭，不復告，故不書。」（本疏。）敗其徒兵于洧上。【詁】服虔云：「洧，水名。」（史記集解。）水經：「洧水出河南密縣西南。」地理志：「東南至長平入潁。」（杜本此。）於是東諸侯之師次于鄫，以待晉師。晉師自鄭以鄫之師侵楚焦、夷及陳。晉侯、衞侯次于戚，以爲之援。

秋，楚子辛救鄭，侵宋呂、留。【詁】郡國志呂、留二縣屬彭城國。（杜同此。）鄭子然侵宋，取犬丘。【詁】按：犬丘當作太丘，傳寫誤移點在上。爾雅「宋有太丘」，漢書郊祀志「周顯王四十一年宋太丘社亡」，是也。

九月，邾子來朝，禮也。

冬，衞子叔、晉知武子來聘，禮也。凡諸侯即位，小國朝之，大國聘焉，（鄭玄周禮注引作「大國朝焉，小國聘焉」。）以繼好結信，謀事補闕，【詁】韋昭國語注：「闕，缺也。」禮之大者也。

二年，春，鄭師（諸本誤作「伯」。今改正。）侵宋，楚令也。

齊侯伐萊。萊人使正輿子【詁】荀子曰：「萊不用子馬而齊并。」楊倞注：「或曰正輿字子馬。」賂夙沙衞以索馬牛，【詁】按：杜注：「索，柬擇好者。」今攷「索」字無柬擇之義，惟説文云：「擇，柬選也。」「索」、「擇」同音，容古字通。皆百匹，齊師乃還。君子是以知齊靈公之爲「靈」也。

夏，齊姜薨。初，穆姜使擇美檟，（郭璞爾雅注作「使擇美榎」。）【詁】爾雅：「樹小而皮粗皵者爲榎。」以自爲櫬【詁】説文：「櫬，棺也。」（下四年傳同。杜本此。）與頌琴，季文子取以葬。君子曰：「非禮也。禮無所逆。婦，養姑者也。虧姑以成婦，逆莫大焉。詩曰：『其惟哲人，告之話言，順德之行。』季孫於是爲不哲矣。（釋文：「本作『不爲哲矣』。」）且姜氏，君之妣也。詩曰：『爲酒爲醴，烝畀祖妣，【詁】詩鄭箋：「烝，進。畀，與。」（杜本此。）以洽百禮，降福孔偕。』」（周頌作「皆」。）【詁】詩毛傳：「皆，徧也。」（杜本此。）

齊侯使諸姜宗婦來送葬。召萊子，萊子不會，故晏弱城東陽以偪之。

鄭成公疾，子駟請息肩於晉。公曰：「楚君以鄭故，親集矢於其目，非異人任，（釋文「任」字絶句。）寡人也。若背之，是弃力與言，（釋文云：「服本作『棄功』。」）其誰暱我？免寡人，惟二三子。」

秋，七月庚辰，鄭伯睔卒。於是子罕當國，子駟爲政，子國爲司馬。晉師侵鄭，諸大夫欲從晉。子駟曰：「官命未改。」會于戚，（水經注引作「會于咸」。）謀鄭故也。孟獻子曰：「請城虎牢以偪鄭。」知武子曰：「善。鄫之會，吾子聞崔子之言，今不來矣。滕、薛、小邾之不至，皆齊故也。寡君之憂不惟鄭。罃將復於寡君，而請於齊。得請而告，吾子之功也。若不得請，事將在齊。吾子之請，諸侯之福也，豈惟寡君賴之。」

穆叔聘于宋，通嗣君也。

冬，復會于戚。齊崔武子及滕、薛、小邾之大夫皆會，知武子之言故也。遂城虎牢，鄭人乃成。

楚公子申爲右司馬，多受小國之賂，以偪子重、子辛。楚人殺之，故書曰：「楚殺其大夫公子申。」

三年，春，楚子重伐吳，爲簡之師。克鳩茲，至于衡山。【詁】按：顧棟高春秋大事表：「蕪湖、烏程相去太遠。今太平府當塗縣東北六十里有橫山。『橫』與『衡』古通用，似爲近之。」使鄧廖帥組甲三百、被練三千【詁】賈逵云：「組甲，以組綴甲，車士服之。被練，帛也，以帛綴甲，步卒服之。凡甲所以爲固者，以盈竅也。帛盈竅而任力者半，卑者所服。組盈竅而盡任力，尊者所服。」馬融曰：「組甲，以組爲甲裏，公族所服。被練，以練爲甲裏，卑者所服。」（本疏。）呂覽有始篇：「郲之故法，爲甲裳以帛。」高誘曰：「以帛綴甲。」即被練是也。「公息忌謂郲君曰：『不若以組甲。凡甲之所以爲固，以滿竅也。今竅滿矣，而任力者半耳。且組則不然，竅滿則盡任力矣。』郲君以爲然。」高誘曰：「組甲，以組連甲。」按：賈氏之説蓋本於此。杜注以意爲之，非是。以侵吳。吳人要而擊之，獲鄧廖。其能免者，組甲八十、被練三百而已。子重歸，既飲至三日。吳人伐楚，取駕。駕，良邑也；鄧廖，亦楚之良也。君子謂：「子重於是役也，所獲不如所亡。」楚人以是咎子重。子重病之，遂遇心疾而卒。

公如晉，始朝也。

夏，盟于長樗。孟獻子相。公稽首，知武子曰：「天子在，而君辱稽首，寡君懼矣。」孟獻子曰：「以敝邑介在東表，密邇仇讎，寡人將君是望，敢不稽首？」

晉爲鄭服故，且欲修吴好，將合諸侯。使士匄告于齊曰：「寡君使匄，以歲之不易，不虞之不戒，寡君願與一二兄弟相見，以謀不協。請君臨之，使匄乞盟。」齊侯欲勿許，而難爲不協，乃盟于耏外。【詁】京相璠曰：「今臨淄惟有畫水西北入泲，即地理志之如水矣。『耏』、『如』聲相似。」道元云：「時即耏水也，音『而』。」（水經注。）

祁奚請老，晉侯問嗣焉，稱解狐，其讎也。將立之而卒。又問焉，對曰：「午也可。」於是羊舌職死矣，晉侯曰：「孰可以代之？」對曰：「赤也可。」於是使祁午爲中軍尉，羊舌赤佐之。君子謂：「祁奚於是能舉善矣。稱其讎，不爲諂。立其子，不爲比。舉其偏，不爲黨。商書曰：『無偏無黨，王道蕩蕩。』其祁奚之謂矣。解狐得舉，祁午得位，伯華得官，建一官而三物成，【詁】服虔云：「所舉三賢各能成其職事。」（本疏。）詩毛傳：「物，事也。」（杜本此。）能舉善也夫。（釋文：「一讀『夫』爲下句首。」）惟善，故能舉其類。詩云：『惟其有之，是以似之。』祁奚有焉。」

六月，公會單頃公及諸侯。己未，同盟于雞澤。晉侯使荀會逆吴子于淮上，吴子不至。

楚子辛爲令尹，侵欲於小國。陳成公使袁僑如會求成。晉侯使和組父告于諸侯。秋，叔孫豹及諸侯之大夫及陳袁僑盟，陳請服也。

晉侯之弟揚干（史記作「楊」。）亂行於曲梁，【詁】賈逵云：「行，陳也。」（史記集解。杜取此。）魏絳戮其僕。【詁】賈逵云：「僕，御也。」（同上。杜取此。）按：史記魏世家：「魏絳僇辱楊干。」晉侯怒，謂羊舌赤曰：「合諸侯，以爲榮也。揚干爲戮，何辱如之？必殺魏絳，無失也。」對曰：「絳無貳志，事君不辟難，【詁】服虔云：「謂敢斬揚干之僕，是不辟獲死之難。」（本疏。）有罪不逃刑。其將來辭，何辱命焉？」言終，魏絳至，授僕人書，將伏劍，士魴、張老止之。公讀其書，曰：「日君乏使，使臣斯司馬。【詁】爾雅：「斯，此也。」（杜本此。）臣聞：『師衆以順爲武，軍事有死無犯爲敬。』【詁】晉語：「韓獻子爲司馬。趙孟使人以其乘車干行，獻子執而戮之。宣子召而禮之，曰：『夫軍事無犯，犯而不隱，義也。』」韋昭注：「有死其事，無犯其令，是爲敬命。」惠士奇曰：「韋注頗勝于杜。」君合諸侯，臣敢不敬君？師不武，執事不敬，罪莫大焉。臣懼其死，以及揚干，無所逃罪。不能致訓，至於用鉞。【詁】說文：「戉，斧也，从戈乚聲。司馬法曰：『夏執玄戉，殷執白戚，周左杖黄戉，右秉白旄。』」又說文：「鉞，車鑾聲也，从金戉聲。詩曰『鑾聲鉞鉞』。」按：以「鉞」爲斧戉之「戉」，經典承訛已久，難以改正。臣之罪重，敢有不從以怒君心？請歸死於司寇。」公跣而出，曰：「寡人之言，親愛也。吾子之討，軍禮也。寡人有弟，弗能教訓，使干大命，寡人之過也。子無重寡人之過，敢以爲請。」晉侯以魏絳爲能以刑佐民矣，反役，與之禮食，【詁】韋昭國語注：「禮食，公食大夫禮。」（杜注略同。）使佐新軍。【詁】服虔云：「於是魏頡卒矣，使趙武將新軍，代頡。升魏絳佐新軍，代趙武也。」（本疏。）張老爲中軍司馬，士富爲候奄。【詁】晉語曰：「使范獻子爲候奄。」韋昭注：「獻子，范文子之族昆弟士富也。」按：此則范氏有兩獻子。

楚司馬公子何忌侵陳，陳叛故也。

許靈公事楚，不會于雞澤。冬，晉知武子帥師伐許。

四年，春，楚師爲陳叛故，猶在繁陽。【詁】郡國志汝南郡：「宋，公國，有繁陽亭。」（杜同此。）韓獻子患之，言於朝曰：「文王帥殷之叛國以事紂，惟知時也。今我易之，難哉！」三月，陳成公卒。楚人將伐陳，聞喪乃止。陳人不聽命。臧武仲聞之，曰：「陳不服於楚，必亡。大國行禮焉而不服，在大猶有咎，而況小乎？」夏，楚彭名侵陳，陳無禮故也。

穆叔如晉，報知武子之聘也。晉侯享之，金奏肆夏之三，不拜。工歌文王之三，又不拜。歌鹿鳴之三，三拜。韓獻子使行人子員問之，曰：「子以君命辱於敝邑，先君之禮，藉之以樂，【詁】鄭玄儀禮注：「藉，猶薦。」（杜本此。）以辱吾子。吾子舍其大，而重拜其細，敢問何禮也？」對曰：「三夏，天子所以享元侯也，使臣弗敢與聞。文王，兩君相見之樂也，臣不敢及。（詩疏引此「臣」上有「使」字。）鹿鳴，君所以嘉寡君也，敢不拜嘉？四牡，君所以勞使臣也，敢不重拜？皇皇者華，君教使臣曰：『必諮於周。』臣聞之：『訪問於善爲咨，咨親爲詢，咨禮爲度，咨事爲諏，咨難爲謀。』臣獲五善，敢不重拜？」

秋，定姒薨。不殯于廟，無櫬，不虞。匠慶謂季文子曰：「子爲正卿，而小君之喪不成，不終君也。君長，誰受其咎？」初，季孫爲己樹六檟於蒲圃東門之外，〔一〕【詁】説文：「檟，楸也。春秋傳曰『樹六檟于蒲圃』。」按：襄二年杜注：「檟，梓之屬。」今考郭璞爾雅注：「楸，細葉者爲檟。」又云：「大而皵楸，小而皵檟。」則檟訓楸較是。匠慶請木，季孫曰：「略。」【詁】方言：「略，强取也。」（杜本此。）匠慶用蒲圃之檟，季孫不御。【詁】高誘淮南書注：「御，止也。」（杜本此。）君子曰：「志所謂：『多行無禮，必自及也。』其是之謂乎！」

冬，公如晉聽政。晉侯享公。公請屬鄫，【詁】地理志東海郡：「繒，故國，禹後。」郡國志：「繒，屬琅邪國。」（杜同此。）晉侯不許。孟獻子曰：「以寡君之密邇於仇讎，而願固事君，無失官命。鄫無賦於司馬，爲執事朝夕之命敝邑，敝邑褊小，闕而爲罪，寡君是以願借助焉。」晉侯許之。

楚人使頓間陳而侵伐之，故陳人圍頓。

無終子嘉父使孟樂如晉，因魏莊子納虎豹之皮，以請和諸戎。晉侯曰：「戎狄無親而貪，不如伐之。」魏

〔一〕「爲」原作「謂」，據春秋左傳其它各本改。

絳曰：「諸侯新服，陳新來和，將觀於我。我德則睦，否則攜貳。勞師於戎，而楚伐陳，必弗能救，是弃陳也，諸華必叛。戎，禽獸也。獲戎失華，無乃不可乎？夏訓有之，曰：『有窮后羿。』」（玉篇引作「窮」。）【詁】説文：「窮，夏后氏諸侯夷羿國也。」「羿，亦古諸侯也。一曰射師。」按：「窮」應作「窮」，容古字通。「羿」非定名，善射者皆謂之羿。説文一云「射師」。本疏：「羿是善射之號，非人之名字。」是矣。公曰：「后羿何如？」對曰：「昔有夏之方衰也，后羿自鉏遷于窮石，【詁】淮南墬形訓：「弱水出自窮石。」高誘注：「窮石，山名也，在張掖北塞水也。」因夏民以代夏政。恃其射也，【詁】賈逵云：「羿之先祖世爲先王射官，故帝嚳賜羿弓矢，使司射。」（本疏及書疏七。）不修民事，（風俗通引作「不循民事」。）而淫于原獸。棄武羅、伯因、（古今人表作「柏因」。史記正義作「柏姻」。）熊髠、尨圉，（古今人表作「厖圉」。王符作「龍圉」。）而用寒浞。（古今人表作「韓浞」。水經注同。）【詁】郡國志北海國：「平壽有寒亭，古寒國，浞封此。」（杜同此。）寒浞，伯明氏之讒子弟也，（王符引作「柏明氏」。）伯明后寒棄之，（王符引作「柏明氏惡而棄之」。）夷羿收之，信而使之，以爲己相。浞行媚于内，而施賂于外，愚弄其民，而虞羿于田，【詁】按：李善羽獵賦注：「『虞』與『娱』古字通。」樹之詐慝，以取其國家，外内咸服。羿猶不悛，【詁】方言：「悛，改也。」（杜本此。）將歸自田，家衆殺而亨之，以食其子。其子不忍食諸，死于窮門。靡奔有鬲氏。【詁】郡國志平原郡：「鬲，侯國，夏時有鬲君滅浞立少康。」（杜同此。）水經注引作「逃于鬲氏。」按：竹書紀年：「夏后相八年，寒浞殺羿。」「二十八年，伯靡出奔鬲。」惠氏以爲靡未嘗事羿，是也。浞因羿室，生澆及豷。【詁】説文：「春秋傳曰『生敖及豷』。」惠棟曰：「論語作『奡』。尚書曰『無若丹朱、傲』，劉向引作『敖』。管子曰：『若敖之在堯。』説文引尚書作『奡』，云：『讀若「傲」』，論語『奡蕩舟』。（以上説文。）是『敖』與『奡』通。今傳作『澆』者，『敖』、『澆』音相近，師讀各異故也。」恃其讒慝詐僞，而不德于民。使澆用師滅斟灌及斟尋氏。【詁】賈逵云：「斟灌、斟尋，夏同姓也。夏后相依斟灌而國，故曰滅夏后相也。」（史記集解。）地理志北海郡壽光，應劭曰：「古斟灌，禹後，今灌亭是。」平壽，應劭曰：「古抖尋，禹後，今抖城是也。」（杜本此。）師古曰：「『抖』音『斟』。」廣韻：「抖尋，古國名。」玉篇作「圤鄩」。處澆于過，處豷于戈。【詁】郡國志東萊郡有過鄉。按：戈見哀十二年傳。（杜同此。）靡自有鬲氏，收二國之燼，【詁】小爾雅：「燼，餘也。」以滅浞而立少康。少康滅澆于過，后杼滅豷于戈，有窮由是遂亡，失人故也。昔周辛甲之爲大史也，命百官，官箴王闕。於虞人之箴曰：『芒芒禹迹，【詁】高誘淮南王書注：「芒芒，廣大之貌。」畫爲九州，經啓九道。民有寢廟，獸有茂草，各有攸處，（釋文本或作「攸家」。）德用不擾。在帝夷羿，冒于原獸，忘其國恤，而思其麀牡。（文選注兩引並無「而」字。）武不可重，【詁】服虔云：「重猶大也，言武事不可大任。」（本疏。）用不恢于夏家。（文選注引此「用」上有「是」字。）【詁】廣雅：「恢，大也。」（杜本此。）獸臣司原，敢告僕夫。』虞箴如是，可不懲乎？」於是晉侯好田，故魏絳及之。

公曰：「然則莫如和戎乎？」對曰：「和戎有五利焉：戎狄荐居，（晉語作「荐處」。）貴貨易土，【詁】服虔云：「荐，草也，言狄人逐水草而居徙無常處。」（同上。）土可賈焉，一也。邊鄙不聳，【詁】韋昭國語注：「聳，懼也。」（杜本此。）民狎其野，穡人成功，二也。戎狄事晉，四鄰振動，諸侯威懷，三也。以德綏戎，師徒不勤，甲兵不頓，【詁】高誘淮南王書注：「頓，罷也。」四也。鑒于后羿，而用德度，遠至邇安，五也。君其圖之！」公說。使魏絳盟諸戎。修民事，田以時。

冬，十月，邾人、莒人伐鄫。臧紇救鄫，侵邾，敗于狐駘。（檀弓作「臺駘」，鄭注云：「『臺』當爲『壺』字之誤也，春秋傳作『狐駘』。」家語亦同。郡國志魯國魯下引作「狐台」。「狐」與「壺」、「台」與「駘」古字通。）【詁】按：狐駘，杜注以爲番縣南之目台亭。今攷目台即淮南子之目台山，淄水所出。杜說非也。國人逆喪者皆髽，【詁】說文：「髽，喪結。女子髽衰，弔則不髽。魯臧武仲與齊戰于狐駘，魯人迎喪者始髽。」按：魯敗于邾，非齊也。說文徵引經典，亦間有不合。鄭衆以爲枲麻與髮相半結之。（本疏。杜取此。）馬融以爲屈布爲巾，高四寸，著于頟上。鄭玄以爲纚而紒。（同上。）魯於是乎始髽。國人誦之，曰：「臧之狐裘，敗我於狐駘。我君小子，朱儒是使。【詁】韋昭國語注：「朱儒，短人也。」（杜本此。）朱儒朱儒，使我敗於邾。」

五年，春，公至自晉。

王使王叔陳生愬戎于晉，晉人執之。士魴如京師，言王叔之貳于戎也。

夏，鄭子國來聘，通嗣君也。

穆叔覿鄫大子於晉，以成屬鄫。書曰：「叔孫豹、鄫大子巫如晉。」言比諸魯大夫也。

吴子使壽越如晉，辭不會于雞澤之故，且請聽諸侯之好。晉人將爲之合諸侯，使魯、衞先會吴，且告會期，故孟獻子、孫文子會吴于善道。

秋，大雩，旱也。

楚人討陳叛故，曰：「由令尹子辛實侵欲焉。」乃殺之。書曰：「楚殺其大夫公子壬夫。」貪也。君子謂：「楚共王於是不刑。詩曰：『周道挺挺，【詁】爾雅：「頲，直也。」廣雅：「侹，直也。」鄭玄曲禮注云：「艇，直也。」按：「挺」、「頲」、「艇」、「侹」音義並同。杜注蓋本此。我心扃扃。【詁】按：爾雅：「斤斤，明察也。」「斤」與「扃」義亦同。説文：「炯，光也。」廣雅：「扃扃，光也。」「扃」、「炯」字同。杜注略本爾雅。講事不令，集人來定。』己則無信，而殺人以逞，不亦難乎？夏書曰：『成允成功。』」

九月丙午，盟于戚，會吴，且命戍陳也。穆叔以屬鄫爲不利，使鄫大夫聽命于會。〔一〕

楚子囊爲令尹。范宣子曰：「我喪陳矣。楚人討貳而立子囊，必改行而疾討陳。陳近于楚，民朝夕急，

〔一〕「夫」原訛「子」，據春秋左傳其它各本改。

能無往乎？有陳，非吾事也；無之而後可。」冬，諸侯戍陳。子囊伐陳。十一月甲午，會于城棣以救之。

季文子卒。大夫入斂，公在位。宰庀家器【詁】鄭衆周禮注：「庀，具也。」（杜本此。）爲葬備，無衣帛之妾，無食粟之馬，無藏金玉，無重器備。君子是以知季文子之忠於公室也。相三君矣，而無私積，可不謂忠乎？

六年，春，杞桓公卒。始赴以名，同盟故也。

宋華弱與樂轡少相狎，長相優，又相謗也。子蕩怒，以弓梏華弱于朝。平公見之，曰：「司武而梏於朝，難以勝矣。」遂逐之。夏，宋華弱來奔。司城子罕曰：「同罪異罰，非刑也。專戮於朝，罪孰大焉？」亦逐子蕩。子蕩射子罕之門，曰：「幾日而不我從？」子罕善之如初。【詁】服虔云：「言子罕不阿同族，亦逐樂轡，以正國法，忠之至也。及樂轡射其門，畏從華弱之罰，復善樂轡如初，是謂茹柔吐剛，喪其志矣。傳故舉之，明春秋之義，善惡俱見。」（本疏。）

秋，滕成公來朝，始朝公也。

莒人滅鄫，鄫恃賂也。

冬，穆叔如邾聘，且修平。

晉人以鄫故來討，曰：「何故亡鄫？」季武子如晉見，且聽命。

十一月，齊侯滅萊，萊恃謀也。於鄭子國之來聘也，四月，晏弱城東陽，而遂圍萊。甲寅，垔之【詁】說文：「垔，塞也。尚書曰『鯀垔洪水』。古文作『𡋾』。或从𨸏作『陻』。」玉篇：「垔，土山也。〔一〕亦作『陻』。」〔二〕又「陻」字注同「垔」。

〔一〕「山」原脱，據玉篇卷二土部補。

〔二〕「陻」原作「垔」，據玉篇卷二土部改。

是古字作「亜」。今據改。按：玉篇引杜注尚作「亜」，不容轉从俗。環城，傳於堞。【詁】説文：「堞，城上女垣也。」今本作「堞」。（杜本此。）及杞桓公卒之月乙未，王湫帥師及正輿子、棠人軍齊師。齊師大敗之。丁未，入萊。萊共公浮柔奔棠。正輿子、王湫奔莒，莒人殺之。四月，陳無宇獻萊宗器于襄宮。晏弱圍棠，十一月丙辰，而滅之。（陸氏附注云：「衍『而』字。」）遷萊于郳。（釋文：「或作『遷于郳』，『萊』衍字。」）【詁】説文：「郳，齊地。春秋傳曰『齊高厚定郳田』。」按：春秋莊五年郳犁來來朝。今説文不舉始見經、傳之郳，疑非也。高厚、崔杼定其田。

七年，春，郯子來朝，始朝公也。

夏，四月，三卜郊，不從，乃免牲。孟獻子曰：「吾乃今而後知有卜筮。夫郊，祀后稷以祈農事也。是故啓蟄而郊，郊而後耕。今既耕而卜郊，宜其不從也。」

南遺爲費宰。叔仲昭伯爲隧正，欲善季氏，而求媚于南遺，謂遺：「請城費，吾多與而役。」故季氏城費。

小邾穆公來朝，亦始朝公也。

秋，季武子如衞，報子叔之聘，且辭緩報，非貳也。

冬，十月，晉韓獻子告老。公族穆子有廢疾，將立之。辭曰：「詩曰：『豈不夙夜，謂行多露。』又曰：『弗躬弗親，庶民弗信。』無忌不才，讓其可乎？請立起也。與田蘇遊，而曰好仁。詩曰：『靖共爾位，好是正直。神之聽之，介爾景福。』【詁】馬融尚書注：「靖，安也。」詩鄭箋：「介，助也。景，大也。」（杜本此。）按：服虔漢書注：「介，大也。」則注此傳當亦同。又詩小明章毛傳：「介、景，皆大也。」則此「介」字當從毛、服注爲得。恤民爲德，正直爲正，正曲爲直，參和爲仁。如是，則神聽之，介福降之。立之，不亦可乎？」庚戌，使宣子朝，遂老。晉侯謂韓無忌仁，使掌公族大夫。

衛孫文子來聘，且拜武子之言，而尋孫桓子之盟。公登亦登。叔孫穆子相，趨進曰：「諸侯之會，寡君未嘗後衛君。今吾子不後寡君，寡君未知所過。吾子其少安。」孫子無辭，亦無悛容。穆叔曰：「孫子必亡。爲臣而君，過而不悛，亡之本也。詩曰：『退食自公，委蛇委蛇。』【詁】詩毛傳：「委蛇，行可從迹也。」案：下云「謂從者也」，則「委蛇」當從毛訓爲是。謂從者也。衡而委蛇必折。」【詁】廣雅：「衡，横也。」（杜本此。）「折，曲也。」

楚子囊圍陳，會于鄬以救之。【詁】説文：「鄬，鄭地，从𨸏爲聲。春秋傳曰『將會鄭伯于鄬』。」而邑部仍收「鄬」字，云：「地名，从邑爲聲。」是「鄬」、「鄬」通也。九經字樣「鄬」字注：「音葦，鄭地名。今經典多作『鄬』。」鄭僖公之爲大子也，於成之十六年與子罕適晉，不禮焉。又與子豐適楚，亦不禮焉。及其元年朝于晉，子豐欲愬諸晉而廢之，子罕止之。及將會于鄬，子駟相，又不禮焉。侍者諫，不聽。又諫，殺之。及鄵，子駟使賊夜弒僖公，而以瘧疾赴于諸侯。【詁】史記鄭世家曰：「子駟怒，使厨人藥殺僖公。」徐廣曰：「年表云『子駟使賊藥殺僖公』。」簡公生五年，奉而立之。

陳人患楚。慶虎、慶寅謂楚人曰：「吾使公子黄往，而執之。」楚人從之。二慶使告陳侯于會，曰：「楚人執公子黄矣。君若不來，群臣不忍社稷宗廟，懼有二圖。」陳侯逃歸。

八年，春，公如晉朝，且聽朝聘之數。

鄭群公子以僖公之死也，謀子駟。子駟先之。夏，四月庚辰，辟殺子狐、子熙、子侯、子丁。孫擊、孫惡出奔衛。【詁】賈逵云：「二孫，子狐之子。」（本疏。杜取此。）庚寅，鄭子國、子耳侵蔡，獲蔡司馬公子燮。鄭人皆喜。惟子産不順，曰：「小國無文德，而有武功，禍莫大焉。楚人來討，能勿從乎？從之，晉師必至。晉、楚伐鄭，自今鄭國不四、五年，弗得寧矣。」子國怒之，曰：「爾何知？國有大命，而有正卿。童子言焉，將爲戮矣。」

五月甲辰，會于邢丘，以命朝聘之數，使諸侯之大夫聽命。季孫宿、齊高厚、宋向戌、衛甯殖、邾大夫會之。鄭伯獻捷于會，故親聽命。大夫不書，尊晉侯也。

莒人伐我東鄙，以疆鄫田。

秋，九月，大雩，旱也。

冬，楚子囊伐鄭，討其侵蔡也。子駟、子國、子耳欲從楚，子孔、子蟜、子展欲待晉。子駟曰：「周詩有之曰：『俟河之清，人壽幾何？兆云詢多，職競作羅。』（左思魏都賦曰：「富人寵義，職競弗羅。」張載引左傳亦作「弗羅」。）謀之多族，【詁】鄭司農周禮注：「百家爲族。」（杜本此。）民之多違，事滋無成。民急矣，姑從楚以紓吾民。晉師至，吾又從之。敬共幣帛，以待來者，小國之道也。犧牲玉帛，待於二竟，以待彊者而庇民焉。寇不爲害，民不罷病，不亦可乎？」子展曰：「小所以事大，信也。小國無信，兵亂日至，亡無日矣。五會之信，今將背之，雖楚救我，將安用之？親我無成，鄙我是欲，不可從也，不如待晉。晉君方明，四軍無闕，八卿和睦，必不棄鄭。楚師遼遠，糧食將盡，必將速歸，何患焉？舍之聞之：『杖莫如信。』完守以老楚，杖信以待晉，不亦可乎？」子駟曰：「詩云：『謀夫孔多，是用不集。發言盈庭，誰敢執其咎？如匪行邁謀，【詁】廣雅云：「匪，彼也。」（杜本此。）是用不得于道。』請從楚，騑也受其咎。」乃及楚平，使王子伯駢告于晉，曰：「君命敝邑：『修而車賦，儆而司徒，以討亂略。』蔡人不從，敝邑之人不敢寧處，悉索敝賦，以討于蔡，獲司馬燮，獻于邢丘。今楚來討，曰：『女何故稱兵于蔡？』焚我郊保，馮陵我城郭。敝邑之衆，夫婦男女，不皇啓處，（諸本作「遑」。今从宋本改正。）【詁】爾雅注：「李巡曰：『啓，小跪也。』」（杜本此。）以相救也。翦焉傾覆，無所控告。【詁】薛綜西京賦注：「翦，盡也。」詩毛傳、廣雅並云：「控，引也。」（杜本此。）民死亡者，非其父兄，即其子弟。夫人愁痛，不知所庇。民知窮困，而受盟于楚。孤也與其二三臣不能禁止，不敢不告。」知武子使行人子員對之，曰：「君有楚命，亦不使一介行李（釋文曰「一个」，石經作「个」，淳化本俱作「个」，傳注同。餘作「介」。按：古「个」字皆作「介」。今从釋文讀作古賀切，而不改字。）告于寡君，而即安于楚。君之所欲也，誰敢違君？寡君將帥諸侯以見于城下。惟君圖之！」

晉范宣子來聘，且拜公之辱，告將用師于鄭。公享之。宣子賦摽有梅。【詁】詩毛傳：「摽，落也。」（杜本此。）季武子曰：「誰敢哉？今辟於草木，（諸本作「譬」，今从群經音辨改正。）寡君在君，君之臭味也。歡以承命，何時之有？」武子賦角弓。賓將出，武子賦彤弓。宣子曰：「城濮之役，我先君文公獻功于衡雍，受彤弓于襄王，以爲子孫藏。匄也，先君守官之嗣也，敢不承命？」君子以爲知禮。

九年，春，宋災。樂喜爲司城以爲政。使伯氏司里，火所未至，徹小屋，塗大屋，陳畚挶，【詁】説文：「畚，蒲器，所以盛糧也。」「挶，戟持也。」惠棟曰：「唐石經作『梮』。正義『其字从手』，此臆説也。漢書引此傳云『陳畚鞻』。『鞻』音『菊』，與『梮』同。史記河渠書曰『山行則梮』。韋昭云：『梮，木器，如今轝牀，人舉以行也。』然則『鞻』與『梮』音義皆同，故孔氏書正義以爲『梮』、『鞻』本一字。古篆變易形，字體改易，説者不同，未知孰是。」今按：説文木部無「梮」字，手部有「挶」字。玉篇「梮」字注云：「輿食器也。又土轝也。」此字或見字林，故玉篇收入木部。正義引説文云云，未爲無據。惠氏斥爲臆説，過矣。具綆缶，【詁】説文：「綆，汲井綆也。」「缶，瓦器。」（本疏。）方言：「缶謂之瓿甊。」備水器，量輕重，畜水潦，【詁】五行志引作「畜」，師古曰：「『畜』讀作『蓄』。」知古本作「畜」，後乃加艹也。今从漢書、釋文改正。積土塗，巡丈城，繕守備，表火道。使華臣具正徒，（漢書引作「儲正徒」。）令隧正納郊保，奔火所。使華閱討右官，【詁】馬融論語注：「討，治也。」（杜本此。）官庀其司。向戌討左，亦如之。使樂遄庀刑器，亦如之。使皇鄖（釋文：「本亦作『員』。」）命校正出馬，〔二〕【詁】服虔云：「皇鄖，皇父充石之後十世宗卿，爲人之子，大司馬椒也。」（本疏。杜取此。）世本：「皇父充石，

〔二〕「馬」原訛「焉」，據春秋左傳其它各本改。

戴公子。」(僖十一年疏。)工正出車，備甲兵，庀武守。使西鉏吾庀府守，【詁】賈逵云：「鉏吾，太宰。」(本疏。杜取此。)令司宮、巷伯儆宮。【詁】説文：「儆，戒也。春秋傳曰『儆宮』。」孫炎曰：「巷，舍閒道也。」王肅云：「今後宮稱永巷。」二師命四鄉正敬享，(石經初刻作「令」，後改「命」。按：正義此三引傳文皆作「命」，當作「命」字無疑。諸本作「令」，誤。今从石經改正。)祝宗用馬于四墉，(釋文：「『墉』本又作『庸』。」)祀盤庚(釋文：「『盤』字又作『般』。」)于西門之外。晉侯問于士弱曰：「吾聞之，宋災，於是乎知有天道。何故？」對曰：「古之火正，或食於心，或食於咮，以出内火。【詁】鄭司農云：「以三月本時昏心星見于辰上，使民出火。九月本黄昏心星伏在戌上，使民内火。」(周禮疏。)漢書五行志引作「以出入火」。惠棟曰：「周毛伯鄭敦云：『毛伯内門立中庭。』『内』讀爲『入』，『立』讀爲『位』。古文春秋『公即位』爲『公即立』，『出入火』爲『出内火』，皆古文也。尚書『九江内錫大龜』，史記『内』作『入』。是古『入』字皆作『内』。徐邈音『内』爲『納』，非也。」是故咮爲鶉火，心爲大火。陶唐氏之火正閼伯居商丘，【詁】服虔云：「商丘，地名。」(詩疏。)祀大火而火紀時焉。相土因之，【詁】服虔云：「相土，契之孫。因之者，代閼伯之後居商丘。湯以爲號。」(同上。)按：本疏亦引服虔云：「相土居商丘，故湯以爲天下號。」竹書紀年：「帝相九年，相居于斟灌。十五年，商侯相土作乘馬。遂遷于商丘。」太平御覽(百五十五。)引世本：「相徙商丘，本顓頊之墟。」又鄭玄周禮校人注引世本：「相土作乘馬。」古文「士」與「土」通，又通作「杜」，故荀子解蔽篇云「杜作乘馬」也。故商主大火。商人閱其禍敗之釁，(五行志作「戠」。)【詁】説文：「閱，具數于門中也。」廣雅：「閱，數也。」(杜本此。)必始於火，是以日知其有天道也。」(五行志引作「是以知有天道」。)公曰：「可必乎？」對曰：「在道。國亂無象，不可知也。」

夏，季武子如晉，報宣子之聘也。

穆姜薨于(諸本誤作「於」，从石經改。)東宮。始往而筮之，遇艮之八䷳，【詁】賈、鄭先儒皆以爲連山、歸藏，二易皆以七、八爲占，故云遇艮之八。(本疏。杜取此。)服虔云：「爻在初六、九三、六四、六五、上九，惟六二不變。連山、歸藏之占，以不變者爲主。」（周禮疏。）史曰：「是謂艮之隨䷐。隨，其出也。【詁】虞翻注易隨卦曰：「隨，陰隨陽。」謂隨卦三陰皆隨陽，故卦名隨。惠棟曰：「陰隨陽，猶母隨子，故隨其出也。」君必速出！」姜曰：「亡。是於周易曰：『隨，元亨利貞，无咎。』元，體之長也。亨，嘉之會也。利，義之和也。貞，事之幹也。體仁足以長人，嘉德足以合禮，利物足以和義，貞固足以幹事。然故不可誣也，是以雖隨無咎。今我婦人而與於亂，固在下位而有不仁，不可謂元。不靖國家，不可謂亨。作而害身，不可謂利。棄位而姣，〔一〕【詁】服虔讀「姣」爲放效之「效」，言效小人爲淫。（本疏。）不可謂貞。有四德者，隨而無咎，我皆無之，豈隨也哉？我則取惡，能無咎乎？必死於此，弗得出矣。」

秦景公使士雅【詁】說文：「春秋傳曰『秦有士雅』。」乞師於楚，將以伐晉，楚子許之。子囊曰：「不可。當今吾不能與晉争。晉君類能而使之，舉不失選，官不易方。其卿讓於善，其大夫不失守，其士競於教，其庶人力於農穡，【詁】說文：「穀可收曰穡。」詩毛傳：「植之曰稼，斂之曰穡。」按：杜蓋本此，然改稱種曰農，究屬未安。商工皁隸不知遷業。韓厥老矣，知罃稟焉以爲政。范匄少於中行偃而上之，使佐中軍。韓起少於欒黶，而欒黶、士魴上之，使佐上軍。魏絳多功，以趙武爲賢，而爲之佐。君明臣忠，上讓下競。當是時也，晉不可敵，事之而後可。君其圖之！」王曰：「吾既許之矣，雖不及晉，必將出師。」秋，楚子師於武城，以爲秦援。秦人侵晉。晉饑，弗能報也。

冬，十月，諸侯伐鄭。庚午，季武子、齊崔杼、宋皇鄖從荀罃、士匄門于鄟門，（釋文：「本亦作『專』。」）【詁】廣雅：「門，守也。」衛北宮括、曹人、邾人從荀偃、韓起門于師之梁，滕人、薛人從欒黶、士魴門于北門，杞人、郳人

〔一〕「姣」原訛「狡」，據春秋左傳其它各本改。

從趙武、魏絳斬行栗。甲戌，師于氾，令於諸侯曰：「修器備，盛餱糧，歸老幼，居疾于虎牢，肆眚，圍鄭。」【詁】服虔以爲放鄭囚。（本疏。）鄭人恐，乃行成。中行獻子曰：「遂圍之，以待楚人之救也，而與之戰。不然，無成。」知武子曰：「許之盟而還師，以敝楚人。吾三分四軍，【詁】賈逵以爲三分四軍爲十二部。鄭衆以爲分四軍爲三部。（本疏。）按：杜從鄭説。與諸侯之鋭以逆來者，於我未病，楚不能矣。猶愈於戰。暴骨以逞，不可以争。大勞未艾。【詁】小爾雅廣言：「艾，止也。」按：杜注：「艾，息也。」義亦同。君子勞心，小人勞力，先王之制也。」諸侯皆不欲戰，乃許鄭成。十一月己亥，同盟于戲，鄭服也。將盟，鄭六卿公子騑、公子發、公子嘉、公孫輒、公孫蠆、公孫舍之及其大夫、門子皆從鄭伯。晉士莊子爲載書，曰：「自今日既盟之後，鄭國而不惟晉命是聽，而或有異志者，有如此盟。」公子騑趨進，曰：「天禍鄭國，使介居兩大國之間。大國不加德音，而亂以要之，使其鬼神不獲歆其禋祀，其民人不獲享其土利，夫婦辛苦墊隘，無所厎告。自今日既盟之後，鄭國而不惟有禮與彊可以庇民者是從，而敢有異志者，亦如之。」荀偃曰：「改載書。」公孫舍之曰：「昭大神要言焉。若可改也，大國亦可叛也。」知武子謂獻子曰：「我實不德，而要人以盟，豈禮也哉？非禮，何以主盟？姑盟而退，修德息師而來，終必獲鄭，何必今日？我之不德，民將棄我，豈惟鄭？若能休和，遠人將至，何恃於鄭？」乃盟而還。

晉人不得志於鄭，以諸侯復伐之。十二月癸亥，門其三門。閏月（釋文：「『閏月』，依注讀爲『門五日』。」）戊寅，濟于陰阪，侵鄭。次于陰口而還。【詁】服虔云：「參南曰陰口者，水口也。」（水經注。）水經注：「洧水又東逕陰阪北，水有梁焉，俗謂是濟爲參辰口。左傳襄九年晉伐鄭，濟于陰阪，次于陰口而還，是也。」「『參』、『陰』聲相近，蓋傳呼之謬耳。又晉居參之分，實沈之土，鄭處大辰之野、閼伯之地，軍師所次，故濟得其名也。」子孔曰：「晉師可擊也。師老而勞，且有歸志，必大克之。」子展曰：「不可。」

公送晉侯。晉侯以公宴于河上，問公年，季武子對曰：「會于沙隨之歲，寡君以生。」晉侯曰：「十二年矣。是謂一終，一星終也。國君十五而生子，冠而生子，【詁】賈、服說皆以爲人君禮十二而冠。（宋書禮志。）五經異義：「春秋傳說歲星爲年紀，十二而一周於天，天道備，故人君子十二可以冠。自夏、殷天子皆十二而冠。」（通典。）按：說文云：「元氣起于子。子，人所生也。男左行三十，女右行二十，俱立于巳，爲夫婦。裹妊于巳，巳爲子，十月而生。男起巳至寅，女起巳至申，故男年始寅，女年始申也。」今考高誘淮南王書注云：「三十而娶者，陰陽未分時，俱生于子，男從子數左行三十年立于巳，女從子數右行二十年亦立于巳，合夫婦。故聖人因是制禮，男三十而娶，女二十而嫁。其男自巳數左行得寅，故人十月而生于寅，男子數從寅起。女自巳數右行，亦十月而生于申，故女數從申起。歲星十二歲而周天，天道十二而備，故國君十二歲而冠。冠而娶，十五生子，重國嗣也，故不从制。」按：高注與說文略同。疑此段淮南王書本係慎所注，或宋以後本混入誘注也。禮也。君可以冠矣，大夫盍爲冠具？」武子對曰：「君冠，必以裸享之禮行之，以金石之樂節之，【詁】五經異義：「公冠記無樂。春秋傳說君冠必以金石之樂節之。謹按：人君飯有舉樂，而云冠無樂，非禮義也。」（政和五禮新儀。）以先君之祧處之。【詁】服虔云：「曾祖之廟曰祧。」（宋本禮記疏。）又云：「祧謂曾祖之廟也。」（春秋疏。）今寡君在行，未可具也。請及兄弟之國而假備焉。」晉侯曰：「諾。」公還及衛，冠于成公之廟，【詁】服虔云：「成公，衛曾祖，故以祧爲曾祖廟。時不冠于衛之始祖，以非己廟故也。」假鐘磬焉，禮也。

楚子伐鄭。子駟將及楚平，子孔、子蟜曰：「與大國盟，口血未乾而背之，可乎？」子駟、子展曰：「吾盟固云：『惟彊是從。』今楚師至，晉不我救，則楚彊矣。盟誓之言，豈敢背之？且要盟無質，【詁】服虔云：「質，誠也。無忠誠之信，故神弗臨也。」（本疏。）廣雅：「質，主也。」（杜本此。）神弗臨也。所臨惟信。信者，言之瑞也，善之主也，是故臨之。明神不蠲要盟，【詁】詩毛傳：「蠲，絜也。」（杜本此。）背之，可也。」乃及楚平。公子罷戎入盟，同盟于中分。楚莊夫人卒，王未能定鄭而歸。

晉侯歸，謀所以息民。魏絳請施舍，輸積聚以貸。自公以下，苟有積者，盡出之。國無滯積，亦無困人。

公無禁利，亦無貪民。祈以幣更，【詁】呂覽二月紀：「是月也，[一]祀不用犧牲，用圭璧，更皮幣。」高誘注：「更，代也。以圭璧代犧牲也。」按：杜注蓋本此。惠棟云周禮女祝掌以時梗禬禳之事，云此傳「更」亦當讀爲「梗」，恐于上下文義不合，今不取。賓以特牲，器用不作，車服從給。行之期年，（釋文：「本亦作『朞』。」）國乃有節。三駕而楚不能與爭。

十年，春，會于柤，會吴子壽夢也。【詁】服虔云：「壽夢，發聲。吴，蠻夷，言多發聲，數語共成一言，壽夢一言也。經言『乘』，傳言『壽夢』，欲使學者知之也。」（本疏。）三月癸丑，齊高厚相大子光以先會諸侯于鍾離，不敬。士莊子曰：「高子相大子以會諸侯，將社稷是衛。而皆不敬，棄社稷也。其將不免乎？」【詁】服虔云：「免，脱也。言將不脱罪禍，不以壽終也。傳舉此者，爲十九年齊殺其大夫高厚，二十五年崔杼弑其君光起本也。」（御覽。杜取此。）夏，四月戊午，會于柤。

晉荀偃、士匄請伐偪陽而封宋向戌焉。荀罃曰：「城小而固，勝之不武，弗勝爲笑。」固請。丙寅，圍之，弗克。孟氏之臣秦堇父輦重如役。偪陽人啓門，諸侯之士門焉。縣門發，郰人紇【詁】唐石經及釋文、宋本並作「郰」，酈元引作「鄹」。惠棟云：「『聚』字古或省文作『取』。説文：『郰，魯下邑，孔子鄉，从邑取聲。』」抉之，以出門者。【詁】服虔云：「抉，撅也，謂以木橛抉縣門使舉，令下容人出也。『門者』下屬爲句。」（本疏。）狄虒彌（古今人表作「狄斯彌」。）建大車之輪，而蒙之以甲，以爲櫓，【詁】廣雅：「櫓，楯也。」鄭玄禮記注：「櫓，大楯也。」（杜本此。）左執之，右拔戟，以成一隊。【詁】國語：「百人爲徹行，行頭爲官師。」賈逵云：「百人爲一隊也。官師，隊大夫也。」（杜取此。）孟獻子曰：「詩所謂『有力如虎』者也。」主人縣布，堇父登之，及堞而絶之，隊，則又縣之，蘇而復上者三。主人辭焉，

[一]「月」原訛「日」，據呂氏春秋仲春紀改。

乃退，帶其斷以徇於軍三日。諸侯之師久於偪陽，荀偃、士匄請於荀罃曰：「水潦將降，懼不能歸，請班師。」知伯怒，投之以几，（釋文：「『机』，本又作『几』。」今據改。）【詁】説文：「几，踞几也。」出於其間，曰：「女成二事，而後告余。余恐亂命，以不女違。女既勤君而興諸侯，牽帥老夫（文選注引作「牽率」。）以至于此。既無武守，而又欲易余罪，曰：『是實班師，不然克矣。』余羸老也，【詁】説文：「羸，瘦也。」玉篇：「弱也，病也，瘦也，劣也。」高誘淮南王書注亦曰：「羸，劣人也。」可重任乎？七日不克，必爾乎取之！」五月庚寅，荀偃、士匄帥卒攻偪陽，親受矢石，【詁】服虔云古者以石爲箭鏃，引國語「有隼集于陳侯之庭，楛矢貫之石砮」，以證石爲箭鏃。（本疏。）按：説文：「旝，建大木置石其上，發以機，以追敵也。」墨子云：「備城者，積石百枝，重十鈞以上者。」成二年傳齊高固入晉師，桀石以投人。是將守戰用石之證。服氏以矢石爲一，泥矣。甲午，滅之。書曰：「遂滅偪陽。」言自會也。以與向戌，向戌辭曰：「君若猶辱鎮撫宋國，而以偪陽光啓寡君，群臣安矣，其何貺如之？若專賜臣，是臣興諸侯以自封也，其何罪大焉？敢以死請。」乃予宋公。

宋公享晉侯於楚丘，請以桑林，【詁】莊子「湯有桑林之舞」，司馬彪注：「桑林，湯樂也。」按：宋承殷之後，故得用桑林。杜注：「殷天子之樂名。」蓋亦取諸此。皇甫謐云：「殷樂，一名桑林。」荀罃辭。荀偃、士匄曰：「諸侯宋、魯於是觀禮。魯有禘樂，賓祭用之。宋以桑林享君，不亦可乎？」舞，師題以旌夏。晉侯懼而退入于房。去旌，卒享而還。及著雍，疾。卜，桑林見。荀偃、士匄欲奔請禱焉，荀罃不可，曰：「我辭禮矣，彼則以之。猶有鬼神，於彼加之。」晉侯有間，以偪陽子歸，獻于武宮，謂之夷俘。偪陽，妘姓也。【詁】説文：「妘，祝融之後姓也。」世本：「是祝融之孫陸終第四子求言之後。」爲晉所滅，子孫因氏焉。高誘淮南王書注云：「天子不滅姓，古之政也。」（杜本此。）使周内史選其族嗣，納諸霍人，【詁】按：霍人即地理志太原郡之葰人。史記樊噲傳「攻霍人」，張守節云：「即葰人也。」古字通。杜預、劉炫以爲即霍邑，誤。禮也。師歸，孟獻子以秦堇父爲右。生秦丕茲，（釋文：「一本作『秦不茲』。」家語：「秦商字不慈。」按：左傳凡「丕」字皆作「㔻」，惟此處。石經、釋文並「不」，誤。）事仲尼。

六月，楚子囊、鄭子耳伐宋，師于訾毋。庚午，圍宋，門于桐門。晉荀罃伐秦，報其侵也。衛侯救宋，師于襄牛。鄭子展曰：「必伐衛。不然，是不與楚也。得罪於晉，又得罪於楚，國將若之何？」子駟曰：「國病矣。」子展曰：「得罪於二大國，必亡。病，不猶愈於亡乎？」諸大夫皆以爲然。故鄭皇耳帥師侵衛，楚令也。孫文子卜追之，獻兆於定姜。姜氏問繇，曰：「兆如山陵，有夫出征，而喪其雄。」姜氏曰：「征者喪雄，禦寇之利也。大夫圖之！」衛人追之，孫蒯獲鄭皇耳于犬丘。

秋，七月，楚子囊、鄭子耳侵我西鄙。（諸本「侵」誤「伐」。今从宋本改正。）【詁】服虔云：「不書，諱從晉不能服鄭，旋復爲楚、鄭所伐，恥而諱之也。」（本疏。）還圍蕭。八月丙寅，克之。九月，子耳侵宋北鄙。孟獻子曰：「鄭其有災乎？師競已甚。【詁】詩毛傳：「競，彊也。」周猶不堪競，況鄭乎？有災，其執政之三士乎？」

莒人間諸侯之有事也，故伐我東鄙。

諸侯伐鄭，齊崔杼使太子光先至于師，故長於滕。己酉，師于牛首。

初，子駟與尉止有爭，將禦諸侯之師，而黜其車。尉止獲，又與之爭。子駟抑尉止曰：「爾車非禮也。」（唐石經曰：「爾車多非禮也。」按：注當有「多」字。）遂弗使獻。初，子駟爲田洫，司氏、堵氏、侯氏、子師氏皆喪田焉。故五族聚群不逞之人，因公子之徒以作亂。於是子駟當國，子國爲司馬，子耳爲司空，子孔爲司徒。冬，十月戊辰，尉止、司臣、侯晉、堵女父、子師僕帥賊以入，晨攻執政于西宮之朝，殺子駟、子國、子耳，劫鄭伯以如北宮。子孔知之，故不死。書曰「盜」，言無大夫焉。子西聞盜，不儆而出，尸而追盜。盜入于北宮，乃歸授甲，臣妾多逃，器用多喪。子產聞盜，【詁】史記鄭世家曰：「子產者，鄭成公之少子也。」蓋承世本之誤。韋昭國語注：「公孫成子，子產謚，鄭穆公孫，子國子。」爲門者，庀群司，閉府庫，慎閉藏，完守備，成列而後出，兵車十七乘。尸而攻盜於北宮。子蟜帥國人助之，殺尉止、子師僕，盜衆盡死。侯晉奔晉，堵女父、司臣、尉翩、司齊奔宋。子孔當國，爲載書，以位序聽政辟。【詁】服虔云：「鄭舊世卿，父死子代。今子孔欲擅改之，使以次先爲士大夫乃至卿也。」（本疏。）大夫、諸司、門子弗順，將誅之。子産止之，請爲之焚書。子孔不可，曰：「爲書以定國，衆怒而焚之，是衆爲政也，國不亦難乎？」子産曰：「衆怒難犯，專欲難成，合二難以安國，危之道也。不如焚書以安衆，子得所欲，衆亦得安，不亦可乎？專欲無成，犯衆興禍，子必從之！」乃焚書於倉門之外，衆而後定。

諸侯之師城虎牢而戍之。晉師城梧及制，士魴、魏絳戍之。書曰「戍鄭虎牢」，非鄭地也，言將歸焉。鄭及晉平。

楚子囊救鄭。十一月，諸侯之師還鄭而南，【詁】釋文：「『還』本又作『環』。」鄭玄儀禮注：「古文『環』作『還』。」哀三年傳「還公宮」同。至於陽陵。楚師不退。知武子欲退，曰：「今我逃楚，楚必驕，驕則可與戰矣。」欒黶曰：「逃楚，晉之恥也。合諸侯以益恥，不如死。我將獨進。」師遂進。己亥，與楚師夾潁而軍。子蟜曰：「諸侯既有成行，必不戰矣。從之將退，不從亦退。退，楚必圍我。猶將退也，不如從楚，亦以退之。」宵涉潁，與楚人盟。欒黶欲伐鄭師，荀罃不可，曰：「我實不能禦楚，又不能庇鄭，鄭何罪？不如致怨焉而還。今伐其師，楚必救之。戰而不克，爲諸侯笑，克不可命，不如還也。」丁未，諸侯之師還，侵鄭北鄙而歸。楚人亦還。

王叔陳生與伯輿争政。王右伯輿，【詁】説文：「右，助也。」（杜本此。）王叔陳生怒而出奔，及河。王復之，殺史狡以説焉。不入，遂處之。晉侯使士匄平王室。王叔與伯輿訟焉，王叔之宰與伯輿之大夫瑕禽坐獄於王庭，士匄聽之。王叔之宰曰：「篳門圭竇之人【詁】説文：「篳，藩落也。春秋傳曰『篳門圭窬』。」「窬，穿木户也。」按：今本「圭」作「閨」、「窬」作「竇」。説文：「竇，空也。」杜預：「閨竇，小户。」則杜時本尚作「窬」可知。又「圭」字从鄭氏禮記注改正。禮記儒行正義曰：「左傳作『竇』，謂門旁小户。」文選注引左傳亦作「篳門圭竇」。「竇」字相沿已久，容傳本不同，今姑仍之。惠氏又引鄭氏禮記注曰：「篳門，荆竹織門也。圭窬，『窬』與『竇』同物同音。」而皆陵其上，其難爲上矣。」瑕禽曰：「昔平王東遷，吾七姓從王，牲用備具。王賴之，而賜之騂旄之盟，曰：『世世無失職。』若篳門圭竇，其能來東底乎？且王何賴焉？今自王叔之相也，政以賄成，而刑放於寵。官之師旅，不勝其富，吾能無篳門圭竇乎？惟大國圖之。下而無直，則何謂正矣？」范宣子曰：「天子所右，寡君亦右之；所左，亦左之。」使王叔氏與伯輿合要，王叔氏不能舉其契。王叔奔晋。不書，不告也。單靖公爲卿士以相王室。【詁】按：「竫」、「靜」、「靖」古字通。謚法解：「柔德考衆曰靜。恭己鮮言曰靜。寬樂令終曰靜。」

十一年，春，季武子將作三軍，告叔孫穆子曰：「請爲三軍，各征其軍。」穆子曰：「政將及子，子必不能。」武子固請之。穆子曰：「然則盟諸？」乃盟諸僖閎，【詁】説文：「閎，巷門也。」李巡爾雅注同。詛諸五父之衢。【詁】鄭玄周禮注：「盟詛主于要誓。」正月，作三軍，三分公室而各有其一。三子各毁其乘。[一] 季氏使其乘之人，以其役邑入者無征，不入者倍征。孟氏使半爲臣，若子若弟。叔孫氏使盡爲臣，不然不舍。

鄭人患晋、楚之故，諸大夫曰：「不從晋，國幾亡。楚弱於晋，晋不吾疾也。晋疾，楚將辟之。何爲而使晋師致死於我？楚弗敢敵，而後可固與也。」子展曰：「與宋爲惡，諸侯必至，吾從之盟。楚師至，吾又從之，則晋怒甚矣。晋能驟來，楚將不能，吾乃固與晋。」大夫説之，使疆埸之司惡於宋。[二] 宋向戌侵鄭，大獲。子展曰：「師而伐宋可矣。若我伐宋，諸侯之伐我必疾，吾乃聽命焉，且告於楚。楚師至，吾又與之盟，而重賂

[一] 「三」原訛「二」，據春秋左傳其它各本改。
[二] 「埸」原訛「場」，據春秋左傳其它各本改。

晉師，乃免矣。」夏，鄭子展侵宋。

四月，諸侯伐鄭。己亥，齊大子光、宋向戌先至于鄭，門于東門。其莫，晉荀罃至于西郊，東侵舊許。衞孫林父侵其北鄙。六月，諸侯會于北林，師于向。【詁】郡國志潁川郡：「長社，有向鄉。」（杜同此。）酈道元曰：「長明溝東逕向城北，城側有向岡，諸侯伐鄭師于向者也。」右還，次于瑣。【詁】郡國志河南尹：〔一〕「菀陵，有瑣侯亭。」（杜同此。）圍鄭，觀兵于南門，西濟于濟隧。【詁】京相璠曰：「鄭地也。」酈道元言：「濟水，滎澤中北流，至衡雍西與出河之濟會。出河之濟，即陰溝之上源也。濟隧絶焉，故世亦或謂其故道爲十字溝。」鄭人懼，乃行成。秋，七月，同盟于亳。范宣子曰：「不慎，必失諸侯。諸侯道敝而無成，能無貳乎？」乃盟。載書曰：「凡我同盟，毋蘊年，毋雍利，（諸本誤作「壅」。从釋文改正。）毋保姦，【詁】説文、廣雅：「宎，臧也。」「宎」、「保」字同。（杜本此。）毋留慝，救災患，恤禍亂，同好惡，獎王室。或間茲命，司慎、司盟，【詁】服虔云：「二司，天神。司慎，察不敬者。司盟，察盟者。是爲天之司盟也。」（禮記疏。杜取此。）名山、名川，群神、群祀，先王、先公，七姓十二國之祖，【詁】以上實十三國。服虔云：「晉主盟，不自數。」（本疏。）明神殛之，俾失其民，隊命亡氏，踣其國家。」（釋文：「『俾』本又作『卑』。」）【詁】廣雅：「踣，敗也。」（杜注略同。）

楚子囊乞旅于秦。秦右大夫詹帥師從楚子，將以伐鄭。鄭伯逆之。丙子，伐宋。

九月，諸侯悉師以復伐鄭。鄭人使良霄、大宰石㚟如楚，告將服于晉，曰：「孤以社稷之故，不能懷君。君若能以玉帛綏晉，不然則武震以攝威之，孤之願也。」楚人執之。書曰「行人」，言使人也。

諸侯之師觀兵于鄭東門。鄭人使王子伯駢行成。甲戌，晉趙武入盟鄭伯。冬，十月丁亥，鄭子展出盟晉

〔一〕「尹」原訛「郡」，據後漢書志第十九郡國一改。

侯。十二月戊寅，會于蕭魚。庚辰，赦鄭囚，皆禮而歸之。納斥候，禁侵掠。晉侯使叔肸告于諸侯。公使臧孫紇對曰：「凡我同盟，小國有罪，大國致討，苟有以藉手，鮮不赦宥。寡君聞命矣。」

鄭人賂晉侯，以師悝、師觸、師蠲；【詁】服虔云：「三師，鐘師、鎛師、[一]磬師。謂悝能鐘，觸能鎛，蠲能磬也。」（本疏。）廣車、軘車【詁】鄭玄云：「廣車，横陳之車也。」服虔云：「軘車，屯守之車也。」（本疏。）説文：「軘，兵車也。」（杜本此。）淳十五乘，【詁】按：儀禮鄉射禮「二算爲純」，「淳」、「純」古通，故杜注云：「淳，耦也。」甲兵備，凡兵車百乘；歌鐘二肆，及其鎛、磬；【詁】五經要義：「鐘、磬，皆編縣之，二八十六而在一簴，謂之堵。鐘一堵，磬一堵，謂之肆。春秋傳曰『歌鐘二肆』，此之謂也。」（藝文類聚。杜本此。）女樂二八。【詁】王逸楚辭章句曰：「二八，二列。大夫有二列之樂。」韋昭云：「八人爲列，備八音也。」晉侯以樂之半賜魏絳，【詁】服虔春秋左氏膏肓釋痾云：「漢家郡守行大夫禮，鼎俎籩豆，工歌縣。」（續漢書補注。）箴膏肓云：「大夫、士無樂。小胥云大夫判縣，士特縣者，小胥所云，娛身之樂及治人之樂，則有之也，故鄉飲酒有工歌之樂是也。説題辭云無樂者，謂無祭祀之樂，故特牲、少牢無樂。」（宋本禮記六。）曰：「子教寡人和諸戎狄，以正諸華。八年之中，九合諸侯，【詁】服虔云：「八年，從四年以來至十一年也。九合諸侯者，五年會于戚，一也；其年又會于城棣救陳，二也；七年會于鄬，三也；八年會于邢丘，四也；九年會于戲，五也；十年會于柤，六也；又戍鄭虎牢，七也；十一年同盟于亳城北，八也；又會于蕭魚，九也。」（本疏及史記集解。）外傳作「七合」，下同。按：韋昭注「七合」，不數城棣及虎牢二會。如樂之和，無所不諧。請與子樂之。」辭曰：「夫和戎狄，國之福也。八年之中，九合諸侯，諸侯無慝，君之靈也，二三子之勞也，臣何力之有焉？抑臣願君安其樂而思其終也。詩曰：『樂旨君子，殿天子之邦。樂旨君子，福禄攸同，便蕃左右，亦是帥從。』【詁】應劭漢書注：「攸，所也。」（杜本此。）「便蕃」，詩小

[一]「師」原脱，據宋本春秋左傳正義補。

雅作「平平」。正義引服虔云：「平平，辯治不絶之皃。」夫樂以安德，義以處之，禮以行之，信以守之，仁以厲之，而後可以殿邦國、同福禄、來遠人，所謂樂也。書曰：『居安思危。』【詁】惠棟曰：「周書程典云：『於安思危，於始思終，於邇思備，於遠思近，於老思行。不備，無違嚴戒。』」今按：楚策虞卿謂春申君曰：「臣聞之，春秋曰『於安思危』。」虞謂春秋，即左傳也。虞卿傳左氏春秋于鐸椒，轉授荀卿。然則左傳「居安」當作「於安」也。又按：文選陳孔璋檄吴將校部曲曰：「於安思危，以遠悔吝。」呂氏春秋慎大覽云：「故賢王於安思危。」蓋盡引書成句。高誘淮南王書注亦作「於安思危」。「居」、「於」聲相近，容古字通，亦不必改从「於」也。思則有備，有備無患。敢以此規。」公曰：「子之教，敢不承命？抑微子，寡人無以待戎，不能濟河。夫賞，國之典也，臧在盟府，不可廢也。子其受之！」魏絳於是乎始有金石之樂，禮也。

秦庶長鮑、庶長武帥師伐晉，以救鄭。鮑先入晉地，士魴御之，（諸本作「禦」。从釋文、宋本改正。）少秦師而弗設備。壬午，武濟自輔氏，與鮑交伐晉師。己丑，秦、晉戰于櫟，晉師敗績，易秦故也。【詁】括地志：「洛州陽翟縣，古櫟邑也。」按：陽翟屬鄭，即傳所云鄭京、櫟。杜注以爲晉地，誤。

十二年，春，莒人伐我東鄙，圍台。季武子救台，遂入鄆，取其鐘以爲公盤。

夏，晉士魴來聘，且拜師。

秋，吴子壽夢卒。臨於周廟，禮也。凡諸侯之喪，異姓臨於外，同姓於宗廟，同宗於祖廟，同族於禰廟。是故魯爲諸姬，臨於周廟；爲邢、凡、蔣、茅、胙、祭，臨於周公之廟。

冬，楚子囊、秦庶長無地伐宋，師于揚梁，（諸本「揚」誤「楊」。从石經訂正。）【詁】郡國志梁國：「睢陽，有楊梁聚。」京相璠曰：「宋地。」酈道元云：「今睢陽南東三十里有故楊梁，今曰楊亭也。俗名之曰緣城，非。北去梁國八十里。」（杜同此。）按：呂覽行論篇：「宋殺文無畏于楊梁之堤。」即此。以報晉之取鄭也。

靈王求后于齊。齊侯問對於晏桓子，桓子對曰：「先王之禮辭有之。天子求后於諸侯，諸侯對曰：『夫婦所生若而人，妾婦之子若而人。』無女而有姊妹及姑姊妹，則曰：『先守某公之遺女若而人。』」齊侯許昏。王使陰里結之。

公如晉朝，且拜士魴之辱，禮也。

秦嬴歸于楚。楚司馬子庚聘于秦，爲夫人寧，禮也。

十三年，春，公至自晉，孟獻子書勞于廟，禮也。

夏，邿亂，分爲三。師救邿，遂取之。凡書「取」，言易也；用大師焉曰「滅」；弗地曰「入」。

荀罃、士魴卒。晉侯蒐于緜上以治兵。使士匄將中軍，辭曰：「伯游長。昔臣習於知伯，是以佐之，非能賢也。請從伯游。」荀偃將中軍，士匄佐之。使韓起將上軍，辭以趙武。又使欒黶，辭曰：「臣不如韓起。韓起願上趙武，君其聽之。」使趙武將上軍，韓起佐之。欒黶將下軍，魏絳佐之。新軍無帥，晉侯難其人，使其什吏【詁】周書大聚篇：「十夫爲什，以年爲長。」即什吏也。率其卒乘官屬，以從於下軍，禮也。晉國之民是以大和，諸侯遂睦。君子曰：「讓，禮之主也。范宣子讓，其下皆讓。欒黶爲汏，（「汏」字从石經改定。）【詁】按：楊倞荀子注：「汏，侈也。」李賢注後漢書亦同。「忲」、「汏」古字通。弗敢違也。晉國以平，數世賴之，刑善也夫。一人刑善，百姓休和，可不務乎？書曰：『一人有慶，兆民賴之，其寧惟永。』其是之謂乎！周之興也，其詩曰：『儀刑文王，萬邦作孚。』言刑善也。及其衰也，其詩曰：『大夫不均，我從事獨賢。』言不讓也。世之治也，君子尚能而讓其下，小人農力以事其上，【詁】廣雅：「農，勉也。」書洪範云：「農用八政。」管子大匡篇：「耕者下力不農，有罪無敉。」按：並與此義同。宋本作「展力」，石經初刻亦作「展」，皆後人臆改，不足據。是以上下有禮，而讒慝黜遠，由不争也，謂之懿德。及其亂也，君子稱其功以加小人，小人伐其技以馮君子，是以上下無禮，亂虐並生，由争善也，謂之昏德。國家之敝，恒必由之。」

楚子疾，告大夫曰：「不穀不德，【詁】河上公老子注又云：「不穀，喻不能，如車轂爲衆轂所濟。」少主社稷。生十年而喪先君，未及習師保之教訓而應受多福，是以不德，而亡師于鄢，以辱社稷，爲大夫憂，其弘多矣。若以大夫之靈，獲保首領以没於地，惟是春秋、窀穸之事，【詁】説文：「窀，葬之厚夕。春秋傳曰『窀穸從先君于地下』。」又「穸」字下云：「窀穸也。」晉語：「窀，厚也。」（杜本此。）惠棟曰：「孔宙碑作『窀夕』。説文無『穸』字，明不从穴也。」今按：正義云云，古字作「屯夕」，後加穴，以「窀穸」爲墓穴，是也。後漢書張奂傳云：「幸有前窀，朝殯夕下。」更是一證。又説文穴部「穸」字即在「窀」字之下，而惠云無「穸」字，何邪？所以從先君於禰廟者，請爲『靈』若『厲』。大夫擇焉。」莫對。及五命，乃許。秋，楚共王卒。子囊謀謚。大夫曰：「君有命矣。」子囊曰：「君命以共，若之何毁之？赫赫楚國，而君臨之，撫有蠻夷，奄征南海，以屬諸夏，而知其過，可不謂共乎？請謚之『共』。」大夫從之。

吴侵楚，養由基奔命，子庚以師繼之。養叔曰：「吴乘我喪，謂我不能師也，必易我而不戒。子爲三覆以待我，我請誘之。」子庚從之，戰于庸浦，大敗吴師，獲公子黨。君子以吴爲不弔，【詁】賈逵曰：「問凶曰弔。」（史記集解。）按：杜注似迂曲，賈義爲長。詩曰：「不弔昊天，亂靡有定。」

冬，城防。書事，時也。於是將早城，臧武仲請俟畢農事，禮也。

鄭良霄、大宰石臭猶在楚。石臭言於子囊曰：「先王卜征五年，而歲習其祥，【詁】國語引大誓曰：「朕夢協于朕卜，襲于休祥。」禮記曰：「卜筮不相襲。」注云：「襲，因也。」惠棟曰：「『襲』與『習』通。周禮大司徒屬胥各掌其所治之政，襲其不正者，康成曰：『故書「襲」爲「習」。』是『習』爲古文『襲』。左氏从古文，故以『習』爲『襲』也。哀十五年傳云『卜不襲吉』，注云：『襲，重也。』金縢云：『乃卜三龜，〔一〕一習吉。』又鄭注士喪禮云：『古文「槢」爲「襲」。』是『襲』與『習』通。」祥習則行。不習，則增修德而改卜。今楚實不競，行人何罪？止鄭一卿，以除其偪，使睦而疾楚，以固於晉，焉用之？（釋文：「本或作『何用之』。」）使歸而廢其使，怨其君以疾其大夫，而相牽引也，不猶愈乎？」【詁】服虔云：「愈猶病愈。」（本疏。）楚人歸之。

十四年，春，吴告敗于晉。會于向，爲吴謀楚故也。范宣子數吴之不德也，以退吴人。執莒公子務婁，【詁】徐邈云：「務，莫侯反。」（釋文。）禮説云：「『務』與『牟』古音同。」以其通楚使也。將執戎子駒支，范宣子親數諸朝曰：「來，姜戎氏。【詁】周語：「堯遭洪水，使禹治之。共之從孫四岳佐之，至賜姓曰姜。」賈逵云：「共，共工也。從孫，同姓末嗣之孫。四嶽，官名，大嶽也，主四嶽之祭焉。姜，炎帝之姓，其後變易。至于四嶽，帝復賜之祖姓，以紹炎帝之後。」（本疏。）昔秦人迫逐乃祖吾離于瓜州，【詁】漢書地理志敦煌郡敦煌，杜林以爲古瓜州地，生美瓜。水經注引杜林云：「敦煌，古瓜州也。」（杜本此。）乃祖吾離被苫蓋，【詁】説文：「蓋，苫也。」「苫，蓋也。」按：爾雅：「蓋謂之苫。」説文本此。杜注：「蓋，苫之別名。」亦用爾雅及説文義。蒙荊棘，【詁】方言：「蒙，覆也。」（杜注略同。）以來歸我先君。我先君惠公有不腆之田，【詁】説文：「腆，多也。」小爾雅：「腆，厚也。」（杜本此。）與女剖分而食之。【詁】説文：「剖，判也。」廣雅：「剖，半也。」（杜注略同。）今諸侯之事我寡君不如昔者，蓋言語漏泄，（文選注引作「渫」。从舊本改正。）則職女之由。詰朝之事，【詁】小爾雅：「詰朝，明旦也。」爾無與焉。與，將執女。」對曰：「昔秦人負恃其衆，貪于土地，逐我諸戎。惠公蠲其大德，【詁】爾雅：「蠲，明也。」（杜本此。）謂我諸戎是四嶽之裔冑也，【詁】廣雅：「裔，遠也。」王

〔一〕「三」原訛「二」，據惠棟春秋左傳補注卷三及尚書金縢改。

逸楚辭章句：「胄，後也。」（杜本此。）毋是翦弃。【詁】高誘吕覽注：「翦，除。」詩鄭箋：「翦，割截也。」下同。賜我南鄙之田，狐貍所居，豺狼所嗥，【詁】説文：「嗥，咆也。」廣雅：「獔，鳴也。」案：「嗥」、「獔」古字通。我諸戎除翦其荆棘，驅其狐貍豺狼，以爲先君不侵不叛之臣，至于今不貳。昔文公與秦伐鄭，秦人竊與鄭盟而舍戍焉，於是乎有殽之師。晉禦其上，戎亢其下，【詁】廣雅：「亢，當也。」高誘淮南王書注：「伉，當也。」「亢」、「伉」字同。（杜本此。）秦師不復，我諸戎實然。譬如捕鹿，晉人角之，諸戎掎之，【詁】詩毛傳：「角而束之曰掎。」廣雅曰：「⿰牜甬，犄也。」與晉踣之。【詁】説文：「踣，僵也。春秋傳曰『晉人踣之』。」（杜本此。）戎何以不免？自是以來，晉之百役，與我諸戎相繼于時，以從執政，猶殽志也，豈敢離逷？【詁】爾雅：「逷，遠也。」今官之師旅，無乃實有所闕，以攜諸侯，而罪我諸戎。我諸戎飲食衣服不與華同，贄幣不通，言語不達，何惡之能爲？不與於會，亦無瞢焉。」【詁】説文：「瞢，目不明也，从苜从旬。旬，目數摇也。」按：杜注：「瞢，悶也。」或以音同借作「悶」字。今攷廣雅、小爾雅、韋昭國語注皆云：「瞢，慙也。」此傳「瞢」字亦當訓慙爲是。賦青蠅而退。宣子辭焉，使即事於會，成愷悌也。（釋文「愷」作「凱」。）於是子叔齊子爲季武子介以會，自是晉人輕魯幣而益敬其使。

吴子諸樊既除喪，將立季札。季札辭曰：「曹宣公之卒也，【詁】服虔云：「宣公，曹伯廬也，以魯成公十三年會諸侯伐秦，卒于師。」（史記集解。）諸侯與曹人不義曹君，【詁】服虔云：「曹君，公子負芻也。負芻在國，聞宣公卒，殺大子而自立，故曰不義之也。」（同上。）將立子臧。【詁】服虔云：「子臧，負芻庶兄。」（同上。）子臧去之，遂弗爲也，以成曹君。君子曰：『能守節。』君，義嗣也，【詁】王肅云：「義，宜也。嫡子嗣國，得禮之宜。」（同上。）誰敢奸君？有國，非吾節也。札雖不才，願附於子臧，以無失節。」固立之，棄其室而耕，乃舍之。

夏，諸侯之大夫從晉侯伐秦，以報櫟之役也。晉侯待于竟，使六卿帥諸侯之師以進。及涇，不濟。【詁】地理志安定郡：「涇陽，开頭山在西，涇水所出，東南至陽陵入渭。」（杜本此。）叔向見叔孫穆子，穆子賦匏有苦葉。

【詁】服虔云："由膝以上爲厲。"（詩疏。）叔向退而具舟。魯人、莒人先濟。鄭子蟜見衛北宫懿子曰："與人而不固，取惡莫甚焉，若社稷何？"懿子說。二子見諸侯之師而勸之濟。濟涇而次。秦人毒涇上流，師人多死。鄭司馬子蟜帥鄭師以進，師皆從之，至于棫林，不獲成焉。【詁】服虔云："不得成戰陳之事。"（本疏。）荀偃令曰："雞鳴而駕，塞井夷竈，惟余馬首是瞻。"欒黶曰："晉國之命，未是有也。余馬首欲東。"乃歸。下軍從之。左史謂魏莊子曰："不待中行伯乎？"莊子曰："夫子命從帥。欒伯，吾帥也，吾將從之。從帥，所以待夫子也。"伯游曰："吾令實過，悔之何及，多遺秦禽。"乃命大還。晉人謂之"遷延之役"。欒鍼曰："此役也，報櫟之敗也。役又無功，晉之恥也。吾有二位於戎路，敢不恥乎？"與士鞅馳秦師，死焉。士鞅反。欒黶謂士匄曰："余弟不欲往，而子召之。余弟死，而子來，是而子殺余之弟也。弗逐，余亦將殺之。"士鞅奔秦。於是齊崔杼、宋華閱、仲江會伐秦。不書，惰也。向之會亦如之。衛北宫括不書於向，書於伐秦，攝也。秦伯問於士鞅曰："晉大夫其誰先亡？"（文選注引無"其"字。）對曰："其欒氏乎！"秦伯曰："以其汰乎？"對曰："然。欒黶汰虐已甚，猶可以免。其在盈乎！"（文選注引作"猶可以免其身，禍在盈也"。）秦伯曰："何故？"對曰："武子之德在民，如周人之思召公焉，愛其甘棠，況其子乎？欒黶死，盈之善未能及人，武子所施没矣，而黶之怨實章，（文選注"怨"作"惡"。）將於是乎在。"秦伯以爲知言，爲之請於晉而復之。

衛獻公戒孫文子、甯惠子食，皆服而朝，日旰不召，【詁】服虔云："旰，晏也。"（同上。杜取此。）而射鴻於囿。二子從之，不釋皮冠而與之言。（史記作"不釋射服與之言"。）【詁】服虔云："從公于囿。"（同上。杜取此。）二子怒。孫文子如戚，【詁】服虔云："孫文子邑也。"（同上。杜取此。）孫蒯入使。公飲之酒，使大師歌巧言之卒章。大師辭，師曹請爲之。【詁】賈逵云："樂人。"（史記集解。杜取此。）初，公有嬖妾，使師曹誨之琴。師曹鞭之，公怒，鞭師曹三百。故師曹欲歌之，以怒孫子，以報公。公使歌之，遂誦之。蒯懼，告文子。文子曰："君忌我矣。弗先，必死。」并帑於戚，而入見蘧伯玉，（家語作「璩」，淮南王書同。）【詁】賈逵云：「伯玉，衛大夫。」（同上。）高誘呂覽注：「伯玉，衛大夫蘧莊子無咎之子瑗，謚曰成子。」曰：「君之暴虐，子所知也。大懼社稷之傾覆，將若之何？」對曰：「君制其國，臣敢奸之？雖奸之，庸知愈乎？」遂行，從近關出。公使子蟜、子伯、子皮與孫子盟于丘宫，孫子皆殺之。四月己未，子展奔齊。公如鄄，使子行于孫子，孫子又殺之。公出奔齊，孫氏追之，敗公徒于阿澤，【詁】水經注引作「柯澤」。按：莊十三年公會齊侯于柯，杜注：「此柯今濟北東阿，齊之柯邑。猶祝柯今爲祝阿。」元和郡縣志：「東阿，春秋時齊之柯地。」是也。（杜注同。）鄄人執之。【詁】服虔云：「執追公徒者。公如鄄，故鄄人爲公執之。」（本疏。）初，尹公佗學射於庾公差，庾公差學射於公孫丁。二子追公，公孫丁御公。子魚曰：「射爲背師，不射爲戮，射爲禮乎？」（釋文：「或一讀『射而禮乎』。」）射兩軥而還。【詁】說文：「軥，軶下曲者。」服虔云：「軥，車軶也。」（詩疏。杜取此。）又云：「車軶，兩邊叉馬頭者。」（釋文及春秋疏。）尹公佗曰：「子爲師，我則遠矣。」乃反之。公孫丁授公轡而射之，貫臂。子鮮從公。及竟，公使祝宗告亡，且告無罪。定姜曰：「無神，何告？若有，不可誣也。有罪，若何告無？舍大臣而與小臣謀，一罪也。先君有冢卿以爲保師而蔑之，（石經「保師」磨改作「師保」，誤。今从初刻。）二罪也。余以巾櫛事先君而暴妾使余，三罪也。告亡而已，無告無罪。」公使厚成叔【詁】釋文：「『厚』，本或作『郈』。」世本曰：「魯孝公生惠伯革，其後爲厚氏。」魯語「魯文公欲弛郈敬子之宅」，韋昭注：「郈敬子，魯大夫郈惠伯之後玄孫敬伯同也。」昭二十五年傳云：「季、郈之雞鬬。」徐廣史記注曰：「一本作『厚』。」惠棟曰：「吕氏春秋有郈成子，與右宰穀同時。以傳考之，即厚成叔也。世本作『厚』，内傳作『郈』，禮記又作『后』，左傳或作『厚』、或作『郈』，字異而實同。高誘曰：『郈氏，惠伯華之後，以字爲氏，因爲郈氏。郈成子，郈敬子國之子，郈青孫也。』古今人表有厚昭伯，師古曰：『即郈昭也。』（按：世本作「惠伯革」，鄭氏禮記注作「鞏」，高誘又作「華」，未詳孰是。）」弔于衛，【詁】賈逵云：「問凶曰弔。」下「有君不弔」同。（史記集解。）曰：「寡君使瘠，聞君不撫社稷，而越在他竟，（文選注引作「境」。）【詁】廣雅：「越，遠也。」（杜本此。）若之何不弔？以同盟之故，使瘠敢私於執事，曰：『有君不弔，有臣不敏，【詁】趙岐孟子章句：「敏，達也。」（杜本此。）君不赦宥，臣亦不帥職，增淫發泄，其若之何？』」衛人使大叔儀對，曰：「群臣不佞，得罪於寡君。寡君不以即刑，而悼弃之，以爲君憂。君不忘先君之好，辱弔群臣，又重恤之。敢拜君命之辱，重拜大貺。」厚孫歸，復命，語臧武仲曰：「衛君其必歸乎！有大叔儀以守，有母弟鱄以出，或撫其内，或營其外，能無歸乎？」

齊人以郲寄衛侯。及其復也，以郲糧歸。右宰穀從而逃歸，衛人將殺之。辭曰：「余不説初矣。余狐裘而羔褎。」（諸本作「袖」，从釋文改正。）乃赦之。衛人立公孫剽，【詁】按：史記衛世家曰：「孫文子、甯惠子共立定公弟秋爲衛君，是爲殤公。」（徐廣云：「班氏曰獻公弟焱。」）又云：「衛殤公會晉平公，平公執殤公與甯喜，而復入衛獻公。」與左傳異。索隱曰：「左傳作『剽』，古今人表作『焱』，蓋音相亂，字改易耳。」今攷「秋」字蓋即「焱」字之誤。高誘吕覽注又引作「票」。「票」、「剽」、「焱」皆音同字也。又按：吕覽似順論慎小篇引此又作「立公子黚」。攷「黚」乃悼公之名，吕覽誤。孫林父、甯殖相之，以聽命於諸侯。衛侯在郲。臧紇如齊，唁衛侯。與之言，虐。退而告其人曰：「衛侯其不得入矣。其言糞土也。亡而不變，何以復國？」（釋文：「『唁』，徐作『⿰歹言』，音『唁』。」）子展、子鮮聞之，見臧紇，與之言，道。臧孫説，謂其人曰：「衛君必入。夫二子者，或輓之，或推之，欲無入，得乎？」

師歸自伐秦。晉侯舍新軍，禮也。成國不過半天子之軍。【詁】高誘吕覽注：「成國，千乘之國也。」周爲六軍，諸侯之大者，三軍可也。於是知朔生盈而死。盈生六年而武子卒，彘裘亦幼，皆未可立也。新軍無帥，故舍之。

師曠侍於晉侯，【詁】王逸楚辭章句曰：「師曠，聖人，字子野，生無目而善聽。」晉侯曰：「衛人出其君，不亦甚乎？」對曰：「或者其君實甚。良君將賞善而刑淫，養民如子，蓋之如天，容之如地。民奉其君，愛之如父母，仰之如日月，（釋文：「『仰』，本亦作『卬』。」）敬之如神明，畏之如雷霆，其可出乎？夫君，神之主，而民之望也。若困民之主，匱神乏祀，【詁】劉向新序及説苑皆引作「困民之性，乏神之祀。」按：今刊本「主」字疑「生」字之譌。「生」、「性」古字同。周禮辨「五土之物生」，杜子春讀爲「性」是也。「乏祀」，釋文本或作「之祀」。百姓絶望，社稷無主，將安用之？弗去何爲？天生民而立之君，使司牧之，勿使失性。有君而爲之貳，使師保之，勿使過度。是故天子有公，諸侯有卿，卿置側室，大夫有貳宗，士有朋友，庶人、工、商、皁、隸、牧、圉皆有親暱，以相輔佐也。善則賞之，過則匡之，【詁】爾雅：「匡，正也。」（杜本此。）患則救之，失則革之。自王以下，各有父兄子弟，以補察其政。史爲書，瞽爲詩，工誦箴諫，大夫規誨，士傳言，庶人謗，商旅于市，百工獻藝。故夏書曰：『遒人以木鐸徇于路，官師相規，工執藝事以諫。』正月孟春，於是乎有之，諫失常也。天之愛民甚矣，豈其使一人肆於民上，（文選注引無「其」字。）以從其淫，（釋文：「本或作『縱』。」）而弃天地之性？（新序引此「性」下有「乎」字。）必不然矣。」

秋，楚子爲庸浦之役故，子囊師于棠，以伐吴。【詁】漢書地理志臨淮郡堂邑，郡國志春秋時曰堂。按：即昭二十年棠君尚之棠。「棠」、「堂」古字通。吴不出而還。子囊殿，以吴爲不能而弗儆。吴人自皐舟之隘要而擊之。楚人不能相救，吴人敗之，獲楚公子宜穀。

王使劉定公賜齊侯命，曰：「昔伯舅太公右我先王，股肱周室，師保萬民，世胙大師，以表東海。（詩疏引此作「佐我先王」。）王室之不壞，緊伯舅是賴。【詁】孫毓云：「舊本及賈氏皆作『壞』。」（本疏。）説文：「壞，敗也。」釋文、服本作「懷」，解曰：「懷，柔也。緊，蒙也。賴，恃也。王室之不懷柔諸侯，恃蒙齊桓之匡正也。」（本疏。）今余命女環，兹率舅氏之典，纂乃祖考，無忝乃舊。敬之哉，無廢朕命。」

晉侯問衛故於中行獻子，對曰：「不如因而定之。衛有君矣，伐之，未可以得志而勤諸侯。史佚有言曰：『因重而撫之。』仲虺有言曰：『亡者侮之，亂者取之，推亡固存，國之道也。』君其定衛，以待時乎。」冬，會于戚，謀定衛也。

范宣子假羽毛於齊【詁】廣雅：「析羽爲旌。」（杜本此。）而弗歸，齊人始貳。

楚子囊還自伐吴，卒。將死，遺言謂子庚：「必城郢。」【詁】呂覽高義篇：「子囊伏劍而死。」君子謂：「子囊忠。君薨不忘增其名，將死不忘衛社稷，可不謂忠乎？忠，民之望也。詩曰：『行歸于周，萬民所望。』忠也。」【詁】服虔云：「逸詩也，都人士首章有之。」（詩疏。）鄭玄禮記注曰：「此詩毛氏有之，三家則亡。」惠棟曰：「西漢毛詩不列于學宫，故服氏謂之逸詩。」

春秋左傳詁卷十三

傳

襄公二

十五年，（明刊本作「十有五年」，誤。今从宋本削「有」字。）春，宋向戌來聘，且尋盟。見孟獻子，尤其室，曰：「子有令聞而美其室，非所望也。」對曰：「我在晉，吾兄爲之。毁之重勞，且不敢間。」【詁】方言：「間，非也。」按：杜無注。正義云：「間，非也。」即本此。

官師從單靖公逆王后于齊。卿不行，非禮也。

楚公子午爲令尹，公子罷戎爲右尹，蔿子馮爲大司馬，公子櫜師爲右司馬，公子成爲左司馬，屈到爲莫敖，公子追舒爲箴尹，屈蕩爲連尹，【詁】服虔云：「連尹，射官，言射相連屬也。」（本疏。）養由基爲宫廄尹，以靖國人。君子謂：「楚於是乎能官人。官人，國之急也。能官人，則民無覦心。【詁】說文：「覦，欲也。」詩曰：『嗟我懷人，寘彼周行。』能官人也。王及公、侯、伯、子、男、甸、采、衛、大夫，各居其列，所謂周行也。」

鄭尉氏、司氏之亂，其餘盜在宋。鄭人以子西、伯有、子産之故，納賂于宋，以馬四十乘與師茷、師慧。三月,(淳化本作「二月」,誤。)公孫黑爲質焉。司城子罕以堵女父、尉翩、司齊與之,良司臣而逸之,託諸季武子,武子寘諸卞。鄭人醢之三人也。師慧過宋朝,將私焉。其相曰:「朝也。」慧曰:「無人焉。」相曰:「朝也,何故無人?」慧曰:「必無人焉。若猶有人,豈其以千乘之相易淫樂之矇?必無人焉故也。」子罕聞之,固請而歸之。

夏,齊侯圍成,貳於晉故也。於是乎城成郛。

秋,邾人伐我南鄙,使告于晉。晉將爲會以討邾、莒,晉侯有疾,乃止。冬,晉悼公卒,【詁】世本:「晉悼公子舒鮑無終。」遂不克會。

鄭公孫夏如晉奔喪,子蟜送葬。

宋人或得玉,獻諸子罕。子罕弗受。獻玉者曰:「以示玉人,玉人以爲寶也,故敢獻之。」子罕曰:「我以不貪爲寶,爾以玉爲寶。若以與我,(高誘淮南王書注引作「若予」。)皆喪寶也。不若人有其寶。」稽首而告曰:「小人懷璧,不可以越鄉,納此以請死也。」子罕寘諸其里,使玉人爲之攻之,【詁】孔安國書傳:「攻,治也。」(杜本此。)富而後使復其所。【詁】服虔云:「富,賣玉得富。」(周禮疏。杜取此。)

十二月,鄭人奪堵狗之妻,而歸諸范氏。

十六年,春,葬晉悼公。平公即位,羊舌肸爲傅,張君臣爲中軍司馬,祁奚、韓襄、欒盈、(史記作「欒逞」,年表亦同。)士鞅爲公族大夫,虞丘書爲乘馬御。改服修官,烝于曲沃。警守而下,會于溴梁。命歸侵田。以我故,執邾宣公、莒犂比公,且曰:「通齊、楚之使。」晉侯與諸侯宴于温,使諸大夫舞,曰:「歌詩必類。」【詁】爾雅:「類,善也。」呂覽重言篇引高宗之言「余惟恐言之不類也」。荀子儒效篇「其言有類」。齊高厚之詩不類。荀偃怒,且曰：「諸侯有異志矣。」使諸大夫盟高厚，高厚逃歸。於是叔孫豹、晉荀偃、宋向戌、衛甯殖、鄭公孫蠆、小邾之大夫盟，曰：「同討不庭。」【詁】爾雅：「庭，直也。」按：此與隱十年傳同。

許男請遷于晉，諸侯遂遷許。許大夫不可，晉人歸諸侯。鄭子蟜聞將伐許，遂相鄭伯，以從諸侯之師。穆叔從公。齊子帥師會晉荀偃。書曰「會鄭伯」，爲夷故也。夏，六月，次于棫林。庚寅，伐許，次于函氏。

晉荀偃、欒黶帥師伐楚，以報宋楊梁之役。

楚公子格帥師，及晉師戰于湛阪。【詁】水經注云京相璠曰：「昆陽縣北有蒲城，蒲城北有湛阪者是。」應劭曰：「湛水出犨縣北魚齒山西北，東南流歷魚齒山下，爲湛浦。今水北悉枕翼山阜。于父城東南，湛水之北，山有長阪，蓋即湛水以名阪，故有湛阪之名。」楚師敗績。晉師遂侵方城之外，【詁】戰國策「楚不守方城之外」，高誘曰：「方城，楚塞也。外，北也。」復伐許而還。

秋，齊侯圍郕，孟孺子速徼之。（釋文：「『速』，本又作『邀』，同。」）【詁】廣雅：「邀，遮也。」齊侯曰：「是好勇，去之以爲之名。」速遂塞海陘而還。

冬，穆叔如晉聘，且言齊故。晉人曰：「以寡君之未禘祀，與民之未息，不然，不敢忘。」穆叔曰：「以齊人之朝夕釋感於敝邑之地，是以大請。敝邑之急，朝不及夕，引領西望曰：『庶幾乎！』比執事之間，恐無及也。」見中行獻子，賦圻父。（按：詩作「祈父」。「祈」、「圻」古字通。）獻子曰：「偃知罪矣。敢不從執事以同恤社稷，而使魯及此！」見范宣子，賦鴻雁之卒章。宣子曰：「匄在此，敢使魯無鳩乎！」【詁】爾雅：「鳩，聚也。」按：杜注：「鳩，集也。」義亦同。

十七年，春，宋莊朝伐陳，獲司徒卬，卑宋也。

衛孫蒯田于曹隧，飲馬于重丘，毁其瓶。重丘人閉門而詢之，【詁】説文：「詬，謑詬，恥也。或从句。」廣雅：「詬，罵也。」（杜本此。）曰：「親逐而君，爾父爲厲。（詩鄭箋引作「其父爲厲」。）【詁】詩毛傳及廣雅：「厲，惡也。」郭象注莊子「厲之人夜半生其子」云：「厲，惡人也。」按：杜注：「厲，惡鬼。」今攷此時林父尚在，詬之者不過斥其惡耳，不應即謂之鬼。杜注非也。襄二十六年傳注亦同。是之不憂，而何以田爲？」夏，衛石買、孫蒯伐曹，取重丘。曹人愬于晉。

齊人以其未得志于我故，秋，齊侯伐我北鄙，圍桃。高厚圍臧紇于防。師自陽關逆臧孫，【詁】郡國志泰山郡：「鉅平，有陽關。」（杜同此。）至于旅松。郰叔紇、臧疇、臧賈帥甲三百，宵犯齊師，送之而復。齊師去之。齊人獲臧堅，齊侯使夙沙衛唁之，【詁】服虔云：「弔生曰唁。以生見獲，故唁之也。」（詩疏。）且曰：「無死。」堅稽首曰：「拜命之辱。抑君賜不終，【詁】服虔云：「言君義己，故來唁之，是惠賜也。謂己無死，不以義望己，是不終也。」（本疏。）姑又使其刑臣禮於士。」以杙抉其傷（釋文：「『傷』，本一作『瘍』，音『羊』。」）而死。【詁】説文：「抉，挑也。」

冬，邾人伐我南鄙，爲齊故也。

宋華閲卒。華臣弱皋比之室，使賊殺其宰華吴，賊六人以鈹【詁】説文：「鈹，大鍼也。一曰劒如刀裘者。」又云：「鎩，[一]鈹有鐔也。」按：此則鈹蓋劒屬。杜無注，故采説文補之。殺諸盧門合左師之後。左師懼，曰：「老夫無罪。」賊曰：「皋比私有討於吴。」遂幽其妻，（五行志引傳作「就其妻」。）曰：「畀余而大璧。」宋公聞之，曰：「臣也，不惟其宗室是暴，大亂宋國之政，必逐之！」（五行志引作「欲逐之」。）左師曰：「臣也，亦卿也。大臣不順，國之恥也，不如蓋之。」乃舍之。【詁】服虔云：「蓋，覆蓋之。言左師無鷹鸇之志，而蓋不義之人，故尤之。」（本疏。）左師爲己短策，苟過華臣之門必騁。【詁】服虔云：「策，馬捶也。自爲短策，過華臣之門，助御者擊馬而馳，惡之甚也。」（同

[一]「鎩」原訛「鍛」，據説文解字第十四上改。

上。)十一月甲午,國人逐瘈狗,【詁】説文:「狾,狂犬也。春秋傳曰『狾犬入華臣氏之門』。」按:今本作「瘈」。説文:「瘈,小兒瘈瘲病也。」此非其義,當從「狾」爲是。漢書五行志及字林亦皆作「狾」。廣雅:「狾,狂也。」與説文同。吕覽胥時篇:「鄭子陽之難,猘狗潰之。」義亦同。入於華臣氏,國人從之。華臣懼,遂奔陳。

宋皇國父爲大宰,爲平公築臺,妨於農收。子罕請俟農功之畢,公弗許。築者謳曰:「澤門之皙,【詁】惠士奇曰:「詩大明、緜正義引云『臯門之皙』,陸氏釋文云:『本作「臯」者誤也。』」楝按:「古『臯』、『澤』字相同。孫叔敖碑云『收九罣之利』,婁壽以爲『澤』字。但『皋』爲白下本,『睪』爲罒下卒,本一字。漢碑从罒下芊者,誤。服虔漢書注云:『臯,澤也。』詩『鶴鳴于九臯』,王仲任、薛夫子皆以爲九折之澤。諸侯本有臯門,何獨宋不然也?」今按:如惠氏所言,臯門爲諸侯宫門外名,似非人臣所居之地。杜注指爲宋東城南門,或非無據。疑即孟子所云「垤澤之門」也。實興我役。邑中之黔,實慰我心。」子罕聞之,親執扑,以行築者,而抶其不勉者,曰:「吾儕小人,皆有闔廬以辟燥溼寒暑。今君爲一臺,而不速成,何以爲役?」謳者乃止。或問其故,子罕曰:「宋國區區,【詁】廣雅:「區區,小也。」而有詛有祝,禍之本也。」

齊晏桓子卒。晏嬰麤衰斬,(諸本作「縗」,據鄭注禮記及後漢書注改正。)苴絰、帶、杖,菅屨,食鬻,(後漢書注作「食粥」。)居倚廬,寢苫枕草。其老曰:「非大夫之禮也。」曰:「惟卿爲大夫。」

十八年,春,白狄始來。

夏,晉人執衛行人石買于長子,執孫蒯于純留,(「留」字从字書改正。)【詁】地理志上黨郡領長子、屯留二縣。(杜本此。)釋文:「『純』,地理志作『屯』。」爲曹故也。

秋,齊侯伐我北鄙。中行獻子將伐齊,夢與厲公訟,弗勝。公以戈擊之,首隊於前,跪而戴之,【詁】聲類:

「跪，跽也。」（文選注。）奉之以走，見梗陽之巫皐。他日，見諸道，與之言，同。巫曰：「今兹主必死。若有事于東方，則可以逞。」獻子許諾。晉侯伐齊，將濟河，獻子以朱絲係玉二瑴，【詁】説文：「珏，二玉相合爲珏。或从瑴。」（杜本此。）而禱曰：「齊環怙恃其險，負其衆庶，棄好背盟，陵虐神主。曾臣彪將率諸侯以討焉，其官臣偃實先後之。苟捷有功，無作神羞，官臣偃無敢復濟。惟爾有神裁之。」沈玉而濟。

冬，十月，會于魯濟，尋溴梁之言，同伐齊。齊侯御諸平陰，塹防門，而守之廣里。【詁】京相璠曰：「平陰，齊地也，在濟北盧縣故城西南十里。」（水經注。杜同此，惟云「在縣東北」非。）酈道元云：「平陰城南有長城，東至海，西至濟，河道所由，名防門，去平陰三里。齊侯塹防門即此也。其水引濟故瀆尚存，今防門北有光里。齊人言『廣』音與『光』同，即春秋所謂守之廣里者也。」郡國志濟北：「盧縣，有平陰城，有防門，有光里。」按：京相璠亦云：「防門北有光里。」杜注殊屬臆説。夙沙衛曰：「不能戰，莫如守險。」弗聽。諸侯之士門焉，齊人多死。范宣子告析文子曰：「吾知子，敢匿情乎？魯人、莒人皆請以車千乘自其鄉入，既許之矣。若入，君必失國。子盍圖之？」子家以告公，公恐。晏嬰聞之，曰：「君固無勇，而又聞是，弗能久矣。」

齊侯登巫山【詁】京相璠：「巫山在平陰東北。」（水經注。杜同此。）以望晉師。晉人使司馬斥山澤之險，雖所不至，必旆而疏陳之。使乘車者左實右僞，以旆先，輿曳柴而從之。齊侯見之，畏其衆也，乃脱歸。丙寅晦，齊師夜遁。師曠告晉侯曰：「鳥烏之聲樂，齊師其遁。」邢伯告中行伯曰：「有班馬之聲，齊師其遁。」叔向告晉侯曰：「城上有烏，齊師其遁。」【詁】爾雅：「般，還也。」郭璞注引左傳曰「般馬之聲」。按：「班」、「般」、「還」古字通。

十一月丁卯朔，入平陰，遂從齊師。夙沙衛連大車以塞隧而殿。【詁】賈逵國語注：「闕地通路曰隧。」廣雅：「隊，道也。」「隊」、「隧」同。殖綽、郭最曰：「子殿國師，齊之辱也。子姑先乎！」乃代之殿。衛殺馬於隘以塞道。晉州綽及之，射殖綽，中肩，兩矢夾脰，【詁】説文：「脰，項也。」按：杜注：「脰，頸也。」用鄭玄、何休説，義略同。曰：

「止，將爲三軍獲。不止，將取其衷。」顧曰：「爲私誓。」州綽曰：「有如日。」乃弛弓而自後縛之。（釋文：「『弛』，本又作『施』，音同。」）其右具丙亦舍兵而縛郭最。皆衿甲面縛，坐于中軍之鼓下。

晉人欲逐歸者，魯、衛請攻險。己卯，荀偃、士匄以中軍克京茲。【詁】郡國志濟北國：「盧縣，有景茲山。」（杜同此。）乙酉，魏絳、欒盈以下軍克邿。趙武、韓起以上軍圍盧，弗克。十二月戊戌，及秦周，【詁】呂覽慎大篇云：「齊達子帥其餘卒，以軍于秦周。」高誘注：「秦周，齊城門名也。」惠士奇曰：「秦周當是齊地名。杜氏以爲魯大夫，失之。」伐雍門之萩。【詁】戰國策孫子謂田忌曰：「使輕車鋭騎衝雍門。」高誘注：「雍門，齊西門名也。」説文：「萩，蕭也。」按：爾雅云「蕭萩」即此。酈道元引此作「荻」。今攷玉篇：「音且留切，蒿也。」並引傳文「又七肖切」。知舊本又有作「荻」者。范鞅門于雍門，其御追喜以戈殺犬于門中。孟莊子斬其橁以爲公琴。【詁】説文：「橁，杶也。」夏書「杶榦栝柏」即此。玉篇：「杶，木似樗。」「樗，惡木也。」按：橁可爲琴，必非惡木，蓋狀似之耳。惠士奇曰：「琴，頌琴也。『頌』與『公』古字通。」己亥，焚雍門及西郭、南郭。劉難、士弱率諸侯之師焚申池之竹木。壬辰，焚東郭、北郭。范鞅門于揚門。州綽門于東閭，左驂迫，還于門中，以枚數闔。【詁】説文：「枚，榦也，可爲杖。」按：杜注：「枚，馬檛。」蓋隨文爲訓。爾雅：「闔謂之扉。」鄭玄禮記注：「用木曰闔。」

齊侯駕，將走郵棠。大子與郭榮扣馬，曰：【詁】説文：「扣，牽馬也。」廣雅：「扣，持也。」「師速而疾，略也。將退矣，君何懼焉？且社稷之主不可以輕，輕則失衆。君必待之！」將犯之，大子抽劍斷鞅，乃止。甲辰，東侵及濰，南及沂。（釋文：「『濰』，本又作『維』。」）【詁】水經：「濰水出琅邪箕縣濰山，過都昌縣東，入于海。」「沂水出泰山蓋縣艾山，過下邳縣西，南入于泗。」（杜本此。）

鄭子孔欲去諸大夫，將叛晉而起楚師以去之。使告子庚，子庚弗許。楚子聞之，使揚豚尹宜（「揚」从石經、宋本改。）告子庚曰：「國人謂不穀主社稷而不出師，死不從禮。不穀即位，於今五年，師徒不出，人其以不穀爲自逸而忘先君之業矣。大夫圖之，其若之何？」子庚歎曰：「君王其謂午懷安乎？吾以利社稷也。」見使者，稽首而對曰：「諸侯方睦於晉，臣請嘗之。若可，君而繼之；不可，收師而退，可以無害，君亦無辱。」子庚帥師治兵于汾。【詁】郡國志潁川郡：「襄城縣，有汾丘城。」（杜同此。）於是子蟜、伯有、子張從鄭伯伐齊，子孔、子展、子西守。二子知子孔之謀，完守入保。子孔不敢會楚師。楚師伐鄭，次于魚陵。右師城上棘，【詁】水經注：「潁水又逕上棘城西。」遂涉潁，次于旃然。【詁】郡國志河南尹：〔一〕「成皋，有旃然水。」〔二〕水經注：「汳受旃然水。」（杜同此。）蔿子馮、公子格率銳師侵費滑、胥靡、獻于、雍梁，【詁】郡國志潁川郡：「陽翟，有雍氏城。」（杜同此。）右回梅山，【詁】郡國志河南尹：〔三〕「密，有梅山。」（杜同此。）侵鄭東北，至于蟲牢而反。子庚門于純門，信于城下而還。涉于魚齒之下，【詁】郡國志襄城有魚齒山。（杜同此。）甚雨及之，【詁】惠棟曰：「『甚』，古文『湛』字，見詛楚文。莊子天下篇云：『沐甚雨，節疾風。』崔譔本『甚』作『湛』，音淫。甚雨，猶久雨也。或曰檀弓云『雨甚至』，『甚』當讀如字，亦通。」今按：惠説未諦。檀弓「雨甚至」乃二句，「至」謂門人至也。以三字連讀，疏矣。楚師多凍，役徒幾盡。晉人聞有楚師，師曠曰：「不害。吾驟歌北風，又歌南風，【詁】服虔云：「北風，夾鍾、無射以北。南風，姑洗、南呂以南。」（周禮疏。）又云：「卯酉以北律呂爲北風，以南爲南風。」（本疏。）南風不競，多死聲。【詁】服虔云：「南風律氣不至，故死聲多。」（同上。）又云：「吹律而言歌風者，出聲曰歌，以律是候氣之管，氣則風也，故言歌風。」（禮記疏。）楚必無功！」董叔曰：「天道多在西北，南師不時，必無功！」叔向曰：「在其君之德也。」

〔一〕「尹」原訛「郡」，據後漢書志第十九郡國一改。

〔二〕「然」原訛「從」，據後漢書志第十九郡國一改。

〔三〕「尹」原訛「郡」，據後漢書志第十九郡國一改。

十九年，春，諸侯還自沂上，盟于督揚，曰：「大毋侵小。」執邾悼公，以其伐我故。遂次于泗上，疆我田。取邾田，自漷水歸之于我。【詁】賈、服並言邾、魯以漷水爲竟，漷水移入邾界，魯隨而有之，刺晉偏而魯貪。（本疏。）晉侯先歸。公享晉六卿于蒲圃，賜之三命之服，軍尉、司馬、司空、輿尉、候奄皆受一命之服。賄荀偃束錦、加璧、乘馬，先吴壽夢之鼎。

荀偃癉疽，生瘍於頭。【詁】説文：「癉，勞病也。」「疽，癰也。」「癰，腫也。」「瘍，頭創也。」服虔通俗文：「頭創曰瘍。」（衆經音義。）玉篇：「疸，[一]黄病也。多但切。左氏傳曰：『荀偃疸疽，生瘍于頭。』疸疽，惡創也。」按：惠氏曰：「玉篇引作疸。」是誤以上一字爲下一字矣。今攷玉篇本明云：「『疸』，亦作『癉』。」惠氏讀書可云疏忽。濟河，及著雍，病，目出。大夫先歸者皆反。士匄請見，弗内。請後，曰：「鄭甥可。」二月甲寅，卒，而視，不可含。宣子盥而撫之，（論衡「盥」作「洗」。）曰：「事吴，敢不如事主！」猶視。欒懷子曰：「其爲未卒事於齊故也乎？」乃復撫之，曰：「主苟終，所不嗣事于齊者，有如河！」乃瞑，受含。宣子出，曰：「吾淺之爲丈夫也。」

晉欒魴帥師從衛孫文子伐齊。

季武子如晉拜師，晉侯享之。范宣子爲政，賦黍苗。季武子興，再拜稽首，曰：「小國之仰大國也，如百穀之仰膏雨焉。若常膏之，其天下輯睦，豈惟敝邑？」賦六月。（釋文：「『輯』，本又作『集』。」文選注引此即作「集睦」。）季武子以所得於齊之兵作林鐘，而銘魯功焉。【詁】賈逵周語注云：「律爲六律、六吕，以均鐘大小清濁也。」正義云：「此鐘聲應林鐘，故以林鐘爲名。」（本疏。）字林云：「銘，題勒也。」臧武仲謂季孫曰：「非禮也。夫銘，天子令德，諸侯言時計功，大夫稱伐。今稱伐，則下等也；計功，則借人也；言時，則妨民多矣。何以爲銘？且夫大

[一]「疸」原訛「疽」，據玉篇疒部改。

伐小，取其所得，以作彝器，銘其功烈，以示子孫，昭明德而懲無禮也。今將借人之力以救其死，若之何銘之？小國幸於大國，而昭所獲焉以怒之，亡之道也。」

齊侯娶于魯，曰顏懿姬，無子。其姪鬷聲姬【詁】服虔云：「兄子曰姪，懿姬所從也。顏、鬷皆其母姓。聲、懿謚也。傳家從後言之，故舉謚也。」（御覽。杜取此。）生光，以爲大子。諸子仲子、戎子。【詁】服虔云：「二子，宋女。」（同上。）按：史記又作「仲姬、戎姬」，則又似姬姓女矣。傳遂説諸子爲内官，則此仲子、戎子疑亦如漢内官之七子、八子也。戎子嬖。仲子生牙，屬諸戎子。【詁】服虔云：「公子牙也。戎子，子牙養也。」（同上。）惠棟云：「養謂養母。」戎子請以爲大子，許之。【詁】服虔云：「齊侯許之。」（同上。杜取此。）仲子曰：「不可。廢常，不祥；【詁】服虔云：「立長爲祥。立而廢之，爲不祥也。」（同上。）間諸侯，難。【詁】服虔云：「間，犯。爲光已列于諸侯，難成。」（同上。）（杜取此。）光之立也，列於諸侯矣。【詁】服虔云：「謂光數從諸侯征伐會盟。」（同上，及史記集解。杜取此。）今無故而廢之，是專黜諸侯，【詁】服虔云：「專，獨也。光比於諸侯列於盟，不可黜也。」（御覽。杜取此。）而以難犯不祥也。【詁】服虔云：「以難成之事犯不善。」（同上。）君必悔之！」公曰：「在我而已。」遂東大子光，【詁】賈逵云：「徙之東垂也。」（史記集解。）服虔云：「東，徙之東鄙也。」（御覽。杜取此。）使高厚傅牙以爲大子，夙沙衛爲少傅。齊侯疾，崔杼微逆光。【詁】服虔云：「微，隱匿也。」（同上。）疾病，而立之。【詁】服虔云：「疾困也而立爲太子。」（同上。）光殺戎子，尸諸朝，非禮也。婦人無刑。【詁】服虔云：「婦人，從人者也，故不爲制刑。及犯惡，從男子之刑也。」（本疏。）按：劉難服云：「犯淫則男子割勢，婦人閉宫，豈得從男子乎？」今攷割勢、閉宫皆係宫刑，因人制宜耳。劉難服非是。如婦人從夫服，重有髽箭笄之類，豈得以不同夫服，遂謂之非從服乎？雖有刑，不在朝市。」夏，五月壬辰晦，齊靈公卒。莊公即位，執公子牙於句瀆之丘。（史記作「句竇」。）以夙沙衛易己，衛奔高唐以叛。【詁】京相璠曰：「高唐，本平原縣也。」（水經注。）晉士匄侵齊，及穀，聞喪而還，禮也。

於四月丁未，鄭公孫蠆卒，赴于晉大夫。范宣子言於晉侯，以其善於伐秦也。六月，晉侯請於王，王追賜之大路，使以行，禮也。【詁】箴膏肓云：「卿以上所乘車皆曰大路。詩曰：『彼路斯何？君子之車。』此大夫之車稱路也。王制卿爲大夫。」（詩疏。）

秋，八月，齊崔杼殺高厚於灑藍，而兼其室。書曰：「齊殺其大夫。」從君於昏也。

鄭子孔之爲政也專。國人患之，乃討西宮之難與純門之師。子孔當罪，（按：「當」作去聲讀。）【詁】鄭玄云：「當謂值其罪。」音丁浪反。以其甲及子革、子良氏之甲守。甲辰，子展、子西率國人伐之，殺子孔而分其室。書曰：「鄭殺其大夫。」專也。子然、子孔，宋子之子也；士子孔，圭嬀之子也。圭嬀之班亞宋子而相親也，二子孔亦相親也。（「二」，諸本誤作「士」。从唐石經、宋本改正。）僖之四年，子然卒。簡之元年，士子孔卒。司徒孔實相子革、子良之室，三室如一，故及於難。子革、子良出奔楚，子革爲右尹。鄭人使子展當國，子西聽政，立子產爲卿。

齊慶封圍高唐，弗克。冬，十一月，齊侯圍之。見衛在城上，號之，乃下。問守備焉，以無備告。揖之，乃登。【詁】賈逵云：「齊侯以衛告誠，揖而禮之，欲生之也。衛志于戰死，故不順齊侯之揖，而還登城。」（本注。杜全取此。）服虔引彭仲博文，齊欲誅衛，呼而下，與之言，因可取之，無爲揖之復令登城。仲博以爲齊侯號衛，衛慙而下，云問守備焉，問衛之守高唐者，衛無恩訓，故令守者以無備告；齊侯善其言，故揖之，乃命士卒登城。服虔謂此說近之。按：說文及春秋正義，彭汪字仲博，說先師奇說及舊注。聞師將傳，食高唐人。殖綽、工僂會夜縋納師，【詁】說文：「縋，以繩有所縣也。春秋傳曰『夜縋納師』。」醢衛于軍。

城西郛，懼齊也。

齊及晉平，盟于大隧。故穆叔會范宣子于柯。穆叔見叔向，賦載馳之四章。叔向曰：「肸敢不承命？」

穆叔歸，曰：「齊猶未也，不可以不懼。」乃城武城。

衛石共子卒，悼子不哀。孔成子曰：「是謂蹷其本，【詁】服虔云：「孔成子，衛卿孔烝鉏。」（史記集解。）世本：「衛孔莊叔達生得閭叔穀，穀生成叔烝鉏。」（禮記疏。）必不有其宗。」

二十年，春，及莒平。孟莊子會莒人，盟于向，督揚之盟故也。

夏，盟于澶淵，齊成故也。

邾人驟至，以諸侯之事弗能報也。秋，孟莊子伐邾以報之。

蔡公子燮欲以蔡之晉，蔡人殺之。公子履，其母弟也，故出奔楚。

陳慶虎、慶寅【詁】潛夫論：「慶氏，嬀姓。」畏公子黃之偪，愬諸楚，曰：「與蔡司馬同謀。」楚人以爲討。公子黃出奔楚。初，蔡文侯欲事晉，曰：「先君與於踐土之盟，晉不可棄，且兄弟也。」畏楚，不能行而卒。楚人使蔡無常，公子燮求從先君以利蔡，不能而死。書曰：「蔡殺其大夫公子燮。」言不與民同欲也。「陳侯之弟黃出奔楚。」言非其罪也。公子黃將出奔，呼於國曰：「慶氏無道，求專陳國，暴蔑其君，而去其親，五年不滅，是無天也。」

齊子初聘於齊，禮也。

冬，季武子如宋，報向戌之聘也。褚師段逆之以受享，賦常棣之七章以卒。宋人重賄之。歸，復命，公享之，賦魚麗之卒章。公賦南山有臺，武子去所，曰：「臣不堪也。」

衛甯惠子疾，召悼子曰：「吾得罪於君，悔而無及也。名藏在諸侯之策，（高誘呂覽注引作「名載諸侯之策」。）曰：『孫林父、甯殖出其君。』君入則掩之。若能掩之，則吾子也。若不能，猶有鬼神，吾有餒而已，不來食矣。」悼子許諾，惠子遂卒。

二十一年，春，公如晉，拜師及取邾田也。

邾庶其以漆、閭丘來奔，季武子以公姑姊妻之，【詁】按：本疏引劉炫規過云：「古人謂姑爲姑姊妹，此姑姊是襄公父之姊。」今攷成公在位十八年，襄公嗣立又二十一年，若指成公之姊，則年已近五十，安得始嫁？此公姑姊者，蓋襄公之從姑或再從姑，觀下傳臧孫訖言「以姬氏妻之」益明，不得如炫説也。漢時以宗室女嫁單于，亦名爲己女並號公主，即此類。杜氏以爲「蓋寡者二人」，亦屬曲説。皆有賜於其從者。於是魯多盜。季孫謂臧武仲曰：「子盍詰盜？」【詁】鄭玄、服虔皆以「盍」爲「何不」也。（本疏。）説文：「詰，問也。」武仲曰：「不可詰也，紇又不能。」季孫曰：「我有四封而詰其盜，何故不可？子爲司寇，將盜是務去，若之何不能？」武仲曰：「子召外盜而大禮焉，何以止吾盜？子爲正卿，而來外盜，使紇去之，將何以能？庶其竊邑於邾以來，子以姬氏妻之，而與之邑，其從者皆有賜焉。若大盜，禮焉以君之姑姊與其大邑，其次皁牧輿馬，其小者衣裳劍帶，是賞盜也。賞而去之，其或難焉。紇也聞之，在上位者，灑濯其心，壹以待人，軌度其信，可明徵也，而後可以治人。夫上之所爲，民之歸也。上所不爲，而民或爲之，是以加刑罰焉，而莫敢不懲。若上之所爲，而民亦爲之，乃其所也，又可禁乎？夏書曰：『念兹在兹，釋兹在兹，名言兹在兹，允出兹在兹，惟帝念功。』將謂由己壹也。信由己壹，而後功可念也。」庶其非卿也，【詁】諸儒以爲邾、莒無命卿。（本疏。）以地來，雖賤必書，【詁】劉、賈又云：「春秋之序，三命以上乃書于經。」潁氏以爲再命稱人。（同上。）重地也。

齊侯使慶佐爲大夫，復討公子牙之黨，執公子買于句瀆之丘。公子鉏來奔。叔孫還奔燕。

夏，楚子庚卒。楚子使薳子馮爲令尹。訪於申叔豫，叔豫曰：「國多寵而王弱，國不可爲也。」遂以疾辭。

方暑，闕地下冰而牀焉。重繭衣裘，鮮食而寢。【詁】說文：「襺，袍衣也，以絮曰襺，以緼曰袍。」春秋傳曰『盛夏重襺』。」按：爾雅：「袍，襺也。」郭璞注引春秋傳曰「重襺衣裘」。「襺」作「繭」，古文省。楚子使醫視之，復曰：「瘠則甚矣，而血氣未動。」乃使子南爲令尹。

欒桓子娶於范宣子，生懷子。范鞅以其亡也，怨欒氏，故與欒盈爲公族大夫而不相能。桓子卒，欒祁與其老州賓通，幾亡室矣。懷子患之。祁懼其討也，愬諸宣子曰：「盈將爲亂，以范氏爲死桓主而專政矣，曰：『吾父逐鞅也，不怒而以寵報之，又與吾同官而專之。吾父死而益富。死吾父而專於國，有死而已，吾蔑從之矣。』其謀如是，懼害於主，吾不敢不言。」范鞅爲之徵。懷子好施，士多歸之。宣子畏其多士也，信之。懷子爲下卿，宣子使城著而遂逐之。秋，欒盈出奔楚，宣子殺箕遺、黃淵、嘉父、司空靖、邴豫、（廣韻引作「邴預」。）董叔、邴師、申書、羊舌虎、叔熊，【詁】賈逵云：「十子皆欒盈之黨，知范氏將害欒氏，故先爲之作難，討范氏不克而死。」（本疏。）囚伯華、叔向、（外傳作「叔嚮」，呂覽同。禮記又作「叔譽」。）籍偃。人謂叔向曰：「子離於罪，其爲不知乎？」叔向曰：「與其死亡若何？詩曰：『優哉游哉，聊以卒歲。』【詁】正義曰：「此小雅采菽之篇。按：彼詩曰：『優哉游哉，亦是戾矣。』與此不同者，蓋師讀有異。」知也。」欒王鮒見叔向，曰：「吾爲子請。」叔向弗應。出，不拜。其人皆咎叔向，叔向曰：「必祁大夫。」室老聞之，曰：「欒王鮒言於君，無不行，求赦吾子，吾子不許。祁大夫所不能也，而曰必由之，何也？」叔向曰：「欒王鮒，從君者也，何能行？祁大夫外舉不棄讎，內舉不失親，其獨遺我乎？詩曰：『有覺德行，【詁】禮記緇衣詩引作「有梏德行」，鄭注云：「梏，大也。」按：「覺」、「梏」音同。四國順之。』夫子，覺者也。」晉侯問叔向之罪於欒王鮒，對曰：「不棄其親，其有焉。」於是祁奚老矣，聞之，乘馹而見宣子，曰：「詩曰：『惠我無疆，子孫保之。』書曰：『聖有謩勳，（釋文：「『勳』，如字。書作『訓』。」）明徵定保。』夫謀而鮮過、惠訓不倦者，叔向有焉，社稷之固也，猶將十世宥之，以勸能者。今壹不免其身，以棄社稷，不亦惑乎？鯀殛而禹興，伊尹放大甲而相之，卒無怨色。管、蔡爲戮，周公右王。（王符引作「祐王」。）若之何其以虎也棄社稷？子爲善，誰敢不勉？多殺何爲？」宣子説，與之乘，以言諸公而免之。不見叔向而歸，叔向亦不告免焉而朝。初，叔向之母妒叔虎之母美而不使。（論衡言毒篇引此「不使」下有「視寢」二字。唐石經亦同。）其子皆諫其母，其母曰：「深山大澤，實生龍蛇。【詁】論衡曰：「妖氣生美好，故美好之人多邪惡。」「火有光燿，木有容貌。[一] 龍蛇，東方木，含火精，故美色貌麗；膽附于肝，故生勇力；火氣猛，故多勇；木剛强，故多力也。」彼美，余懼其生龍蛇以禍女。女敝族也。（論衡引作「弊」。按：當作「敝」。）國多大寵，不仁人間之，不亦難乎？余何愛焉？」使往視寢，生叔虎，美而有勇力。欒懷子嬖之，故羊舌氏之族及於難。欒盈奔楚，過於周。周西鄙剠之。（唐石經「欒盈」下有「奔楚」二字，今从增入。又一本云：「欒盈出奔楚，過于周。周西鄙人掠之。」）【詁】服虔通俗文：「遮取謂之抄掠。」按：聲類「掠」作「剠」，説文無「掠」字，當以「剠」爲正。下同。辭於行人，曰：「天子陪臣盈，得罪於王之守臣，將逃罪。罪重於郊甸，【詁】按：杜注云：「范宣子爲王所命，故曰守臣。」惠士奇駁之，曰：「守臣指晉君。書、匄同爲上卿，今書稱陪臣，匄稱守臣，有是理乎？[二] 范氏矯君命逐盈，故盈以爲得罪於晉君。」今按：盈自稱其祖，故謙言陪臣。且書亡已久，此時晉國守官之臣，實係士匄，故以例稱之。僖十二年管仲于周辭上卿之禮，云：「有天子之二守國、高在。」是大國上卿稱守臣之例。襄十八年傳荀偃自稱官臣亦同，注：「官臣，守官之臣也。」惠説非是。無所伏竄，【詁】廣雅：「伏、竄，藏也。」敢布其死。昔陪臣書能輸力於王室，王施惠焉。其子黶不能保任其父之勞，【詁】説文、廣雅並云：「任，保也。」大君若不棄書之力，亡臣猶有所逃。若棄書之力，而思黶之罪，臣戮餘也，將歸死於尉氏，不敢還矣。敢布四體，惟

[一]「木」原訛「亦」，據論衡言毒改。
[二]「理」原訛「禮」，據惠棟春秋左傳補注卷三改。

大君命焉。」王曰：「尤而效之，其又甚焉。」使司徒禁剠欒氏者，歸所取焉，使候出諸轘轅。【詁】鄭玄周禮注引作「候人」。按：周禮候人職曰：「若有方治，則帥而致于朝，及歸送之于竟。」郡國志河南尹〔一〕：「緱氏，有轘轅關。」（杜同此。）

冬，曹武公來朝，始見也。

會于商任，錮欒氏也。齊侯、衛侯不敬。叔向曰：「二君者，必不免。會朝，禮之經也。禮，政之輿也。政，身之守也。怠禮失政，失政不立，是以亂也。」

知起、中行喜、州綽、邢蒯出奔齊，皆欒氏之黨也。欒王鮒謂范宣子曰：「盍反州綽、邢蒯，勇士也。」宣子曰：「彼欒氏之勇也，余何獲焉？」王鮒曰：「子爲彼欒氏，乃亦子之勇也。」

齊莊公朝指殖綽、郭最曰：「是寡人之雄也。」州綽曰：「君以爲雄，誰敢不雄？然臣不敏，平陰之役，先二子鳴。」莊公爲勇爵，〔二〕殖綽、郭最欲與焉。州綽曰：「東閭之役，臣左驂迫，還於門中，識其枚數。（釋文：『枚』，本又作『版』。）其可以與於此乎？」公曰：「子爲晉君也。」對曰：「臣爲隸新，然二子者，譬於禽獸，臣食其肉而寢處其皮矣。」

二十二年，春，臧武仲如晉。【詁】服虔云：「武仲非卿，故不書。」（本疏。）按：正義譏服云：「前年武仲爲司寇，後年出奔書于經，不得云非卿。」今攷魯司寇非卿。史記孔子世家，嘗爲大司寇，不列于卿。蓋魯即同大國之例三卿。此時季

〔一〕「尹」原訛「郡」，據後漢書志第十九郡國一改。
〔二〕「爲」原訛「爵」，據春秋左傳其它各本改。

孫斯、叔孫豹、仲孫遬並爲卿，故服云然。疑後年仲孫速卒後，紇始代爲卿，又不久即出奔，故得列於經也。雨，過御叔。御叔在其邑，將飲酒，曰：「焉用聖人？【詁】膏肓：「説左氏傳者曰：春秋之志，非聖人，孰能修之？言夫子聖人，乃能修之。御叔謂臧武仲爲聖人，是非獨孔子。」箴膏肓：「武仲者，述聖之道，魯人稱之曰聖。今使如晉，過御叔。御叔不説學，見武仲而雨行，傲之曰：『焉用聖人爲？』左氏傳載之者，非御叔不説學，不謂武仲聖與孔子同。」（周禮注。）按：聖有數等。周禮大司徒以鄉三物教萬民，一曰六德：知、仁、聖、義、中、和。鄭玄云：「聖，通而先識也。」武仲多知，時人以聖稱之，當亦類此。下此則吕覽所載，盜跖自言，盜有五德，妄意室中之臧，聖也。此「聖」字蓋亦以智數多能料事而稱之耳。我將飲酒而已。雨行，何以聖爲？」穆叔聞之，曰：「不可使也，而傲使人，國之蠹也。」令倍其賦。

夏，晉人徵朝于鄭。鄭人使少正公孫僑對，曰：「在晉先君悼公九年，我寡君於是即位。即位八月，而我先大夫子駟從寡君以朝于執事，執事不禮於寡君，寡君懼。因是行也，我二年六月，朝于楚，晉是以有戲之役。楚人猶競，而申禮於敝邑。敝邑欲從執事，而懼爲大尤，曰：『晉其謂我不共有禮。』是以不敢攜貳於楚。我四年三月，先大夫子蟜又從寡君以觀釁於楚，晉於是乎有蕭魚之役。謂我敝邑，邇在晉國，譬諸草木，吾臭味也，而何敢差池？（釋文：「『池』，徐本作『沱』。」）楚亦不競，寡君盡其土實，重之以宗器，以受齊盟。遂帥群臣隨於執事，以會歲終。貳於楚者子侯、石盂，歸而討之。溴梁之明年，子蟜老矣，公孫夏從寡君以朝于君，見于嘗酎，【詁】説文：「酎，三重醇酒也。」（杜亦同。）與執燔焉。【詁】釋文：「『燔』，又作『膰』。」惠棟曰：「僖廿四年傳及成十三年傳皆作『膰』。説文曰：『鐇，宗廟火熟肉，从炙番聲。春秋傳曰「天子有事鐇焉，以饋同姓諸侯」。』此傳『燔』字當作『鐇』，轉寫之誤。」今按：「鐇」作「燔」，由隸省，非誤也。蓋省火存肉則爲膰，省肉存火則爲燔也。間二年，聞君將靖東夏，四月，又朝以聽事期。不朝之間，無歲不聘，無役不從。以大國政令之無常，國家罷病，不虞荐至，【詁】爾雅：「荐，再也。」無日不愓，豈敢忘職？大國若安定之，其朝夕在庭，何辱命焉？若不恤其患，而以爲口實，【詁】

服虔云：「實謂譴讓也。」（本疏。）其無乃不堪任命，而翦爲仇讎，敝邑是懼。其敢忘君命？委諸執事，執事實重圖之！」

秋，欒盈自楚適齊。【詁】史記晉世家曰：「晉欒逞有罪奔齊。」田敬仲世家曰：「晉之大夫欒逞作亂于晉，來奔齊。」索隱曰：「『逞』音『盈』。」晏平仲言於齊侯曰：「商任之會，受命於晉。今納欒氏，將安用之？小所以事大，信也。失信，不立。君其圖之！」弗聽。退告陳文子曰：「君人執信，臣人執共。忠信篤敬，上下同之，天之道也。君自棄也，弗能久矣。」

九月，鄭公孫黑肱有疾，歸邑于公。召室老、宗人立段，【詁】説文：「春秋傳曰鄭公孫碫字子石。」按：今本作「段」。然字子石，則當以「碫」字爲是。徐鉉本作「碬」，云乎加切。今攷玉篇作「碫」，「都亂切，礪石也。」則徐本从「叚」誤。而使黜官、薄祭；祭以特羊，殷以少牢，足以共祀，盡歸其餘邑，曰：「吾聞之，生於亂世，貴而能貧，民無求焉，可以後亡。敬共事君與二三子。生在敬戒，不在富也。」己巳，伯張卒。君子曰：「善戒。詩曰：『慎（詩作「謹」。）爾侯度，用戒不虞。』鄭子張其有焉。」

冬，會于沙隨，復錮欒氏也。欒盈猶在齊。晏子曰：「禍將作矣。齊將伐晉，不可以不懼。」

楚觀起有寵於令尹子南，未益祿而有馬數十乘。楚人患之，王將討焉。子南之子弃疾爲王御士，王每見之，必泣。弃疾曰：「君三泣臣矣，敢問誰之罪也？」王曰：「令尹之不能，爾所知也。國將討焉，爾其居乎？」對曰：「父戮子居，君焉用之？泄命重刑，臣亦不爲。」王遂殺子南於朝，轘觀起於四境。子南之臣謂弃疾：「請徙子尸於朝。」曰：「君臣有禮，惟二三子。」三日，弃疾請尸。【詁】周禮掌戮曰：「凡殺人者，肆之三日。」王許之。既葬，其徒曰：「行乎？」曰：「吾與殺吾父，行將焉入？」曰：「然則臣王乎？」曰：「弃父事讎，吾弗忍也。」遂縊而死。復使薳子馮爲令尹，公子齮爲司馬，屈建爲莫敖。有寵於薳子者八人，皆無祿而多馬。

他日朝，與申叔豫言，弗應而退。從之，入於人中。又從之，遂歸。退朝，見之，曰：「子三困我於朝，吾懼，不敢不見。吾過，子姑告我，何疾我也？」對曰：「吾不免是懼，何敢告子？」曰：「何故？」對曰：「昔觀起有寵於子南，子南得罪，觀起車裂，何故不懼？」自御而歸，不能當道。至，謂八人者曰：「吾見申叔，夫子所謂生死而肉骨也。知我者如夫子則可，不然，請止。」辭八人者，而後王安之。

十二月，鄭游眅將如晉，【詁】説文：「春秋傳曰鄭游眅字子明。」按：説文：「眅，多白眼也。」則子明蓋以疾名，如黑肱、黑背之類是也。未出竟，遭逆妻者，奪之，以館于邑。丁巳，其夫攻子明，殺之，以其妻行。子展廢良而立太叔，曰：「國卿，君之貳也，民之主也，不可以苟。請舍子明之類。」求亡妻者，使復其所。使游氏勿怨，曰：「無昭惡也。」

二十三年，春，杞孝公卒，晉悼夫人喪之。平公不徹樂，非禮也。禮，爲鄰國闕。【詁】服虔云：「鄰國尚爲之闕樂，况甥舅之國乎？」（禮記疏。）

陳侯如楚，公子黄愬二慶于楚。楚人召之。使慶樂往，殺之。慶氏以陳叛。夏，屈建從陳侯圍陳。陳人城，版隊而殺人。（諸本作「板」，今从僖三十年傳文改。）役人相命，各殺其長，遂殺慶虎、慶寅。楚人納公子黄。君子謂：「慶氏不義，不可肆也。故書曰：『惟命不于常。』」【詁】服虔云：「傳發此言，爲不書慶氏以陳叛，爲楚所圍，稱國以殺，不成惡人肆其志也。」（本疏。）

晉將嫁女于吴，齊侯使析歸父媵之，以藩載欒盈及其士，納諸曲沃。【詁】賈逵云：「欒盈之邑。」（史記集解。杜取此。）欒盈夜見胥午而告之，對曰：「不可。天之所廢，誰能興之？子必不免。吾非愛死也，知不集也。」盈曰：「雖然，因子而死，吾無悔矣。我實不天，子無咎焉。」許諾。伏之，而觴曲沃人。樂作，午言曰：「今也得欒孺子何如？」對曰：「得主而爲之死，猶不死也。」皆歎，有泣者。爵行，又言，皆曰：「得主，何貳之有？」盈出，徧拜之。四月，欒盈帥曲沃之甲，因魏獻子以晝入絳。初，欒盈佐魏莊子于下軍，獻子私焉，故因之。趙氏以原、屏之難怨欒氏。韓、趙方睦。中行氏以伐秦之役怨欒氏，而固與范氏和親。知悼子少，而聽於中行氏。程鄭嬖於公。惟魏氏及七輿大夫與之。【詁】服虔云：「下軍輿帥七人。」（本疏。）樂王鮒侍坐於范宣子。或告曰：「欒氏至矣。」宣子懼。桓子曰：「奉君以走固宫，必無害也。且欒氏多怨，子爲政，欒氏自外，子在位，其利多矣。既有利權，又執民柄，將何懼焉？欒氏所得，其惟魏氏乎，而可强取也。夫克亂在權，子無解矣。」（諸本作「懈」，从釋文、石經改正。）公有姻喪，王鮒使宣子墨衰（諸本作「縗」，亦从釋文改正。）冒絰，二婦人輦以如公，奉公以如固宫。范鞅逆魏舒，則成列既乘，將逆欒氏矣。趨進，曰：「欒氏帥賊以入，鞅之父與二三子在君所矣，使鞅逆吾子。鞅請驂乘。」持帶，遂超乘，右撫劍，左援帶，命驅之出。僕請，鞅曰：「之公。」宣子逆諸階，執其手，賂之以曲沃。初，斐豹，隸也，著於丹書。【詁】廣韻：「奜，〔一〕姓，左傳晉有奜豹。」是「斐」本又作「奜」也。欒氏之力臣曰督戎，國人懼之。斐豹謂宣子曰：「苟焚丹書，我殺督戎。」宣子喜，曰：「而殺之，所不請於君焚丹書者，有如日！」乃出豹而閉之。督戎從之。踰隱而待之，督戎踰入，豹自後擊而殺之。范氏之徒在臺後，欒氏乘公門。宣子謂鞅曰：「矢及君屋，死之。」鞅用劍以帥卒，欒氏退，攝車從之。遇欒樂，曰：「樂免之。死，將訟女於天。」樂射之，不中，又注，則乘槐本而覆。或以戟鉤之，斷肘而死。欒魴傷。【詁】服虔云：「魴，盈之子。」按：世族譜以魴爲欒氏族。（杜本此。）欒盈奔曲沃。晉人圍之。

秋，齊侯伐衛。先驅，穀榮御王孫揮，召揚爲右。申驅，成秩御莒恒，申鮮虞之傅摯爲右。（釋文：「或作

〔一〕「奜」原作「斐」，據廣韻微部改。

『申鮮虞之子傳摯。』」定本無「子」。〔一〕）曹開御戎，晏父戎爲右。貳廣，上之登御邢公，盧蒲癸爲右。啓，【詁】賈逵以爲左翼曰啓。（本疏。杜取此。下同。）牢成（釋文：「一本作『罕成』。」）御襄罷師，狼蘧疏爲右。胠，【詁】賈逵以爲右翼曰胠。（同上。）司馬彪莊子注：「從旁開曰胠。」商子車御侯朝，桓跳爲右。大殿，【詁】服虔引司馬法謀帥篇曰：「大前驅啓乘車，大晨倅車屬焉。」大晨，大殿也。（本疏。）商子游御夏之御寇，崔如爲右，燭庸之越駟乘。自衛將遂伐晉。晏平仲曰：「君恃勇力以伐盟主，若不濟，國之福也。不德而有功，憂必及君。」崔杼諫曰：「不可。臣聞之，小國間大國之敗而毁焉，必受其咎。君其圖之！」弗聽。陳文子見崔武子，曰：「將如君何？」武子曰：「吾言於君，君弗聽也。以爲盟主，而利其難。群臣若急，君於何有？子姑止之。」文子退，告其人曰：「崔子將死乎！謂君甚，而又過之，不得其死。（或以謂四字于上下文義似贅，疑是杜注誤入正文。）過君以義，猶自抑也，况以惡乎？」齊侯遂伐晉，取朝歌。【詁】賈逵云：「晉邑」。（史記集解。）爲二隊，入孟門，登大行，【詁】賈逵云：「孟門、大行，皆晉山隘。」（同上。）地理志河内郡：「野王，大行山在西北。」（杜本此。）高誘淮南王書注：「孟門，大行之限也。」穆天子傳：「北登孟門、九河之隥。」張武軍於熒庭，（釋文：「『庭』，本又作『廷』。」）【詁】服虔云：「張設旗鼓也。」（本疏。）戍郫邵，【詁】按：郫邵，晉之一邑，省文則止稱爲邵也。詳見文六年下。太平寰宇記：「後魏獻文帝皇興四年置邵郡于垣縣陽壺舊城。大統三年又置邵州。皆取邵邑爲名。」封少水，【詁】京相璠曰：「少水，晉地。」又云：「少水，今沁水也。」（水經注。）以報平陰之役，乃還。趙勝帥東陽之師【詁】服虔云：「東陽爲魯邑。」（本疏。）以追之，獲晏氂。【詁】釋文云：「『氂』，徐邈音『來』。」惠棟云：「外傳作『萊』。古字通，徐音是也。」八月，叔孫豹帥師救晉，次于雍榆，禮也。【詁】賈氏以爲善次。（釋例。）又云：「禮者，言其先救後次，爲得禮也。」（本疏。）

〔一〕「子」原訛「之」，據春秋左傳正義改。

季武子無適子，公彌長，而愛悼子，【詁】世本：「魯季悼子紇生穆伯，穆伯生文伯歜，文伯歜生成伯，成伯生頃，頃爲公父氏。」（姓纂。）欲立之。訪於申豐，曰：「彌與紇，吾皆愛之，欲擇才焉而立之。」申豐趨退，歸，盡室將行。他日，又訪焉，對曰：「其然，將具敝車而行。」乃止。訪於臧紇，臧紇曰：「飲我酒，吾爲子立之。」季氏飲大夫酒，臧紇爲客。既獻，臧孫命北面重席，新尊絜之。（釋文云：「『樽』，本或作『尊』。」又作「罇」。）【詁】惠棟曰：「曹憲文字指歸云：『檢字無此从缶、从木者。說文曰：「酋寸，酒官法度也。」今之尊卑，從此得名。故尊亦爲君父之稱。』」今按：左傳惟昭九年「公使尊」「尊」字不加偏旁。五經文字亦只收「尊」字，今从改正。召悼子，降，逆之，大夫皆起。及旅，而召公鉏，使與之齒，季孫失色。季氏以公鉏爲馬正，【詁】賈逵云：「馬正，家司馬。」（御覽。杜取此。）慍而不出。閔子馬見之，曰：【詁】賈逵云：「魯大夫閔馬父。」（同上。杜取此。）「子無然。禍福無門，惟人所召。爲人子者，患不孝，不患無所。敬共父命，何常之有？若能孝敬，富倍季氏可也。姦回不軌，禍倍下民可也。」公鉏然之，敬共朝夕，恪居官次。季孫喜，使飲己酒，而以具往，盡舍旃，故公鉏氏富。又出爲公左宰。孟孫惡臧孫，季孫愛之。孟氏之御騶豐點好羯也，曰：「從余言，必爲孟孫。」再三云，羯從之。孟莊子疾，豐點謂公鉏：「苟立羯，請讎臧氏。」公鉏謂季孫曰：「孺子秩固其所也，若羯立，則季氏信有力於臧氏矣。」弗應。己卯，孟孫卒。公鉏奉羯立于户側。季孫至，入，哭而出，曰：「秩焉在？」公鉏曰：「羯在此矣。」季孫曰：「孺子長。」公鉏曰：「何長之有？惟其才也。且夫子之命也。」遂立羯。秩奔邾。臧孫入哭，甚哀，多涕。出，其御曰：「孟孫之惡子也，而哀如是。季孫若死，其若之何？」臧孫曰：「季孫之愛我，疾疢也。（高誘呂覽注引作「疹」。下同。）孟孫之惡我，藥石也。【詁】服虔云：「石，砭石也。」（南史王僧孺傳。）按：說文：「砭，以石刺病也。」戰國策曰：「扁鵲怒而投其石。」高誘注：「石，砭，所以砭彈人癰腫也。」美疢不如惡石。夫石猶生我，【詁】服虔云：「夫謂孟孫也。」（本疏。）疢之美，其毒滋多。孟孫死，吾亡無日矣。」孟氏閉門，告於季孫曰：「臧氏將爲亂，不使我葬。」季孫不信，臧孫聞之，戒。冬，十月，孟氏將辟，藉除於臧氏。臧孫使正夫助之，除於東門，甲從己而視之。孟氏又告季孫，季孫怒，命攻臧氏。乙亥，臧紇斬鹿門之關以出，奔邾。初，臧宣叔娶于鑄，【詁】樂記曰：「武王未及下車，封帝堯之後于祝。」鄭玄注：「『祝』，或爲『鑄』。」高誘曰：「『鑄』讀作『祝』。」按：「祝」、「鑄」古音通，故或作「鑄」，或作「祝」。水經注曰：「汶水又西逕蛇丘縣故縣治鑄鄉故城，左傳臧宣叔娶于鑄是也。」郡國志濟北郡：「蛇丘，有鑄鄉。」杜注亦同。生賈及爲而死。繼室以其姪，穆姜之姨子也。生紇，長於公宮，姜氏愛之，故立之。臧賈、臧爲出在鑄。臧武仲自邾使告臧賈，且致大蔡焉，曰：「紇不佞，失守宗祧，敢告不弔。紇之罪不及不祀，子以大蔡納請，其可。」賈曰：「是家之禍也，非子之過也。賈聞命矣。」再拜受龜，使爲以納請，遂自爲也。臧孫如防，使來告曰：「紇非能害也，知不足也。非敢私請。苟守先祀，無廢二勳，敢不辟邑？」乃立臧爲，臧紇致防而奔齊。其人曰：「其盟我乎？」臧孫曰：「無辭。」將盟臧氏，季孫召外史掌惡臣而問盟首焉，對曰：「盟東門氏也，【詁】服虔云：「東門遂襄仲也。居東門，故稱東門遂。」（史記集解。）曰：『毋或如東門遂，不聽公命，殺適立庶。』盟叔孫氏也，曰：『毋或如叔孫僑如，欲廢國常，蕩覆公室。』」季孫曰：「臧孫之罪，皆不及此。」孟椒曰：「盍以其犯門斬關？」季孫用之，乃盟臧氏，曰：「毋或如（諸本「毋」誤「無」，從上傳及釋文改正。）臧孫紇，干國之紀，犯門斬關。」臧孫聞之，曰：「國有人焉。誰居？其孟椒乎！」

晉人克欒盈于曲沃，盡殺欒氏之族黨。欒魴出奔宋。書曰：「晉人殺欒盈。」不言大夫，言自外也。

齊侯還自晉，不入，遂襲莒。門于且于，傷股而退。明日，將復戰，期于壽舒。杞殖、華還載甲，夜入且于之隧，宿於莒郊。明日，先遇莒子於蒲侯氏。莒子重賂之，使無死，曰：「請有盟。」華周對曰：（古今人表作「華州」，說苑作「華舟」。）「貪貨棄命，亦君所惡也。昏而受命，日未中而棄之，何以事君？」莒子親鼓之，從而伐之，獲杞梁。莒人行成。齊侯歸，遇杞梁之妻於郊，使弔之。辭曰：「殖之有罪，何辱命焉？若免於罪，猶有先人之敝廬在下，【詁】服虔以「下」從上讀，言敝廬在下。（本疏。）妾不得與郊弔。」【詁】惠士奇曰：「士喪，君視斂，則郊弔非士禮也。杜注、正義並失之。」齊侯弔諸其室。

齊侯將爲臧紇田。臧孫聞之，見。齊侯（釋文：「以『齊侯』絶句。一讀以『見』字絶句。」按：一讀是。）與之言伐晉，對曰：「多則多矣，抑君似鼠。夫鼠，晝伏夜動，不穴於寢廟，畏人故也。今君聞晉之亂而後作焉，寧將事之，非鼠如何？」（諸本誤作「何如」，今改正。）乃弗與田。仲尼曰：「知之難也。有臧武仲之知，而不容於魯國，抑有由也，作不順而施不恕也。【詁】服虔云：「不順，謂阿季氏廢長立少也。不恕，謂惡孟氏立庶也。」（本疏。）夏書曰：『念茲在茲。』順事恕施也。」

二十四年，春，穆叔如晉。范宣子逆之，問焉，曰：「古人有言曰：『死而不朽。』何謂也？」穆叔未對。宣子曰：「昔匄之祖，自虞以上爲陶唐氏，【詁】水經注汾水下引故漢上谷長史侯相碑云：「侯氏出自倉頡之後，踰歷殷、周。」「晉卿士蔿，斯其胄也，食采華陽。」今蒲坂北亭即是城也。據此，則劉累又爲倉頡之後。在夏爲御龍氏，在商爲豕韋氏，【詁】賈逵云：「大彭、豕韋爲商伯。其後世失道，殷德復興而滅之。」（本疏。）郡國志東郡：「白馬，有韋鄉。」（杜同此。）在周爲唐、杜氏，【詁】賈逵云：「宣王殺杜伯，其子逃而奔晉。」又云：「子輿，士蔿字。武子，士會也。」（本疏。）賈逵國語注又云：「武王封堯後爲唐、杜二國。」（同上。杜取此。）漢書地理志京兆尹：「杜陵，故杜伯國。」（杜本此。）晉主夏盟爲范氏，其是之謂乎！」穆叔曰：「以豹所聞，此之謂世祿，非不朽也。魯有先大夫曰臧文仲，既没，其言立。（釋文：「俗本皆作『其言立于世』。檢元熙以前本，則無『于世』二字。」）其是之謂乎！豹聞之：『太上有立德，【詁】服以伏羲、神農，言如此之類，乃是立德。（本疏。）其次有立功，【詁】服以禹、稷當之，言如此之類，乃是立功也。（同上。杜取此。）其次有立言。』【詁】服以史佚、周任、臧文仲當之，言如此之類，乃是立言也。（同上。杜取此。）雖久不廢，此之謂不朽。若夫保姓受氏，以守宗祊，【詁】説文：「鬃，門内祭先祖，所以傍徨。鬃或从方。」世不絶祀，無國無之。禄之大者，不可謂不朽。」

范宣子爲政，諸侯之幣重。鄭人病之。二月，鄭伯如晉，子産寓書於子西，以告宣子，曰：「子爲晉國，四鄰諸侯不聞令德，而聞重幣，僑也惑之。僑聞君子長國家者，非無賄之患，【詁】通俗文：「財帛曰賄。」（衆經音義。）按：上言諸侯之幣重，則「賄」字指財帛爲是。而無令名之難。夫諸侯之賄聚於公室，則諸侯貳。若吾子賴之，則晉國貳。諸侯貳，則晉國壞。晉國貳，則子之家壞。何没没也！將焉用賄？夫令名，德之輿也。德，國家之基也。有基無壞，無亦是務乎！有德則樂，樂則能久。詩曰：『樂旨君子，（諸本「旨」作「只」，今从宋本改正。）邦家之基。』有令德也夫。『上帝臨女，無貳爾心。』有令名也夫。恕思以明德，則令名載而行之。是以遠至邇安。毋寧使人謂子『子實生我』，而謂子『浚我以生』乎？【詁】説文：「浚，抒也。」倉頡篇：「抒、取，出也。」（詩釋文引。杜本此。）按：晉語「浚民之膏澤以實之」，韋昭注：「浚，煎也。」此「浚」字亦可訓煎。象有齒以焚其身，【詁】服虔云：「『焚』讀曰『僨』。僨，僵也。爲生齒牙，僵仆其身。」（本疏。）按：杜訓斃，失也。賄也。」宣子説，乃輕幣。是行也，鄭伯朝晉，爲重幣故，且請伐陳也。鄭伯稽首，宣子辭。子西相，曰：「以陳國之介恃大國，而陵虐於敝邑，寡君是以請罪焉，（釋文：「一本作『是以請請罪焉』。」請並七井反。徐上『請』字音『情』。〔一〕）敢不稽首？」

孟孝伯侵齊，晉故也。

夏，楚子爲舟師以伐吴，不爲軍政，無功而還。

齊侯既伐晉而懼，將欲見楚子。楚子使薳啓彊如齊聘，【詁】匡謬正俗曰：「按：賈誼新書云：『昔者，衛侯朝

〔一〕「情」原作「精」，據經典釋文春秋左氏音義改。

于周。周行人問其名，曰：「衛辟疆。」周行人還之曰：「啓疆、辟疆，天子之號也。諸侯弗得用。」」楚有薳啓疆，亦其例也。」按：古今人表作「薳啓彊」，則此字當从居良反爲允。古本「彊」、「疆」二字同文。陸氏恐牽混，故輒加音切。後人不知，妄爲區別，遂失古意。如昭元年「叔弓帥師疆鄆」，舊本釋文作「彊，居良反」，偏旁不加「土」。此一證也。又漢書文帝紀注師古曰：「辟彊，言辟禦彊梁者。一曰『辟』讀曰『闢』、『彊』讀曰『疆』，辟疆，言辟土地也。」詩「鶉之彊彊」，亦音居良反。且請期。齊社，蒐軍實，【詁】注云：「蒐，數。軍實，兵甲器械。」（周禮疏。）使客觀之。陳文子曰：「齊將有寇。吾聞之：『兵不戢，[一]必取其族。』」

秋，齊侯聞將有晉師，使陳無宇從薳啓彊如楚，辭，且乞師。崔杼帥師送之，遂伐莒，侵介根。【詁】郡國志東萊郡：「黔陬，有介亭。」（杜同此。）

會于夷儀，將以伐齊。水，不克。

冬，楚子伐鄭以救齊，門于東門，次于棘澤。諸侯還救鄭。晉侯使張骼、輔躒致楚師，【詁】說文：「趯，動也。春秋傳有輔趯。」按：今本作「躒」。釋文昭五年作「輔櫟」，云：「本又作『躒』，同。」求御于鄭。鄭人卜宛射犬，吉。【詁】水經注：「瀷水又東南，逕宛亭西，鄭大夫宛射犬之故邑也。」子太叔戒之，曰：「大國之人，不可與也。」對曰：「無有衆寡，其上一也。」太叔曰：「不然。部婁無松柏。」（釋文：「『婁』，本又作『塿』。」）【詁】說文：「附婁，小土山也。春秋傳曰『附婁無松柏』。」案：「部」、「附」古字通。應劭風俗通義、李善魏都賦注引並作「培塿」。六書正譌云：「俗作『培塿』，非也。」服虔云：「喻小國無賢才知勇之人而與大國等也。」（本疏。）二子在幄，【詁】小爾雅：「覆帳謂之幄。」（杜本此。）坐射犬于外，既食，而後食之。使御廣車而行，己皆乘乘車。將及楚師，而後從之乘，皆居轉而鼓琴。

[一]「戢」原訛「戰」，據春秋左傳其它各本改。

【詁】按：説文尸部「居」字注云：「蹲也，从尸。古者居从古。」「踞」字注云：「俗居从足。」今定作「居」。傅遜云：「轉字从車，與衣衺何與？〔一〕此必『軫』字之譌。」顧炎武補正采取傅説。惠棟云：「按：文選注引許慎淮南子注云：『軫，轉也。』或是古『軫』字有作『轉』耳。方言曰：『軫謂之枕。』郭璞云：『車後横木。』」邵學士晉涵云：「軫謂車前後兩端横木，踞之可以鼓琴。杜以爲衣衺，未詳所出。」近，不告而馳之。皆取胄於櫜而胄。入壘，皆下，搏人以投，收禽挾囚。弗待而出。皆超乘，抽弓而射。既免，復居轉而鼓琴，曰：「公孫！同乘，兄弟也，胡再不謀？」對曰：「曩者【詁】説文：「曩，不久也。」廣雅：「曩，鄉也。」與爾雅同。志入而已，今則怯也。」皆笑曰：「公孫之亟也。」

楚子自棘澤還，使薳啓彊帥師送陳無宇。

吴人爲楚舟師之役故，召舒鳩人。舒鳩人叛楚。楚子師于荒浦，使沈尹壽與師祁犂讓之。舒鳩子敬逆二子，而告無之，且請受盟。二子復命，王欲伐之，薳子曰：「不可。彼告不叛，且請受盟，而又伐之，伐無罪也。姑歸息民，以待其卒。卒而不貳，吾又何求？若猶叛我，無辭有庸。」乃還。

陳人復討慶氏之黨，鍼宜咎出奔楚。

齊人城郟。【詁】地理志河南郡：「河南，故郟鄏地。」水經：「穀水出弘農黽池縣穀陽谷，東過河南縣北，入于洛。」潁容春秋條例言西城梁門枯水處，世謂之死穀，是也。（水經注。）按：因穀、洛鬭，毁王宫，故城郟，是以詳及穀水。穆叔如周聘，且賀城。王嘉其有禮也，賜之大路。

晉侯嬖程鄭，使佐下軍。鄭行人公孫揮如晉聘，程鄭問焉，曰：「敢問降階何由？」子羽不能對。歸以語然明，然明曰：「是將死矣。不然，將亡。貴而知懼，懼而思降，乃得其階。下人而已，又何問焉？且夫既登

〔一〕「與」原作「異」，據傅遜左傳附注辨誤改。

而求降階者，知人也，不在程鄭。其有亡釁乎？不然，其有惑疾，將死而憂也。」

二十五年，春，齊崔杼帥師伐我北鄙，以報孝伯之師也。公患之，使告于晉。孟公綽曰：（釋文：「『綽』，徐本作『卓』。」）【詁】按：漢成陽令唐扶頌云：「朝有公卓，家有參、騫。」家文惠云：「公卓，即孟公綽也。」知古本作「卓」。論語憲問篇釋文云：「『公綽』，古文作『公卓』。」「崔子將有大志，不在病我，必速歸，何患焉？其來也不寇，使民不嚴，異於他日。」齊師徒歸。

齊棠公之妻，【詁】賈逵云：「棠公，齊棠邑大夫。」（史記集解。杜取此。）按：襄六年齊人滅棠，故棠遂爲齊邑。東郭偃之姊也。東郭偃臣崔武子。棠公死，偃御武子以弔焉。見棠姜而美之，使偃取之。（釋文：「『取』，本或作『娶』。」）偃曰：「男女辨姓。今君出自丁，臣出自桓，【詁】姓纂：「東郭，齊公族，桓公之後也。」不可。」武子筮之，遇困䷮之大過䷛，史皆曰：「吉。」【詁】服虔云：「皆，二卦。」（本疏。）示陳文子，文子曰：「夫從風，風隕，妻不可取也。（諸本作「娶」，今从釋文改正。）且其繇曰：『困于石，據于蒺蔾，（石經作「蔾」，下同。宋本亦作「蔾」。今定從「蔾」字。作「藜」，誤。）入于其宮，不見其妻，凶。』困于石，往不濟也。據于蒺蔾，所恃傷也。入于其宮，不見其妻，凶，無所歸也。」崔子曰：「嫠也，何害？【詁】說文：「嫠，無夫也。」釋文：「『嫠』，本又作『釐』。」先夫當之矣。」遂取之。莊公通焉，【詁】服虔云：「凡淫曰通。」（詩疏。）驟如崔氏。以崔子之冠賜人，侍者曰：「不可。」公曰：「不爲崔子，其無冠乎？」崔子因是，又以其間伐晉也，曰：「晉必將報。」欲弑公以說于晉，而不獲間。公鞭侍人賈舉，而又近之，乃爲崔子間公。【詁】服虔云：「伺公間隙。」（史記集解。杜取此。）夏，五月，莒爲且于之役故，莒子朝于齊。甲戌，饗諸北郭。崔子稱疾不視事。乙亥，公問崔子，遂從姜氏。姜入于室，與崔子自側户出。公拊楹而歌。【詁】史記作「擁柱」。服虔云：「公以爲姜氏不知己在外，故歌以命之也。一曰公自知見欺，恐不得出，故歌以自悔。」(同上。杜取前一説。)侍人賈舉止衆從者而入，閉門。甲興，公登臺而請，弗許；請盟，弗許；請自刃於廟，弗許。皆曰：「君之臣杼疾病，不能聽命。【詁】服虔云：「言不能親聽公命。」(同上。杜取此。)近於公宮，【詁】服虔云：「崔杼之宫近公宫，淫者或詐稱公。」(同上。杜取此。)陪臣干掫(釋文：「服本作『諏』，子須反，謀也。今傳本或作『諏』，猶依『掫』音。」)有淫者，【詁】史記作「陪臣争趣」。惠棟曰：「按：左傳『掫』字亦有作『趣』者。昭廿年傳曰『賓將掫』，杜子春注周禮引此作『趣』。史記本作『干趣』，(徐廣云。)後人改爲『争趣』，非也。」(二字古皆从「取」聲。)説文：「掫，夜戒有所擊也，从手取聲。」服虔云：「干，扞也。掫，謀也。言受崔子命扞禦謀淫之人也。」(本疏。)不知二命。」公踰牆，又射之，【詁】韓非子奸劫篇：「公踰于北牆。」又云：「崔子之徒以戈斫公而死之。」中股，反隊，遂弑之。賈舉、州綽、邴師、公孫敖、封具、鐸父、襄伊、僂堙皆死。祝佗父祭於高唐，至，復命，不説弁而死於崔氏。申蒯，侍漁者，退，謂其宰曰：「爾以帑免，我將死。」其宰曰：「免，是反子之義也。」與之皆死。崔氏殺鬷蔑于平陰。晏子立於崔氏之門外。【詁】賈逵云：「聞難而來。」(史記集解。杜取此。)其人曰：「死乎？」曰：「獨吾君也乎哉？吾死也。」曰：「行乎？」曰：「吾罪也乎哉？吾行也。」曰：「歸乎？」曰：「君死，安歸？君民者，豈以陵民？社稷是主。臣君者，豈爲其口實？社稷是養。故君爲社稷死，則死之；爲社稷亡，則亡之。【詁】服虔云：「謂以公義爲社稷死亡也，如是者，臣亦隨之死亡。」(同上。杜注取上句。)若爲己死而爲己亡，非其私暱，誰敢任之？【詁】服虔云：「言君以己之私欲取死亡之禍，則私近之臣所當任也。」(同上。)且人有君而弑之，吾焉得死之，而焉得亡之？將庸何歸？」門啓而入，枕尸股而哭。興，三踊而出。人謂崔子：「必殺之！」崔子曰：「民之望也。舍之，得民。」【詁】服虔云：「置之，所以得人心。」(同上。)盧蒲癸奔晉。王何奔莒。叔孫宣伯之在齊也，叔孫還納其女於靈公，嬖，生景公。丁丑，崔杼立而相之，慶封爲左相，盟國人於大宫，曰：「所不與崔、慶者。」晏子(釋文：「本或『者』下有『有如此盟』四字，後人妄加也。」)仰天歎曰：【詁】按：高誘呂覽注「晏子」下復有「晏子」二字。「嬰所不惟忠於君、利社稷者是與，有如上帝！」乃歃。辛巳，公與大夫及莒子盟。太史書曰：「崔杼弒其君。」崔子殺之。其弟嗣書，而死者二人。其弟又書，乃舍之。南史氏聞太史盡死，【詁】新序曰：「南史氏是其族也。」服虔云：「古文篆書一簡八字。」（禮記疏。）執簡以往。聞既書矣，乃還。閭丘嬰以帷縳其妻而載之，【詁】世本：「閭丘産生嬰，嬰生歐，歐生莖，莖生施。」（姓纂。）廣雅：「縳，束也。」按：昭二十六年「縳一如瑱」義同。杜氏訓縳爲卷，亦是此義。與申鮮虞乘而出。鮮虞推而下之，曰：「君昏不能匡，危不能救，死不能死，而知匿其暱，其誰納之？」行及弇中，將舍。嬰曰：「崔、慶其追我。」鮮虞曰：「一與一，誰能懼我？」【詁】廣雅：「與，如也。」高誘戰國策注曰：「如，當也。」按：此蓋言一當一耳。遂舍，枕轡而寢，食馬而食，駕而行。出弇中，（石經本有「中」字，覆校刊去。按：上注云「弇中狹道」，自當有「中」字。哀十四年「失道于弇中」，即此地也。）謂嬰曰：「速驅之。崔、慶之衆不可當也。」遂來奔。崔氏側莊公于北郭。【詁】按：杜注：「側，瘞埋之。」今攷「側」字無此義訓。鄭司農考工記注：「『側』當爲『仄』。」此傳義亦當同。蓋謂不以正葬莊公也。後漢書注亦云：「側謂凡爲不正也。」丁亥，葬諸士孫之里。四翣，【詁】説文：「翣，棺羽飾也，天子八，諸侯六，大夫四，士二，下垂。」釋名：「齊人謂扇爲翣。」按：説文用禮器文，杜注節取此。惠棟曰：「周禮縫人云『衣翣柳之材』，注云：『故書「翣柳」作「接橮」。〔一〕鄭司農「接」讀曰「歰」，「橮」讀爲「柳」，皆棺飾。檀弓云「周人牆置翣」，春秋傳曰「四歰不蹕」。』先鄭引檀弓作『翣』，引左傳作『歰』，明古文春秋傳本作『歰』。杜氏改爲『翣』，失之矣。」不蹕，下車七乘，不以兵甲。【詁】服虔云：「下車，遣車也。」（本疏。）又云：「上公饔餼九牢，遣車九乘。」（禮記疏。）

晉侯濟自泮，會于夷儀，伐齊，以報朝歌之役。齊人以莊公説，使隰鉏請成，慶封如師。男女以班。賂晉侯以宗器、樂器。自六正五吏三十帥、【詁】董遇曰：「五吏謂一正有五吏，爲三十帥之長。」（本疏。）俗本「三十帥」爲

〔一〕「橮」原訛「櫝」，據周禮天官縫人鄭玄注改。下一「橮」字同此。

「三十師」，非是。三軍之大夫、百官之正長師旅及處守者，皆有賂。晉侯許之。使叔向告於諸侯。公使子服惠伯對曰：「君舍有罪，以靖小國，君之惠也。寡君聞命矣。」

晉侯使魏舒、宛沒逆衛侯，將使衛與之夷儀。崔子止其帑，以求五鹿。

初，陳侯會楚子伐鄭，當陳隧者，井堙木刊，【詁】説文：「垔，塞也。」「刊，剟也。」按：今本作「堙」，誤。説文「刪」字亦訓剟，是「刊」有刪除之義。服虔云：「堙，塞。刊，削也。」（詩疏。）義亦同。杜取服説。家語「堙」又作「陻」。鄭人怨之。六月，鄭子展、子産帥車七百乘伐陳。宵突陳城，遂入之。陳侯扶其大子偃師奔墓，遇司馬桓子，曰：「載余。」曰：「將巡城。」遇賈獲，載其母妻，下之而授公車。公曰：「舍而母。」辭曰：「不祥。」與其妻扶其母以奔墓，亦免。子展命師無入公宮，與子産親御諸門。陳侯使司馬桓子賂以宗器。陳侯免，擁社，【詁】爾雅：「邕，載也。」疏引謝氏曰：「『邕』字又作『擁』。」按：「擁社」蓋載社主。使其衆男女別而纍，以待於朝。子展執縶而見，再拜稽首，承飲而進獻。子美入，數俘而出。祝祓社，【詁】説文：「祓，除惡祭也。」服虔以爲祝與司徒等皆是陳人，各致其所主于子産。（本疏。）按：杜注誤，當從服説。司徒致民，司馬致節，司空致地，乃還。

秋，七月己巳，同盟于重丘，齊成故也。（水經注引作「同盟重丘，伐齊故也」。）

趙文子爲政，令薄諸侯之幣，而重其禮。穆叔見之，謂穆叔曰：「自今以往，兵其少弭矣。【詁】詩毛傳：「弭，止也。」（杜本此。）齊崔、慶新得政，將求善於諸侯。武也知楚令尹。【詁】服以令尹爲屈建。（本疏。杜取此。）若敬行其禮，道之以文辭，以靖諸侯，兵可以弭。」

楚薳子馮卒，屈建爲令尹，屈蕩爲莫敖。舒鳩人卒叛楚，（諸本「楚」字皆割屬下句，非是。今改正。）令尹子木伐之，及離城。【詁】按：杜注云：「離城，舒鳩城。」殊無所據。今考鍾離在吴、楚之間。漢鍾離縣，春秋時爲鍾離子國，當即此也。吴人救之，子木遽以右師先，子彊、（諸本作「疆」，今从宋本改正。）息桓、子捷、子駢、子盂帥左師以退。

吴人居其間七日。子彊曰：「久將墊隘，【詁】按：「墊隘」與成十六年傳同義。「隘」，説文亦作「阸」，故下云「隘乃禽也」。杜注云：「墊隘，虞水雨。」非是。隘乃禽也，不如速戰。請以其私卒誘之。簡師，陳以待我。我克則進，奔則亦視之，乃可以免。不然，必爲吴禽。」從之。五人以其私卒先擊吴師。吴師奔，登山以望，見楚師不繼，復逐之，[一]傳諸其軍。簡師會之，吴師大敗。遂圍舒鳩，舒鳩潰。八月，楚滅舒鳩。

衛獻公入于夷儀。

鄭子産獻捷于晉，戎服將事。晉人問陳之罪，對曰：「昔虞閼父（漢陳球碑作「遏」。高誘吕覽注：「『閼』讀曰遏止之『遏』」。按：此則「閼」、「遏」同音，故或作「遏」也。）爲周陶正，【詁】王應麟曰：「有虞氏上陶。舜陶河濱，器不苦窳，故周陶正猶以虞閼父爲之。」以服事我先王。我先王賴其利器用也，與其神明之後也，庸以元女大姬妃胡公，（釋文：「『妃』音『配』，本亦作『配』。」按：諸本即誤作「配」，非。）而封諸陳，以備三恪。【詁】説文：「愙，敬也，从心客聲。春秋傳曰『以陳備三愙』。」徐鉉等曰：「今俗作『恪』。」按：魏封孔羨碑又作「愙」。則我周之自出，至于今是賴。桓公之亂，蔡人欲立其出，我先君莊公奉五父而立之。蔡人殺之，我又與蔡人奉戴厲公。至于莊、宣，皆我之自立。（諸本「于」作「於」，从石經改正。）夏氏之亂，成公播蕩，又我之自入，君所知也。今陳忘周之大德，蔑我大惠，弃我姻親，介恃楚衆以馮陵我敝邑，（諸本作「憑」，从釋文改正。）不可億逞，【詁】字林：「逞，盡也。」（杜同此。）我是以有往年之告。未獲成命，則有我東門之役。當陳隧者，井堙木刊。敝邑大懼不競，而恥大姬。天誘其衷，啓敝邑心。陳知其罪，授手于我。【詁】惠棟曰：「『手』，古『首』字。士喪禮曰『載魚左首進鬐』，注云：『古文「首」爲「手」。』成二年曹公子首，公羊作『手』是也。」今按：家語作「援首于我」。攷儀禮大射儀「後首内弦挎越」，鄭注云：「古文『後首』爲

[一]「逐」原訛「返」，據春秋左傳其它各本改。

『後手』。」皆古文「首」、「手」通之證。用敢獻功。」晉人曰：「何故侵小？」對曰：「先王之命，惟罪所在，各致其辟。且昔天子之地一圻，【詁】説文：「垠，地垠也。一曰岸也。垠或从斤。」按：杜注隨文爲訓，故云：「圻方千里。同方百里。」今攷周禮大司馬「九近之籍」，鄭司農云：「『近』當言『畿』，蓋古『圻』字。」鄭康成引此傳「圻」又作「畿」。是「圻」、「近」、「畿」本一字。故詩「祈父」，尚書酒誥即作「圻父」；「祈招」，馬融作「圻招」，亦是其證。此云天子之地一圻，即詩頌所云「邦畿千里」也。列國一同，自是以衰。今大國多數圻矣，若無侵小，何以至焉？」晉人曰：「何故戎服？」對曰：「我先君武、莊爲平、桓卿士。城濮之役，文公布命曰：『各復舊職。』命我文公戎服輔王，以授楚捷，不敢廢王命故也。」士莊伯不能詰，復於趙文子。文子曰：「其辭順，犯順不祥。」乃受之。冬，十月，子展相鄭伯如晉，拜陳之功。子西復伐陳，陳及鄭平。仲尼曰：「志有之：『言以足志，文以足言。』（文選注引作「言足以志，文足以言」。）不言，誰知其志？言之無文，行而不遠。晉爲伯，鄭入陳，非文辭不爲功。慎辭哉！」

楚蔿掩爲司馬，（古今人表作「薳奄」。）子木使庀賦，數甲兵。甲午，蔿掩書土田，度山林，【詁】賈逵以爲賦稅差品，注曰：「山林之地，九夫爲度，九度而當一井也。」（宋本疏二十三。）鳩藪澤，【詁】賈逵云：「藪澤之地，九夫爲鳩，八鳩而當一井也。」（同上。）辨京陵，【詁】賈逵云：「京陵之地，九夫爲辨，七辨而當一井也。」（同上。）表淳鹵，【詁】賈逵云：「淳，鹹也。」説文：「鹵，西鹹池也。」（同上。）又云：「淳鹵之地，九夫爲表，六表而當一井也。」（本疏。）數彊潦，【詁】賈逵云：「彊潦之地，九夫爲數，五數而當一井也。」（同上。）又以彊爲彊檠墝埆之地。鄭衆以爲彊界内有水潦者。孫毓讀爲「彊潦」，注云：「沙礫之田也。」（同上。）規偃豬，【詁】賈逵云：「偃豬之地，九夫爲規，四規而當一井也。」（同上。）鄭注周禮稻人云：「偃豬，畜流水之陂也。」町原防，【詁】賈逵云：「原防之地，九夫爲町，三町而當一井也。」（同上。）説文：「町，田踐處曰町。」「防，隄也。」急就篇「頃町界畝」。按：杜注本説文及急就篇。牧隰皋，【詁】賈逵云：「隰皋之地，九夫爲牧，二牧而當一井。」（同上。）説文：「隰，阪下濕也。」井衍沃，【詁】賈逵云：「衍沃之地，畝百爲夫，九夫爲井。」（同上。）又云：「下平曰衍，有溉曰沃。」（本疏。）説文：「沃，溉灌也。」按：五經異義：「左氏説賦法積四十五，〔一〕除山川坑岸三十六井，定出賦者九井。則千里之畿，地方百萬井，除山川坑岸三十六萬井，定出賦者六十四萬井，長轂萬乘。」今攷正義載賈侍中説無此五十四字。又詩崧高正義引左傳舊説：「以衍沃之地，九夫爲井。隰皋之地，九夫爲牧，二牧而當一井。」量入修賦。賦車籍馬，賦車兵、徒兵、（諸本「徒兵」或誤「徒卒」，今从石經、宋本改正。）【詁】陳樹華云：「顧炎武以爲石經『卒』誤作『兵』。此顧氏失攷，其説非也。顧氏日知録又云：『執兵者之稱兵，自秦、漢始，三代以上無之。』亦誤。今攷隱四年諸侯之師敗鄭徒兵，僖廿八年徒兵千，注云：『徒兵，步卒。』杜氏係用服虔舊説。襄元年敗鄭徒兵于洧上，昭廿年輿徒兵以攻萑蒲之盜，哀十年吾卜于此起兵，皆謂士卒也，烏得云始於秦、漢？」甲楯之數。既成，以授子木，禮也。

十二月，吴子諸樊伐楚，以報舟師之役。門于巢。巢牛臣曰：「吴王勇而輕，若啓之，將親門。我獲射之，必殪。是君也死，彊其少安。」從之。吴子門焉，牛臣隱於短牆以射之，卒。

楚子以滅舒鳩賞子木，辭曰：「先大夫蒍子之功也。」以與蒍掩。

晉程鄭卒，子産始知然明，問爲政焉。對曰：「視民如子，見不仁者誅之，如鷹鸇之逐鳥雀也。」子産喜，以語子太叔，且曰：「他日吾見蔑之面而已，今吾見其心矣。」子太叔問政於子産，子産曰：「政如農功，日夜思之，思其始而成其終，朝夕而行之。行無越思，如農之有畔，其過鮮矣。」

衛獻公自夷儀使與甯喜言，甯喜許之。大叔文子聞之，曰：「烏乎！詩所謂『我躬不説，皇恤我後』者，甯子可謂不恤其後矣。將可乎哉？殆必不可。君子之行，思其終也，思其復也。書曰：『慎始而敬終，終以不困。』【詁】按：今周書常訓解作：「慎微以始而敬終，乃不困。」詩曰：『夙夜匪解，以事一人。』今甯子視君不如弈棋，

〔一〕「五」原訛「九」，據禮記王制孔穎達正義改。

【詁】說文：「弈」从廾，言竦兩手而執之。方言：「圍棋謂之弈。」（杜本此。）其何以免乎？弈者舉棋不定，不勝其耦，而况置君而弗定乎？必不免矣。九世之卿族，一舉而滅之，可哀也哉！」

傳　會于夷儀之歲，齊人城郟。其五月，秦、晉爲成。晉韓起如秦涖盟，秦伯車如晉涖盟。成而不結。

春秋左傳詁卷十四

傳

襄公三

二十六年，春，秦伯之弟鍼如晉修成，叔向命召行人子員。行人子朱曰：「朱也當御。」【詁】蔡邕獨斷：「御者，進也。」（杜本此。）三云，叔向不應。子朱怒曰：「班爵同，何以黜朱於朝？」【詁】孔安國書傳：「黜，退也。」撫劍從之。【詁】王逸楚詞章句：「撫，持也。」廣雅同。叔向曰：「秦、晉不和久矣。今日之事，幸而集，【詁】小爾雅：「集，成也。」晉國賴之。不集，三軍暴骨。子員道二國之言無私，子常易之。姦以事君者，吾所能御也。」【詁】詩毛傳：「御，禦也。」拂衣從之，人救之。平公曰：「晉其庶乎！吾臣之所争者大。」師曠曰：「公室懼卑。臣不心競而力争，不務德而争善，私欲已侈，能無卑乎？」

衛獻公使子鮮爲復，辭。敬姒强命之，對曰：「君無信，臣懼不免。」敬姒曰：「雖然，以吾故也。」許諾。初，獻公使與甯喜言，甯喜曰：「必子鮮在，不然，必敗。」故公使子鮮。子鮮不獲命於敬姒，以公命與甯喜言，曰：「苟反，政由甯氏，祭則寡人。」甯喜告蘧伯玉，伯玉曰：「瑗不得聞君之出，敢聞其入？」遂行，從近關出。

告右宰穀，右宰穀曰：「不可。獲罪於兩君，天下誰畜之？」悼子曰：「吾受命於先人，不可以貳。」穀曰：「我請使焉而觀之。」遂見公于夷儀。反，曰：「君淹恤在外【詁】爾雅：「淹，久也。」（杜本此。）十二年矣，而無憂色，亦無寬言，猶夫人也。若不已，死無日矣。」悼子曰：「子鮮在。」右宰穀曰：「子鮮在，何益？多而能亡，於我何爲？」悼子曰：「雖然，弗可以已。」孫文子在戚，孫嘉聘於齊，孫襄居守。二月庚寅，甯喜、右宰穀伐孫氏，不克，伯國傷。甯子出舍於郊。伯國死，孫氏夜哭。國人召甯子，甯子復攻孫氏，克之。辛卯，殺子叔及太子角。【詁】服虔云：「殺大子角不書，舉重者。」（本疏。）按：子叔即殤公也。杜注以爲剽無謚，誤。書曰：「甯喜弒其君剽。」言罪之在甯氏也。孫林父以戚如晉。書曰：「入于戚以叛。」罪孫氏也。臣之禄，君實有之。義則進，否則奉身而退。專禄以周旋，戮也。【詁】服虔云：「專禄謂以戚叛也。既叛衛，又不臣于晉，自謂若小國，是爲專禄。」（同上。）甲午，衛侯入。書曰「復歸」，國納之也。大夫逆於竟者，執其手而與之言；道逆者，自車揖之；逆於門者，頷之而已。【詁】説文：「顉，低頭也。春秋傳曰『迎于門顉之而已』。」釋文：「本作『顉』。」按：説文：「頷，面黄也。」此「頷」當作「顉」爲是。衆經音義稱説文：「頷，摇其頭也。」杜注取之。然音義所據，未知何本。疑屬服氏通俗文等義，玄應誤以爲説文也。廣雅：「顉，動也。」張湛注列子曰：「顉，猶摇頭也。」皆與杜義同。公至，使讓大叔文子曰：「寡人淹恤在外，二三子皆使寡人朝夕聞衛國之言，吾子獨不在寡人。古人有言曰：『非所怨，勿怨。』寡人怨矣。」對曰：「臣知罪矣。臣不佞，不能負羈紲以從扞牧圉，臣之罪一也。有出者，有居者，臣不能貳，通内外之言以事君，臣之罪二也。有二罪，敢忘其死？」乃行，從近關出。公使止之。

衛人侵戚東鄙，孫氏愬於晉。晉戍茅氏。殖綽伐茅氏，殺晉戍三百人。孫蒯追之，弗敢擊。文子曰：「厲之不如。」遂從衛師，敗之圉。雍鉏獲殖綽。復愬於晉。

鄭伯賞入陳之功。三月甲寅朔，享子展，賜之先路三命之服，先八邑；【詁】服虔云：「四井爲邑。」（史記集澥。)賜子產次路再命之服，先六邑。子產辭邑，曰：「自上以下，降殺以兩，(諸本「降」誤「隆」，从定本改正。漢書韋玄成傳引春秋傳即作「降殺」。)【詁】廣雅：「屖，差也。」「屖」、「降」同。按：「屖」、「隆」字近故誤。禮也。臣之位在四，且子展之功也。臣不敢及賞禮，請辭邑。」公固予之，乃受三邑。公孫揮曰：「子產其將知政矣。讓不失禮。」

晉人爲孫氏故，召諸侯將以討衛也。夏，中行穆子來聘，【詁】淮南王書「中行繆伯手搏虎」，高誘注曰：「中行繆伯，晉臣也，力能搏生虎也。」按：淮南所稱，高氏指爲晉臣，當即荀吳。召公也。

楚子、秦人侵吳，及雩婁，聞吳有備而還。遂侵鄭。五月，至于城麇。鄭皇頡戍之，出與楚師戰，敗。穿封戌囚皇頡，公子圍與之争之，正於伯州犂。伯州犂曰：「請問於囚。」乃立囚。伯州犂曰：「所争，君子也，其何不知？」上其手，曰：「夫子爲王子圍，寡君之貴介弟也。」下其手，曰：「此子爲穿封戌，方城外之縣尹也。誰獲子？」囚曰：「頡遇王子，弱焉。」【詁】説文：「弱，橈也。」杜注：「弱，敗也。」義亦同。戌怒，抽戈逐王子圍，弗及。楚人以皇頡歸。印堇父與皇頡戍城麇，楚人囚之，以獻於秦。鄭人取貨於印氏以請之，子大叔爲令正，以爲請。子產曰：「不獲。受楚之功，而取貨於鄭，不可謂國，秦不其然。(諸本作「秦不其然」，今从定本改正。)若曰：『拜君之勤鄭國。微君之惠，楚師其猶在敝邑之城下。』其可。」弗從，遂行。秦人不予。更幣，從子產，而後獲之。

六月，公會晉趙武、宋向戌、鄭良霄、曹人于澶淵，以討衛，疆戚田。取衛西鄙懿氏六十，【詁】服虔云：「六十邑。」(本疏。)劉炫以服説爲是。以與孫氏。趙武不書，尊公也。向戌不書，後也。鄭先宋，不失所也。於是衛侯會之。晉人執甯喜、北宫遺，使女齊以先歸。衛侯如晉，晉人執而囚之於士弱氏。秋，七月，齊侯、鄭伯爲衛侯故如晉，晉侯兼享之。晉侯賦嘉樂。【詁】服虔云：「晉侯有嘉樂，愚之甚也。」(同上。)國景子相齊侯，賦蓼蕭；子展相鄭伯，賦緇衣。叔向命晉侯拜二君，曰：「寡君敢拜齊君之安我先君之宗祧也，敢拜鄭君之不貳也。」國子使晏平仲私於叔向，曰：「晉君宣其明德於諸侯，恤其患而補其闕，正其違而治其煩，所以爲盟主也。今爲臣執君，若之何？」叔向告趙文子，文子以告晉侯。晉侯言衛侯之罪，使叔向告二君。國子賦轡之柔矣，子展賦將仲子兮，（釋文：「本亦無『兮』字，此依詩序。」）晉侯乃許歸衛侯。叔向曰：「鄭七穆，罕氏其後亡者也。子展儉而壹。」

初，宋芮司徒生女子，【詁】服虔云：「芮司徒，宋大夫。」（御覽。杜取此。）赤而毛，【詁】服虔云：「其身色赤而生毛也。」（同上。）棄諸堤下。（五行志引作「棄之堤下」。）共姬之妾取以入，【詁】服虔云：「共姬，宋伯姬也。」（同上。杜取此。）名之曰棄。長而美。平公入夕，【詁】服虔云：「視夕也。平公，共姬子。」（同上。杜取此。）共姬與之食。公見棄也，而視之尤。【詁】服虔云：「尤，過也。意説之，視之過久。」（同上。）姬納諸御，【詁】服虔云：「納之平公之御。」（同上。）嬖，生佐，【詁】服虔云：「嬖棄而生佐，佐立爲宋元公。」（同上。）惡而婉。【詁】説文：「婉，順也。春秋傳曰『大子痤婉』。」按：今傳作「佐惡而婉，大子痤美而狠」，此云「大子痤婉」，疑誤也。服虔亦云：「婉，順也。佐貌惡心順。」（同上。杜取此。）大子痤美而狠，【詁】服虔云：「大子貌美而心狠，狠戾不從教。」（同上。杜取此。）合左師畏而惡之。【詁】服虔云：「合左師，向戌也。」（同上。杜取此。）寺人惠墻伊戾爲大子内師而無寵。（釋文：「『墻』或作『嗇』，音『檣』。」）【詁】服虔云：「寺人，宋閹。『惠』、『伊』皆發聲，實爲墻戾。以公寺人爲大子内師，掌内官。」（同上。）秋，楚客聘於晉，過宋。【詁】服虔云：「楚客道過宋。」（同上。）大子知之，請野享之。公使往，伊戾請從之。公曰：「夫不惡女乎？」【詁】服虔云：「夫爲大子，伊戾無寵于大子，故曰夫不惡女。」（同上。）對曰：「小人之事君子也，惡之不敢遠，好之不敢近，敬以待命，敢有貳心乎？縱有共其外，莫共其内，【詁】服虔云：「言我内師也，當爲内師，共内使。」（同上。）臣請往也。」遣之。至，則欿，用牲，加書徵之，【詁】服虔云：「以書爲之徵驗也。書，盟書也。」（同上。）而騁告公，曰：「大子將爲亂，既與楚客盟矣。」公曰：「爲我子，又何求？」對曰：「欲速。」【詁】服虔云：「速，疾也。欲疾代公得位，故與楚客謀弒其父也。」（同上。）（杜取此。）公使視之，則信有焉。【詁】服虔云：「有明徵也。」（同上。杜取此。）問諸夫人【詁】服虔云：「夫人，佐母棄也。」（同上。杜取此。）與左師，則皆曰：「固聞之。」【詁】服虔云：「固，久也。久聞大子欲爲亂。」（同上。）公囚大子，大子曰：「惟佐也能免我。」召而使請，曰：「日中不來，吾知死矣。」左師聞之，【詁】服虔云：「聞太子與佐期日中。」（同上。）聒而與之語。【詁】説文：「聒，讙語也。」服亦云：「聒，讙也。欲使失期於佐。」（同上。杜取此。）按：服、杜皆用説文。過期，乃縊而死。佐爲大子。【詁】服虔云：「經書『宋公殺其世子痤』。平公用伊戾之譖，聽夫人、左師之言，世子無罪而死，故稱『宋公殺』，罪之也。」（同上。）公徐聞其無罪也，乃亨伊戾。左師見夫人之步馬者，（廣韻引作「䮝馬」，云：「習馬。」孫愐按：「左傳『步馬』字不从馬。」）問之，對曰：「君夫人氏也。」左師曰：「誰爲君夫人？余胡弗知？」圉人歸，以告夫人。【詁】正義云：「夫人氏者，氏猶家也。」惠棟云：「非也。棄本芮司徒女，與宋同姓，故不云某氏。始言君夫人氏，後言君之妾棄也。公羊傳曰：『宋三世無大夫，三世内娶也。』」夫人使饋之錦與馬，先之以玉，曰：「君之妾棄使某獻。」左師改命曰：「君夫人。」而後再拜稽首受之。

鄭伯歸自晉，使子西如晉聘，辭曰：「寡君來煩執事，懼不免於戾，使夏謝不敏。」君子曰：「善事大國。」

初，伍參與蔡大師子朝友，其子伍舉與聲子相善也。伍舉娶於王子牟。王子牟爲申公而亡，楚人曰：「伍舉實送之。」伍舉奔鄭，將遂奔晉。聲子將如晉，遇之於鄭郊，班荆相與食，而言復故。【詁】鄭司農周禮注：「班，布也。」（杜本此。）聲子曰：「子行也，吾必復子！」及宋向戌將平晉、楚，聲子通使於晉，還如楚。令尹子木與之語，問晉故焉，且曰：「晉大夫與楚孰賢？」對曰：「晉卿不如楚，其大夫則賢，皆卿材也。如杞梓皮革，【詁】詩毛傳：「杞，木名。」説文：「梓，楸也。」（杜注略同。）自楚往也。雖楚有材，晉實用之。」子木曰：「夫獨無族姻乎？」對曰：「雖有，而用楚材實多。歸生聞之，善爲國者，賞不僭而刑不濫。賞僭，則懼及淫人；刑濫，則懼及善人。若不幸而過，寧僭無濫。與其失善，寧其利淫。無善人，則國從之。詩曰：『人之云亡，邦國殄瘁。』

（漢書王莽傳引作「殄頓」。）【詁】詩毛傳：「殄，盡也。瘁，病也。」（杜本此。）無善人之謂也。故夏書曰：『與其殺不辜，寧失不經。』懼失善也。商頌有之，曰：『不僭不濫，不敢怠皇。命于下國，封建厥福。』此湯所以獲天福也。古之治民者，勸賞而畏刑，恤民不倦。賞以春夏，刑以秋冬。是以將賞爲之加膳，加膳則飫賜，【詁】説文：「飫，燕食也。」此以知其勸賞也。將刑，爲之不舉，不舉則徹樂，此以知其畏刑也。夙興夜寐，朝夕臨政，此以知其恤民也。三者，禮之大節也。有禮，無敗。今楚多淫刑，其大夫逃死於四方，而爲之謀主，以害楚國，不可救療，【詁】説文：「𤻲，治也。𤻲或從療。」方言：「療，治也。」（杜本此。）所謂不能也。子儀之亂，析公奔晉。晉人寘諸戎車之殿，以爲謀主。繞角之役，晉將遁矣，析公曰：『楚師輕窕，易震蕩也。若多鼓鈞聲，以夜軍之，【詁】賈、服並云：「均，同也。」「鈞」、「均」同。（杜取此。）楚師必遁。』晉人從之，楚師宵潰。晉遂侵蔡、襲沈，獲其君；敗申、息之師於桑隧，獲申麗而還。鄭於是不敢南面。楚失華夏，則析公之爲也。雍子之父兄譖雍子，君與大夫（諸本「大夫」並譌「夫人」，从宋本改。）不善是也，雍子奔晉。晉人與之鄐，【詁】説文：「鄐，晉邢侯邑。」以爲謀主。彭城之役，晉、楚遇于靡角之谷，（諸本皆誤作「晉遇楚于靡角之谷」，今从宋本改正。）晉將遁矣。雍子發命於軍，曰：『歸老幼，反孤疾，二人役歸一人。簡兵蒐乘，秣馬蓐食，師陳焚次，明日將戰。』行歸者，而逸楚囚。楚師宵潰。晉降彭城而歸諸宋，以魚石歸。楚失東夷，子辛死之，則雍子之爲也。子反與子靈爭夏姬，而雍害其事，子靈奔晉。晉人與之邢，以爲謀主，扞禦北狄，通吴於晉，教吴叛楚，教之乘車、射御、驅侵，使其子狐庸爲吴行人焉。吴於是伐巢，取駕，克棘，入州來，楚罷於奔命，至今爲患，則子靈之爲也。若敖之亂，伯賁之子賁皇奔晉。晉人與之苗，【詁】水經注：「瀙水逕苗亭西。亭，故周之苗邑。」以爲謀主。鄢陵之役，楚晨厭（諸本作「壓」，今从釋文改正。）晉軍而陳，晉將遁矣。苗賁皇曰：『楚師之良，在其中軍王族而已。若塞井夷竈，【詁】鄭衆云：「此范匄所言，苗賁皇亦言之，故聲子引以爲喻。」（本疏。）成陳以當之，欒、范易行以誘之，【詁】賈逵、鄭衆皆讀易爲變易之易。賈以行爲道也。欒爲將，范爲佐，二人分中軍别將之，欲使欒與范易道。令范先誘楚，欒以良卒從而擊之。鄭謂易行，中軍與下軍易卒伍也。（同上。）又云：「中軍之卒良，故易之。」（國語注。）今按：楚語説此事云：「雍子謂欒書曰：『楚師可料也，在中軍王族而已。若易中下，楚必歆之。』」韋昭注云：「中下，中軍之下也。」〔一〕賈此注蓋本國語立説。正義譏之，非是。中行、二郤必克二穆，吾乃四萃於其王族，必大敗之。』晉人從之，楚師大敗，王夷師熸，【詁】小爾雅：「夷，傷也。」「熸，滅也。」字林：「吴、楚之間謂火滅爲熸。」子反死之。鄭叛吴興，楚失諸侯，則苗賁皇之爲也。」（外傳作「雝子之爲」，與此異。）子木曰：「是皆然矣。」聲子曰：「今又有甚於此。椒舉娶于申公子牟，（外傳作「湫舉」，下「椒鳴」作「湫鳴」。）子牟得戾而亡，君大夫謂椒舉：『女實遣之。』懼而奔鄭，引領南望，曰：『庶幾赦余。』亦弗圖也。今在晉矣，晉人將與之縣，以比叔向。彼若謀害楚國，豈不爲患？」子木懼，言諸王，益其禄爵而復之。聲子使椒鳴逆之。

許靈公如楚，請伐鄭，曰：「師不興，孤不歸矣。」八月，卒于楚。楚子曰：「不伐鄭，何以求諸侯？」冬，十月，楚子伐鄭。鄭人將禦之，子産曰：「晉、楚將平，諸侯將和，楚王是故昧於一來。【詁】劉逵吴都賦注：「昧，冒也。」（杜本此。）不如使逞而歸，乃易成也。夫小人之性，釁於勇，【詁】賈、鄭先儒皆以釁爲動也。王肅云：「釁爲自矜，奮以夸人。」王延壽魯靈光殿賦云：「仡奮釁以軒鬐。」是釁爲奮動之意也。（本疏。杜取此。）嗇於禍，【詁】説文：「嗇，愛濇也。」廣雅：「嗇，貪也。」（杜本此。）以足其性而求名焉者，非國家之利也。若何從之？」子展説，不御寇。十二月乙酉，入南里，墮其城。涉於樂氏，門于師之梁。縣門發，獲九人焉。涉于氾而歸，【詁】京相璠曰：「氾城，周襄王居之，故曰襄城也。今置關于其下。」（水經注。）而後葬許靈公。

〔一〕「之」後原衍「上」，據國語楚語上韋昭注删。

衛人歸衛姬于晉，乃釋衛侯。君子是以知平公之失政也。

晉韓宣子聘于周。王使請事，對曰：「晉士起（曲禮疏引傳文作「擯者曰晉士起」。）將歸時事於宰旅，無他事矣。」王聞之，曰：「韓氏其昌阜於晉乎！辭不失舊。」

齊人城郟之歲，其夏，齊烏餘以廩丘奔晉，【詁】地理志東郡廩丘縣。（杜本此。）襲衛羊角，取之。【詁】京相璠曰：「衛邑也，今東平廩丘縣南有羊角城。」（水經注。杜同此。）遂襲我高魚。【詁】京相璠曰：「高魚，魯邑也。今廩丘縣東北有故高魚城，俗謂之交魚城。」（同上。杜取此。）服虔云：「取魯高魚及反之皆不書，蓋諱之。」（本疏。）有大雨，自其竇入，介于其庫，以登其城，克而取之。又取邑于宋。於是范宣子卒，諸侯弗能治也。及趙文子爲政，乃卒治之。文子言於晉侯曰：「晉爲盟主，諸侯或相侵也，則討而使歸其地。今烏餘之邑，皆討類也，而貪之，是無以爲盟主也。請歸之！」公曰：「諾。孰可使也？」對曰：「胥梁帶能無用師。」晉侯使往。

二十七年，春，胥梁帶使諸喪邑者具車徒以受地，必周。【詁】韋昭國語注：「周，密也。」（杜本此。）使烏餘具車徒以受封，烏餘以其衆出，使諸侯僞效烏餘之封者，而遂執之，盡獲之。皆取其邑而歸諸侯，諸侯是以睦於晉。

齊慶封來聘，其車美。孟孫謂叔孫曰：「慶季之車，不亦美乎？」叔孫曰：「豹聞之：『服美不稱，必以惡終。』美車何爲？」叔孫與慶封食，不敬。爲賦相鼠，亦不知也。

衛甯喜專，公患之。公孫免餘請殺之，公曰：「微甯子，不及此。吾與之言矣。事未可知，祇成惡名，止也。」對曰：「臣殺之，君勿與知。」乃與公孫無地、公孫臣謀，使攻甯氏。弗克，皆死。公曰：「臣也無罪，父子死余矣。」夏，免餘復攻甯氏，殺甯喜及右宰穀，尸諸朝。石惡將會宋之盟，受命而出，衣其尸，枕之股而哭之。

欲斂以亡，懼不免，且曰：「受命矣。」乃行。子鮮曰：「逐我者出，納我者死。賞罰無章，何以沮勸？君失其信，而國無刑，不亦難乎？且鱄實使之。」遂出奔晉。公使止之，不可。及河，又使止之，止使者而盟于河。託於木門，不鄉衛國而坐。（釋文：「『鄉』，本亦作『嚮』。」）木門大夫勸之仕，不可，曰：「仕而廢其事，罪也。從之，昭吾所以出也。將誰愬乎？吾不可以立於人之朝矣。」終身不仕。公喪之如稅服終身。【詁】服虔云：「衰麻已除，日月已過，乃聞喪而服，是爲稅服，服之輕者。」（同上。）按：「稅」與「說」古字通。公與免餘邑六十，辭曰：「惟卿備百邑，【詁】杜注：「此一乘之邑，非四井之邑。」惠棟：「按：熊安生禮記義疏云卿備百邑者，鄭志以爲邑方二里，與百乘別。」臣六十矣。下有上祿，亂也。臣弗敢聞。且甯子惟多邑，故死。臣懼死之速及也。」公固與之，受其半。以爲少師。公使爲卿，辭曰：「太叔儀不貳，能贊大事，君其命之！」乃使文子爲卿。

宋向戌善於趙文子，又善於令尹子木，欲弭諸侯之兵以爲名。【詁】周禮小祝「彌災兵」，杜子春讀「弭」如彌兵之「彌」，鄭玄云：「『彌』讀如『敉』，安也。」按：「弭」、「彌」古字通。如晉，告趙孟。趙孟謀於諸大夫。韓宣子曰：「兵，民之殘也，財用之蠹，【詁】說文：「蠹，木中蟲。」李巡爾雅注同。高誘戰國策注曰：「蠹，害也。」按：杜注蓋兼取二義。小國之大菑也。將或弭之，雖曰不可，必將許之。弗許，楚將許之，以召諸侯，則我失爲盟主矣。」晉人許之。如楚，楚亦許之。如齊，齊人難之。陳文子曰：「晉、楚許之，我焉得已？且人曰弭兵，而我弗許，則固攜吾民矣。將焉用之？」齊人許之。告於秦，秦亦許之。皆告於小國，爲會於宋。五月甲辰，晉趙武至於宋。丙午，鄭良霄至。六月丁未朔，宋人享趙文子，叔向爲介。司馬置折俎，禮也。仲尼使舉是禮也，以爲多文辭。【詁】服虔云：「以其多文辭，故特舉而用之，後世謂之孔氏聘辭。以孔氏有其辭，故傳不復載也。」（本疏。）戊申，叔孫豹、齊慶封、陳須無、衛石惡至。甲寅，晉荀盈從趙武至。丙辰，邾悼公至。壬戌，楚公子黑肱先至，成言於晉。丁卯，宋向戌如陳，（石經本作「宋向戌」，後刊去「宋」字。以文義例之，不必有也。自宋本以下，似皆衍一「宋」字。）

從子木成言於楚。戊辰，滕成公至。子木謂向戌，請晉、楚之從交相見也。庚午，向戌復於趙孟，趙孟曰：「晉、楚、齊、秦匹也，晉之不能於齊，猶楚之不能於秦也。楚君若能使秦君辱於敝邑，寡君敢不固請於齊？」壬申，左師復言於子木，子木使馹謁諸王。【詁】爾雅：「馹，傳也。」「謁，告也。」（杜本此。）王曰：「釋齊、秦，他國請相見也。」秋，七月戊寅，左師至。是夜也，趙孟及子皙盟，以齊言。庚辰，子木至自陳。陳孔奐、蔡公孫歸生至。曹、許之大夫皆至。以藩爲軍。（外傳作「蕃」。）晉、楚各處其偏。伯夙謂趙孟曰：【詁】服虔云：「伯夙，晉大夫。」其意以爲別有伯夙，非荀盈也。（本疏。）「楚氛甚惡，【詁】說文：「氛，祥氣也。」王逸楚辭章句云：「氛，惡氣也。」按：杜注略同。懼難。」趙孟曰：「吾左還入於宋，若我何？」辛巳，將盟於宋西門之外。楚人衷甲。伯州犁曰：「合諸侯之師，以爲不信，無乃不可乎？夫諸侯望信於楚，是以來服。若不信，是弃其所以服諸侯也。」固請釋甲。子木曰：「晉、楚無信久矣，事利而已。苟得志焉，焉用有信？」大宰退，告人曰：「令尹將死矣，不及三年。求逞志而弃信，志將逞乎？志以發言，言以出信，信以立志，參以定之。信亡，何以及三？」趙孟患楚衷甲，以告叔向。叔向曰：「何害也？匹夫一爲不信，猶不可，單斃其死。【詁】說文：「殫，殛盡也。」「斃，頓仆也。」按：「單」當作「殫」，「斃」當作「弊」，容古字通。杜注：「單，盡也。斃，踣也。」義亦略同。若合諸侯之卿，以爲不信，必不捷矣。食言者不病，非子之患也。夫以信召人，而以僭濟之，必莫之與也，安能害我？且吾因宋以守病，【詁】陸粲云：〔二〕「『病』字疑當屬下讀。」顧炎武以爲然。則夫能致死。與宋致死，雖倍楚可也。（宋本「致死」下有「與宋致死」四字，今據增入。）子何懼焉？又不及是。曰弭兵以召諸侯，而稱兵以害我，吾庸多矣，非所患也。」季武子使謂叔孫以公命曰：「視邾、滕。」既而齊人請邾，宋人請滕，皆不與盟。叔孫曰：「邾、滕，人之私也。我，列國

〔二〕「粲」原訛「遜」，據陸粲左傳附注改。

也。何故視之？宋、衛，吾匹也。」乃盟。故不書其族，言違命也。【詁】賈逵云：「叔孫，義也。魯疾之非也。」服虔云：「叔孫欲爭魯國不爲人私，雖以違命見貶，其于尊國之義得之。」（本疏。）晉、楚爭先。晉人曰：「晉固爲諸侯盟主，未有先晉者也。」楚人曰：「子言晉、楚匹也。若晉常先，是楚弱也。且晉、楚狎主諸侯之盟也久矣，豈專在晉？」叔向謂趙孟曰：「諸侯歸晉之德只，非歸其尸盟也。【詁】廣雅：「只，辭也。」詩毛傳：「尸，主也。」（杜本此。）子務德，無爭先。且諸侯盟小國，固必有尸盟者。楚爲晉細，不亦可乎？」乃先楚人。書先晉，晉有信也。壬午，宋公兼享晉、楚之大夫，趙孟爲客，【詁】服虔云：「楚君恆以大夫爲賓者，大夫卑，雖尊之猶遠君也。楚先歃爲盟主，故尊趙孟爲客。」（本疏。）子木與之言，弗能對；使叔向侍言焉，子木亦不能對也。乙酉，宋公及諸侯之大夫盟于蒙門之外。子木問於趙孟曰：「范武子之德何如？」對曰：「夫子之家事治，言於晉國無隱情。其祝史陳信於鬼神，無愧辭。」子木歸，以語王。王曰：「尚矣哉。能歆神人，【詁】說文：「歆，食氣也。」宜其光輔五君以爲盟主也。」（王符引作「宜其股肱五君」。）【詁】服虔云：「文公爲戎右，襄、靈爲大夫，成公爲卿，景公爲太傅也。」（本疏。）子木又語王曰：「宜晉之伯也，有叔向以佐其卿，楚無以當之，不可與爭。」晉荀盈遂如楚涖盟。

鄭伯享趙孟于垂隴，子展、伯有、子西、子產、子大叔、二子石從。趙孟曰：「七子從君，以寵武也。請皆賦，以卒君貺，（文選注引作「請皆賦詩以卒君貺」。）武亦以觀七子之志。」子展賦草蟲，趙孟曰：「善哉，民之主也。抑武也不足以當之。」伯有賦鶉之賁賁，【詁】按：詩「賁賁」作「奔奔」，音義並通。趙孟曰：「牀笫之言不踰閾，【詁】說文：「笫，牀簀也。」服虔云：「簀謂之笫。」（史記集解。杜取此。）況在野乎？非使人之所得聞也。」子西賦黍苗之四章，趙孟曰：「寡君在，武何能焉？」子產賦隰桑，趙孟曰：「武請受其卒章。」子大叔賦野有蔓草，趙孟曰：「吾子之惠也。」印段賦蟋蟀，趙孟曰：「善哉，保家之主也，吾有望矣。」公孫段賦桑扈，趙孟曰：「『匪交匪敖』，【詁】詩作「彼交匪敖」。梁履繩曰：「成十四年傳引此文又作『彼交匪敖』，何以互異？蓋古文有以『彼』作『匪』字用者。襄八年傳『如匪行邁謀』，杜注云：『匪，彼也。』與鄭箋異。」今按：廣雅亦云：「匪，彼也。」蓋杜注所本。福將焉往？若保是言也，欲辭福禄，得乎？」卒享，文子告叔向曰：「伯有將爲戮矣。詩以言志，志誣其上，而公怨之，以爲賓榮，其能久乎？幸而後亡。」叔向曰：「然，已侈，所謂不及五稔者，【詁】廣雅：「稔，年也。」釋文：「穀一熟爲一年。」（杜本廣雅。）夫子之謂矣。」文子曰：「其餘皆數世之主也。子展其後亡者也，在上不忘降。印氏其次也，樂而不荒。樂以安民，不淫以使之，後亡，不亦可乎？」

宋左師請賞，曰：「請免死之邑。」【詁】服虔云：「向戌自以止兵，民不戰鬭，自矜其功，故求免死之賞也。」（本疏。）公與之邑六十。以示子罕，子罕曰：「凡諸侯小國，晉、楚所以兵威之，畏而後上下慈和，慈和而後能安靖其國家，以事大國，所以存也。無威則驕，驕則亂生，亂生必滅，所以亡也。天生五材，民並用之，廢一不可，誰能去兵？兵之設久矣，所以威不軌而昭文德也。（高誘呂覽注引作「兵之來久矣」。）聖人以興，亂人以廢。（高誘引作「聖人以治，亂人以亡」。王符引作「聖人所以興，亂人所以廢」。）廢興、存亡、昏明之術，皆兵之由也。而子求去之，不亦誣乎？以誣道蔽諸侯，【詁】釋文云：「『蔽』，服虔、王肅、董遇並作『弊』。」服虔云：「弊，踣也。一曰罷也。」王肅、董遇謂以誣人之道掩諸侯也。（本疏。）惠棟曰：「『蔽』與『弊』通。昭十四年傳云：『叔魚蔽罪邢侯。』周禮大司寇職曰『以邦成弊之』，鄭衆曰：『敝之，斷其獄訟也。』是『蔽』與『弊』通。」罪莫大焉。縱無大討，而又求賞，無厭之甚也。」削而投之。左師辭邑。向氏欲攻司城。左師曰：「我將亡，夫子存我，德莫大焉。又可攻乎？」君子曰：「『彼己之子，邦之司直』，樂喜之謂乎！『何以恤我，我其收之』，【詁】顧炎武云：「見周頌。」惠棟：「按：頌曰『假以溢我』。說文及廣韻引詩曰『誐以謐我』，『誐』與『何』音相近。[一] 伏生尚書『維刑之謐哉』，古文作『恤』。恤，慎也，故毛傳亦訓溢爲慎。今傳作

[一]「誐」原脱，據惠棟春秋左傳補注卷四補。

『恤』，與毛、鄭意合。古『溢』、『謐』字通。鄭氏訓爲盈溢，失之。杜氏訓恤爲憂，尤誤。說文云：『誐，嘉善也。』毛傳訓假爲嘉，義亦同。」向戌之謂乎！」

齊崔杼生成及彊而寡，【詁】爾雅：「寡，罕也。」說文：「寡，少也。」按：杜注：「寡，特也。」特亦罕少之義。小爾雅：「凡無妻無夫通謂之寡。」墨子辭過篇云：「内無拘女，外無寡夫。」又云：「天下之男多寡無妻，女多拘無夫。」娶東郭姜，生明。東郭姜以孤入，曰棠无咎，（諸本作「無」，今从石經改正。釋文：「本亦作『无』。」）與東郭偃相崔氏。崔成有疾而廢之，而立明。成請老于崔，【詁】酈道元云：「濕水又東北逕著縣故城南，又東北逕崔氏城，即襄二十七年崔成請老于崔氏者也。」崔子許之。偃與无咎弗予，曰：「崔，宗邑也，必在宗主。」成與彊怒，將殺之，告慶封曰：「夫子之身，亦子所知也，惟无咎與偃是從，父兄莫得進矣。大恐害夫子，敢以告。」慶封曰：「子姑退，吾圖之。」告盧蒲嫳。（呂覽作「盧蒲嫯」。）【詁】賈逵云：「嫳，齊大夫慶封之屬。」（史記集解。杜取此。）盧蒲嫳曰：「彼，君之讎也，天或者將棄彼矣。彼實家亂，子何病焉？崔之薄，慶之厚也。」他日又告慶封曰：「苟利夫子，必去之。難，吾助女。」九月庚辰，崔成、崔彊殺東郭偃、棠无咎於崔氏之朝。崔子怒而出，其衆皆逃，求人使駕，不得。使圉人駕，【詁】鄭玄儀禮注：「圉，養馬者。」（杜本此。）寺人御而出，且曰：「崔氏有福，止余猶可。」遂見慶封。慶封曰：「崔、慶一也，是何敢然？請爲子討之。」使盧蒲嫳帥甲以攻崔氏。崔氏堞其宮而守之，【詁】釋名：「堞，取其重疊之義也。」按：「堞其宮」當亦此義。杜以爲短垣，轉迂曲。弗克。使國人助之，遂滅崔氏，殺成與彊，而盡俘其家，其妻縊。嫳復命於崔子，且御而歸之。至，則無歸矣，乃縊。【詁】呂覽慎行篇：「崔杼歸，無歸，因而自絞也。」崔明夜辟諸大墓。【詁】按：一說「辟」疑當作「避」，逃之大墓以辟難也。或曰開先人之冢以藏杼尸。辛巳，崔明來奔。慶封當國。

楚薳罷如晉涖盟。晉侯享之，將出，賦既醉。叔向曰：「薳氏之有後於楚國也，宜哉。承君命，不忘敏。

子蕩將知政矣。敏以事君，必能養民，政其焉往？」

崔氏之亂，申鮮虞來奔，僕賃於野，以喪莊公。冬，楚人召之，遂如楚，爲右尹。【詁】說文：「賃，庸也。」

十一月乙亥朔，日有食之。辰在申，（律曆志引作「於是辰在申」。）司曆過也，再失閏矣。

二十八年，春，無冰。梓慎曰：「今兹宋、鄭其饑乎！歲在星紀，而淫於玄枵，【詁】說文：「春秋傳曰『歲在玄枵』。玄枵，虛也。」以有時菑，陰不堪陽。【詁】服虔云：「歲爲陽，玄枵爲陰。歲乘陰，進至玄枵。陰不勝陽，故温無冰。」（本疏。）蛇乘龍。龍，宋、鄭之星也。宋、鄭必饑。玄枵，虛中也。枵，秏名也。（「秏」字从釋文、石經改正。）土虛而民秏，不饑何爲？」

夏，齊侯、陳侯、蔡侯、北燕伯、杞伯、胡子、沈子、白狄朝于晉，宋之盟故也。齊侯將行，慶封曰：「我不與盟，何爲於晉？」陳文子曰：「先事後賄，禮也。小事大，未獲事焉，從之如志，禮也。雖不與盟，敢叛晉乎？重丘之盟，未可忘也。子其勸行。」

衛人討甯氏之黨故，石惡出奔晉。【詁】按：此當以「故」字爲句。衛人立其從子圃，以守石氏之祀，禮也。

邾悼公來朝，時事也。

秋，八月，大雩，旱也。

蔡侯歸自晉，入于鄭。鄭伯享之，不敬。子産曰：「蔡侯其不免乎？日其過此也，君使子展迋勞於東門之外，【詁】說文：「迋，往也。」（杜本此。）而傲。吾曰猶將更之。今還，受享而惰，乃其心也。（五行志引傳「乃」作「迺」。）君小國，事大國，（釋文：「古本無『小』字。」正義曰：「晉、宋古本及王肅注皆如此。君國，謂爲國君，言其爲君之難也。今定本作『小國』。」按：石經亦从定本。漢書引傳亦有「小」字。）而惰傲以爲己心，將得死乎？若不免，必由其子。

其爲君也，淫而不父。僑聞之，如是者恆有子禍。」（五行志引作「必有子禍」。）

孟孝伯如晉，告將爲宋之盟故如楚也。

蔡侯之如晉也，鄭伯使游吉如楚。及漢，楚人還之，曰：「宋之盟，君實親辱。今吾子來，寡君謂吾子姑還，吾將使馹奔問諸晉而以告。」子大叔曰：「宋之盟，君命將利小國，而亦使安定其社稷，鎮撫其民人，以禮承天之休。【詁】爾雅：「休，美也。」按：杜注望文生義，非也。此君之憲令，【詁】鄭玄禮記注：「憲，法也。」（杜本此。）而小國之望也。寡君是故使吉奉其皮幣，以歲之不易，聘於下執事。今執事有命曰：『女何與政令之有？必使而君棄而封守，跋涉山川，【詁】周禮大馭「登受轢犯軷」，鄭注引春秋傳曰「軷涉山川」。按：此則「跋」本作「軷」，刻本譌耳。鄭玄儀禮聘禮注引春秋傳亦曰「軷涉山川」，賈疏引傳並同。詩毛傳：「草行曰跋，水行曰涉。」今姑仍之。蒙犯霜露，以逞君心。』小國將君是望，敢不惟命是聽？無乃非盟載之言，以闕君德，而執事有不利焉，小國是懼。不然，其何勞之敢憚？」子大叔歸，復命。告子展曰：「楚子將死矣。不修其政德，而貪昧於諸侯，以逞其願。欲久，得乎？周易有之，在復䷗之頤䷚，曰：『迷復，凶。』其楚子之謂乎！欲復其願，而棄其本。復歸無所，是謂迷復，能無凶乎？君其往也，送葬而歸，以快楚心。楚不幾十年，【詁】服虔云：「此行也楚康王卒，至昭四年楚靈王合諸侯于申，距今八年，故曰不幾十年。是謂十年不克征也。」（本疏。）未能恤諸侯也，吾乃休吾民矣。」【詁】說文：「休，息也。」（杜本此。）裨竈曰：「今兹周王及楚子皆將死。歲弃其次，而旅於明年之次，【詁】廣雅：「旅，客也。」（杜本此。）以害鳥帑，周、楚惡之。」

九月，鄭游吉如晉，告將朝于楚，以從宋之盟。子産相鄭伯以如楚，舍不爲壇。（石經作「草舍不爲壇」，蓋因下「草舍」之文妄增。今从定本削去。）【詁】服虔本作「墠」，解云：「除地爲墠。」王肅本作「壇」，而解云「除地坦坦者」，則讀爲「墠」也。（本疏。）惠士奇云：「『壇』、『墠』二字俱从土，而『亶』、『單』爲聲，似古通用。」外僕言曰：「昔先大夫相先君適四國，未嘗不爲壇。自是至今，亦皆循之。今子草舍，無乃不可乎？」子産曰：「大適小，則爲壇。小適大，苟舍而已，焉用壇？僑聞大適小，有五美：宥其罪戾，赦其過失，救其菑患，賞其德刑，【詁】詩毛傳：「刑，法也。」（杜本此。）教其不及。小國不困，懷服如歸，是故作壇以昭其功，宣告後人，無怠於德。小適大，有五惡：說其罪戾，（初學記「說」引作「赦」。）請其不足，行其政事，（初學記「行」引作「講」。）共其職貢，從其時命。不然，則重其幣帛，以賀其福而弔其凶，皆小國之禍也，焉用作壇以昭其禍？所以告子孫，無昭禍焉可也。」

齊慶封好田而耆酒。與慶舍政，【詁】服虔云：「舍，慶封之子也，生傳其職政與子。」（史記集解。杜取此。）則以其内實遷于盧蒲嫳氏，易内而飲酒。數日，國遷朝焉。使諸亡人得賊者，以告而反之，故反盧蒲癸。癸臣子之，有寵，妻之。慶舍之士謂盧蒲癸曰：「男女辨姓，子不辟宗，何也？」曰：「宗不余辟，余獨焉辟之？賦詩斷章，余取所求焉，惡識宗？」癸言王何而反之。二人皆嬖，使執寢戈而先後之。公膳日雙雞，饔人竊更之以鶩。【詁】說文：「鶩，舒鳧也。」御者知之，則去其肉，而以其洎饋。【詁】說文：「洎，灌釜也。」子雅、子尾怒。【詁】韓非子曰：「子夏、子尾者，景公之二弟也。」「夏」與「雅」古字通。高誘呂覽注云：「子雅，惠公之孫，公子欒堅之子竈也。子尾，惠公之孫，公子高祈之子蠆也。」按：二子蓋景公從父昆弟。慶封告盧蒲嫳，盧蒲嫳曰：「譬之如禽獸，吾寢處之矣。」使析歸父告晏平仲，平仲曰：「嬰之衆不足用也，知無能謀也，言弗敢出，有盟可也。」子家曰：「子之言云，又焉用盟？」告北郭子車，子車曰：「人各有以事君，非佐之所能也。」陳文子謂桓子曰：「禍將作矣，吾其何得？」對曰：「得慶氏之木百車於莊。」【詁】爾雅：「六達謂之莊。」按：昭十年傳又敗諸莊，哀六年戰于莊。趙岐孟子注：「莊、嶽，齊街里名。」蓋莊、嶽皆齊之通衢，莊又以六達得名也。杜注亦本爾雅。文子曰：「可慎守也已。」盧蒲癸、王何卜攻慶氏，示子之兆，曰：「或卜攻讎，敢獻其兆。」子之曰：「克，見血。」冬，十月，慶封田于萊，陳無宇從。丙辰，文子使召之，請曰：「無宇之母疾病，請歸。」慶季卜之，示之兆，曰：「死。」奉龜而泣，乃使歸。

慶嗣聞之，曰：「禍將作矣。」謂子家：「速歸，禍作必於嘗，歸猶可及也。」子家弗聽，亦無悛志。子息曰：「亡矣，幸而獲在吴、越。」陳無宇濟水，而戕舟發梁。【詁】趙岐孟子注：「戕，猶殘也。」（杜本此。）盧蒲姜謂癸曰：「有事而不告我，必不捷矣。」癸告之，姜曰：「夫子愎，莫之止，將不出。我請止之。」癸曰：「諾。」十一月乙亥，嘗于大公之廟，慶舍涖事。盧蒲姜告之，且止之，弗聽，曰：「誰敢者？」遂如公。麻嬰爲尸，慶奊爲上獻。【詁】説文：「奊，頭衺骫奊態也。从矢圭聲。」按：此則慶奊蓋亦以隱疾得名。盧蒲癸、王何執寢戈。慶氏以其甲環公宫。陳氏、鮑氏之圉人爲優。【詁】韋昭國語注：「優，俳也。」（杜本此。）慶氏之馬善驚，士皆釋甲束馬，而飲酒，且觀優，至於魚里。欒、高、陳、鮑之徒【詁】惠棟曰：「欒堅、高祈，以字爲氏，故曰欒、高。」今按：惠氏之説非也。禮，以王父字爲氏。子雅、子尾係欒堅、高祈之子，何得即云欒、高。左氏蓋欲文法之簡，故由後言之。（按：二十九年傳文「是以免於欒、高之難」，文法亦與此同。）不然，即當言子雅、子尾、陳、鮑之徒，則句法太冗。今攷昭三年晏子稱子雅、子尾止云二惠，不云欒、高，是其證矣。至十年傳始云「齊惠欒、高氏」，其時係子旗、子良，皆欒、高之孫。是至二子時始稱欒氏、高氏可知。（十年傳晏子之徒曰「助欒、高乎」，明此時始稱爲欒、高也。）而必曰惠欒、高者，又從欒、高得氏之始，推所從來，左氏書法簡而且密如此。若子雅、子尾即可稱欒、高，則「惠欒、高」三字又當移至此年，不待昭十年傳始見矣。惠説既非，杜注亦分析不清。或又問別有證乎？曰：有。此云欒、高、陳、鮑，即以陳氏證欒、高可矣。左傳、史記陳公子完未奔齊之前，即稱爲陳完、田完是也。外此，則如僖十六年正義引世本「華督生世子家，家生華孫御事」，是至御事始氏華。而桓二年傳文即云「立華氏也」，亦先言之。襄廿六年傳叔向稱罕氏，三十年傳子皮稱「罕、駟、豐同生」亦然。介慶氏之甲。子尾抽桷擊扉三，【詁】説文：「桷，榱也。椽方曰桷。」「扉，户扇也。」（杜本此。）盧蒲癸自後刺子之，王何以戈擊之，解其左肩。猶援廟桷，動於甍，【詁】説文：「甍，屋棟也。」釋名：「屋脊曰甍。甍，蒙也。」吾友程孝廉瑶田云：「凡屋通以瓦蒙之曰甍，故其字从瓦。」按：杜注本説文。正義引説文又云：「甍，棟梁也。」是又名爲梁，不知正義所據何本。疑有誤。以俎壺投殺人，而後死。遂殺慶繩、麻嬰。公懼，鮑、國曰：「群臣爲君故也。」陳須無以公歸，稅服而如内宫。慶封歸，遇告亂者。丁亥，伐西門，弗克。還伐北門，克之。入伐内宫，弗克。反，陳于嶽。【詁】趙岐孟子注：「嶽，里名。」（杜本此。）請戰，弗許，遂來奔。獻車於季武子，美澤可以鑑。展莊叔見之，曰：「車甚澤，人必瘁。【詁】釋文：「『瘁』本又作『萃』。」倉頡篇云：「瘁，憂也。」（文選注。）按：「瘁」與「悴」古字通。宜其亡也。」叔孫穆子食慶封，慶封氾祭。【詁】鄭康成讀「氾」與「窆」同，逋鄧反。穆子弗説，（諸本皆作「不」，今从石經、釋文改定。）使工爲之誦茅鴟，亦不知。既而齊人來讓，奔吳。吳句餘予之朱方，【詁】服虔以句餘爲餘祭。杜注以爲夷末。按：小司馬索隱曰餘祭以襄二十九年卒，則二十八年賜慶封邑不得是夷末，明服説有據，杜氏非也。郡國志吳郡丹徒，劉昭云：「春秋時朱方。」（杜同此。）聚其族焉而居之，富於其舊。子服惠伯謂叔孫曰：（石經誤作「孫叔」，未經勘正。）「天殆富淫人，慶封又富矣。」穆子曰：「善人富謂之賞，淫人富謂之殃。【詁】按：後漢書方術折像傳曰：「不仁而富謂之不幸。」注引左傳曰：「善人富謂之幸，淫人富謂之殃。」天其殃之也，其將聚而殲旃。」【詁】詩毛傳：「殲，盡也。旃，之也。」（杜本此。）

癸巳，天王崩。未來赴，亦未書，禮也。

崔氏之亂，喪群公子，故鉏在魯，（釋文：「『公子鉏』，本或作『故公鉏』者。」）叔孫還在燕，賈在句瀆之丘。【詁】按：廿一年傳有「執公子買于句瀆之丘，公子鉏來奔，叔孫還奔燕」之文，蓋執買即放于句瀆之丘，故慶氏亡，復召還也。「買」與「賈」字體相近，必有一誤。及慶氏亡，皆召之，具其器用而反其邑焉。與晏子邶殿其鄙六十，弗受。子尾曰：「富，人之所欲也，何獨弗欲？」對曰：「慶氏之邑足欲，故亡。吾邑不足欲也，益之以邶殿乃足欲。足欲，亡無日矣。在外，不得宰吾一邑。不受邶殿，非惡富也，恐失富也。且夫富，如布帛之有幅焉。【詁】説文：「幅，布帛廣也。」爲之制度，使無遷也。【詁】高誘淮南注：「遷，移也。」（杜本此。）夫民生厚而用利，於是乎正德以幅之，使無黜嫚，【詁】説文：「黜，貶下也。」「嫚，侮易也。」謂之幅利。利過則爲敗。吾不敢貪多，所謂幅也。」與北郭佐邑六十，受之。與子雅邑，辭多受少。與子尾邑，受而稍致之。【詁】鄭玄禮記注：「致，還也。」(杜本此。)公以爲忠，故有寵。釋盧蒲嫳于北竟。【詁】漢書集注：「釋，放也。」(杜本此。)求崔杼之尸，將戮之，不得。叔孫穆子曰：「必得之。武王有亂十人，【詁】孔安國尚書注：「亂，治也。」(杜本此。)唐石經無「臣」字。石經論語亦然。又昭廿四年傳引大誓亦無「臣」字。惠棟云：「後人皆據晉時所出古文大誓以益之，非也。」今按：宋本亦皆同石經。崔杼其有乎？不十人，不足以葬。」既，崔氏之臣曰：「與我其拱璧，吾獻其柩。」於是得之。十二月乙亥朔，齊人遷莊公，殯于大寢。以其棺尸崔杼於市，國人猶知之，皆曰：「崔子也。」

爲宋之盟故，公及宋公、陳侯、鄭伯、許男如楚。公過鄭，鄭伯不在，伯有廷勞於黃崖，(釋文：「『崖』，本又作『涯』。」)不敬。穆叔曰：「伯有無戾於鄭，鄭必有大咎。敬，民之主也，而弃之，何以承守？鄭人不討，必受其辜。濟澤之阿，行潦之蘋藻，寘諸宗室，季蘭尸之，敬也。敬可弃乎？」及漢，楚康王卒。公欲反，叔仲昭伯曰：「我楚國之爲，豈爲一人行也？」子服惠伯曰：「君子有遠慮，小人從邇。【詁】詩毛傳：「邇，近也。」遑，暇也。」(杜本此。)飢寒之不恤，誰遑其後？不如姑歸也。」叔孫穆子曰：「叔仲子專之矣，子服子始學者也。」榮成伯曰：「遠圖者，忠也。」公遂行。宋向戌曰：「我一人之爲，非爲楚也。飢寒之不恤，誰能恤楚？姑歸而息民，待其立君而爲之備。」宋公遂反。

楚屈建卒。趙文子喪之如同盟，禮也。

王人來告喪。問崩日，以甲寅告，故書之，以徵過也。【詁】鄭玄尚書注：「徵，驗也。」(杜本此。)

二十九年，春，王正月，公在楚，釋不朝正于廟也。楚人使公親襚，【詁】說文：「襚，衣死人也。春秋傳曰『楚使公親襚』。」公患之。穆叔曰：「祓殯而襚，則布幣也。」(風俗通引傳作「布帛」。)乃使巫以桃、茢先祓殯。【詁】說文：「莿，芀也。」「芀，葦華也。」按：爾雅：「葦醜芀。」鄭玄注周禮曰：「莿，苕帚。」詩毛傳：「亂爲萑。」「萑苕謂亂穗也。」據此數者，則莿是萑葦之屬無疑。杜注「黍穰」，蓋改字从「梨」，用說文「梨，黍穰也」。廣雅亦同。雖有所據，然究不若从本字之訓爲長。正義申杜，又不能推明所自，但云今世苕帚或用黍穰。則今世之帚又有兼用竹者，豈可謂桃、莿是竹，屈古人就我乎？正義所說，每游談無根，不足深論。楚人弗禁，既而悔之。

二月癸卯，齊人葬莊公于北郭。

夏，四月，葬楚康王。公及陳侯、鄭伯、許男送葬，至于西門之外。諸侯之大夫皆至于墓。楚郟敖即位，王子圍爲令尹。鄭行人子羽曰：「是謂不宜，必代之昌。松柏之下，其草不殖。」【詁】說文：「殖，脂膏久殖也。」按：玉篇：「殖，長也，生也，種也。」義與說文並通。

公還，及方城。季武子取卞，使公冶問，（外傳作「季冶」。）璽書追而予之，（諸本「予」作「與」，今从石經改正。）【詁】鄭司農周禮注：「璽者，印也。」（杜本此。）曰：「聞守卞者將叛，臣帥徒以討之。（水經注「帥」作「率」。）既得之矣，敢告。」公冶致使而退。及舍，而後聞取卞。公曰：「欲之而言叛，祇見疏也。」【詁】服虔本作「祇見疏」，解云：「祇，適也。」晉、宋杜本皆作「多」。古人「多」、「祇」同音。（本疏。）惠棟曰：「『疏』當爲『⿰言㐬』字之誤也。呂覽先識篇云『無由接而言見⿰言㐬』，高誘曰：『「⿰言㐬」讀爲誣妄之「誣」。』下云『欺其君，何必使余』，明疏爲誣。欲之而言叛，非誣乎？杜氏好改古文，古義存者少矣。」公謂公冶曰：「吾可以入乎？」對曰：「君實有國，誰敢違君？」公與公冶冕服，固辭，强之而後受。公欲無入。榮成伯賦式微，乃歸。【詁】服虔云：「言君用中國之道微。」（詩疏。）五月，公至自楚。公冶致其邑於季氏，而終不入焉，曰：「欺其君，何必使余？」季孫見之，則言季氏如他日；不見，則終不言季氏。及疾，聚其臣曰：「我死，必無以冕服斂，非德賞也。且無使季氏葬我。」

葬靈王。鄭上卿有事，子展使印段往，伯有曰：「弱，不可。」子展曰：「與其莫往，弱不猶愈乎？詩曰：

『王事靡盬，不皇啓處。』【詁】詩毛傳：「盬，不堅固也。」「啓，跪也。」（杜本此。）東西南北，誰敢寧處？堅事晉、楚，以蕃王室也。王事無曠，何常之有？」遂使印段如周。

吴人伐越，獲俘焉，以爲閽，使守舟。吴子餘祭觀舟，閽以刀弒之。

鄭子展卒。子皮即位。於是鄭饑，而未及麥，民病。子皮以子展之命餼國人粟，户一鍾，是以得鄭國之民。故罕氏常掌國政，以爲上卿。宋司城子罕聞之，〔一〕曰：「鄰於善，民之望也。」宋亦饑，請於平公，出公粟以貸，使大夫皆貸。司城氏貸而不書，爲大夫之無者貸。宋無飢人。叔向聞之，曰：「鄭之罕，宋之樂，其後亡者也。二者其皆得國乎！民之歸也。施而不德，樂氏加焉，其以宋升降乎！」

晉平公，杞出也，故治杞。六月，知悼子合諸侯之大夫以城杞，孟孝伯會之，鄭子大叔與伯石往。子大叔見大叔文子，與之語。文子曰：「甚乎，其城杞也！」子大叔曰：「若之何哉？晉國不恤周宗之闕，而夏肄是屏，【詁】玉藻「肆束及帶」，鄭玄注曰：「『肆』讀爲『肄』，餘也。」方言：「肄、枿，餘也。秦、晉之間曰肄。」鄭玄曰：「斬而復生曰肄。」（杜本此。）説文：「屏，蔽也。」按：杜注云：「屏，城也。」城可爲屏蔽義，亦通。其弃諸姬亦可知也已。諸姬是弃，其誰歸之？吉也聞之，弃同即異，是爲離德。詩曰：『協比其鄰，昏姻孔云。』晉不鄰矣，其誰云之？」【詁】詩毛傳：「云，旋也。」（杜本此。）

齊高子容（别本無「齊」字，今从漢志增入。石經初刻亦有「齊」字。）與宋司徒見知伯，女齊相禮。賓出，司馬侯言於知伯曰：「二子皆將不免。子容專，司徒侈，皆亡家之主也。」知伯曰：「何如？」對曰：「專則速及，侈將以其力斃，（五行志作「敝」。）專則人實斃之，將及矣。」

〔一〕「宋司城」三字原脱，據春秋左傳其它各本補。

范獻子來聘，拜城杞也。公享之，展莊叔執幣。射者三耦，公臣不足，取於家臣。家臣展瑕、展王父（諸本「王」作「玉」，今从石經、宋本改正。）爲一耦；公臣公巫召伯、仲顔莊叔爲一耦，鄫鼓父、黨叔爲一耦。

晉侯使司馬女叔侯來治杞田，弗盡歸也。晉悼夫人愠曰：「齊也取貨。先君若有知也，不尚取之。」【詁】服虔云：「不尚，尚也。尚當取女叔侯殺之。」（本疏。）公告叔侯，叔侯曰：「虞、虢、焦、【詁】按：郡國志弘農郡：「陝，有焦城。」史記曰：「武王封神農之後于焦。」此云姬姓，或國滅後復以姬姓續封也。滑、霍、揚、【詁】地理志河東郡楊，應劭曰：「楊，侯國。」按：「揚」應作「楊」，辯見後。韓、魏，皆姬姓也，晉是以大。若非侵小，將何所取？武、獻以下，兼國多矣，【詁】吕覽曰：「獻公即位五年，兼國十九。」案：此言武、獻以下，則當從武公始。今攷竹書紀年，周桓王十三年（武公九年。）晉曲沃滅荀，十六年春滅翼；惠王十六年（獻公亦十六年。）滅耿、滅魏，（又左傳云滅霍。）十九年滅虢。（又左傳滅虞。）誰得治之？杞，夏餘也，而即東夷。魯，周公之後也，而睦於晉。以杞封魯猶可，而何有焉？魯之於晉也，職貢不乏，玩好時至，公卿大夫相繼於朝，史不絶書，府無虚月。如是可矣，何必瘠魯以肥杞？且先君而有知也，毋寧夫人，而焉用老臣？」【詁】服虔云：「毋寧，寧也。寧自取夫人，將焉用老臣乎？」（本疏。）

杞文公來盟，書曰「子」，賤之也。

吳公子札來聘，見叔孫穆子，説之。謂穆子曰：「子其不得死乎？好善而不能擇人。吾聞君子務在擇人。吾子爲魯宗卿，而任其大政，不慎舉，何以堪之？禍必及子。」請觀於周樂。【詁】服虔云：「周樂，魯所受四代之樂也。」（史記集解。）使工爲之歌周南、召南，曰：「美哉！【詁】先儒以爲季札所言，觀其詩辭而知。（本疏。）始基之矣，【詁】王肅云：「言始造王基也。」（史記集解。杜本此。）猶未也，【詁】賈逵云：「未有雅、頌之成功。」（同上。）服注亦同。（詩疏。）然勤而不怨矣。」爲之歌邶、鄘、衛，曰：「美哉！淵乎！【詁】賈逵云：「淵，深也。」（同上。杜取此。）憂而不困者也。吾聞衛康叔、武公之德如是。【詁】賈逵云：「康叔遭管叔、蔡叔之難，武公罹幽王、褒氏之憂，故曰康叔、武公之德如是。」(同上。)是其衛風乎！」爲之歌王，【詁】服虔云：「王室當在雅，衰微而列在風，故國人猶尊之稱王，猶春秋之王人也。」(同上，及詩疏。)惠士奇曰：「王者采風畿内，故有王風。周官六詩比、賦、興、風、雅、頌，安得謂王者無風？後儒以詩亡爲雅亡，失之甚矣。」曰：「美哉！思而不懼，其周之東乎！」【詁】服虔云：「平王東遷洛邑。」(同上。)爲之歌鄭，【詁】賈逵云：「鄭風，東鄭是。」(同上。)服虔云：「鄭，東鄭，古檜國之地。」(詩疏。)曰：「美哉！其細已甚，民弗堪也。(史記無「美哉」二字。)【詁】服虔云：「其風細弱已甚，攝乎大國之間，忘遠慮持久之風，故曰民不堪，將先亡也。」(同上。)是其先亡乎！」爲之歌齊，曰：「美哉！泱泱乎！大風也哉！【詁】服虔云：「泱泱，舒緩深遠，有太和之意。其詩風刺，詞約而義微，體疏而不切，故曰大風。」(同上。)按：毛傳：「泱泱，深廣皃。」杜注云「弘大」，非義訓。表東海者，【詁】服虔云：「言爲東海之表式。」(同上。)其大公乎！國未可量也。」【詁】服虔云：「國之興衰，世數長短，未可量也。」(同上。)爲之歌豳，【詁】地理志右扶風：「栒邑，有豳鄉，詩豳國，〔一〕公劉所都。」(杜本此。)曰：「美哉！蕩乎！樂而不淫，(史記作「蕩蕩乎」。)【詁】賈逵云：「蕩然無憂，自樂而不荒淫也。」(史記集解。)其周公之東乎！」爲之歌秦，曰：「此之謂夏聲。【詁】服虔云：「秦仲始有車馬禮樂之好、侍御之臣、戎車四牡田狩之事，其孫襄仲列爲秦伯。有蒹葭蒼蒼之歌、終南之詩，追録先人。車鄰、四鐵、小戎之歌，與諸夏同風，故曰夏聲。」(詩疏。)夫能夏則大，大之至也，其周之舊乎！」爲之歌魏，曰：「美哉！渢渢乎！大而婉，【詁】賈逵云：「其志大，直而有曲，體歸中和。」(史記集解。)按：「渢渢」，漢書集注：「浮皃。」又作「汎」，司馬貞引廣雅云：「群浮也。」杜注「中庸之聲」，亦非義訓。險而易行，以德輔此，則明主也。」【詁】賈逵云：「中庸之德，難成而易行，故曰『以德輔此，則明主也。』」(同上。)又史記「明主」作「盟主」。按：古「盟」字从冏，賈侍中說讀與「明」同。惠士奇曰：「『險』，史記作『儉』。古文易曰『動乎儉中』，又云『儉德辟難』，皆讀爲『險』。」

〔一〕「國」原訛「風」，據漢書卷二十八上地理志第八上改。

險而易行，即易之『易以知儉』也。杜注讀爲『儉』，直是不識字。」惠棟云：「漢劉修碑云『動乎儉中』，今易作『險』。」今按：張載魏都賦引傳亦作「儉」，惠説是也。釋文云：「依注音『儉』。」亦失之，當讀如字。爲之歌唐，曰：「思深哉！其有陶唐氏之遺民乎！（史記作「遺風」。）不然，何憂之遠也？（史記作「何憂之遠也」，與傳合。石經「何」字下有「其」字，衍。）非令德之後，誰能若是？」爲之歌陳，曰：「國無主，其能久乎？」（地理志「無」作「亡」。）自鄶以下無譏焉。（詩疏引作「自檜以下」。）【詁】服虔云：「鄶以下及曹風，其國小，無所刺譏。」（同上）。爲之歌小雅，【詁】服虔云：「自鹿鳴至菁菁者莪，道文、武，修小政，定大亂，致太平，樂且有儀，是爲正小雅。」（詩疏。）曰：「美哉！思而不貳，怨而不言，【詁】王肅云：「非不能言，畏罪咎也。」（史記集解。）其周德之衰乎？【詁】高誘淮南注：「衰，小也。」（杜本此。）猶有先王之遺民焉。」【詁】服虔以爲此歎變小雅也。其意言思上世之明聖，而不貳于當時之王；怨當時之政，而不有背叛之志也。其周德之衰微乎，疑其幽、厲之政也。又云服虔讀爲衰微之衰。（本疏。）按：繹服注，則先王之遺民當指文、武之時，正對上周德之衰爲幽、厲之時而言。杜注太回遠。爲之歌大雅，【詁】服虔云：「陳文王之德、武王之功。自文王以下至鳧鷖，是謂正大雅。」曰：「廣哉！熙熙乎！【詁】漢書集注：「熙熙，和樂皃。」（杜略同。）曲而有直體，其文王之德乎？」爲之歌頌，【詁】服虔云：「哀公十一年孔子自衞反魯，然後樂正，雅、頌各得其所，距此六十二歲。當時雅、頌未定，而云爲之歌小雅、大雅、頌者，傳家據已定録之。」（同上，及周禮疏。）曰：「至矣哉！【詁】賈逵云：「言道備至也。」（史記集解。）直而不倨，【詁】高誘吕覽注：「倨，傲也。」（杜本此。）曲而不屈，邇而不偪，（史記「邇」作「近」。）遠而不攜，遷而不淫，【詁】服虔云：「遷，徙也。文王徙豐，武王居鎬。」（同上。）復而不厭，哀而不愁，樂而不荒，用而不匱，廣而不宣，施而不費，取而不貪，處而不底，【詁】説文：「底，山居也。一曰下也。」廣韻：「底，止也，下也。」行而不流，五聲和，八風平，節有度，守有序，盛德之所同也。」見舞象箾、南籥者，【詁】賈逵云：「象，文王之樂武象也。箾，舞曲也。南籥，以籥舞也。」（同上。）又云：「箾，舞曲名，言天下樂箾去無道。」（本疏。）服虔云：「象，文王之樂舞象也。箾，舞曲名，言天下樂箾去無道。」

(詩疏。)按：説文：「箾，以竿擊人也。虞舜樂曰箾韶。」據此，則箾本舞器，又爲虞舜舞曲名。杜注「舞所執」，亦當此意。惟正義以爲賈、杜各以意言，俱無所據。又云「不知箾是何等器」，則不攷説文故也。又正義「韶箾」下云「箾即簫」，亦非。曰：「美哉！猶有感。」(諸本「感」作「憾」，並从釋文改。下同。)【詁】賈逵云：「感，恨也，恨不及已以伐紂而至太平也。」(史記集解。)見舞大武者，【詁】賈逵云：「周公所作武王樂。」(同上。杜取此。)潁容釋例：「周用六代之禮樂，故有雲門、咸池、大韶、大夏、大濩、大武也。魯受四代之禮樂，故不舞雲門、咸池，示有降殺也。」(御覽。)曰：「美哉！周之盛也。其若此乎？」見舞韶濩者，(史記「濩」作「護」。)【詁】賈逵云：「韶濩，殷成湯樂大濩也。」(史記集解。杜取此。)曰：「聖人之弘也，(蔡邕注典引引傳「弘」作「治」。)【詁】賈逵云：「弘，大也。」(同上。)而猶有慙德，聖人之難也。」【詁】服虔云：「慙于始伐而無聖佐，故曰聖人之難。」(同上。)見舞大夏者，【詁】賈逵云：「夏禹之樂。」(同上。杜取此。)曰：「美哉！勤而不德。非禹，其誰能修之？」(史記「修」作「及」。)【詁】服虔云：「禹勤其身以治水土也。」(同上。)見舞韶箾者，(史記作「招箾」，索隱曰：「『韶』、『簫』二字體變耳。」)【詁】服虔云：「有虞氏之樂大韶也。」(同上。)曰：「德至矣哉！大矣，【詁】服虔云：「至，帝王之道極于韶也，盡美盡善也。」(同上。)如天之無不幬也，(史記「幬」作「燾」。)【詁】賈逵云：「燾，覆也。」(同上。杜取此。)按：史記作「燾」。禮記中庸篇「無不覆幬」，鄭注云：「幬亦覆也。或作『燾』。」後漢書朱穆傳曰：「天不崇大，則覆幬不廣。」注云：「幬亦覆。」詩周頌正義引作「燾」。「燾」、「幬」古字通。左傳舊本當作「燾」，故賈注如是。如地之無不載也。雖甚盛德，其蔑以加於此矣。觀止矣！若有他樂，吾不敢請已。」(史記「請」作「觀」。)【詁】服虔云：「周用六代之樂，堯曰咸池，黃帝曰雲門。魯受四代，下周二等，故不舞其二。季札知之，故曰『有他樂，吾不敢請』。」(同上。)先儒以爲季札在吳，未嘗經見此樂，爲歌諸詩。其所歎美，皆以詩辭之內求所歎之意。(本疏。)

其出聘也，通嗣君也。故遂聘于齊，説晏平仲，謂之曰：「子速納邑與政。【詁】服虔云：「入邑與職政于公，不與國家之事。」(史記集解。)無邑無政，乃免於難。齊國之政，將有所歸。未獲所歸，難未歇也。」【詁】爾雅：「歇，竭也。」故晏子因陳桓子以納政與邑，是以免於欒、高之難。聘於鄭，見子産，如舊相識。與之縞帶，子産獻紵衣焉。【詁】説文：「縞，鮮色也。」「絲屬，細者爲絟，粗者爲紵。」孔安國曰：「縞，白繒也。」鄭玄禮記注云：「白經赤緯曰縞，黑經白緯曰纖。」按：杜注：「吴地貴縞，鄭地貴紵。」未知何據，或亦以意言之。謂子産曰：「鄭之執政侈，難將至矣，政必及子。子爲政，慎之以禮。不然，鄭國將敗。」【詁】服虔云：「禮，所以經國家、利社稷也。」（史記集解。）適衛，説蘧瑗、史狗、史鰌、公子荆、公叔發、【詁】按：鄭注檀弓云：「文子，衛獻公之孫，名拔，或作發。」孔疏云：「按：世本：『衛獻公生公子當，當生文子拔。』是獻公孫也。或作發者，以春秋左傳作發，故云。」今攷此時獻公甫卒，而發已稱公叔，恐與獻公孫名拔者係兩人。公子朝，【詁】按：論語有公孫朝，疑即其人。曰：「衛多君子，未有患也。」自衛如晉，將宿於戚，聞鐘聲焉，【詁】史記稱過宿，孫林父爲擊磬，索隱讀「宿」爲「戚」。服虔云：「孫林父鼓鐘作樂也。」（史記集解。）曰：「異哉！吾聞之也，辯而不德，【詁】墨子經上：「辯，争彼也。」（杜本此。）必加於戮。夫子獲罪於君以在此，懼猶不足，而又何樂？【詁】服虔云：「辯，若鬥辯也。夫以辯争，不以德居之，必加於刑戮也。」（同上。）賈逵云：「夫子，孫文子也。獲罪，出獻公，以戚叛也。」（同上。）夫子之在此也，猶燕之巢于幕上，【詁】王肅云：「言至危也。」（同上。）君又在殯，而可以樂乎？」【詁】賈逵云：「衛君獻公棺在殯，未葬。」（同上。杜取此。）文子聞之，終身不聽琴瑟。【詁】服虔云：「聞義而改也。琴瑟不聽，况鐘鼓乎？」（同上。杜取此。）適晉，説趙文子、韓宣子、魏獻子，曰：「晉國其萃於三族乎！」【詁】服虔云：「言晉國之祚將集于三家。」（同上。杜取此。）説叔向，將行，謂叔向曰：「吾子勉之！君侈而多良，大夫皆富，政將在家。吾子好直，【詁】服虔云：「直，不能曲撓以從衆。」（同上。）必思自免於難。」

秋，九月，齊公孫蠆、公孫竈放其大夫高止于北燕。乙未，出。書曰「出奔」，罪高止也。高止好以事自爲功，且專，故難及之。

冬，孟孝伯如晉，報范叔也。

爲高氏之難故，高豎以盧叛。十月庚寅，閭丘嬰帥師圍盧。高豎曰：「苟使高氏有後，請致邑。」齊人立敬仲之曾孫酀，（董遇注：「本作『偃』。」）良敬仲也。【詁】世本：「敬仲生莊子，莊子生傾子，傾子生宣子，宣子生厚，厚生止。」又云：「敬仲生莊子，莊子生傾子，傾子之孫武子偃。」按：正義據世本，則偃爲敬仲玄孫；而傳云曾孫，必有一誤。（本疏。）十一月乙卯，高豎致盧而出奔晉。晉人城緜而寘旃。【詁】郡國志太原郡：「界休，有緜上聚。」

鄭伯有使公孫黑如楚，辭曰：「楚、鄭方惡，而使余往，是殺余也。」伯有曰：「世行也。」子晳曰：「可則往，難則已，何世之有？」伯有將强使之，子晳怒，將伐伯有氏，大夫和之。十二月己巳，鄭大夫盟於伯有氏。裨諶曰：「是盟也，其與幾何？【詁】古今人表作卑湛，師古曰：「『卑』音『脾』，『湛』音『諶』。」風俗通曰：「卑氏，鄭大夫卑湛之後。漢有卑躬，爲北平太守。」[一]釋文亦作「湛」。按：「裨」、「諶」二字皆説文所收，蓋古字通。惠棟以爲杜改「卑」爲「裨」，俗又改「湛」爲「諶」，云「古文盡亡」，説太過。詩曰：『君子屢盟，亂是用長。』今是長亂之道也。禍未歇也，必三年而後能紓。」然明曰：「政將焉往？」裨諶曰：「善之代不善，天命也，其焉辟子產？舉不踰等，則位班也。擇善而舉，則世隆也。天又除之，奪伯有魄，子西即世，將焉辟之？天禍鄭久矣，其必使子產息之，乃猶可以戾。【詁】爾雅：「戾，止也。」詩毛傳：「戾，定也。」廣雅同。（杜本此。）不然，將亡矣。」

三十年，春，王正月，楚子使薳罷來聘，通嗣君也。穆叔問：「王子之爲政何如？」（釋文：「一本作『問王子圍之爲政』。」服虔、王肅本並無「圍」字。）【詁】服虔云：「王子，楚令尹王子圍也。」王肅曰：「王子，楚令尹圍也。」（本疏。）對曰：「吾儕小人，食而聽事，猶懼不給命，而不免於戾，焉與知政？」固問焉，不告。穆叔告大夫曰：「楚令尹

[一]「平」原訛「地」，據後漢書皇后紀下李賢注改。

將有大事，子蕩將與焉，助之匿其情矣。」

子産相鄭伯以如晉，叔向問鄭國之政焉，對曰：「吾得見與否，在此歲也。駟、良方争，未知所成。若有所成，吾得見，乃可知也。」叔向曰：「不既和矣乎？」對曰：「伯有侈而愎，【詁】廣雅：「愎，佷也。」（杜本此。）子晳好在人上，莫能相下也。雖其和也，猶相積惡也，惡至無日矣。」

二月癸未，（諸本「二」誤作「三」，今从宋本改正。）晉悼夫人食輿人之城杞者。【詁】高誘吕覽注：「輿，衆也。」（杜本此。）絳縣人或年長矣，無子而往，與於食。有與疑年，使之年，曰：「臣，小人也，不知紀年。臣生之歲，正月甲子朔，四百有四十五甲子矣，（律曆志引作「四百四十有五甲子矣」。）其季於今三之一也。」吏走問諸朝。（釋文：「一本作『使走』。」）【詁】釋文：「一曰走使之人也。服虔、王肅本作『吏』，云吏不知曆者。」服虔云：「吏不知曆數，故走問于卿大夫。」王肅云：「吏不知曆也。」（本疏。）師曠曰：「魯叔仲惠伯會郤成子于承匡之歲也。是歲也，狄伐魯，叔孫莊叔於是乎敗狄于鹹，獲長狄僑如及虺也、豹也，而皆以名其子。七十三年矣。」【詁】熊朋來曰：「魯襄三十年，歲次戊午。二月辛酉朔，初四日甲子，二十三日癸未日。其季于今三之一者，言甲子數至癸未日，正得二十日，是三分六十甲子之一也。季者，餘數也。積四百四十四甲子零二十日，算得二萬六千六百六十日。除五十三日，在本年正、二月，（戊午，正月大，該三十日；二月二十三日。）止有二萬六千六百零七日。逆推得絳縣老人是魯文公十一年乙丑歲三月生，故曰臣生之歲正月甲子朔。注謂『夏正月』，若以周正，則三月也。本合云七十四年，此時方是二月，若夏正則十二月，故除本年不算，曰七十三年也。」史趙曰：「亥有二首六身，【詁】説文：「亥，荄也，十月微陽起接盛陰。从二。二，古文上字，一人男、一人女也。从乙，象褢子咳咳之形。春秋傳曰『亥有二首六身』。」惠士奇曰：「史趙以『亥』字推算其年者，蓋以『亥』乃絳縣老人之名，即孟子之亥唐。韓非子云晉平公于唐亥云云。或孟子傳寫倒其名氏也。」下二如身，是其日數也。」（律曆志「是」作「則」。）士文伯曰：「然則二萬六千六百有六旬也。」趙孟問其縣大夫，則其屬也。召之，而謝過焉，曰：「武不才，任君之大事，以晉國之多虞，不能由吾子，【詁】詩毛傳：「由，用也。」（杜本此。）使吾子辱在泥塗久矣。【詁】通俗文：「泥塗謂之涅湏。」武之罪也，敢謝不才。」遂仕之，使助爲政。辭以老，與之田，使爲君復陶，以爲絳縣師，而廢其輿尉。【詁】服虔云：「輿尉，軍尉，主發衆使民。」（本疏。）於是魯使者在晉，歸以語諸大夫。季武子曰：「晉未可婾也。【詁】説文：「婾，薄也。」廣雅同。（杜本此。）有趙孟以爲大夫，有伯瑕以爲佐，有史趙、師曠而咨度焉，有叔向、女齊以師保其君。其朝多君子，其庸可婾乎？勉事之而後可。」

夏，四月己亥，鄭伯及其大夫盟。君子是以知鄭難之不已也。

蔡景侯爲大子般娶于楚，通焉。大子弑景侯。

初，王儋季卒，其子括【詁】按：下云儋括，則係季食采之邑，故父子皆以儋爲氏也。將見王而歎。單公子愆期（石經「期」誤作「旗」。）爲靈王御士，過諸廷，聞其歎而言曰：「烏乎！必有此夫。」入以告王，且曰：「必殺之。不慼而願大，視躁而足高，心在他矣。不殺，必爲害。」（諸刊本脱「爲」字。今从石經補入。）王曰：「童子何知？」及靈王崩，儋括欲立王子佞夫，佞夫弗知。戊子，儋括圍蔿，逐成愆。成愆奔平時。〔一〕（釋文：「『時』，音『止』，又音『市』。或作『畤』。」）五月癸巳，尹言多、劉毅、單蔑、甘過、鞏成殺佞夫。括、瑕、廖奔晉。書曰：「天王殺其弟佞夫。」罪在王也。

或叫于宋大廟，【詁】説文：「訆，大呼也。春秋傳曰『或訆于宋大廟』。」（杜本此。）按：石經作「叫」，誤。曰：「譆譆！出出！」【詁】説文：「誒，可惡之辭。一曰誒然。春秋傳曰『誒誒出出』。」按：今本作「譆譆」，説文「痛也」。杜注：「譆譆，熱也。」蓋本廣雅。古字「誒」、「烪」、「譆」並通。釋文：「鄭注周禮引此作『詘詘』。」鳥鳴于亳社，【詁】服虔云：「殷，

〔一〕「成愆」二字原脱，據春秋左傳其它各本補。

宋之祖也，故鳴其社。伯姬，魯女，欲使魯往語伯姬也。」（本疏。）如曰「譆譆」。甲午，宋大災。【詁】服虔云：「（經）不書大，非災。火及人，伯姬坐而待之耳。」（同上。）宋伯姬卒，待娒也。【詁】説文：「娒，女師也。」按：今本作「姆」，非。今改正。（杜本此。）君子謂：「宋共姬女而不婦。女待人，婦義事也。」

六月，鄭子産如陳涖盟。歸，復命，告大夫曰：「陳，亡國也，不可與也。聚禾粟，繕城郭，恃此二者，而不撫其民。其君弱植，公子侈，大子卑，大夫敖，（釋文：「『敖』本一作『傲』。」）【詁】服本作「放」，云淫放也。（釋文。）服虔云：「言大夫淫放。」（本疏。）政多門，以介於大國，能無亡乎？不過十年矣。」

秋，七月，叔弓如宋，葬共姬也。

鄭伯有耆酒，爲窟室，而夜飲酒，擊鐘焉。朝至，未已。朝者曰：「公焉在？」其人曰：「吾公在壡谷。」（石經作「壑」，非。）【詁】爾雅：「壡，虚也。」皆自朝布路而罷。【詁】説文：「罷，歸也。」既而朝，則又將使子皙如楚，歸而飲酒。庚子，子皙以駟氏之甲伐而焚之。伯有奔雍梁，醒而後知之，遂奔許。大夫聚謀，子皮曰：「仲虺之志云：『亂者取之，亡者侮之。推亡固存，國之利也。』罕、駟、豐同生，伯有汏（諸刊本作「汰」，今从釋文改正。）侈，故不免。」人謂子産：「就直助彊。」子産曰：「豈爲我徒？國之禍難，誰知所敝？或主彊直，難乃不生。姑成吾所。」辛丑，子産斂伯有氏之死者而殯之，不及謀而遂行。印段從之。子皮止之，衆曰：「人不我順，何止焉？」子皮曰：「夫子禮於死者，况生者乎？」遂自止之。壬寅，子産入。癸卯，子石入。皆受盟于子皙氏。乙巳，鄭伯及其大夫盟于大宫，盟國人于師之梁之外。伯有聞鄭人之盟己也，怒。聞子皮之甲不與攻己也，喜，曰：「子皮與我矣。」癸丑，晨，自墓門之瀆入，因馬師頡介于襄庫，以伐舊北門。駟帶率國人以伐之。皆召子産，子産曰：「兄弟而及此，吾從天所與。」伯有死於羊肆。子産禭之，枕之股而哭之，斂而殯諸伯有之臣在市側者，既而葬諸斗城。【詁】水經注：「渠水又東南逕斗城西，子産殯伯有尸，其臣葬之于是城也。」按：今在陳留縣南。子駟氏欲攻子産，子皮怒之，曰：「禮，國之幹也。殺有禮，禍莫大焉。」乃止。於是游吉如晉還，聞難，不入，復命于介。八月甲子，奔晉。駟帶追之，（石經「駟」作「四」，誤。）及酸棗，【詁】郡國志陳留郡酸棗縣。（杜同此。）與子上盟，用兩珪質于河。使公孫肸（石經「肸」作「肹」，非。）入盟大夫。己巳，復歸。書曰：「鄭人殺良霄。」不稱大夫，言自外入也。於子蟜之卒也，將葬，公孫揮與裨竈晨會事焉。過伯有氏，其門上生莠。子羽曰：「其莠猶在乎？」【詁】説文「㞷」字注云：「草木妄生也。从之在土上，讀若『皇』。」徐鍇曰：「妄生，謂非所宜生。傳曰門上生莠。从之在土上，土上益高，非所宜也。户光切。」據此，則「生」當作「㞷」。説文又云：「禾粟下揚生莠。」按：釋文稱禾粟之莠，生而不成者謂之莠。於是歲在降婁，降婁中而旦。裨竈指之曰：「猶可以終歲，歲不及此次也已。」及其亡也，歲在娵訾之口。其明年，乃及降婁。僕展從伯有，與之皆死。羽頡出奔晉，爲任大夫。【詁】郡國志鉅鹿郡任縣。（杜同此。）雞澤之會，鄭樂成奔楚，遂適晉。羽頡因之，與之比而事趙文子，言伐鄭之説焉。以宋之盟故，不可。子皮以公孫鉏爲馬師。

楚公子圍殺大司馬蒍掩，而取其室。申無宇曰：（古今人表「無」作「亡」。）「王子必不免。善人，國之主也。王子相楚國，將善是封殖，〔一〕而虐之，是禍國也。且司馬，令尹之偏，而王之四體也。絶民之主，去身之偏，艾王之體，以禍其國，無不祥大焉。何以得免？」

爲宋災故，諸侯之大夫會以謀歸宋財。冬，十月，叔孫豹會晉趙武、齊公孫蠆、宋向戌、衛北宫佗、鄭罕虎及小邾之大夫，會于澶淵。既而無歸于宋，故不書其人。君子曰：「信，其不可不慎乎！澶淵之會，卿不書，不信也夫。（釋文：「一讀以『夫』爲下句首。」）諸侯之上卿，會而不信，寵名皆弃，不信之不可也如是。詩曰：『文

〔一〕「是」原訛「自」，據春秋左傳其它各本改。

王陟降，在帝左右。』信之謂也。又曰：『淑慎爾止，無載爾僞。』【詁】按：杜注「逸書」，正義無說。今攷「又曰」二字，是承上而言，似皆屬大雅之文。梁履繩曰：「廿一年傳詩曰：『優哉游哉，聊以卒歲。』杜云：『詩小雅。』正義曰：『此采菽之篇。彼詩云：「優哉游哉，亦是戾矣。」與此不同者，蓋師讀有異。』是可取以爲證。」不信之謂也。」書曰：「某人某人會于澶淵，宋災故。」尤之也。不書魯大夫，諱之也。

鄭子皮授子產政，辭曰：「國小而偪，族大寵多，不可爲也。」子皮曰：「虎帥以聽，誰敢犯子？子善相之。國無小，小能事大，國乃寬。」子產爲政，有事伯石，賂與之邑。子大叔曰：「國皆其國也，奚獨賂焉？」子產曰：「無欲實難。皆得其欲，以從其事，而要其成。非我有成，其在人乎？何愛於邑，邑將焉往？」子大叔曰：「若四國何？」子產曰：「非相違也，而相從也。四國何尤焉？鄭書有之曰：『安定國家，必大焉先。』姑先安大，以待其所歸。」既，伯石懼而歸邑，卒與之。伯有既死，使大史命伯石爲卿，辭。大史退，則請命焉。復命之，又辭。如是三，乃受策入拜。子產是以惡其爲人也，使次己位。子產使都鄙有章，上下有服，【詁】高誘呂覽注：「服，法服也。君子、小人各有制。」田有封洫，【詁】高誘呂覽注：「封，界。洫，溝也。」（杜本此。）廬井有伍。【詁】廣雅：「廬，舍也。」（杜本此。）大人之忠儉者，（釋文：「『大人』或作『大夫』，非。」）從而與之；泰侈者，因而斃之。豐卷將祭，請田焉。弗許，曰：「惟君用鮮，【詁】鄭玄儀禮注：「鮮，新殺者。」杜注云：「野獸。」非義訓。衆給而已。」子張怒，退而徵役。子產奔晉，子皮止之，而逐豐卷。豐卷奔晉。子產請其田里，三年而復之，反其田里及其入焉。從政一年，輿人誦之曰：「取我衣冠而褚之，（呂覽引作「貯之」，衆經音義引傳亦同。）【詁】說文：「褚，卒也。一曰製衣。」按：周禮廛人注「褚藏」，釋文云：「本或作『貯』，或作『褚』。」是「貯」、「褚」古字通。高誘呂覽注引此即作「貯之」。取我田疇而伍之。（呂覽作「賦之」。）孰殺子產？吾其與之。」【詁】賈逵國語注云：「一井爲疇，九夫爲一井也。」高誘呂覽注：「與，猶助也。」及三年，又誦之曰：「我有子弟，子產誨之；我有田疇，子產殖之。【詁】高誘呂覽注：「殖，長也。」子産而死，（呂覽作「若死」。）誰其嗣之？」【詁】高誘呂覽注：「嗣，續也。」（杜本此。）

三十一年，春，王正月，穆叔至自會，見孟孝伯，語之曰：「趙孟將死矣，其語偷，【詁】鄭玄禮記注：「偷，苟且也。」（杜本此。）不似民主。且年未盈五十，而諄諄焉如八、九十者，弗能久矣。若趙孟死，爲政者其韓子乎！吾子盍與季孫言之，可以樹善，君子也。晉君將失政矣，若不樹焉，使早備魯，既而政在大夫，韓子懦弱，大夫多貪，求欲無厭，齊、楚未足與也，魯其懼哉！」孝伯曰：「人生幾何，（釋文：「本或作『民生无幾何』。」五行志引傳亦作「民生幾何」。）誰能無偷？（漢書引「無」作「无」。）朝不及夕，將安用樹？」（漢書引「安」作「焉」。）穆叔出而告人曰：「孟孫將死矣。吾語諸趙孟之偷也，而又甚焉。」又與季孫語晉故，季孫不從。及趙文子卒，晉公室卑，政在侈家。韓宣子爲政，不能圖諸侯。魯不堪晉求，讒慝弘多，是以有平丘之會。

齊子尾害閭丘嬰，欲殺之，使帥師以伐陽州。我問師故。夏，五月，子尾殺閭丘嬰，以說于我師。工僂灑、渻竈、孔虺、賈寅出奔莒。出群公子。

公作楚宮。穆叔曰：「太誓云：『民之所欲，天必從之。』君欲楚也夫，故作其宮。若不復適楚，必死是宮也。」六月辛巳，公薨于楚宮。叔仲帶竊其拱璧，以與御人，納諸其懷，而從取之，由是得罪。

立胡女敬歸之子子野，【詁】服虔云：「胡，歸姓之國也。」（史記集解。杜取此。）次于季氏。秋，九月癸巳，卒，毀也。己亥，孟孝伯卒，立敬歸之娣齊歸之子【詁】服虔云：「齊，謚也。」（同上。）公子裯。【詁】世本作「稠」。徐廣曰：「一本作『袑』，音『紹』。」説文引春秋傳曰有空禂。按：徐廣云「裯」本作「袑」，音「紹」。今攷「袑」、「禂」、「裯」音皆同，疑「空禂」應作「公禂」。又昭二十二年有「定禂」，字亦與「空禂」相似。吾友段大令若膺又云：「昭二十五年有季公鳥，或即是。」今並存三説，以俟攷。穆叔不欲，曰：「大子死，有母弟則立之，無則立長。【詁】服虔云：「無母弟，則立庶子之長。」

（同上。）年鈞擇賢，義鈞則卜，（諸刊本皆作「均」，今从石經、宋本改正。）古之道也。非適嗣，（諸本作「嫡」，亦从石經改正。）何必娣之子？且是人也，居喪而不哀，在慼而有嘉容，是謂不度。不度之人，鮮不爲患。若果立之，必爲季氏憂。」武子不聽，卒立之。比及葬，三易衰，衰衽如故衰。於是昭公十九年矣，猶有童心。【詁】服虔云：「言無成人之志，而有童子之心。」（同上。）君子是以知其不能終也。

冬，十月，滕成公來會葬，惰而多涕。子服惠伯曰：「滕君將死矣。怠於其位，而哀已甚，兆於死所矣，能無從乎？」

癸酉，葬襄公。公薨之月，子産相鄭伯以如晉。晉侯以我喪故，未之見也。子産使盡壞其館之垣，而納車馬焉。士文伯讓之，曰：「敝邑以政刑之不修，寇盜充斥，【詁】廣雅：「充，滿也。」「斥，廣也。」按：下二句史記索隱引張揖。無若諸侯之屬辱在寡君者何，是以令吏人完客所館，高其閈閎，【詁】説文：「閈，門也。」「閎，巷門也。」按：杜注：「閎，門也。」本爾雅「衖門謂之閎」。厚其牆垣，以無憂客使。今吾子壞之，雖從者能戒，其若異客何？以敝邑之爲盟主，繕完葺牆，【詁】説文：「葺，茨也。」按：杜注「覆也」，義亦通。李涪刊誤云：「墻壞，葺之而已，何云繕完？此當是『繕宇葺牆』，『宇』誤爲『完』也。書曰『峻宇雕墻』，足以爲證。」段若膺云：「『完』當是『院』字。院，周垣也。墻，垣蔽也。因其所壞者垣，故文伯之語亦不旁及。説文『院』爲『寏』之重文。」以待賓客。若皆毁之，其何以共命？寡君使匄請命。」【詁】正義：「匄，士文伯名也。晉、宋古本及釋例皆作『丐』，俗本作『匄』。此士文伯是范氏之别族，不宜與范宣子同名。今定本作『匄』，恐非。」按：元和姓纂七引世本：「晉大夫司功景子，其先士丐也。」廣韻引世本又云：「司功氏，士匄弟佗爲晉司功，因官爲氏。」今攷此傳子産壞館垣而士文伯獨讓之，則文伯當亦爲晉司功之官，諸侯之館是其所司。故下傳云趙文子使文伯謝不敏，亦其證。至正義云「文伯爲范氏别族」，當有所據，俟再攷。對曰：「以敝邑褊小，介於大國，誅求無時，是以不敢寧居，悉索敝賦，以來會時事。逢執事之不間，而未得見。又不獲聞命，未知見時。不敢輸幣，亦不敢暴露。【詁】按：孟子曰：「一日暴之。」又曰：「秋陽以暴之。」説文：「暴，晞也。」又「曬」字下注：「暴也。」蓋二字轉相訓。蓋暴防日色，露防露氣，暴主晝，露主夜，觀下言燥濕可知。其輸之，則君之府實也，非薦陳之，不敢輸也。其暴露之，則恐燥濕之不時而朽蠹，以重敝邑之罪。僑聞文公之爲盟主也，宮室卑庳，【詁】説文：「庳，中伏舍。一曰屋庳。」張載魏都賦注引作「埤」。李善射雉賦注曰：「埤，短也。」「埤」與「庳」古字通。無觀臺榭，以崇大諸侯之館。館如公寢，庫廄繕修，司空以時平易道路，【詁】詩毛傳：「易，治也。」（杜本此。）圬人以時塓館宮室。【詁】按：説文作「杇」，云：「所以塗也。」（杜本此。）「圬」、「杇」古字通。又「墁」字亦通作「槾」。説文：「槾，杇也。」廣雅：「㨠，塗也。」「㨠」與「塓」同。張載魏都賦注引傳作「冪」，云「墁也」。杜注本廣雅。諸侯賓至，甸設庭燎，僕人巡宮，車馬有所，賓從有代，巾車脂轄，隸人牧圉各瞻其事，[一]百官之屬各展其物。【詁】鄭司農周禮注：「展，具也。」公不留賓，而亦無廢事，憂樂同之，事則巡之，教其不知，而恤其不足。賓至如歸，無寧菑患，不畏寇盜，而亦不患燥濕。今銅鞮之宮數里，而諸侯舍於隸人，門不容車，而不可踰越。盜賊公行，而天厲不戒。【詁】六經正誤云：「『天厲不戒』，注疏及臨川本作天地之『天』。」厲者，天之癘氣，猶周官司救所謂「天患」。今从石經、宋本定作「天厲」。哀元年傳云「天有菑癘」，注：「厲，疾疫也。」更是一證。賓見無時，命不可知。若又勿壞，是無所藏幣，以重罪也。敢請執事，將何所命之？雖君之有魯喪，亦敝邑之憂也。若獲薦幣，修垣而行，君之惠也，敢憚勤勞！」文伯復命，趙文子曰：「信。我實不德，而以隸人之垣以贏諸侯，【詁】賈、服、王注皆讀「贏」爲「盈」。盈是滿也，故皆訓爲受。（本疏。）説文：「贏，有餘賈利也。」按：杜取賈、服説。是吾罪也。」使士文伯謝不敏焉。晉侯見鄭伯，有加禮，厚其宴好而歸之。乃築諸侯之館。叔向曰：「辭之不可以已也如是夫。（釋文：「讀者亦以『夫』爲下句首。」）子產有辭，諸侯

[一]「瞻」原訛「贍」，據春秋左傳其它各本改。

賴之。若之何其釋辭也？詩曰：『辭之輯矣，民之協矣。（詩「協」作「洽」。）辭之繹矣，（詩「繹」作「懌」。釋文同，云：「『繹』又作『懌』。」）民之莫矣。』其知之矣。」

鄭子皮使印段如楚，以適晉告，禮也。

莒犂比公（後漢書「犂」作「黎」。）生去疾及展輿。既立展輿，又廢之。犂比公虐，國人患之。十一月，展輿因國人以攻莒子，弑之，乃立。去疾奔齊，齊出也。展輿，吴出也。書曰：「莒人弑其君買朱鉏。」言罪之在也。

吴子使屈狐庸聘于晉，通路也。趙文子問焉，曰：「延州來季子其果立乎？」【詁】服虔云：「延，延陵也。州來，邑名。季子讓王位，升延陵爲大夫，食邑州來。傳家通言之。」（本疏。）酈道元云：「淮水又北，逕下蔡故城東，故州來之城也。吴季札始封延陵，後邑州來，故曰延州來矣。」巢隕諸樊，閽戕戴吴，【詁】説文：「戕，槍也。他國臣來弑曰戕。」按：戴吴爲楚巢牛臣射殪，正屬他國臣。天似啓之，何如？」對曰：「不立。是二王之命也，非啓季子也。若天所啓，其在今嗣君乎！甚德而度，德不失民，度不失事，民親而事有序，其天所啓也。有吴國者，必此君之子孫實終之。季子，守節者也。雖有國，不立。」

十二月，北宫文子相衞襄公以如楚，宋之盟故也。過鄭，印段迋勞于棐林，如聘禮而以勞辭。文子入聘。子羽爲行人，馮簡子與子大叔逆客。事畢而出，言於衞侯曰：「鄭有禮，其數世之福也。其無大國之討乎！詩曰：『誰能執熱，逝不以濯？』禮之於政，如熱之有濯也。濯以救熱，何患之有？」子産之從政也，擇能而使之。馮簡子能斷大事。子大叔美秀而文。【詁】按：説苑政理篇亦載此事，作「子大叔善決而文」。公孫揮能知四國之爲，而辨於其大夫之族姓、班位、【詁】説苑政理篇作「族姓變立」。（今説苑本「立」上衍一「而」字。）惠棟曰：「『變立』即古文『班位』字也。古讀『變』爲『辨』，『辨』爲『班』。古文『位』作『立』。劉歆傳曰『春秋傳多古字古言』，乃知向所據者皆古字也。」貴賤、能否，而又善爲辭令。裨諶能謀，謀於野則獲，謀於邑則否。鄭國將有諸侯之事，子産乃問四國之爲於子羽，且使多爲辭令；與裨諶乘以適野，使謀可否；而告馮簡子使斷之；事成，乃授子大叔使行之，以應對賓客。是以鮮有敗事。北宮文子所謂有禮也。

鄭人游于鄉校，以論執政。然明謂子產曰：「毁鄉校何如？」子產曰：「何爲？（新序作「胡爲」。）夫人朝夕退而游焉，以議執政之善否。其所善者，吾則行之；所惡者，吾則改之，是吾師也。若之何毁之？我聞忠善（新序作「忠信」。）以損怨，不聞作威以防怨。豈不遽止？然猶防川。大決所犯，傷人必多，吾不克救也。不如小決使道，【詁】韋昭國語注：「道，通也。」（杜本此。）不如吾聞而藥之也。」然明曰：「蔑也今而後知吾子之信可事也。小人實不才。若果行此，其鄭國實賴之，豈惟二三臣？」仲尼聞是語也，曰：「以是觀之，人謂子產不仁，吾不信也。」【詁】服虔載賈逵語云：「是歲孟僖子卒，屬其子使事仲尼。仲尼時年三十五，定以孔子爲襄二十一年生也。」（本疏。）

子皮欲使尹何爲邑，子產曰：「少，未知可否？」子皮曰：「愿，【詁】說文：「愿，謹也。」（杜本此。）吾愛之，不吾叛也。使夫往而學焉，夫亦愈知治矣。」子產曰：「不可。人之愛人，求利之也。今吾子愛人則以政，猶未能操刀，而使割也，其傷實多。子之愛人，傷之而已，其誰敢求愛於子？子於鄭國，棟也。棟折榱崩，【詁】廣雅：「榱，椽也。」按：說文：「椽，榱也。」轉注字。僑將厭焉，敢不盡言？子有美錦，不使人學製焉。【詁】高誘淮南注：「制，裁也。」（杜本此。）大官、大邑，身之所庇也，【詁】廣雅：「庇，寄也。」高誘吕覽注：「庇，依廕也。」下同。而使學者製焉，其爲美錦，不亦多乎？僑聞學而後入政，未聞以政學者也。若果行此，必有所害。譬如田獵，射御貫，【詁】爾雅：「貫，習也。」（杜本此。）則能獲禽。若未嘗登車射御，則敗績厭覆是懼，何暇思獲？」子皮曰：「善哉！虎不敏。吾聞君子務知大者、遠者，小人務知小者、近者。我，小人也。衣服附在吾身，我知而慎之。大官、大邑所以庇身也，我遠而慢之。微子之言，吾不知也。他日我曰：『子爲鄭國，我爲吾家，以庇焉其可也。』今而後知不足。自今，請雖吾家，聽子而行。」子產曰：「人心之不同，如其面焉。（玉篇引作「猶若面焉」。風俗通作「人心不同有如其面」。）吾豈敢謂子面如吾面乎？抑心所謂危，亦以告也。」子皮以爲忠，故委政焉。子產是以能爲鄭國。

衛侯在楚，北宮文子見令尹圍之威儀，（五行志引無「威」字。）言於衛侯曰：「令尹似君矣，【詁】服虔云：「言令尹動作似君儀，故曰以君矣。」（本疏。）按：服訓以爲用。正義稱明年傳文云「二執戈者前矣」，是用君儀也。諸本反云俗本作「以」，誤。惠棟云：「古文『以』字作『㠯』，與『似』通，故誤作『似』。」將有他志，（五行志「他」作「佗」。）雖獲其志，不能終也。詩曰：『靡不有初，鮮克有終。』終之實難，令尹其將不免。」公曰：「子何以知之？」對曰：「詩云：『敬慎威儀，惟民之則。』令尹無威儀，民無則焉。民所不則，以在民上，不可以終。」公曰：「善哉！何謂威儀？」對曰：「有威而可畏，謂之威。【詁】廣雅：「畏，威也。」有儀而可象，謂之儀。君有君之威儀，其臣畏而愛之，則而象之，故能有其國家，令聞長世。（文選注引「聞」作「問」。）臣有臣之威儀，其下畏而愛之，故能守其官職，保族宜家。順是以下皆如是，是以上下能相固也。衛詩曰：『威儀棣棣，（釋文：『棣』本又作『逮』。」按：孔子閒居篇作「威儀逮逮」。）不可選也。』【詁】孔安國書傳：「選，數也。」（杜本此。）言君臣、上下、父子、兄弟、内外、大小皆有威儀也。周詩曰：『朋友攸攝，攝以威儀。』【詁】詩毛傳：「言相攝佐者，以威儀也。」（杜本此。）言朋友之道必相教訓以威儀也。周書數文王之德曰：『大國畏其力，（尚書「國」作「邦」。）小國懷其德。』言畏而愛之也。詩云：『不識不知，順帝之則。』言則而象之也。紂囚文王七年，諸侯皆從之囚，紂於是乎懼而歸之，可謂愛之。文王伐崇，再駕而降爲臣，蠻夷帥服，可謂畏之。文王之功，天下誦而歌舞之，可謂則之。文王之行，至今爲法，可謂象之。有威儀也。故君子在位可畏，施舍可愛，進退可度，周旋可則，容止可觀，【詁】廣雅：「止，禮也。」作事可法，德行可象，聲氣可樂，動作有文，言語有章，以臨其下，謂之有威儀也。」

春秋左傳詁卷十五

傳

昭公一

元年，春，楚公子圍聘于鄭，且娶於公孫段氏，伍舉爲介。【詁】孫叔敖碑作「五舉」。按：唐石經初刻亦作「五」，後加人旁，非也。惠棟云：「伍尚、伍員字同。古今人表五子胥亦不从人。」將入館，鄭人惡之，使行人子羽與之言，乃館於外。既聘，將以衆逆。子産患之，使子羽辭曰：「以敝邑褊小，【詁】説文：「褊，衣小也。」不足以容從者，請墠聽命。」【詁】鄭玄禮記注：「除地曰墠。」（杜本此。）令尹命大宰伯州犂對曰：「君辱貺寡大夫圍，謂圍將使豐氏撫有而室。圍布几筵，告於莊、共之廟而來。【詁】服虔云：「莊謂楚莊王，圍之祖。共王，圍之父。」（儀禮疏。杜取此。）若野賜之，是委君貺於草莽也，【詁】廣雅：「莽，草也。」如淳漢書注：「草深曰莽。」是寡大夫不得列於諸卿也。不寧惟是，又使圍蒙其先君，將不得爲寡君老，其蔑以復矣。惟大夫圖之！」子羽曰：「小國無罪，恃實其罪。將恃大國之安靖己，而無乃包藏禍心以圖之。（文選注引傳作「苞」。）小國失恃，而懲諸侯，使莫不感者，距違君命，而有所壅塞（諸本作「壅」，今从釋文改。）不行是懼。不然，敝邑，館人之屬也，其敢愛豐氏之祧？」

許之。【詁】鄭玄周禮注：「祧，遠祖廟。」（杜本此。）伍舉知其有備也，請垂櫜而入，【詁】詩毛傳：「櫜，韜也。韜弓謂之櫜。」

正月乙未，入，逆而出。遂會于虢，尋宋之盟也。祁午謂趙文子曰：「宋之盟，楚人得志於晉。今令尹之不信，諸侯之所聞也。子弗戒，懼又如宋。子木之信，稱於諸侯，猶詐晉而駕焉，【詁】小爾雅：「駕，陵也。」（杜本此。）況不信之尤者乎？楚重得志於晉，晉之恥也。子相晉國，以爲盟主，於今七年矣。再合諸侯，三合大夫，服齊、狄，寧東夏，平秦亂，城淳于，師徒不頓，國家不罷，民無謗讟，【詁】說文：「謗，毀也。」「讟，怨也。」方言：「讟，謗也。」按：杜注：「讟，誹也。」義亦同方言。又賈逵國語注：「讟，媟也。」義亦通。諸侯無怨，天無大災，子之力也。有令名矣，而終之以恥，午也是懼。吾子其不可以不戒。」文子曰：「武受賜矣。然宋之盟，子木有禍人之心，武有仁人之心，是楚所以駕於晉也。今武猶是心也，楚又行僭，非所害也。武將信以爲本，循而行之。譬如農夫，是穮是蔉，（文選注作「藨」。）【詁】說文：「穮，耕禾間也。春秋傳曰『是穮是衮』。」按：今本作「蔉」，非。杜注：「壅苗爲蔉。」今攷說文：「秄，壅禾本也。」杜說未知何據。雖有饑饉，必有豐年。且吾聞之：『能信不爲人下。』吾未能也。詩曰：『不僭不賊，鮮不爲則。』信也。能爲人則者，不爲人下矣。吾不能是難，楚不爲患。」楚令尹圍請用牲讀舊書加于牲上而已，晉人許之。

三月甲辰，盟。楚公子圍設服離衛。【詁】服虔云：「設服，設人君之服。」（二句从惠本增。）二人執戈在前，在國居君離宮，陳衛在門。」（本疏。）王逸楚辭章句：「離，列也。」杜注：「陳也。」義亦同。叔孫穆子曰：「楚公子美矣，君哉！」鄭子皮曰：「二執戈者前矣。」蔡子家曰：「蒲宮有前，不亦可乎？」【詁】服虔云：「蒲宮，楚君離宮。言令尹在國已居君之宮，出有前戈，不亦可乎？」（同上。）楚伯州犁曰：「此行也，辭而假之寡君。」鄭行人揮曰：「假不反矣。」伯州犁曰：「子姑憂子皙之欲背誕也。」子羽曰：「當璧猶在，假而不反，子其無憂乎？」齊國子曰：「吾代二子愍矣。」（五行志「愍」引作「閔」。）【詁】説文：「愍，痛也。」服虔云：「愍，憂也。」代伯州犁憂公子圍，代子羽憂子皙。」（同上。）陳公子招曰：「不憂何成？二子樂矣。」衛齊子曰：「苟或知之，雖憂何害？」宋合左師曰：「大國令，小國共，吾知共而已。」晉樂王鮒曰：「小旻之卒章善矣，吾從之。」退會，子羽謂子皮曰：「叔孫絞而婉，【詁】説文：「婉，順也。」宋左師簡而禮，樂王鮒字而敬，【詁】詩毛傳：「字，愛也。」（杜本此。）子與子家持之，（釋文：「『持』或作『恃』，誤。」）皆保世之主也。齊、衛、陳大夫其不免乎！國子代人憂，子招樂憂，齊子雖憂弗害。夫弗及而憂，與可憂而樂，與憂而弗害，皆取憂之道也，憂必及之。大誓曰：『民之所欲，天必從之。』三大夫兆憂，憂能無至乎？（五行志引「憂」下多「矣」字，無下「憂」字。）言以知物，【詁】韋昭國語注：「物，類也。」其是之謂矣。」

季武子伐莒，取鄆。莒人告於會。楚告於晉曰：「尋盟未退，而魯伐莒，瀆齊盟，【詁】説文：「嬻，媟嬻也。」按：「瀆」、「嬻」古字通，故杜注云：「瀆，慢也。」請戮其使。」樂桓子相趙文子，欲求貨於叔孫而爲之請，使請帶焉，弗與。梁其踁曰：【詁】孫愐唐韻：「梁其踁，魯伯禽子梁其之後。」「貨以藩身，【詁】説文：「藩，屏也。」子何愛焉？」叔孫曰：「諸侯之會，衛社稷也。我以貨免，魯必受師，是禍之也，何衛之爲？人之有牆，以蔽惡也，牆之隙壞，誰之咎也？衛而惡之，吾又甚焉。【詁】韓非子曰：「牆之壞也，必通隙。」雖怨季孫，魯國何罪？叔出季處，有自來矣。吾又誰怨？然鮒也賄，弗與，不已。」召使者，裂裳帛而與之，曰：「帶其褊矣。」趙孟聞之，曰：「臨患不忘國，忠也。思難不越官，信也。圖國忘死，貞也。謀主三者，義也。有是四者，又可戮乎？」乃請諸楚曰：「魯雖有罪，其執事不辟難，畏威而敬命矣。子若免之，以勸左右可也。若子之群吏，處不辟汚，【詁】詩毛傳：「汚，煩也。」（杜本此。）出不逃難，其何患之有？患之所生，汚而不治，難而不守，所由來也。能是二者，又何患焉？不靖其能，其誰從之？魯叔孫豹可謂能矣，請免之，以靖能者。子會而赦有罪，又賞其賢，諸侯其誰不欣焉望楚而歸之，視遠如邇？疆場之邑，一彼一此，何常之有？王伯之令也，引其封疆，而樹之官：舉之表旗，而著之制令；過則有刑，猶不可壹。於是乎虞有三苗，夏有觀、扈，【詁】地理志東郡畔觀，應劭曰：「夏有觀、扈，世祖更名衞國。」又右扶風：「鄠，故國。有扈國亭。扈，夏啓所伐。」（杜本此。）商有姺、邳，【詁】說文：「姺，殷諸侯，爲亂，疑姓也。春秋傳曰『商有姺、邳』。」「邳，奚仲之後，湯左相仲虺所封國。」（說文同。）呂覽：「有侁氏以伊尹爲媵送女。」漢書：「殷之釁也，以有娀及有㜪。」按：「莘」、「姺」、「侁」、「㜪」並同音。蓋即有莘國，地理志東海郡下邳縣。（杜本此。）周有徐、奄。【詁】書序：「成王伐淮夷，遂踐奄。」淮夷與奄同時伐之，此徐、奄連文，故以爲徐即淮夷。賈逵亦然。是相傳說也。（本疏。杜取此。）服虔云：「一曰魯公所伐徐戎也。」（同上。）自無令王，諸侯逐進，【詁】漢書集注：「逐，競也。」（杜本此。）狎主齊盟，其又可壹乎？恤大舍小，足以爲盟主，又焉用之？封疆之削，何國蔑有？主齊盟者，誰能辯焉？吳、濮有釁，【詁】孔安國云：「庸、濮在江、漢之間。」（史記集解。杜本此。）楚之執事，豈其顧盟？莒之疆事，楚勿與知，諸侯無煩，不亦可乎？莒、魯爭鄆，爲日久矣。苟無大害於其社稷，可無亢也。去煩宥善，莫不競勸。子其圖之！」固請諸楚，楚人許之，乃免叔孫。

令尹享趙孟，賦大明之首章，趙孟賦小宛之二章。事畢，趙孟謂叔向曰：「令尹自以爲王矣，何如？」對曰：「王弱，令尹彊，其可哉！雖可，不終。」趙孟曰：「何故？」對曰：「彊以克弱而安之，彊不義也。不義而彊，其斃必速。詩曰：『赫赫宗周，褒姒滅之。』【詁】說文解字云：「烕，滅也。从火、戌。火死于戌，陽氣至戌而盡。詩曰『赫赫宗周，褒姒烕之』。」釋文：「『滅』，如字。詩作『烕』。」彊不義也。令尹爲王，必求諸侯。晉少懦矣，【詁】說文：「懦，駑弱者也。」（杜本此。）諸侯將往。若獲諸侯，其虐滋甚，民弗堪也，將何以終？夫以彊取，不義而克，必以爲道，道以淫虐，弗可久已矣。」

夏，四月，趙孟、叔孫豹、曹大夫入于鄭，鄭伯兼享之。子皮戒趙孟，禮終，趙孟賦瓠葉。子皮遂戒穆叔，且告之。穆叔曰：「趙孟欲一獻，【詁】鄭玄禮記注：「一獻，士飲酒之禮。」子其從之！」子皮曰：「敢乎？」穆叔曰：「夫人之所欲也，又何不敢？」及享，具五獻之籩豆於幕下。趙孟辭，私於子産曰：「武請於冢宰矣。」乃用一獻。趙孟爲客，禮終乃宴。穆叔賦鵲巢，趙孟曰：「武不堪也。」又賦采蘩，曰：「小國爲蘩，大國省穡而用之，其何實非命？」【詁】元劉用熙曰：「『實』疑『適』字之誤。」子皮賦野有死麕之卒章，（釋文：「『麕』，亦作『麏』。」）趙孟賦常棣，且曰：「吾兄弟比以安，尨也可使無吠。」穆叔、子皮及曹大夫興，拜，舉兕爵曰：「小國賴子，知免於戾矣。」飲酒樂。趙孟出，曰：「吾不復此矣。」

天王使劉定公勞趙孟於潁，【詁】地理志潁川郡：「陽城，陽乾山，潁水所出，東至下蔡入淮。」（杜本此。）館於洛汭。【詁】水經：「洛水又東北過鞏縣，又北入于河。」按：館蓋在洛水入河之處。杜注亦同。説文：「汭，水相入也。」劉子曰：「美哉禹功！明德遠矣。微禹，吾其魚乎。吾與子弁冕【詁】説文：「覍，冕也。」（杜本此。）惠棟曰：「釋文云『弁端委』，無『冕』字，故杜訓爲冕冠。傳文蓋衍『冕』字。」端委，以治民、臨諸侯，禹之力也。【詁】服虔云：「禮衣端正無殺，故曰端。文德之衣尚褒長，故曰委。」（本疏。）子盍亦遠績禹功【詁】爾雅：「績，繼也。」説文：「績，緝也。」義並通。按：杜注：「勸趙孟使纂禹功。」訓亦本此。正義舍繼、緝本訓，而別引釋詁文云：「績亦功也。」失之遠矣。而大庇民乎？」對曰：「老夫罪戾是懼，焉能恤遠？吾儕偷食，朝不謀夕，何其長也？」劉子歸以語王曰：「諺所謂老將知而耄及之者，【詁】惠士奇曰：「大雅抑詩云：『借曰未知，亦聿既耄。』蓋當時之語云亦然。」其趙孟之謂乎！爲晉正卿，以主諸侯，而儕於隸人，朝不謀夕，棄神人矣。神怒民叛，（五行志「叛」作「畔」。）何以能久？趙孟不復年矣。神怒，不歆其祀；民叛，不即其事。祀、事不從，又何以年？」

叔孫歸，曾夭御季孫以勞之。旦及日中不出。曾夭謂曾阜曰：「旦及日中，吾知罪矣。魯以相忍爲國也，忍其外，不忍其内，焉用之？」阜曰：「數月於外，一旦於是，庸何傷？賈而欲贏，而惡囂乎？」阜謂叔孫曰：「可以出矣。」叔孫指楹，曰：【詁】説文：「楹，柱也。」（杜本此。）「雖惡是，其可去乎？」乃出見之。

鄭徐吾犯之妹美，【詁】廣韻曰：「鄭公子有食采于徐吾之鄉，後以爲氏。」惠棟曰：「據此則子南、子皙争同姓以爲室也。」公孫楚聘之矣，公孫黑又使强委禽焉。犯懼，告子產。子產曰：「是國無政，非子之患也。惟所欲與。」犯請於二子，請使女擇焉，皆許之。子皙盛飾入，布幣而出。子南戎服入，左右射，超乘而出。女自房觀之，曰：「子皙信美矣，抑子南，夫也。夫夫婦婦，所謂順也。」適子南氏。子皙怒，既而櫜甲以見子南，欲殺之而取其妻。子南知之，執戈逐之，及衝，擊之以戈。【詁】説文：「衝，通道也。春秋傳曰『及衝以戈擊之』。」按：今本作「擊之以戈」。杜本同。子皙傷而歸，告大夫曰：「我好見之，不知其有異志也，故傷。」大夫皆謀之。子產曰：「直鈞，幼賤有罪，罪在楚也。」乃執子南，而數之曰：「國之大節有五，女皆奸之。畏君之威，聽其政，尊其貴，事其長，養其親，五者所以爲國也。今君在國，女用兵焉，不畏威也。奸國之紀，不聽政也。子皙，上大夫，女嬖大夫而弗下之，不尊貴也。幼而不忌，不事長也。兵其從兄，不養親也。君曰：『余不女忍殺，宥女以遠。』勉速行乎！無重而罪。」五月庚辰，鄭放游楚於吴。將行子南，子產咨於大叔。大叔曰：「吉不能亢身，焉能亢宗？彼，國政也，非私難也。子圖鄭國，利則行之，又何疑焉？周公殺管叔而蔡蔡叔，【詁】釋文：「上『蔡』字音素葛反。説文作『䊛』，从殺下米。」玉篇：「䊛，𥼶䊛，散也。書作『蔡』字。」惠棟曰：「漢宣帝元康三年詔曰：『骨肉之親，粲而不殊。』嵇康琴賦曰『新衣翠粲』，李善曰：『子虛賦「翕呷翠粲」，張揖曰：「翠粲，衣聲也。」』按：子虛賦文作『萃蔡』。[一]愚謂漢書、文選『粲』字皆『䊛』之誤。『䊛』本與『蔡』通，故又作『蔡』。禹貢曰『二百里蔡』，鄭康成注云：『蔡之言殺，減殺其賦。』減殺者，猶末減也。叔非首謀，慮从末減之科，故不殺而囚之。如此，則不必改字而義亦得矣。小爾雅曰：『蔡，法也。』」今按：周書作洛篇：「管叔經而卒。」然則管叔亦非周公殺之，乃自經耳。夫豈不愛？王室故也。吉若獲戾，子將行

[一]「萃」下原衍「翠」，據惠棟春秋左傳補注卷四删。

之，何有於諸游？」

秦后子有寵於桓，【詁】按：后子當係秦公子鍼之字。此下杜用韋昭説，又云：「鍼字伯車。」疑非。伯車當係別一人。如二君於景。其母曰：「弗去，懼選。」【詁】説文：「選，遣也。一曰選擇也。」按：杜注：「選，數。」今攷遣義較杜注爲長。「遣」、「譴」古字同。癸卯，鍼適晉，其車千乘。書曰：「秦伯之弟鍼出奔晉。」罪秦伯也。后子享晉侯，造舟于河，【詁】徐堅云：「在蒲坂夏陽津，[一]今蒲津浮橋是其處。」十里舍車，自雍及絳。歸取酬幣，終事八反。【詁】服虔以爲每于十里置幣車一乘，千里百乘，以次相授。車率皆日行一百六十里。謂从絳向雍，去而復還，一享之間，八度至也。（本疏。）司馬侯問焉，曰：「子之車盡于此而已乎？」對曰：「此之謂多矣。若能少此，吾何以得見？」女叔齊以告公，且曰：「秦公子必歸。臣聞君子能知其過，必有令圖。令圖，天所贊也。」后子見趙孟，趙孟曰：「吾子其曷歸？」對曰：「鍼懼選於寡君，是以在此，將待嗣君。」趙孟曰：「秦君何如？」對曰：「無道。」趙孟曰：「亡乎？」對曰：「何爲？一世無道，國未艾也。國於天地，有與立焉。不數世淫，弗能斃也。」趙孟曰：「天乎？」（石經「天」作「夭」，誤。）對曰：「有焉。」趙孟曰：「其幾何？」對曰：「鍼聞之，國無道而年穀和孰，（諸本作「熟」，今从外傳及五行志改。）天贊之也。鮮不五稔。」【詁】説文云：「稔，穀孰也。春秋傳曰『鮮不五稔』。」趙孟視蔭，曰：【詁】説文：「蔭，草陰也。」按：杜注：「蔭，日景也。」義亦通。釋文：「『蔭』本亦作『陰』。」「朝夕不相及，誰能待五？」后子出而告人，曰：「趙孟將死矣。主民，翫歲而愒日，【詁】爾雅：「愒，貪也。」説文：「翫，習厭也。春秋傳曰『翫歲而愒日』。」「愒，息也。」又「忨」字下云：「忨，貪也。春秋傳曰『忨歲而㵣日』。」按：杜注取後一説。外傳作「忨日而㵣歲」，韋昭云：「忨，愉也。㵣，遲也。」説文「忨」字下所引，或外傳文，但小異耳。其與幾何？」

[一]「坂」原訛「反」，據徐堅初學記卷七橋七改。

鄭爲游楚亂故，六月丁巳，鄭伯及其大夫盟于公孫段氏。罕虎、公孫僑、公孫段、印段、游吉、駟帶私盟于閨門之外，（初學記引作「闈門」。）實薰隧。公孫黑强與於盟，使大史書其名，且曰「七子」，子産弗討。

晉中行穆子敗無終及群狄于大原，崇卒也。【詁】孔安國書傳：「崇，聚也。」（杜本此。）將戰，魏舒曰：「彼徒我車，所遇又阨，（釋文：「『阨』作『隘』。」）【詁】説文：「阨，塞也。」以什共車，必克。困諸阨，又克。請皆卒，自我始。」乃毁車以爲行，五乘爲三伍。荀吴之嬖人不肯即卒，斬以𢓊。【詁】説文：「𢓊，行示也。司馬法『斬以𢓊』。」按：集韻云：「𢓊，或作徇、得。」是「𢓊」乃「徇」之本字。爲五陳以相離，兩於前，伍於後，專爲右角，參爲左角，偏爲前拒，【詁】服虔引司馬法云：「五十乘爲兩，百二十乘爲伍，八十一乘爲專，二十九乘爲參，二十五乘爲偏。」彼皆準車數多少以爲别名。此傳去車用卒而有此名，不以車數爲别也。（宋本疏二十六。）以誘之。狄人笑之，未陳而薄之，大敗之。

莒展輿立，而奪群公子秩。公子召去疾于齊。秋，齊公子鉏納去疾，展輿奔吴。叔弓帥師疆鄆田，因莒亂也。於是莒務婁、瞀胡及公子滅明以大厖與常儀靡奔齊。君子曰：「莒展之不立，弃人也夫。人可弃乎？詩曰：『無競惟人。』（諸本作「唯」。从石經、宋本改正。）善矣。」

晉侯有疾，鄭伯使公孫僑如晉聘，且問疾。叔向問焉，曰：「寡君之疾病，卜人曰：『實沈、臺駘（論衡作「臺台」，水經注同。）爲祟。』【詁】説文：「祟，神禍也。」史莫之知。敢問此何神也？」子産曰：「昔高辛氏有二子，伯曰閼伯，季曰實沈，居於曠林，【詁】賈逵云：「曠，大也。」（史記集解。）按：杜注：「曠林，地闕。」蓋不从賈義。今攷李善文選引作「曠壄」，則足證賈義爲長也。不相能也，日尋干戈，以相征討。后帝不臧，【詁】賈逵云：「后帝，堯也。臧，善也。」（同上。）遷閼伯于商丘，【詁】賈逵云：「在漳南。」（同上。）主辰。【詁】服虔云：「辰，大火。主，祀也。」（同上。杜取此。）商人是因，【詁】服虔云：「商人，契之先，湯之始祖相土封閼伯之故地，因其故國而代之。」（同上。）故辰爲商星。遷實沈于大夏，【詁】服虔云：「在汾、澮之間。」（同上。）主參，【詁】服虔云：「主祀參星。」（同上。）唐人是因，以服事夏、商，〔一〕【詁】賈逵云：「唐人謂陶唐之胤劉累事夏孔甲，封于大夏，因實沈之國，子孫服事夏、商也。」（同上。）服虔以唐人即是劉累。（本疏。杜取此。）其季世曰唐叔虞。【詁】服虔以爲唐叔虞即下句邑姜所生者也。（同上。）當武王邑姜方震大叔，【詁】服虔云：「邑姜，武王后，齊大公之女。」（史記集解。杜取此。）説文：「娠，女身動也。」按：「娠」、「震」古字通。史記、漢書列傳文並作「娠」。應劭曰：「娠，動，懷任之意。」孟康曰：「『娠』音『身』。漢書『身』多作『娠』，古今字也。」後漢書凡「娠」字皆作「姙」。杜注：「懷胎爲震。」亦假「娠」字訓。夢帝謂己：【詁】賈逵云：「帝，天也。己，武王也。」（同上。）服虔云：「己，武王也。」（本疏。）『余命而子曰虞，（地理志「命」引作「名」，水經注亦同。）將與之唐，屬諸參，而蕃育其子孫。』及生，有文在其手曰『虞』，【詁】石經古文「虞」作「众」。遂以命之。及成王滅唐，而封大叔焉，【詁】史記「封」作「國」。惠棟曰：「尚書序：『武王既勝殷，邦諸侯。』又康誥序云：『以殷餘民邦康叔。』孔氏云：『國康叔爲衞侯。』此傳依史記當云『邦大叔』。古字『邦』、『封』同。（見書疏。）漢諱『邦』，改爲『國』，故云『國大叔』也。下文『封諸汾川』同。」按：惠説是，惟云「傳依史記當云『邦大叔』」，非。故參爲晉星。由是觀之，則實沈，參神也。昔金天氏有裔子曰昧，（史記「裔」作「𧘝」。）爲玄冥師，生允格、臺駘。【詁】服虔云：「金天，少昊也。玄冥，水官也。師，長也。昧爲水官之長。允格、臺駘，兄弟也。」（史記集解。杜取此。）廣雅：「裔，遠也。」（杜本此。）臺駘能業其官，【詁】服虔云：「修昧之職。」（同上。杜取此。）宣汾、洮，【詁】賈逵云：「宣猶通也。汾、洮，二水。」（同上。杜取此。）按：洮水，酈道元以爲即今涑水。司馬彪云：「洮水出聞喜縣，故王莽以爲洮亭。」杜預釋地及正義云：「洮水闕，不知所在。」蓋不攷也。障大澤，【詁】服虔云：「陂障其水也。」（同上。杜取此。）以處大原。【詁】服虔云：「大原，汾水名。」（同上。）帝用嘉之，【詁】服虔云：「帝，顓頊也。」（同上。杜取此。）封諸汾川，沈、姒、蓐、黄實守其祀。【詁】賈逵云：「四國，臺駘之後也。」（同上。杜取此。）今晉主汾而

〔一〕「以服事夏商」五字原脱，據春秋左傳其它各本補。

滅之矣。（史記作「主汾川」。）【詁】賈逵云：「滅四國。」（同上。）由是觀之，則臺駘，汾神也。（史記作「汾、洮神也。」水經注亦同。）抑此二者，不及君身。山川之神，則水旱癘疫之災，於是乎禜之。日月星辰之神，則雪霜風雨之不時，於是乎禜之。【詁】賈逵以爲禜欑用幣。（本疏。）服虔云：「禜爲營欑用幣也。若有水旱，則禜祭山川之神，以祈福也。」（史記集解。杜參用賈、服説。）惠棟曰：「鄭康成注周禮引此傳云：『日月星辰之神，則雪霜風雨之不時，於是乎禜之。山川之神，則水旱癘疫之災，於是乎禜之。』賈公彦曰：『鄭君所讀春秋先日月，與賈、服不同。』説文云：『禜者，設緜蕝爲營，以禳風雨、雪霜、水旱、癘疫於日月、星辰、山川也。』是許君所讀春秋亦與鄭同。（史記所載同賈、服。）」若君身，則亦出入、飲食、哀樂之事也，山川星辰之神又何爲焉？僑聞之，君子有四時：朝以聽政，晝以訪問，夕以修令，夜以安身。於是乎節宣其氣，勿使有所壅閉湫底，【詁】服虔云：「湫，著也。底，止也。」（本疏。）以露其體。【詁】方言：「露，敗也。」廣雅同。兹心不爽，【詁】小雅：「爽，明也。」而昏亂百度。今無乃壹之，則生疾矣。僑又聞之，内官不及同姓，其生不殖。美先盡矣，則相生疾，君子是以惡之。故志曰：『買妾不知其姓，則卜之。』違此二者，古之所慎也。男女辨姓，禮之大司也。今君内實有四姬焉，其無乃是也乎？若由是二者，弗可爲也已。四姬有省猶可，無則必生疾矣。」叔向曰：「善哉！肸未之聞也。此皆然矣。」叔向出，行人揮送之。叔向問鄭故焉，且問子晳，對曰：「其與幾何？無禮而好陵人，怙富而卑其上，【詁】説文：「怙，恃也。」弗能久矣。」晉侯聞子産之言，曰：（史記作：「平公及叔嚮曰：『善，博物君子也。』」）「博物君子也。」重賄之。

晉侯求醫於秦，秦伯使醫和視之。（外傳「和」作「龢」。）曰：「疾不可爲也。是謂：『近女室，疾如蠱。非鬼非食，惑以喪志。良臣將死，天命不祐。』」公曰：「女不可近乎？」對曰：「節之。先王之樂，（藝文志引「樂」上有「作」字。）所以節百事也，故有五節，遲速本末以相及，中聲以降。五降之後，不容彈矣。【詁】荀卿子曰：「詩者，中聲之所止也。」楊倞曰：「詩謂樂章，所以節聲音，至乎中而止，不使流淫也。」於是有煩手淫聲，【詁】服虔謂：「鄭重其手而音淫過。」（公羊疏。）許慎五經通義云：「鄭重之音使人淫過。」（初學記。）慆堙心耳，（文選注「堙」作「湮」。）乃忘平和，君子弗聽也。物亦如之，至於煩，乃舍也已，無以生疾。君子之近琴瑟，以儀節也，非以慆心也。【詁】説文：「慆，説也。」天有六氣，降生五味，發爲五色，徵爲五聲，淫生六疾。六氣曰陰、陽、風、雨、晦、明也。【詁】服虔云：「風，東方。雨，西方。陰，中央。晦，北方。明，南方。惟天陽不變，〔一〕惟晦明所屬。」（詩疏。）分爲四時，序爲五節，過則爲菑。陰淫寒疾，陽淫熱疾，風淫末疾，【詁】賈逵以末疾爲首疾，謂首眩也。（本疏。）惠棟曰：「逸周書曰『元首曰末』。易卦初爲本，上爲末，故上爲首爲角。杜據素問以四支爲四末，故謂末疾爲四支。然不及賈注之當。」雨淫腹疾，晦淫惑疾，明淫心疾。女，陽物而晦時，淫則生内熱惑蠱之疾。今君不節、不時，能無及此乎？」出告趙孟，趙孟曰：「誰當良臣？」對曰：「主是謂矣。主相晉國，於今八年，晉國無亂，諸侯無闕，可謂良矣。和聞之，國之大臣，榮其寵禄，任其大節。有菑禍興，而無改焉，必受其咎。今君至於淫以生疾，將不能圖恤社稷，禍孰大焉？主不能御，（諸本作「禦」，从釋文改正。）吾是以云也。」趙孟曰：「何謂蠱？」對曰：「淫溺惑亂之所生也。於文，皿蟲爲蠱。【詁】説文：「蠱，腹中蟲也。春秋傳曰『皿蟲爲蠱』。淫溺之所生也，梟桀死之鬼亦爲蠱。」穀之飛亦爲蠱。【詁】爾雅釋器「康謂之蠱」，郭璞曰：「米皮。」簸之揚之，康秕在前，故云穀之飛。外傳：「蠱之慝，穀之飛實生之。」在周易，女惑男，風落山，謂之蠱䷑，皆同物也。」趙孟曰：「良醫也。」厚其禮而歸之。

楚公子圍使公子黑肱、伯州犂城犨、櫟、郟。【詁】地理志犨屬南陽郡，陽翟、郟屬潁川郡。譙周古史攷曰：「鄭厲公入櫟，即陽翟。」（杜本此。）鄭人懼。子産曰：「不害。令尹將行大事，而先除二子也。禍不及鄭，何患焉？」冬，楚公子圍將聘于鄭，伍舉爲介。未出竟，聞王有疾而還。伍舉遂聘。十一月己酉，公子圍至，入問王疾，

〔一〕「陽」原訛「地」，據詩小雅漸漸之石孔穎達正義改。

縊而弑之，【詁】韓非子奸劫篇：「以其冠纓絞王殺之。」孫卿子曰：「以冠纓絞之。」説文：「絞，縊也。」（杜本此。）遂殺其二子幕及平夏。（史記「幕」作「莫」。）右尹子干出奔晉，宮廐尹子晳出奔鄭。殺大宰伯州犂于郟。【詁】韋昭國語注：「郟，後屬鄭。鄭衰，楚取之。昭元年葬王于郟，謂之郟敖是也。」（杜本此。）葬王于郟，謂之郟敖。（史記作「夾敖」。古今人表同。）使赴于鄭，伍舉問應爲後之辭焉，【詁】服虔云：「問來赴者。」（史記集解。）對曰：「寡大夫圍。」伍舉更之曰：「共王之子圍爲長。」子干奔晉，從車五乘。叔向使與秦公子同食，皆百人之餼。趙文子曰：「秦公子富。」叔向曰：「厎禄以德，【詁】爾雅：「厎，致也。」（杜本此。）德鈞以年，年同以尊。公子以國，不聞以富。且夫以千乘去其國，彊禦已甚。詩曰：『不侮鰥寡，【詁】詩大雅「鰥」作「矜」。按：定四年引詩又作「矜」。古字通也。不畏彊禦。』秦、楚，匹也。」使后子與子干齒，辭曰：「鍼懼選，楚公子不獲，是以皆來，亦惟命。且臣與羈齒，無乃不可乎？史佚有言曰：『非羈，何忌？』」【詁】鄭玄禮記注：「忌，畏也。」

楚靈王即位，薳罷爲令尹，薳啓彊爲大宰。鄭游吉如楚，葬郟敖，且聘立君。歸，謂子産曰：「具行器矣。楚王汏侈，而自説其事，必合諸侯，吾往無日矣。」子産曰：「不數年，未能也。」

十二月，晉既烝，【詁】爾雅：「烝，冬祭名。」（杜本此。）趙孟適南陽，將會孟、子餘。【詁】服虔以孟爲趙盾，子餘爲趙衰。（本疏。）惠棟據趙世家以孟、子餘爲共孟及衰。甲辰朔，烝于温。【詁】服虔云：「甲辰朔，夏十一月朔也。」（同上。）又云：「祭人君用孟月，人臣用仲月。」（禮記疏。）庚戌，卒。鄭伯如晉弔，及雍乃復。

二年，春，晉侯使韓宣子來聘，且告爲政而來見，禮也。觀書於大史氏，【詁】鄭司農云：「史官主書。」（周禮疏。）見易象與魯春秋，曰：「周禮盡在魯矣。【詁】賈逵云：「周禮盡在魯矣，史法最備，故史記與周禮同名。」（疏序。）吾乃今知周公之德與周之所以王也。」【詁】鄭衆、賈逵等或以爲卦下之彖辭，文王所作；爻下之象辭，周公所作。（本疏。）鄭衆、賈逵、虞翻、陸績之徒以易有「箕子之明夷」、「東鄰殺牛」，皆以爲易之爻辭周公所作。（疏序。）公享之。季武子賦緜之卒章。韓子賦角弓。季武子拜曰：「敢拜子之彌縫敝邑，【詁】方言：「彌，縫也。」廣雅：「縫，合也。」寡君有望矣。」武子賦節之卒章。既享，宴于季氏。有嘉樹焉，宣子譽之。【詁】服虔云：「譽，游也。宣子游其樹下。夏諺曰：『一游一譽，爲諸侯度。』」（本疏。）説文：「譽，稱也。」（杜本此。）按：服注雖據孟子，究當从本訓爲長。觀下武子云云可知。惠棟曰：「孟子稱夏諺作『豫』，趙岐章句云：『豫亦游也。春秋傳曰：「季氏有嘉樹，宣子豫焉。」』周易序卦曰『豫必有隨』，鄭康成注引孟子『吾君不豫』以爲證。則知此傳『譽』字本作『豫』，故服、趙互引爲證。孫子兵法曰：『人效死而上能用之，雖優游暇譽，令猶行也。』外傳作『暇豫』。李善云：『「豫」與「譽」古字通。』」武子曰：「宿敢不封殖此樹，以無忘角弓。」遂賦甘棠。宣子曰：「起不堪也，無以及召公。」宣子遂如齊納幣。見子雅。子雅召子旗，使見宣子。宣子曰：「非保家之主也，不臣。」見子尾。子尾見彊，宣子謂之如子旗，大夫多笑之，惟晏子信之，曰：「夫子，君子也。君子有信，其有以知之矣。」自齊聘於衛。衛侯享之。北宫文子賦淇澳。宣子賦木瓜。

夏，四月，韓須如齊逆女。齊陳無宇送女，致少姜。少姜有寵於晉侯，晉侯謂之少齊。【詁】服虔云：「所以寵異不與齊衆女字等，言齊國如此好女甚少。」按：服説則「少」讀如字。謂陳無宇非卿，執諸中都。【詁】郡國志太原郡中都，劉昭注：「昭二年執陳無宇于中都即此。」少姜爲之請曰：「送從逆班。【詁】方言：「班、徹，列也。」（杜本此。）畏大國也，猶有所易，是以亂作。」

叔弓聘于晉，報宣子也。晉侯使郊勞，【詁】服虔云：「郊勞，近郊三十里。」（詩疏。）辭曰：「寡君使弓來繼舊好，固曰：『女無敢爲賓。』徹命於執事，敝邑弘矣。敢辱郊使？請辭。」致館，辭曰：「寡君命下臣來繼舊好，好合使成，臣之禄也。敢辱大館？」叔向曰：「子叔子知禮哉！吾聞之，曰：『忠信，禮之器也。卑讓，禮之宗也。』辭不忘國，忠信也。先國後己，卑讓也。詩曰：『敬慎威儀，以近有德。』夫子近德矣。」

秋，鄭公孫黑將作亂，欲去游氏而代其位，傷疾作而不果。駟氏與諸大夫欲殺之。子產在鄙聞之，懼弗及，乘遽而至，【詁】說文：「遽，傳也。」按：說文與爾雅略同。（杜本此。）使吏數之曰：「伯有之亂，以大國之事，而未爾討也。爾有亂心無厭，國不女堪。專伐伯有，而罪一也。昆弟爭室，而罪二也。薰隧之盟，女矯君位，而罪三也。有死罪三，何以堪之？不速死，大刑將至。」再拜稽首，辭曰：「死在朝夕，無助天爲虐。」子產曰：「人誰不死？凶人不終，命也。作凶事，爲凶人。不助天，其助凶人乎？」請以印爲褚師。【詁】說文：「褚，卒也。」方言：「卒或謂之褚。」廣雅：「亭父，褚卒也。」按：杜注云：「褚師，市官。」義亦本此。蓋屬褚卒之長耳。子產曰：「印也若才，君將任之；不才，將朝夕從女。女罪之不恤，而又何請焉？不速死，司寇將至。」七月壬寅，縊，尸諸周氏之衢，加木焉。

晉少姜卒。公如晉，及河。晉侯使士文伯來辭曰：「非伉儷也，請君無辱。」公還，季孫宿遂致服焉。叔向言陳無宇於晉侯曰：「彼何罪？君使公族逆之，齊使上大夫送之，猶曰不共，君求以貪。國則不共，而執其使，君刑已頗，何以爲盟主？且少姜有辭。」冬，十月，陳無宇歸。

十一月，鄭印段如晉弔。

三年，春，王正月，鄭游吉如晉，送少姜之葬。梁丙與張趯見之。梁丙曰：「甚矣哉！子之爲此來也。」子大叔曰：「將得已乎？昔文、襄之霸也，其務不煩諸侯。令諸侯三歲而聘，五歲而朝，有事而會，不協而盟。君薨，大夫弔，卿共葬事。夫人，士弔，大夫送葬。足以昭禮、命事、謀闕而已，無加命矣。今嬖寵之喪，不敢擇位，而數於守適，惟懼獲戾，豈敢憚煩？少齊有寵而死，（諸本作「少姜」，今从石經、釋文改正。）齊必繼室。今茲吾又將來賀，不惟此行也。」張趯曰：「善哉！吾得聞此數也。然自今子其無事矣。譬如火焉，火中，寒暑乃退。（鄭玄周禮注引作「火星中而寒暑退」，詩豳風疏、禮記檀弓疏所引亦同。）【詁】服虔云：「火，大火星也。季冬十二月平旦正中在南方，大寒退。季夏六月黄昏火星中，大暑退。是火爲寒暑之候是也。」（詩疏。）此其極也，能無退乎？晉將失諸侯，諸侯求煩不獲。」二大夫退。子大叔告人曰：「張趯有知，其猶在君子之後乎！」

丁未，滕子原卒。同盟，故書名。

齊侯使晏嬰請繼室於晉，曰：「寡君使嬰曰：『寡人願事君，朝夕不倦，將奉質幣，以無失時，則國家多難，是以不獲。不腆先君之適以備内官，焜燿寡人之望，【詁】説文：「焜，煌也。」「燿，照也。」服虔云：「焜，明也。燿，照也。言得備妃嬪之列，照明己之意望也。」（本疏。）則又無禄，早世隕命，寡人失望。君若不忘先君之好，惠顧齊國，辱收寡人，徼福於大公、丁公，【詁】説文：「徼，循也。」韋昭國語注：「邀，要也。」（杜本此。）照臨敝邑，鎮撫其社稷，則猶有先君之適及遺姑姊妹若而人。【詁】王逸楚詞章句：「遺，餘也。」（杜本此。）君若不棄敝邑，而辱使董振擇之，【詁】爾雅：「董，正也。」薛綜西京賦注：「振，整理也。」（杜本此。）以備嬪嬙，（釋文：「『嬙』又作『墻』。」）寡人之望也。』」韓宣子使叔向對曰：「寡君之願也。寡君不能獨任其社稷之事，未有伉儷，在縗絰之中，（釋文：「『縗』，本又作『衰』。」）是以未敢請。君有辱命，惠莫大焉。若惠顧敝邑，撫有晉國，賜之内主，豈惟寡君，舉群臣實受其貺，其自唐叔以下實寵嘉之。」既成昏，晏子受禮。叔向從之宴，相與語。叔向曰：「齊其何如？」晏子曰：「此季世也。吾弗知齊其爲陳氏矣。公棄其民，而歸於陳氏。齊舊四量，豆、區、釜、鍾。【詁】鄭玄考工記注：「四升爲豆，四豆曰區，四區曰鬴，鬴十曰鍾。」廣雅：「四升曰梪，四梪曰區，區四曰釜，釜十曰鍾。」案：「釜」、「鬴」、「豆」、「梪」音近義同。（杜本此。）顧炎武云：「毛晃云：『豆當音斗，後人誤作俎豆之豆用之。』攷工記：『一獻而三酬，則一豆矣。』『豆』，古『斗』字。」惠棟云：「按：考工梓人云：『爵一升，觚三升。獻以爵，而酬以觚。一獻而三酬，則一豆矣。』一獻三升，則十升，不得爲四升之豆。故鄭注云：『「豆」當爲「斗」。』陶人云：『庾實二觳。』〔一〕先鄭云：『「觳」當爲「斛」，受三斗。聘禮記有「斛」。』按：聘禮記云：『十斗曰斛。』安得云觳受三斗？故鄭據旊人云：『豆實三而成觳，則觳受斗二升。』明『觳』不得爲『斛』，『豆』不得爲『斗』也。」四升爲豆，各自其四，以登於釜，釜十則鍾。陳氏三量皆登一焉，鍾乃大矣。以家量貸，而以公量收之。山木如市，弗加於山；魚、鹽、蜃、蛤，【詁】說文：「雉入海化爲蜃。」「盒，蜃屬，有三，皆生於海。蛤屬，千歲雀所化，秦人謂之牡蠣。海蛤者，百歲燕所化也。魁蛤，一名服累，老服翼所化。」弗加於海。民參其力，二入於公，而衣食其一。公聚朽蠹，而三老凍餧。（諸刊本作「餒」，今从石經改正。）【詁】服虔云：「三老者，工老、商老、農老。」（本疏。）按：杜注：「三老，謂上壽、中壽、下壽。」蓋本詩魯頌。國之諸市，屨賤踊貴。民人痛疾，而或燠休之，【詁】賈逵云：「燠，厚也。休，美也。」（釋文及本疏。）服虔云：「燠休，痛其痛而念之，若今時小兒痛，父母以口就之曰燠休，代其痛也。」（本疏。）按：杜注：「燠休，痛念之聲。」蓋取服說。或云燠休依注讀爲「嫗昫」。毛若虛以爲温煦安息之意，讀如本字，亦通。今攷考工記弓人，〔二〕「蹙于刲而休于氣」，鄭康成注：「『休』讀爲『煦』。」則毛說是也。其愛之如父母，而歸之如流水。欲無獲民，將焉辟之？箕伯、直柄、虞遂、伯戲，其相胡公、大姬，已在齊矣。」【詁】服虔云：「相，隨也。」（本疏。）按：正義云：「定本『相』作『祖』。」沈彤云：「胡公爲周始封陳之祖。箕伯與胡公六人，傳只平數之，則『相』乃『祖』字之誤。」叔向曰：「然。雖吾公室，今亦季世也。戎馬不駕，卿無軍行，公乘無人，卒列無長。庶民罷敝，而宮室滋侈。道殣相望，【詁】說文：「殣，道中死人，人所覆也。」荀悦曰：「道瘞謂之殣。」亦作「墐」。韋昭从毛傳曰：「道冢爲墐。」按：杜注云：「餓死爲殣。」蓋隨文生訓，究不若以上諸說之確。而女富溢尤。民聞公命，如逃寇讎。欒、郤、胥、原、狐、續、慶、伯，降在皁隸，政在家門，民無所依。君日不悛，以樂慆憂。【詁】說文：「悛，止也。」「慆，悦也。」

〔一〕「庾」原訛「豆」，據惠棟春秋左傳補注卷四及周禮考工記陶人改。

〔二〕「弓」原訛「工」，據周禮考工記弓人改。

按：杜注：「慆，藏也。」蓋改字作「韜」，然不若本訓爲是。昭元年子羽曰「子招樂憂」，即是此意。公室之卑，其何日之有？讒鼎之銘【詁】服虔云：「讒鼎，疾讒之鼎。明堂位所云崇鼎是也。一云讒，地名，禹鑄九鼎于甘、讒之地，故曰讒鼎。」曰：『昧旦丕顯，【詁】說文：「昧，爽也。」「旦，明也。」一曰闇也。後世猶怠。』況日不悛，其能久乎？」晏子曰：「子將若何？」叔向曰：「晉之公族盡矣。肸聞之，公室將卑，其宗族枝葉先落，則公從之。肸之宗十一族，惟羊舌氏在而已。肸又無子，公室無度，幸而得死，豈其獲祀？」

初，景公欲更晏子之宅，曰：「子之宅近市，湫隘囂塵，【詁】說文：「湫，溢下也。春秋傳曰『晏子之宅湫隘』。」「隘，陋也。籀文隘，从阜益。」〔一〕「囂，聲也。」「塵，鹿下揚土也。」（杜略本此。）不可以居，請更諸爽塏者。」【詁】韓非子難二云：「請徙子家豫章之圃。」說文：「爽，明也。」「塏，高燥也。」〔二〕（杜本此。）辭曰：「君之先臣容焉，臣不足以嗣之，於臣侈矣。且小人近市，朝夕得所求，小人之利也。敢煩里旅？」公笑曰：「子近市，識貴賤乎？」對曰：「既利之，敢不識乎？」公曰：「何貴何賤？」於是景公繁於刑，有鬻踊者，故對曰：「踊貴屨賤。」既以告於君，故與叔向語而稱之。景公爲是省於刑。君子曰：「仁人之言，其利博哉！晏子一言，而齊侯省刑。詩曰：『君子如祉，亂庶遄已。』其是之謂乎！」及晏子如晉，公更其宅。反，則成矣。既拜，乃毀之，而爲里室皆如其舊，則使宅人反之。「且諺曰：【詁】沈彤云：「此上當脱鄰人辭室一句，下文違卜不祥等語，乃喻使勿辭也。晏子語亦有脱文。或『且』字爲『曰』字之誤。」『非宅是卜，惟鄰是卜。』二三子先卜鄰矣。違卜不祥。君子不犯非禮，小人不犯不祥，古之制也。吾敢違諸乎？」卒復其舊宅。公弗許，因陳桓子以請，乃許之。

〔一〕「益」原訛「隘」，據說文解字第十四下改。
〔二〕「高」原作「乾」，據說文解字第十三下改。

夏，四月，鄭伯如晉，公孫段相，甚敬而卑，禮無違者。晉侯嘉焉，授之以策，曰：「子豐有勞於晉國，【詁】服虔云：「鄭僖公之爲太子，豐與之俱適晉。」（本疏。）余聞而弗忘。賜女州田，【詁】地理志河内郡州。水經：「沁水又東過州縣北。」注：「縣，故州也。春秋左傳周（當作「晉」。）以賜鄭公孫段。六國時韓宣子徙居之。」以胙乃舊勳。」伯石再拜稽首，受策以出。君子曰：「禮，其人之急也乎！伯石之汰也，一爲禮於晉，猶荷其禄，况以禮終始乎？詩曰：『人而無禮，胡不遄死？』其是之謂乎！」初，州縣，欒豹之邑也。及欒氏亡，范宣子、趙文子、韓宣子皆欲之。文子曰：「温，吾縣也。」二宣子曰：「自郤稱以别，三傳矣。晉之别縣不惟州，誰獲治之？」文子病之，乃舍之。二子曰：「吾不可以正議而自與也。」皆舍之。及文子爲政，趙獲曰：「可以取州矣。」文子曰：「退。二子之言，義也。違義，禍也。余不能治余縣，又焉用州？其以徼禍也。君子曰：『弗知實難。』知而弗從，禍莫大焉！有言州必死。」豐氏故主韓氏，伯石之獲州也，韓宣子爲之請之，爲其復取之之故。

五月，叔弓如滕，葬滕成公，子服椒爲介。及郊，遇懿伯之忌，敬子不入。（禮記注引作「敬叔不入」。）【詁】禮記檀弓云：「滕成公之喪，使子叔敬叔弔，進書。」惠伯曰：「公事有公利，無私忌。」【詁】韓非子曰：「私怨不入公門。」一説忌，忌日，故云私忌。椒請先入。」乃先受館，敬子從之。

晉韓起如齊逆女。公孫蠆爲少姜之有寵也，以其子更公女，而嫁公子。人謂宣子：「子尾欺晉，晉胡受之？」宣子曰：「我欲得齊，而遠其寵，寵將來乎？」

秋，七月，鄭罕虎如晉，賀夫人。且告曰：「楚人日徵敝邑，以不朝立王之故。敝邑之往，則畏執事其謂寡君而固有外心；其不往，則宋之盟云。進退罪也。寡君使虎布之。」宣子使叔向對曰：「君若辱有寡君，在楚何害？修宋盟也。君苟思盟，寡君乃知免於戾矣。君若不有寡君，雖朝夕辱於敝邑，寡君猜焉。【詁】廣雅：「猜，疑也。」（杜本此。）君實有心，何辱命焉？君其往也！苟有寡君，在楚猶在晉也。」張趯使謂大叔曰：「自子之歸也，小人糞除先人之敝廬，【詁】説文：「坌，掃除也。从土弁聲，讀若糞。」是「坌」爲「糞」本字。禮記「掃席前曰拚」，是又「坌」字或體。惠棟曰：「聘禮：『卿館于大夫。』游吉，卿。張趯，大夫。吉送少姜葬館焉，故今云糞除先人敝廬。舍廟中，故云先人。」曰：『子其將來。』今子皮實來，小人失望。」大叔曰：「吉賤，不獲來，畏大國、尊夫人也。且孟曰：『而將無事。』吉庶幾焉。」

小邾穆公來朝，季武子欲卑之。穆叔曰：「不可。曹、滕、二邾，實不忘我好。敬以逆之，猶懼其貳，又卑一睦，焉逆群好也。其如舊而加敬焉。志曰：『能敬無災。』又曰：『敬逆來者，天所福也。』」季孫從之。

八月，大雩，旱也。

齊侯田於莒。盧蒲嫳見，泣且請曰：「余髮如此種種，（釋文：『種種』，本亦作『董董』。）余奚能爲？」公曰：「諾。吾告二子。」歸而告之。子尾欲復之，子雅不可，曰：「彼其髮短而心甚長，其或寢處我矣。」九月，子雅放盧蒲嫳于北燕。

燕簡公多嬖寵，欲去諸大夫而立其寵人。冬，燕大夫比以殺公之外嬖。公懼，奔齊。書曰：「北燕伯欵出奔齊。」罪之也。

十月，鄭伯如楚，子產相。楚子享之，賦吉日。既享，子產乃具田備，王以田江南之夢。【詁】韋昭云：「雲夢在華容縣。」（水經注。）按：元和郡縣志云：「左傳『䢵夫人女棄子于夢中』，無『雲』字。云『楚子濟江入雲中』，復無『夢』字。以此推之，則雲、夢二澤，本自別矣。而禹貢、爾雅皆云雲夢者，蓋雙舉二澤言之，故後代以來通名一事，故左傳曰『田于江南之雲夢』也。」又楊雄羽獵賦「奢雲夢」，李善注曰：「雲夢，楚藪澤名也。左氏傳曰：『楚靈王與鄭伯田于江南之雲夢。』」據此二條，則是一本有「雲」字也。

齊公孫竈卒。司馬竈見晏子，曰：「又喪子雅矣。」晏子曰：「惜也。子旗不免，殆哉！姜族弱矣，而嬀將始昌。二惠競爽猶可，【詁】廣雅：「爽，猛也。」按：蓋言二惠彊猶可耳。似較杜注爲長。又弱一个焉，姜其危哉！」

四年，春，王正月，許男如楚，楚子止之，遂止鄭伯，復田江南，許男與焉。使椒舉（古今人表作「湫舉」。）如晉求諸侯，二君待之。椒舉致命曰：「寡君使舉曰：『日君有惠賜盟于宋，曰：「晉、楚之從，交相見也。」以歲之不易，（劉向新序「易」作「芻」。）寡人願結驩於二三君。』使舉請間。君若苟無四方之虞，【詁】詩毛傳：「虞，度也。」（杜本此。）則願假寵以請於諸侯。」晉侯欲弗許，司馬侯曰：「不可。楚王方侈，天或者欲逞其心，【詁】新序「逞」作「盈」。按：「盈」、「逞」二字古通。如「欒盈」，史記作「欒逞」是也。以厚其毒，而降之罰，未可知也。其使能終，亦未可知也。晉、楚惟天所相，【詁】詩毛傳：「相，助也。」（杜本此。）不可與争。君其許之，而修德以待其歸。若歸於德，吾猶將事之，况諸侯乎？若適淫虐，楚將弃之，吾又誰與争？」公曰：「晉有三不殆，【詁】說文：「殆，危也。」（杜本此。）其何敵之有？國險而多馬，齊、楚多難，有是三者，何鄉而不濟？」（新序作「嚮」。）對曰：「恃險與馬，而虞鄰國之難，（新序無「國」字。）是三殆也。四嶽、【詁】爾雅釋山：「河南華，河東岱，河北恒，江南衡。」李巡曰：「華，西嶽華山也。岱，東嶽泰山也。恒，北嶽恒山也。衡，南嶽衡山。」（杜本此。）三塗、【詁】服虔云：「三塗，大行、轘轅、崤函也。」謂三塗爲三處道也。（本疏。）一云：「三塗，太行、轘轅、崤黽。」塗，道也。（水經注。）京相璠曰：「山名也。」（同上。）按：杜注：「在河南陸渾縣南。」據昭十七年傳文。闞駰十三州志亦云：「三塗山在陸渾縣東南。」然尋繹上下文義，當以服義爲長。陽城、【詁】地理志潁川郡：「陽城有陽城山。」（杜本此。）大室、【詁】地理志潁川郡：「崈高，武帝置，以奉大室山，是爲中岳。有大室、少室山廟。」（杜本此。）荆山、【詁】地理志南郡：「臨沮，禹貢南條荆山在東北。」（杜本此。）中南，（新序作「終南」。）【詁】地理志右扶風：「武功，大壹山，古文以爲終南。」（杜本此。）酈道元云：「終南山，杜預以爲中南。」按：此是左傳舊本。本作「終南」，杜氏定爲「中南」也。九州之險也，是不一姓。（文選注引作「是非一姓」。）冀之北土，馬之所生，【詁】盧毓冀州論曰：「冀州北接燕、代。」後世謂代爲馬郡。（初學記。）無興國焉。恃險與馬，不可以爲固也，從古以然。是以先王務修德音，以亨神人，（新序「亨」作「享」。古文「亨」、「享」字通。）【詁】易子夏傳：「亨，通也。」（杜本此。）不聞其務險與馬也。鄰國之難，不可虞也。或多難以固其國，啓其疆土；或無難以喪其國，失其守宇。若何虞難？齊有仲孫之難，而獲桓公，至今賴之。晉有里、丕之難，（新序作「里克」，非。）而獲文公，是以爲盟主。衞、邢無難，敵亦喪之。【詁】按：新序「敵」作「狄」，非。邢非喪于狄也。故人之難，不可虞也。恃此三者，而不修政德，亡於不暇，又何能濟？（新序「又」作「有」。）君其許之。紂作淫虐，文王惠和，殷是以隕，（新序「隕」作「霣」。）周是以興。夫豈爭諸侯？」（新序「諸侯」下有「哉」字。）乃許楚使。使叔向對曰：「寡君有社稷之事，是以不獲春秋時見。諸侯，君實有之，何辱命焉？」椒舉遂請昏，晉侯許之。楚子問於子產曰：「晉其許我諸侯乎？」對曰：「許君。晉君少安，不在諸侯。其大夫多求，莫匡其君。在宋之盟，又曰如一。若不許君，將焉用之？」王曰：「諸侯其來乎？」對曰：「必來。從宋之盟，承君之歡，不畏大國，何故不來？不來者，其魯、衞、曹、邾乎！【詁】按：論衡引作「魯、邾、宋、衞不來」，非。曹畏宋，邾畏魯，魯、衞逼於齊而親於晉，惟是不來。其餘，君之所及也，誰敢不至？」王曰：「然則吾所求者，無不可乎？」對曰：「求逞於人，不可。與人同欲，盡濟。」

大雨雹。季武子問於申豐曰：「雹可御乎？」對曰：「聖人在上，無雹。雖有，不爲災。古者日在北陸而藏冰，【詁】服虔云：「陸，道也。北陸言在，謂十二月日在危一度。」（周禮疏。杜取此。）西陸朝覿而出之。【詁】服虔云：「不言在，則不在昴，謂二月日在婁四度。謂春分時奎婁晨見東方而出冰，是公始用之。」（同上。）鄭玄荅弟子孫皓問曰：「西陸朝覿，謂四月立夏之時。周禮『夏班冰』是也。」按：杜注與鄭異。劉炫云：「春分奎星已見，杜以夏三月仍云奎始朝見，非其義矣。鄭、服、杜三説，鄭爲近之。」説文：「儥，見也。」「昴，白虎宿星。」按：「覿」當作「儥」。詩疏引鄭康成云：「四月昴則見。」服虔云：「春分之中，奎始晨見東方，蟄蟲出矣。故以是時出之，給賓、客、喪、祭之用。」（詩疏。）又以爲出之即是仲春啓冰。（本疏。）其藏冰也，深山窮谷，固陰沍寒，（釋文作「冱」。）【詁】按：説文無「沍」、「冱」二字。玉篇有之，云：「冱，閉塞也，胡故切。」「沍，寒也，亦胡故切。」今从宋本及諸刻本作「沍」。又按：漢書郊祀志「秋涸凍」，師古曰：「『涸』讀如『沍』。沍，凝也，音下故反。」並引左傳文。史記索隱曰：「按：字林，涸，竭也，下各反。」小顏云：「『涸』讀與『沍』同。」於是乎取之。其出之也，朝之祿位，【詁】服虔云：「祿位，謂大夫以上賓客食喪有祭祀。」（詩疏。）賓、食、（初學記引作「賓客」。）喪、祭，於是乎用之。其藏之也，黑牡、秬黍以享司寒。【詁】服虔云：「司寒，司陰之人玄冥也。將藏冰，致寒氣，故祀其神。」（同上。）其出之也，桃弧、棘矢【詁】説文：「弧，木弓也。」服虔云：「桃，所以避凶也。棘矢者，棘亦有鍼，取其名也。蓋出冰之時，置此弓矢於淩室之户，所以禳除凶邪。將御至尊，故慎其事，爲此禮也。」（本疏。）以除其災。其出入也時。食肉之祿，冰皆與焉。大夫、命婦喪浴用冰。祭寒而藏之，（初學記引此「寒」上有「司」字。）獻羔而啓之，公始用之，火出而畢賦，【詁】服虔云：「火出，于夏爲三月，於商爲四月，於周爲五月。」（周禮疏。）自命夫、命婦至於老疾，無不受冰。山人取之，縣人傳之，輿人納之，隸人藏之。夫冰以風壯，而以風出。其藏之也周，其用之也徧，則冬無愆陽，【詁】周書時訓曰：「草木不黄落，是爲愆陽。」夏無伏陰，春無凄風，秋無苦雨，【詁】服虔云：「害物之雨，民所苦。」（詩疏。）雷不出震，【詁】説文云：「震，霹歷震物者。」服虔云：「震，驚也。」（漢書集注。）無菑霜雹，癘疾不降，【詁】説文：「癘，惡疾也。」民不夭札。【詁】鄭司農周禮注：「札謂疾疫死亡也。越人謂死爲札。」（杜本此。）今藏川池之冰弃而不用，風不越而殺，【詁】高誘淮南王書注：「越，散也。」（杜本此。）雷不發而震。雹之爲災，誰能禦之？七月之卒章，藏冰之道也。」

夏，諸侯如楚，魯、衛、曹、邾不會。曹、邾辭以難，公辭以時祭，衛侯辭以疾。鄭伯先待于申。六月丙午，楚子合諸侯于申。椒舉言於楚子曰：「臣聞諸侯無歸，禮以爲歸。今君始得諸侯，其慎禮矣。霸之濟否，在此會也。夏啓有鈞臺之享，【詁】汲郡古文：「夏啓元年，帝即位於夏邑，大饗諸侯于鈞臺。」歸藏啓筮曰：「昔夏后氏啓筮亨神于大陵，而上鈞臺枚占。皋陶曰：『不吉。』」連山易曰：「啓筮亨神于大陵之上。」酈道元云：「即鈞臺也。」郡國志潁川郡：「陽翟，有鈞臺。」惠棟曰：「魏大饗碑『夏啓均臺之亨』。『均』，古『鈞』字；『亨』，古『享』字。」商湯有景亳之命，【詁】汲郡古文云：「帝癸二十八年，昆吾氏伐商。商會諸侯于景亳，遂征韋。商師取韋，遂征顧。」酈道元云：「所謂景亳，爲北亳矣。」周武有盟津之誓，（釋文：「『孟』，本又作『盟』。」「孟」、「盟」古字通。）【詁】按：水經注引論衡云：「與八百諸侯同此盟，尚書所謂不謀同辭也，故曰盟津，亦曰孟津。」地理志引禹貢作「盟津」，師古曰：「『盟』讀曰『孟』。」津在洛陽之北，都道所湊，故號孟津。孟，長大也。」成有岐陽之蒐，【詁】汲郡古文云：「成王六年，大蒐于岐陽。」晉語云：「昔成王盟諸侯于岐陽，楚爲荆蠻，置茅蕝，設望表，與鮮卑守燎，故不與盟。」賈逵云：「岐山之陽。」（史記集解。杜取此。）康有酆宫之朝，【詁】汲郡古文云：「康王元年朝于酆宫。」服虔云：「酆宫，成王廟所在也。」（同上。）説文：「酆，周文王所都，在京兆杜陵西南。」穆有塗山之會，【詁】汲郡古文：「穆王二十九年，會諸侯于塗山。」郡國志九江郡：「平阿，有塗山。」應劭曰：「山在當塗。」左傳：『穆有塗山之會。』」（杜本此。）齊桓有召陵之師，晉文有踐土之盟。君其何用？」宋向戌、鄭公孫僑在，諸侯之良也，君其選焉。」王曰：「吾用齊桓。」【詁】服虔云：「召陵之盟，齊桓退舍以禮。楚靈王今感其意，是以用之。」（本疏。）王使問禮於左師與子産。左師曰：「小國習之，大國用之，敢不薦聞？」獻公合諸侯之禮六。子産曰：「小國共職，敢不薦守？」獻伯、子、男會公之禮六。君子謂：「合左師善守先代，子産善相小國。」王使椒舉侍於後，以規過。卒事不規，王問其故，對曰：「禮，吾所未見者（諸本脱「所」字，今从石經、宋本增入。）有六焉，又何以規？」宋大子佐後至，王田於武城，久而弗見。椒舉請辭焉。【詁】韓非子十過篇云：「宋大子後至，執而囚之。」王使往曰：「屬有宗祧之事於武城，寡君將墮幣焉，【詁】服虔云：「墮，輸也。言將輸受宋之幣于宗廟。」按：詩小雅正月篇，「左傳曰『寡君將隳幣焉』，[一]服注云：『隳，輸也。』是訓輸爲毀壞之義。子路將隳三都是也。定本『隳』作『墮』。」敢謝後見。」徐子，吴出也，以爲貳焉，故執諸申。楚子示諸侯侈，椒舉曰：「夫六王、二公之事，皆所以示諸侯禮也，諸侯所由用命也。夏桀爲仍之會，有緡叛之。【詁】韓非子作「有戎之會」。汲郡古文云：「帝癸十一年，會諸侯于仍，有緡氏逃歸，遂滅有緡。」賈逵云：「仍，緡國名也。」（史記集解。杜取此。）商紂爲黎之蒐，東夷叛之。【詁】史記作「紂爲黎山之會」，韓非子「黎丘之蒐」。汲郡古文云：「帝辛四年，大蒐于黎。」服虔云：「黎，東夷國名也，子姓。」（同上。杜取此。）按：説文：「𨛫，殷諸侯國，在上黨東北。」今考黎正在紂都之東百餘里。服虔云：「黎，東夷之國。」是也。杜注亦見及此，而又注曰「疑」，蓋不考之故。周幽爲大室之盟，戎狄叛之。【詁】汲郡古文云：「幽王十年春，王及諸侯盟于大室。明年，申人、繒人及犬戎入宗周，弑王。」皆所以示諸侯汏也，諸侯所由弃命也。今君以汏，無乃不濟乎？」王弗聽。子産見左師，曰：「吾不患楚矣。汏而愎諫，不過十年。」左師曰：「然。不十年侈，其惡不遠，遠惡而後弃。善亦如之，德遠而後興。」【詁】按：「遠惡」疑當作「惡遠」，與「德遠」句對。

秋，七月，楚子以諸侯伐吴，宋大子、鄭伯先歸，宋華費遂、鄭大夫從。使屈申圍朱方。八月甲申，克之，執齊慶封而盡滅其族。將戮慶封，椒舉曰：「臣聞無瑕者可以戮人。慶封惟逆命，是以在此，其肯從於戮乎？播於諸侯，焉用之？」王弗聽，負之斧鉞，以徇於諸侯，使言曰：「無或如齊慶封弑其君，弱其孤，以盟其大夫。」【詁】按：吕覽載此事云：「毋或如齊慶封弑其君，以亡其大夫。」高誘注：「弱其孤，爲殺崔成、崔彊。亡其大夫，謂崔杼彊而死。」慶封曰：「無或如楚共王之庶子圍弑其君兄之子麇而代之，以盟諸侯。」王使速殺之。遂以諸侯滅賴。賴子面縛銜璧，士袒，輿櫬從之，造於中軍。王問諸椒舉，對曰：「成王克許，許僖公如是。王親釋其

[一]「隳」原訛「墮」，據詩小雅正月孔穎達正義改。下三「隳」字同此。

縛，受其璧，焚其櫬。」王從之。遷賴于鄢。楚子欲遷許于賴，使鬬韋龜與公子弃疾城之而還。申無宇曰：「楚禍之首，將在此矣。召諸侯而來，伐國而克，城竟莫校，王心不違，民其居乎？民之不處，其誰堪之？不堪王命，乃禍亂也。」

九月，取鄫，言易也。莒亂，著丘公立而不撫鄫，鄫叛而來，故曰「取」。凡克邑不用師徒曰「取」。

鄭子産作丘賦，【詁】服虔以爲子産作丘賦者，賦此一丘之田，使之出一馬、三車，復古法耳。丘賦之法不行久矣，今子産復修古法，民以爲貪，故謗之。（本疏。）國人謗之，曰：「其父死於路，已爲蠆尾，【詁】説文：「蠆，毒蟲也。」以令於國，國將若之何？」子寬以告，子産曰：「何害？苟利社稷，死生以之。且吾聞：『爲善者不改其度，故能有濟也。』民不可逞，度不可改。詩曰：『禮義不愆，何恤於人言？』（漢書引作「何恤人之言」。爾雅疏「愆」作「諐」，从籀文。）【詁】荀卿子載是詩曰：「長夜漫兮，永思騫兮。大古之不慢兮，禮義之不愆兮，何恤人之言兮？」吾不遷矣。」渾罕曰：「國氏其先亡乎！君子作法於涼，【詁】説文：「⿰亢京，薄也，从亢京聲。」廣雅云：「⿰亢京，禣也。」曹憲曰：「音良。世人作⿰亢京禣之⿰亢京。水旁著京，失之。」（杜本此。）惠棟曰：「『禣』即『薄』字。郭忠恕汗簡云：『古爾雅「涼」作「⿰亢京」』。」其敝猶貪。作法於貪，敝將若之何？姬在列者，蔡及曹、滕其先亡乎！【詁】服虔云：「齊景亡滕。」（隱七年疏。）偪而無禮。〔一〕鄭先衞亡，偪而無法。政不率法，而制於心。民各有心，何上之有？」

冬，吴伐楚，入棘、櫟、麻，【詁】水經注：「汝水東逕櫟亭北，春秋之棘、櫟也。今城在新蔡故城西北半淪水。」杜預以爲在東北，未詳。史記索隱引譙周云：「酇縣東北有棘亭。新蔡縣東北有櫟亭。麻即襄城縣故麻城是也。」以報朱方之役。楚沈尹射奔命于夏汭，（後漢書注引作「沈尹戌」，誤。）葴尹（諸本或作「咸」，或作「箴」，並誤。从宋本改。）宜咎城鍾離，

〔一〕「偪而無禮」原脱，據春秋左傳其它各本補。

薳啓疆城巢，然丹城州來。東國水，不可以城。彭生罷賴之師。

初，穆子去叔孫氏，及庚宗，遇婦人，使私爲食而宿焉。問其行，告之故，哭而送之。適齊，娶於國氏，生孟丙、仲壬。【詁】韓非子内儲篇：叔孫有子曰壬，壬兄曰丙。即孟、仲也。夢天壓己，弗勝，顧而見人，黑而上僂，【詁】説文：「僂，尫也。」深目而豭喙，【詁】説文：「豭，牡豕也。」號之曰：「牛，助余！」乃勝之。旦而皆召其徒，無之。（文選注引作「旦而瞻其侍，無之」。）且曰：「志之。」及宣伯奔齊，饋之。宣伯曰：「魯以先子之故，將存吾宗，必召女。召女，何如？」對曰：「願之久矣。」魯人召之，不告而歸。既立，所宿庚宗之婦人獻以雉。【詁】集傳云：「穆子還，過庚宗，婦人獻熊。（「熊」，何校本改「雉」。）穆子問之曰：『女有子乎？』曰：『余子已能捧雉而從我矣。』」（文選注。）問其姓，【詁】廣雅：「姓，子也。」（杜本此。）對曰：「余子長矣，能奉雉而從我矣。」召而見之，則所夢也。未問其名，號之曰：「牛。」曰：「唯。」【詁】皇侃禮記義疏云：「唯，謂人應爾是也。」皆召其徒，使視之，遂使爲豎。有寵，長使爲政。公孫明知叔孫於齊，歸，未逆國姜，子明取之，故怒，其子長而後使逆之。田於丘蕕，（文選注引作「田于蒲丘」。）遂遇疾焉。豎牛欲亂其室而有之，强與孟盟，不可。叔孫爲孟鐘，曰：「爾未際，【詁】爾雅：「際、接，捷也。」小爾雅：「際，接也。」説文：「際，壁會也。」（杜本爾雅。）饗大夫以落之。」【詁】服虔云：「釁以豭豚爲落。」（詩疏。杜本此。）既具，使豎牛請日。入，弗謁，出，命之日。及賓至，聞鐘聲。牛曰：「孟有北婦人之客。」怒，將往，牛止之。賓出，使拘而殺諸外。牛又强與仲盟，不可。仲與公御萊書觀於公，公與之環，使牛入示之。入，不示，出，命佩之。牛謂叔孫：「見仲而何？」叔孫曰：「何爲？」曰：「不見，既自見矣，公與之環而佩之矣。」【詁】按：韓非子載此事云：「豎牛謂叔孫：『何不見壬於君乎？』叔孫曰：『孺子何足見也？』[一]豎牛曰：『壬固已數

[一] 「孺」原訛「儒」，據韓非子内儲説上改。

見於君矣，君賜之玉環已佩之矣。』」〔一〕按：此則正義所言非是。惠氏補注所見亦同。遂逐之，奔齊。疾急，命召仲，牛許而不召。杜泄見，（諸本作「洩」。今从釋文改。下同。）告之飢渴，授之戈。對曰：「求之而至，又何去焉？」豎牛曰：「夫子疾病，不欲見人。」【詁】秦越人難經五十一難云：「病有欲見人者、不欲見人者。欲見人者，病在府也。不欲見人者，病在藏也。府者，陽也。陽病者欲得寒之，又欲見人。藏者，陰也。陰病欲得温，又欲閉户獨處，惡聞人聲。」使置饋于个而退。牛弗進，則置虚命徹。【詁】傳曰：「牛不進叔孫，覆空器而還之，示君已食。」（文選注。）十二月癸丑，叔孫不食。乙卯，卒。牛立昭子而相之。公使杜泄葬叔孫。豎牛賂叔仲昭子與南遺，使惡杜泄於季孫而去之。杜泄將以路葬，且盡卿禮。南遺謂季孫曰：「叔孫未乘路，葬焉用之？且冢卿無路，介卿以葬，不亦左乎？」季孫曰：「然。」使杜泄舍路，不可，曰：「夫子受命於朝而聘於王，王思舊勳而賜之路，復命而致之君。君不敢逆王命而復賜之，使三官書之。吾子爲司徒，實書名；夫子爲司馬，與工正書服；孟孫爲司空，以書勳。今死而不以，是弃君命也。書在公府，而弗以，是廢三官也。若命服，生弗敢服，死又不以，將焉用之？」乃使以葬。季孫謀去中軍，豎牛曰：「夫子固欲去之。」

五年，春，王正月，舍中軍，卑公室也。毁中軍于施氏，成諸臧氏。初，作中軍，三分公室，而各有其一。季氏盡征之，叔孫氏臣其子弟，孟氏取其半焉。及其舍之也，四分公室，季氏擇二，二子各一，皆盡征之，而貢于公。以書使杜泄告于殯，曰：「子固欲毁中軍，既毁之矣，故告。」杜泄曰：「夫子惟不欲毁也，故盟諸僖閎，詛諸五父之衢。」受其書而投之，帥士而哭之。叔仲子謂季孫曰：「帶受命於子叔孫，曰：『葬鮮者自西門。』」

〔一〕「玉」原作「王」，據韓非子內儲説上改。

【詁】列子云：「越東有輒木之國，其長子生則鮮而食之。」張湛注引此爲證，云：「鮮，謂鮮少也。」季孫命杜泄。杜泄曰：「卿喪自朝，【詁】服虔云：「卿葬，三辭於朝，從朝出正門。卿，佐國之棟榦，君之股肱，必過于朝，重之也。」（本疏。）按：杜注係臆説，當以服氏爲是。魯禮也。吾子爲國政，未改禮而又遷之。群臣懼死，不敢自也。」既葬而行。仲至自齊，季孫欲立之。南遺曰：「叔孫氏厚，則季氏薄。彼實家亂，子勿與知，不亦可乎？」南遺使國人助豎牛以攻諸大庫之庭，司宫射之，中目而死。豎牛取東鄙三十邑以與南遺。昭子即位，朝其家衆，曰：「豎牛禍叔孫氏，使亂大從，【詁】服虔云：「使亂大和順之道。」（同上。）按：昭子名婼。説文：「婼，不順也。」或亦以殺適立庶，亂大順之道，故取不順以爲名。殺適立庶，又披其邑，（家語引作「破」。）【詁】纂文：「披猶分也。」（衆經音義。）將以赦罪，罪莫大焉。必速殺之！」豎牛懼，奔齊。孟、仲之子殺諸塞關之外，投其首於寧風之棘上。仲尼曰：「叔孫昭子之不勞，不可能也。周任有言曰：『爲政者不賞私勞，不罰私怨。』詩曰：『有覺德行，四國順之。』」

初，穆子之生也，莊叔以周易筮之，遇明夷䷣之謙䷎，以示卜楚丘，曰：「是將行，而歸爲子祀。以讒人入，其名曰牛，卒以餒死。明夷，日也。日之數十，故有十時，亦當十位。【詁】惠棟曰：「古言時，皆謂四時。此言十時，爲分一日爲十時，以當王至臺之十位。杜注用十二時，與傳不合。」自王以下，其二爲公，其三爲卿。日上其中，食日爲二，旦日爲三。明夷之謙，明而未融，【詁】服虔云：「融，高也。」（詩疏。）其當旦乎，故曰『爲子祀』。日之謙，當鳥，故曰『明夷于飛』。明而未融，故曰『垂其翼』。象日之動，故曰『君子于行』。當三在旦，故曰『三日不食』。離，火也。艮，山也。離爲火，【詁】劉用熙云：「『離爲火』三字於上下文不通貫，疑衍文也。」火焚山，山敗。於人爲言，敗言爲讒，故曰『有攸往。主人有言』。言必讒也。純離爲牛，世亂讒勝，勝將適離，故曰『其名曰牛』。謙不足，飛不翔，垂不峻，翼不廣，故曰『其爲子後乎』。吾子亞卿也，抑少不終。」

楚子以屈申爲貳於吳，乃殺之。以屈生爲莫敖，使與令尹子蕩如晉逆女。過鄭，鄭伯勞子蕩於汜，勞屈生於菟氏。（水經注引作「兔氏」。）【詁】酈道元云：「野兔水上承西南兔氏亭北野兔陂。春秋傳云鄭伯勞屈生於兔氏者也。」晉侯送女于邢丘。子産相鄭伯，會晉侯于邢丘。

公如晉，自郊勞至於贈賄，無失禮。晉侯謂女叔齊曰：「魯侯不亦善於禮乎？」對曰：「魯侯焉知禮？」公曰：「何爲？自郊勞至于贈賄，禮無違者，何故不知？」對曰：「是儀也，不可謂禮。禮，所以守其國，行其政令，無失其民者也。今政令在家，不能取也。有子家羈，（公羊作「子家駒」。漢書、淮南子並同。）【詁】世本：「仲遂，魯莊公之子東門襄仲。」（禮記疏。）又云：「遂産子家歸父及昭子子嬰也。」（史記索隱。）按：楊倞荀子注：「子家駒，[一]公子慶之孫，歸父之後，名羈，字駒。」今考歸父爲仲遂之子，則莊公之孫。公子慶係桓公之子，與歸父支派迥別。司馬貞又云：「子家羈，字懿伯。」按：懿伯乃子家謚，非字也。倞及貞説不足據，當以世本爲正。弗能用也。奸大國之盟，陵虐小國，利人之難，不知其私。公室四分，民食於他，思莫在公，不圖其終。爲國君，難將及身，不恤其所。禮之本末，將於此乎在，而屑屑焉【詁】方言：「屑屑，不安也。」廣雅：「屑，勞也。」習儀以亟。言善於禮，不亦遠乎？」君子謂：「叔侯於是乎知禮。」

晉韓宣子如楚送女，叔向爲介。鄭子皮、子大叔勞諸索氏。【詁】應劭曰：「京有索亭。北征記又有索水。」（續漢書補注。）按：晉書地道記京有大索亭、小索亭。「索」音「栅」，故水經或作「栅」。酈道元引作：「鄭子皮勞叔向于索水。」大叔謂叔向曰：「楚王汏侈已甚，子其戒之！」叔向曰：「汏侈已甚，身之災也，焉能及人？若奉吾幣帛，慎吾威儀，守之以信，行之以禮，敬始而思終，終無不復。從而不失儀，敬而不失威，道之以訓辭，奉之以舊法，攷之以先王，度之以二國，雖汏侈，若我何？」及楚。楚子朝其大夫，曰：「晉，吾仇敵也。苟得志焉，無恤其他。

[一]「駒」原訛「羈」，據荀子大略楊倞注改。

今其來者，上卿、上大夫也。若吾以韓起爲閽，以羊舌肸爲司宮，足以辱晉，吾亦得志矣。可乎？」大夫莫對。薳啓彊曰：「可。苟有其備，何故不可？恥匹夫不可以無備，况恥國乎？是以聖王務行禮，不求恥人。朝聘有珪，【詁】説文：「珪，古文『圭』。剡上爲圭，半圭爲璋。」享覜有璋，【詁】鄭、服皆以享爲獻。（釋文。）説文：「諸侯三年大相聘曰覜。覜，視也。」鄭氏先儒以爲朝聘之禮，使執圭以授主國之君，乃行享禮，獻國之所有。覜，見也，謂行享禮以見主國之君也。（本疏。）小有述職，大有巡功。設几而不倚，【詁】説文：「几，踞几也。」按：今本作「机」，非。賈公彦儀禮疏引此作「几」，今據改。爵盈而不飲，宴有好貨，飧有陪鼎，【詁】鄭司農云：「飧，夕食也。」（周禮注。）服虔云：「陪牛羊豕鼎，故云陪鼎。」（本疏。）入有郊勞，出有贈賄，禮之至也。國家之敗，失之道也，則禍亂興。城濮之役，晉無楚備，以敗於邲。邲之役，楚無晉備，以敗于鄢。自鄢以來，晉不失備，而加之以禮，重之以睦，是以楚弗能報，而求親焉。既獲姻親，又欲恥之，以召寇讎，備之若何？誰其重此？若有其人，恥之可也。若其未有，君亦圖之！晉之事君，臣曰可矣。求諸侯而麇至，（文選注引作「麕至」。）求昏而薦女，君親送之，上卿及上大夫致之。猶欲恥之，君其亦有備矣。不然，奈何？韓起之下，趙成、中行吴、魏舒、范鞅、知盈；羊舌肸之下，祁午、張趯、籍談、（廣韻从「艹」。）女齊、【詁】晉語：「叔向見司馬侯之子，撫而泣之。」晉書乞伏傉檀載記宗敞云「叔向撫女齊之子」是也。按：此則女齊蓋先叔向死。梁丙、張骼、輔躒、（釋文：「『躒』，本作『櫟』。」）苗賁皇，皆諸侯之選也。韓襄爲公族大夫，【詁】世本：「晉韓厥生無忌，無忌生襄，襄生魯，爲韓言氏。」韓須受命而使矣。箕襄、邢帶、【詁】賈逵云：「二人韓氏族。」（本疏。）叔禽、叔椒、子羽，【詁】賈逵云：「皆韓起庶子。」（同上。杜取此。）皆大家也。韓賦七邑，皆成縣也。羊舌四族，皆彊家也。【詁】服虔云：「伯華、叔向、叔魚、季夙。」（同上。）晉人若喪韓起、楊肸，【詁】按：地理志河東郡楊縣，應劭曰：「楊，侯國。」即春秋時叔向采邑，以邑爲氏，故曰楊肸也。劉昭注郡國志亦云：「楊，叔向邑。」漢名臣奏載張衡説曰：「晉大夫食采于楊，爲楊氏。食我有罪而楊氏滅。」惠棟曰：「『楊』字从手，不从木。」今考張衡説見漢書注，亦不言字當从手。自宋楊南仲欲引楊雄爲祖，始造異説，以爲子雲之姓當从手旁，而并春秋時晉國之屬邑亦改之。不知左傳、史記、漢書並在，不可誣也。楊修云「吾家子雲，老不曉事」云云。兩漢士大夫最重氏族，倘非一姓，則弘農華族，又豈假成都僻姓以自引重乎？明楊雄之「楊」，本當从木，其諸刊本从手者，皆北宋以後惑于南仲之説，好奇而改也。惠氏亦爲其説所奪，欲引以改經，誤矣。五卿、八大夫輔韓須、楊石，因其十家九縣，長轂九百，其餘四十縣，遺守四千，奮其武怒，以報其大恥。伯華謀之，中行伯、魏舒帥之，其蔑不濟矣。君將以親易怨，【詁】按：謂以婚姻而易仇怨也，語意極明。或疑作「以怨易親」，恐誤。實無禮以速寇，而未有其備，使群臣往遺之禽，以逞君心，何不可之有？」【詁】服虔云：「何不可有之如是。」（同上。）王曰：「不穀之過也，大夫無辱。」厚爲韓子禮。王欲敖叔向以其所不知，而不能，亦厚其禮。韓起反，鄭伯勞諸圉。【詁】陳留風俗傳：「舊陳地，苦楚之難，修干戈于竟，以虞其患，故曰圉。」按：圉縣，前漢屬淮陽國，後漢屬陳留，杜注云「鄭地」，亦約略之辭。辭不敢見，禮也。

鄭罕虎如齊，娶於子尾氏。晏子驟見之。陳桓子問其故，對曰：「能用善人，民之主也。」

夏，莒牟夷以牟婁及防、兹來奔。牟夷非卿而書，尊地也。莒人愬于晉。晉侯欲止公，范獻子曰：「不可。入朝而執之，誘也。討不以師，而誘以成之，惰也。爲盟主而犯此二者，無乃不可乎？請歸之，間而以師討焉。」乃歸公。秋，七月，公至自晉。

莒人來討，不設備。戊辰，叔弓敗諸蚡泉，莒未陳也。

冬，十月，楚子以諸侯及東夷伐吴，以報棘、櫟、麻之役。薳射以繁揚之師會于夏汭。越大夫常壽過帥師會楚子于瑣。聞吴師出，薳啓彊帥師從之，遽不設備，吴人敗諸鵲岸。【詁】按：御覽引左傳注：「廬江舒縣有鵲尾渚。」又引十道志云：「南陵有鵲洲。」楚子以馹至于羅汭。吴子使其弟蹶由（古今人表作「厥由」。）犒師，【詁】韓非子曰：「沮衛、蹷融。」楚人執之，將以釁鼓。王使問焉，曰：「女卜來吉乎？」對曰：「吉。寡君聞君將治兵於敝邑，卜之以守龜，曰：『余亟使人犒師，請行以觀王怒之疾徐，而爲之備。尚克知之。』龜兆告吉，曰：『克可知也。』君若驩焉好逆使臣，滋敝邑休怠，而忘其死，亡無日矣。今君奮焉震電馮怒，【詁】説文：「馮，馬行疾也。」方言、廣雅：「馮，怒也。」按：此則馮怒當係疾怒，較杜注馮盛之訓爲長。虐執使臣，將以釁鼓，則吴知所備矣。敝邑雖羸，若早修完，其可以息師。難易有備，可謂吉矣。且吾社稷是卜，豈爲一人？使臣獲釁軍鼓，而敝邑知備，以禦不虞，其爲吉，孰大焉？國之守龜，其何事不卜？一臧一否，其誰能常之？城濮之兆，其報在邲。今此行也，其庸有報志？」乃弗殺。楚師濟於羅汭。沈尹赤會楚子，次于萊山。薳射帥繁揚之師先入南懷，楚師從之，及汝清。吴不可入。楚子遂觀兵於坻箕之山。是行也，吴早設備，楚無功而還，以蹶由歸。楚子懼吴，使沈尹射待命于巢，薳啓疆待命于雩婁，【詁】服虔云：「雩婁，楚之東邑。」（史記集解。）地理志廬江郡雩婁。禮也。

秦后子復歸於秦，景公卒故也。

春秋左傳詁卷十六

傳

昭公二

六年，春，王正月，杞文公卒。弔如同盟，禮也。

大夫如秦，葬景公，禮也。

三月，鄭人鑄刑書。叔向使詒子産書，曰：「始吾有虞於子，【詁】廣雅：「虞，望也。」按：與桓十一年同，並較杜義爲長。今則已矣。昔先王議事以制，不爲刑辟，懼民之有争心也。猶不可禁御，是故閑之以義，（刑法志作「誼」。）糾之以政，【詁】廣雅：「糾，舉也。」（杜本此。）行之以禮，守之以信，奉之以仁。制爲禄位，以勸其從。嚴斷刑罰，以威其淫。懼其未也，故誨之以忠，聳之以行，【詁】漢書刑法志引作「雙」，晉灼曰：「古『悚』字。」按：十九年傳云「駟氏聳」，説文引作「雙」，云：「懼也，从心，雙省聲。」（杜本此。）教之以務，使之以和，臨之以敬，涖之以彊，（釋文作「莅」。漢書引作「莅」。）斷之以剛，猶求聖哲之上、明察之官、忠信之長、慈惠之師。民於是乎可任使也，而不生禍亂。民知有辟，則不忌於上，並有争心，以徵於書，而徼幸以成之，弗可爲矣。夏有亂政而作禹刑，商有亂政而作湯刑，【詁】汲郡古文曰：「祖甲二十四年重作湯刑。」外傳云：「玄王勤商，十有四世。帝甲亂之，七世而隕。」惠棟曰：「祖甲賢君，事見尚書，止以改作湯刑，故云亂之。」周有亂政而作九刑，【詁】周書嘗麥解曰：「大史筴刑書九篇以升，授大正。」按：九刑之名本此，故史克以爲周公作也。文十八年傳太史克曰：「先君周公制周禮。作誓命曰：『毁則爲賊，掩賊爲臧，竊賄爲盜，盜器爲姦。主臧之名，賴姦之用，爲大凶德，有常無赦。在九刑不忘。』」此蓋即九刑之書。三辟之興，皆叔世也。【詁】服虔云：「政衰爲叔世。叔世踰于季世，季世不能作辟也。」（本疏。）今吾子相鄭國，作封洫，立謗政，制參辟，鑄刑書，將以靖民，不亦難乎？詩曰：『儀式刑文王之德，日靖四方。』（毛詩「德」作「典」。）【詁】服虔曰：「儀，善。式，用。刑，法。靖，謀也。言善用法文王之德，日日謀安四方。」（本疏。）又曰：『儀刑文王，萬邦作孚。』【詁】服虔曰：「儀，善也。刑，法也。善用法者，文王也。言文王善用其法，故能爲萬國所信也。」（同上。）如是，何辟之有？民知争端矣，將棄禮而徵於書。錐刀之末，將盡争之。亂獄滋豐，賄賂並行。終子之世，鄭其敗乎？肸聞之：『國將亡，必多制。』其此之謂乎！」復書曰：「若吾子之言，僑不才，不能及子孫。吾以救世也。既不承命，敢忘大惠？」士文伯曰：「火見，鄭其火乎！（周禮疏引作「鄭其災乎」。）火未出，而作火以鑄刑器，臧争辟焉。火如象之，不火何爲？」（五行志「如」作「而」。）【詁】服虔云：「鑄鼎臧争辟，故今出火。與五行之火争明，故爲災。在器，故稱臧也。」（同上。）

夏，季孫宿如晉，拜莒田也。晉侯享之，有加籩。武子退，使行人告曰：「小國之事大國也，苟免於討，不敢求貺。得貺不過三獻。今豆有加，下臣弗堪，無乃戾也？」韓宣子曰：「寡君以爲驩也。」【詁】高誘戰國策注曰：「驩猶合也。」按：「驩」與「懽」同。左傳「懽」皆作「驩」。對曰：「寡君猶未敢。况下臣，君之隸也，敢聞加貺？」固請徹加，而後卒事。晉人以爲知禮，重其好貨。

宋寺人柳有寵，大子佐惡之。華合比曰：「我殺之。」柳聞之，乃坎，用牲埋書，而告公曰：「合比將納亡人之族，既盟于北郭矣。」公使視之，有焉，遂逐華合比。合比奔衛。於是華亥欲代右師，乃與寺人柳比，從爲之徵，曰：「聞之久矣。」公使代之。見于左師，左師曰：「女夫也必亡。女喪而宗室，於人何有？人亦於女何有？詩曰：『宗子維城，無俾城壞，毋獨斯畏。』女其畏哉！」

六月丙戌，鄭災。

楚公子棄疾如晉，報韓子也。過鄭，鄭罕虎、公孫僑、游吉從鄭伯以勞諸柤，辭不敢見。固請，見之。見如見王，以其乘馬（鄭玄禮記注引作「良」。）八匹私面。見子皮如上卿，以馬六匹。見子産，以馬四匹。見子大叔，以馬二匹。禁芻牧采樵，（諸本作「採」。从釋文、石經改正。）不入田，不樵樹，不采藝，不抽屋，不强匄。誓曰：「有犯命者，君子廢，小人降。」【詁】服虔云：「抽，裂也，言不毀裂所舍之屋也。匄，乞也，不就人强乞也。」（本疏。）舍不爲暴，主不慁賓，往來如是。鄭三卿皆知其將爲王也。【詁】説文：「慁，憂也。一曰擾也。」小爾雅：「慁，患也。」（杜本此。）

韓宣子之適楚也，楚人弗逆。公子棄疾及晉竟，晉侯將亦弗逆，叔向曰：「楚辟我衷，若何效辟？詩曰：『爾之教矣，民胥效矣。』從我而已，焉用效人之辟？書曰：『聖作則。』無寧以善人爲則，而則人之辟乎？匹夫爲善，民猶則之，况國君乎？」晉侯説，乃逆之。

秋，九月，大雩，旱也。

徐儀楚聘于楚，【詁】説文：「鄬，臨淮徐地。春秋傳曰徐鄬楚。」按：今本作「儀」。楚子執之，逃歸。懼其叛也，使薳泄伐徐。吴人救之。令尹子蕩帥師伐吴師于豫章，而次于乾谿。吴人敗其師于房鍾，獲宫廄尹弃疾。子蕩歸罪於薳泄而殺之。

冬，叔弓如楚，聘且弔敗也。

十一月，齊侯如晉，請伐北燕也。士匄相士鞅，逆諸河，【詁】釋文：「古本『士匄』或作『王正』。董遇、王肅本同。」（本疏。）世族譜以王正爲雜人。按：正義云：「俗本或誤爲『士匄』。」蓋嫌其士鞅同父名也。古文尚質，恐未必然。今考石經已作「士匄」，諸本皆同，未敢改定。禮也。晉侯許之。十二月，晉侯遂伐北燕，將納簡公。晏子曰：「不入。燕有君矣，民不貳。吾君賄，左右諂諛，作大事不以信，未嘗可也。」

七年，春，王正月，暨齊平，齊求之也。癸巳，齊侯次于虢。燕人行成曰：「敝邑知罪，敢不聽命？先君之敝器，請以謝罪。」公孫晳曰：「受服而退，俟釁而動，可也。」二月戊午，盟于濡上。（水經注引作「會于濡水」。）【詁】地理志涿郡：「故安縣，閻鄉，易水所出，東至范陽入濡，并州浸。濡水亦至范陽入淶。」說文亦云：「濡水入淶。」按：地理書皆言濡入淶，而杜注獨言濡入易，與班固正相反，豈酈道元所云互受通稱耶？惟高陽則實無濡水，宜正義亦以此譏杜也。燕人歸燕姬，賂以瑤甕、玉櫝、斝耳。【詁】說文：「斝，玉爵也。」（杜本此。）廣雅：「斝，爵也。」不克而還。

楚子之爲令尹也，爲王旌以田。芋尹無宇斷之，曰：「一國兩君，其誰堪之？」及即位，爲章華之宮，【詁】韋昭以爲章華亦地名也。（水經注。）納亡人以實之。無宇之閽入焉，無宇執之，有司弗與，曰：「執人於王宮，其罪大矣。」執而謁諸王。王將飲酒，無宇辭曰：「天子經略，諸侯正封，古之制也。封略之內，何非君土？食土之毛，誰非君臣？故詩曰：『普天之下，（釋文：「『普』本或作『溥』。」）莫非王土。率土之濱，莫非王臣。』天有十日，人有十等，下所以事上，上所以共神也。故王臣公，【詁】後漢書濟南安王傳注引左傳云「王臣公」下多「公臣卿」句，袁紹傳注亦同。按：傳文云「人有十等」，杜注云：「王至臺。」以數記之，自不當有「公臣卿」句。公臣大夫，大夫臣士，士臣皁，皁臣輿，輿臣隸，隸臣僚，僚臣僕，僕臣臺，（玉篇引作「儓」。）【詁】服虔云：「皁，造也。造，成事也。輿，衆也，佐皁舉衆事也。隸，隸屬於吏也。僚，勞也，共勞事也。僕，僕豎，主藏者也。臺，給臺下，微名也。」（本疏。）馬有圉，牛有牧，【詁】説文：「圉，圉人，掌馬者。」「牧，養牛人也。」鄭司農云：「養馬爲圉。」（周禮注。）高誘淮南王書注：「主牛曰牧。」（杜本此。）以待百事。今有司曰：『女胡執人於王宮？』將焉執之？周文王之法曰：『有亡，荒閱。』所以得天下也。吾先君文王作僕區之法，【詁】服虔云：「僕，隱也。區，匿也。爲隱亡人之法也。」（本疏。）曰：『盜所隱器，與盜同罪。』所以封汝也。【詁】水經：「汝水出河南梁縣勉鄉西天息山，南入于淮。」按：汝水在楚北境，文王滅息，楚境始及汝，故云封汝也。若從有司，是無所執逃臣也。逃而舍之，是無陪臺也。【詁】馬融論語注：「陪，重也。」韋昭國語注：「臣之臣爲陪。」王事無乃闕乎？昔武王數紂之罪，以告諸侯曰：『紂爲天下逋逃主，萃淵藪。』故夫致死焉。君王始求諸侯而則紂，無乃不可乎？若以二文之法取之，盜有所在矣。」王曰：「取而臣以往。盜有寵，未可得也。」遂赦之。

楚子成章華之臺，願與諸侯落之。【詁】庾蔚之禮記略解曰：「落，謂與賓客燕會，以酒食澆落之。」大宰薳啓彊曰：「臣能得魯侯。」薳啓彊來召公，辭曰：「昔先君成公命我先大夫嬰齊曰：『吾不忘先君之好，將使衡父照臨楚國，鎮撫其社稷，以輯寧爾民。』嬰齊受命于蜀，奉承以來，弗敢失隕，而致諸宗祧。日我先君（董遇注無「日」字。）引領北望，日月以冀，（索隱：「『冀』亦作『幾』，讀曰『冀』。」）傳序相授，於今四王矣。嘉惠未至，惟襄公之辱臨我喪。孤與其二三臣，悼心失圖，社稷之不皇，况能懷思君德？今君若步玉趾，辱見寡君，寵靈楚國，以信蜀之役，致君之嘉惠，是寡君既受貺矣，何蜀之敢望？其先君鬼神實嘉賴之，豈惟寡君？君若不來，使臣請問行期，寡君將承質幣而見于蜀，以請先君之貺。」公將往，夢襄公祖。梓慎曰：「君不果行。襄公之適楚也，夢周公祖而行。今襄公實祖，君其不行。」子服惠伯曰：「行。先君未嘗適楚，故周公祖以道之。襄公適楚矣，而祖以道君。不行，何之？」三月，公如楚，鄭伯勞于師之梁。孟僖子爲介，不能相儀，及楚，不能答郊勞。

夏，四月甲辰朔，日有食之。晉侯問於士文伯曰：「誰將當日食？」對曰：「魯、衛惡之。衛大，魯小。」公曰：「何故？」對曰：「去衛地如魯地，於是有災，魯實受之。其大咎，其衛君乎！魯將上卿。」公曰：「詩所謂『彼日而食，（毛詩「彼」作「此」。）于何不臧』者，何也？」（漢書引傳無「者」字。）對曰：「不善政之謂也。國無政，不用善，則自取謫于日月之災。（漢書「謫」作「適」。）故政不可不慎也。務三而已，一曰擇人，二曰因民，三曰從時。」

晉人來治杞田，季孫將以成與之。【詁】説文作「郕」，云：「孟氏邑。」謝息爲孟孫守，不可，曰：「人有言曰：『雖有挈瓶之知，守不假器，禮也。』夫子從君，而守臣喪邑，雖吾子亦有猜焉。」【詁】方言：「猜，恨也。」廣雅：「猜，疑也。」季孫曰：「君之在楚，於晉罪也。又不聽晉，魯罪重矣。晉師必至，吾無以待之，不如與之，間晉而取諸杞。吾與子桃，成反，誰敢有之？是得二成也。魯無憂而孟孫益邑，子何病焉？」辭以無山，與之萊、柞，【詁】按：水經注淄水下與左傳曰與之無山及萊、柞是也。蓋指無山爲萊蕪之山。或謝息請得無山，季孫僅與之萊、柞耳。乃遷于桃。晉人爲杞取成。

楚子享公于新臺，使長鬣者相。【詁】説文人部：「儠，長壯儠儠也。〔一〕春秋傳曰『長儠者相之。』」髟部「鬣」云：「鬣，髮鬣鬣也。」囟部復有「巤」字，云：「毛巤也，象髮在囟上，及毛髮巤巤之形也。」韋昭國語注：「長鬣，美須髯也。」（杜本此。）按：字當从本訓。即如韋、杜之説，亦當爲長髮之人，不得云長須也。正義欲申杜，更屬曲解。又惠氏補注譏杜臆説，亦非，蓋杜又本之韋昭耳。好以大屈。【詁】賈逵云：「大屈寶金可以爲劍。大屈，金所生地名。」服虔云：「一曰大屈弓名。魯連書曰：『楚子享諸侯于章華之臺，與大曲之弓，既而悔之。薳啓疆見魯侯，魯侯歸之。』大屈即大曲也。」（本疏。杜取此。）既而悔之。薳啓疆聞之，見公。公語之，拜賀。公曰：「何賀？」對曰：「齊與晉、越欲此久矣。寡君無適

〔一〕「儠儠」之前一「儠」原訛「獵」，據説文解字第八上改。

與也，而傳諸君。君其備禦三鄰，慎守寶矣，敢不賀乎？」公懼，乃反之。

鄭子產聘于晉。【詁】說苑辨物篇作「公孫成子」。按：成，子產之謚也，亦見外傳晉語。晉侯有疾。韓宣子逆客，私焉，曰：「寡君寢疾，於今三月矣。並走群望，有加而無瘳。今夢黃能入于寢門，（諸本作「熊」，今从釋文改正。）【詁】賈逵云：「能，獸也。」（本疏。）按：刊本作「熊」，相沿已久。今考外傳亦作「能」，韋昭注曰：「能似熊。」其說與說文、字林合。論衡無形篇亦作「黃能」。釋文云：「今本作『能』者勝也。」「能」讀如字爲允，若奴來切，則似三足鼈矣。宋庠國語補音亦無左傳作「熊」之語，明左傳舊本作「能」也。水經注引作「其神化爲黃龍」，尤誤。其何厲鬼也？」對曰：「以君之明，子爲大政，其何厲之有？昔堯殛鯀于羽山，【詁】說文：「殛，誅也。虞書曰『殛鯀于羽山』。」地理志東海郡：「祝其，禹貢羽山在西南，鯀所殛。」（杜本此。）其神化爲黃能，以入于羽淵，實爲夏郊，三代祀之。晉爲盟主，其或者未之祀也乎？」韓子祀夏郊。【詁】說苑：「晉祀夏郊，董伯爲尸。」晉侯有間，賜子產莒之二方鼎。【詁】服虔云：「鼎三足則圓，四足爲方。」（本疏。）

子產爲豐施歸州田于韓宣子，曰：「日君以夫公孫段爲能任其事，而賜之州田。今無祿早世，不獲久享君德。其子弗敢有，不敢以聞於君，私致諸子。」宣子辭。子產曰：「古人有言曰：『其父析薪，（漢魯峻碑「析」作「肵」。）其子弗克負荷。』施將懼不能任其先人之祿，其況能任大國之賜？縱吾子爲政而可，後之人若屬有疆埸之言，敝邑獲戾，而豐氏受其大討。吾子取州，是免敝邑於戾，而建置豐氏也。敢以爲請。」宣子受之，以告晉侯。晉侯以與宣子。宣子爲初言，病有之，以易原縣於樂大心。

鄭人相驚以伯有，曰：「伯有至矣。」則皆走，不知所往。鑄刑書之歲二月，或夢伯有介而行，【詁】詩毛傳：「介，甲也。」（杜本此。）曰：「壬子，余將殺帶也。明年壬寅，余又將殺段也。」及壬子，駟帶卒。國人益懼。齊、燕平之月壬寅，公孫段卒。國人愈懼。其明月，子產立公孫泄及良止以撫之，乃止。子大叔問其故，子產曰：「鬼有所歸，乃不爲厲。吾爲之歸也。」大叔曰：「公孫泄何爲？」子産曰：「説也。爲身無義而圖説，從政有所反之，以取媚也。不媚，不信。不信，民不從也。」及子産適晉，趙景子問焉，曰：「伯有猶能爲鬼乎？」子産曰：「能。人生始化曰魄，既生魄，陽曰魂。【詁】説文：「魄，陰神也。」「魂，陽气也。」〔一〕用物精多，則魂魄强。是以有精爽，至於神明。匹夫匹婦强死，其魂魄猶能馮依於人以爲淫厲。况良霄，我先君穆公之胄，子良之孫，子耳之子，敝邑之卿，從政三世矣。鄭雖無腆，【詁】小爾雅：「腆，厚也。」（杜本此。）抑諺曰『蕞爾國』，【詁】説文：「撮，兩指撮。」按：今本「蕞」當作「撮」。而三世執其政柄，其用物也弘矣，其取精也多矣。其族又大，所馮厚矣，而彊死，能爲鬼，不亦宜乎？」

子皮之族飲酒無度，故馬師氏與子皮氏有惡。齊師還自燕之月，罕朔殺罕魋。罕朔奔晉。韓宣子問其位於子産，子産曰：「君之羈臣，苟得容以逃死，何位之敢擇？卿違從大夫之位，罪人以其罪降，古之制也。朔於敝邑，亞大夫也，其官馬師也，獲戾而逃，惟執政所置之。得免其死，爲惠大矣，又敢求位？」宣子爲子産之敏也，使從嬖大夫。

秋，八月，衛襄公卒。晉大夫言於范獻子曰：「衛事晉爲睦，晉不禮焉，庇其賊人而取其地，故諸侯貳。詩曰：『䳭鴒在原，（釋文：「『䳭鴒』，本又作『即令』。」）兄弟急難。』又曰：『死喪之威，兄弟孔懷。』兄弟之不睦，於是乎不弔，况遠人，誰敢歸之？今又不禮於衛之嗣，衛必叛我，是絶諸侯也。」獻子以告韓宣子。宣子説，使獻子如衛弔，且反戚田。衛齊惡告喪于周，且請命。王使成簡公如衛弔，且追命襄公曰：「叔父陟恪，【詁】説文：「陟，登也。」「悫，敬也。」（杜本此。）按：詩大雅「文王陟降」，或疑此文「恪」係「降」字之誤。在我先王之左右，以佐事

〔一〕「气」原訛「神」，據説文解字第九上改。

上帝，余敢忘高圉、亞圉？」【詁】三傳異同説：「高圉、亞圉，周人所報，而不立廟。」（禮記疏。）注云：「周人不毁其廟，報祭之。」（同上。）汲冢古文：「祖乙十五年，命邠侯高圉。」「盤庚十九年，命邠侯亞圉。」世本亞圉雲都，皇甫謐曰：「雲都，亞圉字。」古今人表高圉，辟方子；雲都，亞圉弟。按：此則雲都、亞圉實爲二人，謐注作一人誤也。正義又以爲二圉受追命無文，蓋未見汲冢書故也。惠棟曰：「杜注蓋本汲郡古文。外傳云：『高圉、大王，能帥稷者也，周人報焉。』故服注云云，馬融曰周人所報而不立廟。杜氏以經、傳無報亞圉之文，故異説。」

九月，公至自楚。孟僖子病不能相禮，（釋文：「本或作『病不能禮』。」）【詁】惠棟曰：「今本『禮』上有『相』字，下云『苟能禮者從之』，則『相』字衍。蓋襲上文『相儀』之誤，當从釋文。」乃講學之，苟能禮者從之。及其將死也，召其大夫，曰：「禮，人之幹也。無禮，無以立。吾聞將有達者曰孔丘，【詁】賈逵云：「仲尼時年三十五。」（史記集解。）聖人之後也，【詁】服虔云：「聖人謂殷湯也。孔子六代祖孔父嘉爲宋華督所殺，其子奔魯也。」（後漢書注。）而滅於宋。其祖弗父何，【詁】服虔云：「弗父何，宋湣公世子，厲公之兄。」（同上。杜取此。）以有宋而授厲公。（史記世家作「始有宋而嗣讓厲公」。）【詁】服虔云：「言湣公之適嗣，當有宋國，而讓與弟厲公也。」（同上。杜取此。）及正考父，【詁】服虔云：「正考父，弗父何曾孫。」（史記集解。）佐戴、武、宣，【詁】賈逵云：「三人皆宋君也。」（御覽。杜取此。）三命茲益共，（初學記引作「恭」，下皆同。）【詁】賈逵云：「三命上卿。」（同上。杜取此。）故其鼎銘云：『一命而僂，再命而傴，三命而俯，【詁】賈逵云：「俯恭于傴，傴恭于僂。」（同上。杜取此。）服虔云：「僂、傴、俯，皆恭敬之貌。」（史記集解。）通俗文：「曲脊謂之傴僂。」（衆經音義。）説文：「傴，僂也。」「僂，尫也。」「頫，低頭也。」廣雅云：「傴、僂，曲也。」按：莊子達生篇「見俯僂者」義亦同。循墻而走，【詁】賈逵云：「言不敢安行也。」（同上。杜取此。）亦莫余敢侮。（史記作「亦莫敢余侮」。）饘於是，鬻於是，（史記作「粥」。）以餬余口。』（家語「余」作「其」。）【詁】説文：「饘，糜也。」「鬻，鍵也。」「餬，寄食也。」其共也如是。臧孫紇有言曰：『聖人有明德者，若不當世，其後必有達人。』【詁】王肅云：「謂若弗父何，殷湯之後，而不繼世爲宋君也。」（史記集解。）今其將在孔丘乎？若我獲没，必屬説與何忌於夫子，使事之，而學禮焉，以定其位。」故孟懿子與南宮敬叔師事仲尼。仲尼曰：「能補過者，君子也。詩曰：『君子是則是效。』孟僖子可則效已矣。」

單獻公棄親用羇。冬，十月辛酉，襄、頃之族殺獻公而立成公。

十一月，季武子卒。晉侯謂伯瑕曰：「吾所問日食，從矣。可常乎？」對曰：「不可。六物不同，民心不壹，事序不類，官職不則，同始異終，胡可常也？詩曰：『或燕燕居息，或憔悴事國。』」【詁】按：石經「燕燕」、「憔悴」下俱旁增「以」字，此後人妄加。五行志引此或作「宴宴居息，盡顇事國」，如淳曰：「『顇』，古『悴』字。」其異終也如是。」公曰：「何謂六物？」對曰：「歲、時、日、月、星、辰是謂也。」【詁】服虔云：「歲，星之辰也，左行于地，十二歲而一周。時，四時也。日，十日也。月，十二月也。星，二十八宿也。辰，十二辰也。是謂六物也。」（詩疏。）公曰：「多語寡人辰而莫同，何謂辰？」對曰：「日月之會是謂辰，（漢書引無「辰」字。）故以配日。」

衛襄公夫人姜氏無子，嬖人婤姶【詁】説文：「婤、姶，女字也。春秋傳曰『嬖人婤姶』。」生孟縶。【詁】姓纂：「衛襄公生孟縶，縶生丹，爲公孟氏。」孔成子夢康叔謂己：「立元，余使羇之孫圉與史苟相之。」史朝亦夢康叔謂己：「余將命而子苟與孔烝鉏之曾孫圉相元。」史朝見成子，告之夢，夢協。【詁】説文：「協，衆之同和也。」晉韓宣子爲政聘于諸侯之歲，婤姶生子，名之曰元。孟縶之足不良，能行。（諸本「能」作「弱」，今从宋本改。）孔成子以周易筮之，曰：「元尚享衛國，主其社稷。」遇屯䷂，又曰：「余尚立縶，尚克嘉之。」遇屯䷂之比䷇，以示史朝。史朝曰：「『元亨』，又何疑焉？」成子曰：「非長之謂乎？」對曰：「康叔名之，可謂長矣。孟非人也，將不列于宗，不可謂長。且其繇曰：『利建侯。』嗣吉，何建？（釋文：「『何』，本或作『可』。」）【詁】按：「可」乃古「何」字。建非嗣也。二卦皆云，子其建之。康叔命之，二卦告之，筮襲於夢，武王所用也，弗從何爲？弱足者居。侯主社稷，臨祭祀，奉民人，事鬼神，從會朝，又焉得居？各以所利，不亦可乎？」故孔成子立靈公。十二月癸亥，葬衛襄公。

八年，春，石言于晉魏榆。【詁】服虔云：「魏，晉邑。榆，州里名。」（水經注。）元和郡縣志太原郡：「榆次，漢舊縣，春秋時晉魏榆地。史記秦莊襄王二年，使蒙驁攻趙魏榆。」按：今本史記作「蒙驁攻趙榆次」，或因注文有「榆次」而誤也。晉侯問於師曠曰：「石何故言？」對曰：「石不能言，或馮焉。（五行志引作「神或馮焉」。說苑作「有神馮焉」。）不然，民聽濫也。抑臣又聞之，曰：『作事不時，怨讟動于民，（荀悅引「動」作「起」。）則有非言之物而言。』今宮室崇侈，民力彫盡，怨讟並作，（漢書引作「興」。）莫保其性，【詁】按：漢書引此正作「信」，師古曰：「信，猶保也。」一說信讀曰申。鄭玄士相見禮注云：「古文『伸』作『信』。」說苑又引作「莫安其性」。石言，（漢書引作「石之言」。）不亦宜乎？」於是晉侯方築虒祁之宮，【詁】玉篇：「傂祁，地名。亦作『虒』。」酈道元云：「汾水西逕虒祁宮北，橫水有故梁，截汾水中，凡有三十柱，柱徑五尺，裁與水平。蓋晉平公之故梁也。」論衡：「晉平公觴衛靈公于施夷之臺。」按：「施夷」即「虒祁」也，聲近而轉耳。叔向曰：「子野之言，君子哉！君子之言，信而有徵，故怨遠於其身。小人之言，僭而無徵，故怨咎及之。詩曰：『哀哉不能言，匪舌是出，唯躬是瘁。哿矣能言，【詁】詩毛傳及說文並云：「哿，可也。」巧言如流，俾躬處休。』（釋文：「『俾』，本又作『卑』。」）其是之謂乎！是宮也成，諸侯必叛，君必有咎，夫子知之矣。」

陳哀公元妃鄭姬生悼大子偃師，【詁】按：史記世家分偃師爲二人，非。索隱已引傳正之。二妃生公子留，下妃生公子勝。二妃嬖，留有寵，屬諸司徒招與公子過。（史記管蔡世家索隱曰：「『招』或作『苕』，或作『遥』，並時遥反。」）哀公有廢疾。（「廢」字从石經、宋本改正。）三月甲申，公子招、公子過殺悼大子偃師而立公子留。

夏，四月辛亥，哀公縊。干徵師赴于楚，【詁】姓纂引左傳，「干，宋大夫干犨之後，陳干徵師。」且告有立君。公子勝愬之于楚，楚人執而殺之。公子留奔鄭。書曰：「陳侯之弟招殺陳世子偃師。」罪在招也。「楚人執陳行人干徵師殺之。」罪不在行人也。

叔弓如晉，賀虒祁也。游吉相鄭伯以如晉，亦賀虒祁也。史趙見子大叔曰：「甚哉！其相蒙也。【詁】服虔云：「蒙，欺也。」（史記集解。杜本此。）可弔也，而又賀之。」子大叔曰：「若何弔也？其非唯我賀，將天下實賀。」

秋，大蒐于紅，自根牟至于商、衛，【詁】郡國志琅琊郡：「陽都，有牟臺。」（杜同此。）按：「宋、衛」云「商、衛」，蓋爲定公諱。惠氏補注所見亦同，云：「昭公事，當紀于定公時。」革車千乘。

七月甲戌，齊子尾卒。子旗欲治其室。丁丑，殺梁嬰。八月庚戌，逐子成、子工、子車，皆來奔，而立子良氏之宰。其臣曰：「孺子長矣，而相吾室，欲兼我也。」授甲，將攻之。陳桓子善於子尾，亦授甲，將助之。或告子旗，子旗不信。則數人告，將往，【詁】服虔云：「將往者，欲往到陳氏，問助子良攻我也。」（本疏。）又數人告於道，遂如陳氏。桓子將出矣，聞之而還，游服而逆之，請命。對曰：「聞彊氏授甲，將攻子。子聞諸？」曰：「弗聞。」「子盍亦授甲？無宇請從。」子旗曰：「子胡然？彼，孺子也。吾誨之，猶懼其不濟。吾又寵秩之。其若先人何？子盍謂之？周書曰：『惠不惠，茂不茂。』（尚書作「懋」。）【詁】爾雅：「懋懋，勉也。」「茂」、「懋」同。（杜本此。）康叔所以服弘大也。」桓子稽顙曰：「頃、靈福子，吾猶有望。」遂和之如初。

陳公子招歸罪於公子過而殺之。九月，楚公子棄疾帥師奉孫吴圍陳。宋戴惡會之。冬，十一月壬午，滅陳。輿嬖袁克殺馬毀玉以葬。【詁】服虔云：「一曰馬，陳侯所乘馬；玉，陳侯所佩玉，故殺馬毀玉，不欲使楚得之。」（同上。）楚人將殺之，請寘之。既又請私，私於幄，【詁】高誘呂覽注：「幄，帳也。」（杜本此。）加絰於顙而逃。【詁】説文：「絰，喪首戴也。」使穿封戌爲陳公，曰：「城麇之役不諂。」侍飲酒於王，王曰：「城麇之役，女知寡人之及此，女其辟寡人乎？」對曰：「若知君之及此，臣必致死禮以息楚國。」（宋本無「國」字。）

晉侯問于史趙曰：「陳其遂亡乎？」對曰：「未也。」公曰：「何故？」對曰：「陳，顓頊之族也，（一本「族」作

「後」，非。）【詁】服虔云：「陳祖虞舜，舜出顓頊，故爲顓頊之族。」（史記集解。杜取此。）歲在鶉火，是以卒滅。陳將如之。今在析木之津，猶將復由。【詁】魏了翁曰：「由義如尚書『顛木之有由蘖』。」今按：説文無「由」字，惟「甹」字注云：「木生條也。」古文省「马」作「由」，後人因省之，通用爲「由」。以此言陳將興，如已仆之木復生甹蘖也。杜注訓用，失之矣。且陳氏得政于齊，而後陳卒亡。【詁】賈逵云：「物莫能兩盛。」（同上。杜取此。）自幕至于瞽瞍無違命，（古今人表作「瞽叜」，律曆志同。）【詁】鄭衆云：「幕，舜之先。」賈逵云：「幕，舜後虞思也，至于瞽瞍，無聞違天命以廢絶者。」（同上。）按：裴駰集解用賈説。杜注及小司馬用鄭説。舜重之以明德，寘德於遂。遂世守之，及胡公不淫，故周賜之姓，使祀虞帝。臣聞盛德必百世祀。虞之世數未也，繼守將在齊，其兆既存矣。」【詁】按：史趙述虞之世次，皆係順序。幕、瞽瞍，舜之先也。虞遂、胡公，舜之後也。文法本明，幕爲舜之先，當以先鄭爲據。杜注取之是也。

九年，春，叔弓、宋華亥、鄭游吉、衛趙黶會楚子于陳。【詁】服虔以爲此會宋、鄭、衛之大夫不書，叔弓後也。（本疏。）

二月庚申，楚公子棄疾遷許于夷，實城父。【詁】郡國志汝南郡：「城父，故屬沛，春秋時曰夷。」取州來淮北之田以益之，伍舉授許男田。然丹遷城父人于陳，以夷濮西田益之。【詁】服虔云：「濮，水名也。」（水經注。）京相璠曰：「以夷之濮西田益也。」（同上。杜同此。）遷方城外人于許。

周甘人與晉閻嘉爭閻田。晉梁丙、張趯率陰戎伐潁。王使詹桓伯辭於晉，曰：「我自夏以后稷，魏、駘、芮、岐、畢，【詁】顧炎武曰：「『駘』，詩作『邰』。」「駘在始平武功縣所治釐城。」今按：「釐」當作「斄」。地理志右扶風斄縣是也。班固原注：「斄，周后稷所封。」師古曰：「讀與『邰』同，音『胎』。」「邰」、「駘」、「斄」本一字。地理志右扶風：「美陽，禹貢岐山在西北。中水鄉，周大王所邑。」（杜本此。）吾西土也。及武王克商，蒲姑、商奄，【詁】服虔云：「蒲姑、商奄，濱東海者也。蒲姑，齊也。商奄，魯也。二十年傳曰『蒲姑氏因之』，定四年傳曰『因商奄之民，命以伯禽』。」（本疏。）郡國志樂安國：「博昌，有薄姑城。」（杜同此。）吾東土也；巴、濮、楚、鄧，【詁】說文：「鄧，曼姓之國，今屬南陽。」吾南土也；肅慎、燕、亳，【詁】韋昭國語注：「肅慎，東北夷之國，去扶夷千里。」（杜本此。）吾北土也。吾何邇封之有？文、武、成、康之建母弟，以蕃屏周，亦其廢隊是爲，豈如弁髦，（說文作「髮」，又作「髳」。）而因以敝之。【詁】說文：「弁，冕也。」「髮，髮至眉也。」按：弁、髦二物皆可以覆首。杜注似合爲一，非。先王居檮杌于四裔，以御螭魅，故允姓之姦居于瓜州。【詁】地理志敦煌郡：「敦煌，杜林以爲古瓜州也，地生美瓜。」（杜本此。）伯父惠公歸自秦，而誘以來，使逼我諸姬，入我郊甸，則戎焉取之。戎有中國，誰之咎也？后稷封殖天下，今戎制之，不亦難乎？伯父圖之！我在伯父，猶衣服之有冠冕，木水之有本原，民人之有謀主也。伯父若裂冠毀冕，拔本塞原，專棄謀主，雖戎狄，其何有余一人？」叔向謂宣子曰：「文之伯也，豈能改物？翼戴天子，而加之以共。自文以來，世有衰德，而暴蔑宗周，（諸本「蔑」作「滅」。今从石經及宋改正。）【詁】按：襄二十年傳「暴蔑其君而去其親」，與此同文。韋昭周語注曰：「蔑猶滅也。」以宣示其侈，諸侯之貳，不亦宜乎？且王辭直，子其圖之！」宣子說。王有姻喪，【詁】服虔云：「婦之父曰姻。王之后喪父，于王亦有服義，故往弔。」（本疏。）使趙成如周弔，且致閻田與襚，反潁俘。王亦使賓滑執甘大夫襄以說於晉，晉人禮而歸之。

夏，四月，陳災。鄭裨竈曰：「五年，陳將復封。封五十二年而遂亡。」子產問其故，對曰：「陳，水族也。火，水妃也，【詁】服虔云：「火，離也。水，坎也。易卦離爲中女，坎爲中男，故火爲水妃。」（同上。）太玄經注引傳作：「水，火婓也。」「婓」，古「妃」字。爾雅：「妃，合也。」（杜本此。）而楚所相也。今火出而火陳，逐楚而建陳也。妃以五成，故曰五年。歲五及鶉火，而後陳卒亡，楚克有之，天之道也，故曰五十二年。」

晉荀盈如齊逆女，還，六月，卒于戲陽。【詁】說文「羛」字注云：「墨翟書『義』从弗。魏郡有羛陽鄉，讀若『錡』。」後漢書作「羛陽」，注引左傳文，曰：「『戲』與『羛』同，音許宜反。」郡國志魏郡：「内黄，有羛陽聚。」（杜同此。）殯于絳，未葬。晉侯飲酒，樂。膳宰屠蒯趨入，（禮記作「杜蕢」。鄭玄周禮注作「杜蒯」。）請佐公使尊，許之。而遂酌以飲工，曰：「女爲君耳，將司聰也。辰在子卯，【詁】鄭衆春秋注云：「五行子卯自刑。」（禮記疏。）賈逵云：「桀以乙卯日死，紂以甲子日亡，故以爲戒。」（釋文十一。杜取此。）謂之疾日，君徹宴樂，學人舍業，爲疾故也。君之卿佐，是謂股肱。股肱或虧，何痛如之？女弗聞而樂，是不聰也。」又飲外嬖嬖叔，【詁】按：禮記，嬖叔乃李調也。曰：「女爲君目，將司明也。服以旌禮，禮以行事，事有其物，物有其容。今君之容，非其物也，而女不見，是不明也。」亦自飲也，曰：「味以行氣，氣以實志，志以定言，言以出令。臣實司味，二御失官，而君弗命，臣之罪也。」公説，徹酒。初，公欲廢知氏而立其外嬖，爲是悛而止。秋，八月，使荀躒佐下軍以説焉。（釋文：「『躒』，本又作『櫟』。」）

孟僖子如齊殷聘，【詁】服虔曰：「殷，中也。自襄二十年叔老聘于齊，至今積二十年聘齊，故中復盛聘。」（周禮疏。杜取此。）禮也。

冬，築郎囿。書，時也。季平子欲其速成也，叔孫昭子曰：「詩曰：『經始勿亟，庶民子來。』焉用速成？其以勦民也。【詁】説文云：「勦，勞也。春秋傳曰『安用勦民』。」無囿，猶可。無民，其可乎？」

十年，春，王正月，有星出于婺女。鄭裨竈言於子產曰：「七月戊子，晉君將死。今茲歲在顓頊之虚，姜氏、任氏實守其地。居其維首，而有妖星焉，告邑姜也。邑姜，晉之妣也。天以七紀，戊子逢公以登，星斯於是乎出。吾是以譏之。」

齊惠欒、高氏皆耆酒，信内多怨，彊於陳、鮑氏而惡之。【詁】爾雅云：「彊，當也。」夏，有告陳桓子曰：「子旗、子良將攻陳、鮑。」亦告鮑氏。桓子授甲而如鮑氏。遭子良醉而騁，遂見文子，則亦授甲矣。使視二子，則皆將飲酒。桓子曰：「彼雖不信，聞我授甲，則必逐我。及其飲酒也，先伐諸？」（釋文本無「伐」字。）陳、鮑方睦，遂伐欒、高氏。子良曰：「先得公，陳、鮑焉往？」遂伐虎門。晏平仲端委立于虎門之外，四族召之，無所往。其徒曰：「助陳、鮑乎？」曰：「何善焉？」「助欒、高乎？」曰：「庸愈乎？」「然則歸乎？」曰：「君伐，焉歸？」公召之，而後入。公卜，使王黑以靈姑銔率，吉，請斷三尺焉而用之。【詁】服虔云：「斷三尺，使至于較。大旗至較。」（周禮疏。）五月庚辰，戰于稷，【詁】按：此即齊之稷下，詳下二十二年。杜注以爲祀后稷之處，殊無所據。欒、高敗。又敗諸莊。國人追之，又敗諸鹿門。欒施、高彊來奔。陳、鮑分其室。晏子謂桓子：「必致諸公。讓，德之主也。讓之謂懿德。凡有血氣，皆有争心。故利不可强，思義爲愈。義，利之本也。薀利生孽。（諸本作「蘊」。今从説文、石經及宋本改正。）【詁】説文：「薀，積也，从水温聲。春秋傳曰『薀利生蘖』。」大戴禮記千乘篇稱孔子語作「委利生孽」。詩毛傳：「孽，妖孽，謂相爲災害也。」（杜本此。）姑使無薀乎！可以滋長。」桓子盡致諸公，而請老于莒。桓子召子山，私具幄幕、器用、從者之衣屨，而反棘焉。【詁】郡國志齊國：「西安，有棘里亭。」（杜同此。）子商亦如之，而反其邑。子周亦如之，而與之夫于。反子城、子公、公孫捷，而皆益其禄。凡公子、公孫之無禄者，私分之邑。國之貧約孤寡者，私與之粟。曰：「詩云：『陳錫載周。』（周語引詩亦作「載」。）能施也。桓公是以霸。」公與桓子莒之旁邑，辭。穆孟姬爲之請高唐，陳氏始大。

秋，七月，平子伐莒，取郠。【詁】説文：「郠，琅邪莒邑。春秋傳曰『取郠』。」（杜本此。）獻俘，始用人於亳社。臧武仲在齊，聞之，曰：「周公其不饗魯祭乎！周公饗義，魯無義。詩曰：『德音孔昭，視民不佻。』（釋文：「『視』，詩作『示』。按：詩亦作「視」，「佻」作「恌」。）佻之謂甚矣，而壹用之，將誰福哉？」

戊子，晉平公卒。鄭伯如晉，及河，晉人辭之。游吉遂如晉。九月，叔孫婼、齊國弱、宋華定、衛北宫喜、鄭罕虎、許人、曹人、莒人、邾人、薛人、杞人、小邾人如晉，葬平公也。鄭子皮將以幣行，子産曰：「喪焉用幣？用幣必百兩，百兩必千人。千人至，將不行。不行，必盡用之。幾千人而國不亡？」子皮固請以行。既葬，諸侯之大夫欲因見新君。叔孫昭子曰：「非禮也。」弗聽。叔向辭之，曰：「大夫之事畢矣，而又命孤。孤斬焉在衰絰之中。其以嘉服見，則喪禮未畢。其以喪服見，是重受弔也。大夫將若之何？」皆無辭以見。子皮盡用其幣，歸謂子羽曰：「非知之實難，將在行之。夫子知之矣，我則不足。書曰：『欲敗度，縱敗禮。』我之謂矣。夫子知度與禮矣，我實縱欲而不能自克也。」昭子至自晉，大夫皆見，高彊見而退。昭子語諸大夫曰：「爲人子不可不慎也哉！昔慶封亡，子尾多受邑，而稍致諸君，君以爲忠，而甚寵之。將死，疾于公宮，輦而歸，君親推之。其子不能任，是以在此。忠爲令德，其子弗能任，罪猶及之，難不慎也。喪夫人之力，弃德曠宗，【詁】詩毛傳：「曠，空也。」（杜本此。）以及其身，不亦害乎？詩曰：『不自我先，不自我後。』其是之謂乎！」

冬，十二月，宋平公卒。初，元公惡侍人柳，（釋文：「『寺』，又作『侍』。」）欲殺之。及喪，柳熾炭于位，將至，則去之。比葬，又有寵。

十一年，春，王二月，叔弓如宋，葬平公也。

景王問於萇弘曰：「今茲諸侯何實吉？何實凶？」對曰：「蔡凶。此蔡侯般弑其君之歲也，歲在豕韋，弗過此矣。楚將有之，然雍也。（諸本作「壅」，今从前傳改。）歲及大梁，蔡復，楚凶，天之道也。」楚子在申，召蔡靈侯。靈侯將往，蔡大夫曰：「王貪而無信，惟蔡於感。（此「感」字，釋文、石經及諸刻本並作「感」。刻本不誤，惟此一處。）今幣重而言甘，誘我也，不如無往。」蔡侯不可。三月丙申，楚子伏甲而饗蔡侯於申，醉而執之。夏，四月丁巳，殺之，刑其士七十人。公子弃疾帥師圍蔡。韓宣子問於叔向曰：「楚其克乎？」對曰：「克哉！蔡侯獲罪於其君，而不能其民，天將假手於楚以斃之，何故不克？然肸聞之：『不信以幸，不可再也。』楚王奉孫吴以討於陳曰：『將定而國。』陳人聽命，而遂縣之。今又誘蔡而殺其君，以圍其國，雖幸而克，必受其咎，弗能久矣。桀克有緡，以喪其國。紂克東夷，而隕其身。楚小位下，而亟暴於二王，能無咎乎？天之假助不善，非祚之也，（「祚」當作「胙」。）厚其凶惡而降之罰也。且譬之如天，其有五材，而將用之，力盡而敝之，是以無拯，不可没振。」

五月，齊歸薨。大蒐于比蒲，非禮也。

孟僖子會邾莊公，盟于祲祥，修好，禮也。泉丘人有女，夢以其帷（釋文：「一本作『夢以帷』。」）幕孟氏之廟，遂奔僖子，其僚從之。盟于清丘之社，曰：「有子無相棄也。」僖子使助薳氏之簉。【詁】說文：「⿱艹造，〔一〕从艸，草貌。」釋文引說文亦同。按：李善長笛賦注云：「簉弄，蓋小曲也。說文曰簉倅字如此。」今說文無「簉」字，并無此解。疑後人刊落多矣。五經文字艸部「⿱艹造」字注云：〔二〕「叉又反，〔三〕倅也。春秋傳从竹。」因相沿已久，姑承之。又按：列女傳：「趙簡子將渡河，用楫者少一人，津女娟攘卷操楫而前，曰：『妾願備持楫。』簡子簉之。」與此亦同意。張衡西京賦「屬車之簉」，薛綜注：「⿱艹造，副也。」（杜本此。）反自祲祥，宿于薳氏，生懿子及南宫敬叔於泉丘人。其僚無子，使字敬叔。

楚師在蔡，晉荀吴謂韓宣子曰：「不能救陳，又不能救蔡，物以無親，晉之不能，亦可知也已。爲盟主而不恤亡國，將焉用之？」

秋，會于厥憖，謀救蔡也。鄭子皮將行，子産曰：「行不遠，不能救蔡也。蔡小而不順，楚大而不德，天將弃蔡以壅楚，盈而罰之，蔡必亡矣。且喪君而能守者鮮矣。三年，王其有咎乎？美惡周必復，王惡周矣。」晉

〔一〕「⿱艹造」原訛「簉」，據説文解字第一下改。
〔二〕「⿱艹造」原訛「簉」，據五經文字艸部改。
〔三〕「叉」原作「初」，據五經文字艸部改。

人使狐父請蔡于楚，弗許。

單子會韓宣子于戚，視下，言徐。叔向曰：「單子其將死乎！朝有著定，會有表，衣有襘，【詁】魯語：「署，位之表也。」「署」、「著」聲近義同。説文：「襘，帶所結也。春秋傳曰『衣有襘』。」按：杜注：「襘，領會。」疑非。觀傳「下視不過結襘之中」，則説文爲是也。帶有結。會朝之言，必聞于表著之位，所以昭事序也。視不過結襘之中，所以道容貌也。言以命之，容貌以明之，失則有闕。今單子爲王官伯，而命事于會，視不登帶，言不過步，貌不道容，而言不昭矣。不道不共，不昭不從，無守氣矣。」

九月，葬齊歸，公不慼。晉士之送葬者，歸以語史趙。史趙曰：「必爲魯郊。」侍者曰：「何故？」曰：「歸，姓也。不思親，祖不歸也。」叔向曰：「魯公室其卑乎！君有大喪，國不廢蒐；有三年之喪，而無一日之慼。國不恤喪，不忌君也；君無慼容，不顧親也。國不忌君，君不顧親，能無卑乎？殆其失國。」

冬，十一月，楚子滅蔡，用隱大子于岡山。【詁】按：歐陽忞輿地廣記：「荆州松滋縣有九岡山，郢都之望也。」申無宇曰：「不祥。五牲不相爲用，況用諸侯乎？王必悔之！」

十二月，單成公卒。

楚子城陳、蔡、不羹。（釋文：「『羹』，舊音『郎』，地理志作『更』字。」）【詁】按：賈誼新書引作「陳、蔡、葉、不羹」。使弃疾爲蔡公。王問於申無宇曰：【詁】按：外傳作「范無宇」。賈誼新書同。「弃疾在蔡何如？」對曰：「擇子莫如父，擇臣莫如君。【詁】管子大匡云：「鮑叔曰：『先人有曰：「知子莫若父，知臣莫若君。」』」按：僖七年傳子文聞申侯之死也，曰：「古人有言曰：『知臣莫若君。』」是皆引昔語之證。「知」、「擇」二字音亦通。鄭莊公城櫟而寘子元焉，使昭公不立。【詁】鄭衆云：「子元即檀伯也。厲公殺檀伯居櫟，因櫟之衆偪弱昭公，使至殺死。」（本疏。杜取此。）齊桓公城穀而寘管仲焉，至于今賴之。臣聞五大不在邊，五細不在廷，【詁】賈逵云：「五大，謂大子、母弟、貴寵公子、公孫、累世正卿也。」鄭衆云：「大子，申生居曲沃是也。母弟，鄭公叔段居京是也。貴寵公子，若弃疾在蔡是也。貴寵公孫，若無知食渠丘是也。累世正卿，衛甯殖居蒲、孫氏居戚是也。五細：賤妨貴，少陵長，遠間親，新間舊，小加大也。不在廷，不當使居朝廷爲政也。」（本疏。）按：疏引先鄭説，可證賈義。杜注似非。親不在外，羈不在內。今弃疾在外，鄭丹在內，君其少戒。」王曰：「國有大城，何如？」對曰：「鄭京、櫟實殺曼伯，【詁】楚語范無宇曰：「叔段以京患莊公，鄭幾不克；〔一〕櫟人實使鄭子不得其位。」按：此則京屬叔段，櫟屬厲公。惠棟曰：「左氏約舊史而爲傳，取其文勢之便，兼舉京、櫟而單舉曼伯。此傳之漏義。得櫟并京，既無明文。」杜注不足據。宋蕭、亳實殺子游，齊渠丘實殺無知，【詁】鄭衆以渠丘爲無知之邑。（本疏。）衛蒲、戚實出獻公。若由是觀之，則害於國。末大必折，尾大不掉，【詁】説文：「掉，摇也。春秋傳曰『尾大不掉』。」君所知也。」

十二年，春，齊高偃納北燕伯欵于唐，因其衆也。

三月，鄭簡公卒。將爲葬除，及游氏之廟，將毁焉。子大叔使其除徒執用以立，而無庸毁，曰：「子産過女，而問何故不毁，乃曰：『不忍廟也。諾，將毁矣。』」既如是，子産乃使辟之。司墓之室有當道者，毁之則朝而堋，【詁】説文：「堋，喪葬下土也。春秋傳曰『朝而堋』。」（杜本此。）按：今本作「塴」。考鄭玄周禮車僕注引此亦作「塴」。蓋二字本同也。玉篇：「堋，補鄧切，下棺也。或作『崩』。」正義云：「周禮作『窆』，禮記作『封』，此作『塴』，皆聲相近而轉。」周禮鄉師注鄭司農云：「窆謂葬下棺。」（杜本此。）弗毁則日中而塴。子大叔請毁之，曰：「無若諸侯之賓何？」子産曰：「諸侯之賓能來會吾喪，豈憚日中？無損於賓，而民不害，何故不爲？」遂弗毁，日中而葬。君子謂：「子

〔一〕「克」原訛「封」，據國語楚語上改。

產於是乎知禮。禮，無毀人以自成也。」

夏，宋華定來聘，通嗣君也。公享之，（石經及諸本無「公」字，今从宋本增入。）爲賦蓼蕭，弗知，又不答賦。昭子曰：「必亡！宴語之不懷，寵光之不宣，【詁】詩作「龍光」。廣雅：「龍，寵也。」商頌「何天之龍」，鄭箋云：「『龍』當作『寵』。」令德之不知，同福之不受，將何以在？」【詁】爾雅：「在，終也。」

齊侯、衞侯、鄭伯如晉，朝嗣君也。

公如晉，至河乃復。取郠之役，莒人愬于晉。晉有平公之喪，未之治也，故辭公。公子憖遂如晉。

晉侯享諸侯，子產相鄭伯，辭于享，請免喪而後聽命。晉人許之，禮也。晉侯以齊侯宴，中行穆子相。投壺，晉侯先，穆子曰：「有酒如淮，有肉如坻。【詁】說文：「坻，水渚也。」按：詩毛傳：「坻，水中高地也。」爾雅：「小洲曰陼，小陼曰沚，小沚曰坻。」義並與說文同。杜注：「坻，山名。」非。下言「有肉如陵」，亦止取陵阜爲義，不必如正義所云取山方可以對水也。又坻非山名。劉炫說是。寡君中此，爲諸侯師。」中之。齊侯舉矢，曰：「有酒如澠，【詁】水經注：「澠水出營城東，世謂之漢溱水。」有肉如陵。寡人中此，與君代興。」亦中之。伯瑕謂穆子曰：「子失辭。吾固師諸侯矣，壺何爲焉，其以中儁也？【詁】夏小正：「俊也者，大也。」「俊」、「儁」同。齊君弱吾君，歸弗來矣。」穆子曰：「吾軍師彊御，卒乘競勸，今猶古也，齊將何事？」公孫傁趨進曰：「日旰君勤，【詁】說文：「旰，晚也。春秋傳曰『日旰君勞』。」可以出矣。」以齊侯出。

楚子謂成虎，若敖之餘也，遂殺之。或譖成虎于楚子，成虎知之而不能行。書曰：「楚殺其大夫成虎。」懷寵也。

六月，葬鄭簡公。【詁】惠棟曰：「杜注云：『經書「五月」，誤。』此杜謬耳。古文左傳當在『齊侯、衞侯、鄭伯如晉』之前。鄭伯欲如晉，故速葬而往。杜預欲附會短喪之說，而移其次于後耳。亂左氏者，非預而誰？」

晉荀吴僞會齊師者，假道于鮮虞，【詁】地理志中山國新市，應劭曰：「故鮮虞子國，今鮮虞亭是。」（杜本此。）遂入昔陽。【詁】按：昔陽蓋鼓國都，當在鉅鹿下曲陽。地理志鉅鹿郡下曲陽，應劭曰：「晉荀吴滅鼓，今鼓聚昔陽亭是也。」杜注謂昔陽，肥國都，在樂平沾縣，誤。劉炫亦云：「二十二年傳云：昔荀吴使師僞糴者負甲以息于昔陽之門下，遂襲鼓，滅之。則昔陽爲鼓都斷可知。」秋，八月壬午，滅肥，以肥子緜臯歸。

周原伯絞虐，其輿臣使曹逃。【詁】詩毛傳：「曹，群也。」（杜本此。）冬，十月壬申朔，原輿人逐絞而立公子跪尋。絞奔郊。

甘簡公無子，立其弟過。過將去成、景之族。成、景之族賂劉獻公。丙申，殺甘悼公，而立成公之孫鰌。丁酉，殺獻大子之傅庾皮之子過，殺瑕辛于市，及宫嬖綽、王孫没、劉州鳩、陰忌、老陽子。

季平子立，而不禮於南蒯。南蒯謂子仲：「吾出季氏，而歸其室於公，子更其位，我以費爲公臣。」子仲許之。南蒯語叔仲穆子，且告之故。季悼子之卒也，叔孫昭子以再命爲卿。及平子伐莒，克之，更受三命。【詁】劉、賈云春秋之序，三命以上乃書於經。潁氏以爲再命稱人。（本疏。）叔仲子欲搆二家，謂平子曰：「三命踰父兄，非禮也。」平子曰：「然。」故使昭子。昭子曰：「叔孫氏有家禍，殺適立庶，故婼也及此。若因禍以斃之，則聞命矣。若不廢君命，則固有著矣。」昭子朝，而命吏曰：「婼將與季氏訟，書辭無頗。」季孫懼，而歸罪於叔仲子。故叔仲小、南蒯、公子慭謀季氏。慭告公，而遂從公如晉。南蒯懼不克，以費叛，如齊。子仲還，及衞，聞亂，逃介而先。及郊，聞費叛，遂奔齊。南蒯之將叛也，其鄉人或知之，過之而歎，且言曰：「恤恤乎，湫乎攸乎！【詁】説文：「恤，憂也。」（杜本此。）按：「湫」、「攸」與「愁」同音，亦即恤恤之義。深思而淺謀，邇身而遠志，家臣而君圖，有人矣哉！」南蒯枚筮之，【詁】方言、廣雅：「枚，凡也。」按：「凡」與「汎」同義。杜注「汎卜吉凶」即此意。哀十六年「枚卜」亦同。遇坤䷁之比䷇，曰：「黄裳元吉。」以爲大吉也。示子服惠伯，曰：「即欲有事，何如？」

惠伯曰：「吾嘗學此矣。忠信之事則可，不然，必敗。外彊（諸本作「强」，从石經、宋本改。）内温，忠也。和以率貞，信也。故曰：『黄裳元吉。』黄，中之色也。裳，下之飾也。元，善之長也。中不忠，不得其色。下不共，不得其飾。事不善，不得其極。外内倡和爲忠，率事以信爲共，共養三德爲善。（諸本作「供」，今據董本改。）【詁】董遇注本爲「共養」解云：「盡共所以，養成三德也。」惠棟云：「古『供』字作『共』。董季直本是訓爲盡共，恐非。三德謂黄、裳、元也。杜注亦誤。」非此三者，弗當。且夫易不可以占險，將何事也？且可飾乎？中美能黄，上美爲元，下美則裳，參成可筮，猶有闕也。筮雖吉，未也。」將適費，飲鄉人酒。鄉人或歌之曰：「我有圃，生之杞乎！從我者子乎！去我者鄙乎！倍其鄰者恥乎！已乎已乎，非吾黨之士乎！」【詁】服虔云：「已乎，決絶之辭。」（本疏。）平子欲使昭子逐叔仲小。小聞之，不敢朝。昭子命吏謂小待政於朝，曰：「吾不爲怨府。」

楚子狩于州來，（釋文：「『狩』本作『守』，同。」）次于潁尾。【詁】水經：「潁水又東南至慎縣，東南入于淮。」道元云：「楚子次于潁尾，蓋潁水之會淮也。」使蕩侯、潘子、司馬督、（釋文：「『督』，本又作『裻』。」古今人表又作「篤」。）【詁】惠棟云：「『督』與『裻』通。説文云：『裻，背縫。』莊子養生篇曰：『緣督以爲經。』亦謂背縫也。方言曰：『繞緍謂之襛裺。』郭氏曰：『衣督脊也。』」囂尹午、陵尹喜帥師圍徐，以懼吴。楚子次于乾谿，以爲之援。【詁】陸賈新語：「楚靈王爲乾谿之館，築乾谿之臺，高五百仞，欲登浮雲窺天。」雨雪，王皮冠，（釋文：「一本作『楚子皮冠』。」）秦復陶，翠被，豹舄，執鞭以出。僕析父從。【詁】賈逵云：「析父，楚大夫。」（史記集解。）按：楚語作「僕夫子晳」。右尹子革夕，王見之，去冠、被，舍鞭，與之語，曰：「昔我先王熊繹與吕伋、（諸本作「級」，今从石經及宋本改。釋文：「本亦作『伋』。」尚書亦同。）王孫牟、燮父、禽父並事康王，【詁】世本：「康叔子康伯，名髡。」（史記索隱。）宋忠曰：「即王孫牟也，事周康王爲大夫。」（同上。）司馬貞曰：「『牟』、『髡』聲相近，故不同耳。譙周古史攷無康伯，而云子牟伯立，蓋以父子不宜俱謚康，故因其名曰牟伯也。」惠棟云：「馬融、王肅尚書傳皆云：『康，國名，在千里之畿内。既滅管叔，更封爲衞侯，其子始以康爲謚。』索隱之説未盡然。」四國皆有分，我獨無有。今吾使人於周，求鼎以爲分，【詁】服虔云：「有功德受分器。」（史記集解。）王其與我乎？」（史記「與」作「予」，下同。）對曰：【詁】史記作「析父對曰」，索隱曰：「據此是右尹子革之辭，史蓋誤也。」「與君王哉！昔我先王熊繹，辟在荆山，篳路籃縷以處草莽。【詁】説文：「篳，藩也。」「籃，㈠大篝也。」史記作「篳露藍蔞」。服虔云：「篳路，柴車，素木車也。蔞縷，言衣破壞，其縷藍藍然。」（同上。）跋涉山林以事天子。【詁】服虔云：「草行曰跋，水行曰涉。」（同上。）惟是桃弧、棘矢【詁】服虔云：「桃弧、棘矢，所以禦其災。言楚地山林無所出也。」（同上。）以共禦王事。齊，王舅也。【詁】服虔云：「齊吕伋，㈡成王之舅。」（同上。）晉及魯、衛，王母弟也。楚是以無分，而彼皆有。今周與四國，服事君王，將惟命是從。豈其愛鼎？」王曰：「昔我皇祖伯父昆吾，【詁】服虔云：「陸終氏六子，長曰昆吾，少曰季連。季連，楚之祖，故謂昆吾爲伯父也。」（同上。）舊許是宅。【詁】服虔云：「昆吾曾居許地，故曰舊許是宅。」（同上。）今鄭人貪賴其田，而不我與，我若求之，其與我乎？」對曰：「與君王哉！周不愛鼎，鄭敢愛田？」王曰：「昔諸侯遠我而畏晉，今我大城陳、蔡、不羹，【詁】按：楚語止舉陳、蔡、不羹，故曰今吾城三國。而此下云四國，内、外傳文多互異，非獨此也。韋昭解云：「潁川定陵有東不羹城，襄城有西不羹亭。」所云不羹亭，似不可以爲國。杜注蓋誤。（又杜預春秋地名：「襄城縣東南有不羹城，定陵縣西北有不羹亭。」與韋注正别。）水經注：「汝水又東南流逕西不羹城南。」是必以定陵之不羹亭在東，故曰西不羹城以别之。又按：賈誼新書大都篇云：「昔楚靈王問范無宇曰：『我欲大城陳、蔡、葉與不羹。』」據此，或左傳脱去「葉」字。並葉數之，故言是四國者。顧炎武亦以爲左傳或脱去「葉」字。賦皆千乘，子與有勞焉，諸侯其畏我乎？」對曰：「畏君王哉！是四國者，專足畏也。又加之以楚，敢不畏君王哉？」

㈠「籃」下原衍「路」，據説文解字第五上删。

㈡「吕」原訛「王」，據史記楚世家集解改。

工尹路請曰：（一本無「工」字。）「君王命剥圭以爲鏚柲，【詁】說文：「劚，剥也。」「戚，戉也。」「戉，斧也。」（杜本此。）按：今本作「鏚」，非。廣雅：「柲，柄也。」鄭注考工記：「柲猶柄也。」今本「柲」作「秘」，誤，从鄭注訂正。敢請命。」王入視之。析父謂子革：「吾子，楚國之望也。今與王言如響，國其若之何？」子革曰：「摩厲以須，【詁】說文：「摩，研也，从手麻聲。」王出，（岳本、葛本、秦本並以「出」字絶句，是也。）吾刃將斬矣。」王出，復語。左史倚相趨過，王曰：「是良史也，子善視之。是能讀三墳、五典、八索、九丘。」【詁】賈逵云：「三皇之書。」（文選注。）「墳，大也，言三王之大道。」又云：「素王之法。」又云：「孔子作春秋，素王之文也。」（同上。）又云：「三墳，三王之書。五典，五帝之典。八索，八王之法。九丘，九州亡國之戒。」延篤曰張平子說：「三墳，三禮。禮爲人防。爾雅曰：『墳，大防。』書曰：『誰能典朕三禮。』三禮，天、地、人之禮也。五典，五帝之常道。八索，周禮八議之刑。索，空，空設之。九丘，周禮之九刑。丘，空也，亦空設之。」馬融云：「三墳，三氣，陰陽始生，天、地、人之氣也。五典，五刑。八索，八卦。九丘，九州之數。」（本疏。）對曰：「臣嘗問焉，昔穆王欲肆其心，【詁】按：文選注引作「周穆王」，無「昔」字。今攷似當作「昔周穆王」。蓋楚有穆王，子革對楚子言故加「周」字。似非引書者以意增改也。周行天下，將皆必有車轍馬跡焉。（文選注無「必」字。）祭公謀父作祈招之詩，【詁】賈逵云：「祈，求也。昭，明也。言求明德也。」馬融以圻爲王圻千里，王者游戲不過圻内。昭，明也。言千里之内足明德。（本疏。）按：賈逵本作「祈昭」，與家語同。馬融本作「圻昭」。又按：「招」當作常摇反，「招」與「韶」通。孟子「徵招、角招」，史記帝舜紀「禹乃興九招之樂」，此其證也。杜注以招爲祈父之名，殊無所據。當以賈義爲長。以止王心，王是以獲没於祗宫。【詁】家語作「文宫」，非。祗宫在南鄭。汲郡古文：「穆王元年冬十月，築祗宫于南鄭。」「五十五年，王陟于祗宫。」初學記作「祈宫」。馬融云：「圻内游觀之宫也。」按：此則馬本又作「圻」字。臣問其詩，而不知也。若問遠焉，其焉能知之？」王曰：「子能乎？」對曰：「能。其詩曰：『祈招之愔愔，【詁】韓詩章句云：「愔愔，和悦貌。」李登聲類云：「愔愔，和静貌。」式昭德音。思我王度，式如玉，式如金。形民之力，（家語作「刑民」。）【詁】按：王肅云：

「『刑』，『形』之誤也。」惠棟曰：「古『形』字皆作『刑』。」而無醉飽之心。』」王揖而入，饋不食，寢不寐，數日不能自克，以及於難。仲尼曰：「古也有志：『克己復禮，仁也。』信善哉！楚靈王若能如是，豈其辱於乾谿？」（家語作「豈期」。）

晉伐鮮虞，因肥之役也。

十三年，春，叔弓圍費，弗克，敗焉。平子怒，令見費人執之，以爲囚俘。冶區夫曰：「非也。若見費人，寒者衣之，飢者食之，爲之令主，而共其乏困。費來如歸，南氏亡矣。民將叛之，誰與居邑？若憚之以威，懼之以怒，民疾而叛，爲之聚也。若諸侯皆然，費人無歸，不親南氏，將焉入矣？」平子從之，費人叛南氏。

楚子之爲令尹也，殺大司馬薳掩，而取其室。及即位，奪薳居田，遷許而質許圍。蔡洧有寵於王，王之滅蔡也，其父死焉，王使與於守而行。申之會，越大夫戮焉。【詁】史記作「僇越大夫常壽過」，索隱曰：「僇，辱也。」王肅云：「越大夫常壽過也。」（本疏。）王奪鬭韋龜中犨，又奪成然邑，而使爲郊尹。蔓成然故事蔡公。（史記作「曼」。）故薳氏之族及薳居、許圍、蔡洧、蔓成然，皆王所不禮也，因群喪職之族，啓越大夫常壽過作亂。圍固城，克息舟，城而居之。【詁】潘耒云：「按：傳書克邑，未有書克某邑之城者。固城、息舟皆二字地名。『城而居之』，則爲一句，言築城而守之也。」

觀起（史記索隱「觀」作「官」。古今人表師古注曰：「觀，音工喚反。」此可補陸氏釋文之闕。）之死也，其子從在蔡，事朝吴，曰：「今不封蔡，蔡不封矣。我請試之。」以蔡公之命召子干、子晳，及郊而告之情，强與之盟，入襲蔡。蔡公將食，見之而逃。觀從使子干食，坎，用牲，加書，而速行。己徇於蔡曰：「蔡公召二子，將納之，與之盟而遣之矣，將師而從之。」蔡人聚，將執之。辭曰：「失賊成軍，而殺余，何益？」乃釋之。朝吴曰：「二三子若能死亡，則如違之，以待所濟。若求安定，則如與之，以濟所欲。且違上，何適而可？」衆曰：「與之。」乃奉蔡公，召二子而盟于鄧，依陳、蔡人以國。楚公子比、公子黑肱、公子弃疾、蔓成然、蔡朝吴帥陳、蔡、不羹、許、葉之師，因四族之徒，以入楚。及郊，陳、蔡欲爲名，故請爲武軍。蔡公知之，曰：「欲速，且役病矣，請藩而已。」乃藩爲軍。蔡公使須務牟與史猈先入，（釋文：「『猈』本或作『簰』。」）因正僕人殺大子禄及公子罷敵。公子比爲王，公子黑肱爲令尹，次于魚陂。【詁】水經注沔水下竟陵國「城旁有甘魚陂，公子黑肱爲令尹，次于魚陂者也」。公子弃疾爲司馬，先除王宮，使觀從從師于乾谿，而遂告之，且曰：「先歸復所，後者劓。」師及訾梁而潰。

王聞群公子之死也，自投于車下，曰：「人之愛其子也，亦如余乎？」侍者曰：「甚焉。小人老而無子，知擠于溝壑矣。」（書疏引作「隮」。「隮」、「擠」古字通。）【詁】説文：「擠，排也。」王曰：「余殺人子多矣，能無及此乎？」右尹子革曰：「請待于郊，以聽國人。」【詁】服虔云：「聽國人欲爲誰。」（史記集解。）王曰：「衆怒不可犯也。」曰：「若入於大都，而乞師於諸侯。」王曰：「皆叛矣。」曰：「若亡於諸侯，以聽大國之圖君也。」王曰：「大福不再，祇取辱焉。」然丹乃歸於楚。王沿夏，【詁】説文：「沿，緣水而下也，从水㕣聲。春秋傳曰『王沿夏』。」應劭漢書注：「沔水自江別至南郡華容爲夏水，過郡入江。」將欲入鄢。（釋文：「『入』，本又作『至』。」）【詁】服虔云：「鄢，别都也。」（同上。）芋尹無宇之子申亥曰：「吾父再奸王命，（史記「奸」作「犯」。後漢書注引又作「干」。蓋本作「干」也。）【詁】服虔云：「斷王旌，執人于章華宮。」（同上。杜取此。）王弗誅，惠孰大焉？君不可忍，惠不可弃，吾其從王。」乃求王，遇諸棘圍以歸。（史記作「遇王飢于釐澤，奉之以歸。」）【詁】吴語曰：「王獨行，屏營彷徨于山林之中。三日，乃見其涓人疇。王呼之，曰：『余不食三日矣。』疇趨而進，王枕其股，以寢於地。王寐，疇枕王以塊而去之。王覺，而無見也，乃匍匐將入于棘闈。棘闈不納，乃入芋尹申亥氏焉。」孔晁曰：「棘，楚邑。闈，門也。」夏，五月癸亥，王縊于芋尹申亥氏。【詁】淮南王書：「靈王餓于乾谿，食莽飲水，枕凷而死。」申亥以其二女殉而葬之。

觀從謂子干：（釋文：「『謂子干』，本或作『謂子干曰』。」）【詁】按：石經亦無「曰」字，係後人旁增。今據刪。「不殺弃疾，雖得國，猶受禍也。」子干曰：「余不忍也。」子玉曰：「人將忍子，吾不忍俟也。」乃行。國每夜駭曰：「王入矣。」乙卯夜，弃疾使周走而呼曰：（史記作：「棄疾使船人从江上走呼曰。」）【詁】按：史記作「船人走呼」，則此傳「周」當作「舟」。古文「舟」、「周」通。詩小雅「舟人之子」，鄭箋云：「『舟』當作『周』，聲相近故也。」即是一證。「王至矣。」國人大驚。使蔓成然走告子干、子皙曰：「王至矣，國人殺君司馬，將來矣。君若早自圖也，可以無辱。衆怒如水火焉，不可爲謀。」又有呼而走至者曰：「衆至矣。」二子皆自殺。丙辰，弃疾即位，名曰熊居。葬子干于訾，實訾敖。【詁】按：訾，地名，蓋即前訾梁之訾，在楚東境。殺囚，衣之王服，而流諸漢，乃取而葬之，以靖國人。使子旗爲令尹。

楚師還自徐，吳人敗諸豫章，獲其五帥。（史記作「率」。）【詁】服虔云：「五率：蕩侯、潘子、司馬督、囂尹午、陵尹喜。」（史記集解。）

平王封陳、蔡，復遷邑，致群賂，施舍寬民，宥罪舉職。召觀從，王曰：「惟爾所欲。」對曰：「臣之先佐開卜。」乃使爲卜尹。【詁】賈逵云：「卜尹，卜師，大夫官。」（同上。）使枝如子躬聘于鄭，且致犨、櫟之田。【詁】漢地理志南陽郡犨，圖經：「春秋時楚犨邑。」櫟，即十一年鄭京、櫟。按：此蓋致犨、櫟附近之田，非盡致二邑也。杜注：「本鄭邑，楚中取之。」亦屬臆説。事畢，弗致。鄭人請曰：「聞諸道路，將命寡君以犨、櫟。敢請命。」對曰：「臣未聞命。」既復，王問犨、櫟，降服而對曰：「臣過失命，未之致也。」王執其手，曰：「子毋勤。姑歸，不穀有事，其告子也。」

他年，芋尹申亥以王柩告，乃改葬之。

初，靈王卜，曰：「余尚得天下。」不吉。投龜，詬天（釋文：「『詬』，本又作『詢』。」）而呼曰：「是區區者而不余畀，余必自取之。」民患王之無厭也，故從亂如歸。

初，共王無冢適，有寵子五人，無適立焉。乃大有事于群望，而祈曰：「請神擇於五人者，使主社稷。」乃徧以璧見於群望曰：「當璧而拜者，神所立也。誰敢違之？」既乃與巴姬密埋璧於大室之庭，【詁】賈逵云：「巴姬，共王妾。」（同上。杜取此。）使五人齊，而長入拜。（釋文：〔一〕「『齊』，側皆反，一本又作『齋』。」〔二〕康王跨之，【詁】服虔云：「兩足各跨璧一邊。」（同上。）靈王肘加焉，子干、子皙皆遠之。平王弱，抱而入，再拜皆厭紐。【詁】廣雅：「紐謂之鼻。」鄭注周禮曰：「紐，小鼻也。」高誘淮南王書注：「紐，係也。」王充論衡曰：「後共王死，招爲康王，（傳作「昭」。）至子失之；圍爲靈王，及身而弒；子干爲王十有餘日；子皙不立，又懼誅死，皆絶無後。棄疾立，竟續楚嗣，如其神符。」鬬韋龜屬成然焉，且曰：「棄禮違命，楚其危哉！」

子干歸，韓宣子問於叔向曰：「子干其濟乎？」對曰：「難。」宣子曰：「同惡相求，如市賈焉，何難？」【詁】服虔云：「謂國人共惡靈王者，如市賈之人求利也。」（同上。）對曰：「無與同好，誰與同惡？【詁】服虔云：「言無黨於内，當與誰同好惡。」（同上。）取國有五難：有寵而無人，一也；有人而無主，二也；有主而無謀，三也；有謀而無民，四也；有民而無德，五也。子干在晉十三年矣，晉、楚之從，不聞達者，可謂無人。族盡親叛，可謂無主。無釁而動，【詁】服虔云：「言靈王尚在，而妄動取國，故謂無謀。」（同上。）可謂無謀。爲羇終世，可謂無民。亡無愛徵，可謂無德。王虐而不忌，楚君子干，涉五難以弒舊君，誰能濟之？有楚國者，其弃疾乎！君陳、蔡，（文選注引作「君居陳、蔡」。）城外屬焉。（史記作「方城外屬焉」。）【詁】按：杜注：「城，方城也。」可見左傳本無「方」字。

〔一〕「釋」原訛「説」，據經典釋文春秋左氏音義改。
〔二〕「齋」原作「齊」，據經典釋文春秋左氏音義改。

苛慝不作，（釋文：「本亦作『荷』。」）【詁】按：漢書酈食其傳曰「好荷禮」，師古曰：「『荷』與『苛』同。」惠棟曰：「古『苛』字本作『荷』。檀弓泰山婦人曰『無苛政』，釋文云：『「苛」本亦作「荷」。』毛詩序曰『哀刑政之荷』，今本作『苛』。漢張表碑亦以『荷』爲『苛』。」盜賊伏隱，私欲不違，【詁】服虔云：「不以私欲違民心。」（史記集解。杜本此。）民無怨心。先神命之，國民信之。芈姓有亂，必季實立，楚之常也。獲神，一也；有民，二也；令德，三也；寵貴，四也；居常，五也。有五利以去五難，誰能害之？子干之官，則右尹也。數其貴寵，則庶子也。以神所命，則又遠之。其貴亡矣，其寵弃矣，民無懷焉，國無與焉，將何以立？」宣子曰：「齊桓、晉文，不亦是乎？」【詁】服虔云：「皆庶子而出奔。」（同上。）對曰：「齊桓，衛姬之子也，有寵於僖，有鮑叔牙、賓須無、（古今人表「無」作「亡」。）隰朋以爲輔佐，有莒、衛以爲外主，有國、高以爲内主，【詁】賈逵云：「齊桓出奔莒，自莒先入，衛人助之。國子、高子皆齊之正卿。」（同上。杜取此。）從善如流，【詁】服虔云：「言其疾。」（同上。杜取此。）下善齊肅，不藏賄，不從欲，施舍不倦，求善不厭，是以有國，不亦宜乎？我先君文公，狐季姬之子也，有寵於獻。好學而不貳，生十七年，有士五人。有先大夫子餘、子犯以爲腹心，【詁】服虔云：「子餘，趙衰。」（同上。）有魏犨、賈佗以爲股肱，有齊、宋、秦、楚以爲外主，【詁】賈逵云：「齊以女妻之，宋贈之馬，楚享以九獻，秦送納之。」（同上。杜取此。）有欒、郤、狐、先以爲内主。亡十九年，守志彌篤。惠、懷弃民，【詁】服虔云：「皆棄民不恤。」（同上。）民從而與之。獻無異親，民無異望，天方相晉，將何以代文？此二君者，異於子干。共有寵子，國有奧主；無施於民，無援於外，去晉而不送，歸楚而不逆，何以冀國？」

晉成虒祁，諸侯朝而歸者皆有貳心。爲取郠故，晉將以諸侯來討。叔向曰：「諸侯不可以不示威。」乃並徵會，告于吳。秋，晉侯會吳子于良，【詁】地理志東海郡良成。郡國志下邳國：「良成，故屬東海，春秋時曰良。」（杜本此。）水道不可，吳子辭，乃還。

七月丙寅，治兵于邾南。甲車四千乘，羊舌鮒攝司馬，遂合諸侯于平丘。子產、子大叔相鄭伯以會。子產以幄幕九張行。子大叔以四十，既而悔之，每舍，損焉。及會，亦如之。次于衛地，叔鮒求貨於衛，淫芻蕘者。【詁】説文：「芻，割草也。」飼牲曰芻，草薪曰蕘。衛人使屠伯饋叔向羹與一篋錦，曰：「諸侯事晉，未敢攜貳，況衛在君之宇下，而敢有異志？芻蕘者異於他日，敢請之。」叔向受羹反錦，曰：「晉有羊舌鮒者，瀆貨無厭，亦將及矣。爲此役也，子若以君命賜之，其已。」客從之，未退，而禁之。

晉人將尋盟，齊人不可。晉侯使叔向告劉獻公曰：「抑齊人不盟，若之何？」對曰：「盟以厎信，【詁】爾雅：「厎，致也。」（杜本此。）君苟有信，諸侯不貳，何患焉？告之以文辭，董之以武師，雖齊不許，君庸多矣。天子之老，請帥王賦，『元戎十乘，以先啓行』，遲速惟君。」叔向告于齊曰：「諸侯求盟，已在此矣。今君弗利，寡君以爲請。」對曰：「諸侯討貳，則有尋盟。若皆用命，何盟之尋？」叔向曰：「國家之敗，有事而無業，事則不經；有業而無禮，經則不序；有禮而無威，序則不共；有威而不昭，共則不明。不明棄共，百事不終，所由傾覆也。是故明王之制，使諸侯歲聘以志業，間朝以講禮，【詁】賈逵云：「朝天子之法。」（禮記疏。）服虔同。崔靈恩以爲朝霸王之法。（同上。）再朝而會以示威，再會而盟以顯昭明。志業於好，講禮於等，示威於衆，昭明於神。自古以來，未之或失也。存亡之道，恆由是興。晉禮主盟，懼有不治，奉承齊犧，而布諸君，求終事也。君曰：『余必廢之，何齊之有？』惟君圖之！寡君聞命矣。」齊人懼，對曰：「小國言之，大國制之，敢不聽從？既聞命矣。敬共以往，遲速惟君。」叔向曰：「諸侯有間矣，不可以不示衆。」

八月辛未，治兵，建而不旆。【詁】説文：「旆，繼旐之旗也，沛然而垂。」按：説文本爾雅。壬申，復旆之，諸侯畏之。邾人、莒人愬于晉，曰：「魯朝夕伐我，幾亡矣。我之不共，魯故之以。」晉侯不見公，使叔向來辭，曰：「諸侯將以甲戌盟，寡君知不得事君矣，請君無勤。」【詁】爾雅：「勤，勞也。」子服惠伯對曰：「君信蠻夷之訴，以絶兄弟之國，弃周公之後，亦惟君。寡君聞命矣。」叔向曰：「寡君有甲車四千乘在，雖以無道，行之必可畏也。況其率道，其何敵之有？牛雖瘠，僨於豚上，【詁】説文：「僨，僵也。」其畏不死？南蒯、子仲之憂，其庸可弃乎？若奉晉之衆，用諸侯之師，因邾、莒、杞、鄫之怒，以討魯罪，間其二憂，何求而弗克？」魯人懼，聽命。甲戌，同盟于平丘，齊服也。令諸侯日中造于除。癸酉，退朝。子産命外僕速張於除，子大叔止之，使待明日。及夕，子産聞其未張也，使速往，乃無所張矣。

及盟，子産争承，（禮記疏引作「丞」。）【詁】鄭衆云：「争所謂承次貢賦輕重。」（本疏。）曰：「昔天子班貢，輕重以列。列尊貢重，周之制也。卑而貢重者，甸服也。鄭伯，男也，【詁】鄭衆、服虔云：「鄭伯爵在男服也。」賈逵云：「『男』當作『南』，謂南面之君也。」鄭志云：「男謂子男也。周之舊俗，雖爲侯伯，皆食子男之地。」王肅以爲鄭伯爵而連男言之，猶言曰公侯足句辭也。（本疏。）賈逵云：「鄭伯爵在男畿。」（詩疏。）按：杜取王肅説。外傳及孔氏家語皆作「南」。高誘淮南王書注：「任也。」而使從公侯之貢，懼弗給也。敢以爲請。諸侯靖兵，好以爲事。行理之命，無月不至，貢之無藝，【詁】服虔云：「藝，極也。一曰常也。」（同上。）小國有闕，所以得罪也。諸侯修盟，存小國也。貢獻無極，亡可待也。存亡之制，將在今矣。」自日中以争，至于昏。晉人許之。既盟，子大叔咎之，曰：「諸侯若討，其可瀆乎？」子産曰：「晉政多門，貳偷之不暇，何暇討？國不競亦陵，何國之爲？」

公不與盟。晉人執季孫意如，以幕蒙之，【詁】按：杜注：「蒙，裹也。」蒙無裹覆之義，蓋借冡覆之冡作訓。「蒙」、「冡」音同。使狄人守之。司鐸射懷錦，奉壺飲冰，以蒲伏焉。【詁】説文：「匍，手行。」「匐，伏地。」正義：「蒲伏即匍匐。」按：與昭二十一年「扶伏」同。守者御之，乃與之錦而入。晉人以平子歸，子服湫從。【詁】釋文云：「子服湫又作子服椒，止一人耳。」惠棟曰：「按：『湫』本與『椒』同音。説文：『湫，从水秋聲。』荀卿子引詩曰：『鳳皇秋秋，其翼若干，其聲若簫。』『秋』、『簫』協韻，明『秋』亦作『椒』音。惠伯名椒，獨此作『湫』者，聲之誤也。晉以來惟徐仙民識古音，諸儒皆不及。」

子產歸，未至，聞子皮卒，哭，且曰：「吾已！無爲爲善矣。惟夫子知我。」仲尼謂：「子產於是行也，足以爲國基矣。詩曰：『樂只君子，邦家之基。』子產，君子之求樂者也。」且曰：「合諸侯，藝貢事，禮也。」

鮮虞人聞晉師之悉起也，而不警邊，且不修備。晉荀吳自著雍以上軍侵鮮虞，及中人，【詁】京相璠曰：「今中山望都東二十里有中人城。」（水經注。杜同此。）張華博物志：「唐關在中人西北百里。中人在縣西四十里。」驅衝競，大獲而歸。

楚之滅蔡也，靈王遷許、胡、沈、道、房、申於荊焉。【詁】按：地理志汝南郡平輿，應劭曰：「故沈子國，今沈亭是也。」女陰，原注：「故胡子國。」陽安，應劭曰：「道國也。今道亭是。」吳房，孟康曰：「本房子國。楚靈王遷房于楚。」南陽宛，原注：「故申伯國。」又攷荊爲楚舊名，上句言楚，故此句文法變言荊耳。孟康注可據也。杜注：「荊，荊山。」失之。豈靈王時六國並遷于荊山之下乎？平王即位，既封陳、蔡，而皆復之，禮也。隱大子之子廬歸于蔡，禮也。悼大子之子吳歸于陳，禮也。

冬，十月，葬蔡靈公，禮也。

公如晉。荀吳謂韓宣子曰：「諸侯相朝，講舊好也。執其卿而朝其君，有不好焉。不如辭之。」乃使士景伯辭公于河。

吳滅州來。令尹子旗請伐吳，王弗許，曰：「吾未撫民人，未事鬼神，未修守備，未定國家，而用民力，敗不可悔。州來在吳，猶在楚也。子姑待之！」

季孫猶在晉，子服惠伯私於中行穆子曰：「魯事晉，何以不如夷之小國？魯，兄弟也，土地猶大，所命能具。若爲夷弃之，使事齊、楚，其何瘳於晉？親親與大，賞共罰否，所以爲盟主也。子其圖之！諺曰：『臣一，主二。』吾豈無大國？」穆子告韓宣子，且曰：「楚滅陳、蔡，不能救，而爲夷執親，將焉用之？」乃歸季孫。惠伯曰：「寡君未知其罪，合諸侯而執其老。若猶有罪，死命可也。若曰無罪而惠免之，諸侯不聞，是逃命也，何免之爲？請從君惠於會。」宣子患之，謂叔向曰：「子能歸季孫乎？」對曰：「不能。鮒也能。」乃使叔魚。【詁】按：古今人表作叔漁，恐誤。如伯魚名鯉，司馬子魚名魴可比例也。叔魚見季孫曰：「昔鮒也得罪於晉君，自歸於魯君，微武子之賜，不至於今。雖獲歸骨於晉，猶子則肉之，敢不盡情？歸子而不歸，鮒也聞諸吏，將爲子除館於西河，【詁】按：此西河亦如檀弓篇言子夏退老於西河之上，蓋指臨晉、夏陽等地，在河之西，與魯更遠。杜注云：「西使近河。」非也。其若之何？」且泣。平子懼，先歸。惠伯待禮。

春秋左傳詁卷十七

傳

昭公三

十四年，春，意如至自晉，尊晉罪己也。尊晉罪己，禮也。

南蒯之將叛也，盟費人。司徒老祁、慮癸【詁】服虔云：「司徒，姓也；老祁，字也。慮癸，亦姓字也。二子季氏家臣也。」（本疏。）世族譜司徒老祁爲一人，慮癸爲一人。（同上。）僞癈疾，（諸本作「廢」，從石經改正。）使請於南蒯曰：「臣願受盟而疾興。若以君靈不死，請待間而盟。」許之。二子因民之欲叛也，請朝衆而盟。遂劫南蒯，曰：「群臣不忘其君，畏子以及今，三年聽命矣。子若弗圖，費人不忍其君，將不能畏子矣。子何所不逞欲？【詁】說文：「逞，通也。楚謂疾行爲逞。春秋傳曰『何所不逞欲』。」請送子。」請期五日，遂奔齊。侍飲酒於景公。公曰：「叛夫！」對曰：「臣欲張公室也。」子韓晳曰：「家臣而欲張公室，罪莫大焉。」司徒老祁、慮癸來歸費。齊侯使鮑文子致之。

夏，楚子使然丹簡上國之兵於宗丘，（石經「宗」誤作「宋」。）且撫其民。分貧振窮，長孤幼，養老疾，收介特，

【詁】廣雅：「介、特，獨也。」方言：「物無耦曰特，獸無耦曰介。」按：「介」與「个」古字通。徐鉉以「个」字不合六書之體，云當作「介」，誤矣。惠棟曰：「馬融頌『察淫侈之華譽，顧介特之實功』，注：『介特謂孤介特立也。』杜氏以爲單身民，非馬義。」救災患，宥孤寡，【詁】服虔以宥爲寬赦其罪。（本疏。）赦罪戾，詰姦慝，【詁】廣雅：「詰，責也。」（杜取此。）舉淹滯，禮新敘舊，禄勳合親，任良物官。【詁】賈逵云：「物官，量能授官也。」鄭衆云：「物官，相其才之所宜而官之是也。」（同上。）使屈罷簡東國之兵於召陵，亦如之。好於邊疆，息民五年，而後用師，禮也。

秋，八月，莒著丘公卒，郊公不慼，國人弗順，欲立著丘公之弟庚輿。（諸本皆作「與」。按：古「輿」、「與」字通。今從石經及淳化本作「輿」，下同。）蒲餘侯惡公子意恢，而善於庚輿。郊公惡公子鐸，而善於意恢。公子鐸因蒲餘侯而與之謀，曰：「爾殺意恢，我出君而納庚輿。」許之。

楚令尹子旗有德於王，不知度，與養氏比，而求無猒。（釋文：「『猒』，本亦作『饜』。」）王患之。九月甲午，楚子殺鬭成然，而滅養氏之族。使鬭辛居鄖，以無忘舊勳。

冬，十二月，蒲餘侯茲夫殺莒公子意恢。郊公奔齊。公子鐸逆庚輿於齊，齊隰黨、公子鉏送之，有賂田。

晉邢侯與雍子（晉語作「雝子」。）争鄐田，久而無成。【詁】説文：「鄐，晉邢侯邑。」士景伯如楚，叔魚攝理。韓宣子命斷舊獄，罪在雍子。雍子納其女於叔魚，叔魚蔽罪邢侯。【詁】家語引作「弊罪」，王肅注云：「弊，斷，斷罪歸邢侯。」鄭司農周禮大司寇注引作「弊獄邢侯」。疏同。邢侯怒，殺叔魚與雍子於朝。宣子問其罪於叔向。叔向曰：「三人同罪，施生戮死可也。雍子自知其罪，而賂以買直。鮒也鬻獄。【詁】周書酆保曰十敗，六曰「佞説鬻獄」，韋昭曰：「鬻，賣也。」邢侯專殺，其罪一也。己惡而掠美爲昏，貪以敗官爲墨，【詁】家語引作「默」，王肅注：「默猶冒，苟貪不畏罪。」下「昏墨」，亦作「默」。殺人不忌爲賊。夏書曰：『昏、墨、賊，殺。』皐陶之刑也。（家語引作「咎繇」。）請從之。」乃施邢侯，而尸雍子與叔魚於市。【詁】服虔云：「施罪於邢侯。施猶劾也。邢侯亡，故劾之。」（本疏。）晉語：「秦人殺冀芮而施之。」韋昭曰：「陳尸曰施。」惠棟云：「尸，陳也，謂殺而陳其罪。哀廿七年傳曰『國人施公孫有山氏』是也。山海經『殺而施之』，晉語『從欒氏者大戮施』，莊子曰『萇弘胣』，史記『拖陳餘』，蓋同也。開元五經文字作『弛』云廢，亦非。」仲尼曰：「叔向，古之遺直也。治國制刑，不隱於親。三數叔魚之罪，不爲末減，【詁】服虔讀「減」爲「咸」，下屬爲句。不爲末者，不爲末槃隱蔽之也。[一] 咸曰義也，言人皆言叔向是義。（本疏。）按：家語亦引作「不爲末，或曰義」，王注云：「末，薄。或，左傳作『咸』。」今考左傳本亦作「減」。「減」、「咸」古字通。曰義也夫，可謂直矣！平丘之會，數其賄也，以寬衞國，晉不爲暴。歸魯季孫，稱其詐也，以寬魯國，晉不爲虐。邢侯之獄，言其貪也，以正刑書，晉不爲頗。三言而除三惡，加三利，殺親益榮，猶義也夫。」（家語「猶」作「由」，古字通。）

十五年，春，將禘于武公，戒百官。梓慎曰：「禘之日，其有咎乎！吾見赤黑之祲，非祭祥也，喪氛也。【詁】説文：「祲，精氣感祥。」[二] 春秋傳曰『見赤黑之祲』。」「氛，祥氣也。」王逸楚辭章句：「祲，惡氣貌。」韋昭曰：「氛祥，[三] 氣象也。凶曰氛，吉曰祥。」服虔云「水黑火赤，水火相遇」云云。（本疏。）其在涖事乎！」二月癸酉，禘。叔弓涖事，籥入而卒。去樂卒事，禮也。

楚費無極（史記楚世家作「費無忌」，索隱曰：「左傳作『無極』，『極』、『忌』聲相近。」伍子胥傳及淮南王書亦同。）害朝吳之在蔡也，欲去之，乃謂之曰：「王信子，故處子於蔡。子亦長矣，而在下位，辱。必求之，吾助子請。」【詁】服虔以「辱」從下讀，訓之謂欲。欲必求之，吾助子請。又謂其上之人曰：「王惟信吳，故處諸蔡。二三子莫之如也，

[一]「槃」原訛「殺」，據春秋左傳正義昭公十四年改。
[二]「感」原訛「成」，據説文解字第一上改。
[三]「祥」原訛「祲」，據國語楚語上韋昭注改。

而在其上，不亦難乎？弗圖，必及於難。」夏，蔡人逐朝吳。朝吳出奔鄭。王怒曰：「余惟信吳，故寘諸蔡。且微吳，吾不及此。女何故去之？」無極對曰：「臣豈不欲吳？然而前知其爲人之異也。吳在蔡，蔡必速飛。去吳，所以翦其翼也。」

六月乙丑，王太子壽卒。

秋，八月戊寅，王穆后崩。

晉荀吳帥師伐鮮虞，圍鼓。【詁】京相璠曰：「白狄之別也。下曲陽有鼓聚，故鼓子國也。」（水經注。）鼓人或請以城叛，穆子弗許。左右曰：「師徒不勤，而可以獲城，何故不爲？」穆子曰：「吾聞諸叔向曰：『好惡不愆，民知所適，事無不濟。』或以吾城叛，吾所甚惡也，人以城來，吾獨何好焉？賞所甚惡，若所好何？若其弗賞，是失信也，何以庇民？力能則進，否則退，量力而行。吾不可以欲城而邇姦，所喪滋多。」使鼓人殺叛人而繕守備。圍鼓三月，鼓人或請降。使其民見，曰：「猶有食色，姑修而城。」軍吏曰：「獲城而弗取，勤民而頓兵，何以事君？」穆子曰：「吾以事君也。獲一邑而教民怠，將焉用邑？邑以賈怠，不如完舊。賈怠無卒，弃舊不祥。鼓人能事其君，我亦能事吾君。率義不爽，好惡不愆，城可獲而民知義所，有死命（水經注引傳文作「死義」。）而無二心，不亦可乎？」鼓人告食竭力盡，而後取之。克鼓而反，不戮一人，以鼓子鳶鞮歸。（諸本作「䳒」，今从石經及宋本改。）

冬，公如晉，平丘之會故也。

十二月，晉荀躒如周，葬穆后，籍談爲介。既葬除喪，以文伯宴，尊以魯壺。王曰：「伯氏，諸侯皆有以鎮撫王室，【詁】五行志作「填」。按：律曆志鎮星皆作「填」。「填」、「鎮」古字通。晉獨無有，何也？」文伯揖籍談。對曰：「諸侯之封也，皆受明器於王室，以鎮撫其社稷，故能薦彝器於王。晉居深山，戎狄之與鄰，而遠於王室，王靈不及，拜戎不暇，其何以獻器？」王曰：「叔氏，而忘諸乎？（五行志「而」作「其」。）叔父唐叔，成王之母弟也，其反無分乎？密須之鼓，【詁】地理志安定郡：「陰密，詩密人國。」（杜取此。）與其大路，文所以大蒐也；闕鞏之甲，【詁】說文：「䂬，水邊石，从石土聲。春秋傳曰『闕䂬之甲』。」按：今傳作「鞏」，容古字通。九經字樣：「䂬音拱，水邊石也。見春秋。」或唐本尚作此「䂬」字。武所以克商也。唐叔受之，以處參虛，匡有戎狄。其後襄之二路，鏚鉞、秬鬯，彤弓、虎賁，文公受之，以有南陽之田，撫征東夏，非分而何？夫有勳而不廢，有績而載，奉之以土田，撫之以彝器，旌之以車服，明之以文章，子孫不忘，所謂福也。福祚之不登，叔父焉在？且昔而高祖孫伯黶司晉之典籍，以爲大政，（五行志引作「正」。）故曰籍氏。及辛有之二子董之晉，【詁】晉語曰：「秦伯納公子，董因迎於河。」韋昭注：「因，晉大夫辛有之後也。」引此傳爲證。於是乎有董史。女，司典之後也，何故忘之？」籍談不能對。賓出，王曰：「籍父其無後乎！數典而忘其祖。」籍談歸，以告叔向。叔向曰：「王其不終乎！吾聞之：『所樂必卒焉。』今王樂憂，若卒以憂，不可謂終。王一歲而有三年之喪二焉，【詁】墨子公孟篇云：「子墨子謂公孟子曰：『喪禮，君與父、母、妻、後子死，三年喪服。伯父、叔父、兄弟期。族人五月。姑姊、舅甥皆有數月之喪。』」後子爲後之子，猶太子也。又非儒篇云：「儒者云：『親親有術，尊賢有等。』言親疏尊卑之異也。其禮曰：『喪，父母三年，妻、後子三年，伯父、叔父、弟兄、庶子其，戚族人五月。』若以親疏爲歲月之數，則親者多而疏者少矣，是妻、後子與父同也。若以尊卑爲歲月數，則是尊其妻、子與父母同，而親伯父宗兄而卑子也。逆孰大焉？」惠棟曰：「墨子所據喪禮，與傳合，與喪服傳異。喪服傳曰：『父必三年然後娶，達子之志也。』又云：『爲妻何以期也？妻，至親也。』必三年然後娶，不得爲三年喪服也。且天子絕期，安得引以爲證？公孟子即公明儀。」於是乎以喪賓燕，又求彝器，樂憂甚矣！且非禮也。彝器之來，嘉功之由，非由喪也。三年之喪，雖貴遂服，禮也。王雖弗遂，宴樂以早，亦非禮也。禮，王之大經也。一動而失二禮，無大經矣。【詁】服虔云：「經，常也，常所當行也。」（本疏。）言以考典，典以志經。忘經而多言，舉典將焉用之？」（五行志

「焉」作「安」。)

十六年，春，王正月，公在晉，晉人止公。不書，諱之也。

齊侯伐徐。楚子聞蠻氏之亂也與蠻子之無質也，使然丹誘戎蠻子嘉殺之，遂取蠻氏。既而復立其子焉，禮也。

二月丙申，齊師至於蒲隧。徐人行成。徐子及郯人、莒人會齊侯，盟于蒲隧，賂以甲父之鼎。〔二〕【詁】郡國志下邳郡：「取慮，有蒲姑陂。」山陽郡：「昌邑，有甲父亭。」(杜同此。)元和姓纂：「甲父，古諸侯，以國爲姓。」甲父氏見釋例。(杜取此。)叔孫昭子曰：「諸侯之無伯，害哉！齊君之無道也，興師而伐遠方，會之有成而還，莫之亢也。無伯也夫！詩曰：『宗周既滅，(詩作「周宗」。)靡所止戾。正大夫離居，莫知我肄。』(詩小雅作「勩」。)其是之謂乎！」

二月，晉韓起聘于鄭，鄭伯享之。子產戒曰：「苟有位於朝，無有不共恪。」(釋文「共」作「恭」，疑轉寫之誤。)孔張後至，立於客間；執政禦之，適客後；又禦之，適縣間。客從而笑之。事畢，富子諫曰：「夫大國之人，不可不慎也，幾爲之笑，【詁】服虔云：「幾，近也。孔張失位，近爲所笑。」(本疏。)而不陵我？我皆有禮，夫猶鄙我。國而無禮，何以求榮？孔張失位，吾子之恥也。」子產怒曰：「發命之不衷，出令之不信，刑之頗類，【詁】服虔云讀「類」爲「纇」，解云：「頗，偏也。纇，不平也。」(同上。)顧炎武云：「『類』當作『纇』。二十八年解：『纇，戾也。』」獄之放紛，會朝之不敬，使命之不聽，取陵於大國，罷民而無功，罪及而弗知，僑之恥也。孔張，君之昆孫子孔之後

〔二〕「于蒲隧賂以甲父之鼎」九字原脱，據春秋左傳其它各本補。

也，執政之嗣也，爲嗣大夫，承命以使，周於諸侯，國人所尊，諸侯所知。立於朝而祀於家，【詁】服虔云：「祀其所自出之君於家，以爲大祖。」（同上。）有祿於國，有賦於軍，喪祭有職，受脤歸脤。其祭在廟，【詁】服虔以爲其祭在廟，謂孔張先祖配廟食。（同上。）已有著位。在位數世，世守其業，而忘其所，僑焉得恥之？辟邪之人（釋文作「僻」，蓋傳寫之誤。）而皆及執政，是先王無刑罰也。子寧以他規我。」

宣子有環，【詁】説文：「環，璧也，肉好若一謂之環。」與爾雅同。其一在鄭商。宣子謁諸鄭伯，【詁】爾雅：「謁，告也。」説文：「謁，白也。」子產弗與，曰：「非官府之守器也，寡君不知。」子大叔、子羽謂子產曰：「韓子亦無幾求，晉國亦未可以貳。晉國、韓子不可偷也。若屬有讒人交鬭其間，鬼神而助之，以興其凶怒，悔之何及？吾子何愛於一環，其以取憎於大國也？盍求而與之？」子產曰：「吾非偷晉而有二心，將終事之，是以弗與，忠信故也。僑聞君子非無賄之難，立而無令名之患。僑聞爲國非不能事大字小之難，【詁】服虔斷「字小之難」以下爲義，解云：「字，養也，言事大國易，養小國難。」（同上。）無禮以定其位之患。夫大國之人，令於小國，而皆獲其求，將何以給之？一共一否，爲罪滋大。大國之求，無禮以斥之，何厭之有？（諸本作「饜」，从釋文改正。）吾且爲鄙邑，則失位矣。若韓子奉命以使，而求玉焉，貪淫甚矣，獨非罪乎？出一玉，以起二罪，吾又失位。韓子成貪，將焉用之？且吾以玉賈罪，不亦鋭乎？」【詁】説文：「鋭，芒也。」廣雅：「葰，小也。」「葰」、「鋭」字通。（杜本此。）服虔云：「鋭，折也。」（宋本疏。今據惠本增入。）按：鋭是鋒芒，不得爲折。韓子買諸賈人，既成賈矣。（釋文：「『賈』，本或作『價』」。）商人曰：「必告君大夫。」韓子請諸子產曰：「日起請夫環，執政弗義，弗敢復也。今買諸商人，商人曰『必以聞』，敢以爲請。」子產對曰：「昔我先君桓公與商人，皆出自周。庸次比耦【詁】廣雅：「次、比，代也。」以艾殺此地，斬之蓬蒿藜藋而共處之。【詁】説文：「藋，堇草也。」廣雅：「堇，藋也。」世有盟誓，以相信也，曰：『爾無我叛，我無强賈，毋或匄奪。爾有利市寶賄，（釋文：「『賄』或作『貨』」。）我勿與知。』恃此質誓，故能相保以至于今。今吾子以好來辱，而謂敝邑强奪商人，是教敝邑背盟誓也，毋乃不可乎？吾子得玉，而失諸侯，必不爲也。若大國令，而共無藝，鄭鄙邑也，亦弗爲也。僑若獻玉，不知所成。敢私布之。」韓子辭玉，曰：「起不敏，敢求玉以徼二罪？敢辭之。」

夏，四月，鄭六卿餞宣子於郊。宣子曰：「二三君子請皆賦，起亦以知鄭志。」子齹賦野有蔓草，【詁】説文：「𪘏，爲差跌皃。春秋傳曰『晉有子𪘏』。」按：今本作「齹」。説文：「齹，參差也。」義蓋通。宣子曰：「孺子善哉！吾有望矣。」子産賦鄭之羔裘，宣子曰：「起不堪也。」子大叔賦褰裳，宣子曰：「起在此，敢勤子至於他人乎？」子大叔拜。宣子曰：「善哉！子之言是。不有是事，其能終乎？」子游賦風雨，子旗賦有女同車，子柳賦萚兮，宣子喜曰：「鄭其庶乎！二三君子以君命貺起，賦不出鄭志，皆昵燕好也。二三君子，數世之主也，可以無懼矣。」宣子皆獻馬焉，而賦我將。子産拜，使五卿皆拜，曰：「吾子靖亂，敢不拜德？」宣子私覲於子産，以玉與馬，曰：「子命起舍夫玉，是賜我玉而免吾死也，敢不藉手以拜？」

公至自晉。子服昭伯語季平子曰：「晉之公室，其將遂卑矣。君幼弱，六卿强而奢傲，將因是以習，習實爲常，【詁】周書曰：「習實爲常，美惡一也。」能無卑乎？」平子曰：「爾幼，惡識國？」

秋，八月，晉昭公卒。

九月，大雩，旱也。鄭大旱，使屠擊、祝欵、豎柎有事於桑山。斬其木，不雨。子産曰：「有事於山，蓺山林也；而斬其木，其罪大矣。」奪之官邑。

冬，十月，季平子如晉，葬昭公。平子曰：「子服回之言猶信。子服氏有子哉！」

十七年，春，小邾穆公來朝，公與之燕。季平子賦采叔，（詩小雅作「菽」。）穆公賦菁菁者莪。昭子曰：「不有以國，其能久乎？」

夏，六月甲戌朔，日有食之。祝史請所用幣，昭子曰：「日有食之，天子不舉，伐鼓於社；諸侯用幣於社，伐鼓於朝，禮也。」平子禦之，曰：「止也。唯正月朔，慝未作，日有食之，於是乎有伐鼓用幣，禮也。其餘則否。」太史曰：「在此月也。日過分而未至，三辰有災，於是乎百官降物，君不舉，辟移時，樂奏鼓，祝用幣，史用辭。故夏書曰：『辰不集於房，【詁】廣雅：「集，安也。」（杜本此。）瞽奏鼓，嗇夫馳，庶人走。』此月朔之謂也。當夏四月，是謂孟夏。」平子弗從。昭子退，曰：「夫子將有異志，不君君矣。」

秋，郯子來朝，公與之宴。昭子問焉，曰：「少皞氏鳥名官，何故也？」郯子曰：「吾祖也，我知之。【詁】周書嘗麥曰：「乃命少皞清司馬鳥師以正五帝之官。」汲郡古文或曰：「少皞名清，不居帝位，帥鳥師居西方，以鳥紀官。」律曆志引帝考德曰：「少昊曰清。清者，黄帝之子清陽也。」昔者黄帝氏以雲紀，【詁】服虔云：「黄帝受命，得景雲之瑞，故以雲紀事。」（本疏。）故爲雲師而雲名。【詁】服虔云：「黄帝以雲名官，蓋春官爲青雲氏，夏官爲縉雲氏，秋官爲白雲氏，冬官爲黑雲氏，中官爲黄雲氏。」（同上。）炎帝氏以火紀，故爲火師而火名。【詁】服虔云：「炎帝以火名官，春官爲大火，夏官爲鶉火，秋官爲西火，冬官爲北火，中官爲中火。」（同上。）共工氏以水紀，故爲水師而水名。【詁】服虔云：「共工以水名官，春官爲東水，夏官爲南水，秋官爲西水，冬官爲北水，中官爲中水。」（同上。）大皞氏以龍紀，故爲龍師而龍名。【詁】服虔云：「大皞以龍名官，春官爲青龍氏，夏官爲赤龍氏，秋官爲白龍氏，冬官爲黑龍氏，中官爲黄龍氏。」（同上。）我高祖少皞摯之立也，（初學記引作「少昊氏」。）鳳鳥適至，故紀於鳥，（文選注引傳作「故以鳥紀」。）爲鳥師而鳥名。鳳鳥氏，曆正也；玄鳥氏，司分者也；（後漢書注引無「者」字。）伯趙氏，司至者也；青鳥氏，司啓者也；丹鳥氏，司閉者也。祝鳩氏，司徒也；鴡鳩氏，（王符引作「雎」。）司馬也；【詁】説文：「雎，王雎也。」鳲鳩氏，司空也；（王符引作「尸」。）爽鳩氏，司寇也；【詁】説文：「爽，鷫鷞也。」鶻鳩氏，司事也。【詁】説文：「鶻，鶻鵃也。」五鳩，鳩民者也。

【詁】爾雅：「鳩，聚也。」五雉爲五工正，【詁】賈逵云：「西方曰鷷雉，攻木之工也。東方曰鶅雉，摶埴之工也。南方曰翟雉，攻金之工也。北方曰鵗雉，攻皮之工也。伊、雒而南曰翬雉，設五色之工也。」（本疏。）服虔云：「雉者，夷也。夷，平也，使度量器用平也。」（同上。）利器用，正度量，夷民者也。九扈爲九農正，【詁】賈逵云：「春扈分循，相五土之宜，趣民耕種者也。夏扈竊玄，趣民耘苗者也。秋扈竊藍，趣民收斂者也。冬扈竊黄，趣民蓋藏者也。棘扈竊丹，爲果驅鳥者也。行扈唶唶，晝爲民驅鳥者也。宵扈嘖嘖，夜爲農驅獸者也。桑扈竊脂，爲蠶驅雀者也。老扈鷃鷃，趣民收麥，令不得晏起者也。」又賈、服皆云：「鷃鷃亦聲音爲名也。」（本疏。）按：説文：「九扈，農桑候鳥，扈民不婬者也。春雇頒盾，夏雇竊玄，秋雇竊藍，冬雇竊黄，棘雇竊丹，行雇唶唶，宵雇嘖嘖，桑雇竊脂，老雇鷃也。」又按：「扈」字説文或作「鶚」，籀文作「鳸」，古字並通。説文、廣雅：「竊，淺也。」扈民無淫者也。【詁】獨斷：「扈，止也。」（杜取此。）自顓頊以來，【詁】服虔云：「自少皡以上，天子之號以其德，百官之號以其徵。自顓頊以來，天子之號以其地，百官之紀以其事。」（月令正義。）又云：「春官爲木正，夏官爲火正，秋官爲金正，冬官爲水正，中官爲土正。高辛氏因之，故傳曰遂濟窮桑。窮桑，顓頊所居。」（周禮序，又路史後紀卷之九。）五經通義：「顓頊者，顓猶專，頊猶愉，幼小而王，以致太平，常自愉儉嗛約自小之意，故兩字爲謚。」（通典。）不能紀遠，乃紀於近。爲民師而命以民事，則不能故也。」仲尼聞之，見於郯子而學之。既而告人曰：「吾聞之：『天子失官，學在四夷。』猶信。」（後漢書注引作「其信」。）【詁】石經載此文作「官學在四夷」，重一「官」字。按：王肅注云：「孔子稱官學在四夷，疾時之廢學也。」據此，似正文本有「官」字，轉寫失去。又月令正義引王肅云：「郯，中國也。故吴伐郯，季文子歎曰：『中國不振旅，蠻夷入伐，吾亡無日矣。』孔子稱在四夷，疾時學廢也。」

晉侯使屠蒯如周，請有事於洛與三塗。（水經注引作「三峹」。高誘吕覽注「雒」作「洛」，今從之，以下並同。）【詁】高誘云：「三塗之山，陸渾之南，故假道於周。」萇弘謂劉子曰：【詁】淮南王書：「萇弘，周室之執數者也，天地之氣、日月之行、風雨之變、律曆之數，無所不通。」「客容猛，非祭也，（高誘吕覽注引作「祥」。）其伐戎乎？陸渾氏甚睦於楚，必是故也。君其備之！」乃警戎備。（高誘注引作「乃儆戎」。）九月丁卯，晉荀吴帥師涉自棘津，【詁】服虔云：「棘津猶孟津也。」（水經注。）徐廣曰：「棘津在廣川。」（同上。）使祭史先用牲于洛。陸渾人弗知，師從之。庚午，遂滅陸渾，數之以其貳於楚也。陸渾子奔楚，其衆奔甘鹿。【詁】山海經：「鹿蹄之山，甘水出焉。」按：此在今河南宜陽縣東南，當即甘鹿也。周大獲。宣子夢文公攜荀吴而授之陸渾，故使穆子帥師，獻俘于文宫。

冬，有星孛于大辰，西及漢。【詁】賈逵云：「天漢，水也，或曰天河。」（宋本御覽。賈逵解。）申須曰：（漢書引作「申繻」，當由桓公時申繻而誤。）「彗所以除舊布新也。天事恆象，今除於火，火出必布焉，諸侯其有火災乎！」梓慎曰：「往年吾見之，是其徵也，（漢書引無「之」字。）火出而見。今兹火出而章，必火入而伏，【詁】服虔注本「火出而章必火，火入而伏」，重「火」別句。孫毓云：「賈氏舊文無重『火』字。」（本疏。）其居火也久矣，其與不然乎？【詁】顧炎武云：「邵氏曰：『其與，語詞，猶曰其諸。』」按：邵説是。「與」字當改讀平聲。火出，於夏爲三月，於商爲四月，於周爲五月。（律曆志引傳省去二「於」字。）夏數得天，若火作，其四國當之，六物之占，【詁】石經此下有「六物之占」四字旁增，非唐人刻。惠棟曰：〔一〕「當是晁公武據蜀石經增入。晁曾以唐石經校蜀石經，碑中所增，疑皆出晁氏之手，學者詳焉。蓋蜀時服虔左傳尚存也。御覽八百七十五卷所引有此四字，蓋服、賈本如此。」〔二〕今據增入。在宋、衛、陳、鄭乎！宋，大辰之虚也；（漢書引以下三句皆無「也」字。）陳，大皞之虚也；鄭，祝融之虚也，皆火房也。星孛及漢，漢，水祥也。衛，顓頊之虚也，故爲帝丘，其星爲大水。水，火之牡也。其以丙子若壬午作乎！水火所以合也。若火入而伏，必以壬午，不過其見之月。」（漢書引無「其」字。）鄭裨竈言於子産曰：「宋、衛、陳、鄭將同日火。若我用瓘斝玉瓚，【詁】説文：「瓘，玉也。春秋傳曰『瓘斝』。」鄭必不火。」子産弗與。

〔一〕「棟」原作「士奇」，據惠棟春秋左傳補注卷五及春秋左傳正義昭公十七年阮元校勘記改。
〔二〕「如此」原在後「今」之前，據惠棟春秋左傳補注卷五乙正。

吴伐楚。陽匄爲令尹，卜戰，不吉。司馬子魚曰：「我得上流，何故不吉？且楚故，司馬令龜，我請改卜。」令曰：「魴也（周禮大卜注引作「鮒」。釋文云：「『鮒』音『附』，左傳作『魴』。」）以其屬死之，楚師繼之，尚大克之。」吉。戰于長岸。子魚先死，楚師繼之，大敗吴師，獲其乘舟餘皇。【詁】説文：「艅艎，舟名。」按：今本作「餘皇」。釋文云：「經典通用。」使隨人與後至者守之，環而塹之，【詁】説文：「塹，阬也。」及泉，盈其隧炭，陳以待命。吴公子光（吕覽作「王子光」。）請於其衆曰：「喪先王之乘舟，豈惟光之罪，衆亦有焉。請藉取之以救死。」衆許之。使長鬣者三人潛伏於舟側，〔一〕曰：「我呼餘皇，則對。」師夜從之。三呼，皆迭對。楚人從而殺之，楚師亂。吴人大敗之，取餘皇以歸。

十八年，春，王二月乙卯，周毛得殺毛伯過而代之。萇弘曰：「毛得必亡。是昆吾稔之日也，【詁】鄭衆云：「春秋以爲五行子卯自刑。」（禮記疏。）侈故之以。而毛得以濟侈於王都，不亡何待？」

三月，曹平公卒。

夏，五月，火始昏見。丙子，風。梓慎曰：「是謂融風，【詁】張晏曰：「融風，立春木風也，火之母也，火所始生也。」火之始也。七日，其火作乎！」【詁】張晏曰：「火以七爲紀。」戊寅，風甚。壬午，大甚。（釋文：「一本作『火甚』。」）【詁】五行志注：〔二〕「大甚者，又更甚也。」按：此「大」字當作「太」音。宋、衛、陳、鄭皆火。梓慎登大庭氏之庫（高麗本「庭」作「廷」。）【詁】舊説皆云炎帝號神農氏，一曰大庭氏。（本疏。）服虔云：「大庭氏，古亡國之君，在黄帝前，其處

〔一〕「伏」原訛「服」，據春秋左傳其它各本改。
〔二〕「注」原訛「作」，據漢書卷二十七下之下五行志第七下之下顔師古注及上下文意改。

高顯。」（周禮疏。）以望之，【詁】服虔云：「四國次有火氣也。」（本疏。）曰：「宋、衛、陳、鄭也。」數日，皆來告火。裨竈曰：「不用吾言，鄭又將火。」鄭人請用之，子産不可。子大叔曰：「寶，以保民也。若有火，國幾亡，可以救亡，子何愛焉？」子産曰：「天道遠，人道邇，非所及也，何以知之？竈焉知天道？是亦多言矣，豈不或信？」遂不與，亦不復火。鄭之未災也，里析告子産曰：「將有大祥，民震動，國幾亡。吾身泯焉，弗良及也。【詁】服虔云：「弗良及者，不能及也。」（同上。）國遷，其可乎？」子産曰：「雖可，吾不足以定遷矣。」及火，里析死矣，未葬，子産使輿三十人遷其柩。火作，子産辭晉公子、公孫于東門，使司寇出新客，禁舊客【詁】高誘曰：「有新客，搜出之，〔一〕爲觀釁也。禁舊客，爲露情也。」勿出於宫。使子寬、子上巡群屏攝，【詁】鄭衆云：「攝，攝束茅以爲屏蔽。」祭神之處草易然，故巡行之。（周禮疏。）韋昭云：「周氏曰：『屏者，并；攝，主人之位。』昭謂：屏，屏風也；攝，形如要扇，皆所以分别尊卑，爲祭祀之位。近漢亦然。」（杜本此。）按：周氏謂周仲文，漢儒説春秋者。至于大宫。使公孫登徙大龜。使祝史徙主祏於周廟，告于先君。使府人、庫人各儆其事。商成公儆司宫，【詁】説文：「儆，戒也。春秋傳曰『儆宫』。」出舊宫人，寘諸火所不及。司馬、司寇列居火道，行火所焮。【詁】廣雅：「炘，爇也。」玉篇「炘」與「焮」同，「炙也」，「又熱也」。城下之人，伍列登城。明日，使野司寇各保其徵，郊人助祝史，除於國北，禳火于玄冥、回禄，【詁】先儒注左傳者皆曰：「回禄，火神。」（本疏。）祈于四鄘。【詁】鄘，水庸也。書焚室而寬其征，與之材。三日哭，國不市。使行人告於諸侯。宋、衛皆如是。陳不救火，許不弔災，君子是以知陳、許之先亡也。

六月，鄅人藉稻。【詁】説文：「鄅，妘姓之國。春秋傳曰『鄅人藉稻』。讀若規榘之榘。」（杜取此。）服虔云：「藉，耕種於藉田也。」（本疏。）邾人襲鄅。鄅人將閉門，邾人羊羅攝其首焉，遂入之，盡俘以歸。鄅子曰：「余無歸矣。」

〔一〕「搜」原訛「按」，據惠棟春秋左傳補注卷五改。

從帑於郲，郲莊公反鄅夫人，而舍其女。

秋，葬曹平公。往者見周原伯魯焉，與之語，不説學。歸以語閔子馬。閔子馬曰：「周其亂乎！夫必多有是説，而後及其大人。大人患失而惑，又曰：『可以無學，無學不害。』不害而不學，則苟而可，於是乎下陵上替，能無亂乎？夫學，殖也。不學，將落。原氏其亡乎！」

七月，鄭子產爲火故，大爲社，祓禳於四方，【詁】説文：「祓，除惡祭也。」「禳，祀除癘殃也。」振除火災，禮也。【詁】廣雅：「振，棄也。」（杜本此。）乃簡兵大蒐，將爲蒐除。子大叔之廟在道南，其寢在道北，其庭小。過期三日，使除徒陳於道南廟北，曰：「子產過汝而命速除，乃毀於而鄉。」（諸本皆作「向」，今從釋文及宋本改作「鄉」。）【詁】按：古「向」字皆作「鄉」。説文：「向，北出牖也。」惠氏以「向」爲俗字，亦誤。子產朝，過而怒之，除者南毀。子產及衝，使從者止之，曰：「毀於北方。」

火之作也，子產授兵登陴，（文選注引左傳「陴」作「埤」。）子大叔曰：「晉無乃討乎？」子產曰：「吾聞之，小國忘守則危，（鄭衆周禮注引傳「則」作「必」，賈公彦曰：「讀字不同也。」）况有災乎？國之不可小，有備故也。」既，晉之邊吏讓鄭曰：「鄭國有災，晉君、大夫不敢寧居，卜筮走望，不愛牲玉。鄭之有災，寡君之憂也。今執事撊然授兵登陴，【詁】服虔云：「撊然，猛貌也。」（本疏。）按：方言、廣雅並云：「撊，猛也。」説文：「僩，武貌。」「僩」、「撊」字同。（杜取此。）將以誰罪？」邊人恐懼，不敢不告。」子產對曰：「若吾子之言，敝邑之災，君之憂也。敝邑失政，天降之災，又懼讒慝之間謀之，以啓貪人，薦爲敝邑不利，以重君之憂。幸而不亡，猶可説也。不幸而亡，君雖憂之，亦無及也。鄭有他竟，望走在晉。既事晉矣，其敢有二心？」

楚左尹王子勝言於楚子曰：「許於鄭，仇敵也，而居楚地，以不禮於鄭。晉、鄭方睦，鄭若伐許，而晉助之，楚喪地矣。君盍遷許？許不專於楚，鄭方有令政，許曰：『余舊國也。』鄭曰：『余俘邑也。』葉在楚國，方城外之蔽也。土不可易，國不可小，許不可俘，讎不可啓，君其圖之！」楚子說。冬，楚子使王子勝遷許於析，（水經注引作「淅」。）實白羽。【詁】地理志弘農郡析。郡國志析，故楚白羽邑。

十九年，春，楚工尹赤遷陰于下陰，【詁】地理志南陽郡陰，師古曰：「即春秋左氏傳所云遷陰于下陰者也。今襄州有陰城縣。」（杜本此。）令尹子瑕城郟。叔孫昭子曰：「楚不在諸侯矣，其僅自完也，以持其世而已。」

楚子之在蔡也，郹陽封人之女奔之，【詁】賈逵云：「楚子在蔡爲蔡公時也。」（本疏。）説文：「郹，楚邑也。春秋傳曰『郹陽封人之女奔之』。」（杜取此。）生太子建。及即位，使伍奢爲之師。費無極爲少師，【詁】服虔云：「楚大夫。」（史記集解。）無寵焉，欲譖諸王，曰：「建可室矣。」王爲之聘於秦。無極與逆，勸王取之。正月，楚夫人嬴氏至自秦。

鄅夫人，宋向戌之女也，故向寧請師。二月，宋公伐邾，圍蟲。三月，取之，乃盡歸鄅俘。

夏，許悼公瘧。【詁】服虔云：「悼公，靈公之子許男買。瘧，寒疾也。」（御覽。）五月戊辰，飲大子止之藥，卒。大子奔晉。【詁】服虔云：「經書：『夏五月戊辰許世子弑其君買。』止，悼公子襄大子也。公疾不瘳，止獨進藥，雖嘗而不由醫。」（同上。）書曰：「弑其君。」【詁】服虔云：「禮，醫不三世，不使。君有疾，飲藥，臣先嘗之。親有疾，飲藥，子先嘗之。公疾未瘳，而止進藥，雖嘗而不由醫而卒，故國史書『弑』，告於諸侯也。」（同上。）君子曰：「盡心力以事君，舍藥物可也。」【詁】服虔云：「原止之無惡意，藥物不由醫，無以加壽，命有終，故曰舍藥物可也。舍，止也。一曰此刺無良史。物讀爲勿。止實孝，能盡心事君，舍藥勿以罪之。」（同上。）

邾人、郳人、徐人會宋公。乙亥，同盟于蟲。

楚子爲舟師以伐濮。費無極言於楚子曰：「晉之伯也，邇於諸夏，而楚辟陋，故弗能與爭。若大城城父，而寘大子焉，【詁】服虔云：「城父，楚北境也。」（史記集解。）按：此潁川郡之城父，正楚北境，非沛郡之城父也。下言「將以方城之外叛」可證。城父相近有汾丘，襄十八年傳楚伐鄭治兵於汾，戰國策楚北有汾陘之塞是矣。高誘曰：「楚北境之邑，今屬沛國。」北方，宋、鄭、魯、衞也。南方，謂吳、越也。今考云沛國城父，誤。惠氏引此，有意與杜異，亦誤。裴駰集解亦云「潁川城父縣」，亦一證。以通北方，王收南方，是得天下也。」王說，從之。故大子建居于城父。令尹子瑕聘于秦，拜夫人也。

秋，齊高發帥師伐莒。莒子奔紀鄣。使孫書伐之。初，莒有婦人，莒子殺其夫，已爲嫠婦。（釋文：「『嫠』，本又作『釐』。」）【詁】說文：「嫠，無夫也。」（杜略同。）及老，託於紀鄣，紡焉以度而去之。【詁】釋文：「裴松之注魏志曰：『古人謂藏爲去。』」正義引字書「去」作「弆」，「羌莒反，謂掌物也。今關西仍呼爲弆，東人輕言爲去，〔一〕音莒。」顧炎武曰：「漢書蘇武傳『掘野鼠去屮實而食之』，師古曰：『去謂藏之也。』陳遵傳『皆藏去以爲榮』，師古曰：『去亦藏也。』魏志華佗傳『去藥以待不祥』，裴松之：『按古語以藏爲去。』」水經注引作「取其纑而夜縋」，此略舉傳文大意耳。及師至，則投諸外。或獻諸子占。子占使師夜縋而登，登者六十人，縋絶。【詁】說文：「縋，以繩有所縣也。春秋傳曰『夜縋納師』。」師鼓譟，城上之人亦譟。（釋文：「一本作『上之人亦譟』。」）莒共公懼，啓西門而出。七月丙子，齊師入紀。

是歲也，鄭駟偃卒。子游娶於晉大夫，生絲，弱，其父兄立子瑕。子產憎其爲人也，且以爲不順，弗許，亦弗止。駟氏聳。【詁】說文：「愯，懼也。春秋傳曰『駟氏愯』。」廣韻作「㦼」。按：今本作「聳」，音義亦同。（杜本此。）他日，絲以告其舅。冬，晉人使以幣如鄭，問駟乞之立故。駟氏懼，駟乞欲逃。子產弗遣，請龜以卜，亦弗予。大夫謀對，子產不待而對客曰：「鄭國不天，寡君之二三臣札瘥夭昏。【詁】鄭司農云：「札爲疾疫死亡也。」越人

〔一〕「去」原脫，據春秋左傳正義昭公十九年補。

謂死爲札。」（周禮注。）爾雅：「瘥，病也。」賈逵云：「大死曰札，小疫曰瘥，短折曰夭，未名曰昏。」（本注。杜取此。）廣雅：「殙，死也。」鄭玄尚書注：「昏，没也。」晉語「君子失心，鮮不夭昏」，與此同。釋文云：「字林札，夭死也。『瘥』作『㿗』。」今又喪我先大夫偃。其子幼弱，其一二父兄懼隊宗主，私族於謀，而立長親。【詁】服虔云：「祏主藏於宗廟，故曰宗主。」（本疏。）寡君與其二三老曰：【詁】服虔云：「二三老，駟偃家臣。」（同上。）『抑天實剥亂是，吾何知焉？』諺曰：『無過亂門。』【詁】呂覽作：「詩曰『無過亂門』，所以遠之也。」高誘注：「逸詩。」民有兵亂，猶憚過之，而況敢知天之所亂？今大夫將問其故，抑寡君實不敢知，其誰實知之？平丘之會，君尋舊盟，曰：『無或失職。』若寡君之二三臣，其即世者，晉大夫而專制其位，是晉之縣鄙也，何國之爲？」辭客幣而報其使。晉人舍之。

楚人城州來。沈尹戌曰：【詁】王符潛夫論曰：「左司馬戌者，莊王曾孫也。葉公諸梁者，戌之第三弟也。」高誘呂覽注曰：「沈尹戌，莊王之孫，沈諸梁葉公子高之父也。」按：杜注兼采二説，不知何據。「楚人必敗。昔吴滅州來，子旗請伐之。王曰：『吾未撫吾民。』今亦如之，而城州來以挑吴，【詁】説文：「挑，撓也。一曰摷也。」能無敗乎？」侍者曰：「王施舍不倦，息民五年，可謂撫之矣。」戌曰：「吾聞撫民者，節用於内，而樹德於外，民樂其性，而無寇讎。今宫室無量，民人日駭，勞罷死轉，忘寢與食，非撫之也。」

鄭大水，龍鬭于時門之外洧淵。【詁】水經：「洧水出河南密縣西南。」地理志：「東南至長平縣入潁。」（杜本此。）國人請爲禜焉，子産弗許，曰：「我鬭，龍不我覿也。【詁】説文繫傳：「儥，見也。」「覿」當作「儥」。今經傳文皆通作「覿」字，姑仍之。龍鬭，我獨何覿焉？禳之，則彼其室也。吾無求於龍，龍亦無求於我。」乃止也。

令尹子瑕言蹶由於楚子曰：「彼何罪？諺所謂『室於怒市於色』者，【詁】按：石經改刻作「怒於室而色於市」者。今考戰國策云「語云『怒於室者色於市』」，即是一證。然古人句法往往參差，今未敢據改，姑仍之。晉書苻堅傳「怒其室而作色於父」句，亦昉此。楚之謂矣。舍前之忿可也。」乃歸蹶由。

二十年，春，王二月己丑，日南至。【詁】服虔云：「梓慎知失閏，二月冬至，故獨以二月望氣。」（本疏。）梓慎望氛，曰：「今兹宋有亂，國幾亡，三年而後弭。蔡有大喪。」叔孫昭子曰：「然則戴、桓也。汏侈，無禮已甚，亂所在也。」

費無極言於楚子曰：「建與伍奢【詁】廣韻作「五奢」。按：吕覽孟冬紀「伍員」作「五員」。石經初刻「伍」字，〔二〕皆較他字微小，疑初刻作「五」重磨者。將以方城之外叛，自以爲猶宋、鄭也，齊、晉又交輔之，將以害楚。其事集矣。」王信之，問伍奢。伍奢對曰：「君一過多矣，何信於讒？」王執伍奢，使城父司馬奮揚殺大子。未至，而使遣之。三月，大子建奔宋。王召奮揚，奮揚使城父人執己以至。【詁】服虔云：「城父人，城父大夫也。」（同上。）王曰：「言出於余口，入於爾耳，誰告建也？」對曰：「臣告之。君王命臣曰：『事建如事余。』臣不佞，不能苟貳。奉初以還，不忍後命，故遣之。既而悔之，亦無及已。」王曰：「而敢來，何也？」對曰：「使而失命，召而不來，是再奸也，逃無所入。」王曰：「歸，從政如他日。」無極曰：「奢之子材，若在吴，必憂楚國。盍以免其父召之。彼仁，必來。不然，將爲患。」王使召之，曰：「來，吾免而父。」棠君尚謂其弟員【詁】風俗通作「堂」，云：「堂，楚邑大夫五尚爲之，其後氏焉。」按：「棠」與「堂」古字通，見魯峻碑文。「君」或作「尹」。曰：「爾適吴，我將歸死。吾知不逮，我能死，爾能報。聞免父之命，不可以莫之奔也。親戚爲戮，不可以莫之報也。奔死免父，孝也。度功而行，仁也。擇任而往，知也。知死不辟，勇也。父不可弃，名不可廢，爾其勉之！相從爲愈。」【詁】服虔云：「相從愈於共死。」（本疏。）伍尚歸。奢聞員不來，曰：「楚君、大夫其旰食乎！」楚人皆殺之。員如吴，言伐楚之利於州于。公子光曰：「是宗爲戮，而欲反其讎，不可從也。」員曰：「彼將有他志，【詁】服虔云：「欲取

〔二〕「伍」原作「五」，據春秋左傳正義昭公二十年阮元校勘記所引陳樹華春秋左傳考證及上下文意改。

國。」（史記集解。）余姑爲之求士，而鄙以待之。」乃見鱄設諸焉，（公羊、史記、吳越春秋並作「專諸」，子虛賦作「鱄諸」。）【詁】賈逵云：「鱄諸，吴勇士。」（同上。杜取此。）而耕於鄙。

宋元公無信多私，而惡華、向。華定、華亥與向寧謀曰：「亡愈於死，先諸？」華亥僞有疾，以誘群公子。公子問之，則執之。夏，六月丙申，殺公子寅、公子御戎、公子朱、公子固、公孫援、公孫丁，拘向勝、向行於其廩。【詁】説文：「廩，穀所振入。宗廟粢盛，倉黄廩而取之，故謂之廩。」公如華氏請焉，弗許，遂劫之。癸卯，取大子欒與母弟辰、公子地以爲質。公亦取華亥之子無慼、向寧之子羅、華定之子啓，與華氏盟，以爲質。

衛公孟縶狎齊豹，奪之司寇與鄄，【詁】説文：「鄄，衛地，今濟陰鄄城。」有役則反之，無則取之。公孟惡北宮喜、褚師圃，欲去之。公子朝通于襄夫人宣姜，懼而欲以作亂。故齊豹、北宮喜、褚師圃、公子朝作亂。

初，齊豹見宗魯於公孟，爲驂乘焉。將作亂，而謂之曰：「公孟之不善，子所知也。勿與乘，吾將殺之。」對曰：「吾由子事公孟，子假吾名焉，故不吾遠也。雖其不善，吾亦知之；抑以利故，不能去，是吾過也。今聞難而逃，是僭子也。子行事乎！吾將死之。以周事子，而歸死於公孟，其可也。」丙辰，衛侯在平壽。公孟有事於蓋獲之門外。齊子氏帷於門外，而伏甲焉。使祝鼃寘戈於車薪以當門，使一乘從公孟以出，使華齊御公孟，（諸本皆「華」上有「使」字，今從之。）【詁】按：正義云云，亦別無他本可據，蓋就理而論者。今就時勢而論，則非公孟不善，怨者衆矣。華齊陰爲齊豹用可知。惟一宗魯，豹雖有德於彼，尚未得其心，猶必先告之，令勿致死。追擊公孟，宗死而華免，其爲豹所使顯然。何云必不得有「使」字耶？宗魯驂乘。及閎中，【詁】説文：「閎，巷門。」（杜略同。）齊氏用戈擊公孟，宗魯以背蔽之，斷肱，以中公孟之肩，皆殺之。

公聞亂，乘驅自閱門入，慶比御公，公南楚驂乘。使華寅乘貳車。及公宮，鴻駵魋駟乘于公。公載寶以出。褚師子申遇公于馬路之衢，遂從。過齊氏，使華寅肉袒執蓋，以當其闕。齊氏射公，中南楚之背。公遂出。寅閉郭門，踰而從公。公如死鳥。析朱鉏宵從竇出，徒行從公。

齊侯使公孫青聘于衛。既出，聞衛亂，使請所聘。公曰：「猶在竟内，則衛君也。」乃將事焉，遂從諸死鳥。請將事，辭曰：「亡人不佞，失守社稷，越在草莽，吾子無所辱君命。」賓曰：「寡君命下臣於朝曰：『阿下執事。』臣不敢貳。」主人曰：「君若惠顧先君之好，照臨敝邑，（石經「照」作「昭」，今從宋本改正。）鎮撫其社稷，則有宗祧在。」乃止。衛侯固請見之。不獲命，以其良馬見，爲未致使故也。衛侯以爲乘馬。賓將掫，【詁】賈、服云：「謂行夜。」（周禮疏稱賈逵、服虔同。）杜子春曰：「春秋傳所謂賓將趣者與，『趣』讀爲造次之『造』，謂擊鼓夜戒守也。」又云：「『趣』與『造』聲相近，故曰終夕與燎。」賈公彦曰：「賈、服讀字與子春異。」惠棟按：「子春受學於劉歆，歆傳左氏春秋，以『趣』爲『掫』，必有依據。（史記亦以「趣」爲「掫」。）賈、服後於劉、杜，唐人咸所尊尚，故不從其説。」今按説文亦與賈、服同，云：「掫，夜戒守有所擊。春秋傳曰『賓將掫』。」鄭康成讀莊列切。主人辭曰：「亡人之憂，不可以及吾子。艸莽之中，不足以辱從者。敢辭。」賓曰：「寡君之下臣，君之牧圉也，若不獲扞外役，是不有寡君也。臣懼不免於戾，請以除死。」親執鐸，【詁】説文：「鐸，大鈴也。」終夕與於燎。（釋文無「於」字，云：「一本作『終夕與於燎』。」）【詁】古本無「於」字，杜子春周禮注可據。

齊氏之宰渠子召北宮子。北宮氏之宰不與聞謀，殺渠子，遂伐齊氏，滅之。丁巳晦，公入，與北宮喜盟于彭水之上。秋，七月戊午朔，遂盟國人。八月辛亥，公子朝、褚師圃、子玉霄、子高魴出奔晉。閏月戊辰，殺宣姜。衛侯賜北宮喜謚曰貞子，【詁】説文：「坒，地相次比也。衛大夫貞子名坒，從比土聲。」按：貞子名喜，不名坒，未詳何據。賜析朱鉏謚曰成子，而以齊氏之墓予之。

衛侯告寧于齊，且言子石。齊侯將飲酒，徧賜大夫曰：「二三子之教也。」苑何忌辭曰：【詁】按：群經音辨作「菀」，云：「姓也，於阮切。春秋傳有菀何忌。」賈音與陸音異。又苑羊牧之亦作「菀」，音于元切，與釋文合。同是一姓而分兩音，未詳何據。「與於青之賞，必及於其罰。在康誥曰：『父子兄弟，罪不相及。』況在群臣？臣敢貪君賜以干先王？」

琴張聞宗魯死，【詁】賈逵、鄭衆皆以爲子張即顓孫師。服虔云：「按七十子傳云子張少孔子四十餘歲。孔子是時四十，知未有子張。」鄭、賈之説不知所出。將往弔之。仲尼曰：「齊豹之盜，而孟縶之賊，女何弔焉？君子不食姦，不受亂，不爲利疚於回，不以回待人，不蓋不義，不犯非禮。」

宋華、向之亂，公子城、公孫忌、樂舍、司馬彊、向宜、向鄭、楚建、郳甲（諸本誤作「申」。今從石經及宋本改正。）出奔鄭。其徒與華氏戰于鬼閻，敗子城。子城適晉。

華亥與其妻，必盥而食所質公子者而後食。公與夫人，每日必適華氏食公子而後歸。華亥患之，欲歸公子。向寧曰：「惟不信，故質其子。若又歸之，死無日矣。」公請於華費遂，將攻華氏。對曰：「臣不敢愛死，無乃求去憂而滋長乎！臣是以懼，敢不聽命？」公曰：「子死亡有命，余不忍其詢。」（文選注引左傳作「詬」。）【詁】説文：「詬，謑詬，恥也。或從句。」[一]廣雅：「詬，恥也。」（杜本此。定八年亦同。）冬，十月，公殺華、向之質而攻之。戊辰，華、向奔陳，華登奔吳。向寧欲殺大子，華亥曰：「干君而出，又殺其子，其誰納我？且歸之有庸。」使少司寇牼以歸，【詁】説文「牼」字下引春秋傳曰：「宋司馬牼字牛。」按：此條可補注家之缺。以「司寇」爲「司馬」，疑誤。曰：「子之齒長矣，不能事人。以三公子爲質，必免。」公子既入，華牼將自門行。公遽見之，執其手，曰：「余知而無罪也，入，復而所。」

齊侯疥，遂痁，【詁】説文：「疥，搔也。」「痁，有熱瘧。春秋傳曰『齊侯疥遂痁』。」按：「疥」，梁元帝云當作「痎」，兩日一發瘧。顔氏家訓引作「齊侯痎遂痁」，又云：「今北方猶呼瘧疾爲痎瘧。」正義云：「後魏之世，嘗使李繪來聘梁。梁人袁狎與

[一] 「句」原訛「詢」，據説文解字第三上改。

繪言及春秋，説此字云：『「疥」當爲「痎」，痎是小瘧，痁是大瘧。痎患積久，以小致大。非疥也。』」狎之所言，梁主之説也。期而不瘳。【詁】説文：「瘳，疾愈也。」諸侯之賓問疾者多在。梁丘據與裔欵言於公曰：「吾事鬼神豐，於先君有加矣。今君疾病，爲諸侯憂，是祝、史之罪也。諸侯不知，其謂我不敬，君盍誅於祝固、史嚚以辭賓？」【詁】服虔云：「祝固，齊大祝。史嚚，大史也。謂祝、史之固陋、嚚闇，不能盡禮薦美，至於鬼神怒也。」（本疏。）公説，告晏子。晏子曰：「日宋之盟，屈建問范會之德於趙武。趙武曰：『夫子之家事治，言於晉國，竭情無私。其祝、史祭祀，陳信不愧。其家事無猜，其祝、史不祈。』建以語康王，康王曰：『神人無怨，宜夫子之光輔五君，以爲諸侯主也。』」公曰：「據與欵謂寡人能事鬼神，故欲誅於祝、史。子稱是語，何故？」對曰：「若有德之君，外内不廢，上下無怨，【詁】服虔云：「上下謂神人無怨。」（同上。）動無違事，其祝、史薦信，無愧心矣。是以鬼神用饗，國受其福，祝史與焉。其所以蕃祉老壽者，爲信君使也，其言忠信於鬼神。其適遇淫君，外内頗邪，【詁】釋文：「頗，普何切。」按：「頗」當讀上聲。「何」即負荷之「荷」。上下怨疾，動作辟違，從欲厭私，高臺深池，撞鐘舞女，【詁】説文：「撞，卂擣也。」斬刈民力，（釋文：「『刈』，本又作『艾』。」）輸掠其聚，以成其違，不恤後人，暴虐淫從，肆行非度，無所還忌，不思謗讟，不憚鬼神，神怒民痛，無悛於心。其祝、史薦信，是言罪也。其蓋失數美，是矯誣也。進退無辭，則虚以求媚，是以鬼神不饗其國以禍之，祝、史與焉。所以夭昏孤疾者，爲暴君使也，其言僭嫚於鬼神。」公曰：「然則若之何？」對曰：「不可爲也。山林之木，衡鹿守之。澤之萑蒲，（風俗通義引作「莞蒲」。鄭玄周禮注作「萑蒲」。）舟鮫守之。【詁】説文：「篽，禁苑也，從竹御聲。春秋傳曰『澤之舟篽』。字又作『魰』。」莊述祖云：「『舟鮫』當作『舟魰』。周禮𩺰人音義云：『「𩺰」音「魚」，本又作「魚」，亦作「魰」，〔一〕同。又音「御」。』」「𩺰」即籀文「魰」。舟

〔一〕「魰」原作「般」，據莊述祖五經小學述及經典釋文周禮音義改。

魰，掌澤之官。「鮫」無取。疏及音義皆就本字釋之，誤矣。愚案：「魰」與「虞」音同，周禮山澤之官皆名爲虞，是也。藪之薪蒸，虞候守之。海之鹽蜃，祈望守之。縣鄙之人，入從其政。偪介之關，【詁】韓詩章句：「介，界也。」（文選注。）按：杜注：「介，隔也。」本易兑卦注義，亦通。暴征其私。承嗣大夫，强易其賄。布常無藝，徵斂無度。宮室日更，淫樂不違。內寵之妾，肆奪於市。【詁】詩毛傳：「違，去也。」薛綜東京賦注：「肆，放也。」（杜本此。）外寵之臣，僭令於鄙。私欲養求，不給則應。民人苦病，夫婦皆詛。祝有益也，詛亦有損。聊、攝以東，【詁】京相璠曰：「聊城縣東北三十里有故攝城。」（水經注。杜同此。）郡國志作蔞城。姑、尤以西，【詁】按：齊乘：「姑即大姑河，尤即小姑河。姑水起北海，至南海，行三百餘里，繞齊東界，故曰姑、尤以西。」其爲人也多矣。雖其善祝，豈能勝億兆人之詛？【詁】風俗通：「十萬曰億，十億曰兆。」（杜本此。）君若欲誅於祝、史，修德而後可。」公説。使有司寬政，毁關去禁，薄斂已責。（釋文：「『責』，本又作『債』。」）

十二月，齊侯田于沛。招虞人以弓，不進。公使執之，辭曰：「昔我先君之田也，旃以招大夫，（家語「旃」作「旌」。）弓以招士，皮冠以招虞人。臣不見皮冠，故不敢進。」乃舍之。仲尼曰：「守道不如守官，君子韙之。」【詁】倉頡篇：「韙，是也。」（釋文。）小爾雅同。薛綜東京賦注：「韙，善也。」（杜本此。）

齊侯至自田，（釋文：「『田』，本又作『佃』。」）晏子侍于遄臺，子猶馳而造焉。公曰：「惟據與我和夫！」晏子對曰：「據亦同也，焉得爲和？」公曰：「和與同異乎？」對曰：「異。和如羹焉，水、火、醯、醢、鹽、梅，以烹魚肉，燀之以薪，【詁】説文：「燀，炊也。春秋傳曰『燀之以薪』。」廣雅同。（杜本此。）宰夫和之，齊之以味，濟其不及，以泄其過。【詁】按：後漢書劉梁傳引春秋傳曰：「和如羹焉，酸苦以濟其味。」注云：「左傳『劑』作『齊』。」是「齊」當才細反。爾雅：「濟，益也。」（杜本此。）詩毛傳：「泄，去也。」君子食之，以平其心。君臣亦然。君所謂可而有否焉，臣獻其否以成其可。君所謂否而有可焉，臣獻其可以去其否。是以政平而不干，民無争心。故詩曰：『亦有和羹，既戒既平。鬷嘏無言，【詁】按：詩作「鬷假無言」。禮記中庸作「奏假」。今左傳作「鬷嘏」。「嘏」與「假」通。鄭氏少牢饋食禮注曰：「古文『嘏』爲『格』。」時靡有争。』先王之濟五味、和五聲也，以平其心，成其政也。聲亦如味，一氣，【詁】服虔云：「歌氣也。」（本疏。）二體，三類，四物，五聲，六律，七音，【詁】賈逵注周語云：「周有七音。謂七律，謂七器音也。」（本疏。）服注云：「七律謂七器音，[一]黄鐘爲宫，林鐘爲徵，大簇爲商，南吕爲羽，姑洗爲角，應鐘爲變宫，蕤賓爲變徵。外傳曰：『武王克商，歲在鶉火，月在天駟，日在析木，辰在斗柄，星在天黿。鶉火及天駟，七列也。南北之揆，七同也。』[二]鳧氏爲鐘，以律計，自倍半。一縣十九鐘，鐘七律。十二縣，二百二十八鐘，爲八十四律。此一歲之閏數。」（周禮疏。魏書樂志五。）八風，【詁】賈逵云：「兑爲金，爲閶闔風也。乾爲石，爲不周風也。坎爲革，爲廣莫風也。艮爲匏，爲融風也。震爲竹，爲明庶風也。巽爲木，爲清明風也。離爲絲，爲景風也。坤爲土，爲涼風也。」（同上。）九歌，以相成也。清濁、小大，短長、疾徐，哀樂、剛柔，遲速、高下，出入，周疏，以相濟也。君子聽之，以平其心。心平德和，故詩曰：『德音不瑕。』今據不然。君所謂可，據亦曰可；君所謂否，據亦曰否。若以水濟水，誰能食之？若琴瑟之專壹，【詁】按：史記秦始皇本紀「摶心揖志」，索隱曰：「『摶』，古『專』字。左傳曰：『如琴瑟摶壹』。」[三]釋文：「董遇本『專』作『摶』，音同。」惠棟曰：「管子内業篇、史記樂書皆以『摶』爲『專』。」「壹」，鄭氏樂記注引作「一」。誰能聽之？同之不可也如是。」飲酒樂。公曰：「古而無死，其樂若何？」（水經注引作「古而不死，何樂如之」。）晏子對曰：「古而無死，則古之樂也，君何得焉？昔爽鳩氏始居此地，季萴因之，（地理志「萴」作「崱」。詩疏引作「季訵」。水經注引作「崱」。）有逢伯陵因之，（地理志「伯」作「柏」。古今人表同。）蒲姑氏因之，（史記周本紀「遷其君薄姑」。漢書五行志、地理志，詩正

[一]「音」原訛「言」，據周禮春官小胥賈公彦疏改。
[二]「同」原訛「月」，據國語周語下改。
[三]「壹」原訛「益」，據史記秦始皇本紀索隱改。

義，水經注並同。按：「蒲」與「薄」通。古本或一作「薄」也。此「蒲」字當讀作「薄」。）【詁】地理志琅邪郡姑幕，應劭曰：「左氏傳『薄姑氏因之』。」按：「姑幕」即「薄姑」反語。括地志：「薄姑故城在青州博昌縣東北六十里。薄姑氏，殷諸侯，封于此，周滅之也。」而後太公因之。【詁】水經注引作：「始爽鳩氏居之，逢約陵居之，太公居之。」古若無死，（諸本「若」誤「者」，今從石經及宋本改正。）爽鳩氏之樂，（釋文：「『之樂』，一本作『樂之』。」）非君所願也。」（水經注引作「非君之樂」。）

鄭子産有疾，謂子大叔曰：「我死，子必爲政。惟有德者能以寛服民，其次莫如猛。夫火烈，民望而畏之，故鮮死焉。水懦弱，（家語引作「水濡弱」。）民狎而翫之，則多死焉，【詁】説文：「狎，犬可習也。」按：狎宜訓習爲是。杜以輕訓狎，蓋本廣雅。故寛難。」疾數月而卒。大叔爲政，不忍猛而寛。鄭國多盜，取人於萑苻之澤。【詁】唐石經初刻作「雚蒲」，後改「萑苻」。惠棟：「按：韓非子内儲説引此事作『雚』。詩小弁云『萑葦淠淠』，韓詩外傳作『雚』，古字通也。」今考水經注引作「萑蒲」，文選注同。韓非子載此事：「鄭少年相率爲盜，處于雚澤。游吉率車騎與戰。」與左氏「徒兵」異。大叔悔之，曰：「吾早從夫子，不及此。」興徒兵以攻萑苻之盜，盡殺之，盜少止。仲尼曰：「善哉！政寛則民慢，慢則糾之以猛；（家語引作「糺」，俗字。）【詁】鄭玄周禮注：「糾，猶割也，察也。」猛則民殘，殘則施之以寛。寛以濟猛，猛以濟寛，政是以和。【詁】家語此句之上多「寛猛相濟」句。詩曰：『民亦勞止，汔可小康。【詁】説文：「汔，水涸也。或曰泣下，從水气聲。詩曰『汔可小康』。」按：詩大雅毛傳訓汔爲危。鄭箋訓爲幾。正義云：「孫炎曰：『汔，近也。』郭璞曰：『謂相摩近。』反覆相訓，是汔得訓爲幾也。昭二十年傳引此，杜注：『汔，期也。』然則，『期』字雖別，皆是近義。言其近當如此。」爾雅：「康，安也。」詩毛傳：「綏，安也。」鄭箋：「康、綏，皆安也。」（杜本此。）惠此中國，以綏四方。』施之以寛也。『毋從詭隨，（詩「毋從」作「無縱」。）以謹無良。式遏寇虐，慘不畏明。』【詁】按：詩本皆作「憯」。説文：「憯，痛也，〔一〕從

〔一〕「痛」原訛「通」，據説文解字第十下改。

心瞀聲。」又「惨」字注云：「毒也，從心參聲。」蓋古字通。糾之以猛也。『柔遠能邇，以定我王。』平之以和也。又曰：『不競不絿，不剛不柔。布政優優，百禄是遒。』和之至也。」及子産卒，仲尼聞之，出涕曰：「古之遺愛也。」【詁】賈逵云：「愛，惠也。」（史記集解。）

二十一年，春，天王將鑄無射，（五行志引作「無射鐘」。）泠州鳩曰：（釋文：「本或作『伶』。」）「王其以心疾死乎！夫樂，天子之職也。夫音，樂之輿也。而鐘，音之器也。天子省風以作樂，【詁】應劭曰：「風，土地風俗也。省中和之風以作樂，〔二〕然後可易惡風、易惡俗也。」器以鍾之，輿以行之。小者不窕，【詁】高誘呂覽注云：「窕，不滿密也。」大者不摦，【詁】按：說文手部徐鉉新附有「摦」字，云：「横大也，从手瓠聲。」玉篇：「摦，胡化切，寬也。」廣韻作「摦」，云：「寬也，大也。」五經文字本收「摦」字，云：「户化反。見春秋傳。」則此字不宜从木旁。則和於物。物和則嘉成。故和聲入於耳，而臧於心，心億則樂。【詁】說文：「億，安也。」（杜本此。）窕則不咸，（釋文云：「『咸』本或作『感』。」漢書同。唐石經初刻作「咸」，後作「減」。）【詁】惠棟曰：「『咸』本古文『感』，故下云『心是以感』，从咸爲是也。」摦則不容，心是以感，感實生疾。今鐘摦矣，王心弗堪，【詁】漢書「堪」作「𢧢」，孟康云：「古『堪』字。」尚書西伯戡黎，說文引作「𢧢」。郭璞爾雅注又作「堪黎」。（釋文：「本又作『𢧢』。」）按：古字「堪」、「𢧢」通。其能久乎！」

三月，葬蔡平公。蔡大子朱失位，位在卑。大夫送葬者歸，見昭子。昭子問蔡故，以告。昭子歎曰：「蔡其亡乎！若不亡，是君也必不終。詩曰：『不解于位，民之攸塈。』今蔡侯始即位而適卑，身將從之。」

夏，晉士鞅來聘，叔孫爲政。季孫欲惡諸晉，使有司以齊鮑國歸費之禮爲士鞅。士鞅怒，曰：「鮑國之位

〔二〕「省」原訛「有」，據漢書卷二十七下之上五行志第七下之上顏師古注改。

下，其國小，而使鞅從其牢禮，是卑敝邑也。將復諸寡君。」魯人恐，加四牢焉，爲十一牢。

宋華費遂生華貙、華多僚、華登。貙爲少司馬。多僚爲御士，與貙相惡，乃譖諸公曰：「貙將納亡人。」亟言之。【詁】服虔云：「亟，疾言之，欲使信。」(本疏。)公曰：「司馬以吾故，亡其良子。死亡有命，吾不可以再亡之。」對曰：「君若愛司馬，則如亡。死如可逃，何遠之有？」公懼，使侍人召司馬之侍人宜僚，飲之酒，而使告司馬。司馬歎曰：「必多僚也。吾有讒子而弗能殺，吾又不死。抑君有命，可若何？」乃與公謀逐華貙，將使田孟諸而遣之。公飲之酒，厚酬之，賜及從者。司馬亦如之。張匄尤之，曰：「必有故。」【詁】小爾雅云：「尤，怪也。」(杜本此。)使子皮承宜僚以劍而訊之，宜僚盡以告。張匄欲殺多僚，子皮曰：「司馬老矣，登之謂甚，吾又重之，不如亡也。」五月丙申，子皮將見司馬而行，則遇多僚御司馬而朝。張匄不勝其怒，遂與子皮、臼任、鄭翩殺多僚，劫司馬以叛，而召亡人。壬寅，華、向入。樂大心、豐愆、華牼禦諸橫。【詁】水經注：「睢水又南逕橫城北，世謂之光城。蓋『光』、『橫』聲相近。」華氏居盧門，以南里叛。六月庚午，宋城舊鄘(釋文：「『鄘』，本或作『墉』。」)及桑林之門而守之。

秋，七月壬午朔，日有食之。公問於梓慎曰：「是何物也？禍福何爲？」對曰：「二至二分，日有食之，不爲災。日月之行也，分，同道也；至，相過也。其他月則爲災，陽不克也，故常爲水。」於是叔輒哭日食。昭子曰：「子叔將死，非所哭也。」八月，叔輒卒。

冬，十月，華登以吳師救華氏。齊烏枝鳴戍宋。廚人濮曰：「軍志有之：『先人有奪人之心，後人有待其衰。』【詁】服虔云：「戰氣未定故也。」(周禮疏。)又云：「待敵之衰乃攻。」(同上。)盍及其勞且未定也伐諸？若入而固，則華氏衆矣，悔無及也。」從之。丙寅，齊師、宋師敗吳師于鴻口，獲其二帥公子苦雂、偃州員。(諸本誤「雂」，今從說文及宋本改。)【詁】說文：「雂，鳥也。春秋傳有公子苦雂。」華登帥其餘以敗宋師。公欲出，廚人濮曰：「吾小人，可藉死，而不能送亡君，【詁】服虔以「君」字上屬。孫毓以「君」字下屬。（本疏。）釋文云：「『而不能送亡君』絶句。」按：釋文蓋從服氏。請待之。」乃徇曰：「揚徽者，公徒也。」【詁】説文：「徽，幟也。春秋傳曰『揚徽者公徒』。」按：今本作「徽」，非是。説文：「徽，斜幅也。一曰三糾繩也。」然陸德明云：「説文作『徽』。」則字誤從「徽」已久。杜注：「徽，識也。」釋文云：「本或作『幟』。」則杜時字尚不誤，故訓從説文。服虔通俗文：「徽號曰幖，私記曰幟。」衆從之。公自揚門見之，（諸本誤「楊」，今從宋本改。）下而巡之，曰：「國亡君死，二三子之恥也，豈專孤之罪也？」齊烏枝鳴曰：「用少莫如齊致死，齊致死莫如去備。彼多兵矣，請皆用劍。」從之。華氏北，復即之。廚人濮以裳裹首而荷以走，曰：「得華登矣。」遂敗華氏于新里。翟僂新居于新里，既戰，説甲于公而歸。華妵居于公里，亦如之。

十一月癸未，公子城以晉師至。曹翰胡會晉荀吴、齊苑何忌、衛公子朝救宋。丙戌，與華氏戰於赭丘。【詁】郡國志陳國：「長平，有赭丘城。」鄭翩願爲鸛，其御願爲鵝。【詁】説文：「雚，小爵也。」（廣雅同。）爾雅：「舒鴈，鵝。」（李筌太白陰經：「黄帝設八陣之形，鴈行鵝鸛，天也。」按：陸佃引舊説，江、淮謂群鸛旋飛爲鸛井，鵝行亦皆成列，故陳名倣之。子禄御公子城，莊堇爲右。（釋文：「『莊堇』本或作『莊堇父』。」）干犨御吕封人華豹，張匄爲右。【詁】王肅、董遇並云：「吕封人華豹。」按：此則傳本無「華」字。相遇，城還。華豹曰：「城也！」城怒而反之。將注，豹則關矣。【詁】説文：「彎，持弓關矢也。」（杜本此。）曰：「平公之靈，尚輔相余！」豹射，出其間。將注，則又關矣。曰：「不狎，鄙。」【詁】服虔云：「狎，更也。」（杜取此。）子城謂華豹曰不更射爲鄙。一曰城言我不狎習故鄙。」（本疏。）抽矢，城射之，殪。張匄抽殳而下，射之，折股。扶伏而擊之，（釋文：「本或作『匍匐』，同。」）折軫。又射之，死。干犨請一矢，城曰：「余言汝於君。」對曰：「不死伍乘，軍之大刑也。干刑而從子，君焉用之？子速諸！」乃射之，殪。大敗華氏，圍諸南里。華亥搏膺而呼，見華貙，曰：「吾爲欒氏矣。」貙曰：「子無我迋，【詁】説文：「迋，往也。春秋傳曰『子無我迋』。」不幸而後亡。」使華登如楚乞師，華貙以車十五乘、徒七十人犯師而出，食於睢上，哭而送之，乃復入。楚薳越帥師將逆華氏，大宰犯諫曰：「諸侯惟宋事其君，今又爭國，釋君而臣是助，無乃不可乎？」王曰：「而告我也後，既許之矣。」

蔡侯朱出奔楚。費無極取貨於東國，而謂蔡人曰：「朱不用命於楚，君王將立東國。若不先從王欲，楚必圍蔡。」蔡人懼，出朱而立東國。朱愬於楚。楚子將討蔡，無極曰：「平侯與楚有盟，故封。其子有二心，故廢之。靈王殺隱大子，其子與君同惡，德君必甚。又使立之，不亦可乎？且廢置在君，蔡無他矣。」

公如晉，及河，鼓叛晉。晉將伐鮮虞，故辭公。

二十二年，春，王二月甲子，齊北郭啓帥師伐莒。莒子將戰，苑羊牧之諫曰：「齊帥賤，其求不多，不如下之。大國不可怒也。」弗聽，敗齊師于壽餘。齊侯伐莒，莒子行成，司馬竈如莒涖盟。莒子如齊涖盟，盟于稷門之外。【詁】劉向別録云：「齊有稷門，齊城門也。」齊地紀曰：「齊城西門側系水出，故曰稷門。」水經注：「系水傍城北流，逕陽門西，有故封處，所謂齊之稷下也。」司馬貞曰：「『稷』、『側』音近。」莒於是乎大惡其君。

楚薳越使告于宋曰：「寡君聞君有不令之臣爲君憂，無寧以爲宗羞，【詁】服虔云：「無寧，寧也。」（本疏。杜取此。）寡君請受而戮之。」對曰：「孤不佞，不能媚於父兄，以爲君憂，拜命之辱。抑君臣日戰，君曰：『余必臣是助。』亦惟命。人有言曰：『惟亂門之無過。』君若惠保敝邑，無亢不衷，以獎亂人，孤之望也。惟君圖之！」楚人患之。諸侯之戍謀曰：「若華氏知困而致死，楚恥無功而疾戰，非吾利也。不如出之，以爲楚功，其亦無能爲也已。救宋而除其害，又何求？」乃固請出之，宋人從之。己巳，宋華亥、向寧、華定、華貙、華登、皇奄傷、省臧、士平出奔楚。（顧炎武云：「石經『士』誤作『氏』。」）宋公使公孫忌爲大司馬，邊卬爲大司徒，樂祁爲司城，仲幾爲左師，樂大心爲右師，樂輓爲大司寇，以靖國人。

王子朝、（古今人表作「鼂」。五行志同。師古曰：「『鼂』，古『朝』字。」）【詁】賈逵云：「景王之長庶。」（史記集解。杜取此。）賓起有寵於景王。王與賓孟説之，【詁】古今人表有賓猛，師古曰：「即賓孟。」賈逵云：「賓孟，子朝之傅也。王愛子朝，因愛其傅，故朝、起並有寵於景王也。與賓孟並談説之，欲立朝爲大子。」周語云：「景王欲殺下門子。」賈逵云：「下門子，周大夫，王猛之傅也。景王欲立朝，故先殺猛傅。」（本疏。）欲立之。劉獻公之庶子伯蚠事單穆公，惡賓孟之爲人也，願殺之；又惡王子朝之言，以爲亂，願去之。賓孟適郊，見雄雞自斷其尾。問之，侍者曰：「自憚其犧也。」（文選注引作「自憚其爲犧也」，多「爲」字，故衍之。）【詁】説文：「犧，宗廟之牲也。」賈侍中説此非古字。」遽歸告王，且曰：「雞其憚爲人用乎！人異於是。犧者，實用人。人犧實難，己犧何害？」王弗應。【詁】賈逵以爲大子壽卒，景王不立適子。鄭衆以爲壽卒，王命猛代之，後欲廢猛立朝耳。服虔以賈爲然。（本疏。）按：服氏遵賈，杜注則從鄭衆説。然究以賈義爲長。夏，四月，王田北山，【詁】河南圖經：「北邙山在洛陽縣北，亦名北山。」又：「滎錡澗在鞏縣西。」使公卿皆從，將殺單子、劉子。王有心疾。乙丑，崩于滎錡氏。戊辰，劉子摯卒，無子，單子立劉蚠。五月庚辰，見王，遂攻賓起，殺之。盟群王子于單氏。

晉之取鼓也，既獻，而反鼓子焉。又叛於鮮虞。六月，荀吴略東陽。使師僞糴者，【詁】説文：「糴，市穀也。」負甲以息於昔陽之門外，遂襲鼓，滅之。以鼓子鳶鞮歸，使涉佗守之。

丁巳，葬景王。王子朝因舊官百工之喪職秩者，與靈、景之族以作亂。帥郊、要、餞之甲，以逐劉子。壬戌，劉子奔揚。單子逆悼王于莊宮以歸。王子還夜取王以如莊宮。癸亥，單子出。王子還與召莊公謀，曰：「不殺單旗，不捷。與之重盟，必來。背盟而克者多矣。」從之。樊頃子曰：（釋文：「『頃』，本或作『須』字。」）「非言也，必不克。」遂奉王以追單子，及領，【詁】按：杜注：「領，周地。」殊未明晰。觀此傳下云「單子欲告急于晉」，則單子之奔欲入晉可知。轘轅山一名㟧嶺，實周入晉之道也。單子蓋奔至此，盟而始還耳。大盟而復，殺摯荒以説。劉子如劉。【詁】漢地理志緱氏有劉聚。水經注：「劉水出半石東山西北，流經劉聚，謂之劉澗，蓋即劉子之邑。」單子亡。乙丑，奔于平時。（釋文：「本作『平時』。一本或作『奔平壽』，誤。」）群王子追之。單子殺還、姑、發、弱、鬷、延、定、稠，子朝奔京。丙寅，伐之。京人奔山。劉子入于王城。辛未，鞏簡公敗績于京。乙亥，甘平公亦敗焉。叔鞅至自京師，言王室之亂也。閔馬父曰：「子朝必不克。其所與者，天所廢也。」單子欲告急於晉。秋，七月戊寅，以王如平時，遂如圃車，次于皇。【詁】京相璠曰：「訾城北三里有皇亭，春秋所謂次于皇者也。」按：與「前居于皇」之皇一地。劉子如劉。單子使王子處守于王城，盟百工于平宫。辛卯，鄩肸伐皇。【詁】説文：「鄩，周邑。」京相璠曰：「今鞏洛渡北有鄩谷水，東下洛，謂之下鄩，故有上鄩、下鄩之名。亦謂之北鄩，於是有南鄩、北鄩之稱矣。又有鄩城，蓋周大夫鄩肸之舊邑。」大敗，獲鄩肸。壬辰，焚諸王城之市。八月辛酉，司徒醜以王師敗績于前城。【詁】服虔云：「『前』讀爲『泉』，周地也。」京相璠曰：「今洛陽西南五十里伊闕外前亭。」（水經注。）百工叛。己巳，伐單氏之宫，敗焉。庚午，反伐之。辛未，伐東圉。【詁】郡國志河南郡：「雒陽，有圉鄉。」（杜同此。）冬，十月丁巳，晉籍談、荀躒帥九州之戎及焦、瑕、温、原之師，以納王于王城。庚申，單子、劉蚠以王師敗績于郊，前城人敗陸渾于社。十一月乙酉，王子猛卒，不成喪也。己丑，敬王即位，【詁】賈逵云：「猛母弟。」（史記集解。杜取此。）館于子旅氏。十二月庚戌，晉籍談、荀躒、賈辛、司馬督帥師軍于陰，于侯氏，【詁】按：蓋即緱氏，地理志河南郡緱氏縣。括地志緱氏，古滑國也。縣蓋以緱氏山得名。「緱」、「侯」古字通。于谿泉，【詁】水經注引作「師次於明谿」，云：「洛水又東，明樂泉水注之。世謂之五道泉，即古明谿泉也。」次于社。王師軍于汜，于解，【詁】郡國志河南郡：「洛陽，有大解城。」（杜同此。）次於任人。閏月，晉箕遺、樂徵、右行詭（水經注引作「跪」。）濟師取前城，軍其東南。王師軍于京楚。【詁】按：郡國志洛陽有前亭，劉昭注引杜預：「縣西南有泉亭，即泉戎也。」今攷傳上云次于陰，于侯氏，于谿泉，于社，於汜，于任人，由鞏縣、偃師而至洛陽，由遠而近，於地形亦合。辛丑，伐京，毀其西南。【詁】唐石經此下有「子朝奔郊」四字。顧炎武九經誤字云：「四字監本脱，當依石經。」惠棟又云：「碑四字非初刻，當是晁公武據蜀石經增入，非杜本也。按：下傳云『二師圍郊』，『郊、鄩潰』，杜氏云二邑皆子朝所得。是杜本無奔郊之文。」今按：劉炫云：「前年王師已克京，子朝從京入郊。郊潰，不知子朝所在。」以此規杜。由此推之，「子朝奔郊」四字，或後人因劉氏之言而增也。

二十三年，春，王正月壬寅朔，二師圍郊。癸卯，郊、鄩潰。【詁】按：前一年傳云「鄩肸伐皇」，杜注：「鄩肸，子朝黨。」今考肸是名，肸爲鄩大夫，故連邑稱也。下鄩、羅同。丁未，晉師在平陰，王師在澤邑。【詁】地理志河南郡平陰，應劭曰：「在平城南，故曰平陰。」（杜本此。）賈逵云：「澤邑，周地。」（史記集解。）王使告間。庚戌，還。

邾人城翼，還，將自離姑。公孫鉏曰：「魯將御我。」欲自武城還，循山而南。徐鉏、丘弱、茅地曰：「道下遇雨，將不出，是不歸也。」遂自離姑。武城人塞其前，斷其後之木而弗殊，【詁】説文：「殊，一曰斷也。」廣雅：「殊，絶也。」邾師過之，乃推而蹷之。遂取邾師，獲鉏、弱、地。邾人愬于晉，晉人來討。叔孫婼如晉，晉人執之。書曰：「晉人執我行人叔孫婼。」言使人也。晉人使與邾大夫坐，叔孫曰：「列國之卿，當小國之君，固周制也。邾又夷也。寡君之命介子服回在，請使當之，不敢廢周制故也。」乃不果坐。韓宣子使邾人聚其衆，將以叔孫與之。叔孫聞之，去衆與兵而朝。士彌牟謂韓宣子曰：「子弗良圖，而以叔孫與其讎，叔孫必死之。魯亡叔孫，必亡邾。邾君亡國，將焉歸？子雖悔之，何及？所謂盟主，討違命也。若皆相執，焉用盟主？」乃弗與，使各居一館。【詁】賈逵云：「使邾、魯大夫各居一館。」鄭衆云：「使叔孫、子服回各居一館。邾、魯大夫本不同館，無爲復言使各居一館也。欲分別叔孫與子服回，不得相見，各聽其辭耳。」服虔並載兩説，仍云：「賈氏近之。」（本疏。）按：服氏以賈義爲近，杜注從鄭説。今考上下文法，則賈義爲長。下云「舍子服昭伯於他邑」，方與叔孫別處耳。士伯聽其辭，而愬諸宣子，乃皆執之。士伯御叔孫，從者四人，過邾館以如吏。先歸邾子。士伯曰：「以芻蕘之難，從者之病，將館子於都。」叔孫旦而立，期焉，（釋文：「『期』，本又作『朞』。」〔一〕）【詁】鄭玄禮記注：「期，時也。」按：杜注：「從旦至暮爲期。」非義訓。乃館諸箕。舍子服昭伯於他邑。范獻子求貨於叔孫，使請冠焉。取其冠法，而與之兩冠，曰：「盡矣。」爲叔孫故，申豐以貨如晉。叔孫曰：「見我，吾告女所行貨。」見而不出，吏人之與叔孫居於箕者，請其吠狗，弗與。及將歸，殺而與之食之。叔孫所館者，雖一日，必葺其牆屋，去之如始至。

夏，四月乙酉，單子取訾，【詁】郡國志：「鞏，有東訾聚，今名訾城。」（杜同此。）劉子取牆人、直人。六月壬午，王子朝入于尹。癸未，尹圉誘劉佗殺之。丙戌，單子從阪道，劉子從尹道伐尹。單子先至而敗，劉子還。己丑，召伯奐、南宮極以成周人戍尹。庚寅，單子、劉子、樊齊以王如劉。甲午，王子朝入于王城，次于左巷。秋，七月戊申，鄩羅納諸莊宮。【詁】按：水經注：「長羅川亦曰羅中，蓋肸子鄩羅之宿居，〔二〕故川得其名。」是此水本不名羅，以肸子始得名耳。尹辛敗劉師于唐。【詁】郡國志：「洛陽，有唐聚。」（杜本此。）丙辰，又敗諸鄩。甲子，尹辛取西闈。丙寅，攻蒯，蒯潰。【詁】郡國志河南郡：「河南縣，有蒯鄉。」晉書地道記：「河南縣西南有蒯亭。」（杜同此。）

莒子庚輿虐而好劍。苟鑄劍，必試諸人。國人患之。又將叛齊。烏存帥國人以逐之。庚輿將出，聞烏存執殳而立於道左，懼將止死。苑羊牧之曰：「君過之。烏存以力聞可矣，何必以弒君成名？」遂來奔。齊人納郊公。

吳人伐州來。楚薳越帥師及諸侯之師奔命救州來。吳人禦諸鍾離。子瑕卒，楚師熸。吳公子光曰：「諸侯從於楚者衆，而皆小國也，畏楚而不獲已，是以來。吾聞之曰：『作事威克其愛，雖小必濟。』胡、沈之君

〔一〕「朞」原作「期」，據經典釋文春秋左氏音義改。
〔二〕「子」原訛「于」，據水經注卷十五改。

幼而狂，陳大夫齧壯而頑，頓與許、蔡疾楚政。楚令尹死，其師熸。帥賤多寵，政令不壹。七國同役而不同心，帥賤而不能整，無大威命，楚可敗也。若分師先以犯胡、沈與陳，必先奔。三國敗，諸侯之師乃摇心矣。諸侯乖亂，楚必大奔。請先者去備薄威，後者敦陳整旅。」【詁】詩毛傳：「敦，厚也。」（杜本此。）吴子從之。戊辰晦，戰于雞父。【詁】賈氏曰：「泓之戰，譏宋襄，故書朔。〔一〕鄢陵之戰，譏楚子，故書晦。雞父之戰，夷之，故不書。」（本疏。）説苑：「吴用延州來季子，并冀州，揚威于雞父。」按：據此，則是役季子在軍中也。吴子以罪人三千，先犯胡、沈與陳。三國争之。吴爲三軍，以繫於後，中軍從王，光帥右，掩餘帥左。吴之罪人，或奔或止，三國亂。吴師擊之，三國敗，獲胡、沈之君及陳大夫。舍胡、沈之囚，使奔許與蔡、頓，曰：「吾君死矣。」師譟而從之，三國奔，楚師大奔。書曰：「胡子髡、沈子逞滅，獲陳夏齧。」君臣之辭也。不言戰，楚未陳也。

八月丁酉，南宫極震。【詁】服虔云：「南宫極，王子朝之卿士也。」（御覽。）萇弘謂劉文公曰：「君其勉之！先君之力可濟也。【詁】服虔云：「先君謂劉獻公，文公父也。獻公亦欲立子猛，不欲子朝得國。今南宫極震死，爲天所棄，先君之功事可成也。」（同上。）周之亡也，其三川震。今西王之大臣亦震，【詁】服虔云：「西王，謂子朝也。子朝居王城，故謂之西王。」（同上。）天弃之矣。東王必大克。」【詁】服虔云：「東王，敬王居狄泉，在王城之東，故曰東王也。」（同上。）

楚大子建之母在郹，召吴人而啓之。冬，十月甲申，吴大子諸樊入郹，【詁】按：孔、陸皆云：「吴子諸樊是王僚伯父，何容僚子而與同名？前人以爲恐傳寫誤。」又云襄二十五年經書：「吴子遏伐楚，盟于巢，卒。」杜注：「遏，諸樊也。」傳亦書「諸樊卒」。至是僅三十年。杜不辨此之誤，而依文解之，謬矣。今考史記吴世家書此事，以爲公子光，是也。取楚

〔一〕「朔」原訛「晦」，據春秋左傳正義昭公二十三年改。

夫人與其寶器以歸。楚司馬薳越追之，不及。將死，衆曰：「請遂伐吴以邀之。」薳越曰：「再敗君師，死且有罪。亡君夫人，不可以莫之死也。」乃縊於薳澨。【詁】服虔或謂之邑，又謂之地。（水經注。）京相璠曰：「水際及邊地名也。」（同上。）水經注作「蓬澨」。惠棟曰：「道漢水，過三澨，春秋傳有句澨、雍澨及此而三。」今按：宣公四年楚令尹子越師于漳澨，道元水經注亦引之，是亦一澨。惠氏獨拘雍、薳爲三澨，似鑿。又按：薳澨或因薳越死於此而得名。

公爲叔孫故如晉，及河，有疾而復。

楚囊瓦爲令尹，城郢。沈尹戌曰：「子常必亡郢。苟不能衛，城無益也。古者，天子守在四夷；天子卑，守在諸侯。諸侯守在四鄰；諸侯卑，守在四竟。慎其四竟，結其四援，民狎其野，【詁】爾雅：「狎，習也。」（杜本此。）三務成功。民無内憂，而又無外懼，國焉用城？今吴是懼，而城於郢，守已小矣。卑之不獲，能無亡乎？昔梁伯溝其公宫而民潰，民弃其上，不亡何待？夫正其疆場，〔一〕修其土田，險其走集，親其民人，明其伍候，【詁】賈、服、王、董皆作「五候」。賈逵云：「五候，五方之候也，敬授民時，四方、中央之候。」王云：「五候，山候、林候、澤候、川候、平地候也。」董云：「五候，候四方及中國之姦謀也。」杜作「伍候」，故云：「使民有部伍，相爲候望。」（本疏。）惠棟：「按：周書程典曰：『協其三族，固其四援。明其伍候，習其武誡。依其山川，通其舟車，利其守務。』古『伍』字皆作『五』，傳本文也。杜氏依周書爲説，故從人傍。」信其鄰國，慎其官守，守其交禮，不僭不貪，不懦不耆，【詁】説文：「懦，駑弱也。」廣雅：「耆，彊也。」（杜本此。）完其守備，以待不虞，又何畏矣？詩曰：『無念爾祖，聿修厥德。』無亦監乎若敖、蚡冒（釋文「蚡」作「坌」。）至于武、文，土不過同，【詁】司馬法：「同，方百里。」（周禮注引。杜本此。）慎其四竟，猶不城郢。今土數圻，而郢是城，不亦難乎？」

〔一〕「場」原訛「埸」，據春秋左傳其它各本改。

春秋左傳詁卷十八

傳

昭公四

二十四年，春，王正月辛丑，召簡公、南宮嚚以甘桓公見王子朝。劉子謂萇弘曰：「甘氏又往矣。」對曰：「何害？同德度義。大誓曰：『紂有億兆夷人，亦有離德。（尚書作「離心離德」。）余有亂十人，（石經初刻作「亂臣」，刊去「臣」字，與襄廿八年傳同。後人輒增「臣」于旁，非也。今據削去。）同心同德。』此周所以興也。君其務德，無患無人。」戊午，王子朝入于鄔。【詁】郡國志：「緱氏，有鄔聚。」（杜同此。）

晉士彌牟逆叔孫于箕。叔孫使梁其踁待于門內，曰：「余左顧而欬，【詁】説文：「欬，逆氣也。」乃殺之；右顧而笑，乃止。」叔孫見士伯。士伯曰：「寡君以爲盟主之故，是以久子。不腆敝邑之禮，將致諸從者，使彌牟逆吾子。」叔孫受禮而歸。二月，「婼至自晉」，尊晉也。

三月庚戌，晉侯使士景伯涖問周故。（釋文：「「涖」作「莅」。」）士伯立于乾祭，而問于介衆。【詁】郡國志：「河南，北城門名乾祭。」（杜同此。）詩毛傳：「介，大也。」晉人乃辭王子朝，不納其使。

夏，五月乙未朔，日有食之。梓慎曰：「將水。」（五行志作「將大水」。）昭子曰：「旱也。日過分而陽猶不克，克必甚，能無旱乎？陽不克，（釋文「陽不克莫」絶句。[一]）莫將積聚也。」

六月壬申，王子朝之師攻瑕及杏，皆潰。

鄭伯如晉，子大叔相。見范獻子，獻子曰：「若王室何？」對曰：「老夫其國家不能恤，敢及王室？抑人亦有言曰：『嫠不恤其緯，（釋文：「『嫠』，本又作『釐』。」）【詁】説文：「緯，織横絲也。」而憂宗周之隕，爲將及焉。』今王室日蠢蠢焉，【詁】説文：「惷，亂也。（廣雅同。）春秋傳曰[二]『王室日惷惷焉』。一曰厚也。」按：今本作「蠢」，故杜注：「動擾貌。」「三體石經作『𢧢』。尚書『蠢』字説文引作『𢧢』。古『蠢』字皆作『𢧢』，俗作『蠢』。」按：古字多假借，説文：「蠢，蟲動也，从虫春聲。」「𢧢」字注云：「古文蠢从𢦏，周書曰『我有𢧢于西』。」左傳以「惷」爲「蠢」，自是傳本不同。惠氏輒指爲俗，非也。「日」諸本作「實」，今从説文改正。吾小國懼矣，然大國之憂也，吾儕何知焉？吾子其早圖之！詩曰：『瓶之罄矣，（釋文：「本又作『缾』。」）【詁】説文：「窒，空也。詩曰『瓶之窒矣』。」）惟罍之恥。』【詁】爾雅：「罍，酒罇。」方言：「缶其小者謂之瓶。」按：杜注罍大瓶小，亦以意言之。王室之不寧，晉之恥也。」獻子懼，而與宣子圖之。乃徵會於諸侯，期以明年。

秋，八月，大雩，旱也。

冬，十月癸酉，王子朝用成周之寶珪于河。【詁】按：石經此行少一字。今攷史記周本紀正義引左傳云：「子朝用成周之寶珪沈于河。」漢書五行志作「湛于河」，釋文一本或作「沈于河」，則石經刊去者乃「沈」字也。甲戌，津人得諸河

[一]「莫」原脱，據經典釋文春秋左氏音義補。

[二]「傳曰」原脱，據説文解字第十下補。

上。陰不佞以温人南侵，拘得玉者，取其玉。將賣之，則爲石。王定而獻之，（釋文：「本或作『王定之』。」）與之東訾。【詁】王隱晉書地道記：「訾在鞏縣之東。」

楚子爲舟師以略吴疆，沈尹戌曰：「此行也，楚必亡邑。不撫民而勞之，吴不動而速之，吴踵楚，【詁】説文：「踵，追也。」按：説文：「徸，相迹也。」廣雅亦云：「歱，迹也。」「徸」、「踵」、「歱」古字通。杜注故云：「躡楚踵跡。」而疆埸無備，邑能無亡乎？」越大夫胥犴勞王于豫章之汭，越公子倉歸王乘舟。倉及壽夢帥師從王。王及圉陽而還。吴人踵楚，而邊人不備，遂滅巢及鍾離而還。【詁】服虔曰：「鍾離，州來西邑。」（史記集解。）沈尹戌曰：「亡郢之始，於此在矣。王壹動而亡二姓之帥，幾如是而不及郢？詩曰：『誰生厲階？至今爲梗。』【詁】詩毛傳：「梗，病也。」（杜本此。）其王之謂乎！」

二十五年，春，叔孫婼聘于宋，桐門右師見之，【詁】周禮大司馬之職「師以門名」正義引此傳文，并引注云：「右師，宋右師樂大心也，其家居桐門，官右師。」與今杜注不合，當是服注。語卑宋大夫，而賤司城氏。昭子告其人曰：「右師其亡乎！君子貴其身，而後能及人，是以有禮。今夫子卑其大夫，而賤其宗，是賤其身也。能有禮乎？無禮，必亡。」宋公享昭子，賦新宮，昭子賦車轄。（詩作「舝」。釋文：「『轄』，本又作『舝』。」）明日宴，飲酒，樂。宋公使昭子右坐，語相泣也。樂祁佐，退而告人曰：「今茲君與叔孫，其皆死乎！吾聞之：『哀樂而樂哀，皆喪心也。』心之精爽，是爲魂魄。魂魄去之，何以能久？」

季公若之姊爲小邾夫人，生宋元夫人，生子，以妻季平子。昭子如宋聘，且逆之。公若從，謂曹氏弗與，魯將逐之。曹氏告公。公告樂祁，樂祁曰：「與之。如是，魯君必出。政在季氏三世矣，魯君喪政四公矣。無民而能逞其志者，未之有也，國君是以鎮撫其民。詩曰：『人之云亡，心之憂矣。』魯君失民矣，焉得逞其志？請以待命猶可，動必憂。」

夏，會于黄父，謀王室也。趙簡子令諸侯之大夫輸王粟、具戍人，曰：「明年將納王。」子大叔見趙簡子。簡子問揖讓周旋之禮焉，對曰：「是儀也，非禮也。」簡子曰：「敢問何謂禮？」對曰：「吉也聞諸先大夫子産曰：『夫禮，天之經也，地之義也，民之行也。』天地之經，而民實則之。【詁】惠棟曰：「古文孝經『實』作『是』。『是』即古『寔』字，見尚書秦誓及詛楚文。鄭康成詩箋云：『趙、魏之東「寔」、「實」同聲。』故此傳又作『實』。」則天之明，因地之性，生其六氣，用其五行。氣爲五味，發爲五色，章爲五聲。淫則昏亂，民失其性。是故爲禮以奉之。爲六畜、【詁】鄭玄周禮注：「六牲：馬、牛、羊、豕、犬、雞。」正義：「六畜即六牲也。始養之曰畜，將用之曰牲。」（杜本此。）五牲、【詁】服虔云：「牲：麏、[一]鹿、熊、狼、野豕。」（本疏。）三犧，【詁】服虔云：「犧：鴈、鶩、雉也。」（同上。）以奉五味。爲九文、六采、五章，以奉五色。【詁】周禮：「九章：初一曰龍，次二曰山，次三曰華蟲，次四曰火，次五曰宗彝，皆畫以爲繢；次六曰藻，次七曰粉米，次八曰黼，次九曰黻，皆絺以爲繡。」考工記：「畫繢之事，雜五色，東方謂之青，南方謂之赤，西方謂之白，北方謂之黑，天謂之玄，地謂之黄。青與白相次也，赤與黑相次也，玄與黄相次也。青與赤謂之文，赤與白謂之章，白與黑謂之黼，黑與青謂之黻，五色備謂之繡。」（杜並本此。）爲九歌、八風、七音、六律，以奉五聲。爲君臣上下，以則地義。爲夫婦外内，以經二物。爲父子、兄弟、姑姊、甥舅、昏媾、姻亞，（釋文：「『亞』，本又作『婭』。」）以象天明。【詁】爾雅釋親：「婦之父爲婚，壻之父爲姻，兩壻相謂爲亞。」説文：「媾，重婚也。」（杜本此。）爲政事、庸力、行務，以從四時。爲刑罰威獄，使民畏忌，以類其震曜殺戮。爲温慈惠和，以效天之生殖長育。民有好、惡、喜、怒、哀、樂，生于六氣。【詁】賈逵云：「好生于陽，惡生于陰，喜生于風，怒生于雨，哀生于晦，樂生于明。」（同上。）按：烝民正義以此

[一]「麏」原訛「麇」，據春秋左傳正義昭公二十五年改。

爲服注，蓋服用賈注也。是故審則宜類，以制六志。哀有哭泣，樂有歌舞，喜有施舍，怒有戰鬭，喜生於好，怒生於惡。是故審行信令，禍福賞罰，以制死生。生，好物也。死，惡物也。好物，樂也。惡物，哀也。哀樂不失，乃能協于天地之性，是以長久。」簡子曰：「甚哉！禮之大也。」對曰：「禮，上下之紀，天地之經緯也，民之所以生也，是以先王尚之。故人之能自曲直以赴禮者，謂之成人。大，不亦宜乎！」簡子曰：「鞅也，請終身守此言也。」宋樂大心曰：「我不輸粟。我於周爲客，若之何使客？」晉士伯曰：「自踐土以來，宋何役之不會，而何盟之不同？曰：『同恤王室。』子焉得避之？子奉君命，以會大事，而宋背盟，無乃不可乎？」右師不敢對，受牒而退。【詁】説文：「簡，牒也。」「牒，札也。」士伯告簡子曰：「宋右師必亡。奉君命以使，而欲背盟以干盟主，無不祥大焉。」

「有鸜鵒來巢。」書所無也。【詁】服虔云：「鸜鵒不踰濟，今踰，宜穴而又巢，故云書所無也。」（本疏。）師己曰：【詁】賈逵云：「魯大夫。」（史記集解。杜本此。）「異哉！吾聞文、成之世，【詁】賈逵云：「文、成，魯文公、成公。」（同上。）按：論衡異虛篇，〔一〕引此作「文成」。李善注幽通賦亦同。今諸本誤作「文武」，从石經及宋本改正。惠棟曰：「若云周之文、武，數百年，豈能逆知童謡爲魯昭徵驗乎？今本皆作『文武』，俗誤行之久矣。」童謡有之曰：『鸜之鵒之，公出辱之。鸜鵒之羽，公在外野，往饋之馬。【詁】廣雅：「饋，遺也。」（杜本此。）鸜鵒跦跦，（文選注引作「株株」。）【詁】漢書集注：「跦跦，跳行貌。」（杜本此。）公在乾侯，徵褰與襦。【詁】説文：「褰，袴也。春秋傳曰『徵褰與襦』。」「襦，短衣也。」廣雅：「䙎謂之絝。」（杜本此。）方言云：「絝，齊、魯之間謂之䙎。」郭璞云：「徵褰與襦，音騫。」鸜鵒之巢，遠哉摇摇，（五行志引作「摇摇」。今諸刊本作「遥遥」。「遥」俗字。今據漢書改。）【詁】廣雅：「遥遥，遠也。」裯父喪勞，（釋文及諸本並誤作「稠」。

〔一〕「異」原訛「集」，據論衡異虛篇改。

今从唐石經及宋本改正。古今人表亦作「稠」。）宋父以驕。鸜鵒鸜鵒，往歌來哭。』童謡有是，今鸜鵒來巢，其將及乎！」

秋，書再雩，旱甚也。

初，季公鳥娶于齊鮑文子，生甲。【詁】按：顧炎武云：「石經『申』誤作『甲』。」今攷宋本並作「甲」，與石經合，未可謂之誤。諸刻本作「申」，乃傳寫之誤也。「甲」與「申」字畫相近而誤。如昭二十年傳「郳甲」字，㈠諸本並誤作「申」。設無石經及宋本，將何所適從耶？此處定从石經、宋本作「甲」。或云猶言某甲，失其名耳。若著其名，何以不再見？公鳥死，季公亥與公思展與公鳥之臣申夜姑相其室。【詁】小爾雅：「相，治也。」（杜本此。）及季姒與饔人檀通，而懼，乃使其妾抶己，以示秦遄之妻，曰：「公若欲使余，余不可而抶余。」又訴於公甫，曰：「展與夜姑將要余。」秦姬以告公之。公之與公甫告平子。平子拘展于卞，而執夜姑，將殺之。公若泣而哀之，曰：「殺是，是殺余也。」將爲之請，平子使豎勿内，日中不得請。有司逆命，公之使速殺之。故公若怨平子。季、郈之雞鬭。季氏介其雞，【詁】賈逵云：「擣芥子爲末，播其雞翼，可以坌郈氏雞目。」鄭衆云：「介，甲也，爲雞著甲。」（本疏。）服虔云：「擣芥子播其雞羽。」（史記集解。）按：服、杜皆取賈説。郈氏爲之金距。平子怒，益宫于郈氏，【詁】服虔云：「金距，以金踏距。」（儀禮疏。）高誘呂覽注云：「以利鐵作鍛距，沓其距上。」「沓」即「踏」。又淮南王書注云：「金距，施芒于距。」且讓之。【詁】方言：「凡言相責讓曰譙讓。」（杜本此。）故郈昭伯亦怨平子。（古今人表作「厚昭伯」，師古曰：「即郈昭伯也。」）【詁】世本：「昭伯名惡，魯孝公之後，稱厚氏也。」呂覽「郈成子爲魯聘于晉」，高誘注：「郈成子，魯大夫也，郈敬子國之子，郈青後也。」世本：「孝公生惠伯革，其後爲厚氏。」臧昭伯之從弟會爲讒於臧氏，而逃於季氏。（史記作「僞讒」。）【詁】按：定十二年

㈠「昭」後原脱「二」，據春秋左傳昭公二十年補。

傳「子爲不知」，[一]釋文云：「子僞不知。」[二]「爲」字古每假借爲「僞」。陸氏此處未加音切，偶疏漏耳。臧氏執旃。平子怒，拘臧氏老。【詁】服虔云：「老，臧氏家之大臣。」（同上。）將禘於襄公，萬者二人，其衆萬於季氏。【詁】淮南王書：「禱於襄廟，舞者二人。」惠棟曰：「傳氏言四人爲列，尚不成樂，況二人乎？當作『八』，傳文誤也。」臧孫曰：「此之謂不能庸先君之廟。」大夫遂怨平子。

公若獻弓於公爲，且與之出射於外，而謀去季氏。公爲告公果、公賁。公果、公賁使侍人僚柤告公。（釋文：「『侍人』，本亦作『寺人』。」）公寢，將以戈擊之，乃走。公曰：「執之。」亦無命也。懼而不出，數月不見。公不怒。又使言，公執戈以懼之，乃走。又使言，公曰：「非小人之所及也。」公果自言，公以告臧孫，臧孫以難。告郈孫，郈孫以可，勸。告子家懿伯，懿伯曰：「讒人以君儌幸。事若不克，君受其名，不可爲也。舍民數世以求克，事不可必也。且政在焉，其難圖也。」公退之。辭曰：「臣與聞命矣，言若泄，臣不獲死。」乃館於公。

叔孫昭子如闞，公居于長府。九月戊戌，伐季氏，殺公之於門，遂入之。平子登臺而請曰：「君不察臣之罪，使有司討臣以干戈，臣請待於沂上。【詁】水經：「沂水出泰山蓋縣艾山，至下邳縣西南入泗。」（杜本此。）以察罪。」弗許。請囚於費，弗許。（史記作「鄪」。）【詁】服虔云：「費，季氏邑。」（史記集解。）請以五乘亡，弗許。【詁】服虔云：「言五乘，自省約以出。」（同上。）子家子曰：「君其許之！政自之出久矣，隱民多取食焉，【詁】荀子宥坐篇：「奚居之隱也。」按：與此義同。楊倞注：「隱，窮約也。」亦與杜注略同。爲之徒者衆矣。日入慝作，【詁】周禮環人「察軍慝」，鄭玄注：「慝，陰姦也。謂軍中有爲慝者。」弗可知也。衆怒不可蓄也，蓄而弗治，將蘊。（釋文：「『蘊』，本又作『藴』。」）

[一] 「子」前原衍「文」，據春秋左傳定公十二年刪。

[二] 「子」前原衍「文」，「僞」原作「爲」，據經典釋文春秋左氏音義刪、改。

【詁】説文：「藴，積也。」（杜本此。）藴蓄，民將生心。生心，同求將合。君必悔之！」弗聽。郈孫曰：「必殺之！」

公使郈孫逆孟懿子。【詁】賈逵云：「仲孫何忌。」（同上。）叔孫氏之司馬鬷戾言於其衆曰：「若之何？」（史記作「叔孫氏之臣戾」，無「鬷」字。）【詁】鄭玄云：「大夫家臣爲司馬者。」莫對。又曰：「我，家臣也，不敢知國。凡有季氏與無，於我孰利？」皆曰：「無季氏，是無叔孫氏也。」鬷戾曰：「然則救諸！」帥徒以往，陷西北隅以入。（一本「以」作「而」。韓非子内儲作「撞西北隅以入」。）公徒釋甲，執冰而踞，【詁】賈逵云：「冰，櫝丸蓋也。」（本疏。杜取此。）方言：「弓藏謂之鞬。或謂之櫝丸。」遂逐之。孟氏使登西北隅，以望季氏。見叔孫氏之旌，以告。孟氏（内儲篇作「見叔孫之旗」。）執郈昭伯，殺之于南門之西，遂伐公徒。子家子曰：「諸臣僞劫君者，而負罪以出，君止。意如之事君也，不敢不改。」公曰：「余不忍也。」與臧孫如墓謀，遂行。

己亥，公孫于齊，次于陽州。齊侯將唁公于平陰，公先至于野井。齊侯曰：「寡人之罪也。使有司待于平陰，爲近故也。」書曰：「公孫于齊，次于陽州。齊侯唁公于野井。」禮也。將求於人，則先下之，禮之善物也。齊侯曰：「自莒疆以西，請致千社，【詁】賈逵云：「二十五家爲一社。千社，二萬五千家也。」（史記集解。杜取此。）以待君命。寡人將帥敝賦以從執事，唯命是聽。君之憂，寡人之憂也。」公喜。子家子曰：「天禄不再。天若胙君，不過周公，以魯足矣。失魯而以千社爲臣，誰與之立？且齊君無信，不如早之晉。」弗從。臧昭伯率從者將盟，載書曰：「戮力（釋文作「勠」。）壹心，好惡同之。信罪之有無，繾綣從公，無通外内。」【詁】廣雅：「䭤䊴，摶也。」〔二〕「䭤」與「繾」、「䊴」與「綣」並同。按：「摶」即不離散之意，故杜注云不離散也。以公命示子家子。子家子曰：「如此，吾不可以盟。羈也不佞，不能與二三子同心，而以爲皆有罪。或欲通外内，且欲去君。二三子

〔二〕「摶」原訛「搏」，據廣雅釋詁三改。

好亡而惡定，焉可同也？陷君於難，罪孰大焉？通外内而去君，君將速入，勿通何爲？而何守焉？」乃不與盟。

昭子自闞歸，見平子。平子稽顙，曰：「子若我何？」昭子曰：「人誰不死？子以逐君成名，子孫不忘，不亦傷乎？將若子何？」平子曰：「苟使意如得改事君，所謂生死而肉骨也。」昭子從公于齊，與公言。子家子命適公館者執之。公與昭子言於幄内，曰：「將安衆而納公。」公徒將殺昭子，伏諸道。左師展告公，公使昭子自鑄歸。平子有異志。冬，十月辛酉，昭子齊於其寢，使祝宗祈死。戊辰，卒。左師展將以公乘馬而歸，公徒執之。

壬申，尹文子（水經注引作「尹文公」。）涉于鞏，焚東訾，弗克。

十一月，宋元公將爲公故如晉，夢大子欒即位於廟，【詁】古今人表作「兜欒」。黄伯思曰：「祕閣古寶器有宋公䜌餗鼎。」汲冢師春書「䜌」乃宋景公名，與鼎銘合。惠棟云：「董逌云竹書有宋景公䜌，而史爲頭曼。孫炎以『䜌』爲『頭曼』合聲，以辯周、秦之語。則『䜌』爲古文『欒』也。」已與平公服而相之。旦，召六卿。（諸本「旦」誤「且」。今从宋本及六經正誤改正。）公曰：「寡人不佞，不能事父兄，以爲二三子憂，寡人之罪也。若以群子之靈，獲保首領以没，惟是楄柎所以藉幹者，【詁】説文：「楄部，方木也。春秋傳曰『楄部薦幹』。」按：今本作「楄柎」，以音同而誤。又説文：「幹，脅也。」按：楚辭招魂章「去君之恆幹」，王逸章句：「幹，體也。易曰：『貞者，事之幹。』」請無及先君。」仲幾對曰：「君若以社稷之故，私降昵宴，【詁】説文：「暱，日近也，从日匿聲。春秋傳曰『私降暱宴』。或从尼，作昵。」群臣弗敢知。若夫宋國之法，死生之度，先君有命矣。群臣以死守之，弗敢失隊。臣之失職，常刑不赦。臣不忍其死，君命祇辱。」宋公遂行。己亥，卒于曲棘。

十二月庚辰，齊侯圍鄆。【詁】賈逵云：「欲取以居公。不書圍，鄆人自服，不成圍。」（本疏。杜取此。）

初，臧昭伯如晉，臧會竊其寶龜僂句，以卜爲信與僭，僭吉。臧氏老將如晉問，會請往。昭伯問家故，盡對。及内子與母弟叔孫，則不對。再三問，不對。歸，及郊，會逆，問，又如初。至，次于外而察之，皆無之。執而戮之，逸，奔郈。【詁】説文：「東平無鹽有郈鄉。」（杜本此。）郈魴假使爲賈正焉。計于季氏，【詁】惠棟曰：「上計也。」臧氏使五人以戈盾伏諸桐汝之閭，會出，逐之。反奔，執諸季氏中門之外。平子怒，曰：「何故以兵入吾門？」拘臧氏老。季、臧有惡。及昭伯從公，平子立臧會。會曰：「僂句不余欺也。」

楚子使薳射城州屈，復茄人焉；城丘皇，遷訾人焉。使熊相禖郭巢，季然郭卷。【詁】郡國志南陽郡：「葉，有卷亭。」（杜同此。）子大叔聞之，曰：「楚王將死矣。使民不安其土，民必憂，憂將及王，弗能久矣。」

二十六年，春，王正月庚申，齊侯取鄆。【詁】賈逵云：「魯邑。」（史記集解。）服虔以爲往年齊侯取鄆，實圍鄆耳。經以圍書「取」，傳實其事，故於是言取。（本疏。）

葬宋元公，如先君，禮也。

三月，公至自齊，處于鄆，言魯地也。

夏，齊侯將納公，命無受魯貨。申豐從女賈，【詁】賈逵云：「申豐、女賈，魯大夫。」（史記集解。）以幣錦二兩，縛一如瑱，〔一〕【詁】説文：「瑱，以玉充耳。」「縛，〔二〕束也。」按：今本作「縛」，〔三〕釋文直轉反。今考「縳」説文「白鮮色也」，〔四〕非束

〔一〕「縛」原訛「縳」，據下洪亮吉詁改。
〔二〕「縛」原訛「縳」，據説文解字第十三上改。
〔三〕「縛」原訛「縳」，據經典釋文春秋左氏音義改。
〔四〕「縳」原訛「縛」，據説文解字第十三上改。

縛之義。[一]杜注訓卷，則亦以爲縛字。[二]蓋自陸德明始誤耳。適齊師，謂子猶之人高齮：「能貨子猶，爲高氏後，【詁】史記作「許齊臣高齕、子將粟五千庾」，索隱曰：「一本『子將』上有『貨』字。子將，梁丘據也。『齕』音『紇』，齊臣也。左傳『子將』作『子猶』。」粟五千庾。」【詁】賈逵云：「十六斗爲庾，五千庾，八萬斗。」（史記集解。）按：杜注作「八千斛。」高齮以錦示子猶，子猶欲之。齮曰：「魯人買之，百兩一布。【詁】鄭司農云：「或曰布，泉也。」（周禮疏。）以道之不通，先入幣財。」子猶受之，言於齊侯曰：「群臣不盡力于魯君者，（諸本「于」作「於」，今从石經改正。）非不能事君也。然據有異焉，【詁】服虔云：「異猶怪也。」（史記集解。杜取此。）宋元公爲魯君如晉，卒于曲棘；叔孫昭子求納其君，無疾而死。不知天之弃魯邪，（諸本作「耶」。今从石經、宋本改正。）抑魯君有罪於鬼神故及此也？（顏氏家訓引傳「鬼神」下有「邪」字。）君若待于曲棘，使群臣從魯君以卜焉。【詁】郡國志齊國：「西安，有棘里亭。」按：正義云即此棘。云曲棘者，以上文宋公卒于曲棘而誤。若可，師有濟也，君而繼之，茲無敵矣。若其無成，君無辱焉。」齊侯從之。使公子鉏帥師從公。成大夫公孫朝謂平子曰：「有都，以衛國也，請我受師。」許之。請納質，弗許，曰：「信女，足矣。」告於齊師曰：「孟氏，魯之敝室也。用成已甚，弗能忍也，請息肩于齊。」齊師圍成。成人伐齊師之飲馬于淄者，【詁】水經：「淄水出泰山萊蕪縣原山南，北入海。」地理志所出山同。按：杜注云：「出梁父縣。」疑誤。曰：「將以厭衆。」魯成備而後告曰：「不勝衆。」師及齊師戰于炊鼻。齊子淵捷【詁】潛夫論：「齊子淵氏，姜姓。」按：新序曰：「陳恆弑君，使勇士六人劫子淵棲。」「捷」與「棲」字近而致歧。從泄聲子，射之，中楯瓦，繇朐汰輈，（釋文：「『朐』，本作『軥』，同。」）【詁】說文：「軥，軶下曲者。」襄十四年傳稱「射兩朐而還」。此與彼同。「軥」、「朐」字通。服虔

[一]「縛」原訛「縳」，據上下文意改。

[二]「縛」原訛「縳」，據春秋左傳集解昭公二十六年改。

襄十四年注云：「軥，車軶。」（杜取此。）詩毛傳：「軥，車轅也。」（杜本此。）匕入者三寸。聲子射其馬，斬鞅，殪。改駕，人以爲鬷戾也，而助之。子車曰：「齊人也。」將擊子車，子車射之，殪。其御曰：「又之。」子車曰：「衆可懼也，而不可怒也。」子囊帶從野泄，叱之。泄曰：「軍無私怒，報乃私也，將亢子。」又叱之，亦叱之。冉豎射陳武子，中手，失弓而罵。以告平子曰：「有君子白晳鬒須眉，（諸本作「鬚」。今从釋文改正。石經亦誤作「鬚」。）【詁】説文：「鬒，稠髮也。」甚口。」平子曰：「必子彊也，無乃亢諸？」對曰：「謂之君子，何敢亢之？」林雍羞爲顔鳴右，下。苑何忌取其耳。顔鳴去之。苑子之御曰：「視下顧。」苑子刜林雍，【詁】説文：「刜，擊也。」廣雅：「刜，斷也。」斷其足，鑋而乘於他車【詁】説文：「鑋，金聲也，讀若春秋傳曰『𨇨而乘他車』。」案：此則傳本作「𨇨」。杜注：「鑋，〔一〕一足行。」疑賈義如此，後轉因説文「讀若」，乃誤作「鑋」字也。玉篇：「𨇨，丘感切，一足行。」按：「𨇨」字説文不載，顧氏或取諸字林也。以歸。顔鳴三入齊師，呼曰：「林雍乘。」

四月，單子如晉告急。五月戊子，劉人敗王城之師于尸氏。【詁】地理志河南郡：「偃師，尸鄉，殷湯所都。」按：杜云：「尸在鞏縣西南偃師城。」今攷帝王世紀尸鄉在偃師縣西南三十里。杜云在偃師城，蓋晉初偃師已并入洛陽也。戊辰，王城人、劉人戰于施谷，劉師敗績。

秋，盟于鄟陵，謀納公也。

七月己巳，劉子以王出。【詁】服虔云：「出成周也。」（本疏。）庚午，次于渠。王城人焚劉。丙子，王宿于褚氏。【詁】郡國志：「洛陽，有褚氏聚。」（杜同此。）丁丑，王次于萑谷。（釋文：「『萑』，本或作『雚』。」）庚辰，王入于胥靡。辛巳，王次于滑。晉知躒、趙鞅帥師納王，使女寬【詁】韋昭國語注：「女齊之子叔褒。」守闕塞。【詁】洛陽記

〔一〕「鑋」原作「𨇨」，據春秋左傳集解昭公二十六年改。

使女寬守闕塞。服虔云：「謂南山伊闕是也。」（御覽，大元一統志。）京相璠曰：「土地名伊闕在洛陽西南五十里。」（通鑑音注。）按：釋文作「闕塞」，諸刊本並同，疑轉寫之譌。水經注云：「昔大禹疏伊闕以通水。兩山相對，望之若闕，伊水歷其間北流，故謂之伊闕矣。春秋之闕塞也。」

九月，楚平王卒。令尹子常欲立子西，【詁】服虔云：「子西，平王之長庶子宜申。」（御覽。）曰：「大子壬弱，其母非適也，【詁】服虔云：「即昭王也，其年幼弱。母秦嬴。」（同上。）按：哀六年「楚子軫卒」，則昭王名軫，疑壬非昭王，或即位後改名耶？史記楚世家、十二諸侯年表又作「珍」，蓋轉寫異文。伍子胥傳仍作「軫」。服虔左傳注作「任」。王子建實聘之。【詁】服虔云：「謂夫人故大子建聘之。」（同上。）子西長而好善。立長則順，建善則治，王順國治，可不務乎？」子西怒曰：「是亂國而惡君王也。【詁】服虔云：「廢而不立，是謂亂國，追惡君王也。」（同上。）國有外援，不可瀆也；【詁】服虔云：「外援謂大子任，秦之甥。瀆，易也。秦爲任外援，不可易也。」（同上。）王有適嗣，不可亂也。敗親速讎，亂嗣不祥，我受其名。賂吾以天下，吾滋不從也。楚國何爲？必殺令尹！」令尹懼，乃立昭王。

冬，十月丙申，王起師于滑。辛丑，在郊，遂次于尸。十一月辛酉，晉師克鞏。召伯盈逐王子朝。王子朝及召氏之族、毛伯得、尹氏固、南宮嚚奉周之典籍以奔楚。【詁】惠棟曰：「周之典籍盡在楚矣。三墳、五典、八索、九丘，左史倚相、觀射父讀之。而楚檮杌之書頗可觀，國語采之。流及屈、宋，而楚騷比于周雅。書之益人如是。」陰忌奔莒以叛。召伯逆王于尸，及劉子、單子盟。遂軍圉澤，次于隄上。癸酉，王入于成周。甲戌，盟于襄宮。晉師使成公般戍周而還。十二月癸未，王入于莊宮。王子朝使告于諸侯曰：「昔武王克殷，【詁】服虔、王肅並注云：「文王受命，武王伐紂，故云文、武克殷。」（本疏。）按：下云「吾無專享文、武之功」，則合文、武是也。杜無注。諸本悉作「武王克殷」，疑誤。成王靖四方，康王息民，並建母弟，以蕃屏周，亦曰：『吾無專享文、武之功，且爲後人之迷敗傾覆而溺入于難，則振救之。』至于夷王，王愆于厥身，諸侯莫不並走其望，以祈王身。至于厲王，王心戾虐，萬民弗忍，居王于彘，諸侯釋位，以間王政。【詁】服虔云：「言諸侯釋其私政而佐王室。」（三國志及文選注。）宣王有志，而後效官。至于幽王，天不弔周，王昏不若，用愆厥位。攜王奸命，【詁】東晳按：左傳「攜王奸命」，舊說攜王爲伯服。「伯服」古文作「伯盤」，非攜王。（本疏。）按：竹書紀年：「幽王八年，王立褒姒之子曰伯服。」「十一年，犬戎入宗周弒王。」下即云：「犬戎殺王子伯服。」是攜王非伯服，舊說誤也。紀年又云是年「申侯、魯侯、許男、鄭子立宜臼于申。虢公翰立王子余臣于攜。」沈約注：「是爲攜王。」「二王並立。」是攜王爲王子余臣。至平王二十一年，紀年始云：「晉文公殺王子余臣于攜。」是矣。攜爲周地。杜春秋地名曰「攜地闕」，即其證。平王立二十餘年，而余臣始爲晉所殺，則其時亦當如東王、西王之並峙，故云「奸命」也。杜既承舊說而誤，而正義又云余臣本非適，故稱攜王，是又不知攜爲地名，而誤以爲謚號矣。皆非也。諸侯替之，而建王嗣，用遷郟鄏，【詁】地理志河南郡：「河南，故郟鄏也。」則是兄弟之能用力於王室也。至于惠王，天不靖周，生穨禍心，（諸本誤作「頹」。今从石經改。）施于叔帶。惠、襄辟難，越去王都。則有晉、鄭，咸黜不端，【詁】王肅云：「咸，皆也。」（本疏。）按：疏又云：「諸本『咸』又作『減』。」呂覽仲冬紀「水泉減竭」，今月令作「咸竭」，是「咸」爲古文「減」。以綏定王家，則是兄弟之能率先王之命也。在定王六年，秦人降妖，（釋文：「『妖』，本又作『訞』。」）【詁】說文：「衣服歌謠草木之怪謂之妖。」曰：『周其有頿王，亦克能修其職，【詁】按：「能」字疑衍。諸侯服享，二世共職。王室其有間王位，諸侯不圖，而受其亂災。』至于靈王，生而有頿。王甚神聖，無惡于諸侯。靈王、景王克終其世。今王室亂，單旗、劉狄剝亂天下，壹行不若，謂：『先王何常之有？唯余心所命，其誰敢討之？』帥群不弔之人，【詁】爾雅：「弔，至也。」（杜本此。）以行亂于王室，侵欲無厭，玩求無度，（諸本「玩」誤「規」。今改正。）【詁】服、王、孫皆注云：「玩，貪也。」（本疏。）按：此則舊本「規」作「玩」。正義亦云：「俗本作『規』，謬也。」貫瀆鬼神，【詁】爾雅：「貫，習也。」說文：「摜，習也。春秋傳曰『摜瀆鬼神』。」按：今本作「貫」，蓋隸省。（杜本此。）慢棄刑法，倍奸齊盟，傲狠威儀，（釋文：「『狠』，作『佷』。」）矯誣先王。晉爲不道，是攝是贊，【詁】儀禮鄭玄注：「攝，持也。」（杜本此。)思肆其罔極。兹不穀震盪播越，(釋文：「『盪』，本或作『蕩』。」)竄在荆蠻，未有攸厎。若我一二兄弟甥舅，獎順天法，無助狡猾，以從先王之命，(釋文：「『猾』，又作『滑』。」)毋速天罰，赦圖不穀，則所願也。敢盡布其腹心及先王之經，而諸侯實深圖之！昔先王之命曰：『王后無適，則擇立長。年鈞以德，德鈞以卜。』(後漢書劉植傳引此「鈞」作「均」，古字通。)【詁】膏肓云：「春秋之義，三代異建。適媵別貴賤，有姪娣以廣親疏。立適以長，不以賢。立子以貴，不以長。王后無適，明尊之敬之義，無所卜筮。不以賢者，人狀難別，嫌有所私，故絶其怨望，防其覬覦。今如左氏言，云：『年鈞以德，德鈞以卜。』君之所賢，人必從之，豈復有卜？隱、桓之禍，皆由此興。乃曰古制，不亦謬哉！又大夫不世，如並爲公卿，通計嗣之禮。左氏爲短。」箴膏肓云：「立適固以長矣。無適而立子，固以貴矣。今言『無適則擇立長』，謂貴均如立長，王不得立愛之法。年均，則會群臣、群吏、萬民而詢之，有司以序進，而問大衆之中，非君所能掩。是王不得立愛之法也。禮有詢立君，示義在此。距之言謬，失春秋與禮之義矣。」(周禮疏。)又云：「若長均、貴均，何以別之，故須卜。禮有詢立君，是有卜也。」(禮記疏。)王不立愛，公卿無私，古之制也。穆后及大子壽早夭即世，單、劉贊私立少，以間先王，亦惟伯仲叔季圖之！」閔馬父聞子朝之辭，曰：「文辭以行禮也。子朝干景之命，遠晉之大，以專其志，無禮甚矣。文辭何爲？」

齊有彗星。齊侯使禳之，【詁】説文：「禳，磔禳，〔一〕祀除厲殃也。」晏子曰：「無益也，祇取誣焉。天道不謟，【詁】按：前人云杜于「謟」、「慆」二字皆以疑爲訓，而不攷其意。「謟」、「慆」雖通用，而各有本訓。此言天道不濫，惟德是與，觀下文可見。又按論衡變虚篇引作「不闇」。不貳其命，若之何禳之？且天之有彗也，以除穢也。君無穢德，又何禳焉？若德之穢，禳之何損？(論衡引作「何益」。新序同。)詩曰：『惟此文王，小心翼翼。昭事上帝，聿懷多福。

〔一〕「磔」原訛「殜」，據説文解字第一上改。

厥德不回，以受方國。』君無違德，【詁】論衡引作「回德」。回，邪也。今攷新序仍作「違」。方國將至，何患於彗？詩曰：『我無所監，夏后及商。用亂之故，民卒流亡。』若德回亂，民將流亡，祝、史之爲，無能補也。」公說，乃止。

齊侯與晏子坐于路寢。（史記作「柏寢」。）公歎曰：「美哉室！其誰有此乎？」【詁】服虔云：「景公自恐德薄，不能久享齊國，故曰誰有此也。」（史記集解。杜取此。）晏子曰：「敢問何謂也？」公曰：「吾以爲在德。」對曰：「如君之言，其陳氏乎！陳氏雖無大德，而有施于民。豆、區、釜、鍾之數，其取之公也薄，其施之民也厚。公厚斂焉，陳氏厚施焉，民歸之矣。詩曰：『雖無德與女，式歌且舞。』陳氏之施，民歌舞之矣。後世若少惰，（釋文：「『惰』，本亦作『憜』。」）陳氏而不亡，則國其國也已。」公曰：「善哉！是可若何？」對曰：「唯禮可以已之。在禮，家施不及國，民不遷，農不移，工賈不變，（釋文：「『工賈』，古本亦作『商賈』。」）士不濫，官不滔，【詁】孔安國書傳：「滔，漫也。」（杜本此。）大夫不收公利。」公曰：「善哉！我不能矣。吾今而後知禮之可以爲國也。」對曰：「禮之可以爲國也久矣，與天地並。君令臣共，父慈子孝，兄愛弟敬，夫和妻柔，姑慈婦聽，禮也。君令而不違，臣共而不貳；父慈而教，子孝而箴；【詁】孔安國書傳：「箴，諫也。」（杜本此。）兄愛而友，弟敬而順；夫和而義，妻柔而正；姑慈而從，婦聽而婉，【詁】詩毛傳：「婉，順也。」（杜本此。）禮之善物也。」公曰：「善哉！寡人今而後聞此禮之上也。」對曰：「先王所稟於天地，以爲其民也，是以先王上之。」

二十七年，春，公如齊。「公至自齊，處于鄆。」言在外也。

吴子欲因楚喪而伐之，使公子掩餘、（史記「掩餘」作「蓋餘」，下並同。）公子燭庸帥師圍潛。【詁】賈逵云：「二子皆王僚母弟。潛，楚地，在廬江六縣西南。」（本疏。）又云：「二公子皆吴王僚之弟。」（史記集解。）地理志廬江郡灊縣。水經注亦作「灊」。使延州來季子聘于上國，【詁】服虔云：「上國，中國也。蓋以吴僻在東南，地勢卑下，中國在其上游，故謂中國爲上國也。」(本疏。)遂聘于晉，以觀諸侯。楚薳尹然、工尹麇(諸本「工」誤「王」。今从石經、釋文改正。)【詁】服虔云：「王尹主宫内之政。」(本疏。)按：正義亦云定本作「工」，而服注云云，疑漢時本已誤。近梁孝廉處素云：「『王尹』蓋『玉尹』之誤，古『玉』字皆作『王』也。」帥師救潛。左司馬沈尹戌帥都君子與王馬之屬以濟師，【詁】賈逵云：「都君子，在都邑之士有復除者。」(同上。)與吴師遇于窮。【詁】説文「竆，夏后氏諸侯夷羿國也。」京相璠曰：「今安豐有竆水，北入淮。」道元云：「窮水出安豐縣窮谷。『窮』音『戎』。」(水經注。)唐石經「窮」下有「谷」字，道元所引同。正義以爲有「谷」字，非也。按：石經「窮」下本無「谷」字，乃後人旁增耳。令尹子常以舟師及沙汭而還。【詁】京相璠曰：「沙汭，楚東地也。」(同上。)左尹郤宛、工尹壽帥師至于潛。吴師不能退。吴公子光曰：「此時也，【詁】服虔云：「時，言可殺王之時也。」(史記集解。)弗可失也。」告鱄設諸曰：「上國有言曰：【詁】賈逵云：「上國，中國也。」服虔云：「上國，謂上古之國，賢士所言也。」(本疏。)『不索，何獲？』【詁】服虔云：「不索，當何時得也。」(史記集解。)我，王嗣也，【詁】服虔云：「夷昧生光而廢之。僚者，夷昧之庶兄。夷昧卒，僚代立，故光曰：『我，王嗣也。』」(本疏。)世本云：「夷昧及僚，夷昧生光。」(同上。)惠棟云：「服氏之説是也。襄公卅一年傳吴屈狐庸曰：『若天所啓，其在今嗣君乎！有吴國者，必此君之子孫實終之。』注云：『嗣君爲夷昧。』則光，夷昧之子審矣。世本、左傳本出一人之手。正義以世本多誤，不足依據，豈其然乎？」按：杜注：「光，吴王諸樊子也。」用史記説。吾欲求之。事若克，季子雖至，不吾廢也。」【詁】王肅云：「聘晉還至。」(史記集解。杜取此。)鱄設諸曰：「王可弑也。母老、子弱，是無若我何？」【詁】服虔云：「母老子弱，專諸托其母子于光也。」又云：「我無若是何。」(同上。)彭仲博云：「當言『是無我若何』。我母無我，當如何？『我』字當在『若』上。」(本疏。)王肅云：「專諸云王母老、子弱。」(史記集解。)今按：史記：「專諸曰：『王僚可殺也。母老、子弱，而公子將兵攻楚，楚絶其路。方今吴外困于楚，而内空無骨鯁之臣，是無柰我何。』光曰：『我身，子之身也。』」索隱云：「依王肅解，與史記同，于理無失。服虔、杜預見左傳下文云『我，爾身也』及『以其子爲卿』，遂强解『是無若我何』猶言『我無若是何』，語不近情，過爲迂曲，非也。」又攷下傳光云「我，爾身也」句，終當以服、杜注爲是。光曰：「我，爾身也。」夏，四月，【詁】史記「月」下有「丙子」

二字。光伏甲於堀室而享王。（史記「堀」作「窟」，下同。）王使甲坐於道，及其門。門、階、户、席，皆王親也，夾之以鈹。【詁】說文曰：「鈹，劒也。」羞者獻體改服於門外，執羞者坐行而入，執鈹者夾承之及體，以相授也。光僞足疾，入于堀室。鱄設諸寘劒于魚中以進，【詁】服虔曰：「全魚炙也。」（史記集解。杜取此。）抽劒刺王，鈹交於匈，（石經本作「匈」，後人不知，妄改作「胷」。按：史記正作「匈」。此左傳古字之僅存者。今據改正。）【詁】賈逵云：「交專諸匈也。」（同上。）遂弑王。闔廬（水經注作「闔閭」。）以其子爲卿。季子至，曰：「苟先君無廢祀，民人無廢主，社稷有奉，國家無傾，乃吾君也。吾誰敢怨？哀死事生，以待天命。【詁】服虔云：「待其天命之終也。」（同上。）非我生亂，立者從之，先人之道也。」復命哭墓，【詁】服虔云：「復命于僚，哭其墓也。」（同上。）復位而待。吴公子掩餘奔徐，公子燭庸奔鍾吾。楚師聞吴亂而還。

郤宛直而和，國人說之。鄢將師爲右領，與費無極比而惡之。令尹子常賄而信讒。無極譖郤宛焉，謂子常曰：「子惡欲飲子酒。」又謂子惡：「令尹欲飲酒於子氏。」子惡曰：「我賤人也，不足以辱令尹。令尹將必來辱，爲惠已甚。吾無以酬之，若何？」無極曰：「令尹好甲兵，子出之，吾擇焉。」取五甲五兵，【詁】服虔云：「兵，戟也。」（本疏。）曰：「寘諸門。令尹至，必觀之，而從以酬之。」及饗日，帷諸門左。無極謂令尹曰：「吾幾禍子，子惡將爲子不利，甲在門矣。子必無往！且此役也，吴可以得志。子惡取賂焉而還，又誤群帥，使退其師，曰：『乘亂不祥。』吴乘我喪，我乘其亂，不亦可乎？」令尹使視郤氏，則有甲焉。不往，召鄢將師而告之。將師退，遂令攻郤氏，且爇之。【詁】說文：「爇，燒也。」（杜本此。）子惡聞之，遂自殺也。國人弗爇，令曰：「不爇郤氏，與之同罪。」或取一編菅焉，或取一秉秆焉，【詁】說文：「菅，茅也。」「稈，禾莖也。稈或从干。〔一〕春秋傳曰『或投

〔一〕「干」原作「秆」，據說文解字第七上改。

一秉稈』。」毛傳：「秉，把也。」（杜本此。）國人投之，遂弗爇也。令尹炮之，【詁】服虔云：「民弗肯爇也。」（本疏。）鄢將師稱令尹使女燔炮之。（同上。）盡滅郤氏之族黨。殺陽令終與其弟完及佗，與晉陳及其子弟。晉陳之族呼於國曰：「鄢氏、費氏自以爲王，專禍楚國，弱寡王室，蒙王與令尹，【詁】漢書集注：「蒙，蔽也。」以自利也。令尹盡信之矣，國將如何？」令尹病之。

秋，會于扈，令戍周，且謀納公也。宋、衛皆利納公，固請之。范獻子取貨于季孫，謂司城子梁與北宮貞子曰：「季孫未知其罪，而君伐之。請囚、請亡，於是乎不獲。君又弗克，而自出也。夫豈無備而能出君乎？季氏之復，天救之也。休公徒之怒，而啓叔孫氏之心。不然，豈其伐人而說甲執冰以游？叔孫氏懼禍之濫，而自同于季氏，天之道也。魯君守齊，三年而無成。季氏甚得其民，淮夷與之。有十年之備，有齊、楚之援，有天之贊，有民之助，有堅守之心，有列國之權，而弗敢宣也，【詁】韓詩：「宣，顯也。」（詩釋文。）按：杜注：「言用也。」恐誤。事君如在國。故鞅以爲難。二子皆圖國者也，而欲納魯君，鞅之願也，請從二子以圍魯。無成，死之。」二子懼，皆辭。乃辭小國，而以難復。

孟懿子、陽虎伐鄆。鄆人將戰，子家子曰：「天命不慆久矣，使君亡者，必此衆也。天既禍之，而自福也，不亦難乎？猶有鬼神，此必敗也。烏乎！（諸本作「嗚呼」。今从石經改正。且與傳文前後畫一。）爲無望也夫。其死於此乎！」公使子家子如晉。公徒敗于且知。

楚郤宛之難，國言未已，進胙者莫不謗令尹。沈尹戌言于子常曰：「夫左尹與中廄尹，莫知其罪，而子殺之，以興謗讟，至于今不已。戌也惑之。〔一〕仁者殺人以掩謗，猶不爲也。今吾子殺人以興謗而弗圖，不亦異

〔一〕「惑」原訛「聞」，據春秋左傳其它各本改。

乎？夫無極，楚之讒人也，民莫不知。去朝吳，出蔡侯朱，喪大子建，殺連尹奢，屏王之耳目，使不聰明。不然，平王之温惠恭儉，有過成、莊，無不及焉，所以不獲諸侯，邇無極也。今又殺三不辜，以興大謗，幾及子矣。子而不圖，將焉用之？夫鄢將師矯子之命，以滅三族，國之良也，而不愆位。吳新有君，疆埸日駭。楚國若有大事，子其危哉！知者除讒以自安也，今子愛讒以自危也。甚矣！其惑也。」子常曰：「是瓦之罪，敢不良圖？」九月己未，子常殺費無極與鄢將師，盡滅其族，以説于國，謗言乃止。

冬，公如齊。齊侯請饗之，子家子曰：「朝夕立於其朝，又何饗焉？其飲酒也。」乃飲酒，使宰獻，而請安。【詁】服虔云：「主人請安，謂主人使司正請安于賓。」（本疏。）惠棟：「按：管子幼官篇云：『三千里之外，諸侯世一至，置大夫以爲廷安。』齊君飲昭公酒，故使宰獻，而仍用廷安之禮，非卑公也。杜氏以爲比公于大夫，失之。」子仲之子曰重，爲齊侯夫人，曰：「請使重見。」子家子乃以君出。

十二月，晉籍秦致諸侯之戍于周，魯人辭以難。

二十八年，春，公如晉，將如乾侯。子家子曰：「有求於人，而即其安，人孰矜之？其造於竟。」弗聽，使請逆于晉。晉人曰：「天禍魯國，君淹恤在外。君亦不使一个辱在寡人，而即安於甥舅，其亦使逆君？」使公復于竟，而後逆之。

晉祁勝與鄔臧通室。（石經初刻作「鄔」，後改刻作「鄡」。下「鄡大夫」亦同誤。）祁盈將執之，訪于司馬叔游。叔游曰：「鄭書有之：『惡直醜正，實蕃有徒。』（詩周頌引傳文「實」作「寔」。）【詁】西京賦「寔藩有徒」，薛綜注：「寔，實也。蕃，多也。」無道立矣，子懼不免。詩曰：『民之多辟，無自立辟。』姑已若何？」曰：「祁氏私有討，國何有焉？」遂執之。祁勝賂荀躒，荀躒爲之言於晉侯。晉侯執祁盈。祁盈之臣曰：「鈞將皆死，慭使吾君聞勝與臧之死也以爲快。」【詁】説文云：「憖，願也。」惠棟曰：「言鈞死耳，願使吾君先聞二人之死以爲快。杜注云發語辭，非。又外傳曰『吾憖置之于耳』，『以憖御人』，又曰『憖庇州犂』，韋昭皆訓爲願。大夫稱主，今稱君者，蓋其臣三世仕于祁氏矣。」又云：「『憖』讀爲『銀』，與『寧』同音。又讀爲『甯』。古『寧』、『甯』同字。説文『寧』與『憖』皆訓爲願。」乃殺之。夏，六月，晉殺祁盈及楊食我。（論衡作「羊舌食我」。）食我，祁盈之黨也，而助亂，故殺之。遂滅祁氏、羊舌氏。初，叔向欲取於申公巫臣氏，其母欲取其黨。【詁】論衡叔向之母姬姓。按：上傳昭公三年叔向對晏子曰：「晉之公族盡矣。」正義引世族譜云：「叔向，晉之公族。」今論衡云向母姬姓，是向之父取于同姓也。劉向列女傳亦云：「羊舌叔姬者，叔向之母也。」潛夫論亦稱叔向母爲叔姬。叔向曰：「吾母多而庶鮮，吾懲舅氏矣。」其母曰：「子靈之妻殺三夫、一君、一子，而亡一國、兩卿矣，可無懲乎？吾聞之：『甚美必有甚惡。』是鄭穆少妃姚子之子，子貉之妹也。子貉早死，無後，而天鍾美於是，將必以是大有敗也。昔有仍氏生女，黰黑，【詁】賈逵云：「美髮曰黰。」（本疏。杜取此。）説文作「㐱」，又作「鬒」，云：「稠髮也。」服虔云：「髮美爲鬒。詩曰『鬒髮如雲』，其言美長而黑。以髮美，故曰玄妻。」（毛詩疏。）而甚美，光可以鑑，名曰玄妻。樂正后夔取之，生伯封，（古今人表作「伯封叔」。）實有豕心，貪惏無厭，（釋文：「『厭』，本亦作『饜』。」）【詁】賈逵云：「貪，耆食也。其人貪耆財利飲食，無知厭足；忿怒狠戾，無有期度，時人謂之大豬。」（本疏。）説文：「河内之北謂貪曰惏。」忿纇無期，（釋文：「『纇』，又作『類』。」）【詁】服虔云：「忿怒其類，以饜其私，無期度也。」（同上。）按：釋文一作「類」，亦與服同。當係漢時本如此。謂之封豕。有窮后羿滅之，夔是以不祀。且三代之亡、共子之廢，皆是物也。女何以爲哉？夫有尤物，足以移人。苟非德義，則必有禍。」叔向懼，不敢取。平公强使取之，生伯石。伯石始生，子容之母走謁諸姑，曰：「長叔姒生男。」【詁】禮記喪服章云：「娣姒婦報，傳曰：『娣姒婦者，弟長也。』」傳言弟長者，雙訓娣姒云，言娣是弟，姒是長也。鄭玄曰：「娣姒者，兄弟之妻相名也。長婦謂穉婦爲娣婦，娣婦謂長婦爲姒婦。」按：杜注似不分明。姑視之，及堂，聞其聲而還，曰：「是豺狼之聲也。（文選注引無「也」字。釋文：「『豺』，本又作『犲』。」〔一〕）狼子野心。非是，莫喪羊舌氏矣。」（文選注引無「矣」字。）【詁】論衡引作「野心無親，非是，莫喪羊舌氏」。遂弗視。

秋，晉韓宣子卒。魏獻子爲政，分祁氏之田（水經引作「祈」。）以爲七縣，分羊舌氏之田以爲三縣。司馬彌牟爲鄔大夫，【詁】水經注：「晉大夫司馬彌牟之邑。謂之鄔水，俗亦曰慮水。『慮』、『鄔』聲相近，故因變焉。」賈辛爲祁大夫，司馬烏爲平陵大夫，魏戊爲梗陽大夫，【詁】京相璠曰：「梗陽，晉邑，今大原晉陽縣南六十里榆次界有梗陽城。」（水經注。）地理志：「榆次，梗陽鄉，魏戊邑。」知徐吾爲涂水大夫，（古今人表「知」作「智」。）【詁】地理志大原郡：「榆次，涂水鄉，晉大夫知徐吾邑。」師古曰：「『涂』音『塗』。」韓固爲馬首大夫，盂丙爲盂大夫，【詁】顧炎武曰：「今本作孟丙者非。地理志大原郡：『盂縣，晉大夫盂丙邑。』以其爲盂大夫，而謂之盂丙，猶魏大夫之爲魏壽餘，閻大夫之爲閻嘉，邯鄲大夫之爲邯鄲午也。」又攷「盂」、「孟」字相近而譌。第石經及宋本並作「孟丙」，古今人表及水經注亦同。今據地理志等改正。樂霄爲銅鞮大夫，【詁】地理志上黨郡銅鞮。（杜本此。）趙朝爲平陽大夫，【詁】地理志河東郡平陽，應劭曰：「堯都也，在平河之陽。」（杜本此。今本「平」誤「巫」。）僚安爲楊氏大夫。【詁】地理志河東郡楊，應劭曰：「故楊侯國。」謂賈辛、司馬烏爲有力於王室，故舉之。謂知徐吾、趙朝、韓固、魏戊，餘子之不失職，能守業者也。其四人者，皆受縣，而後見於魏子，以賢舉也。魏子謂成鱄：「吾與戊也縣，人其以我爲黨乎？」對曰：「何也？戊之爲人也，遠不忘君，近不偪同，居利思義，在約思純，有守心而無淫行，雖與之縣，不亦可乎？昔武王克商，光有天下。其兄弟之國者十有五人，姬姓之國者四十人，皆舉親也。【詁】按：荀子以爲天下立七十一國，姬姓獨五十三人。與此不同。荀子蓋合兄弟同姓爲一也。夫舉無他，（風俗通引傳文下有「也」字。）惟善所在，親疏一也。詩曰：『惟此文王，【詁】

〔一〕「犲」原作「豺」，據經典釋文春秋左氏音義改。

詩作「惟此王季」。正義：「經涉亂離，師有異讀，後人因而兩存，不敢追改。今王肅注毛詩及韓詩亦作『惟此文王』。鄭注毛詩作『惟此王季』，故稱比于文王，言王季之德可以比于文王也。」帝度其心。莫其德音，（毛詩作「貊」。下「德正應和曰莫」亦同。）其德克明。克明克類，克長克君。王此大國，（毛詩「國」作「邦」。樂記引詩亦作「邦」。）克順克比。比于文王，（樂記「比」作「俾」。史記樂書亦作「俾」。）【詁】鄭箋曰：「『俾』讀爲『比』，聲之誤也。」其德靡悔。既受帝祉，施于孫子。』心能制義曰度，【詁】服虔云：「心能制事，使得其宜，言善揆度事也。」（詩疏。）惠棟曰：「自此至『經緯天地曰文』，皆見周書謚法，惟闕『曰莫』、『曰君』。張守節所引謚法云：『賞慶刑威曰君。』孔晁注曰：『能行四者。』『德正應和曰莫。』注云：『正其德，應其和。』」德正應和曰莫，【詁】毛傳：「莫莫，言清静而敬至也。」（杜本此。）服虔云：「在己爲德，施行爲正，發號施令，天下皆應和之，言皆莫然無讙譁也。」（同上。）照臨四方曰明，【詁】服虔云：「豫見安危也。」（同上。）勤施無私曰類，（周書作「勤政」，疑誤。）教誨不倦曰長，【詁】服虔云：「教誨人以善不懈倦，言善長以道德也。」（同上。）賞慶刑威曰君，慈和偏服曰順，【詁】服虔云：「上愛下曰慈。和，中和也。爲上而愛下，行之以中和，天下偏服，從而順之。」擇善而從之曰比，【詁】服虔云：「比方損益古今之宜而從之。」（同上。）按：「之」字衍。周書及毛傳皆無「之」字。鄭氏樂記注引無「而」字，有「之」字。經緯天地曰文。【詁】服虔云：「德能經緯順從天地之道，故曰文。」（同上。）九德不愆，作事無悔，故襲天禄，子孫賴之。主之舉也，近文德矣，所及其遠哉！」

賈辛將適其縣，見於魏子。魏子曰：「辛來！昔叔向適鄭。鬷蔑惡，（文選注引傳「蔑」作「蔑」。）欲觀叔向，從使之收器者而往，立於堂下，一言而善。叔向將飲酒，聞之，曰：『必鬷明也。』下，執其手以上，曰：『昔賈大夫惡，【詁】按：水經注謂賈大夫即賈辛，誤。晉語賈辛在悼公時，與叔向同朝，不得言昔。取妻而美，三年不言不笑。御以如皐，【詁】詩毛傳：「皐，澤也。」（杜本此。）射雉獲之，其妻始笑而言。賈大夫曰：「才之不可以已。我不能射，女遂不言不笑。」夫（石經初刻脱「夫」字，重增入。）今子少不颺，子若無言，吾幾失子矣。言之不可以已也如是。』遂如故知。今女有力於王室，（諸本「力」誤「功」。今从石經、宋本改。）吾是以舉女。行乎！敬之哉！毋墮乃力。」【詁】高誘呂覽注：「墮，廢也。」韋昭國語注：「墮，毀也。」按：杜注云損，似非義訓。仲尼聞魏子之舉也，以爲義，曰：「近不失親，遠不失舉，可謂義矣。」又聞其命賈辛也，以爲忠：「詩曰：『永言配命，自求多福。』忠也。魏子之舉也義，其命也忠，其長有後于晉國乎！」

冬，梗陽人有獄，魏戊不能斷，以獄上。其大宗賂以女樂，【詁】賈逵云：「訟者之大宗。」（御覽。杜取此。）魏子將受之。魏戊謂閻没、女寬曰：【詁】晉語作「閻没、叔寬」，韋昭注：「閻没，閻明。叔寬，女齊之子叔褒。」賈逵云：「二子，晉大夫魏子之族。」（同上。）「主以不賄聞於諸侯，若受梗陽人賄，莫甚焉。吾子必諫。」皆許諾。退朝，待於庭。饋入，召之。【詁】賈逵云：「召二大夫食。」（同上。）比置，三歎。既食，使坐。魏子曰：「吾聞諸伯叔，諺曰：『惟食忘憂。』吾子置食之間三歎，何也？」同辭而對曰：「或賜二小人酒，【詁】賈逵云：「小人，二子自謂。」（同上。）不夕食。【詁】服虔云：「昨飲酒醉，故不夕食。」（同上。）饋之始至，恐其不足，是以歎。中置，自咎曰：『豈將軍食之而有不足？』是以再歎。及饋之畢，願以小人之腹爲君子之心，（初學記引此「願」上有「曰」字。文選注引此「爲」上多「而」字。）屬厭而已。」【詁】服虔云：「屬，足也。小人，二子自謂。腹飢則恐食之不足，厭飽則知止。君子居尊官，食重禄，而不知足，故願以其腹爲君子之心。」（同上。）韋昭國語注云：「屬，適也。厭，飽也。已，止也。適小飽足，則自節也。」獻子辭梗陽人。（初學記引「子」字下有「遂」字。）

二十九年，春，公至自乾侯，處于鄆。齊侯使高張來唁公，稱主君。【詁】服虔云：「大夫稱主君。比公于大夫，故稱主君。」（史記集解。杜取此。）子家子曰：「齊卑君矣，君祇辱焉。」公如乾侯。

三月己卯，京師殺召伯盈、尹氏固及原伯魯之子。尹固之復也，有婦人遇之周郊，尤之，曰：「處則勸人爲禍，行則數日而反，是夫也，其過三歲乎？」

夏，五月庚寅，王子趙車入于鄻【詁】説文：「鄻，周邑也。」（杜本此。）以叛，陰不佞敗之。平子每歲賈馬，具從者之衣屨，而歸之于乾侯。公執歸馬者，賣之，乃不歸馬。衛侯來獻其乘馬，曰啓服。塹而死，公將爲之櫝。【詁】説文：「櫝，匱也。」子家子曰：「從者病矣，請以食之。」乃以幃裹之。（釋文作「帷」。）【詁】説文：「幃，囊也。」公賜公衍羔裘，使獻龍輔於齊侯，【詁】説文：「瓏，禱旱玉。」按：今本作「龍」，杜注：「龍輔，玉名。」蓋取此。遂入羔裘。齊侯喜，與之陽穀。公衍、公爲之生也，其母偕出。公衍先生。公爲之母曰：「相與偕出，請相與偕告。」三日，公爲生，其母先以告，公爲爲兄。公私喜於陽穀，而思於魯，曰：「務人爲此禍也，且後生而爲兄，其誣也久矣。」乃黜之，而以公衍爲大子。

秋，龍見于絳郊。魏獻子問于蔡墨曰：「吾聞之，蟲莫知于龍，以其不生得也，謂之知，信乎？」對曰：「人實不知，非龍實知。古者畜龍，故國有豢龍氏，有御龍氏。」【詁】賈逵云：「豢，養也。穀食曰豢。」（史記集解。服虔同。）服虔云：「御亦養也。養馬曰圉，以養犬豕曰豢。」（本疏。杜取此。）按：「御」、「圉」字同。管子書皆以「圉」爲「御」。獻子曰：「是二氏者，吾亦聞之，而不知其故。是何謂也？」對曰：「昔有飂叔安，（古今人表作「瘳叔安」。師古曰：「左傳作『飂』，同。音力周反。」）【詁】按：杜注：「飂，古國也。」今攷説文：「翏，地名。」翏當即蓼國。「飂」、「翏」、「蓼」古字通。又叔安，王充論衡引作叔宋，疑誤。有裔子曰董父，（潛夫論引「有」作「其」。）實甚好龍，能求其耆欲以飲食之，龍多歸之，（潛夫論「之」作「焉」。）乃擾畜龍，（潛夫論作「乃學擾龍」。）【詁】按：集解引應劭曰：「『擾』音『柔』。擾，馴也，能順養得其嗜欲。」又按：尚書「擾而毅」，徐廣曰：「『擾』一作『柔』。」玉篇「犪」字注云：〔一〕「牛柔謹也，從也，安也。又馴

〔一〕「犪」原訛「擾」，據玉篇牛部第三五八改。

也。尚書『櫌而殺』，字如此。音而小、而照二切。」是「擾」本作「櫌」，一音「柔」也。以服事帝舜。帝賜之姓曰董，氏曰豢龍，（論衡「帝賜」作「而錫」。）封諸鬷川，鬷夷氏其後也。（潛夫論「鬷」作「腰」。「腰」即「鬷」字。論衡「其」上有「是」字。）故帝舜氏世有畜龍。及有夏孔甲，擾于有帝。（「有」字疑誤。論衡無「有」字。）帝賜之乘龍，【詁】服虔云：「四頭爲乘，四乘十六頭也。」（本疏。）河、漢各二，【詁】服虔云：「河、漢各二乘。」（釋文。）各有雌雄。孔甲不能食，而未獲豢龍氏。有陶唐氏既衰，其後有劉累，（古今人表作「劉絫」，師古曰：「古『累』字。」「後」古文又作「后」。）【詁】服虔云：「后，劉累之爲諸侯者，夏時賜之姓。」（史記集解。）按：此則服本「後」作「后」。學擾龍于豢龍氏，以事孔甲，能飲食之，夏后嘉之，賜氏曰御龍，以更豕韋之後。【詁】賈逵云：「劉累之後，至商不絶，以代豕韋之後。祝融之後封于豕韋，殷武丁滅之，以劉累之後代之。」（同上。）惠棟曰：「史記『更』作『受』。周禮巾車曰『歲時受讀』，杜子春曰：『「受」當爲「更」。』儀禮燕禮及大射禮注皆云：『古文「更」爲「受」。』是『更』與『受』古今字耳。汲郡古文云：『孔甲元年，廢豕韋氏，使劉累豢龍。』」龍一雌死，潛醢以食夏后。夏后饗之，【詁】按：論衡「饗」作「烹」，此刻本之訛。「烹」當作「亨」。「亨」爲古「享」字。「享」與「饗」通。上云「潛醢以食夏后」，不得復言「夏后烹之」也。既而使求之。懼，（薛綜南都賦注引此「既而」作「既又」。論衡引無「之」字。）【詁】賈逵云：「夏后既而又使求致龍，不能得而懼也。」（史記集解。）而遷于魯縣。（論衡「而」下有「不得」二字。）【詁】地理志南陽郡：「魯陽，有魯山，古魯縣，御龍氏所遷。」（杜本此。）范氏其後也。」獻子曰：「今何故無之？」對曰：「夫物，物有其官，官修其方，朝夕思之。一日失職，則死及之。失官不食。官宿其業，【詁】服虔云：「宿，思也。今日當預思明日之事，如家人宿火矣。」（本疏。）其物乃至。若泯棄之，物乃坻伏，（論衡作「低伏」。）【詁】廣雅：「𢼸，隱也。」「坻」與「𢼸」同。鬱湮不育。（釋文「湮」作「堙」。「湮」、「堙」古字通。）【詁】賈逵云：「鬱，滯也。湮，塞也。」（本疏。）按：廣雅亦云：「湮，塞也。」（杜取此。）故有五行之官，是謂五官，實列受氏姓，封爲上公，祀爲貴神。（鄭玄禮記注引作「祭爲大神」。）社稷五祀，是尊是奉。木正曰勾芒，【詁】賈逵云：「總言萬物勾芒，非專木生如勾。」（本疏。）火正曰祝融，【詁】賈逵云：「夏陽氣明朗。祝，甚也。融，明也。」（同上。）金正曰蓐收，水正曰玄冥，土正曰后土。【詁】賈逵云：「勾芒祀于户，祝融祀于竈，蓐收祀于門，玄冥祀于井，后土祀于中霤。」（同上。）正義：「在家則祀中霤。」蓋取賈説。龍，水物也，水官棄矣，故龍不生得。【詁】先儒説左氏者，皆以爲五靈配五方。龍屬木，鳳屬火，麟屬土，白虎屬金，神龜屬水。其五行之次，木生火，火生土，土生金，金生水，水生木。王者修其母，則致其子。水官修則龍至，木官修則鳳至，火官修則麟至，土官修則白虎至，金官修則神龜至。故爲其説云：「視明禮修而麟至，思睿信立而白虎擾，言從文成而神龜在沼，聽聰知正而名川出龍，貌恭體仁而鳳凰來儀。」皆修其母而致其子也。（本疏。）不然，周易有之，在乾䷀之姤䷫，曰：『潛龍勿用。』其同人䷌【詁】服虔云：「天在上，火炎上同于天，天不可同，故曰同人。」（本疏。）曰：『見龍在田。』其大有䷍曰：『飛龍在天。』其夬䷪曰：『亢龍有悔』。其坤䷁曰：『見群龍無首，吉。』坤之剥䷖曰：『龍戰于野。』（釋文：「『坤』，本又作『巛』。」）【詁】按：大戴禮記易之乾坤並作「巛」字。王肅家語注：「『巛』，古『坤』字。象六斷之形。」陸氏周易坤卦「坤」字注云：「本又作『巛』。『巛』今字也。」今攷説文無「巛」字。五經周易已皆作「坤」，則此傳作「坤」爲得，不必從釋文改也。惟陸氏斥以爲今字，恐非。干禄字書收「巛」、「坤」二字，云：「上通下正。」若不朝夕見，誰能物之？」獻子曰：「社稷五祀，誰氏之五官也？」對曰：「少皞氏有四叔，曰重、曰該、（古今人表作「垓」。）曰修、曰熙，實能金、木及水。使重爲勾芒，該爲蓐收，修及熙爲玄冥。世不失職，【詁】按：潛夫論「世不失職」上有「恪共厥業」四字。今攷杜注云：「四子能治其官，使不失職，[二]濟成少皞之功，死皆爲民所祀。」分句解之，似當有也。存俟學者論定。遂濟窮桑，【詁】賈逵云：「處窮桑以登爲帝，故天下號之曰窮桑帝。」賈以濟爲渡也。（本疏。水經注亦同。）服虔云：「窮桑，顓頊所居。」（路史後記。）此其三祀也。顓頊氏有子曰犂，（詩疏引傳作「犂」。尚書

[二]「使」原訛「便」，據春秋左傳集解昭公二十九年改。

及國語皆作「黎」。「黎」、「犂」古字通。）爲祝融；共工氏有子曰勾龍，爲后土，【詁】説文：「社，地主也。春秋傳曰『勾龍爲社神』。」此其二祀也。后土爲社。稷，田正也。（周禮疏引作「稷爲田正」。）有烈山氏之子曰柱（釋文：「『烈』如字。禮記作『厲山』。」）【詁】按：孔穎達郊特牲正義作「列山氏」。宋庠國語補注音曰：「左傳作『列山』，今本並作『烈山』，容古字通。」賈逵、鄭玄皆云：「烈山，炎帝之號。」（本疏。）按：劉炫規過亦從賈義。爲稷，自夏以上祀之。周棄亦爲稷，自商以來祀之。」

冬，晉趙鞅、荀寅帥師城汝濱，遂賦晉國一鼓鐵，以鑄刑鼎，【詁】服虔云：「鼓，量名也。曲禮曰：『獻米者操量鼓。』取晉國一鼓鐵以鑄之。」（同上。）著范宣子所爲刑書焉。仲尼曰：「晉其亡乎！失其度矣。夫晉國將守唐叔之所受法度，以經緯其民。卿大夫以序守之，民是以能尊其貴，貴是以能守其業。貴賤不愆，所謂度也。文公是以作執秩之官，爲被廬之法，以爲盟主。今棄是度也，而爲刑鼎，民在鼎矣，何以尊貴？貴何業之守？貴賤無序，何以爲國？且夫宣子之刑，夷之蒐也，晉國之亂制也，若之何以爲法？」蔡史墨曰：「范氏、中行氏其亡乎！中行寅爲下卿而干上令，擅作刑器，以爲國法，是法姦也。又加范氏焉，易之，亡也。其及趙氏，趙孟與焉。然不得已，若德，可以免。」

三十年，春，王正月，公在乾侯，不先書鄆與乾侯，非公，且徵過也。（釋文：「『徵』，本或作『微』。」）【詁】廣雅：「徵，明也。」（杜本此。）服虔云：「非公且徵過也。過昭公無道，久在外。季氏非公不肯釋，言公在某地。春秋之義，亦以不書徵季氏之過。此年書者，公不得入晉，外内有困辱，季氏閔而釋之，[一]所謂事君如在國。」（本疏。）

[一] 「閔」原訛「聞」，據春秋左傳正義昭公三十年改。

夏，六月，晉頃公卒。秋，八月，葬。鄭游吉弔，且送葬。魏獻子使士景伯詰之，曰：「悼公之喪，子西弔，子蟜送葬。今吾子無貳，何故？」對曰：「諸侯所以歸晉君，禮也。禮也者，小事大，大字小之謂。事大在共其時命，字小在恤其所無。以敝邑居大國之間，共其職貢，與其備御不虞之患，豈忘共命？先王之制：諸侯之喪，士弔，大夫送葬。惟嘉好、聘享、三軍之事，於是乎使卿。晉之喪事，敝邑之閒，先君有所助執紼矣。【詁】説文：「紼，亂系也。」若其不閒，雖士、大夫有所不獲數矣。大國之惠，亦慶其加，而不討其乏，明厎其情，取備而已，以爲禮也。靈王之喪，【詁】鄭玄以爲簡公若在，君當自行。（本疏。）我先君簡公在楚，我先大夫印段實往，敝邑之少卿也。王吏不討，恤所無也。今大夫曰：『女盍從舊？』舊有豐有省，不知所從。從其豐，則寡君幼弱，是以不共。從其省，則吉在此矣。唯大夫圖之！」晉人不能詰。

吴子使徐人執掩餘，使鍾吾人執燭庸，二公子奔楚。楚子大封，而定其徙，使監馬尹大心逆吴公子，使居養，莠尹然、左司馬沈尹戌城之，取於城父與胡田以與之，將以害吴也。子西諫曰：「吴光新得國，而親其民，視民如子，辛苦同之，將用之也。若好吾邊疆，（諸本「吾」作「吴」。今从釋文、石經及宋本改正。釋文：「『吴』，一本作『吾』。」）使柔服焉，猶懼其至。吾又疆其讎，以重怒之，無乃不可乎？吴，周之胄裔也，而弃在海濱，不與姬通，今而始大，比于諸華。光又甚文，將自同於先王。不知天將以爲虐乎，使翦喪吴國而封大異姓乎？其抑亦將卒以祚吴乎？其終不遠矣。我盍姑億吾鬼神，【詁】韋昭國語注：「億，安也。」（杜本此。）而寧吾族姓，以待其歸。將焉用自播揚焉？」王弗聽。吴子怒。冬，十二月，吴子執鍾吾子。遂伐徐，防山以水之。己卯，滅徐。徐子章禹斷其髪，攜其夫人，以逆吴子。吴子唁而送之，【詁】説文：「唁，弔生也。」使其邇臣從之，遂奔楚。楚沈尹戌帥師救徐，弗及。遂城夷，使徐子處之。吴子問於伍員曰：（吕覽作「五員」。）「初而言伐楚，余知其可也，而恐其使余往也，又惡人之有余之功也。今余將自有之矣，伐楚何如？」對曰：「楚執政衆而乖，莫適任患。若爲三師以肄焉，（釋文：「『肄』，本又作『肆』。」）【詁】按：陸粲云：「文十二年河曲之戰，使輕者肆焉，注曰：『暫往而退也。』與此傳所謂『彼出則歸，彼歸則出』，意正相類。」于義爲長。傳遂以陸説爲非，云：「肄，習也。」一師至，彼必皆出。彼出則歸，彼歸則出，楚必道敝。亟肄以罷之，多方以誤之。既罷而後，以三軍繼之，必大克之！」闔廬從之。楚于是乎始病。

三十一年，春，王正月，公在乾侯，言不能外内也。晉侯將以師納公，范獻子曰：「若召季孫而不來，則信不臣矣。然後伐之，若何？」晉人召季孫。獻子使私焉，曰：「子必來，我受其無咎。」季孫意如會晉荀躒于適歷。荀躒曰：「寡君使躒謂吾子：『何故出君？有君不事，周有常刑，子其圖之！』」季孫練冠麻衣跣行，【詁】王肅云：「示憂戚。」（史記集解。杜取此。）伏而對曰：「事君，臣之所不得也，敢逃刑命？君若以臣爲有罪，請囚於費，以待君之察也，亦惟君。若以先臣之故，〔二〕不絕季氏，而賜之死。【詁】服虔云：「言賜不使死，是爲以死賜之。」（本疏。）若弗殺弗亡，君之惠也，死且不朽。若得從君而歸，則固臣之願也，敢有異心？」夏，四月，季孫從知伯如乾侯。子家子曰：「君與之歸。一慙之不忍，而終身慙乎？」公曰：「諾。」衆曰：「在一言矣，君必逐之。」荀躒以晉侯之命唁公，且曰：「寡君使躒以君命討於意如，意如不敢逃死，君其入也。」公曰：「君惠顧先君之好，施及亡人，將使歸糞除宗祧以事君，則不能見夫人。己所能見夫人者，有如河！」荀躒掩耳而走，曰：「寡君其罪之恐，敢與知魯國之難！臣請復於寡君。」退而謂季孫曰：「君怒未怠，子姑歸祭。」子家子曰：「君以一乘入于魯師，季孫必與君歸。」公欲從之，衆從者脅公，不得歸。

〔二〕「臣」原訛「君」，據春秋左傳其它各本改。

薛伯穀卒。同盟，故書。

秋，吴人侵楚，伐夷，侵潛、六。（地理志作「灊」。）楚沈尹戌帥師救潛，吴師還。楚師遷潛於南岡而還。吴師圍弦，左司馬戌、右司馬稽帥師救弦，及豫章，吴師還。始用子胥之謀也。

冬，邾黑肱以濫來奔。賤而書名，重地故也。君子曰：「名之不可不愼也如是。夫有所有名，而不如其已。以地叛，雖賤，必書地，以名其人，終爲不義，弗可滅已。是故君子動則思禮，行則思義，不爲利回，不爲義疚。【詁】按：義亦利也。古訓「義」、「利」通。廣雅：「俄，衺也。」「俄」、「義」同聲字。書立政「茲乃三宅無義民」，呂刑「鴟義姦宄」，[一]「義」皆訓傾衺。杜注云：「見義則爲之。」失之矣。或求名而不得，或欲蓋而名章，懲不義也。齊豹爲衞司寇，守嗣大夫，作而不義，其書爲『盜』。邾庶其、莒牟夷、邾黑肱以土地出，求食而已，不求其名，賤而必書。此二物者，所以懲肆而去貪也。若艱難其身，以險危大人，而有名章徹，攻難之士將奔走之。若竊邑叛君，以徼大利而無名，貪冒之民將寘力焉。是以春秋書齊豹曰『盜』，三叛人名，以懲不義，數惡無禮，其善志也。故曰：『春秋之稱，微而顯，婉而辨。』[二]上之人能使昭明，善人勸焉，淫人懼焉。是以君子貴之。」

十二月辛亥朔，日有食之。是夜也，趙簡子夢童子羸而轉以歌。（風俗通義引作「裸」。鄭康成引作「倮」，賈公彦正義同。）【詁】服虔云：「晉，諸侯之霸，與楚同盟。趙簡子爲執政之卿，遠夷將伐同盟，故夢發趙簡子。」（周禮疏。）旦，占諸史墨，曰：【詁】服虔云：「晉蔡墨。」（史記集解。）「吾夢如是，今而日食，何也？」對曰：「六年及此月也，吴其入郢乎！終亦弗克。入郢必以庚辰，日月在辰尾。庚午之日，日始有謫。火勝金，故弗克。」【詁】服虔云：「是歲

[一]「義」原訛「夷」，據尚書呂刑改。
[二]「辨」原作「辯」，據春秋左傳其它各本改。

在析木，後六年在大梁。大梁，水宗。十一月，日在星紀，爲吳國分。楚之先，顓頊之子老童。老童，楚象。行歌，象楚走哭。姬姓，日月在星紀。星紀之分，姬姓，吳也。楚衰，則吳得志。吳世世與楚怨。楚走去其國，故曰吳其入郢。吳屬水，水數六，〔一〕十月水位，故曰六年及此月也。有適而食，故知吳終亦不克。後六年定四年十一月晦庚辰，吳入郢，在立冬後，復此月也。十二月辛亥，日會月于龍尾而食。庚午日初有適，故曰庚辰。一曰日月在辰尾，尾爲亡臣，是歲吳始用子胥之謀以伐楚，故天垂象。午，火；庚，金也。火當勝金，而反有適，故爲不克。」（周禮疏。）

三十二年，春，王正月，公在乾侯，言不能外內，又不能用其人也。

夏，吳伐越，始用師於越也。史墨曰：「不及四十年，越其有吳乎！越得歲，而吳伐之，必受其凶。」【詁】鄭司農云：「大歲所在，歲星所居。」（周禮疏。）賈逵云：「吳、越同分，而得越福吳凶者，以吳先用兵，故反受其殃。」（本疏。）服虔云：「歲在星紀，吳、越之分野。蔡復之歲，歲在大梁，距此十九年。昭十五年有事于武宮之歲，龍度天門。龍，歲星也。天門在戌。是歲越過，故今年越得歲。龍，東方宿，天德之貴神。其所在之國，兵必昌。向之以兵，則凶。吳、越同次，吳先舉兵，故凶也。或歲星在越分中，故云得歲。史墨知不及四十年越有吳者，以其歲星十二年一周天，存亡之數不過三紀。三者，天、地、人之數。故歲星三周，星紀至玄枵。哀二十二年越滅吳，至此三十八年。」（周禮疏。）服氏以爲有事于武宮之歲，龍度天門。按：正義謂十五年歲星從申越未而至午，曆家以周天十二次，次別爲百四十四分。歲星每紀行一百四十五分，是歲星行一次，外剩行一分，積一百四十四年，乃剩行一次，故昭十五年得超一辰。（昭九年本疏。）

秋，八月，王使富辛與石張如晉，請城成周。天子曰：「天降禍于周，俾我兄弟（釋文：「『俾』，本又作『卑』。」）並有亂心，以爲伯父憂。我一二親昵甥舅，不皇啓處，於今十年。勤戍五年，余一人無日忘之，閔閔焉

〔一〕「六」原訛「十」，據周禮春官占夢賈公彥疏改。

如農夫之望歲，【詁】王逸楚詞章句：「閔，憂也。」（杜本此。）懼以待時。伯父若賜大惠，復二文之業，弛周室之憂，【詁】說文：「弛，弓解也。」（杜本此。）徼文、武之福，以固盟主，宣昭令名，則余一人有大願矣。昔成王合諸侯，城成周，以爲東都，崇文德焉。今我欲徼福假靈于成王，【詁】廣雅：「靈，福也。」蓋變文言之耳。哀二十四年「徼福乞靈」亦同。修成周之城，俾戍人無勤，諸侯用寧，蝥賊遠屏，晉之力也。其委諸伯父，使伯父實重圖之！俾我一人無徵怨于百姓，而伯父有榮施，先王庸之。」范獻子謂魏獻子曰：「與其戍周，不如城之。天子實云，雖有後事，晉弗與知可也。從王命以紓諸侯，晉國無憂。是之不務，而又焉從事？」魏獻子曰：「善。」使伯音對曰：「天子有命，敢不奉承以奔告於諸侯，遲速衰序，【詁】廣雅：「差，次也。」「差」、「衰」同。鄭玄禮記注：「序猶次也。」按：「衰序」猶言「次序」耳。於是焉在。」

冬，十一月，晉魏舒、韓不信如京師，合諸侯之大夫于狄泉，尋盟，且令城成周。魏子南面，衛彪傒曰：（文選注引作「奚」。高麗宋板作「傒」。又毛本「衛」誤作「魏」。今从石經、宋本改正。）「魏子必有大咎。干位以令大事，非其任也。詩曰：『敬天之怒，不敢戲豫。敬天之渝，不敢馳驅。』況敢干位以作大事乎？」己丑，士彌牟營成周，計丈數，揣高卑，【詁】說文：「揣，量也。度高下曰揣。」（杜本此。）度厚薄，仞溝洫，（釋文：「『仞』本又作『刃』。」）【詁】說文：「仞，申臂一尋八尺。」按：杜注：「度深曰仞。」本高誘淮南王書注。物土方，【詁】鄭玄儀禮注：「物猶相也。」（杜本此。）議遠邇，量事期，計徒庸，慮財用，書餱糧，（初學記引作「糇」。）以令役於諸侯。屬役賦丈，（周禮疏引作「賦丈尺」。）書以授帥，而效諸劉子。韓簡子臨之，以爲成命。

十二月，公疾，偏賜大夫，大夫不受。賜子家子雙琥、一環、一璧、輕服，【詁】說文：「琥，發兵瑞玉爲虎文。春秋傳云『賜子家雙琥』。」受之。大夫皆受其賜。己未，公薨。子家子反賜于府人，曰：「吾不敢逆君命也。」大夫皆反其賜。書曰：「公薨于乾侯。」言失其所也。趙簡子問於史墨曰：「季氏出其君，而民服焉，諸侯與之；

君死於外，而莫之或罪也。」對曰：「物生有兩，有三，有五，有陪貳。故天有三辰，地有五行，體有左右，各有妃偶，王有公，諸侯有卿，皆有貳也。天生季氏，以貳魯侯，爲日久矣。民之服焉，不亦宜乎？魯君世從其失，（釋文：「『從』本又作『縱』。」）季氏世修其勤，民忘君矣。雖死於外，其誰矜之？社稷無常奉，君臣無常位，自古以然。故詩曰：『高岸爲谷，深谷爲陵。』三后之姓，於今爲庶，主所知也。在易卦，雷乘乾曰大壯☳☰，天之道也。昔成季友，桓之季也，文姜之愛子也。始震而卜，卜人謁之，曰：『生有嘉聞，其名曰友，爲公室輔。』及生，如卜人之言，有文在其手，曰『友』，遂以名之。既而有大功於魯，受費以爲上卿。至于文子、武子，世增其業，不廢舊績。魯文公薨，而東門遂（史記索隱云：「『遂』，世本作『述』。鄒誕本作『秫』。」〔二〕）【詁】世本：「遂產子家歸父及昭子子嬰也。」（史記索隱。）殺適立庶，魯君於是乎失國，政在季氏。於此君也，四公矣。民不知君，何以得國？是以爲君，慎器與名，不可以假人。」

〔二〕「誕」原作「延生」，據史記魯周公世家索隱改。

春秋左傳詁卷十九

傳

定公

元年，春，王正月辛巳，晉魏舒合諸侯之大夫于狄泉，（五行志引作「翟泉」。水經注同。）【詁】班固、服虔、皇甫謐咸言翟泉在洛陽東北，周之墓地。又京相璠與裴司空季彦修晉輿地圖，〔一〕作春秋地名，亦言今太倉西南池水名翟泉。又曰舊説翟泉本自在洛陽北，萇弘城成周乃繞之。（水經注。）將以城成周。魏子涖政。衞彪傒曰：「將建天子，而易位以令，非義也。（漢書「義」作「誼」。）大事奸義，必有大咎。晉不失諸侯，魏子其不免乎！」是行也，魏獻子屬役于韓簡子及原壽過，而田于大陸，焚焉，還，卒於甯。范獻子去其柏椁，以其未復命而田也。

孟懿子會城成周。庚寅，栽。宋仲幾不受功，曰：「滕、薛、郳，吾役也。」薛宰曰：「宋爲無道，絶我小國於周，以我適楚，故我常從宋。晉文公爲踐土之盟，曰：『凡我同盟，各復舊職。』若從踐土，若從宋，亦惟命。」

〔一〕「季彦」原作「彦季」，據三國志魏書裴潛傳裴松之注及晉書卷三十五裴秀傳乙正。

仲幾曰：「踐土固然。」薛宰曰：「薛之皇祖奚仲，居薛，以爲夏車正。奚仲遷於邳，仲虺居薛，以爲湯左相。若復舊職，將承王官，何故以役諸侯？」仲幾曰：「三代各異物，薛焉得有舊？爲宋役，亦其職也。」士彌牟曰：「晉之從政者新，子姑受功。歸，吾視諸故府。」仲幾曰：「縱子忘之，山川鬼神（鄭玄儀禮注引作「山川神祇」。）其忘諸乎？」士伯怒，謂韓簡子曰：「薛徵於人，宋徵於鬼，宋罪大矣。且己無辭，而抑我以神，誣我也。『啓寵納侮』，其此之謂矣。必以仲幾爲戮。」乃執仲幾以歸。三月，歸諸京師。城三旬而畢，乃歸諸侯之戍。齊高張後，不從諸侯。晉女叔寬曰：「周萇弘、齊高張皆將不免。萇叔違天，高子違人。天之所壞，不可支也。【詁】梁履繩云：「按周語云：『周詩有之，曰：「天之所支，不可壞也。其所壞，亦不可支也。」昔武王克殷，而作此詩也。以爲飫歌，[一]名之曰「支」。』今按：此殆引逸詩之意而言之。「衆之所爲」二語句法相似，疑亦即支詩之言耳。衆之所爲，不可奸也。」

夏，叔孫成子逆公之喪于乾侯。季孫曰：「子家子亟言於我，未嘗不中吾志也。吾欲與之從政，子必止之，且聽命焉。」子家子不見叔孫，易幾而哭。叔孫請見子家子，子家子辭，曰：「羈未得見，而從君以出。君不命而薨，羈不敢見。」叔孫使告之曰：「公衍、公爲【詁】按：趙岐孟子章句：「公輸般，一云魯昭公子也。」今攷公輸與公衍、公爲名皆相類，岐説或有所本。檀弓所引公輸般，亦正與孔子同時。又按：鄭玄禮記注：「公輸若，匠師也。」「般，若之族。」今考季公亥字公若，云與般同族，亦般爲昭公子一證。實使群臣不得事君。若公子宋主社稷，則群臣之願也。凡從君出（諸本「君」作「公」。今從石經、宋本改正。）而可以入者，將唯子是聽。子家氏未有後，季孫願與子從政。此皆季孫之願也，使不敢以告。」對曰：「若立君，則有卿士、大夫與守龜在，羈弗敢知。若從君者，則貌

[一]「歌」原訛「敬」，據國語周語下改。

而出者，入可也；寇而出者，行可也。若羈也，則君知其出也，而未知其入也，羈將逃也。」喪及壞隤，公子宋先入，從公者皆自壞隤反。六月癸亥，公之喪至自乾侯。戊辰，公即位。季孫使役如闞，公氏將溝焉。【詁】按：宋本皆以「闞」字絶句，是也。今讀者皆然。殊不知古人多以「闞公氏」句三字連文。玄卿始以「闞」字屬上也。玄卿名字未詳，疏中屢引之。榮駕鵝曰：（諸本或誤作「駕」，非。）「生不能事，死又離之，以自旌也。縱子忍之，後必或恥之。」乃止。季孫問于榮駕鵝曰：「吾欲爲君謚，使子孫知之。」對曰：「生弗能事，死又惡之，以自信也。將焉用之？」乃止。秋，七月癸巳，葬昭公于墓道南。孔子之爲司寇也，溝而合諸墓。昭公出故，季平子禱於煬公。九月，立煬宮。【詁】鄭玄云：「煬公，伯禽之子。季氏禱而立其宮也。」（文苑英華。）

周鞏簡公弃其子弟，而好用遠人。

二年，夏，四月辛酉，鞏氏之群子弟賊簡公。

桐叛楚。【詁】郡國志廬江郡：「舒，有桐鄉。」（杜同此。）吳子使舒鳩氏誘楚人，曰：「以師臨我，我伐桐，爲我使之無忌。」

秋，楚囊瓦伐吳，師於豫章。吳人見舟於豫章，而潛師於巢。冬，十月，吳軍楚師于豫章，敗之。遂圍巢，克之，獲楚公子繁。

邾莊公與夷射姑飲酒，私出。【詁】韓非子内儲篇作：「齊中大夫御飲於王，醉甚而出，倚於郎門。」閽乞肉焉，【詁】惠士奇曰：「諸侯燕禮，賓醉而出，必取所薦脯，重君賜也。以所執脯賜鐘人於門内霤，廣君惠也。夷射姑私出無脯，奪杖毃閽，無禮甚矣。」奪之杖以毃之。【詁】按：説文殳部有「毃」，云：「擊頭也，从殳高聲。」孫愐音口卓反。攴部有「敲」，云：「撗擿，從攴高聲。」孫愐音口交切。今釋文「毃」作「敲」，轉寫之誤也。

三年，春，二月辛卯，邾子在門臺，臨廷。閽以缾水沃廷，（釋文：「『缾』，本又作『瓶』。」）邾子望見之，怒。閽曰：「夷射姑旋焉。」【詁】韓非子曰：「捐水郎門霤下，類溺者之狀。」命執之。弗得，滋怒。自投于牀，廢于鑪炭，【詁】高誘淮南注：「廢，頓也。」按：杜注：「廢，隋。」非義訓。爛，遂卒。【詁】鄭玄詩箋云：「烈之言爛也。」廣雅：「烈，爇也。」先葬以車五乘，殉五人。莊公卞急而好絜，（諸本作「潔」。今以石經、釋文改正。）故及是。

秋，九月，鮮虞人敗晉師於平中，獲晉觀虎，恃其勇也。

冬，盟於郯，修邾好也。

蔡昭侯爲兩佩與兩裘以如楚，獻一佩一裘於昭王。昭王服之，以享蔡侯。蔡侯亦服其一。子常欲之，弗與，三年止之。唐成公如楚，有兩肅爽馬，【詁】賈逵云：「色如霜紈。」馬融説：「肅爽，雁也，其羽如練，高首而修頸。馬似之，天下希有，故子常欲之。」按：説文：「鷫鷞，五方神鳥，西方鷫鷞。」則鷫鷞是神鳥名。馬云似雁，亦略相似。或馬毛色似此鳥，故取以名。楚詞大招「曼鷫鷞只」，王逸章句：「鷫鷞，俊鳥也。」高誘淮南注亦以爲鳥名，云：「長頸緑身，其形似雁。一曰鳳凰之別名也。」杜注以爲駿馬名，則以意言之耳。劉逵吴都賦注引左傳作「驌騻」。水經注作「肅霜」。子常欲之，弗與，亦三年止之。唐人或相與謀，請代先從者，許之。飲先從者酒，醉之，竊馬而獻之子常。子常歸唐侯。自拘于司敗，曰：「君以弄馬之故，隱君身，棄國家。群臣請相夫人以償馬，必如之。」唐侯曰：「寡人之過也，二三子無辱。」皆賞之。蔡人聞之，固請，而獻佩于子常。子常朝，見蔡侯之徒，命有司曰：「蔡君之久也，官不共也。明日禮不畢，將死。」蔡侯歸，及漢，執玉而沈，曰：「余所有濟漢而南者，有若大川！」蔡侯如晉，以其子元與其大夫之子爲質焉，而請伐楚。

四年，春，三月，劉文公合諸侯于召陵，謀伐楚也。（史記世家作「邵陵」。）晉荀寅求貨于蔡侯，弗得，言于范獻子曰：「國家方危，諸侯方貳，將以襲敵，不亦難乎？水潦方降，疾瘧方起，中山不服，棄盟取怨，無損於楚，而失中山，不如辭蔡侯。吾自方城以來，楚未可以得志，祇取勤焉。」乃辭蔡侯。

晉人假羽旄於鄭，鄭人與之。明日，或旆以會。晉于是乎失諸侯。將會，衞子行敬子言於靈公曰：「會同難，嘖有煩言，【詁】賈逵云：「嘖，至也。」（本疏。杜取此。）按：説文：「噧，高氣多言也。春秋傳曰『噧言』。」疑此即「嘖有煩言」之古文。又説文：「嘖，大呼也。」訓與此文不相蒙，當作「噧」爲是。「多言」正與下「煩言」相應。莫之治也。其使祝佗從。」（書疏引作「鮀」。論語同。古今人表作「祝鮀父」。）公曰：「善。」乃使子魚。子魚辭，曰：「臣展四體，以率舊職，猶懼不給而煩刑書。若又共二，徼大罪也。且夫祝，社稷之常隸也。社稷不動，【詁】按：劉炫以社稷動爲軍行，最是。杜注云國遷，失之。祝不出竟，官之制也。君以軍行，祓社釁鼓，【詁】説文：「釁，血祭也。」祝奉以從，於是乎出竟。若嘉好之事，君行師從，卿行旅從，【詁】服虔云：「謂會同。」（詩疏。）臣無事焉。」公曰：「行也。」及皐鼬，將長蔡於衞。【詁】服虔云：「載書使蔡在衞上。」（史記集解。）衞侯使祝佗私於萇弘曰：「聞諸道路，不知信否。若聞蔡將先衞，信乎？」萇弘曰：「信。蔡叔，康叔之兄也。【詁】賈逵等皆云：「蔡叔，周公兄。」（本疏。）按：本僖二十四年左傳文，杜注取賈。先衞，不亦可乎？」子魚曰：「以先王觀之，則尚德也。昔武王克商，成王定之，選建明德，以蕃屏周。（諸本作「藩」。從釋文、石經改正。）故周公相王室，以尹天下，於周爲睦。【詁】爾雅、詩毛傳並云：「尹，正也。」（杜本此。）分魯公以大路、大旂、【詁】賈逵云：「金路也。」（史記集解。杜取此。）夏后氏之璜、【詁】説文：「璜，半璧也。」白虎通及逸禮云：「半璧曰璜。」按：鄭康成注周禮亦同。高誘又曰：「半圭曰璜。夏后氏之珍玉也。」杜注苐以爲美玉，未知何據。封父之繁弱，【詁】鄭玄云：「此繁弱封父之國爲之。」（本疏。）荀卿子曰：「繁弱、鉅黍，古之良弓也。」「繁」亦作「蕃」，古字通。上林賦曰「彎蕃弱」，文穎曰：「蕃弱，夏后氏良弓之名。」殷民六族：【詁】按：賈公彦周禮司約正義引傳文并引注云：「殷民，禄父之餘民三十族六姓也。」今無此注，賈所引當是服義。條氏、徐氏、蕭氏、索氏、長勺氏、尾勺氏，使帥其宗氏，輯其分族，將其類醜，以法則周公，用即命于周。是使之職事于魯，以昭周公之明德。分之土田、陪敦，（按：「陪」當作「培」。釋文：「一本又作『倍』，非。」）【詁】說文：「培敦，土田山川也。」廣雅：「陪，益也。」詩毛傳：「敦，厚也。」祝、宗、卜、史，備物、典策，（釋文：「『策』，本又作『册』，亦作『筴』，或作『笧』。」）【詁】說文：「册，符命也，諸侯進受於王也。象其札，一長一短，中有二編之形。古文作『笧』。」按：今本作「策」，非。作「筴」，又隸書之變。服虔云：「備物，國之職物之備也。」（本疏。）官司、彝器，因商奄之民，【詁】說文：「奄國在魯。」鄭玄尚書注：「奄在淮夷之北。」命以伯禽，【詁】竹書紀年：「成八年命魯侯禽父遷庶殷于魯。」按：所云命以伯禽者指此。惠棟云：「當用劉炫說。伯禽、唐誥，百篇不載。封伯禽事別見洛誥。唐叔有歸禾，故皆不載也。孔子删書，亦用春秋一書不再書之例。」而封於少皞之虚。（史記世家作「少昊」。）【詁】說文：「虚，大丘也。」賈逵云：「少皞居窮桑登爲帝。」蓋未爲帝居魯北，既爲帝乃居魯也。（本疏。）分康叔以大路、少帛、【詁】賈逵云：「雜帛也。」（史記集解。）綪茷、【詁】賈逵云：「大赤也。」（同上。杜取此。）說文：「綪，赤繒也。」鄭衆云：「茷，旆名也。」（同。）按：鄭康成雜記注引作「蒨」。詩小雅「白旆央央」，毛傳云：「白旆，繼旐者也。」正義曰：「『茷』與『旆』古今字。故定四年傳云『蒨茷旃旌』，亦『旆』也。」據鄭注、孔疏，是「綪」、「蒨」古通。經典異用之字，陸氏釋文失考者甚多。旃旌、【詁】賈逵云：「通帛爲旃，析羽爲旌。」（同上。）按：說文：「旃，旗曲柄也，所以旃表士衆。周禮曰『通帛爲旃』。」「旌，游車載旌，析羽注旄首，所以精進士卒。」大呂，【詁】賈逵云：「鐘名。」（同上。杜取此。）殷民七族：陶氏、施氏、（潛夫論引作「茶氏」。）繁氏、錡氏、樊氏、饑氏、終葵氏。封畛土略，【詁】說文：「畛，井田閒陌也。」「略，經土田也。」自武父以南，及圃田之北竟，（釋文：「『圃』，本亦作『甫』，同。」）【詁】漢書地理志河南郡：「中牟，圃田澤在西，豫州藪。」取於有閻之土，以共王職；取於相土之東都，以會王之東蒐。聃季授土，【詁】史記管蔡世家作「冄季載」，索隱曰：「冄，國也。載，名也。季，氏也。『冄』或作『郙』。按：國語曰『冄由鄭姬』。〔一〕賈逵云『文王子聃季之國』也。莊十八年『楚武王克權，遷於郍處』，杜云：『郍處，楚地，南郡編縣有那口城。』『那』與『郍』皆音奴甘反。」正義曰：「『冉』作『冄』，音奴甘反。或作『郍』，音同。冄，國名也。季載，人名也。」衛康叔世家作「冉季」。按：「耼」之爲「聃」、「那」之爲「郍」、爲「那」，皆轉寫之譌。陶叔授民，命以康誥，而封於殷虛。皆啓以商政，疆以周索。【詁】考工記「時文思索」，鄭玄注：「文德之君，思求可以爲民立法者。」（杜本此。）分唐叔以大路、密須之鼓、闕鞏、【詁】說文作「碧」。詳見昭十五年。沽洗，懷姓九宗，職官五正，命以唐誥，而封於夏虛。【詁】案：服虔注，大夏在汾、澮之間，不得至晉陽，杜注誤。顧炎武日知録已辨之。啓以夏政，疆以戎索。三者，皆叔也，而有令德，故昭之以分物。不然，文、武、成、康之伯猶多，而不獲是分也，唯不尚年也。管、蔡啓商，惎間王室，【詁】賈逵云：「惎，毒。間，亂。」（本疏。）說文：「惎，毒也。」惠棟云：「惎當訓爲教。（宣十二年注訓惎爲教。）言管、蔡開商叛周之心，〔二〕而教之乘間以圖王室。張衡西京賦云：『天啓其心，人惎之謀。』與傳意合。〔三〕左傳『惎』字凡四見。宣十二年傳『楚人惎之』，當依說文作『畀』。〔四〕哀元年傳『少康惎澆』，當訓爲毒。廿七年傳『趙襄子惎知伯』，當訓爲忌。（小爾雅云：『惎，忌也。』）此傳當訓爲教。（小爾雅云：『惎，教也。』）杜惟哀元年注得之，餘皆非也。」王於是乎殺管叔而蔡蔡叔，【詁】按：「蔡」當從說文作「𥝩」，已見前。以車七乘、（史記作「輿車七乘」。）徒七十人。其子蔡仲改行帥德，周公舉之，以爲己卿士，見諸王，而命之以蔡。其命書云：『王曰：「胡，無若爾考之違王命也。」』若之何其使蔡先衛也？武王之母弟八人，周公爲太宰，康叔爲司寇，聃季爲司空，五叔無官，豈尚年哉？曹，文之昭也。（說文作「佋」。）晉，

〔一〕「由」原訛「季」，據史記管蔡世家索隱及國語周語中改。
〔二〕「開」原訛「間」，據惠棟春秋左傳補注卷六改。
〔三〕「意合」原作「合意」，據惠棟春秋左傳補注卷六乙正。
〔四〕「畀」原訛「畁」，據說文解字第三上改。

武之穆也。曹爲伯甸，非尚年也。今將尚之，是反先王也。晉文公爲踐土之盟，衛成公不在，夷叔，其母弟也，猶先蔡。其載書云：『王若曰：「晉重、魯申、衛武、蔡甲午、鄭捷、齊潘、宋王臣、莒期。」』藏在周府，可覆視也。【詁】爾雅：「覆、察，審也。」廣雅：「覆，索也。」「索」、「索」同。吾子欲復文、武之略，【詁】高誘淮南注：「略，道也。」（杜本此。）而不正其德，將如之何？」萇弘說，告劉子，與范獻子謀之，乃長衛侯於盟。

反自召陵，鄭子太叔未至而卒。晉趙簡子爲之臨，甚哀，曰：「黄父之會，【詁】賈逵云：「黄父會在昭廿五年。」（御覽。杜取此。）夫子語我九言，曰：『無始亂，【詁】賈逵云：「無爲亂始。」（同上。）無怙富，無恃寵，【詁】說文云：「怙，恃也。」「恃，賴也。」無違同，無敖禮，無驕能，無復怒，無謀非德，無犯非義。』」

沈人不會于召陵，晉人使蔡伐之。夏，蔡滅沈。

秋，楚爲沈故，圍蔡。伍員爲吳行人以謀楚。楚之殺郤宛也，伯氏之族出，伯州犂之孫嚭爲吳太宰，【詁】史記作：「楚誅伯州犂，其孫伯嚭亡奔吳，吳以爲大夫。」按：史記與左傳小異，當以左氏所言爲得其實。高誘呂覽注作「柏州犂」。李善文選注引吳越春秋曰：「帛否來奔於吳。」又云：「本或作『伯喜』，或作『帛否』，或作『太宰嚭』，字雖不同，其人一也。」以謀楚。楚自昭王即位，無歲不有吳師。蔡侯因之，以其子乾與其大夫之子爲質於吳。

冬，蔡侯、吳子、唐侯伐楚，舍舟于淮汭，自豫章與楚夾漢。左司馬戌謂子常曰：「子沿漢而與之上下，【詁】說文：「沿，緣水而下也。」（杜本此。）我悉方城外以毀其舟，還塞大隧、直轅、冥阨。【詁】墨子非攻篇曰：「吳闔廬次注林，出於冥隘之徑。」按：冥隘即冥阨。釋文：「『阨』，本亦作『隘』，音同。」史記無忌說魏安僖曰「秦不敢攻冥阨之塞」，徐廣曰：「即江夏郡鄳縣。」子濟漢而伐之，我自後擊之，必大敗之。」既謀而行。武城黑謂子常曰：「吳用木也，我用革也，不可久也，不如速戰。」史皇謂子常：「楚人惡子而好司馬。若司馬毀吳舟于淮，塞城口而入，是獨克吳也。子必速戰！不然，不免。」乃濟漢而陳，自小別至于大別。【詁】京相璠春秋土地名曰：「大別，漢東山名也，在安豐縣南。」（水經注。）按：杜注非是。辨見集中。三戰，子常知不可，欲奔。史皇曰：「安求其事，難而逃之，將何所入？子必死之，初罪必盡説。」

十一月庚午，二師陳于柏舉。【詁】京相璠曰：「柏舉，漢東地。」（水經注。）元和郡縣志：「龜頭山在黄州麻城縣東南八十里，舉水之所出也。春秋吴、楚戰於柏舉即此地。」闔廬之弟夫槩王晨請於闔廬曰：「楚瓦不仁，其臣莫有死志。先伐之，其卒必奔，而後大師繼之，必克。」弗許。夫槩王曰：「所謂『臣義而行不待命』者，其此之謂也。今日我死，楚可入也。」以其屬五千先擊子常之卒，子常之卒奔，楚師亂，吴師大敗之。子常奔鄭，史皇以其乘廣死。吴從楚師，及清發，【詁】按：水經注涓水下：「晉太安二年，鎮南將軍劉弘遣牙門皮初，與張昌戰於清水，即春秋左傳定公四年吴敗楚於柏舉，從之，及於清發。蓋涓水又兼清水之目矣。」今攷清發當在今德安府安陸、雲夢二縣界，皆漢時安樂縣竟也。杜不言所在，故采道元注補之。將擊之。夫槩王曰：「困獸猶鬬，况人乎？若知不免而致死，必敗我。若使先濟者知免，後者慕之，蔑有鬥心矣。半濟而後可擊也。」從之，又敗之。楚人爲食，吴人及之，奔。食而從之，敗諸雍澨。【詁】説文：「澨，埤增水邊，〔一〕土人所止者。」五戰，及郢。己卯，楚子取其妹季芈畀我以出，【詁】服云：「畀我，季芈之字。」（釋文。）服虔云：「季芈許嫁而字。畀我，季芈字也。禮，婦人許嫁，笄而稱字。季芈稱字，是許嫁也。蓋遭亂，夫死而改適鍾建耳。」（本疏。）按：世族譜以季芈、畀我爲二人。今攷當以服説爲是。顧炎武云：「下文但稱芈，知非二人。」涉睢。【詁】水經作沮。地理志南郡臨沮，〔二〕原注：「沮水出漢中房陵，東入江。」鍼尹固與王同舟，王使執燧象【詁】賈逵云：「燧，火燧也。象，象獸也。以火繫其尾，使奔吴師，驚卻其衆，使王得脱。」（本疏。杜取此。）説文：

〔一〕「埤」原訛「埤」，據説文解字第十一上二改。
〔二〕「南」原訛「漢中」，據漢書卷二十八上地理志第八上改。

「象，長牙鼻，南方之大獸也。」以奔吳師。

庚辰，吳入郢，以班處宮。【詁】越絶書：「子胥妻楚王母，孔子固貶之矣，惡其妻楚王母也。」按：鞭平王尸及妻楚王母，傳皆不言，或尚爲賢者諱。子山處令尹之宮，夫槩王欲攻之，懼而去之，夫槩王入之。

左司馬戌及息而還，【詁】地理志汝南郡新息，孟康曰：「故息國，其後徙東，故加『新』焉。」敗吳師於雍澨，傷。初，司馬臣闔廬，故恥爲禽焉，謂其臣曰：「誰能免吾首？」吳句卑曰：「臣賤，可乎？」司馬曰：「我實失子，可哉。」三戰，皆傷，曰：「吾不可用也已。」句卑布裳，剄而裹之，【詁】説文：「剄，刑也。」藏其身，而以其首免。

楚子涉睢，濟江，入於雲中。王寢，盜攻之，以戈擊王，王孫由于以背受之，中肩。王奔鄖，鍾建負季芈以從。由于徐蘇而從。【詁】服虔云：「鄖，楚邑。」（史記集解。）鄖公辛之弟懷將弑王，曰：「平王殺吾父，我殺其子，不亦可乎？」【詁】服虔云：「父蔓成然。」（同上。）辛曰：「君討臣，誰敢讎之？君命，天也。若死天命，將誰讎？（文選注引未有「乎」字。）詩曰：『柔亦不茹，剛亦不吐。不侮矜寡，不畏彊禦。』（漢書王莽傳兩引詩，「矜」作「鰥」，「彊禦」作「强圉」。）惟仁者能之。違彊陵弱，非勇也。乘人之約，非仁也。滅宗廢祀，非孝也。動無令名，非知也。必犯是，余將殺汝！」鬥辛與其弟巢以王奔隨。【詁】服虔云：「隨，楚與國。」（同上。）吳人從之，謂隨人曰：「周之子孫在漢川者，楚實盡之。天誘其衷，致罰於楚，而君又竄之，周室何罪？君若顧報周室，施及寡人，以獎天衷，【詁】韋昭國語注：「獎，成也。」（杜本此。）君之惠也。漢陽之田，君實有之。」楚子在公宫之北，吳人在其南。子期似王，（史記作「子綦」。説苑同。家語作「司馬子祺」。）逃王，而己爲王，曰：「以我與之，（史記作「予」，下「卜與」同。）王必免。」隨人卜與之，不吉，乃辭吳曰：「以隨之辟小，而密邇於楚，楚實存之。世有盟誓，至于今未改。若難而棄之，何以事君？執事之患，不惟一人，若鳩楚竟，【詁】韋昭國語注：「鳩，安也。」（杜略同。）敢不聽命？」吳人乃退。鑢金初宦（「鑢」字、「宦」字並從石經及釋文改。）於子期氏，實與隨人要言。王使見，辭曰：「不敢以約爲利。」王割子期之心以與隨人盟。

初，伍員與申包胥友。【詁】服虔云：「楚大夫王孫包胥。」（史記集解。）按：戰國策作「棼冒勃蘇」，文選注引戰國策又作「樊冒勃蘇」。今攷棼冒勃蘇即申包胥，音之轉。「棼」與「申」、「胥」與「蘇」，皆同音。「包」字急讀即爲「冒勃」。至「棼」又作「樊」，亦以音同而轉也。吾友莊進士述祖云：「申包胥，楚之公族。棼冒即楚之先蚡冒，其後爲蚡冒氏，猶若敖之後爲若敖氏也。潛夫論伍氏亦楚之公族，故亦爲王孫氏。」其亡也，謂申包胥曰：「我必復楚國。」（史記伍子胥傳「復」作「覆」。高誘淮南注亦同。）申包胥曰：「勉之。子能復之，我必能興之。」及昭王在隨，申包胥如秦乞師，曰：「吴爲封豕、長蛇，【詁】淮南王書引作：「吴爲封豕、修蛇，蠶食上國。」高誘注：「封，大也。豕蛇喻貪也。」新序引作：「吴爲無道，行封豕長蛇，蠶食天下，從上國始於楚。」按：淮南志「長」作「修」，蓋避厲王長諱。以荐食上國，【詁】爾雅：「荐，再也。」按：杜注「數也」，義亦同。虐始於楚。【詁】高誘注：「虐，害也。始，先也。言將以次至秦也。」寡君失守社稷，越在草莽，使下臣告急，曰：『夷德無厭，若鄰於君，疆埸之患也。逮吴之未定，君其取分焉。若楚之遂亡，君之土也。若以君靈撫之，世以事君。』」秦伯使辭焉，曰：「寡人聞命矣，子姑就館，將圖而告。」對曰：「寡君越在草莽，未獲所伏，（新序引「伏」作「休」。）下臣何敢即安？」立，依於庭牆而哭，日夜不絶聲，勺飲不入口七日。秦哀公爲之賦無衣，九頓首而坐，秦師乃出。

五年，春，王人殺子朝于楚。

夏，歸粟于蔡，以周亟矜無資。（書武成疏引作：「歸粟于蔡，以賙急矜無資也。」蓋一本有「也」字。石經「資」字下亦旁增「也」字。）

越入吴，吴在楚也。

六月，季平子行東野。還，未至，丙申，卒於房。【詁】顧炎武云：「『房』疑即『防』字。古『阝』字作『𨸏』，脱其下而爲『方』字，漢仙人唐公房碑可證也。地理志汝南郡吴房，孟康曰：『本房子國。』而史記項羽紀封楊武爲吴防侯，字亦作『防』。漢書武帝紀濟川王明廢遷防陵，常山王勃廢徙房陵，一卷之中，字體不同，又『防』、『房』二字相通之證。」今按：文選謝莊月賦「徘徊房露」，李善注曰：「防露，蓋古曲也。」文賦曰：「寤防露與桑間，又雖悲而不雅。」「房」與「防」古字通。據此，則房之爲防明矣。陽虎將以璵璠斂，（釋文：「『璵』，本又作『與』。」）【詁】説文：「璠璵，魯之寶玉。」高誘曰：「璠璵，君佩玉也。昭公在外，平子行君事入宗廟佩璠璵，故用之。」仲梁懷弗與，曰：「改步改玉。」陽虎欲逐之，告公山不狃。（論語及家語並作「弗擾」。）【詁】潛夫論：「公山氏，魯公族，姬姓。」不狃曰：「彼爲君也，子何怨焉？」既葬，桓子行東野，及費。子泄爲費宰，逆勞於郊，桓子敬之。勞仲梁懷，仲梁懷弗敬。子泄怒，謂陽虎：「子行之乎？」

申包胥以秦師至。秦子蒲、（戰國策作「子滿」。新序同。）子虎帥車五百乘以救楚。【詁】按：淮南修務訓「秦王乃發車千乘、步卒七萬人」，與此不合。子蒲曰：「吾未知吴道。」使楚人先與吴人戰，而自稷會之，【詁】賈逵云：「稷，楚地。」（史記集解。杜取此。）大敗夫槩王于沂。【詁】史記伍子胥傳曰「六月敗吴兵於稷」，索隱曰：「左傳作『稷丘』，杜注：『稷丘，地名，在郊外。』」按：左傳並不作「稷丘」，其引杜注字句亦不合，蓋誤以裴駰集解爲杜注也。吴人獲薳射於柏舉，其子帥奔徒以從子西，敗吴師于軍祥。秋，七月，子期、子蒲滅唐。九月，夫槩王歸，自立也，以與王戰，而敗，奔楚，爲堂谿氏。【詁】潛夫論：「堂谿，谿名，在西平。」郡國志汝南：「吴房，有堂谿亭。」廣韵：「吴王闔廬弟夫槩奔楚，爲棠谿氏。」「堂」、「棠」古字通。吴師敗楚師于雍澨。秦師又敗吴師。吴師居麇。子期將焚之，子西曰：「父兄親暴骨焉，不能收，又焚之，不可。」子期曰：「國亡矣，死者若有知也，可以歆舊祀，豈憚焚之？」焚之，而又戰，吴師敗。又戰於公壻之谿，吴師大敗。吴子乃歸。囚闉輿罷。闉輿罷請先，遂逃歸。葉公諸梁之弟后臧從其母於吴，不待而歸。葉公終不正視。

乙亥，陽虎囚季桓子及公父文伯，而逐仲梁懷。冬，十月丁亥，殺公何藐。己丑，盟桓子于稷門之内。庚寅，大詛。逐公父歜及秦遄，皆奔齊。

楚子入于郢。初，鬭辛聞吴人之争宫也，曰：「吾聞之：『不讓則不和，不和不可以遠征。』吴争於楚，必有亂，有亂則必歸，焉能定楚？」王之奔隨也，（石經「王」字上旁增「楚」字，非唐刻。）將涉於成臼。【詁】酈道元云：「沔水又東南，與臼水合，水出竟陵縣東北聊屈山，一曰盧屈山，西流注於沔。定公四年昭王濟于成臼，謂是水者也。」藍尹亹涉其帑，【詁】世本「楚大夫涉其帑」，按：此則亹、帑爲二人。惠棟曰：「據外傳『載其帑』，則『帑』非人名，未知世本何據。」不與王舟。及寧，王欲殺之。子西曰：「子常惟思舊怨以敗，君何效焉？」王曰：「善。」使復其所，吾以志前惡。」王賞鬭辛、王孫由于、王孫圉、鍾建、鬭巢、申包胥、王孫賈、宋木、鬭懷。子西曰：「請舍懷也。」王曰：「大德滅小怨，道也。」申包胥曰：「吾爲君也，非爲身也。君既定矣，又何求？且吾尤子旗，其又爲諸？」遂逃賞。王將嫁季芈，季芈辭曰：「所以爲女子，遠丈夫也。鍾建負我矣。」以妻鍾建，以爲樂尹。王之在隨也，子西爲王輿服以保路，國于脾泄。聞王所在，而後從王。王使由于城麇，復命，子西問高厚焉，（一本或有「大小」者，涉下文而誤耳。）【詁】董遇曰：「問城高厚丈尺也。」（本疏。）弗知。子西曰：「不能，如辭。城不知高厚，小大何知？」【詁】王肅斷「小大何知」爲句，注云：「如是，小大何所知也。」張奂古今人論曰：「子西問城之大小高厚，而弗知也。子西怒，曰：『不能，則如辭。城之而不知，又何知乎？』」張奂引傳爲文，「小大」上屬。（本疏。）按：上問高厚弗知，故此言築城而不知高厚，于小大之事何所知乎？從王肅句爲是。對曰：「固辭不能，子使余也。人各有能有不能。王遇盜於雲中，余受其戈，其所猶在。」袒而示之背，曰：「此余所能也。脾泄之事，余亦不能也。」

晉士鞅圍鮮虞，報觀虎之敗也。（諸本「敗」誤「役」。今從石經及宋本改正。）

六年，春，鄭滅許，因楚敗也。

二月，公侵鄭，取匡，爲晉討鄭之伐胥靡也。往不假道於衛，及還，陽虎使季、孟自南門入，出自東門，舍於豚澤。衛侯怒，使彌子瑕追之。公叔文子老矣，輦而如公，曰：「尤人而效之，非禮也。昭公之難，君將以文之舒鼎、成之昭兆，【詁】賈逵云：「舒鼎，鼎名。昭兆，寶龜。」（本疏。）定之鞶鑑，（釋文：「『鞶』，又作『盤』。」）苟可以納之，（淳化本無「以」字。此疑衍。）擇用一焉。公子與二三臣之子，諸侯苟憂之，將以爲之質。此群臣之所聞也。今將以小忿蒙舊德，無乃不可乎？太姒之子，唯周公、康叔爲相睦也，而效小人以棄之，不亦誣乎？天將多陽虎之罪以斃之，君姑待之！若何？」乃止。

夏，季桓子如晉，獻鄭俘也。陽虎强使孟懿子往報夫人之幣。晉人兼享之。孟孫立于房外，謂范獻子曰：「陽虎若不能居魯，而息肩於晉，所不以爲中軍司馬者，有如先君！」獻子曰：「寡君有官，將使其人，鞅何知焉？」獻子謂簡子曰：「魯人患陽虎矣。孟孫知其釁，以爲必適晉，故强爲之請，以取入焉。」

四月己丑，吳大子終纍敗楚舟師，獲潘子臣、小惟子【詁】按：呂覽引作「小帷子」。釋文：「本又作『帷』。」）史記曰：「吳王使太子夫差伐楚，取番。」索隱曰：「定六年左傳『四月己丑，吳大子終纍敗楚舟師』，杜注：『闔廬子，夫差兄。』此以爲夫差，當謂名異而實一人耳。左傳又曰：『獲潘子臣、小惟子及大夫七人。楚于是乎遷郢於鄀。』此言番，『番』音『潘』，楚邑名。子臣即其邑大夫也。」及大夫七人。楚國大惕，懼亡。子期又以陵師敗於繁揚。【詁】按：襄四年作「繁陽」，[一]漢書地理志亦作「繁陽」，應劭曰：「在繁水之陽。」則作「陽」爲正。「揚」、「陽」容古字通。令尹子西喜，曰：「乃今可爲矣。」於是乎遷郢於鄀，而改紀其政，以定楚國。【詁】服虔云：「鄀，楚邑。」（史記集解。）地理志南郡若，原注：

[一]「陽」原作「揚」，據春秋左傳襄公四年改。

「楚昭王畏吳，自郢徙此，後復還郢。」師古曰：「春秋傳作『鄀』，其音同。」

周儋翩率王子朝之徒，因鄭人將以作亂于周。鄭於是乎伐馮、滑、胥靡、負黍、【詁】京相璠曰：「負黍在潁川陽城縣西南二十七里，世謂之黃城也。」（水經注。杜同此。）狐人、闕外。六月，晉閻没戍周，且城胥靡。

秋，八月，宋樂祁言於景公曰：「諸侯惟我事晉，今使不往，晉其感矣。」（「感」字照前改。）樂祁告其宰陳寅，陳寅曰：「必使子往。」他日，公謂樂祁曰：「惟寡人悦子之言，子必往。」陳寅曰：「子立後而行，吾室亦不亡，惟君亦以我爲知難而行也。」見溷而行。趙簡子逆，而飲之酒於緜上。獻楊楯六十於簡子，陳寅曰：「昔吾主范氏，今子主趙氏，又有納焉，以楊楯賈禍，弗可爲也已。然子死晉國，子孫必得志於宋。」范獻子言於晉侯曰：「以君命越疆而使，未致使而私飲酒，不敬二君，不可不討也。」乃執樂祁。〔一〕

陽虎又盟公及三桓於周社，盟國人於亳社，詛於五父之衢。

冬，十二月，天王處於姑蕕，辟儋翩之亂也。

七年，春，二月，周儋翩入於儀栗以叛。

齊人歸鄆、陽關。【詁】服虔云：「陽關，魯邑。」（史記集解。）陽虎居之，以爲政。

夏，四月，單武公、劉桓公敗尹氏于窮谷。

秋，齊侯、鄭伯盟于鹹，徵會于衛。衛侯欲叛晉，諸大夫不可。使北宮結如齊，而私於齊侯曰：「執結以侵我。」齊侯從之，乃盟于瑣。

〔一〕「祁」原作「祈」，據春秋左傳其它各本改。

齊國夏伐我，陽虎御季桓子，公斂處父御孟懿子，將宵軍齊師。齊師聞之，墮，伏而待之。處父曰：「虎不圖禍，而必死。」苦夷曰：（釋文「夷」作「萸」。疑刻本之訛。）「虎陷二子於難，不待有司，余必殺汝。」虎懼，乃還，不敗。

冬，十一月戊午，單子、劉子逆王于慶氏。晉籍秦送王。己巳，王入于王城，館于公族黨氏，而後朝于莊宮。

八年，春，王正月，公侵齊，門于陽州。士皆坐列，【詁】惠棟曰：「坐爲坐作，列爲表正行列。司馬法曰『徒以坐固』，又云『行慎行列』。」曰：「顔高之弓六鈞。」皆取而傳觀之。陽州人出，顔高奪人弱弓，籍丘子鉏擊之，與一人俱斃。【詁】説文：「獘，頓仆也。斃，或從死。」（杜本此。）偃，且射（釋文：「一云『偃且』人姓名，『且』音子餘反。檢世族譜無此人。一讀者非也。」）子鉏，中頰，死。【詁】吴越春秋：「迎風則偃，背風則仆。」仆是前覆，偃是卻倒。高已被擊而仆，轉而仰，且射子鉏死，言善射也。廣雅：「偃，僵也。」顔息射人中眉，退曰：「我無勇，吾志其目也。」【詁】服虔云：「志中其目，是非其誠，詐以自矜。」（儀禮疏。）師退，冉猛僞傷足而先。其兄會乃呼曰：「猛也殿！」

二月己丑，單子伐穀城，劉子伐儀栗。辛卯，單子伐簡城，劉子伐盂，以定王室。

趙鞅言於晉侯曰：「諸侯惟宋事晉，好逆其使，猶懼不至。今又執之，是絶諸侯也。」將歸樂祁，士鞅曰：「三年止之，無故而歸之，宋必叛晉。」獻子私謂子梁曰：「寡君懼不得事宋君，是以止子。子姑使溷代子。」（石經「代」誤作「伐」。）子梁以告陳寅。陳寅曰：「宋將叛晉，是棄溷也，不如待之。」樂祁歸，卒於大行。【詁】地理志河内郡山陽、野王，皆大行山在西北。士鞅曰：「宋必叛，不如止其尸以求成焉。」乃止諸州。【詁】按：昭七年傳子産爲豐施歸州田於韓宣子，宣子以易原縣於樂大心，是州境與宋接壤。或州地此時尚屬樂大心，未可知。

公侵齊，攻廩丘之郛。[一]【詁】風俗通：「郭亦謂之郛。郛者，亦大也。」（初學記。杜本此。）主人焚衝，【詁】說文作「幢」，云：「陷陳車也。」高誘淮南王書注：「衝車，大鐵著其轅端，馬被甲，車被兵，所以衝於敵城也。」或濡馬褐以救之，【詁】高誘淮南王書注：「褐，毛布，如今之馬衣。」（杜本此。）遂毀之。主人出，師奔。【詁】賈逵以爲主人出，魯師奔走而卻退，言魯無戰備也。（本疏。）按：杜注屈曲，當以賈義爲長。陽虎僞不見冉猛者，曰：「猛在此，必敗。」猛逐之，顧而無繼，僞顛。虎曰：「盡客氣也。」

苫越生子，將待事而名之。陽州之役獲焉，名之曰陽州。

夏，齊國夏、高張伐我西鄙。晉士鞅、趙鞅、荀寅救我。公會晉師于瓦。范獻子執羔，趙簡子、中行文子皆執雁。魯於是始尚羔。【詁】賈逵云：「周禮：公之孤四命執皮帛，卿三命執羔，大夫再命執雁。魯廢其禮，三命之卿皆執皮帛，至是乃始復禮尚羔。」鄭衆云：「天子之卿執羔，大夫執雁。諸侯之卿當天子之大夫，故傳曰『惟卿爲大夫』。當執雁而執羔，僭天子之卿也。魯人效之，而始尚羔。記禮所從壞。」（本疏。）

晉師將盟衛侯于鄟澤，（釋文：「『鄟』，本又作『甎』。」說苑亦同。）趙簡子曰：「群臣誰敢盟衛君者？」涉佗、成何曰：「我能盟之。」衛人請執牛耳，成何曰：「衛，吾溫、原也，焉得視諸侯？」將歃，涉佗捘衛侯之手，及捥。【詁】說文：「捘，推也。春秋傳曰『捘衛侯之手』。」「掔，手掔也。」按：說文：「推，排也。」「排，擠也。」是「捘」有排擠之義，故杜注：「捘，擠也。」「捥」當從說文作「掔」。馬融長笛賦云：「探拏捘臧」，李善注引廣雅曰：「捘，按之也。」惠棟曰：「『捥』經、傳皆作『掔』。郊祀志曰：『海上燕、齊之間，莫不搤掔。』游俠傳曰：『搤掔而游談。』師古曰：『「掔」，古手腕字。』今傳作『捥』者。儀禮士喪禮曰：『設決麗於掔。』鄭康成注云：『古文「捥」作「掔」。』史記『樊于期偏袒搤捥』，索隱曰：『「捥」，古

[一]「攻」原脫，據春秋左傳其它各本補。

「腕」字。』史記多古文，今人知者鮮矣。」衞侯怒，王孫賈趨進，曰：「盟以信禮也，有如衞君，其敢不唯禮是事而受此盟也？」衞侯欲叛晉，而患諸大夫。王孫賈使次于郊。大夫問故，公以晉詬語之，【詁】廣雅：「詬，恥也。」（杜本此。）且曰：「寡人辱社稷，其改卜嗣，寡人從焉。」大夫曰：「是衞之禍，豈君之過也。」公曰：「又有患焉，謂寡人『必以而子與大夫之子爲質』。」大夫曰：「苟有益也，公子則往，群臣之子敢不皆負羈紲以從？」將行，王孫賈云：「苟衞國有難，工商未嘗不爲患，使皆行而後可。」公以告大夫，乃皆將行之。行有日，公朝國人，使賈問焉，曰：「若衞叛晉，晉五伐我，病何如矣？」皆曰：「五伐我，猶可以能戰。」賈曰：「然則如叛之，病而後質焉，何遲之有？」乃叛晉。晉人請改盟，弗許。

秋，晉士鞅會成桓公，侵鄭，圍蟲牢，報伊闕也。遂侵衞。

九月，師侵衞，晉故也。

季寤、公鉏極、公山不狃皆不得志於季氏，叔孫輒無寵於叔孫氏，叔仲志不得志於魯，故五人因陽虎。陽虎欲去三桓，以季寤更季氏，以叔孫輒更叔孫氏，己更孟氏。冬，十月，順祀先公而祈焉。

辛卯，禘于僖公。壬辰，將享季氏于蒲圃而殺之，戒都車，【詁】惠棟曰：「『戒』讀爲『駴』。鄭康成曰：『『疾雷擊鼓曰駴。』易歸藏曰：『君子戒車，小人戒徒。』」曰：「癸巳至。」成宰公斂處父告孟孫曰：「季氏戒都車，何故？」孟孫曰：「吾弗聞。」處父曰：「然則亂也，必及於子，先備諸！」與孟孫以壬辰爲期。陽虎前驅，林楚（公羊作「臨南」。）御桓子，虞人以鈹盾夾之，陽越殿。將如蒲圃，桓子咋謂林楚（石經初本「咋」作「乍」。）【詁】按：考工記「鐘侈則柞」，「讀如咋咋然之『咋』，聲大外也」。說文無「咋」字。杜注：「咋，暫也。」蓋取廣雅。（廣雅：「乍，暫也。」）从「乍」字得訓。玉篇从鄭訓云：「聲大也。」今考諎，聲大也，言或從口，讀若「笮」。則「咋」蓋「諎」字之誤。曰：「而先皆季氏之良也，爾以是繼之。」對曰：「臣聞命後。陽虎爲政，魯國服焉，違之徵死，死無益於主。」桓子曰：「何後之有？

而能以我適孟氏乎？」對曰：「不敢愛死，懼不免主。」桓子曰：「往也。」孟氏選圉人之壯者三百人，以爲公期築室於門外。林楚怒馬，（公羊傳作「臨南驟馬」。）【詁】高誘淮南王書注：「『怒』讀如强弩之『弩』。」方言曰：「弩猶怒也。」匡謬正俗云：「『怒』字古讀有二音。今山東、河北人讀書但知『怒』有去聲，不言本有二讀，曾不尋究，失其真矣。」及衢而騁。【詁】説文：「四達謂之衢。」陽越射之，不中。築者闔門。有自門間射陽越，殺之。陽虎劫公與武叔，以伐孟氏。公斂處父帥成人自上東門入，與陽氏戰於南門之内，弗勝。又戰于棘下，陽氏敗。陽虎説甲如公宫，取寶玉、大弓以出，舍于五父之衢，寢而爲食。其徒曰：「追其將至。」虎曰：「魯人聞余出，喜於徵死，【詁】説文：「徵，召也。」按：説文从釋言。（杜本此。）陸粲附注後録云：「按上文林楚曰：『陽虎爲政，魯國服焉，違之徵死。』此陽虎自言，當云『魯人聞余出，喜於脱死』，不當云『徵死』。『徵』字誤也。」何暇追余？」從者曰：「嘻！速駕，公斂陽在。」公斂陽請追之，孟孫弗許。陽欲殺桓子，孟孫懼而歸之。子言辨舍爵【詁】鄭玄禮記注：「辨，徧也。」（杜本此。）於季氏之廟而出。陽虎入于讙、陽關以叛。【詁】地理志泰山郡鉅平，應劭曰：「左氏傳『陽虎入于讙、陽關以叛』，今陽關亭是也。」

鄭駟歂嗣子大叔爲政。

九年，春，宋公使樂大心盟于晉，且逆樂祁之尸。辭，僞有疾。乃使向巢如晉盟，且逆子梁之尸。子明謂桐門右師出，曰：「吾猶衰絰，而子擊鐘，何也？」右師曰：「喪不在此故也。」既而告人曰：「己衰絰而生子，余何故舍鐘？」子明聞之，怒，言於公曰：「右師將不利戴氏，不肯適晉，將作亂也。不然，無疾。」乃逐桐門右師。

鄭駟歂殺鄧析，（文選注引作「鄧晢」。）而用其竹刑。君子謂：「子然於是不忠。苟有可以加於國家者，弃其邪可也。静女之三章，取彤管焉。竿旄（詩作「干旄」。）『何以告之』，取其忠也。故用其道，不弃其人。詩云：『蔽芾甘棠，勿翦勿伐，（漢書引作「勿鬋」。）召伯所茇。』【詁】説文：「废，舍也，从广犮聲。詩曰『召伯所废』。」思其人，猶愛其樹，况用其道而不恤其人乎？子然無以勸能矣。」

夏，陽虎歸寶玉、大弓，書曰「得」，器用也。凡獲器用曰得，得用焉曰獲。六月，伐陽關，陽虎使焚萊門。師驚，犯之而出，奔齊。請師以伐魯，曰：「三加，必取之。」齊侯將許之，鮑文子諫曰：「臣嘗爲隸於施氏矣，魯未可取也。上下猶和，衆庶猶睦，能事大國，而無天菑，若之何取之？陽虎欲勤齊師也。齊師罷，大臣必多死亡，己於是乎奮其詐謀。夫陽虎有寵於季氏，而將殺季孫，以不利魯國，而求容焉。親富不親仁，君焉用之？君富於季氏，而大於魯國，兹陽虎所欲傾覆也。【詁】韓非子載其語曰：「陽虎有寵於季氏，而欲伐季孫，貪其家也。今君富於季，而齊大於魯，陽虎所以盡詐也。」魯免其疾，而君又收之，無乃害乎？」齊侯執陽虎，將東之。陽虎願東，乃囚諸西鄙。盡借邑人之車，鍥其軸，【詁】説文：「鍥，鎌也。」按：爾雅釋詁：「契、滅、殄，絶也。」郭璞注：「今江東刻斷物爲契。」邢昺疏引左傳及杜注並作「契」。則「鍥」似當作「契」爲正。説文：「契，刻也。」廣雅同。（杜本此。）麻約而歸之。載蔥靈，【詁】賈逵云：「蔥靈，衣車也，有蔥有靈。」（本疏。）尚書大傳曰：「未命爲士，不得有飛軨。」鄭玄注云：「如今窗車也。」「軨」與「靈」古字通。按：説文：「軨，車轖間横木，从車令聲。」「轜」字注云：「軨或从霝，司馬相如説。」今左傳作「靈」，古字假借耳。寢於其中而逃。追而得之，囚於齊。又以蔥靈逃，奔宋。遂奔晉，適趙氏。仲尼曰：「趙氏其世有亂乎！」【詁】韓非子曰：「陽虎逐於魯，疑於齊，走而之趙。趙簡子迎而相之，左右曰：『虎善竊人國，何故相也？』簡主曰：『陽虎務取之，[一]我務守之。』遂執術而御之，陽虎不敢爲非。以善事簡主，興主之强，幾至於霸也。」

[一]「虎」原作「貨」，據韓非子外儲説左下改。

秋，齊侯伐晉夷儀。敝無存之父將室之，辭，以與其弟，曰：「此役也不死，反，必娶於高、國。」先登，求自門出，死於霤下。東郭書讓登，犂彌從之，曰：「子讓而左，我讓而右，使登者絶而後下。」書左，彌先下。書與王猛息。猛曰：「我先登。」書斂甲，曰：「曩者之難，今又難焉。」猛笑曰：「吾從子，如驂之靳。」【詁】說文：「靳，當膺也。」按：毛詩小戎云「游環脅驅」，傳曰：「游環，靳環也。」晉車千乘在中牟。【詁】按：杜注非。管子曰：「築五鹿、中牟、鄴者，三城相接也。」是中牟在鄴與五鹿之間。趙獻侯徙都中牟即此。今考中牟城在湯陰西二十里。張守節正義云鄴西牟山爲趙中牟者是矣。衛侯將如五氏，卜過之，龜焦。【詁】說文：「⿱龜火，灼龜不兆也。春秋傳曰『龜⿱龜火不兆』，讀若『焦』。」按：今本「⿱龜火」作「焦」，義通。衛侯曰：「可也。衛車當其半，寡人當其半，敵矣。」乃過中牟。中牟人欲伐之，衛褚師圃（水經注引作「褚師固」。）亡在中牟，曰：「衛雖小，其君在焉，未可勝也。齊師克城而驕，其帥又賤，遇，必敗之，不如從齊。」乃伐齊師，敗之。齊侯致禚、媚、杏於衛。齊侯賞犂彌，犂彌辭，曰：「有先登者，臣從之，晳幘【詁】詩毛傳：「晳，白也。」說文：「⿰齒責，齒相值也。一曰齧也，春秋傳曰『晳⿰齒責』。」案：杜注取此云：「齒上下相值。」則杜時本尚作「⿰齒責」可知。後乃誤作幘耳。惠棟曰：「傅遜云：『晳，白。晳幘以巾髮，卑賤所服。』此說非也。古者有冠無幘，秦、漢以來始有其制。此傳『幘』字說文引作『⿰齒責』。」今按顧炎武引傅氏云云，惠氏亦引之，檢傳書並無此條，蓋惠承顧之誤。又說文收「幘」字，明非後出之字。惠氏以「幘」爲「⿰齒責」之省文，亦未的。而衣貍製。」【詁】說文：「製，裁也。」服虔云：「貍製，貍裘也。」（詩疏。）說苑：「吴赤市使於智氏，假道於衛。甯文子具紵絺三百製，將以送之。」惠士奇云：「左傳『貍製』注云裘，此云紵絺，非裘也，乃衣耳。裘名爲製，不見經、傳，杜注誤。」惠棟云：「傳云『貍製』，故注云裘，貍裘也。哀廿七年陳成子救鄭，及濮，雨，成子衣製杖戈，注云：『製，雨衣也。』杜皆望文爲義。然以製爲裘，似有脱文。」公使視東郭書，曰：「乃夫子也，吾貺子。」【詁】爾雅：「貺，賜也。」杜本此。公賞東郭書，辭曰：「彼，賓旅也。」乃賞犂彌。齊師之在夷儀也，齊侯謂夷儀人曰：「得敝無存者，以五家免。」【詁】服虔云：「是時齊克夷儀而有之。既爲齊有，故齊得優其爲役也。」（本疏。）乃得其尸。公三襚之，與之犀軒與直蓋，而先歸之。坐引者，以師哭之，【詁】儀禮士喪禮疏引傳文，並引注云：「坐而飯食之。」按：當是服注。親推之三。

十年，春，及齊平。

夏，公會齊侯于祝其，實夾谷。【詁】服虔云：「地二名。」（水經注。）孔丘相。犂彌（史記孔子世家作「犂鉏」，齊世家作「犂鉏」。）言於齊侯曰：「孔丘知禮而無勇，若使萊人【詁】服虔以爲東萊黄縣是。（史記索隱。）以兵劫魯侯，必得志焉。」齊侯從之。孔丘以公退，曰：「士兵之！兩君合好，而裔夷之俘【詁】廣雅：「裔，遠也。」（杜本此。）以兵亂之，非齊君所以命諸侯也。裔不謀夏，夷不亂華，俘不干盟，兵不逼好。於神爲不祥，於德爲愆義，於人爲失禮，君必不然。」齊侯聞之，遽辟之。將盟，【詁】賈逵云：「不書盟，諱以三百乘從齊師。」（本疏。）按：不書盟，賈據宣七年黑壤例。齊人加於載書曰：「齊師出竟，而不以甲車三百乘從我者，有如此盟。」孔丘使兹無還揖，對曰：「而不反我汶陽之田，吾以共命者，亦如之。」齊侯將享公，孔丘謂梁丘據曰：「齊、魯之故，吾子何不聞焉？事既成矣，而又享之，是勤執事也。且犧、象不出門，【詁】鄭司農云：「明堂位云：『犧、象，周尊也。』」（周禮疏。）服虔云：「犧、象，饗禮犧尊、象尊也。嘉樂，鐘鼓之樂也。」（詩疏。）王肅以爲犧尊、象尊爲牛、象之形，背上負尊。（本疏。）嘉樂不野合。饗而既具，是弃禮也。若其不具，用秕稗也。【詁】説文：「秕，不成粟也。」「稗，禾别也。」（杜本此。）用秕稗，君辱。弃禮，名惡。子盍圖之？夫享，所以昭德也。不昭，不如其已也。」乃不果享。齊人來歸鄆、讙、龜陰之田。【詁】服虔云：「三田，汶陽田也。龜，山名。山陰之田，得其田，不得其山也。」（史記集解。）

晉趙鞅圍衛，報夷儀也。初，衛侯伐邯鄲午於寒氏，城其西北（釋文：「一本或作『城其西北隅』。」）而守之，宵熸。及晉圍衛，午以徒七十人門於衛西門，殺人於門中，曰：「請報寒氏之役。」涉佗曰：「夫子則勇矣，然我往，必不敢啓門。」亦以徒七十人旦門焉，步左右，皆至而立，如植。日中不啓門，乃退。反役，晉人討衞之叛故，曰：「由涉佗、成何。」於是執涉佗以求成於衞。衞人不許。晉人遂殺涉佗，成何奔燕。君子曰：「此之謂弃禮，必不鈞。詩曰：『人而無禮，胡不遄死？』涉佗亦遄矣哉。」

初，叔孫成子欲立武叔，公若藐固諫，曰：「不可。」成子立之而卒。公南使賊射之，不能殺。公南爲馬正，使公若爲郈宰。武叔既定，使郈馬正侯犯殺公若，弗能。其圉人曰：「吾以劍過朝，公若必曰：『誰之劍也？』吾稱子以告，必觀之。吾僞固而授之末，則可殺也。」使如之。公若曰：「爾欲吳王我乎？」遂殺公若。侯犯以郈叛。武叔、懿子圍郈，弗克。秋，二子及齊師復圍郈，弗克。叔孫謂郈工師駟赤曰：「郈非惟叔孫氏之憂，社稷之患也。將若之何？」對曰：「臣之業在揚水卒章之四言矣。」（釋文：「本或作『揚之水卒章』。」）叔孫稽首。駟赤謂侯犯曰：「居齊、魯之際而無事，必不可矣。子盍求事於齊以臨民？不然，將叛。」侯犯從之。齊使至，駟赤與郈人爲之宣言於郈中曰：「侯犯將以郈易於齊，（「於」字从石經改正。）齊人將遷郈民。」眾兇懼。駟赤謂侯犯曰：「眾言異矣。子不如易於齊，與其死也，猶是郈也，而得紓焉，何必此？齊人欲以此逼魯，必倍與子地。且盍多舍甲於子之門，以備不虞。」侯犯曰：「諾。」乃多舍甲焉。侯犯請易於齊。齊有司觀郈，將至，駟赤使周走呼曰：「齊師至矣。」郈人大駭，介侯犯之門甲以圍侯犯。駟赤將射之，侯犯止之，曰：「謀免我。」侯犯請行，許之。駟赤先如宿，【詁】郡國志東平國：「無鹽，本宿國，任姓。」（杜同此。）侯犯殿。每出一門，郈人閉之。及郭門，止之，曰：「子以叔孫氏之甲出，有司若誅之，群臣懼死。」駟赤曰：「叔孫氏之甲有物，【詁】按：杜注云：「物，識也。」周禮閽人職曰：「潛服賊器不入宮」，注云：「賊器，盜賊之任器兵物，皆有刻識。」惠棟曰：「刻識之語出於漢時，梁冀傳曰『刻其毛以爲識』是也。」吾未敢以出。」犯謂駟赤曰：「子止而與之數。」駟赤止，而納魯人。侯犯奔齊。齊人乃致郈。

宋公子地嬖蘧富獵，十一分其室，而以其五與之。公子地有白馬四，（地理志引作「駟」，師古曰：「四馬曰駟。」)公嬖向魋，魋欲之。公取而朱其尾、鬣以與之。(漢書作「予」。)地怒，使其徒抶魋而奪之。魋懼，將走，公閉門而泣之，目盡腫。母弟辰曰：「子分室以與獵也，而獨卑魋，亦有頗焉。子爲君禮，不過出竟，君必止子。」公子地出奔陳，公弗止。辰爲之請，弗聽。辰曰：「是我迋吾兄也。【詁】詩毛傳：「迋，誑也。」吾以國人出，君誰與處？」冬，母弟辰暨仲佗、石彄出奔陳。

武叔聘于齊。齊侯享之，曰：「子叔孫，若使郈在君之他竟，寡人何知焉？屬與敝邑際，故敢助君憂之。」對曰：「非寡君之望也。所以事君，封疆社稷是以，敢以家隸勤君之執事？夫不令之臣，天下之所惡也，君豈以爲寡君賜？」

十一年，春，宋公母弟辰暨仲佗、石彄、公子地入於蕭以叛。秋，樂大心從之，大爲宋患。寵向魋故也。

冬，及鄭平，始叛晉也。

十二年，夏，衛公孟彄伐曹，克郊。還，滑羅殿，未出，不退於列。其御曰：「殿而在列，其爲無勇乎？」羅曰：「與其素厲，寧爲無勇。」

仲由爲季氏宰，【詁】服虔云：「仲由，子路。」(史記集解。杜取此。)將墮三都。【詁】服虔云：「三都，三家之邑也。」(同上。)於是叔孫氏墮郈。季氏將墮費，公山不狃、叔孫輒帥費人以襲魯。公與三子【詁】服虔云：「三子，季孫、孟孫、叔孫也。」(同上。)入于季氏之宮，登武子之臺。【詁】酈道元云：「曲阜上有季氏宅，宅有武子臺，今雖崩夷，〔一〕

〔一〕「崩」原訛「奔」，據水經注卷二十五改。

猶高數丈。」（水經注。）費人攻之，弗克。入及公側，【詁】服虔云：「人有入及公之臺側。」（同上。）仲尼命申句須、樂頎【詁】服虔云：「魯大夫。」（同上。杜取此。）下，伐之，費人北。國人追之，敗諸姑蔑。二子奔齊，遂墮費。將墮成，公斂處父謂孟孫：「墮成，齊人必至於北門。【詁】服虔云：「公斂處父，成宰也。」（同上。）且成，孟氏之保障也。無成，是無孟氏也。子爲不知，（釋文：「一本『僞』作『爲』。」）【詁】陳樹華曰：「昭十五年傳昭伯之從弟會爲讒於臧氏而逃於季氏，史記作『僞讒』。是皆『爲』讀『僞』之證。定八年以爲公期築室於門外，杜注云：『不欲使人知，故僞築室於門外。』陸氏雖音於僞反，依注似應讀爲『僞』也。此處傳文作『爲』，故杜注云：『陽不知。』若本作『僞』，則無煩注矣。」後人不識古文多假借，往往改易，今據釋文定作「爲」。漢書郊祀志曰「問之果爲」，史記封禪書作「果是僞書」，是又「爲」即「僞」之證。我將不墮。」冬，十二月，公圍成，弗克。

十三年，春，齊侯、衞侯次于垂葭，實郥氏。使師伐晉。將濟河，諸大夫皆曰：「不可。」邴意茲曰：（史記作「秉意茲」。）「可。銳師伐河內，傳必數日而後及絳。絳不三月，不能出河，則我既濟水矣。」乃伐河內。齊侯皆斂諸大夫之軒，惟邴意茲乘軒。齊侯欲與衞侯乘，與之宴，而駕乘廣，載甲焉。使告曰：「晉師至矣。」齊侯曰：「比君之駕也，寡人請攝。」乃介而與之乘，驅之。或告曰：「無晉師。」乃止。

晉趙鞅謂邯鄲午曰：「歸我衞貢五百家，吾舍諸晉陽。」（史記「衞貢」作「衞氏」。）【詁】服虔云：「往年趙鞅圍衞，衞人恐懼，故貢五百家。鞅置之邯鄲，又欲更徙之晉陽。」（史記集解。）午許諾。歸告其父兄，父兄皆曰：「不可。衞是以爲邯鄲，【詁】服虔云：「午之諸父兄及邯鄲中長。」（同上。）而寘諸晉陽，絕衞之道也。不如侵齊而謀之。」乃如之，而歸之于晉陽。趙孟怒，召午，而囚諸晉陽。使其從者說劍而入，涉賓不可。乃使告邯鄲人曰：「吾私有討於午也，二三子唯所欲立。」遂殺午。趙稷、【詁】服虔云：「稷，午子。」（同上。）涉賓以邯鄲叛。夏，六月，上軍司馬籍秦圍邯鄲。邯鄲午，荀寅之甥也；荀寅，范吉射之姻也，而相與睦，故不與圍邯鄲，將作亂。董安于聞之，（戰國策作「董閼安于」，韓非子作「董閼于」，淮南王書作「董閼於」。）告趙孟，曰：「先備諸！」趙孟曰：「晉國有命，始禍者死，爲後可也。」安于曰：「與其害於民，寧我獨死。請以我說。」趙孟不可。秋，七月，范氏、中行氏伐趙氏之宫，趙鞅奔晉陽，晉人圍之。范皐夷無寵於范吉射，而欲爲亂於范氏。（史記作「范皐繹」。）【詁】服虔云：「皐夷，側室子。」（同上。）梁嬰父嬖於知文子，【詁】賈逵云：「梁嬰父，晉大夫也。」（同上。）文子欲以爲卿。韓簡子與中行文子相惡，魏襄子亦與范昭子相惡。故五子謀，將逐荀寅而以梁嬰父代之，逐范吉射而以范皐夷代之。荀躒言於晉侯曰：【詁】服虔云：「荀躒，知文子。」「君命大臣：『始禍者死。』載書在河。今三臣始禍，【詁】賈逵云：「范、中行、趙也。」（同上。）而獨逐鞅，刑已不鈞矣。（史記作「均」。）請皆逐之。」冬，十一月，荀躒、韓不信、魏曼多奉公以伐范氏、中行氏，弗克。（史記「躒」作「櫟」；「不信」作「不佞」；「魏曼多」作「魏侈」，又作「魏哆」。索隱曰：「『侈』，本亦作『哆』，蓋『哆』字誤，而代數錯也。」）【詁】世本：「獻子生簡子取，取生襄子多。」按：左傳云魏曼多是也，則哆是襄子，中間少簡子一代。二子將伐公，齊高彊曰：「三折肱知爲良醫。惟伐君爲不可，民勿與也。我以伐君在此矣。三家未睦，可盡克也。克之，君將誰與？若先伐君，是使睦也。」弗聽，遂伐公。國人助公，二子敗，從而伐之。丁未，荀寅、士吉射奔朝歌。韓、魏以趙氏爲請。【詁】服虔云：「以其罪輕于荀、范也。」十二月辛未，趙鞅入于絳，盟于公宫。

初，衛公叔文子朝，而請享靈公。退，見史鰌而告之。〔一〕史鰌曰：「子必禍矣。子富而君貪，罪其及子乎！」文子曰：「然。吾不先告子，是吾罪也。君既許我矣，其若之何？」史鰌曰：「無害。子臣，可以免。富

〔一〕「鰌」原作「輶」，據春秋左傳其它各本改。

而能臣，必免於難，上下同之。戍也驕，其亡乎！【詁】世本：「衞獻公生成子當，當生文子拔，（傳作「發」。）拔生朱，爲公叔氏。」鄭康成云：「『朱』，春秋作『戍』。」今考檀弓公叔木有同母異父之昆弟死，鄭氏注云：「『木』當爲『朱』，春秋作『戍』，衞公叔文子之子，定公十四年奔魯。」富而不驕者鮮，吾惟子之見。驕而不亡者，未之有也。戍必與焉。」及文子卒，衞侯始惡於公叔戍，以其富也。公叔戍又將去夫人之黨，夫人愬之曰：「戍將爲亂。」

十四年，春，衞侯逐公叔戍與其黨，故趙陽奔宋，戍來奔。

梁嬰父惡董安于，謂知文子曰：「不殺安于，使終爲政於趙氏，趙氏必得晉國。盍以其先發難也討於趙氏？」文子使告於趙孟曰：「范、中行氏雖信爲亂，安于則發之，是安于與謀亂也。晉國有命：『始禍者死。』二子既伏其罪矣，敢以告。」趙孟患之，安于曰：「我死而晉國寧，趙氏定，將焉用生？人誰不死？吾死莫矣。」乃縊而死。趙孟尸諸市，而告於知氏曰：（石經「知」字下增「范氏」二字，非唐刻，不必從。）「主命戮罪人，安于既伏其罪矣，敢以告。」知伯從趙孟盟，而後趙氏定。祀安于於廟。

頓子牂欲事晉，背楚而絕陳好。二月，楚滅頓。

夏，衞北宮結來奔，公叔戍之故也。

吴伐越，越子句踐禦之，陳於檇李。句踐患吴之整也，使死士【詁】賈逵云：「死罪人。」（史記集解。）鄭衆云：「死士，欲以死報恩者也。」（同上。）再禽焉，不動。使罪人三行，屬劍於頸，而辭曰：「二君有治，臣奸旗鼓，不敏於君之行前，不敢逃刑，敢歸死。」遂自剄也。師屬之目，越子因而伐之，大敗之。靈姑浮以戈擊闔廬，闔廬傷將指，取其一屨。還，卒於陘，去檇李七里。【詁】按：檇李城左右水口皆名曰涇，如圖經所著風涇、中涇等是也。疑古即有是名。此傳「陘」或當作「涇」，蓋去檇李城七里，均屬水鄉矣。夫差使人立於庭，苟出入，必謂己曰：「夫差，而忘越王之殺而父乎？」則對曰：「唯。不敢忘。」三年乃報越。

晉人圍朝歌。公會齊侯、衛侯於脾、上梁之間，謀救范、中行氏也。（諸本皆脫「也」字。今从石經增入。）【詁】按：地理志東郡范縣，圖經晉大夫士會邑。春秋莊公三十一年築臺於秦。司馬彪郡國志曰范縣有秦亭。地形志東平郡與范縣俱治秦城，即秦亭也。是范氏食邑與魯最爲密邇。魯之助范氏，亦出於不得已。上年城莒父及霄亦然。皆魯之西境與范氏食邑附近之地。析成鮒、小王桃甲率狄師以襲晉，戰於絳中，不克而還。士鮒奔周，小王桃甲入於朝歌。

秋，齊侯、宋公會於洮，范氏故也。

衛侯爲夫人南子召宋朝。【詁】賈逵云：「南子，宋女。」（史記集解。杜取此。）會於洮，【詁】服虔以「會於洮」屬上爲義，言衛侯爲夫人南子召宋朝，故與宋公會於洮。（本疏。）大子蒯聵獻盂于齊，（史記仲尼弟子作「蕢聵」。按：「蒯」與「蕢」通。檀弓「屠蒯」作「杜蕢」，可證也。）過宋野。野人歌之曰：「既定爾婁豬，盍歸吾艾豭？」【詁】說文：「豬，豕而三毛叢居者。」[一]「豭，牡豕也。」小爾雅及鄭玄禮記注：「艾，老也。」（杜本此。）大子羞之，謂戲陽速曰：（史記「速」作「遬」。）【詁】賈逵云：「戲陽速，大子家臣。」（史記集解。杜取此。）「從我而朝少君，（釋文本作「小君」。）少君見我，我顧，乃殺之。」速曰：「諾。」乃朝夫人。夫人見大子。大子三顧，速不進。夫人見其色，啼而走，曰：「蒯聵將殺余。」公執其手以登臺。大子奔宋。盡逐其黨，故公孟彄出奔鄭，自鄭奔齊。大子告人曰：「戲陽速禍余。」戲陽速告人曰：「大子則禍余。大子無道，使余殺其母。余不許，將戕於余；【詁】趙岐孟子注：「戕猶殘也。」虞翻易注：「戕，殺也。」（杜并用此。）若殺夫人，將以余說。余是故許而不爲，以紓余死。諺曰：『民保於信。』吾以信義也。」

[一]「三」原作「二」，據說文解字第九下改。

冬，十二月，晉人敗范氏、中行氏之師於潞，獲籍秦、高彊。又敗鄭師及范氏之師于百泉。【詁】按：金史地理志衞州蘇門，有百門陂，亦曰百門泉。定十四年晉人敗鄭師及范氏之師於百泉，即百門泉矣。「百」與「北」音相近，故或亦作「北」。

十五年，春，邾隱公來朝。子貢觀焉。【詁】漢書五行志作「子贛」，師古曰：「『贛』音『貢』。」按：說文：「貢，獻功也，从貝工聲。」[一]「贛」字注云：「賜也，从貝竷省聲。」子貢名賜，自應作「贛」。此處及哀七年十二年並作「貢」字，十五年已後並作「贛」，蓋後人傳寫之譌耳。邾子執玉高，其容仰；公受玉卑，其容俯。子貢曰：「以禮觀之，二君者皆有死亡焉。夫禮，死生存亡之體也。【詁】禮器：「禮也者，猶體也。」廣雅：「禮，體也。」將左右、周旋，進退、俯仰，於是乎取之。朝、祀、喪、戎，於是乎觀之。今正月相朝，而皆不度，心已亡矣。嘉事不體，何以能久？高仰，驕也。卑俯，替也。驕近亂，替近疾。君爲主，其先亡乎！」

吳之入楚也，胡子盡俘楚邑之近胡者。楚既定，胡子豹又不事楚，曰：「存亡有命，事楚何爲？多取費焉。」二月，楚滅胡。

夏，五月壬申，公薨。仲尼曰：「賜不幸言而中，是使賜多言者也。」

鄭罕達敗宋師于老丘。

齊侯、衞侯次于蘧挐，謀救宋也。

秋，七月壬申，姒氏卒。不稱夫人，不赴，且不祔也。

[一]「貝」原訛「頁」，據說文解字第六下改。

葬定公，雨，不克襄事，【詁】按：襄當訓舉，薛綜西京賦注：「襄，舉也。」若杜訓作成，恐非本義。禮也。

葬定姒，不稱小君，不成喪也。

冬，城漆。書，不時告也。

春秋左傳詁卷二十

傳

哀公

元年，春，楚子圍蔡，報柏舉也。里而栽，【詁】說文：「栽，築牆長版也。春秋傳曰『楚圍蔡里而栽』。」杜本此。）廣丈，高倍。夫屯晝夜九日，如子西之素。蔡人男女以辨。【詁】按：士虞禮「明日以其班祔」，鄭康成云：「『班』或作『辨』。」史記「辨於群神」，徐廣曰：「『辨』音『班』。」是此「辨」字義當作班也。襄廿五年「男女以班」，劉炫曰：「哀元年『蔡人男女以辨』與此同。」使疆於江、汝之間而還。【詁】服虔云：「蔡使楚疆於故江國與汝水之間，其意言蔡割地以賂楚也。」（本疏。）蔡於是乎請遷于吳。

吳王夫差敗越于夫椒，【詁】賈逵云：「夫椒，越地。」（史記集解。）按：說苑作「夫湫」。「湫」與「椒」古字通。報檇李也。遂入越。越子以甲楯五千保于會稽，（外傳及史記吳世家「保」並作「棲」。越世家作「保棲於會稽」，國策作「保於會稽之上」。）【詁】賈逵云：「會稽，山名。」（同上。）地理志會稽郡：「山陰，會稽山在南。」（杜本此。）使大夫種因吳大宰嚭

【詁】高誘淮南王書注：「大夫種，姓文氏，會稽鄞人。」按：誘注呂覽又云：「種，楚郢人。」今呂覽本訛「郢」爲「鄞」，又爲

「鄒」，並非也。錢少詹大昕亦定爲郢人。説文：「嚭，大也。春秋傳吴有大宰嚭。」以行成。【詁】服虔云：「行成，求成也。」（史記集解。）吴子將許之，伍員曰：「不可。臣聞之：『樹德莫如滋，去疾莫如盡。』（釋文：「『去疾』，本又作『去惡』。」）【詁】按：戰國策引作：「書云：『樹德莫如滋，除害莫如盡。』」蓋此二語乃逸書也，與今僞泰誓不合。昔有過澆【詁】賈逵云：「過，國名也。」（同上。）殺斟灌以伐斟鄩，【詁】賈逵云：「斟灌、斟鄩，夏同姓也。夏后相依斟灌，故曰滅夏后相也。」（同上。）滅夏后相。【詁】汲郡古文云：「帝相九年，居於斟灌。」「廿六年，寒促使其子澆帥師滅斟灌。」「廿八年，寒促使其子澆弑帝。」公羊傳曰：「君死於位爲滅。」服虔云：「夏后相，啓之後。」（史記集解。）按：正義：「襄四年傳云澆用師滅斟灌，此云殺斟灌者，王肅云：『滅，殺也。古者滅殺尊卑同名。』」后緡方娠，【詁】賈逵云：「緡，有仍之姓也。」（同上。）説文：「娠，女身動也。春秋傳曰『后緡方娠』。」按：漢書注：「應劭曰：『娠，動，懷任之意。左傳曰「邑姜方娠」。』孟康曰：『「娠」音「身」。』」廣雅：「娠，傳也。」漢書「身」多作「娠」，古今字。詩生民疏引作「后緡方震」。郭璞爾雅注：「娠猶震也。」是一本又作「震」。逃出自竇，歸於有仍。（古今人表作「有扔」，師古曰：「『扔』音『仍』。」潛夫論引此作「奔於有仍」。）生少康焉，【詁】服虔云：「后緡遺腹子。」（同上。）爲仍牧正。【詁】王肅云：「牧正，牧官之長。」（同上。）惎澆，【詁】小爾雅：「惎，忌也。」説文：「惎，毒也。」（杜本此。）能戒之。澆使椒求之，逃奔有虞，【詁】賈逵云：「有虞，帝舜之後。」（同上。）爲之庖正，（王符引作「胞」。）以除其害。虞思於是妻之以二姚，而邑諸綸，【詁】賈逵云：「綸，虞邑。」（同上。）郡國志梁國：「虞縣，有綸城，少康邑。」（杜本此。）有田一成，【詁】賈逵云：「方十里爲成。」（同上。）有衆一旅。【詁】賈逵云：「五百人爲旅。」（同上。杜並本此。）能布其德，而兆其謀，【詁】趙岐孟子注：「兆，始也。」（杜本此。）以收夏衆，〔二〕撫其官職，【詁】服虔云：「因此基業，稍收夏遺民餘衆，撫修夏之故官憲典。」（同上。）使女艾諜澆，（王符引作「誘澆」。）【詁】説

〔二〕「收」原訛「牧」，據春秋左傳其它各本改。

文：「諜，軍中反間也。」韋昭國語注：「諜，候也。」（杜本此。）使季杼誘豷。【詁】廣雅：「誘，致也。」遂滅過、戈，復禹之績，（釋文：「『績』，一本作『迹』。」）祀夏配天，【詁】服虔云：「以鯀配天也。」（同上。）不失舊物。【詁】賈逵云：「物，職也。」（同上。）今吴不如過，而越大於少康，或將豐之，不亦難乎？句踐能親而務施，施不失人，親不弃勞。與我同壤，而世爲仇讐。於是乎克而弗取，將又存之，違天而長寇讐，後雖悔之，不可食已。姬之衰也，日可俟矣。（釋文：「『俟』，本又作『竢』。」）介在蠻夷，而長寇讐，以是求伯，必不行矣。」弗聽。退而告人曰：「越十年生聚，而十年教訓，【詁】服虔云：「令少者無娶老婦，老者無娶少婦。女十七不嫁，男二十不娶，父母有罪也。將生子以告，與之醫，饋之餼也。死者，釋其征，必哭泣葬埋如其子也。孺子遊之，必餔歠之也。非手所種，夫人所織，不用。十年不收於國。」（本疏。）二十年之外，吴其爲沼乎！」三月，越及吴平。吴入越。不書，吴不告慶，越不告敗也。

夏，四月，齊侯、衞侯救邯鄲，圍五鹿。

吴之入楚也，使召陳懷公。懷公朝國人而問焉，曰：「欲與楚者右，欲與吴者左。陳人從田，無田從黨。」（檀弓疏引傳「陳人」下多「有田」二字。）逢滑當公而進，曰：「臣聞：『國之興也以福，其亡也以禍。』今吴未有福，楚未有禍，楚未可弃，吴未可從。而晉，盟主也，若以晉辭吴，若何？」公曰：「國勝君亡，非禍而何？」對曰：「國之有是多矣，何必不復？小國猶復，况大國乎？臣聞：『國之興也，視民如傷，是其福也。其亡也，以民爲土芥，【詁】方言：「芥，草也。」廣雅同。（杜本此。）是其禍也。』（吴志賀循傳引云：「國之興也，視民如赤子。其亡也，以民爲草芥。」）楚雖無德，亦不艾殺其民。吴日敝於兵，暴骨如莽，（足利本後人記曰異本「莽」上有「草」字。）而未見德焉。天其或者正訓楚也。禍之適吴，其何日之有？」陳侯從之。及夫差克越，乃修先君之怨。秋，八月，吴侵陳，修舊怨也。

齊侯、衞侯會於乾侯，救范氏也。師及齊師、衞孔圉、鮮虞人伐晉，取棘蒲。

吴師在陳，楚大夫皆懼，曰：「闔閭惟能用其民，以敗我於柏舉。今聞其嗣又甚焉，將若之何？」子西曰：「二三子恤不相睦，無患吴矣。昔闔廬食不二味，居不重席，室不崇壇，器不彤鏤，【詁】説文：「彤，丹飾也。」「鏤，剛鐵可以刻鏤。」（杜本此。）按：家語：「車不彫幾，器不彫鏤。」「彫」一本亦作「彤」。宫室不觀，舟車不飾，衣服財用，擇不取費。在國，天有菑癘，親巡孤寡，（諸本「巡」下有「其」字。今從石經本删。）而共其乏困。在軍，熟食者分而後敢食，【詁】服虔云：「以其半分軍士而後自食其餘，若簞醪注流也。」（本疏。）按：何休公羊注：「分，半也。」杜注云徧，非本訓。其所嘗者，卒乘與焉。勤恤其民，而與之勞逸。是以民不罷勞，死知不曠。吾先大夫子常易之，所以敗我也。今聞夫差，次有臺榭陂池焉，宿有妃嬙嬪御焉，一日之行，所欲必成，玩好必從，珍異是聚，觀樂是務，視民如讎，而用之日新。夫先自敗也已，（説苑引作「夫差先自敗已」。釋文云：「本或作『夫差先自敗者』，非。」）安能敗我？」

冬，十月，（諸本作「十一月」。今從石經删。）晉趙鞅伐朝歌。

二年，春，伐邾，將伐絞。邾人愛其土，故賂以漷、沂之田而受盟。

初，衛侯遊于郊，子南僕。【詁】賈逵云：「僕，御也。」（史記集解。）公曰：「余無子，將立女。」不對。他日，又謂之，對曰：「郢不足以辱社稷，【詁】服虔云：「郢自謂己無德，不足以污辱社稷。」（同上。）君其改圖。君夫人在堂，三揖在下，【詁】服虔云：「三揖，卿、大夫、士。土揖庶姓，時揖異姓，天揖同姓。」（本疏。）鄭司農云：「卿、大夫、士，皆君之所揖。」（周禮注。杜本此。）君命祇辱。」夏，衛靈公卒。夫人曰：「命公子郢爲大子，君命也。」對曰：「郢異於他子，且君没於吾手，若有之，郢必聞之。且亡人之子輒在。」乃立輒。六月乙酉，晉趙鞅納衛大子于戚。宵迷，陽虎曰：「右河而南，必至焉。」【詁】水經注：「右河而南必至焉，今頓丘，衛國縣西戚亭是也，爲衛之河上邑。」使大子絻，八人衰絰，僞自衞逆者。【詁】服虔云：「衰絰，爲若從衞來迎大子也。」（史記集解。）告於門，哭而入，遂居之。

秋，八月，齊人輸范氏粟。鄭子姚、子般送之。士吉射逆之，趙鞅禦之，遇于戚。陽虎曰：「吾車少，以兵車之斾與罕、駟兵車先陳。罕、駟自後隨而從之，彼見吾貌，必有懼心。於是乎會之，必大敗之。」從之。卜戰，龜焦。樂丁曰：「詩曰：『爰始爰謀，爰契我龜。』謀協以故兆詢，可也。」【詁】惠士奇曰：「『詢』宜屬上讀。」簡子誓曰：「范氏、中行氏反易天明，斬艾百姓，欲擅晉國，而滅其君。寡君恃鄭而保焉。今鄭爲不道，弃君助臣。二三子順天明，從君命，經德義，除詬恥，在此行也。克敵者，上大夫受縣，下大夫受郡，【詁】按：今説文本引作「上大夫受郡」，誤。今考水經注引説文云：「故春秋傳曰『上大夫縣，下大夫郡』。」可以證今説文刻本及高誘注之失。士田十萬，庶人、工、商遂，人臣、隸、圉免。志父無罪，【詁】服虔云：「趙鞅入晉陽以叛，後得歸，改名志父。春秋仍舊，猶書趙鞅。」（釋文。）韋昭國語注：「志父，簡子之後名也。」（杜本此。）君實圖之！若其有罪，絞縊以戮，桐棺三寸，不設屬辟，（鄭玄禮記注作「屬椑」。）【詁】荀卿子曰：罪人之葬，棺椁三寸，衣衾三領，不得飾棺。」屬辟。素車樸馬，【詁】荀卿子曰「若馭樸馬」，楊倞注：「未調習之馬。」無入於兆，下卿之罰也。」甲戌，將戰，郵無卹御簡子，（古今人表作「郵亡恤」，外傳作「郵無正」。）【詁】服虔云：「王良也。」（本疏。）衞大子爲右。登鐵上，（水經注引傳作「鐵丘」。文選注同。）【詁】京相璠曰：「鐵，丘名也。」（水經注。杜同此。）望見鄭師衆，大子懼，自投於車下。子良授大子綏，而乘之，曰：「婦人也。」簡子巡列，曰：「畢萬，匹夫也，七戰皆獲，有馬百乘，死於牖下。群子勉之！死不在寇。」繁羽御趙羅，宋勇爲右。羅無勇，麇之。（廣韻引作「稛之」。）【詁】説文：「稛，絭束也。」廣雅：「稛，束也。」按：「稛」、「麇」字同。（杜本此。）吏詰之，御對曰：「痁作而伏。」【詁】説文：「痁，有熱瘧也。」廣雅：「痁，瘧也。」（杜本此。）衞大子禱曰：「曾孫蒯聵敢昭告皇祖文王、烈祖康叔、文祖襄公：鄭勝亂從，晉午在難，不能治亂，使鞅討之。蒯聵不敢自佚，備持矛焉。敢告無絶筋，無折骨，無面傷，（鄭衆周禮注引作「無破骨，無面夷」。）以集大事，無作三祖羞。

大命不敢請，【詁】晉語曰「死不敢請」，韋昭注：「言不敢請，歸之神也。」佩玉不敢愛。」鄭人擊簡子，中肩，斃于車中，【詁】爾雅：「斃，踣也。」鄭玄禮記注：「斃，仆也。」（杜本爾雅。）獲其蠭旗。大子救之以戈。鄭師北，獲溫大夫趙羅。大子復伐之，鄭師大敗，獲齊粟千車。趙孟喜曰：「可矣。」傅傁曰：「雖克鄭，猶有知在，憂未艾也。」初，周人與范氏田，公孫尨稅焉，趙氏得而獻之。吏請殺之，趙孟曰：「爲其主也，何罪？」止而與之田。及鐵之戰，以徒五百人宵攻鄭師，取蠭旗於子姚之幕下，獻，曰：「請報主德。」追鄭師，姚、般、公孫林殿而射，前列多死。趙孟曰：「國無小。」既戰，簡子曰：「吾伏弢【詁】說文：「弢，弓衣也。」（杜本此。）嘔血，（外傳作「峈血」。釋文：「『嘔』，本又作『喀』。」）【詁】廣雅：「嘔，吐也。」（杜本此。）鼓音不衰，今日我上也。」大子曰：「吾救主於車，退敵於下，我右之上也。」郵良曰：「我兩靷將絕，吾能止之，我御之上也。」駕而乘材，兩靷皆絕。（外傳作「兩鞁」。）【詁】說文：「靷，引軸也。」

吳泄庸如蔡納聘，而稍納師。師畢入，衆知之。蔡侯告大夫，殺公子駟以說。哭而遷墓。冬，蔡遷于州來。

三年，春，齊、衛圍戚，求援于中山。

夏，五月辛卯，司鐸火。火踰公宮，桓、僖災。救火者皆曰：「顧府。」南宮敬叔至，命周人出御書，俟於宮，曰：「庀女【詁】鄭司農周禮注：「庀，具也。」（杜本此。）而不在，死。」子服景伯至，命宰人出禮書，【詁】檀弓有子服伯子，鄭玄注云：「蓋仲孫蔑之玄孫子服景伯。」[二]以待命，命不共，有常刑。校人乘馬，巾車脂轄，（釋文：「本又作

[二]「玄」原訛「兄」，據禮記檀弓上鄭玄注改。

『鍇』,同。」)百官官備,府庫慎守,官人肅給。濟濡帷幕,鬱攸從之,【詁】爾雅:「鬱,氣也。」「攸,所也。」火氣出之所也。惠士奇曰:「襄九年奔火所,意亦同。杜注不明晰。」蒙葺公屋。自大廟始,外內以悛,【詁】按:杜訓悛作次,無此義訓。疑當從方言:「悛,改也。」蓋謂內外皆改次耳。漢書公孫弘傳:「有功者上,無功者下,則群臣逡。」李奇注曰:「言有次序也。」「悛」「逡」字同。助所不給。有不用命,則有常刑,無赦。公父文伯至,命校人駕乘車。季桓子至,御公立于象魏之外,命救火者傷人則止,財可爲也。命藏象魏,【詁】服虔云:「象魏,闕也。法令縣之朝,謂其書爲象魏。」(御覽。杜取此。)曰:「舊章不可亡也。」【詁】應劭風俗通引曰「舊章不可無也」。按:此則「亡」當讀爲「無」。陸氏無音,蓋讀如字。富父槐至,曰:「無備而官辦者,猶拾瀋也。」(高誘淮南王書注引此「瀋」作「潘」。)【詁】説文:「瀋,汁也。春秋傳曰『猶拾瀋也』。」釋名云:「宋、魯人皆謂汁爲瀋。」於是乎去表之槀,(「槀」从石經、宋本改正。)道還公宮。孔子在陳,聞火,曰:「其桓、僖乎!」【詁】服虔云:「桓、僖當毀,而魯祀非禮之廟,故孔子聞有火災,知其爲桓、僖也。」(史記集解。)

劉氏、范氏世爲婚姻,萇弘事劉文公,故周與范氏。趙鞅以爲討。六月癸卯,周人殺萇弘。【詁】莊子外篇胠篋「萇弘胣」,釋文:「崔云讀若拖,或作施字。胣,裂也。」韓非子難言篇亦云「萇弘分胣」,淮南王書「萇弘鈹裂而死」,一云「車裂而死」。司馬云:「胣,剔也。一云刳腸曰胣。」按:崔本或作「施」字。哀二十七年國人施公孫有山氏,義當同。雜篇外物又云:「萇弘死於蜀,藏其血三年而化爲碧。」

秋,季孫有疾,命正常曰:「無死。南孺子之子,男也,則以告而立之;女也,則肥也可。」季孫卒,康子即位。既葬,康子在朝。南氏生男,正常載以如朝,告曰:「夫子有遺言,命其圉臣曰:『南氏生男,則以告於君與大夫而立之。』今生矣,男也。敢告。」遂奔衛。康子請退。公使共劉視之,則或殺之矣。乃討之。召正常,【詁】服虔云:「召而問兒死意。」(本疏。)正常不反。

冬，十月，晉趙鞅圍朝歌，師于其南。荀寅伐其郛，【詁】説文：「郛，郭也。」使其徒自北門入，已犯師而出。癸丑，奔邯鄲。十一月，趙鞅殺士皐夷，惡范氏也。

四年，春，蔡昭侯將如吴，諸大夫恐其又遷也，承。【詁】詩毛傳：「承，止也。」按：易繫辭傳云：「小人不威不懲。」字亦作「承」。廣雅：「懲，恐也。」蓋諸大夫懲前事欲止其行耳。二義並通。杜注云「承」音「懲」，反覺迂曲。公孫翩逐而射之，入於家人而卒。以兩矢門之，衆莫敢進。文之鍇後至，曰：「如牆而進，多而殺二人。」鍇執弓而先，翩射之，中肘，鍇遂殺之。故逐公孫辰而殺公孫姓、公孫盱。（「盱」从釋文、石經改正。）

夏，楚人既克夷虎，乃謀北方。左司馬眅、申公壽餘、葉公諸梁致蔡於負函，致方城之外於繒關，曰：「吴將泝江入郢，【詁】三倉：「逆流行水曰泝。」（衆經音義。杜本此。）將奔命焉。」爲一昔之期，【詁】廣雅：「昔，夜也。」穀梁：「日入至於星出謂之昔。」襲梁及霍。【詁】服虔云：「梁、霍，周南鄙也。」（水經注。）京相璠曰：「霍陽山在周平城東南。」（同上。杜本此。）單浮餘圍蠻氏，蠻氏潰。蠻子赤奔晉陰地。司馬起豐、析【詁】京相璠曰：「南鄉淅縣有故豐鄉，[一]春秋所謂豐、析也。」（水經注。）郡國志南陽郡：「析，有豐鄉城。」（杜同此。）與狄戎，以臨上洛。【詁】地理志弘農郡：「上洛，禹貢洛水出冢嶺山。」左師軍於菟和，右師軍於倉野，【詁】水經注：「丹水自倉野，又東歷菟和山，即春秋所謂左司軍於菟和，右師軍於倉野者也。」使謂陰地之命大夫士蔑曰：「晉、楚有盟，（水經注引作「晉、楚之盟」。）好惡同之。若將不廢，寡君之願也。不然，將通於少習以聽命。」【詁】京相璠曰：「楚通上洛阨道也。」（水經注。）按：水經注：「丹水出商縣東南流注，歷少習、武關。」按：此則少習非即武關，乃商洛中之阨道耳。京相璠説甚明，杜注誤。士蔑請

[一]「淅」原訛「浙」，據水經注卷二十七改。

諸趙孟，趙孟曰：「晉國未寧，安能惡於楚？必速與之。」士蔑乃致九州之戎，將裂田以與蠻子而城之，且將爲之卜。蠻子聽卜，遂執之，與其五大夫，以畀楚師于三户。【詁】服虔云：「三户，漳水津也。」（史記正義。）竹書紀年：「壬寅，孫何侵楚，入三户郛。」酈道元云：「春秋之三户矣。」司馬致邑立宗焉，以誘其遺民，而盡俘以歸。

秋，七月，齊陳乞、弦施、衞甯跪救范氏。庚午，圍五鹿。九月，趙鞅圍邯鄲。冬，十一月，邯鄲降，荀寅奔鮮虞，趙稷奔臨。十二月，弦施逆之，遂墮臨。國夏伐晉，取邢、任、欒、鄗、【詁】地理志趙國：「襄國，故邢國也。」廣平國任，師古曰：「本晉邑。」常山郡關，按：後漢改欒城縣。鄗，世祖即位，改名高邑。説文：「鄗，常山縣。」逆時、陰人、盂、壺口，【詁】地理志太原郡：「盂，晉大夫盂丙邑。」上黨郡壺關。按：逆時當即漢曲逆縣。水經注引左傳亦作曲逆，云中山曲逆也。會鮮虞，納荀寅于柏人。【詁】地理志趙國柏人，師古曰：「本晉邑。」

五年，春，晉圍柏人，荀寅、士吉射奔齊。初，范氏之臣王生惡張柳朔，【詁】墨子所染篇：「范吉射染於長柳朔、王胜。」惠棟曰：「王胜即王生也。古『張』字省作『長』，見楚相孫叔敖碑。」言諸昭子，使爲柏人。昭子曰：「夫非而讐乎？」對曰：「私讐不及公，好不廢過，惡不去善，義之經也。臣敢違之？」及范氏出，張柳朔謂其子：「爾從主，勉之！我將止死，王生授我矣，吾不可以僭之。」遂死于柏人。

夏，趙鞅伐衞，范氏之故也，遂圍中牟。

齊燕姬生子，不成而死。【詁】服虔云：「燕姬，齊景公嫡夫人，昭七年燕人所歸。不成：未冠也。」（御覽。）諸子鬻姒之子荼嬖。【詁】服虔云：「諸子，諸公子。鬻姒，景公妾也，淳于人所納女。荼，安孺子。」（同上。）晏子春秋：「淳于人納女于景公，生孺子荼。」史記：「景公寵妾芮姬生子荼。」田完世家作「芮子」。按：惠氏云：「淳于人未詳所出。」豈未見晏子耶？諸大夫恐其爲大子也，言於公曰：「君之齒長矣，未有大子，若之何？」【詁】服虔本上無「大」字。「爲子，爲大子也。荼少，故恐立之。言君長未有大子，一旦不諱，當若之何？欲其早立長也。」（同上。）公曰：「二三子間於憂虞，則有疾疢。亦姑謀樂，何憂於無君？」【詁】服虔云：「言二三子當國家閒暇無憂虞，惟恐疾疢在其閒。今無疾疢，何不自謀自樂，何憂無君乎？」公疾，使國惠子、高昭子立荼，【詁】服虔云：「國惠子，國景之子國夏也。高昭子，高㜃之子高張也。」（同上。）按：今本作「高偃」。寘群公子於萊。（釋文：「『群』或作『諸』。」）【詁】服虔云：「寘，置。萊，齊東鄙邑。欲使遠齊。」（同上，及史記集解。杜取此。）秋，齊景公卒。冬，十月，公子嘉、（史記作「壽」。）公子駒、公子黔奔衛。公子鉏、（史記作「駔」。）公子陽生來奔。萊人歌之曰：「景公死乎不與埋，（史記三「不」皆作「弗」。）三軍之事乎不與謀。（史記無「之」字。）師乎師乎，何黨之乎？」（史記「何」作「胡」。）【詁】服虔云：「萊人見五公子遠遷鄙邑，不得與景公葬埋之事及國三軍之謀，故愍而歌。師，衆也。黨，所也。言公子徒衆何所適也。」（史記集解。杜取此。）

鄭駟秦富而侈，嬖大夫也，而常陳卿之車服於其庭。鄭人惡而殺之。子思曰：「詩云：『不解於位，民之攸塈。』（諸本作「暨」，非。）不守其位而能久者，鮮矣！商頌曰：『不僭不濫，不敢怠皇，（詩作「遑」。）命以多福。』」

【詁】按：此約詩意言之，故與詩本文不同。

六年，春，晉伐鮮虞，治范氏之亂也。

吳伐陳，復修舊怨也。楚子曰：「吾先君與陳有盟，不可以不救。」乃救陳，師于城父。

齊陳乞僞事高、國者，每朝，必驂乘焉。（史記「驂」作「參」。）所從，必言諸大夫曰：「彼皆偃蹇，【詁】廣雅：「偃蹇，夭撟也。」王逸楚詞章句：「偃蹇，高貌。」將弃子之命。皆曰：『高、國得君，必逼我，盍去諸？』固將謀子，子早圖之！圖之，莫如盡滅之。需，事之下也。」及朝，則曰：「彼虎狼也，見我在子之側，殺我無日矣，請就之位。」又謂諸大夫曰：「二子者禍矣。恃得君而欲謀二三子，曰：『國之多難，貴寵之由，盡去之而後君定。』既成謀矣，盍及其未作也先諸？作而後悔，亦無及也。」大夫從之。夏，六月戊辰，陳乞、鮑牧及諸大夫以甲入于公宮。昭子聞之，與惠子乘如公。戰于莊，敗。國人追之，國夏奔莒，遂及高張、晏圉、弦施來奔。【詁】服虔云：「圉，晏嬰之子。」（同上。）

秋，七月，楚子在城父，將救陳。卜戰，不吉；卜退，不吉。王曰：「然則死也。再敗楚師，不如死。弃盟逃讐，亦不如死。死一也，其死讐乎！」命公子申爲王，不可；則命公子結，亦不可；則命公子啓，五辭而後許。（釋文：「『辭』，本又作『辤』。說文：『辭，不受也。受辛宜辭也。「辝」，籀文。』」）將戰，王有疾。庚寅，昭王攻大冥，卒于城父。子閭退，曰：「君王舍其子而讓，群臣敢忘君乎？從君之命，順也；立君之子，亦順也。二順不可失也。」與子期、子西謀，潛師閉塗，（史記作「伏師閉塗」，徐廣曰：「『塗』，一作『壁』。」陸粲附注曰：「列女傳亦作『壁』。壁，軍壘也。」）逆越女之子章【詁】服虔云：「閉塗不通外使也。越女，昭王之妾。」（史記集解。杜本此。）立之，而後還。是歲也，有雲如衆赤鳥，夾日以飛，三日。（說苑引作「有雲如飛鳥，夾日而飛」。）楚子使問諸周太史，（說苑引作：「楚子乘駬，東而問諸太史州黎。」）【詁】鄭司農云：「太史主天道。」（周禮注。）服虔云：「諸侯皆有太史，主周所賜典籍，故曰周太史。一曰是時往問周太史。」（本疏。）曰：「其當王身乎！若禜之，可移於令尹、司馬。」王曰：「除腹心之疾，而寘諸股肱，何益？不穀不有大過，天其夭諸？有罪受罰，又焉移之？」遂勿禜。初，昭王有疾，卜曰：「河爲祟。」王弗祭。大夫請祭諸郊，王曰：「三代命祀，祭不越望。【詁】服虔云：「謂所受王命，祀其國中山川爲望。」（史記集解。）江、漢、睢、漳，楚之望也。【詁】按：家語作「沮漳」。文選注云：「『睢』與『沮』通。」地理志南郡：「臨沮，漳水所出，東至江陵入陽水，陽水入沔。」應劭曰：「沮水出漢中郡房陵，東入江。」禍福之至，不是過也。不穀雖不德，河非所獲罪也。」遂弗祭。孔子曰：「楚昭王知大道矣，其不失國也，宜哉。夏書曰：『惟彼陶唐，帥彼天常。（釋文：「或作『天道』，非。」）有此冀方。今失其行，亂其紀綱，乃滅而亡。』【詁】賈、服、孫、杜皆不見古文，以爲逸書，解爲夏桀之時。惟王肅云：「太康時也。」（本疏。）逸書滅亡謂夏桀也。（本疏五十八。）按：杜注取此。黄仲元云：「服虔釋左傳之文，以亂其紀綱爲桀時。今考孔氏正義據梅賾僞書。博學如陸德明，亦未省察。」高誘淮南王書注云：「冀，九州中，謂今四海之内。」又曰：『允出茲在茲。』由己率常，可矣。」

八月，齊邴意茲來奔。陳僖子（史記作「田釐子」。）使召公子陽生。【詁】賈逵以傳文相連爲遺意茲來召，又怪其日月錯誤，云其説未聞。（本疏。）陽生駕而見南郭且于，曰：「嘗獻馬於季孫，不入於上乘，故又獻此，請與子乘之。」出萊門而告之故。闞止知之，（戰國策引作「監止」。史記同。）【詁】史記田完世家云：「子我者，監止之宗人也。」惠士奇曰：「呂覽以闞止爲宰予，高誘云：『宰予，字子我。』史記亦言宰我與田常作亂。皆秦、漢人相傳之語，未必然也。」先待諸外。公子曰：「事未可知，反，與壬也處。」戒之，遂行。逮夜，至於齊，國人知之。僖子使子士之母養之，與饋者皆入。冬，十月丁卯，立之。將盟，鮑子醉而往。其臣差車鮑點曰：「此誰之命也？」陳子曰：「受命於鮑子。」遂誣鮑子曰：「子之命也。」鮑子曰：「女忘君之爲孺子牛而折其齒乎？而背之也。」悼公稽首，曰：「吾子奉義而行者也。若我可，不必亡一大夫。若我不可，不必亡一公子。義則進，否則退，敢不惟子是從？廢興無以亂，則所願也。」鮑子曰：「誰非君之子？」乃受盟。使胡姬以安孺子如賴，（史記、漢書並作「晏孺子」。蓋「安」與「晏」古字通也。）【詁】郡國志濟南郡：「菅縣，有賴亭。」去鬻姒，殺王甲，拘江説，囚王豹于句竇之丘。公使朱毛告於陳子，曰：「微子，則不及此。然君異於器，不可以二。器二不匱，君二多難，敢布諸大夫。」僖子不對而泣，曰：「君舉不信群臣乎？以齊國之困，困又有憂。少君不可以訪，是以求長君，庶亦能容群臣乎！不然，夫孺子何罪？」毛復命，公悔之。毛曰：「君大訪於陳子，而圖其小可也。」使毛遷孺子於駘。【詁】賈逵云：「駘，齊邑。」（史記集解。）不至，殺諸野幕之下，葬諸殳冒淳。

七年，春，宋師侵鄭，鄭叛晉故也。晉師侵衛，衛不服也。

夏，公會吳于鄫。吳來徵百牢，子服景伯對曰：「先王未之有也。」吳人曰：「宋百牢我，魯不可以後宋。且魯牢晉大夫過十，吳王百牢，不亦可乎？」景伯曰：「晉范鞅貪而棄禮，以大國懼敝邑，故敝邑十一牢之。君若以禮命於諸侯，則有數矣。若亦弃禮，則有淫者矣。【詁】孔安國書傳：「淫，過也。」（杜本此。）周之王也，制禮，上物不過十二，【詁】賈逵云：「周禮，王令諸侯享禮十有二牢，上公九牢，侯伯七牢，子男五牢。」（史記集解。）以爲天之大數也。今弃周禮，而曰必百牢，亦惟執事。」吳人勿聽。景伯曰：「吳將亡矣，棄天而背本。不與，必棄疾於我。」乃與之。大宰嚭召季康子，康子使子貢辭。太宰嚭曰：「國君道長，而大夫不出門，此何禮也？」對曰：「豈以爲禮，畏大國也。大國不以禮命於諸侯，苟不以禮，豈可量也？寡君既共命焉，其老豈敢弃其國？大伯端委以治周禮，（周禮、後漢書注引傳「治」並作「持」。）【詁】王肅云：「委貌之冠，玄端之衣也。」（本疏。）仲雍嗣之，斷髮文身，臝以爲飾，【詁】説文：「臝，袒也。」按：説文「臝」或从果，故今本轉作「臝」。潛夫論又引作「倮」。今攷釋文：「『臝』，本又作『倮』。」蓋本此。豈禮也哉？有由然也。」反自鄫，以吳爲無能爲也。

季康子欲伐邾，乃饗大夫以謀之。子服景伯曰：「小所以事大，信也。大所以保小，仁也。背大國不信，伐小國不仁。民保於城，城保於德。失二德者，危，將焉保？」孟孫曰：「二三子以爲何如？惡賢而逆之？」對曰：「禹合諸侯於塗山，（水經注引「合」作「會」，「塗」作「嵞」。）【詁】地理志九江郡當塗，應劭曰：「禹所娶塗山國也，有禹墟。」（杜本此。）執玉帛者萬國。【詁】按：水經注以塗山爲即山陰之會稽山，譏杜爲誤。但引國語「吳伐越」爲「吳伐楚」，則道元失之。今其存者，無數十焉。惟大不字小，小不事大也。知必危，何故不言？」【詁】服虔以二句亦爲孟孫之言，謂諸大夫誠共知伐邾必危，何故不早言也。（本疏。）「魯德如邾，而以衆加之，可乎？」不樂而出。秋，伐邾。及范門，猶聞鐘聲。大夫諫，不聽。茅成子請告於吳，不許，曰：「魯擊柝聞於邾。吳二千里，不三月不至。【詁】鄭司農云：「柝，戒者所擊也。」（周禮疏。）何及於我？且國内豈不足？」成子以茅叛。【詁】郡國志山陽郡：「高平，侯國，有茅鄉城。」（杜同此。）師遂入邾，處其公宮。衆師晝掠，邾衆保于繹。【詁】地理志魯國：「騶，嶧山在北。」按：「嶧」、「繹」古字同。（杜同本此。）師宵掠，以邾子益來，獻于亳社，囚諸負瑕。【詁】應劭曰：「負瑕在瑕丘縣西南。」（水經注。杜本此。）負瑕故有繹。邾茅夷鴻以束帛乘韋自請救于吴，曰：「魯弱晉而遠吴，馮恃其衆，而背君之盟，辟君之執事，以陵我小國。邾非敢自愛也，懼君威之不立。君威之不立，小國之憂也。若夏盟於鄫衍，秋而背之，成求而不違，四方諸侯其何以事君？且魯賦八百乘，君之貳也。邾賦六百乘，君之私也。以私奉貳，惟君圖之！」吴子從之。

宋人圍曹。鄭桓子思曰：「宋人有曹，鄭之患也，不可以不救。」冬，鄭師救曹，侵宋。初，曹人或夢衆君子【詁】服虔云：「衆君子，諸國君。」（本疏。）立于社宮，【詁】賈逵云：「社宮，社也。」（史記集解。杜取此。）鄭衆云：「社宮，中有室屋者。」（同上。）而謀亡曹。曹叔振鐸請待公孫彊，許之。旦而求之，曹無之。戒其子曰：「我死，爾聞公孫彊爲政，必去之。」及曹伯陽即位，好田弋。曹鄙人公孫彊好弋，獲白雁，獻之，且言田弋之説，説之。因訪政事，大説之，有寵，使爲司城以聽政。夢者之子乃行。彊言霸説於曹伯，曹伯從之，乃背晉而奸宋。【詁】服虔云：「以小加大。」（水經注。）宋人伐之，晉人不救，築五邑於其郊，曰黍丘、揖丘、大城、鍾、邘。

八年，春，宋公伐曹。將還，褚師子肥殿。曹人詬之，不行，師待之。公聞之，怒，命反之，遂滅曹。執曹伯陽（諸本並脱「陽」字。从石經增。）及司城彊以歸，殺之。

吴爲邾故，（史記作「騶」，又作「鄒」，索隱云：「『騶』與『鄒』通。」）將伐魯，問於叔孫輒。叔孫輒對曰：「魯有名而無情，伐之，必得志焉。」退而告公山不狃。公山不狃曰：「非禮也。君子違不適讎國。【詁】按：後漢書袁紹傳曰：「且君子違難，不適讎國。」注引左傳：「公山不狃曰：『君子違難，不適讎國。』」注中「難」字蓋涉漢書本文而誤也。未臣而有伐之，奔命焉，死之可也。所託也則隱。且夫人之行也，不以所惡廢鄉。今子以小惡而欲覆宗國，不亦難乎？若使子率，子必辭。王將使我。」子張病之。王問於子泄，對曰：「魯雖無與立，必有與斃。諸侯將救之，未可以得志焉。晉與齊、楚輔之，是四讎也。夫魯，齊、晉之脣。脣亡齒寒，君所知也。不救何爲？」三月，吴伐我。子泄率，故道險，從武城。初，武城人或有因於吴竟田焉，拘鄫人之漚菅者，曰：【詁】説文：「漚，久清也。」惠棟曰：「鄭康成注考工記引作『渥菅』，釋文：『「渥」，烏豆反，與「漚」同。』是『渥』爲古文『漚』也。」「何故使吾水滋？」【詁】説文：「兹，黑也，从二玄。春秋傳曰『何故使吾水兹』。」按：石經及諸刻本並作「滋」。陸氏不引説文，但言字林云「黑也」。或字林作「滋」。及吴師至，拘者道之以伐武城，克之。王犯嘗爲之宰，澹臺子羽之父好焉，國人懼。懿子謂景伯：「若之何？」對曰：「吴師來，斯與之戰，何患焉？且召之而至，又何求焉？」吴師克東陽而進，舍于五梧。明日，舍於蠶室。公賓庚、公甲叔子與戰于夷，獲叔子與析朱鉏，獻于王。王曰：「此同車，必使能，國未可望也。」明日，舍於庚宗，（諸本「於」作「于」，从石經訂正。）遂次於泗上。微虎欲宵攻王舍，私屬徒七百人，三踊於幕庭，卒三百人，有若與焉，及稷門之内。或謂季孫曰：「不足以害吴，而多殺國士，不如已也。」乃止之。吴子聞之，一夕三遷。吴人行成。將盟，景伯曰：「楚人圍宋，易子而食，析骸而爨，猶無城下之盟。我未及虧，而有城下之盟，是弃國也。吴輕而遠，不能久，將歸矣，請少待之。」弗從。景伯負載，造於萊門。【詁】鄭玄詩箋云：「載，猶戴也。」惠棟曰：「劉炫以負載爲負戴器物，説較杜爲是。」乃請釋子服何於吴，吴人許之，以王子姑曹當之，而後止。吴人盟而還。

齊悼公之來也，季康子以其妹妻之，即位而逆之。季魴侯通焉，女言其情，弗敢與也。齊侯怒。夏，五月，齊鮑牧帥師伐我，取讙及闡。

或譖胡姬於齊侯，曰：「安孺子之黨也。」六月，齊侯殺胡姬。

齊侯使如吳請師，將以伐我，乃歸邾子。邾子又無道，吳子使大宰子餘討之，囚諸樓臺，栫之以棘。【詁】說文：「栫，以柴木壅也。从木存聲。」本又作「存」。（杜本此。）廣雅：「栫，杝也。」「杝」今作「籬」字。使諸大夫奉大子革以爲政。

秋，及齊平。九月，臧賓如如齊涖盟。齊閭丘明來涖盟，且逆季姬以歸，嬖。鮑牧又謂群公子曰：「使女有馬千乘乎？」公子愬之。公謂鮑子：「或譖子，子姑居於潞以察之。若有之，則分室以行。若無之，則反子之所。」出門，使以三分之一行。半道，使以二乘。及潞，麇之以入，遂殺之。

冬，十二月，齊人歸讙及闡，季姬嬖故也。

九年，春，齊侯使公孟綽辭師于吳。（釋文：「『綽』，本又作『卓』，同。」）吳子曰：「昔歲寡人聞命，今又革之，不知所從，將進受命於君。」

鄭武子賸之嬖許瑕求邑，無以與之。請外取，許之，故圍宋雍丘。宋皇瑗圍鄭師，每日遷舍。壘合，鄭師哭。子姚救之，大敗。二月甲戌，宋取鄭師于雍丘，使有能者無死，以郟張與鄭羅歸。

夏，楚人伐陳，陳即吳故也。

宋公伐鄭。

秋，吳城邗，溝通江、淮。【詁】地理志廣陵國：「江都，渠水首受江，北至射陽湖。」水經注：「昔吳將伐齊，北霸中國，自廣陵城東南築邗城。城下掘深溝，謂之韓江，亦曰邗溟溝，自江北通射陽湖，西北至末口入淮。」

晉趙鞅卜救鄭，遇水適火，【詁】服虔云：「兆南行適火。卜法，橫者爲土，立者爲木，邪向徑者爲金，背徑者爲火，因兆而細曲者爲水。」（本疏。）占諸史趙、史墨、史龜。史龜曰：「是爲沈陽，可以興兵。利以伐姜，不利子商。伐齊則可，敵宋不吉。」史墨曰：「盈，水名也；子，水位也。名位敵，不可干也。炎帝爲火師，姜姓其後也。水勝火，伐姜則可。」史趙曰：「是謂如川之滿，不可游也。鄭方有罪，不可救也。救鄭則不吉，不知其他。」陽虎以周易筮之，遇泰䷊之需䷄，曰：「宋方吉，不可與也。微子啓，帝乙之元子也。宋、鄭，甥舅也。祉，〔一〕禄也。若帝乙之元子歸妹，而有吉禄，我安得吉焉？」乃止。

冬，吴子使來儆師伐齊。【詁】説文：「儆，戒也。」

十年，春，邾隱公來奔。齊甥也，故遂奔齊。

公會吴子、邾子、郯子伐齊南鄙，師於鄎。齊人弑悼公，赴於師。吴子三日哭于軍門之外。【詁】服虔云：「諸侯相臨之禮。」（史記集解。）徐承帥舟師，將自海入齊。齊人敗之，吴師乃還。

夏，趙鞅帥師伐齊，大夫請卜之。趙孟曰：「吾卜於此起兵，事不再令，卜不襲吉，【詁】廣雅云：「襲，重也。」（杜本此。）行也。」於是乎取犁及轅，【詁】京相璠曰：「濟南梁鄒縣有袁水者也。」（水經注。）毁高唐之郭，侵及賴而還。【詁】服虔云：「賴，齊邑。」（史記集解。）

秋，吴子使來復儆師。

冬，楚子期伐陳。吴延州來季子救陳，謂子期曰：「二君不務德，而力争諸侯，民何罪焉？我請退，以爲子名，務德而安民。」乃還。

〔一〕「祉」原訛「社」，據春秋左傳其它各本改。

十一年，春，齊爲鄎故，國書、高無丕帥師伐我，及清。（諸本「丕」皆作「平」，依前傳改。）【詁】郡國志濟北：「盧縣，有清亭。」（杜同此。）季孫謂其宰冉求曰：「齊師在清，必魯故也，若之何？」求曰：「一子守，二子從公御諸竟。」（「御」字從釋文改。）季孫曰：「不能。」求曰：「居封疆之閒。」季孫告二子，二子不可。求曰：「若不可，則君無出。一子帥師，背城而戰，不屬者，非魯人也。魯之群室，衆於齊之兵車，一室敵車優矣。子何患焉？二子之不欲戰也宜，（「宜」字下石經旁增「哉」字，係後人所加，不可從。）政在季氏。當子之身，齊人伐魯而不能戰，子之恥也，大不列於諸侯矣。」季孫使從於朝，俟於黨氏之溝。武叔呼而問戰焉，對曰：「君子有遠慮，小人何知？」懿子强問之，對曰：「小人慮才而言，量力而共者也。」武叔曰：「是謂我不成丈夫（釋文：『丈夫』，或作『大夫』，非是。）也。」退而蒐乘。孟孺子泄帥右師，顔羽御，邴泄爲右。冉求帥左師，管周父御，樊遲爲右。季孫曰：「須也弱。」有子曰：【詁】劉攽春秋權衡曰：「按：有子當作子有。子有者，冉求字也。仲尼門人字多云子某者，不得云有子也，傳寫誤之矣。」「就用命焉。」季氏之甲七千，冉有以武城人三百爲己徒卒，老幼守宮，次于雩門之外。五日，右師從之。公叔務人（家語作「公叔務人遇人入保負杖而息」。禮記檀弓作「公叔禺人遇負杖入保者息」。孔疏云：「『禺』、『務』聲相近，聲轉字異也。」）見保者而泣，曰：「事充政重，上不能謀，士不能死，何以治民？吾既言之矣，敢不勉乎！」師及齊師戰于郊，（禮記作「戰於郎」。）齊師自稷曲，師不踰溝。樊遲曰：「非不能也，不信子也。請三刻而踰之。」如之，衆從之，師入齊軍。右師奔，齊人從之。[一] 陳瓘、陳莊涉泗。孟之側後入以爲殿，抽矢策其馬，曰：「馬不進也。」【詁】按：孟之側字反，與楚大夫子反名側同。林不狃之伍曰：「走乎？」不狃曰：「誰不如？」曰：「然則止乎？」不狃曰：「惡賢？」徐步而死。師獲甲首八十，齊人不能師。宵諜曰：「齊人

[一]「人」原作「師」，據春秋左傳其它各本改。

遁。」冉有請從之三，季孫弗許。孟孺子語人曰：「我不如顏羽，而賢於邴泄。子羽鋭敏，【詁】高誘戰國策注：「鋭，精也。」詩毛傳：「敏，疾也。」（杜本此。）我不欲戰而能默，（釋文：「本亦作『嘿』。」）泄曰：『驅之。』」公爲與其嬖僮汪錡乘，皆死，皆殯。（禮記作「與其鄰童汪錡往皆死焉」。）孔子曰：「能執干戈以衛社稷，可無殤也。」冉有用矛於齊師，故能入其軍。孔子曰：「義也。」

夏，陳轅頗出奔鄭。初，轅頗爲司徒，賦封田以嫁公女，有餘，以爲己大器。國人逐之，故出。道渴，其族轅咺進稻醴、粱糗、腶脯焉。（釋文：「『腶』亦作『鍛』。」按當作「鍛」。）【詁】説文：「糗，熬米麥也。」「脯，乾肉也。」喜曰：「何其給也？」對曰：「器成而具。」曰：「何不吾諫？」對曰：「懼先行。」

爲郊戰故，公會吳子伐齊。五月，克博。壬申，至於嬴。【詁】地理志博縣、嬴縣並屬泰山郡。（杜本此。）中軍從王，胥門巢將上軍，王子姑曹將下軍，展如將右軍。齊國書將中軍，高無丕將上軍，宗樓將下軍。陳僖子謂其弟書：「爾死，我必得志。」宗子陽與閭丘明相厲也。桑掩胥御國子。公孫夏曰：「二子必死。」將戰，公孫夏命其徒歌虞殯。【詁】賈逵云：「虞殯，遣殯歌詩。」（本疏。杜取此。）陳子行命其徒具含玉。（釋文：「本又作『唅』。」初學記引亦同。）公孫揮命其徒曰：「人尋約，【詁】詩毛傳：「八尺曰尋。」（杜本此。）吳髮短。」東郭書曰：「三戰必死，於此三矣。」使問弦多以琴，曰：「吾不復見子矣。」陳書曰：「此行也，吾聞鼓而已，不聞金矣。」甲戌，戰于艾陵。展如敗高子，國子敗胥門巢，王卒助之，大敗齊師。獲國書、公孫夏、閭丘明、陳書、東郭書，革車八百乘，甲首三千，以獻于公。將戰，吳子呼叔孫曰：「而事何也？」對曰：「從司馬。」王賜之甲劍鈹，曰：「奉爾君事，敬無廢命。」叔孫未能對。衛賜進，曰：「州仇奉甲從君而拜。」公使太史固歸國子之元，寘之新篋，褽之以玄纁，（釋文：「別本無『之』字。」）【詁】説文：「褽，衽衣也。」按：杜注：「褽，薦也。」未知何據。加組帶焉。寘書於其上，曰：「天若不識不衷，何以使下國？」

吴將伐齊，越子率其衆以朝焉，王及列士皆有饋賂。吴人皆喜，惟子胥懼，曰：「是豢吴也夫。」【詁】服虔云：「豢，養也。穀食曰豢。」（杜取此。）諫曰：「越在我，心腹之疾也。壤地同，而有欲於我。【詁】吕覽載子胥語曰：「夫吴之與越，接土鄰境，壤交通屬，習俗同，言語通。我得其地能處之，得其民能使之。越於我亦然。」夫其柔服，求濟其欲也。不如早從事焉。得志於齊，猶獲石田也，【詁】王肅云：「石田不可耕。」（史記集解。杜取此。）無所用之。越不爲沼，吴其泯矣。使醫除疾，而曰『必遺類焉』者，未之有也。盤庚之誥曰：『其有顛越不共，【詁】服虔云：「顛，隕也。越，墜也。顛越無道，則割絶無遺也。」（同上。）則劓殄無遺育，無俾易種于茲邑。』【詁】孔安國書傳：「劓，割也。殄，絶也。育，長也。俾，使也。」（杜本此。）是商所以興也。今君易之，將以求大，不亦難乎？」弗聽。使於齊，屬其子於鮑氏，爲王孫氏。【詁】服虔云：「鮑氏，齊大夫。」（同上。）按：史記、説苑、吴越春秋並云：「吴王使子胥於齊，子胥屬其子於齊鮑氏，而還報吴。」是則子胥實身自使齊，杜注私使人至齊之説非也。反役，王聞之，使賜之屬鏤以死。【詁】服虔云：「屬鏤，劍名，賜使自刎。」（同上。）按：荀子成相篇「剄而獨鹿棄之江」，宥坐篇又云「子胥磔姑蘇東門外。」按：「屬鏤」、「獨鹿」音同。吴語「盛以鴟夷而投之江」，賈逵云：「鴟夷，革囊也。」將死，曰：「樹吾墓檟，（史記「檟」作「梓」，世家、列傳並同。）檟可材也。吴其亡乎！三年，其始弱矣。盈必毁，天之道也。」

秋，季孫命修守備，曰：「小勝大，禍也。齊至無日矣。」

冬，衛大叔疾出奔宋。初，疾娶於宋子朝，其娣嬖。子朝出，孔文子使疾出其妻，而妻之。【詁】服虔云：「孔文子，衛卿也。」（同上。）疾使侍人誘其初妻之娣，寘於犂，而爲之一宫，如二妻。文子怒，欲攻之，仲尼止之，遂奪其妻。或淫于外州，外州人奪之軒，以獻。耻是二者，故出。衛人立遺，使室孔姞。疾臣向魋，納美珠焉，與之城鉏。宋公求珠，魋不與，由是得罪。及桓氏出，城鉏人攻大叔疾，衛莊公復之，使處巢，死焉。殯於鄖，葬於少禘。初，晉悼公子慭（釋文：「『慭』，作『整』」。）亡在衛，使其女僕而田。大叔懿子止而飲之酒，遂聘之，生悼子。悼子即位，故夏戊爲大夫。悼子亡，衛人翦夏戊。孔文子之將攻大叔也，訪於仲尼。仲尼曰：「胡簋之事，則嘗學之矣。【詁】賈逵、服虔等注並云：「夏曰胡。」（本疏。杜取此。）禮記明堂位：「周之八簋。」甲兵之事，未之聞也。」退，命駕而行，曰：「鳥則擇木，木豈能擇鳥？」【詁】服虔云：「鳥喻己，木以喻所之之國。」（史記集解。杜注上句取此。）文子遽止之，曰：「圉豈敢度其私，訪衛國之難也。」（家語「訪」作「防」。）將止，魯人以幣召之，乃歸。

季孫欲以田賦，【詁】賈逵以爲欲令一井之間出一丘之税，井别出馬一匹、牛三頭。（本疏。）使冉有訪諸仲尼。仲尼曰：「丘不識也。」三發，卒曰：「子爲國老，待子而行。若之何子之不言也？」仲尼不對。而私於冉有曰：「君子之行也，度於禮。施取其厚，事舉其中，斂從其薄。如是，則以丘亦足矣。若不度於禮，而貪冒無厭，則雖以田賦，將又不足。且子季孫若欲行而法，則周公之典在。若欲苟而行，又何訪焉？」弗聽。

十二年，春，王正月，用田賦。

夏，五月，昭夫人孟子卒。昭公娶于吴，故不書姓。死不赴，故不稱夫人。不反哭，故不言葬小君。孔子與弔，適季氏。季氏不絻，放絰而拜。

公會吴于橐皋。吴子使大宰嚭請尋盟。【詁】賈逵云：「尋，温也。」（論語疏。）按：言尋盟者，以前盟已寒，更温之使熱。杜取服説，言尋之言重也，義亦通。然賈義爲長矣。公不欲，使子貢對曰：「盟，所以周信也，故心以制之，玉帛以奉之，言以結之，明神以要之。寡君以爲苟有盟焉，弗可改也已。若猶可改，日盟何益？今吾子曰：『必尋盟。』若可尋也，亦可寒也。」【詁】服虔云：「尋之言重也，温也。寒，歇也。亦可寒而歇之。」（儀禮疏、禮記疏並同。杜取此。）按：儀禮有司徹篇「乃執燅尸」，鄭注云：「古文『燅』或作『尋』，記或作『燖』。春秋傳曰：『若可燖也，亦可寒也。』」

賈疏云：「大記或作『焫』者。按：郊特牲云『血、腥、爓，〔二〕祭用氣也』，注云：『「爓」或作「焫」。』」又引服注云云。杜注本諸服氏。惟尋有温義，杜所未取。鄭引傳直作「焫」字，則漢人訓如此，與下文「寒」字對也。乃不尋盟。

吴徵會于衛。初，衛人殺吴行人且姚而懼，謀於行人子羽。子羽曰：「吴方無道，無乃辱吾君，不如止也。」子木曰：「吴方無道，國無道，必弃疾於人。吴雖無道，猶足以患衛。往也。長木之斃，無不摽也；【詁】説文：「摽，擊也。」廣雅同。（杜本此。）國狗之瘈，無不噬也，【詁】説文：「噬，啗也，喙也。」廣雅：「噬，齧也。」案：杜注本廣雅。而況大國乎？」秋，衛侯會吴于鄖。公及衛侯、宋皇瑗盟，而卒辭吴盟。吴人藩衛侯之舍。【詁】鄭玄周禮注：「藩盾，盾可以藩衛者，如今之扶蘇與。」按：杜注雖本廣雅，然究不若鄭義爲得其實。子服景伯謂子貢曰：「夫諸侯之會，事既畢矣，侯伯致禮，地主歸餼，【詁】服虔云：「致賓禮於地主。」（本疏。）以相辭也。今吴不行禮於衛，而藩其君舍以難之。子盍見大宰嚭？」（諸本無「嚭」字，今從石經增。）乃請束錦以行。語及衛故，大宰嚭曰：「寡君願事衛君。衛君之來也緩，寡君懼，故將止之。」子貢曰：「衛君之來，必謀於其衆。其衆或欲或否，是以緩來。其欲來者，子之黨也。其不欲來者，子之讎也。若執衛君，是墮黨而崇讎也，【詁】韋昭國語注：「墮，毁也。」（杜本此。）夫墮子者得其志矣。且合諸侯而執衛君，誰敢不懼？墮黨崇讎，而懼諸侯，或者難以霸乎？」大宰嚭説，乃舍衛侯。衛侯歸，效夷言。子之尚幼，曰：「君必不免，其死於夷乎！執焉而又説其言，從之固矣。」

冬，十二月，螽。季孫問諸仲尼。仲尼曰：「丘聞之，火伏而後蟄者畢。今火【詁】詩毛傳：「火，大火也。」（杜本此。）猶西流，司曆過也。」

宋、鄭之間有隙地焉，曰：彌作、頃丘、玉暢、嵒、戈、錫。【詁】按：郭忠恕佩觿「嵒」、「喦」二字注云：「上五咸

〔二〕「爓」原訛「爛」，據儀禮有司徹賈公彦疏改。

翻，山高皃。下尼輒反，地名。」則當讀作「聶」。僖元年次於聶北，説文引作「嵒北」。或「嵒」、「聶」古字通。集韻：「嵒，逆吸切，音岌。地名，春秋取宋師於嵒。」據此，則「聶」爲「嵒」之誤審矣。今定作「嵒」字。下皆同。子産與宋人爲成，曰：「勿有是。」及宋平、元之族自蕭奔鄭，鄭人爲之城嵒、戈、錫。九月，宋向巢伐鄭，取錫，殺元公之孫，遂圍嵒。十二月，鄭罕達救嵒。丙申，圍宋師。

十三年，春，宋向魋救其師。鄭子賸使徇曰：「得桓魋者有賞。」魋也逃歸。遂取宋師于嵒，獲成讙、郜延。【詁】説文：「郜，周文王子所封國。」按：春秋時郜邑屬宋。延蓋郜邑大夫也。以六邑爲虚。

夏，公會單平公、晉定公、吳夫差于黄池。

六月丙子，越子伐吳，爲二隧，【詁】顧炎武云：「『隧』，〔一〕即古『隊』字。」〔二〕吳語句踐命范蠡、舌庸，〔三〕率師沿海泝淮以襲吳。蓋越兵入吳，一襲淮，一泝江，所謂二隧也。戰國策、吕氏春秋、淮南王書皆作「干隧」。「干隧」地無考，疑「二隧」之誤。疇無餘、謳陽自南方，先及郊。吳大子友、王子地、王孫彌庸、壽於姚自泓上觀之。彌庸見姑蔑之旗，曰：【詁】郡國志會稽郡姑末，劉昭注：「左傳爲『姑蔑』。」（杜同此。）「吾父之旗也。不可以見讎而弗殺也。」大子曰：「戰而不克，將亡國，請待之。」彌庸不可，屬徒五千，王子地助之。乙酉，戰，彌庸獲疇無餘，地獲謳陽。越子至，王子地守。丙戌，復戰，大敗吳師，獲大子友、王孫彌庸、壽於姚。丁亥，入吳。吳人告敗于王。王惡其聞也，【詁】服虔云：「惡其聞諸侯。」（史記集解。杜取此。）自剄七人於幕下。【詁】服虔云：「以絶口。」（同上。杜

〔一〕「隧」原作「隊」，據顧炎武左傳杜解補正卷三改。
〔二〕「隊」原作「隧」，據顧炎武左傳杜解補正卷三改。
〔三〕「舌」原訛「古」，據國語吳語改。

取此。）

秋，七月辛丑，盟，吴、晉争先。吴人曰：「於周室，我爲長。」晉人曰：「於姬姓，我爲伯。」趙鞅呼司馬寅（外傳作「董褐」。）【詁】賈逵等皆云：「董褐，司馬寅也。」（本疏。）曰：「日旰矣，大事未成，二臣之罪也。建鼓整列，二臣死之，長幼必可知也。」對曰：「請姑視之。」反曰：「肉食者無墨。今吴王有墨，國勝乎？大子死乎？且夷德輕，不忍久，請少待之。」乃先晉人。【詁】賈逵云：「外傳曰：『吴先歃，晉亞之。』先敘晉，晉有信，又所以外吴。」（同上。）

吴人將以公見晉侯，子服景伯對使者曰：「王合諸侯，則伯帥侯牧以見於王。伯合諸侯，則侯帥子男以見於伯。自王以下，〔一〕朝聘玉帛不同。故敝邑之職貢於吴，有豐於晉，無不及焉，以爲伯也。今諸侯會，而君將以寡君見晉君，則晉成爲伯矣，敝邑將改職貢。魯賦於吴八百乘，若爲子、男，則將半邾以屬於吴，而如邾以事晉。且執事以伯召諸侯，而以侯終之，何利之有焉？」吴人乃止。既而悔之，將囚景伯，景伯曰：「何也立後於魯矣，將以二乘與六人從，遲速惟命。」遂囚以還。及户牖，【詁】地理志陳留郡東昏，劉昭注郡國志引陳留志曰故户牖鄉。（杜本此。）謂大宰曰：「魯將以十月上辛有事於上帝、先王，季辛而畢，何世有職焉，自襄以來，未之改也。若不會，祝、宗將曰：『吴實然。』且謂魯不共，而執其賤者七人，何損焉。」大宰嚭言於王曰：「無損於魯，而祗爲名，不如歸之。」乃歸景伯。吴申叔儀乞糧於公孫有山氏，曰：「佩玉縈兮，【詁】廣雅：「縈，聚也。」李善引倉頡篇亦同。余無所繫之。旨酒一盛兮，余與褐之父睨之。」【詁】説文：「睨，衺視也。」廣雅：「睨，視也。」（杜本此。）對曰：「粱則無矣，麤則有之。若登首山以呼曰：『庚癸乎。』則諾。」【詁】按：庚、癸，吴、

〔一〕「王」後原衍「不」，據春秋左傳其它各本删。

越之市語也。越絶書計倪内經：「庚貨之户曰穬比疏食，故無賈。」又云：「壬、癸無貨。」蓋庚、癸食之最麤者耳。與上句「麤則有之」正相應。杜注非也。王欲伐宋，殺其丈夫而囚其婦人。大宰嚭曰：「可勝也，而弗能居也。」乃歸。

冬，吴及越平。

十四年，春，西狩于大野。叔孫氏之車子鉏商獲麟，（史記作「獲獸」。）【詁】賈逵云：「周在西，明夫子道繫周。」（本疏。）服虔云：「言西者，有意於西，明夫子有立言。立言之位在西方，故著於西也。車，車士微者也。子，姓；鉏商，名。」（同上。）又曰：「大野，藪名，魯田圃之常處，蓋今鉅野是也。」（史記集解。杜取此。）王肅云：「車士，將車者也。子，姓；鉏商，名。」（本疏。）地理志山陽郡：「鉅野，大野澤在北，兖州藪。」以爲不祥，以賜虞人。仲尼觀之，曰：「麟也。」然後取之。【詁】服虔云：「麟非時所常見，故怪之以爲不祥也。仲尼名之曰麟，然後魯人乃取之也。明麟爲仲尼至也。」（本疏。史記集解同。）

小邾射以句繹來奔，曰：「使季路要我，吾無盟矣。」使子路，子路辭。季康子使冉有謂之曰：「千乘之國，不信其盟，而信子之言，子何辱焉？」對曰：「魯有事于小邾，不敢問故，死其城下可也。彼不臣而濟其言，是義之也，由弗能。」

齊簡公之在魯也，闞止有寵焉。【詁】賈逵云：「闞止，子我也。」（史記集解。杜取此。）及即位，使爲政。陳成子憚之，驟顧諸朝。諸御鞅言於公（史記作「御鞅」。）【詁】賈逵云：「鞅，齊大夫也。」（同上。杜取此。）曰：「陳、闞不可並也，君其擇焉。」弗聽。子我夕，【詁】賈逵云：「即闞止也。」（史記索隱。）服虔云：「夕省事。」（集解。取此。）陳逆殺人，逢之，【詁】服虔云：「子我將往夕省事於君，而逢逆之殺人也。」（同上。）遂執以入。陳氏方睦，【詁】服虔云：「陳常方欲謀有齊國，故和其宗族。」（同上。）使疾，而遺之潘沐，【詁】服虔云：「使陳逆詐病而遺之。」（同上。）説文：「潘，淅米汁也。」[一]鄭玄禮記注：「潘，米瀾。」（杜本説文。）備酒肉焉，饗守囚者，醉而殺之，而逃。子我盟諸陳於陳宗。【詁】服虔云：「子我見陳逆得生出，而恐爲陳氏所怨，故與盟而請和也。陳宗，宗長之家。」（同上。）初，陳豹欲爲子我臣，【詁】賈逵云：「豹，陳氏族也。」（同上。杜取此。）使公孫言己，【詁】賈逵云：「公孫，齊大夫也。」（同上。）已有喪而止。既而言之，曰：「有陳豹者，長而上僂，望視，事君子必得志，欲爲子臣。吾憚其爲人也，故緩以告。」子我曰：「何害？是其在我也。」使爲臣。他日，與之言政，説，遂有寵，謂之曰：「我盡逐陳氏而立女，若何？」對曰：「我遠於陳氏矣，【詁】服虔云：「言我與陳疏遠也。」（同上。）且其違者，【詁】服虔云：「違者，不從子我者。」（同上。）不過數人，何盡逐焉？」遂告陳氏。子行曰：「彼得君，弗先，必禍子。」【詁】服虔云：「彼謂闞止也，子謂陳常也。」（同上。）子行舍於公宫。【詁】服虔云：「止於公宫，爲陳氏作内間也。」（同上。）夏，五月壬申，成子兄弟四乘如公。【詁】服虔云：「成子兄弟八人，二人共一乘，故四乘。」（同上。）子我在幄，出逆之，遂入，閉門。【詁】服虔云：「成子兄弟見子我出，遂突入，反閉門，子我不得復入。」（同上。）侍人御之，【詁】服虔云：「閹豎以兵御陳氏。」（同上。）子行殺侍人。【詁】服虔云：「舍于公宫，故得殺之。」（同上。）公與婦人飲酒於檀臺，【詁】服虔云：「當陳氏入時，飲酒於此臺。」（同上。）成子遷諸寢。【詁】服虔云：「欲徙公，令居寢也。」（同上。）公執戈，將擊之，大史子餘曰：【詁】服虔云：「齊大夫。」（同上。）「非不利也，將除害也。」陳子出舍於庫，聞公猶怒，將出，【詁】服虔云：「出，奔也。」（同上。）曰：「何所無君？」子行抽劍，曰：「需，事之賊也。誰非陳宗？所不殺子者，有如陳宗。」【詁】服虔云：「陳宗，先祖鬼神也。」（本疏。）乃止。子我歸，帥屬徒（各本脱「帥」字，從石經增入。）【詁】服虔云：「會徒衆。」（史記集解。）按：服注「徒」字上似脱「屬」字。攻闈與大門，【詁】服虔云：「宫中之門曰闈。大門，公門也。」（同上。）按：服用爾雅釋宫文。後漢書注引爾

[一] 「淅」原訛「浙」，據説文解字第十一上二改。

雅又云：「宫中小門謂之闈。」此云「闈與大門」，是闈爲小門也。皆不勝，乃出。陳氏追之，失道於弇中，適豐丘。【詁】賈逵云：「陳氏邑也。」（同上。杜取此。）豐丘人執之，以告，殺諸郭闗。【詁】服虔云：「齊闗名。」（同上。）成子將殺大陸子方，【詁】服虔云：「子方，子我之黨，大夫東郭賈也。」（同上。）陳逆請而免之。以公命取車於道，及郩，衆知而東之。出雍門，陳豹與之車，弗受，曰：「逆爲余請，豹與余車，余有私焉。事子我而有私於其讐，何以見魯、衞之士？」【詁】服虔云：「子方將欲奔魯、衞也。」（同上。）東郭賈奔衞。庚辰，陳恒執公於舒州。【詁】賈逵云：「陳氏邑也。」（同上。）史記齊世家「常執簡公於徐州」，〔一〕索隱：「『徐』字從人。〔二〕説文作『郐』，音『舒』。」戰國策「楚威王戰勝於徐州」，〔三〕高誘注：「『徐州』或作『舒州』。是時屬齊。」按：「舒」、「徐」、「郐」古字通。公曰：「吾早從鞅之言，不及此。」

宋桓魋之寵害於公。公使夫人驟請享焉，而將討之。未及，魋先謀公，請以鞌易薄。公曰：「不可。薄，宗邑也。」【詁】地理志山陽郡薄，臣瓚曰：「湯所都。」按：此即南亳也。「亳」、「薄」古字通，故公以爲宗邑。乃益鞌七邑，而請享公焉，以日中爲期，家備盡往。公知之，告皇野曰：「余長魋也，今將禍余，請即救。」司馬子仲曰：「有臣不順，神之所惡也，而况人乎？敢不承命。不得左師不可，請以君命召之。」左師每食，擊鐘。聞鐘聲，公曰：「夫子將食。」既食，又奏。公曰：「可矣。」以乘車往，曰：「迹人來告，曰：『逢澤有介麇焉。』」（「麇」或作「麋」。从石經及宋本訂正。困學記聞引左傳亦作「麇」。）【詁】廣雅：「介，獨也。」方言：「獸無偶曰介。」玉篇同。按：説文：「麇，麞也。籀文作『麕』。」玉篇：「麞，鹿屬。亦作『獐』。」陸佃埤雅：「麞，如小鹿而美。」今考麇既是麞，其物本小，何得

〔一〕「徐」原作「徐」，據史記齊太公世家改。
〔二〕「徐」原作「徐」，據史記齊太公世家索隱改。
〔三〕「徐」原作「徐」，據鮑彪本戰國策齊策一改。

云介？且「麇」書於經，又屢見於傳，自當作「麇」爲是。公曰：『雖魋未來，得左師，吾與之田，若何？』君憚告子，野曰：『嘗私焉。』君欲速，故以乘車逆子。」與之乘，至，公告之故，拜，不能起。司馬曰：「君與之言。」公曰：「所難子者，上有天，下有先君。」對曰：「魋之不共，宋之禍也，敢不惟命是聽。」司馬請瑞焉，以命其徒攻桓氏。其父兄故臣曰：「不可。」其新臣曰：「從吾君之命。」遂攻之。子頎騁而告桓司馬。司馬欲入，子車止之，曰：「不能事君，而又伐國，民不與也，祇取死焉。」向魋遂入於曹以叛。六月，使左師巢伐之，欲質大夫以入焉。不能，亦入于曹，取質。魋曰：「不可。既不能事君，又得罪于民將若之何？」乃舍之。民遂叛之。向魋奔衛。向巢來奔，宋公使止之，曰：「寡人與子有言矣，不可以絶向氏之祀。」辭曰：「臣之罪大，盡滅桓氏可也。若以先臣之故，而使有後，君之惠也。若臣，則不可以入矣。」司馬牛【詁】說文：「春秋傳曰司馬牼字牛。」致其邑與珪焉而適齊。向魋出於衛地，公文氏攻之，【詁】王符潛夫論衛之公族有公文氏。求夏后氏之璜焉。與之他玉，而奔齊。陳成子使爲次卿。司馬牛又致其邑焉，而適吴。吴人惡之，而反。趙簡子召之，陳成子亦召之，卒於魯郭門之外，阬氏葬諸丘輿。

甲午，齊陳恒弑其君壬于舒州。孔丘三日齊，而請伐齊三。公曰：「魯爲齊弱久矣，子之伐之，將若之何？」對曰：「陳恒弑其君，民之不與者半。以魯之衆，加齊之半，可克也。」公曰：「子告季孫。」孔子辭，退而告人曰：「吾以從大夫之後也，故不敢不言。」

初，孟孺子泄將圉馬於成，成宰公孫宿不受，曰：「孟孫爲成之病，不圉馬焉。」孺子怒，襲成，從者不得入，乃反。成有司使，孺子鞭之。秋，八月辛丑，孟懿子卒。成人奔喪，弗内；袒、免，哭于衢，聽共，弗許；懼，不歸。

十五年，春，成叛于齊。武伯伐成，不克，遂城輸。

夏，楚子西、子期伐吳，及桐汭。【詁】水經注沔水下：「南江又東與桐水合。」元和郡縣志：「桐汭在廣德州西五十里。」按：桐水本合南江，至山陰入海。杜注云西北入丹陽湖者，蓋西晉時南江已湮，故桐水就近入丹陽湖耳。説見集中。

陳侯使公孫貞子弔焉，及良而卒，將以尸入。【詁】服虔云：「在牀曰尸，在棺曰柩。」（本疏。）吳子使大宰嚭勞，且辭曰：「以水潦之不時，無乃廩然隕大夫之尸，以重寡君之憂，寡君敢辭上介。」芋尹蓋對（岳本以「上介」絶句。秦本以「辭」字爲句，「上介」屬下。）【詁】按：注云：「蓋，陳大夫。貞子，上介。」蓋謂貞子上介耳。觀下注「備使」云：「備，猶副也。」意義自明。蓋本副介，宰嚭尊稱之曰上介耳。釋文云：「『寡君敢辭上介』絶句。」是也。曰：「寡君聞楚爲不道，薦伐吳國，滅厥民人。寡君使蓋備使，弔君之下吏。無禄，使人逢天之慼，大命隕隊，（諸本作「墜」。从石經改正。）絶世于良。廢日共積，一日遷次。今君命逆使人曰：『無以尸造于門。』是我寡君之命委于草莽也。且臣聞之，曰：『事死如事生，禮也。』於是乎有朝聘而終，以尸將事之禮；又有朝聘而遭喪之禮。若不以尸將命，是遭喪而還也，無乃不可乎？以禮防民，猶或踰之，今大夫曰：『死而弃之。』是弃禮也。其何以爲諸侯主？先民有言曰：『無穢虐士。』備使奉尸將命，苟我寡君之命達于君所，雖隕于深淵，則天命也，非君與涉人之過也。」吳人内之。

秋，齊陳瓘如楚，過衞。仲由見之，曰：「天或者以陳氏爲斧斤，既斲喪公室，而他人有之，不可知也；其使終饗之，亦不可知也。若善魯以待時，不亦可乎？何必惡焉？」子玉曰：「然，吾受命矣。子使告我弟。」

冬，及齊平。子服景伯如齊，子贛爲介，見公孫成，曰：「人皆臣人，而子（刊本並脱「子」字，據宋本增入。）有背人之心，況齊人雖爲子役，其有不貳乎？子，周公之孫也，多饗大利，猶思不義。利不可得，而喪宗國，將焉用之？」成曰：「善哉！吾不早聞命。」陳成子館客，曰：「寡君使恒告曰：『寡人願事君如事衞君。』」景伯揖子贛而進之，對曰：「寡君之願也。昔晉人伐衛，齊爲衛故伐晉冠氏，喪車五百。因與衛地，自濟以西，禚、媚、杏以南，書社五百。【詁】服虔云：「書，籍也。」（史記集解。杜取此。）吳人加敝邑以亂，齊因其病取讙與闡，寡君是以寒心。若得視衛君之事君也，則固所願也。」成子病之，乃歸成。公孫宿以其兵甲入于嬴。

衛孔圉取大子蒯聵之姊，生悝。【詁】說文：「悝，周也。春秋傳曰孔悝。」孔氏之豎渾良夫，長而美，孔文子卒，通於內。大子在戚，孔姬使之焉。大子與之言曰：「苟使我入獲國，服冕乘軒，三死無與。」與之盟，爲請於伯姬。閏月，良夫與大子入，舍於孔氏之外圃。【詁】服虔云：「圃，園。」（史記集解。杜取此。）昏，二人蒙衣而乘，【詁】服虔云：「二人，謂良夫、大子。蒙衣，爲婦人之服，以巾蒙其頭而共乘也。」（同上。）寺人羅御，如孔氏。孔氏之老欒寧問之，（史記「寧」作「甯」。下同。）【詁】服虔云：「家臣稱老，〔一〕問其姓名。」（同上。）稱姻妾以告，【詁】賈逵云：「婚姻家妾也。」（同上。）遂入，適伯姬氏。【詁】服虔云：「入孔氏家，適伯姬所居。」（同上。）既食，孔伯姬杖戈而先，【詁】服虔云：「先至孔悝所。」（同上。）大子與五人介，輿豭從之。【詁】賈逵云：「介，被甲也。輿豭豚，欲以盟。」（同上。杜取此。）迫孔悝於廁，（釋文：「『孔悝』，本又作『叔悝』。」）强盟之，遂劫以登臺。【詁】服虔云：「於衛臺上召衛群臣。」（同上。）欒寧將飲酒，炙未熟，聞亂，使告季子。【詁】服虔云：「季路爲孔氏宰，故告之。」（同上。杜取此。）召獲駕乘車，（史記「獲」作「護」。）【詁】服虔云：「召獲，衛大夫。駕乘車，不駕兵車也，言無距父之意。」（同上。）行爵食炙，【詁】服虔云：「欒寧使召季路，乃行爵食炙。」（同上。）王充論衡：「車行酒，騎行炙。」按：古人皆以車騎行酒炙。正義云此句顛倒，非。奉衛侯輒來奔。【詁】服虔云：「召獲奉衛侯。」（同上。）季子將入，遇子羔將出，（禮記檀弓作「高子皋」，亦作「子皋」，又云「季子羔」。「皋」、「羔」古字通。）【詁】賈逵云：「子羔，衛大夫高柴，孔子弟子也，將出奔。」（同上。杜取此。）曰：

〔一〕「臣」原作「人」，據史記衛康叔世家集解改。

「門已閉矣。」季子曰：「吾姑至焉。」（史記「焉」作「已」。）子羔曰：「弗及，不踐其難。」（史記「不」作「莫」。）【詁】賈逵云：「家臣憂不及國，不得踐履其難。」（同上。）鄭衆云：「是時輒已出，不及事，不當踐其難。子羔言不及，以爲季路欲死國也。」（同上。）季子曰：「食焉不辟其難。」【詁】服虔云：「言食悝之禄，欲救悝之難，此明其不死國也。」（同上。）子羔遂出。子路入，及門，公孫敢門焉，曰：「無入爲也。」（史記作「公孫敢闔門」，「無」作「毋」。鄭玄儀禮注：〔二〕「古文『毋』爲『無』。」）【詁】服虔云：「公孫敢，衛大夫。言輒已出，無爲復入。」（同上。）按：莊子盜跖篇：「子路欲殺衛君，而事不成，身菹於東門之上。」據此，則子路所入之門蓋東門也。季子曰：「是公孫也，求利焉而逃其難。由不然，利其禄，必救其患。」有使者出，乃入，曰：「大子焉用孔悝？雖殺之，必或繼之。」【詁】王肅云：「必有繼續其後攻大子。」且曰：「大子無勇，若燔臺，半，必舍孔叔。」大子聞之，懼，下石乞、盂黶敵子路，（史記作「壺黶」，又作「狐黶」。按：「盂」、「壺」「狐」並音同。）【詁】服虔云：「二子，蒯聵之臣。敵，當也。」（同上。杜取此。）以戈擊之，斷纓。（史記作「割纓」。）子路曰：「君子死，冠不免。」【詁】服虔云：「不使冠在地。」（同上。杜取此。）結纓而死。孔子聞衛亂，曰：「柴也其來，由也死矣。」（史記作「由也其死矣」。檀弓引傳亦同。或一本多「其」字也。）

孔悝立莊公。莊公害故政，欲盡去之，先謂司徒瞞成曰：「寡人離病於外久矣，子請亦嘗之。」歸告褚師比，欲與之伐公，不果。

十六年，春，瞞成、褚師比出奔宋。衛侯使鄢武子告于周曰：「蒯聵得罪于君父、君母，逋竄于晉。晉以王室之故，不弃兄弟，寘諸河上。天誘其衷，獲嗣守封焉。使下臣肸敢告執事。」王使單平公對曰：「肸以嘉

〔二〕「儀禮」原訛「禮禮記」，據儀禮士相見禮鄭玄注改。

命來告余一人，往謂叔父：『余嘉乃成世，復爾祿次，敬之哉！方天之休。弗敬弗休，悔其可追？』」

夏，四月己丑，孔丘卒。公誄之曰：〔一〕【詁】鄭司農云：「誄爲積累其生平之德行，以錫之命，而爲其辭也。」（周禮注。）説文：「讄，禱也，累功德以求福。論語曰『讄曰禱爾於上下神祇』。从言，纍省聲。」或不省作「讗」。「誄」字注云：「謚也。从言，耒聲。」是「誄」、「讄」有别。今經典相承作「誄」，而人罕知當作「讄」矣。「旻天不弔，（家語、文選注並引作「昊天不弔」。説文引傳作「旻天不愸」，疑有脱誤。玉篇亦同。）【詁】按：鄭司農周禮解引此傳作「閔天不淑」。莊述祖曰：「古文『叔』與『弔』字形相近，故經典從『叔』之字多作『弔』。莊子『弔詭』即『諔詭』是也。」杜注昭二十六年與此傳皆訓弔爲至，似誤。不慭遺一老，【詁】爾雅：「慭，彊也。」説文：「慭，問也，謹敬也。一曰説也。一曰且也。」詩鄭箋：「慭者，心不欲而自彊之辭。」應劭、王肅並云：「慭，且也。」一老謂孔子也。」（杜本此。）俾屏余一人以在位，【詁】詩毛傳：「屏，蔽也。」（杜本此。）煢煢余在疚。（鄭司農周禮注引此作「嬛嬛予在疚」。詩「哀此惸獨」，孟子引作「煢」，蓋古字通。）【詁】説文：「嬛，才緊也。春秋傳曰『嬛嬛在疚』。」又「⿱穴久」字注云：「貧病也。詩曰『煢煢在⿱穴久』。」烏乎哀哉！（諸刊本皆作「嗚呼」，从前傳及宋本改正。）尼父，無自律。」【詁】爾雅：「律，法也。」（杜本此。）子贛曰：「君其不没於魯乎！夫子之言曰：『禮失則昏，名失則愆。』【詁】按：大戴記孔子語云：「禮失則壞，名失則惛。」失志爲昏，失所爲愆。生不能用，死又誄之，非禮也。（家語、史記、漢書並作「死而誄之」。禮記引傳文亦同。今刊本亦有作「而」者，已改正。）稱一人，（史記、漢書並作「稱余一人」。漢書「余」作「予」。）非名也。【詁】服虔云：「天子自謂余一人，非諸侯所當名也。」（史記集解。杜取此。）君兩失之。」

六月，衛侯飲孔悝酒於平陽，【詁】郡國志東郡：「燕縣，有平陽亭。」（杜同此。）酈道元云：「廪延南故城即衛之平陽

〔一〕「曰」原脱，據春秋左傳其它各本改。

亭也。」重酬之，大夫皆有納焉。醉而送之，夜半而遣之。載伯姬於平陽而行，（水經注引作「載伯姬於平陽，行於延津」。）及西門，使貳車反祏於西圃。【詁】五經異義曰：「或曰：『卿大夫有主不？』答曰：『卿大夫非有土之君，不得祫享昭穆，〔一〕故無主。』」「古春秋左氏傳曰：『衛孔悝反祏於西圃。』祏，石主也。言大夫以石爲主，禮無明文。大夫士無昭穆，不得有主。今山陽民俗有石主，玄之聞也。」（以下鄭氏駁。）「少牢饋食，大夫祭禮，〔二〕束帛依神。特牲饋食，士祭禮也，結茅爲神象也。」「孝子既葬，心無所依，以虞而立主以事之。惟天子、諸侯有主，卿、大夫無主，尊卑之差也。卿、大夫無主者，依神以几筵，故少牢之祭但有尸無主。三王之代，小祥以前主用桑者，始死尚質，故不相變。既練易之，遂藏於廟，以爲祭主。」「孔悝祏主者，祭其所出之君爲之主耳。」又鄭志張逸問許氏異義駁：「『衛孔悝之反祏有主者，何謂也？』答曰：『禮，大夫無主。而孔獨有者，或時末代之君賜之，使祀其所出之君主。諸侯不祀天而魯郊，諸侯不祖天子而鄭祖厲王，皆時君之賜也。』」按：正義譏鄭非是。子伯季子初爲孔氏臣，新登于公，請追之，遇載祏者，殺而乘其車。許公爲反祏，遇之，曰：「與不仁人争，明無不勝。」必使先射，射三發，皆遠許爲。許爲射之，殪。或以其車從，得祏於橐中。孔悝出奔宋。

楚大子建之遇讒也，自城父奔宋。又辟華氏之亂於鄭，鄭人甚善之。又適晉，與晉人謀襲鄭，乃求復焉。鄭人復之如初。晉人使諜於子木，（諸本作「誎」，今改正。）請行而期焉。子木暴虐於其私邑，邑人訴之。鄭人省之，得晉諜焉，遂殺子木。其子曰勝，在吴。子西欲召之，葉公曰：「吾聞勝也詐而亂，無乃害乎？」子西曰：「吾聞勝也信而勇，不爲不利。舍諸邊竟，使衛藩焉。」葉公曰：「周仁之謂信，率義之謂勇。吾聞勝也好復言，而求死士，殆有私乎！復言，非信也。期死，非勇也。【詁】按：漢書韓王信傳李奇注引傳曰：「期死，非勇也，以

〔一〕「祫」原訛「格」，據通典卷四八禮八改。
〔二〕「大」前原衍「士」，據通典卷四八禮八删。

生非任也。」下五字未知所出。子必悔之！」弗從。召之，使處吳竟，爲白公。【詁】服虔云：「白，邑名。楚邑大夫皆稱公。」（史記集解。杜注上句取此。）請伐鄭，子西曰：「楚未節也。不然，吾不忘也。」他日又請，許之。未起師，晉人伐鄭。楚救之，與之盟。勝怒曰：「鄭人在此，讎不遠矣。」勝自厲劍，子期之子平見之，曰：「王孫何自厲也？」曰：「勝以直聞，不告女，庸爲直乎？將以殺爾父。」平以告子西，子西曰：「勝如卵，余翼而長之。楚國第，我死，令尹、司馬，非勝而誰？」勝聞之，曰：「令尹之狂也。得死，乃非我。」子西不悛。勝謂石乞（淮南王書作「石乙」。）曰：「王與二卿士，皆五百人當之，則可矣。」乞曰：「不可得也。」曰：「市南有熊宜僚者，（釋文：「『熊宜僚者』，或作『熊相宜僚』。」後漢書注亦同。按：石經「熊」字下後人亦旁增「相」字，不可从。）【詁】淮南王書作宜僚，高誘注曰：「宜僚，姓也，名熊，勇士，居楚市南。」若得之，可以當五百人矣。」乃從白公而見之，與之言，說。告之故，辭。承之以劍，不動。（高誘淮南王書「承」作「舉」。）勝曰：「不爲利諂，不爲威惕，（傳咸左傳注「諂」字作「啗」義亦通。）不泄人言以求媚者，去之。」吳人伐慎，【詁】地理志慎縣屬汝南郡。（杜本此。）白公敗之。請以戰備獻，【詁】服虔云：「欲陳士卒甲兵，如與吳戰時所入獻捷。」（本疏。）許之，遂作亂。秋，七月，殺子西、子期（史記「期」作「綦」。）于朝，而劫惠王。子西以袂掩面而死。子期曰：「昔者吾以力事君，不可以弗終。」抉豫章以殺人而後死。石乞曰：「焚庫，弒王。不然，不濟。」白公曰：「不可。殺王不祥，焚庫無聚，將何以守矣？」乞曰：「有楚國而治其民，以敬事神，可以得祥，且有聚矣。何患？」弗從。葉公在蔡，方城之外皆曰：「可以入矣。」子高曰：「吾聞之，以險徼幸者，其求無饜，偏重必離。」聞其殺齊管修也而後入。【詁】淮南王書：「九日，葉公入。」風俗通：「管修自齊適楚，爲陰大夫。」按：裴松之管寧傳注引傅子云：「昔田氏有齊而管氏去之。」今考修之適楚，自在田氏未篡之先。傅子所言，恐不足據。白公欲以子閭爲王，子閭不可，遂劫以兵。子閭曰：「王孫若安靖楚國，匡正王室，而後庇焉，啓之願也，敢不聽從？若將專利以傾王室，不顧楚國，有死不能。」遂殺之，而以王如高府。【詁】賈逵云：「高府，府名也。」（史記集解。）淮南王書：「闔閭伐楚，五戰入郢，燒高府之粟。」按：此則高府蓋宫中府名。石乞尹門。圉公陽穴宫，（史記「圉公陽」作「屈固」。）負王以如昭夫人之宫。【詁】服虔云：「昭王夫人，惠王母，越女也。」（同上。）葉公亦至，及北門，或遇之，曰：「君胡不胄？國人望君，如望慈父母焉。盗賊之矢若傷君，是絶民望也。若之何不胄？」乃胄而進。又遇一人，曰：「君胡胄？國人望君，如望歲焉，日日以幾。（六經正誤云「日日」作「日月」，誤。）若見君面，是得艾也，【詁】應劭漢書注：「乂，安也。」（杜本此。「乂」、「艾」古字同。）民知不死，其亦夫有奮心，（風俗通「民」作「人」，「夫」作「無」。）猶將旌君以徇於國。而又掩面，以絶民望，不亦甚乎？」乃免胄而進。遇箴尹固帥其屬，將與白公。子高曰：「微二子者，楚不國矣。棄德從賊，其可保乎？」乃從葉公。使與國人（釋文：「一本作『使與國人』，如字，與謂與廢也。」按：石經及諸刊本皆作「與」，今仍之。）以攻白公。白公奔山而縊，【詁】淮南王書：「十九日而擒白公。」其徒微之。【詁】爾雅：「匿，微也。」舍人云：「匿，藏之微也。」説文：「微，隱行也。」春秋傳曰『白公其徒微之』。」淮南王書「白公死於浴室」，高誘注：「楚殺白公於浴室之地。」按：吕覽作「法室」，高誘注：「法室，司寇也。」生拘石乞，而問白公之死焉，對曰：「余知其死所，而長者使余勿言。」曰：「不言，將亨。」（「亨」字後人妄加四點。今从石經訂正。）乞曰：「此事也，（从石經及宋本增「也」字。）克則爲卿，不克則亨，固其所也。何害？」乃亨石乞。王孫燕奔頯黄氏。【詁】按：「頯」當是「頯」字之誤。今訂正。説文：「頯，从頁叀聲。」渠追切，音亦同。沈諸梁兼二事。（諸刊本脱「沈」字，今从石經增入。）國寧，乃使寧爲令尹，使寬爲司馬，而老于葉。

衛侯占夢，嬖人求酒於大叔僖子，不得，與卜人比而告公曰：「君有大臣在西南隅，弗去，懼害。」乃逐大叔遺。遺奔晉。

衛侯謂渾良夫曰：「吾繼先君，而不得其器，若之何？」良夫代執火者而言，曰：「疾與亡君，皆君之子也，召之而擇材焉可也。若不材，器可得也。」豎告大子。大子使五人輿豭從己，劫公而强盟之。且請殺良夫，公曰：「其盟免三死。」曰：「請三之後有罪殺之。」公曰：「諾哉！」

十七年，春，衞侯爲虎幄於藉圃，成，求令名者而與之始食焉。大子請使良夫。良夫乘衷甸【詁】説文：「佃，中也。春秋傳曰『乘中佃』，一轅車。」玉篇引左傳同。（杜本此。）兩牡，紫衣【詁】賈逵云：「紫衣，君服。」（本疏。杜取此。）狐裘。至，袒裘，不釋劒而食。大子使牽以退，數之以三罪而殺之。

三月，越子伐吴。吴子御之笠澤，夾水而陳。（石經及諸刊本作「禦」。今从釋文改畫一。）越子爲左右句卒，使夜或左或右，鼓譟而進。吴師分以御之。越子以三軍潛涉，當吴中軍而鼓之，吴師大亂，遂敗之。

晉趙鞅使告于衞曰：「君之在晉也，志父爲主。請君若大子來，以免志父。不然，寡君其曰志父之爲也。」衞侯辭以難，大子又使椓之。【詁】説文：「椓，擊也。」廣雅：「諑，譖也。」按：「椓」、「諑」古字通。楚辭「謡諑謂余以善淫」，王逸章句：「方言楚以南謂愬爲諑。又譖也。」吕覽曰：「椓崔杼之子令之争。」

夏，六月，趙鞅圍衞。齊國觀、陳瓘救衞，得晉人之致師者。子玉使服而見之，曰：「國子實執齊秉，（索隱引傳文作「秉」。又服注云云，是服注本作「秉」。今據改。）【詁】服虔云：「秉，權柄也。」（史記索隱。）而命瓘曰：『無辟晉師。』豈敢廢命？子又何辱？」簡子曰：「我卜伐衞，未卜與齊戰。」乃還。

楚白公之亂，陳人恃其聚而侵楚。楚既寧，將取陳麥。楚子問帥於太師子穀與葉公諸梁。子穀曰：「右領差車與左史老，皆相令尹、司馬以伐陳，其可使也。」子高曰：「率賤，民慢之，懼不用命焉。」子穀曰：「觀丁父，鄀俘也，武王以爲軍率，是以克州、蓼（釋文：「『蓼』，本又作『鄝』。」）服隨、唐，大啓群蠻。彭仲爽，申俘也，文王以爲令尹，實縣申、息，朝陳、蔡，封畛於汝。唯其任也，何賤之有？」子高曰：「天命不謟。（西京賦「天命不滔」，李善注引左傳文，云「滔」、「謟」古字通。）令尹有感於陳，天若亡之，其必令尹之子是與，君盍舍焉？臣懼右領與左史有二俘之賤，而無其令德也。」王卜之，武城尹吉，使帥師取陳麥。陳人御之，敗。遂圍陳。秋，七月己卯，楚公孫朝帥師滅陳。

王與葉公枚卜子良以爲令尹。沈尹朱曰：「吉。過於其志。」葉公曰：「王子而相國，過將何爲？」他日，改卜子國而使爲令尹。

衛侯夢于北宫，見人登昆吾之觀，被髮北面而譟曰：【詁】説文：「譟，擾也。」「登此昆吾之虚，緜緜生之瓜。余爲渾良夫，叫天無辜。」公親筮之，胥彌赦占之，曰：「不害。」與之邑，寘之而逃，奔宋。衛侯貞卜，其繇曰：「如魚竀尾，【詁】説文：「竀，正視也，从穴中正見也。」按：杜注：「竀，赤色。」蓋取賈義。亦因音同故，改從「赬」字爲訓。衡流而方羊。裔焉【詁】鄭衆以爲魚勞則尾赤。方羊，游戲，喻衛侯淫縱。（本疏。）賈逵云：「竀，赤也。魚勞則尾赤。衡流方羊，不能自安。裔，水邊。言衛侯將若此魚。」（春秋疏。）服氏以爲魚勞。（詩疏。）廣雅：「仿佯，徙倚也。」按：尋賈義，「裔焉」二字亦少逗，下云「大國滅之將亡」，無礙其「羊」、「亡」爲韻也。莊述祖又云：「『裔焉』二字宜向下讀。高誘吕覽注：『「焉」猶「於」也。』」顧炎武云：「言其邊於大國，將見滅而亡。」大國，滅之將亡。闔門塞竇，乃自後踰。」【詁】傳遜云：「『竇』，古字作『窬』。」説文亦引「圭竇」作「圭窬」。「窬」與「踰」自爲韻。惠棟云：「未有繇詞而無韻者，從杜讀，則失韻矣。『竇』字讀『度』，又讀『徒』。『踰』亦有平、去兩音。」

冬，十月，晉復伐衛，入其郛。將入城，簡子曰：「止。叔向有言曰：『怙亂滅國者無後。』」衛人出莊公而與晉平。晉立襄公之孫般師而還。（史記作「班師」，注引左傳亦同。）

十一月，衛侯自鄄入，【詁】地理志鄄城縣屬濟陰郡。般師出。初，公登城以望，見戎州。【詁】賈逵云：「戎州，戎人之邑。」（史記集解。）（杜取此。）按：隱七年戎伐凡伯於楚丘，是戎邑近衛。問之，以告。公曰：「我姬姓也，何戎之有焉？」翦之。〔一〕（呂覽作「殘之」。）公使匠久。公欲逐石圃，未及而難作。辛巳，石圃因匠氏攻公。公閉門而請，（諸本「閉」作「闔」。从石經、宋本訂正。）弗許。踰於北方而隊，折股。戎州人攻之。大子疾、公子青踰從公，戎州人殺之。公入於戎州己氏。初，公自城上見己氏之妻髮美，使髡之，以爲呂姜髢。【詁】説文：「鬄，髲也。」「鬄或從也聲。」〔二〕廣雅：「鬄爲之髮。」（杜本此。）既入焉，而示之璧，曰：「活我，吾與女璧。」己氏曰：「殺女，璧其焉往？」遂殺之，而取其璧。衞人復公孫般師而立之。十二月，齊人伐衞。衞人請平，立公子起，執般師以歸，舍諸潞。【詁】服虔云：「起，靈公子。」（史記集解。杜取此。）

公會齊侯，盟於蒙。【詁】地理志泰山郡：「蒙陰，禹貢蒙山在西南。」（杜本此。）孟武伯相。齊侯稽首，公拜。齊人怒。武伯曰：「非天子，寡君無所稽首。」武伯問於高柴曰：「諸侯盟，誰執牛耳？」季羔曰：「鄫衍之役，吴公子姑曹。發陽之役，衞石魋。」武伯曰：「然則彘也。」【詁】注云：「彘，武伯名也。魯於齊爲小國，故曰彘也。」（周禮疏。）

宋皇瑗之子麇有友曰田丙，而奪其兄酁般邑以與之。【詁】説文：「酁，宋地，讀若讒。」按：今本作「鄛」，轉寫誤。蓋般爲酁大夫，因以爲號。酁般愠而行，告桓司馬之臣子儀克。子儀克適宋，告夫人曰：「麇將納桓氏。」公問諸子仲。初，子仲將以杞姒之子非我爲子，麇曰：「必立伯也，是良材。」子仲怒，弗從，故對曰：「右師則老矣，不識麇也。」公執之。皇瑗奔晉，召之。

〔一〕「翦」原作「剪」，據春秋左傳其它各本改。
〔二〕「也」後原衍「也」，據説文解字第九上删。

十八年，春，宋殺皇瑗。【詁】汲郡古文云：「宋殺其大夫皇瑗於丹水之上，丹水壅不流。」按：世族譜，瑗，皇父充石八世孫；緩，充石十世孫，則爲從孫，非從子。杜注云：「緩，瑗從子。」當有一誤。公聞其情，復皇氏之族，使皇緩爲右師。

巴人伐楚，圍鄾。初，右司馬子國之卜也，觀瞻曰：「如志。」故命之。及巴師至，將卜帥，王曰：「寧如志，何卜焉？」使帥師而行。請承，王曰：「寢尹、工尹勤先君者也。」三月，楚公孫寧、吴由于、薳固敗巴師於鄾，故封子國於析。君子曰：「惠王知志。夏書曰：『官占，惟能蔽志，昆命於元龜。』【詁】陳樹華按：孔疏云夏書作「先」，與今本合。陸氏釋文云「能」作「克」。二者必有一誤。但書作「克」，左傳作「能」，義本相通。疑因孔安國書傳「先斷人志，後命於元龜」之文，後人傳寫遂僞作「先」耳。其是之謂乎！志曰：『聖人不煩卜筮。』惠王其有焉。」

衛石圃逐其君起，（史記作「曼專」。）【詁】按：「專」當作「尃」。「尃」、「圃」音同，後刊本譌作「專」耳。起奔齊。衛侯輒自齊復歸，逐石圃，而復石魋與大叔遺。

十九年，春，越人侵楚，以誤吴也。[一] 夏，楚公子慶、公孫寬追越師，至冥。【詁】按：此冥即冥阨，在今信陽州，非越地。杜注誤。不及，乃還。

秋，楚沈諸梁伐東夷，三夷男女及楚師盟於敖。

冬，叔青如京師，敬王崩故也。

[一]「誤」原作「誘」，據春秋左傳其它各本改。

二十年，春，齊人來徵會。夏，會於廩丘，爲鄭故，謀伐晉。

鄭人辭諸侯。秋，師還。

吴公子慶忌【詁】高誘戰國策注曰：「慶忌，吴王僚之子。」淮南王書注又云：「吴王僚之弟子。」驟諫吴子，曰：【詁】服虔云：「驟，數也。」（詩疏。）「不改，必亡。」弗聽。出居於艾，【詁】地理志艾縣屬豫章郡。（杜本此。）遂適楚。聞越將伐吴，冬，請歸平越，遂歸。欲除不忠者以説于越，吴人殺之。

十一月，越圍吴，趙孟降於喪食。楚隆曰：「三年之喪，親暱之極也。主又降之，無乃有故乎？」趙孟曰：「黄池之役，先主與吴王有質，曰：『好惡同之。』今越圍吴，嗣子不廢舊業而敵之，非晉之所能及也。吾是以爲降。」楚隆曰：「若使吴王知之，若何？」趙孟曰：「可乎？」隆曰：「請嘗之。」乃往，先造於越軍，曰：「吴犯間上國多矣，聞君親討焉，諸夏之人莫不欣喜，唯恐君志之不從，（諸本作「之志」。今从石經改正。）請入視之。」許之。告於吴王曰：「寡君之老無恤使陪臣隆，〔一〕敢展謝其不共。黄池之役，君之先臣志父得承齊盟，曰：『好惡同之。』今君在難，無恤不敢憚勞，非晉國之所能及也，使陪臣敢展布之。」王拜稽首曰：「寡人不佞，不能事越，以爲大夫憂，拜命之辱。」與之一簞珠，【詁】説文：「簞，笥也。」（杜本此。）使問趙孟，曰：「句踐將生憂寡人，寡人死之不得矣。」王曰：「溺人必笑，吾將有問也。史黯何以得爲君子？」【詁】高誘曰：「史黯，史墨也。」按：黯蓋史墨字。小徐説文繫傳以爲墨字子黶。「黯」、「黶」音同，古字蓋通。對曰：「黯也進不見惡，退無謗言。」王曰：「宜哉！」

〔一〕「陪」原作「倍」，據春秋左傳其它各本改。後一「陪」字同此。

二十一年，夏，五月，越人始來。

秋，八月，公及齊侯、邾子盟于顧。齊人責稽首，因歌之曰：「魯人之皐，【詁】呂覽曰「子胥高蹶」，高誘注：「蹶，蹈也。傳曰：『魯人之高，使我高蹈。』瞋怒貌。」按：據釋名「高」與「皐」通。數年不覺，使我高蹈。【詁】廣雅：「高，遠也。」衆經音義引廣雅：「蹈，行也。」（杜本此。）唯其儒書，以爲二國憂。」是行也，公先至于陽穀。齊閭丘息曰：「君辱舉玉趾，以在寡君之軍，群臣將傳遽以告寡君。比其復也，君無乃勤。爲僕人之未次，請除館於舟道。」辭曰：「敢勤僕人？」

二十二年，夏，四月，邾隱公自齊奔越，曰：「吳爲無道，執父立子。」越人歸之，大子革奔越。

冬，十一月丁卯，越滅吳，請使吳王居甬東。【詁】賈逵云：「甬東，越東鄙，甬江東也。」（史記集解。）韋昭吳語注曰：「今勾章東海外州也。」（杜本此。）辭曰：「孤老矣，焉能事君？」乃縊。【詁】史記吳世家「遂自剄死」。越人以歸。

二十三年，春，宋景曹卒。季康子使冉有弔，且送葬，曰：「敝邑有社稷之事，使肥與有職競焉，【詁】按：杜注：「競，遽也。」非義訓。李賢後漢書崔駰傳注：「競時，謂趨時也。」此「競」字亦當訓趨。賢用漢儒義訓最多，此亦當是。是以不得助執紼，使求從輿人。曰：『以肥之得備彌甥也，【詁】薛綜西京賦注：「彌，遠也。」（杜本此。）有不腆先人之產馬，使求薦諸夫人之宰，其可以稱旌繁乎！』」【詁】說文：「緐，馬髦飾也。春秋傳曰『可以稱旍緐乎』。」又「𦅻」字注曰：「緐或从𢍰。𢍰，籀文弁。」

夏，六月，晉荀瑤伐齊，高無丕帥師御之。知伯視齊師，馬駭，遂驅之，曰：「齊人知余旗，其謂余畏而反也。」及壘而還。將戰，長武子請卜，知伯曰：「君告於天子，而卜之以守龜於宗祧，吉矣，吾又何卜焉？且齊人取我英丘，君命瑶，非敢燿武也，（諸本誤作「耀」。今从石經、宋本改。）治英丘也。以辭伐罪足矣，何必卜？」壬辰，戰於犁丘，齊師敗績。知伯親禽顔庚。

秋，八月，叔青如越，始使越也。越諸鞅來聘，報叔青也。

二十四年，夏，四月，晉侯將伐齊，使來乞師，曰：「昔臧文仲以楚師伐齊取穀，宣叔以晉師伐齊取汶陽，寡君欲徼福於周公，願乞靈於臧氏。」臧石帥師會之，取廩丘。軍吏令繕，將進。萊章曰：「君卑政暴，往歲克敵，今又勝都，天奉多矣，又焉能進？是躗言也，【詁】服虔云：「躗，僞。不信言也。」字林作「𢖩」，云：「夢言，意不慧也。」（釋文。）陸粲云：「躗者，踶蹋之義。此當作『𢖩』。說文、字林皆云：『𢖩，夢言，不慧也。』三蒼曰：『謊言。』廣雅云：『寱言也。』此謂晉人妄語，若夢中謊寱之言耳。」今按：說文「噧」字注云：「高氣多言也。从口，蠆省聲。春秋傳曰『噧言』。」疑即此「躗言」。或傳寫有異耳。存攷。役將班矣。」晉師乃還。餼臧石牛，【詁】服虔云：「生牲。」（禮記疏。）大史謝之，曰：「以寡君之在行，牢禮不度，敢展謝之。」

邾子又無道，越人執之以歸，而立公子何。何亦無道。

公子荆之母嬖，將以爲夫人，使宗人釁夏獻其禮。對曰：「無之。」公怒，曰：「女爲宗司，立夫人，國之大禮也，何故無之？」對曰：「周公及武公娶於薛，孝、惠娶於商，自桓以下娶於齊，此禮也則有。若以妾爲夫人，則固無其禮也。」公卒立之，而以荆爲大子。國人始惡之。

閏月，公如越，得大子適郢，將妻公而多與之地。公孫有山使告於季孫，季孫懼，使因大宰嚭而納賂焉，乃止。

二十五年，夏，五月庚辰，衛侯出奔宋。【詁】服虔云：「此下但有適城鉏以鉤越，無奔宋之事。其説未聞。」（本疏。）衛侯爲靈臺於藉圃，與諸大夫飲酒焉。褚師聲子韤而登席，【詁】説文：「韤，足衣也。」惠棟曰：「宣二年左傳云：『晉侯飲趙盾酒，其右提彌明趨登，曰：「臣侍君宴，過三爵，非禮也。」遂扶而下。』服虔本作『遂跣以下』，注云：『趙盾徒跣而下走。』此本書燕飲解韤之明文也。左傳古文盡爲杜預所改，故學者有疑義莫能詳焉。」閻若璩云：〔一〕「杜氏謂『見君解韤』。『見君』字不確，須易爲古者燕飲解韤耳。」公怒，辭曰：「臣有疾，異於人。若見之，君將嗀之，（諸本「嗀」誤「㱿」。从説文、玉篇改正。）【詁】説文：「嗀，歐貌。春秋傳曰『君將嗀之』。」玉篇同，引左傳作「君將嗀焉」。廣雅：「嗀，吐也。」按：釋文作「嗀」，與説文、玉篇合，但字體微異耳。是以不敢。」公愈怒，大夫辭之，不可。褚師出，公戟其手，曰：「必斷而足。」聞之。褚師與司寇亥乘，曰：「今日幸而後亡。」公之入也，奪南氏邑，而奪司寇亥政。公使侍人納公文懿子之車於池。〔二〕初，衛人翦夏丁氏，以其帑賜彭封彌子。彌子飲公酒，納夏戊之女，嬖，以爲夫人。其弟期，大叔疾之從孫甥也，少畜於公，以爲司徒。夫人寵衰，期得罪。公使三匠久。公使優狡盟拳彌，而甚近信之。故褚師比、公孫彌牟、公文要、司寇亥、司徒期因三匠與拳彌以作亂，皆執利兵，無者執斤。使拳彌入於公宮，而自大子疾之宮譟以攻公。鄄子士請御之，彌援其手，曰：「子則勇矣，將若君何？不見先君乎？君何所不逞欲？【詁】説文：「逞，通也。楚謂疾行爲逞。春秋傳曰『何所不逞欲』。」且君嘗在外矣，豈必不反？當今不可，衆怒難犯，休而易間也。」乃出，將適蒲，彌曰：「晉無信，不可。」將適鄄，【詁】漢書地理志河東郡：「蒲反，故曰蒲。」濟陰郡鄄城。彌曰：「齊、晉争我，不可。」將適泠，彌曰：「魯不足與。請適城鉏，以鉤越。（釋文：

〔一〕「閻」後原脱「若」，據閻若璩潛邱劄記五補。

〔二〕「侍」原作「寺」，據春秋左傳其它各本改。

「本或作『拘』，同。」）越有君。」【詁】晉灼漢書注：「鉤，致也。」乃適城鉏。彌曰：「衛盜不可知也，請速，自我始。」乃載寶以歸。公爲支離之卒，因祝史揮以侵衛。衛人病之。懿子知之，見子之，請逐揮。文子曰：「無罪。」懿子曰：「彼好專利而妄，夫見君之入也，將先道焉。若逐之，必出於南門，而適君所。夫越新得諸侯，將必請師焉。」揮在朝，使吏遣諸其室。揮出，信，弗内。五日，乃館諸外里，遂有寵，使如越請師。

六月，公至自越。季康子、孟武伯逆于五梧。郭重僕，見二子，曰：「惡言多矣，君請盡之。」公宴于五梧，武伯爲祝，惡郭重，曰：「何肥也？」季孫曰：「請飲彘也。以魯國之密邇仇讎，臣是以不獲從君，克免於大行，又謂重也肥？」公曰：「是食言多矣，能無肥乎？」飲酒不樂，公與大夫始有惡。

二十六年，夏，五月，叔孫舒帥師會越皐如、舌庸、[一]（石經作「舌庸」。廿七年「越子使舌庸來聘」。宋、元、明本皆誤作「后」。今从石經改正。）【詁】按：廣韻「舌」字注云：「又姓。左傳越大夫舌庸。」是一確證。宋樂茷納衛侯。文子欲納之，懿子曰：「君愎而虐，少待之，必毒於民，乃睦於子矣。」師侵外州，大獲。（諸本「師」上衍「衛」字。从石經删。）出御之，大敗。掘褚師定子之墓，焚之于平莊之上。【詁】按：玉篇：「搰，胡没切，掘也。左氏傳曰『搰褚師定子之墓焚之。』[二]本又作『掘』。」文子使王孫齊私於皐如，曰：「子將大滅衛乎？抑納君而已乎？」皐如曰：「寡君之命無他，納衛君而已。」文子致衆而問焉，曰：「君以蠻夷伐國，國幾亡矣，請納之。」衆曰：「勿納。」曰：「彌牟亡而有益，請自北門出。」衆曰：「勿出。」重賂越人，申開守陴而納公，公不敢入。師還。立悼公，南氏相之。

[一] 「舌」原訛「古」，據唐石經、廣韻改。後四「舌」字同此。

[二] 「氏」原訛「師」，據玉篇手部第六十六改。

以城鉏與越人。公曰：「期則爲此。」令苟有怨於夫人者報之。司徒期聘于越，公攻而奪之幣。期告王，王命取之。期以衆取之。公怒，殺期之甥之爲大子者，遂卒於越。

宋景公無子，取公孫周之子得與啓畜諸公宮，（史記作「公孫紳」。）【詁】史記宋世家曰：「宋公子特攻殺大子而自立，是爲昭公。」索隱曰：「『特』，一作『得』。按左傳，景公無子，取元公庶曾孫公孫周之子得及啓畜於公宮。〔一〕及景公卒，先立啓，後立得，是爲昭公。與此全乖，未知大史公何據而爲是説。」未有立焉。於是皇緩爲右師，皇非我爲大司馬，皇懷爲司徒，靈不緩爲左師，樂茷爲司城，樂朱鉏爲大司寇。六卿三族降聽政，因大尹以達。大尹常不告，而以其欲稱君命以令，國人惡之。司城欲去大尹，左師曰：「縱之，使盈其罪。重而無基，能無敝乎？」冬，十月，公遊於空澤。【詁】水經注：「獲水東南逕空桐澤北。澤在虞城東南，左傳遊於空澤即此。」郡國志梁國：「虞，有空桐地。」（杜同此。）辛巳，卒於連中。大尹興空澤之士千甲，奉公自空桐入，如沃宫。使召六子，曰：「聞下有師，君請六子畫。」六子至，以甲劫之，曰：「君有疾病，請二三子盟。」乃盟於少寢之庭，曰：「無爲公室不利。」大尹立啓，奉喪殯于大宫，三日而後國人知之。司城茷使宣言於國曰：「大尹惑蠱其君，而專其利。今君無疾而死，（諸本「今」誤「令」。从石經、宋本改。）【詁】汲冢古文瑣語曰：「初，刑史子臣謂宋景公曰：『從今以往五祀日，臣死。後五年五月丁亥，吴亡。後五祀八月辛巳，君薨。』刑史子臣至死日，朝見景公，夕而死。後吴亡，景公懼，思刑史子臣之言，將死日乃逃於瓜圃，遂死焉。求得，已蟲矣。」死又匿之。是無他矣，大尹之罪也。」得夢啓北首而寢於盧門之外，己爲烏而集於其上，（諸刊本「烏」誤「鳥」。从宋本改正。）咮加於南門，尾加於桐門，曰：「余夢美，必立。」大尹謀曰：「我不在盟，無乃逐我？復盟之乎！」使祝爲載書。六子在唐盂，將盟之。祝襄以載書告皇非我。皇非我因子潞、

〔一〕後一「孫」原作「子」，據史記宋微子世家索隱改。

門尹得、左師謀，曰：「民與我，逐之乎！」皆歸授甲，使徇於國曰：「大尹惑蠱其君，以陵虐公室。與我者，救君者也。」衆曰：「與之。」大尹徇曰：「戴氏、皇氏將不利公室。與我者，無憂不富。」衆曰：「無別。」戴氏、皇氏欲伐公，樂得曰：「不可。彼以陵公有罪，我伐公，則甚焉。」使國人施於大尹，大尹奉啓以奔楚，乃立得。司城爲上卿，盟曰：「三族共政，無相害也。」

衛出公自城鉏使以弓問子贛，且曰：「吾其入乎？」子贛稽首受弓，對曰：「臣不識也。」私於使者曰：「昔成公孫于陳，甯武子、孫莊子爲宛濮之盟而君入。獻公孫于齊，子鮮、子展爲夷儀之盟而君入。今君再在孫矣，內不聞獻之親，外不聞成之卿，則賜不識所由入也。詩曰：『無競惟人，四方其順之。』【詁】正義曰：「詩周頌烈文之篇。若得其人，則四方諸侯皆順從之矣。」按：此則當作「順」甚明。顧氏石經作「訓」，反云「順」非，失於詳審。若得其人，四方以爲主，而國於何有？」

二十七年，春，越子使舌庸來聘，[一]且言邾田，封于駘上。【詁】按：駘上即襄四年之狐駘，正屬邾、魯之界。二月，盟于平陽，三子皆從。康子病之，言及子贛，曰：「若在此，吾不及此夫。」武伯曰：「然。何不召？」曰：「固將召之。」文子曰：「他日請念。」

夏，四月己亥，季康子卒。公弔焉，降禮。

晉荀瑤帥師伐鄭，次於桐丘。鄭駟弘請救於齊。齊師將興，陳成子屬孤子，三日朝。【詁】服虔云：「屬，會也。孤子，死事者之子也。」（御覽。）設乘車兩馬，繫五邑焉。【詁】服虔云：「乘車兩馬，大夫車服也。繫五邑，加之五邑

[一]「舌」原訛「古」，據唐石經改。

也。一曰兩飾。」（同上。）召顏涿聚之子晉，曰：「隰之役，而父死焉。以國之多難，未女恤也。【詁】按：古今人表有顏濁鄒，師古曰：「即顏涿聚子也。」服虔云：「隰之役在哀二十三年。」今君命女以是邑也，服車而朝，毋廢前勞。」乃救鄭。及留舒，【詁】惠棟曰：「鄭康成引作『柳舒』，孔氏曰：『「留」、「柳」不同，蓋所據書異。』裴松之三國志注云：『古「劉」、「留」、「聊」、「柳」同用「卯」字，以从聲故也。』」違穀七里，穀人不知。及濮，雨，不涉。【詁】地理志陳留郡：「封丘，濮渠水首受泲，東北至都關，入羊里水。」子思曰：「大國在敝邑之宇下，是以告急。今師不行，恐無及也。」成子衣製【詁】按：杜注定九年：「製，裘也。」此又云：「製，雨衣也。」皆望文生義，非本訓。今考王逸楚辭章句云：「製，裁也。」蓋衣之未有裏者，今人所云衣片是也。杖戈，立于阪上。馬不出者，助之鞭之。知伯聞之，乃還，曰：「我卜伐鄭，不卜敵齊。」使謂成子曰：「大夫陳子，陳之自出。陳之不祀，鄭之罪也，故寡君使瑶察陳衷焉，【詁】廣雅：「衷，善也。」（杜本此。）謂大夫其恤陳乎？若利本之顛，瑶何有焉？」成子怒，曰：「多陵人者皆不在，【詁】爾雅：「在，終也。」知伯其能久乎？」中行文子告成子曰：「有自晉師告寅者，將爲輕車千乘，以厭齊師之門，則可盡也。」成子曰：「寡君命恒曰：『無及寡，無畏衆。』雖過千乘，敢辟之乎？將以子之命告寡君。」文子曰：「吾乃今知所以亡。君子之謀也，始、衷、終皆舉之，而後入焉。今我三不知而入之，不亦難乎？」

公患三桓之侈也，欲以諸侯去之；三桓亦患公之妄也，故君臣多間。【詁】賈逵云：「間，隙也。」（史記集解。杜取此。）公遊于陵阪，【詁】服虔云：「陵阪，地名。」（同上。）遇孟武伯于孟氏之衢，曰：「請有問於子，余及死乎？」對曰：「臣無由知之。」三問，卒辭不對。公欲以越伐魯，而去三桓。秋，八月甲戌，公如公孫有陘氏。因孫於邾，乃遂如越。國人施公孫有山氏。

悼之四年，晉荀瑶帥師圍鄭，未至，鄭駟弘曰：「知伯愎而好勝，早下之，則可行也。」乃先保南里以待之。知伯入南里，門於桔柣之門。鄭人俘酅魋壘，（古今人表作「鄭酅魋絫」。）賂之以知政，閉其口而死。將門，知伯謂趙孟：「入之。」對曰：「主在此。」知伯曰：「惡而無勇，【詁】高誘呂覽注：「惡，醜也。」（杜本此。）何以爲子？」對曰：「以能忍恥，庶無害趙宗乎！」知伯不悛，趙襄子由是惎知伯，【詁】小爾雅：「惎，忌也。」按：較杜訓爲長。遂喪之。知伯貪而愎，故韓、魏反而喪之。

嘉慶十八年吕培跋

右春秋左傳詁二十卷，先師北江先生所著也。先生於學，無所不貫，而於史精地理之學，（有補三國疆域志、東晉疆域志、十六國春秋疆域志、西夏城堡録、乾隆府廳州縣圖志。）於經精訓詁之學。（有漢魏音、弟子職注、比雅、六書轉注録等書。）此書接羅漢儒賈、服舊注及魏、晉、唐、宋説經諸書所引漢儒説，間採近今治漢學者之論，無不參酌是正，而後定之，尤先生畢生精力所萃者。培學淺陋，何足以測先生之涯涘，顧從遊日久，請業請益之餘，所聞於先生不敢忘也。先生之言曰：『自孫炎反切起，而漢、魏之音亡。自杜預春秋集解出，而漢儒訓詁失。然當陽名重當時，號稱左癖，况其書傳之已久，而欲校正其失，豈不難哉？則惟盡陳漢、魏以前之説，而後儒之虚造者自見。吾非與杜氏争勝，不過欲復漢儒説經之舊而已。』然則先生之書，非以非杜氏，實以匡杜氏，且大有功於杜氏也。是書之成，先生手繕稿數通。及定本出，培與校録焉。嗚呼！不數年而先生逝矣。今嗣孟慈孝廉克承先志，出篋以付棗梨，趨成厥事。今已竣工，附識原起於後。癸酉冬日，受業吕培謹識。

道光八年呂朝忠後記

先君子受業於北江先生時，先生已自戍所歸里，遺一世之事，而致力於千古。凡平生發明經、史、百子及文章、歌詩，次弟寫定行世。最後成春秋左傳詁二十卷，蓋精力薈萃，遲久而出之。其明訓詁，則用爾雅、三蒼、方言、釋名、廣雅，以得聲音文字之原。其釋地理，則綜水經注、括地、郡縣、寰宇諸記，而以班志定其説。凡魏、晉以後虚造附會，一洗而空之。此其義之確而功之偉，視昆山顧氏、長洲惠氏之書，殆有過之矣。先生既没，獨此書未行。先君子與先生之長嗣孟慈先生商榷校定，開雕於金陵。既訖工，而相繼謝世。貲未悉付，板存肆中。久未能印行，將蝕且朽。海内求是書者相屬也，乃幾於翳焉泯焉，非學者之憾哉！朝忠敬念先志，於今秋至金陵，重以刻貲之半付工，載其板以歸。因覆校其訛字，以行於世。然去先君子作跋時已十六年矣。過庭如昨，手澤猶存，濩落爲嘆，恐墜前業，固有不知涕之何從者也。道光八年九月旌德小門生呂朝忠附記。

光緒四年洪用懃後記

曾大父自戍所歸，主講洋川書院，精力薈萃，遲久而成是書。其明訓故，釋地理，尤所精確，足洗魏、晉以後虛造附會之習。先大父偕旌德呂先生培校定此本，開雕於金陵。甫訖工而相繼歸道山，板片迄未取回。迨道光戊子，板歸旌德呂氏，甫有印行之本。詎經兵燹，仍復燬失。兹幸購得呂氏刷本，重刊行世，勉繼先志於萬一云。光緒四年四月，曾孫用懃校竣謹識。